Mandaean Grammar /
Mandäische Grammatik

Ancient Language Resources
K. C. Hanson, Series Editor

Arno Poebel
Fundamentals of Sumerian Grammar/ Grundzüge der Sumerischen Grammatik

A. H. Sayce
Assyrian Grammar

Samuel A. B. Mercer
Introduction to Assyrian Grammar

The Student's Concise Hebrew-English Lexicon of the Bible

Heinrich Ewald
Syntax of the Hebrew Language of the Old Testament

S. R. Driver
A Treatise on the Use of the Tenses in Hebrew

M. H. Segal
A Grammar of Mishnaic Hebrew

William B. Stevenson
Grammar of Palestinian Jewish Aramaic

Carl Brockelmann
Lexicon Syriacum

J. Payne Smith
Compendious Syriac Dictionary

William Jennings
Lexicon to the Syriac New Testament

Eberhard Nestle
Syriac Grammar

Theodor Nöldeke
Compendius Syriac Grammar

Theodor Nöldeke
Mandaean Grammar / Mandäische Grammatik

August Dillman and Carl Bezold
Ethiopic Grammar

William W. Goodwin
A Greek Grammar

William W. Goodwin
Syntax of the Moods and Tenses of the Greek Verb

Ernest D. Burton
Syntax of the Moods and Tenses in New Testament Greek

J. B. Smith
Greek-English Concordance to the New Testament

Mandaean Grammar / Mandäische Grammatik

Theodor Nöldeke

*With a New Foreword and Bibliography
by K. C. Hanson*

Eugene, Oregon

MANDAEAN GRAMMAR / MANDÄISCHE GRAMMATIK
Ancient Language Resources

Copyright©2005 Wipf & Stock Publishers. All rights reserved. Except for brief quotations in critical publications or reviews, no part of this book may be reproduced in any manner without prior written permission from the publisher. Write: Permissions, Wipf & Stock, 199 W. 8th Ave., Suite 3, Eugene, OR 97401.

ISBN: 1-59752-238-4

The Library of Congress has cataloged an earlier edition of this book as follows:

Nöldeke, Theodor (1836–1930)
    Mandäische Grammatik, Mit einer lithographirten Tafel der Mandäischen Schriftzeichen / by Theodor Nöldeke.
    Halle: Verlag der Buchhandlung des Waisenhauses, 1875
        xxxiv, 486 p. tab. 25 cm.
        1. Mandaean language—Grammar. I. Title. II. Nöldeke, Theodor (1836–1930).

PJ5322 .N6   20-015213

Manufactured in the U.S.A.

Contents

Series Foreword / K. C. Hanson
Foreword / K. C. Hanson
Bibliography 1889–2005

Preface / v

Introduction / xix

Part 1: Orthography and Phonetics / 1
    I. Orthography / 1
    II. Phonetics / 13
        1. Vowels / 13
        2. Consonants / 36

Part 2: Morphology / 80
    I. Nouns / 86
        1. Pronouns / 86
        2. Nouns in the Strict Sense / 94
        3. Numbers as Words / 187
        4. Particles / 193
    II. Verbs / 210
        1. The Inflection of Verbs / 210
        2. Verbs with Objective Suffixes / 269

Part 3: Syntax / 297
    I. Parts of Speech / 298
        1. Nouns / 299
        2. Verbs / 364
    II. Sentence / 405
        1. The Simple Sentence / 405
        2. Connection with Additional Sentences / 438

Ellipses / 480
Additions and Corrections / 484
Table of Mandaean Characters / 487

Series Foreword

The study of languages forms the foundation of any study of ancient societies. While we are dependent upon archaeology to unearth pottery, tools, buildings, and graves, it is through reading the documentary evidence that we learn the nuances of each culture—from receipts and letters to myths and legends. And the access to those documents comes only through the basic work of deciphering scripts, mastering vocabulary, conjugating verbs, and untangling syntax.

Ancient Language Resources brings together some of the most significant reference works for the study of ancient languages, includeing grammars, dictionaries, and related materials. While most of the volumes will be reprints of classic works, we also intend to include new publications. The linguistic circle is widely drawn, encompassing Egyptian, Sumerian, Akkadian, Ugaritic, Phoenician, Hattic, Hittite (Nesite), Hurrian, Hebrew, Aramaic, Syriac, Ethiopic, Arabic, Greek, Coptic, Latin, Mandaean, Armenian, and Gothic. It is the hope of the publishers that this will continue to encourage study of the ancient languages and keep the work of groundbreaking scholars accessible.

—K. C. Hanson
Series Editor

Foreword

Theodor Nöldeke was a linguist, historian, biblical scholar, and Islamicist of the highest caliber. Born in Harburg, just south of Hamburg, Prussia, on March 2, 1836, he studied at Göttingen (with Heinrich Ewald), Vienna, Leyden, and Berlin. He began his teaching career as *Privatdozent* at the University of Göttingen in 1861. Moving to the University of Kiel in 1864 as *Professor extraordinarius* of theology, that same year he married Sofie Harries, a pastor's daughter. He was elevated to *Professor ordinarius* at Kiel in 1868. Four years later, in 1872, he moved to the University of Strasbourg, where he was appointed Professor of Semitic philology. He remained there for thirty-four years until his retirement in 1906 at the age of seventy. After his retirement, he declined numerous teaching positions from European universities, remaining in Strasbourg until 1920. He died at the age of ninety-four on Christmas Day 1930 in Karlsruhe, Germany, where he had moved to be near his son.

At the beginning of his career, his history of the Qur'an won Nöldeke the *Académie de Inscriptions* prize in 1859. Thirty years later (1888) he was awarded the *Orden Pour le Mérite für Wissenschaften und Künste* (Order of Merit for Science and the Arts), the highest civilian award in Prussia. He was presented with a two-volume *Festschrift* at his retirement and seventieth birthday (*Orientalische Studien,* edited by Carl Bezold [Giessen: Töpelmann, 1906]), and another on his eightieth birthday (*Festgabe für Theodor Nöldeke zum achtzigsten Geburtstage,* edited by Enno Littmann and E. Ehlers [Göttingen: n.p., 1916]).

While he published works on the Old Testament, his greatest contributions were in the area of linguistics. In addition to Semitic languages, Nöldeke mastered Turkish, Persian, Kurdish, and Sanskrit. The present volume on Mandaean grammar stands beside his numerous other linguistic works: a Syriac grammar, an Arabic grammar, essays on Semitic philology, and a monograph on the Mesha stele. His historical studies included a history of the Qur'an, a biography of Mohammed, a history of the Persians and Arabs, and an analysis of the Iranian national epic.

Mandaean studies were raised to a new level with the appearance of Nöldeke's grammar, but research has continued. At the beginning of the twentieth century, Mark Lidzbarski's work was most significant. The research of Lady Ethel S. Drower and Rudolf Macuch pushed the work further in the 1940s to 1960s (both individually and jointly), when they produced translations of Mandaean texts and a Mandaean dictionary. In the late twentieth century, works by Eric Segelberg, Kurt Rudolph, and Geo Widengren were most pivotal. At the end of the twentieth century and beginning of the twenty-first, Jorunn Jacobsen Buckley has done the most to advance Mandaean studies. Her engagement of the modern Mandaean communities in Iran and Iraq, as well as in North America, has increased our knowledge of not only the phenomenology of the Mandaean religion, but also of their history and language. The bibliography in the following pages will provide the reader with an entry-point for further study.

—K. C. Hanson

Bibliography
(1889–2005)

1. Mandaean Language and Texts

Buckley, Jorunn Jacobsen. *The Scroll of Exalted Kingship = Diwan Malkuta Laita (Mandaean Manuscript no. 34 in the Drower Collection, Bodleian Library, Oxford).* American Oriental Society Translation Series 3. New Haven: American Oriental Society, 1993.

———. "The Colophons in the Canonical Prayerbook of the Mandaeans." *Journal of Near Eastern Studies* 51 (1992) 33–50.

Bultmann, Rudolf. "Die Bedeutung der neuerschlossenen mandäischen und manichäischen Quellen für das Verständnis des Johannesevangeliums." In *Der Mandäismus,* edited by Geo Widengren, 265–316. Wege der Forschung 167. Darmstadt: Wissenschaftliche Buchgesellschaft, 1982.

Coxon, P. W. "Script Analysis and Mandaean Origins." *Journal of Semitic Studies* 15 (1970) 16–30.

Drower, E. S. "A Mandaean Book of Black Magic." *Journal of the Royal Asiatic Society* (1943) 149–81.

———. *The Book of the Zodiac = Sfar Malwasia: D.C. 31.* Oriental Translation Fund 36. London: Royal Asiatic Society, 1949.

———. *Diwan Abatur, or Progress through the Purgatories: Text with Translation, Notes, and Appendices.* Studi e testi 151. Vatican: Biblioteca Apostolica Vaticana, 1950.

———. *Sarh dQabin dShislam Rba: Explanatory Commentary on the Marriage of the Great Sislam.* Biblica et orientalia. Rome: Pontifical Biblical Institute, 1950.

———. *The Haran Gawaita and the Baptism of Hibil Ziwa.* Studi e testi 176. Vatican: Biblioteca Apostolica Vaticana, 1953.

———. *The Canonical Prayerbook of the Mandaeans.* Leiden: Brill, 1959.

———. *The Secret Adam: A Study of Nasoraean Gnosis.* Oxford: Clarendon, 1960.

———. *The Thousand and Twelve Questions.* Berlin: Akademie, 1960.

———. *A Pair of Nasoraean Commentaries: Two Priestly Documents, The Great First World and the Lesser First World.* Leiden: Brill, 1963.

———, and Rudolf Macuch. *A Mandaic Dictionary.* Oxford: Clarendon, 1963.

Epstein, J. N. "Mandäische Glossen." *Archiv Orientalni* 18 (1950) 165–69.

Greenfield, Jonas. "A Mandaic 'Targum' of Psalm 114." In *Studies in Aggadah, Targum and Jewish Liturgy in Memory of J. Heinemann,* edited by E. Fleischer and Ya'akov Y. Patahovski, 23–31. Jerusalem: Magnes, 1981.

———. "A Mandaic Miscellany." *Journal of the American Oriental Society* 104 (1984) 81–85.

Günduz, Sinasi. "The Problems of the Nature and Date of Mandaean Sources." *Journal for the Study of the New Testament* 53 (1994) 87–97.

Krause, Martin et al. *Die Gnosis.* Vol. 2: *Koptische und mandäische Quellen.* Zurich: Artemis & Winkler, 1995.

Lidzbarski, Mark. *Das Johannesbuch der Mandäer.* 2 vols. Giessen: Töpelmann, 1905–15. Reprint, Berlin: Töpelmann, 1966.

———. *Ginza: Der Schatz, oder das Grosse Buch der Mandäer.* Quellen der religionsgeschichte 13. Gruppe 4: Gnostizismus einschliesslich mandäische Religion. Göttingen: Vandenhoeck & Ruprecht, 1925. Reprinted, 1979.

———. *Mandäische Liturgien: Mitgeteilet, übersetzt und erklärt.* Abhandlungen der Könglichen Gesellschaft der Wissenschaften zu Göttingen. Philologisch-historische Klasse 17/1. Berlin: Weidmann, 1920. Reprint, Hildesheim: Olms, 1962.

———. "Mandäische Fragen." In *Der Mandäismus,* edited by Geo Widengren, 332–37. Wege der Forschung 167. Darmstadt: Wissenschaftliche Buchgesellschaft, 1982.

———. "Mandäische Literatur." In *Der Mandäismus,* edited by Geo Widengren, 229–48. Wege der Forschung 167. Darmstadt: Wissenschaftliche Buchgesellschaft, 1982.

———. "Mandäische Liturgien." In *Der Mandäismus,* edited by Geo Widengren, 155–60. Wege der Forschung 167. Darmstadt: Wissenschaftliche Buchgesellschaft, 1982.

Macuch, Rudolf. *Handbook of Classical and Modern Mandaic.* Berlin: de Gruyter, 1965.

———. "Origins of the Mandaeans and Their Script." *Journal of Semitic Studies* 16 (1971) 174–92.

———, editor. *Zur Sprache und Literatur der Mandäer.* Mit Beiträgen von Kurt Rudolph und Eric Segelberg. Studia Mandaica 1. Berlin: de Gruyter, 1976.

———. *Neumandäische Texte im Dialekt von Ahwaz.* Semitica Viva 12. Wiesbaden: Harrassowitz, 1993.

McCullough, W. S. *Jewish and Mandaean Incantation Bowls in the Royal Ontario Museum.* Near and Middle East Series 5. Toronto: University of Toronto Press, 1967.

Pallis, Sven Aage. *Mandaean Bibliography 1560–1930.* Copenhagen: Pio, 1933. Reprint, Amsterdam: Philo, 1974.

———. *Mandaean Studies: A Comparative Enquiry into Mandaeism and Mandaean Writings and Babylonian and Persian Religions, Judaism and Gnosticism with Linguistic and Bibliographical Notes and References.* 2d ed. Amsterdam: Philo, 1974.

Reitzenstein, Richard. *Das mandäische Buch des Herrn der Grosse und die Evangelienüberlieferung.* Heidelberger Akademie, Philosophische Klasse, Sitzungsberichte 1919, Abh. 12. Heidelberg: Winter, 1919.

Rosenthal, Franz. *Die aramäistische Forschung seit Th. Nöldekes Veröffentlichungen.* Leiden: Brill, 1939.

———. "Nineteen." In *Studia biblica et orientalia*, 3:304–18. Analecta biblica 12. Rome: Pontifical Biblical Institute, 1959.

Rudolph, Kurt. "Mandaean Sources." In *Gnosis: A Selection of Gnostic Texts*, edited by W. Foerster, 123–319. Translated by R. McL. Wilson. Coptic and Mandaic Sources. Oxford: Oxford University Press, 1974.

———. "Die mandäische Literatur: Bemerkungen zum Stand ihrer Textausgaben und zur Vorbereitung einer Ginza-Edition." In *Korpus der griechischen christlichen Schriftsteller*, edited by Johannes Irmscher and Kurt Treu, 219–36. Texte und Untersuchungen zur Geschichte der altchristlichen Literatur 120. Berlin: Akademie, 1977.

———. *Der mandäische "Diwan der Flüsse."* Abhandlungen der Sächsischen Akademie der Wissenschaften zu Leipzig, Philologisch-historische Klasse 70–71. Berlin: Akademie, 1982.

Säve-Söderbergh, Torgney. *Studies in the Coptic Manichaean Psalmbook: Prosody and Mandaean Parallels.* Arbeten utgivna med understöd av Vilhelm Ekmans universitetsfond, Uppsala 55. Uppsala: Almqvist & Wiksell, 1949.

Yamauchi, Edwin M. "The Present Status of Mandaean Studies." *Journal of Near Eastern Studies* 25 (1966) 88–96.

———. *Mandaic Incantation Texts.* American Oriental Series 49. New Haven: American Oriental Society, 1967.

2. Mandaean History and Religion

Brandt, Wilhelm. *Die Mandäische Religion: Eine Erforschung der Religion der Mandäer in theologischer, religiöser, philosophischer und kultureller Hinsicht dargestellt—mit kritischen Anmerkungen und Nachweisen und dreizehn Beilagen.* Leipzig: Hinrichs, 1889. Reprint, Amsterdam: Philo, 1975.

———. *Das Schicksal der Seele nach dem Tode nach mandäischen und parsischen Vorstellungen.* Unaltered 1892 ed. with new Afterword by Geo Widengren. Libelli 152. Darmstadt, Wissenschaftliche Buchgesellschaft, 1967.

———. "Mandaeans." In *Encyclopaedia of Religion and Ethics,* edited by James Hastings, 8:380–93. New York: Scribner, 1916.

Buckley, Jorunn Jacobsen. "The Mandaean *Sitil* as an Example of 'the Image Above and Below.'" *Numen* 26 (1979) 185–91.

———. "Two Female Gnostic Revealers." *History of Religions* 19 (1980) 259–69.

———. "The Mandaean *Tabahata Masiqta.*" *Numen* 28 (1981) 138–63.

———. "A Rehabilitation of Spirit Ruha in Mandaean Religion." *History of Religions* 22 (1982) 60–84.

———. "The Making of a Mandaean Priest: The *Tarmida* Initiation." *Numen* 32 (1985) 194–217.

———. *Female Fault and Fulfillment in Gnosticism.* Studies in Religion. Chapel Hill, N.C.: University of North Carolina Press, 1986.

———. "Mandaean Religion." In *Encyclopedia of Religion*, edited by Mircea Eliade, 9:150–53. New York: Macmillan, 1986.

———. "Why Once Is Not Enough: Mandaean Baptism (*Masbuta*) as an Example of a Repeated Ritual." *History of Religions* 29 (1989) 22–34.

———. "The Mandaean Appropriation of Jesus' Mother, Miriai." *Novum Testamentum* 35 (1993) 181–96.

———. "Glimpses of a Life: Yahia Bihram, Mandaean Priest." *History of Religions* 39 (1999) 32–49.

———. "The Evidence for Women Priests in Mandaeism." *Journal of Near Eastern Studies* 59 (2000) 93–106.

———. *The Mandaeans: Ancient Texts and Modern People.* American Academy of Religion the Religions Series. Oxford: Oxford University Press, 2002.

Cerutti, Maria Vittoria. "Ptahil e Ruha: Per una Fenomenologia del Dualismo Mandeo." *Numen* 24 (1977) 186–206.

Cohn-Sherbok, Dan. "The Alphabet in Mandaean and Jewish Gnosticism." *Religion* 11 (1981) 227–34.

———. "The Mandaeans and Heterodox Judaism." *Hebrew Union College Annual* 54 (1983) 147–51.

Deutsch, Nathaniel. "Abathur: A New Etymology." In *Death, Ecstasy, and Other Worldly Journeys,* edited by John J. Collins and Michael Fishbane, 171–79. Albany: State University of New York Press, 1995.

———. *The Gnostic Imagination: Gnosticism, Mandaeism, and Merkabah Mysticism.* Brill's Series in Jewish Studies 13. Leiden: Brill, 1995.

Drower, E. S. *The Mandaeans of Iraq and Iran: Their Cults, Customs, Magic, Legends, and Folklore.* Oxford: Oxford University Press, 1937. Reprint, Leiden: Brill, 1962. Reprint, Piscataway, N.J.: Gorgias, 2002.

———. "Scenes and Sacraments in a Mandaean Sanctuary." *Numen* 3 (1956) 72–76.

Franzmann, Majella. "Living Water: Mediating Element in Mandaean Myth and Ritual." *Numen* 36 (1989) 156–72.

Günduz, Sinasi. *The Knowledge of Life: The Origins and Early History of the Mandaeans.* Journal of Semitic Studies Supplements 3. Oxford: Oxford University Press, 1994.

Hart, Jennifer. "Three Times a Lady: A Tripartite Ruha and the Viability of Mandaean Religion." MA thesis, Claremont Graduate University, 2000.

Jonas, Hans. *Gnosis und spätantiker Geist.* Vol. 1: *Die mythologische Gnosis.* 3d ed. Forschungen zur Religion und Literatur des Alten und Neuen Testaments 63. Göttingen: Vandenhoeck & Ruprecht, 1964.

———. *Gnosis und spätantiker Geist.* Vol. 2: *Von der Mythologie zur mystischen Philosophie,* edited by Kurt Rudolph. Forschungen zur Religion und Literatur des Alten und Neuen Testaments 159. Göttingen: Vandenhoeck & Ruprecht, 1993.

Kraeling, Carl H. *Anthropos and Son of Man.* Columbia University Oriental Studies 25. New York: Columbia University Press, 1927. Reprint, New York: AMS, 1966.

Lidzbarski, Mark. "Alter und Heimat der mandäischen Religion." In *Der Mandäismus,* edited by Geo Widengren, 381–88. Wege der Forschung 167. Darmstadt: Wissenschaftliche Buchgesellschaft, 1982.

Loisy, Alfred Firmin. *Le Mandéisme et les Origines Chrétiennes.* Paris: Nourry, 1934.

Lupieri, Edmondo. *The Mandaeans: The Last Gnostics.* Translated by Charles Hindley. Italian Texts and Studies on Religion and Society. Grand Rapids: Eerdmans, 2002.

Miller-Kessler, Christa. "Interrelations between Mandaic Lead Scrolls and Incantation Bowls." In *Mesopotamian Magic: Textual, Historical, and Interpretative Perspectives,* edited by Tzvi Abusch and Karel van der Toorn, 197–210. Ancient Magic and Divination 1. Groningen: Styx, 1999.

Quispel, Gilles. "Jewish Gnosis and Mandaean Gnosticism: Some Reflections on the Writing Bronte." In *Les Textes de Nag Hammadi: Colloque du Centre d'Histoire des Religions (Strasbourg, 23–25 Octobre 1974),* edited by Jacques E. Ménard, 82–122. Nag Hammadi Studies 7. Leiden: Brill, 1975.

Rudolph, Kurt. *Die Mandäer.* 2 vols. Forschungen zur Religion und Literature des Alten und Neuen Testaments 74–75. Göttingen: Vandenhoeck & Ruprecht, 1960–61.

———. *Theogonie, Kosmogonie und Anthropogonie in den mandäischen Schriften: Eine literarkritische und traditionsgeschichtliche Untersuchung.* Forschungen zur Religion und Literature des Alten und Neuen Testaments 88. Göttingen: Vandenhoeck & Ruprecht, 1965.

———. "Problems of a History of the Development of the Mandaean Religion." *History of Religions* 8 (1969) 210–35.

———. "Die Religion der Mandäer." In *Religionen Altsyriens, Altarabiens und der Mandäer,* edited by Hartmut Gese, Maria Höfner, and Kurt Rudolph, 403–64. Die Religionen der Menschheit 10. Stuttgart: Kohlhammer, 1970.

———. "Zum gegenwärtigen Stand der mandäischen Religionsgeschichte." In *Gnosis und Neues Testament,* edited by Karl W. Tröger, 121–48. Gütersloh: Gütersloher, 1973.

———. "Coptica-Mandaica: Zu einigen Übereinstimmungen zwischen koptisch-gnostischen und mandäischen Texten." In *Essays on the Nag Hammadi Texts: In Honour of Pahor Labib,* edited by Martin Krause, 191–216. Nag Hammadi Studies 6. Leiden: Brill, 1975.

———. "Quellenprobleme zum Ursprung und Alter der Mandäer." In *Christianity, Judaism and Other Greco-Roman Cults: Studies for Morton Smith at Sixty,* edited by Jacob Neusner, 112–42. Studies in Judaism in Late Antiquity 12. Leiden: Brill, 1975.

———. *Mandaeism.* Iconography of Religions 21. Leiden: Brill, 1978.

———. "Mandäismus in der neueren Gnosisforschung." In *Gnosis: Festschrift für Hans Jonas,* edited by Barbara Aland, 244–77. Göttingen: Vandenhoeck & Ruprecht, 1978.

———. *Antike Baptisten: Zu den Überlieferungen über frühjüdische und -christliche Taufsekten.* Sitzungberichte Sächsischen Akademie der Wissenschaften zu Leipzig, Philologisch-historische Klasse 121–24. Berlin: Akademie, 1982.

———. "Probleme einer Entwicklungsgeschichte der mandäischen Religion." In *Der Mandäismus,* edited by Geo Widengren, 67–80. Wege der Forschung 167. Darmstadt: Wissenschaftliche Buchgesellschaft, 1982.

———. *Gnosis: The Nature and History of Gnosticism.* Translated by Robert McL. Wilson. San Francisco: Harper & Row, 1983.

———. *Gnosis und Spätantike Religionsgeschichte: Gesammelte Aufsätze.* Nag Hammadi and Manichaean Studies 42. Leiden: Brill, 1996.

Scheftelowitz, I. "Die mandäische Religion und das Judentum." *Monatschrift für Geschichte und Wissenschaft des Judentums* 73 (1929) 211–32.

Segelberg, Eric. *Masbuta: Studies in the Ritual of the Mandaean Baptism.* Uppsala: Almqvist & Wiksell, 1958.

———. "The Ordination of the Mandaean *Tarmida* and Its Relation to Jewish and Early Christian Ordination Rites." In *Papers Presented to the Fifth International Conference on Patristic Studies Held in Oxford, 1967,* edited by F. L. Cross, 419–25. Studia Patristica 10. Berlin: Akademie, 1970.

———. "The Mandaean Week and the Problem of Jewish Christianity and Mandaean Relationship." *Recherches de science religieuse* 60 (1972) 273–86.

———. "*Zidqa Brika* and the Mandaean Problem." In *Proceedings of the International Colloquium on Gnosticism, Stockholm, 1973,* edited by Geo Widengren, 27–33. Uppsala: Almqvist & Wiksell, 1977.

———. "The *pihta* and *mambuha* Prayers: To the Question of the Liturgical Development among the Mandaeans." In *Gnosis: Festschrift für Hans Jonas,* edited by Barbara Aland, 464–72. Göttingen: Vandenhoeck & Ruprecht, 1978.

———. *Gnostica—Mandaica—Liturgica: Opera eius ipsius selecta et collecta, septuagenario Erico Segelbergo oblata.* Acta Universitatis Uppsaliensis, Historia religionum 11. Stockholm: Almqvist & Wiksell, 1990.

Stahl, Robert. *Les Mandéens et les Origines Chrétiennes.* Christianisme. Paris: Rieder, 1930.

Tondelli, Leone. *Il Mandeismo e le Origini Cristiane.* Orientalia 33. Rome: Pontifical Biblical Institute, 1928.

Widengren, Geo. "Heavenly Enthronement and Baptism: Studies in Mandaean Baptism." In *Religions in Antiquity: Essays in Memory of Erwin Ramsdell Goodenough,* edited by Jacob Neusner, 551–82. Studies in the History of Religions 14. Leiden: Brill, 1968.

———. "Himmlische Inthronisation und Taufe: Studien zur mandäischen Taufe." In *Der Mandäismus,* edited by Geo Widengren, 129–52. Wege der Forschung 167. Darmstadt: Wissenschaftliche Buchgesellschaft, 1982.

———, editor. *Der Mandäismus.* Wege der Forschung 167. Darmstadt: Wissenschaftliche Buchgesellschaft, 1982.

Yamauchi, Edwin M. "The Present Status of Mandaean Studies." *Journal of Near Eastern Studies* 25 (1966) 88–96.

———. *Gnostic Ethics and Mandaean Origins.* Harvard Theological Studies 24. Cambridge: Harvard Univ. Press, 1970.

H. L. FLEISCHER

ALS ZEICHEN WÄRMSTER VEREHRUNG

GEWIDMET.

VORREDE.

Die Berechtigung einer ausführlichen Grammatik der mandäischen Mundart wird hoffentlich keinem begründeten Zweifel begegnen. Ich wünschte durch dies Buch den Zugang zu den bei aller Seltsamkeit sehr wichtigen, aber auch sehr schwierigen Schriften der Mandäer zu erleichtern; allein der Hauptzweck war ein linguistischer. Ich wollte durch die Darstellung eines sehr eigenthümlichen aramäischen Dialects die wissenschaftliche Kenntniss des Aramäischen und des Semitischen überhaupt fördern, der vergleichenden Sprachwissenschaft neues, gesichtetes Material zuführen. Ich habe deshalb die verwandten Dialecte in ziemlich weitem Umfange zur Vergleichung herangezogen. Namentlich gilt dies von der mit dem Mandäischen sehr nahe verwandten Sprache des babylonischen Talmud's; ich hoffe immerhin einige beachtenswerthe Ergänzungen zu dem Buche des trefflichen LUZZATTO gegeben zu haben, einem Buche, dessen Verdienst viel grösser ist, als es vielleicht dem oberflächlichen Beurtheiler scheinen mag, der sich, was ja heutzutage nicht schwer, ein bischen mit der Methode der neueren Sprachwissenschaft vertraut gemacht hat (vgl. die kürzlich im literar. Centralblatt erschienene unbillige Recension der deutschen Bearbeitung). Natürlich habe ich bei meinen linguistischen Untersuchungen im Talmud auch die Variantenverzeichnisse von RABBINOWICZ benutzt. Möchte doch endlich einmal eine einigermassen kritische Ausgabe dieses Buches erscheinen, auf das noch immer so viel Scharfsinn in ganz verkehrter Weise verwandt wird! — Eine seit Jahren ziemlich ausgedehnte syrische Lectüre setzte mich ferner in den Stand, den wichtigsten aller aramäischen Dialecte in ausgiebiger Weise zu berücksichtigen und so in diesem Werke die syrische Grammatik nicht ganz unwesentlich zu bereichern. Auch die übrigen aramäischen Dialecte sind nicht vernachlässigt, wenn sie auch nicht so stark berücksichtigt werden konnten und durften wie das Syrische und Talmudische. Für einige derselben konnte ich auf eigne Arbeiten von mir verweisen. Wie viel aber noch zu thun ist, bis es möglich sein wird, eine einigermaassen vollständige systematische Vergleichung aller aramäischen Dialecte zu geben, kann Jeder beurtheilen, der auf diesem Felde ernstlich gearbeitet hat. Eine neue Vorarbeit zu einem solchen Werke und somit auch zu einer vergleichenden Grammatik der semitischen Sprachen überhaupt gebe ich hier. Dass ich nun meine Vergleichungen hie und da noch etwas über die Gränzen des Aramäischen ausgedehnt und z. B. auch einige kleine Beobachtungen über arabische Form- und Satzbildung mitgetheilt habe, wird man hoffentlich nicht misbilligen.

Besonderen Fleiss habe ich auf die Syntax verwandt, welche im Druck der Formenlehre an Umfang ungefähr gleich geworden ist. Ich habe das gethan in der Ueberzeugung, dass nicht leicht ein Dialect einen so rein aramäischen Satzbau zeigt wie dieser und dass er grade sehr geeignet ist, die bloss aus der arabischen Grammatik geschöpften Begriffe von semitischer Syntax zu ergänzen und zu berichtigen. Ich habe mich bemüht, die Gesetze des gewöhnlichen Satzbau's darzulegen, auch wo diese nichts besonders Auffallendes haben, statt mich, wie es wohl geschieht, fast ganz auf die Darstellung dessen zu beschränken, was vom Standpunct der behandelten Sprache oder auch von einem fremden aus seltsam erscheint. Ich habe dabei mehr Gewicht auf Beispiele als auf Regeln gelegt. Trotz alles Bestrebens, den Sprachgebrauch nach seinen eignen Gesetzen darzustellen, bin auch ich, das weiss ich wohl, dem Fehler aller Syntactiker nicht entgangen, gelegentlich logische Categorien oder solche, die fremden Sprachen entnommen sind, den grammatischen der Sprache selbst unterzuschieben. Von den

Categorien der arabischen Grammatiker denke ich einen vorsichtigen Gebrauch gemacht zu haben. Die Eintheilung des Stoffes wird hoffentlich im Ganzen als sachgemäss und übersichtlich anerkannt werden; aber freilich muss jede systematische Anordnung der Bestandtheile der nur in ihrem Zusammenhange wirklich existierenden Sprache etwas Willkührliches haben.

Wie sehr übrigens alle Theile dieser Grammatik der Vervollständigung fähig wären, fühle ich nur zu gut: der, welcher zum ersten Mal den Bau einer Sprache eingehend schildert, ohne brauchbare Vorarbeiten benutzen zu können, wird es ja kaum vermeiden, gar Manches zu übersehn, was er nicht übersehn sollte, und hier und da auch einmal falsch zu sehn.

Als den grössten Mangel meines Buches empfinde ich es, dass ich die Sprache nur aus der Literatur kenne, fast ohne jede Notiz über die traditionelle Aussprache zu besitzen. Darunter leidet namentlich die Lautlehre. Hoffentlich erhält dieselbe noch ihre Ergänzung durch den Einzigen, der, so weit wir wissen, von jener Aussprache genaue Kenntniss hat, Herrn Professor PETERMANN. Noch dringender wäre es freilich zu wünschen, dass der hochverdiente Gelehrte endlich seine Aufzeichnungen über die traditionelle Interpretation der mandäischen Bücher herausgäbe. Gehen diese verloren, so sind wir eines wahrscheinlich unersetzlichen Hülfsmittels zum Verständniss der Schriften beraubt. Gelang es doch meinem Freund SOCIN nicht mehr, von den Mandäern, unter denen es nur noch sehr wenig Wissende giebt, irgend Etwas über ihre Sprache und Literatur zu erfahren. Mit einigen sichern Angaben über die exegetische Ueberlieferung werden wir ohne Zweifel zu einem ziemlich genauen Verständniss und einem zuverlässigen Wörterbuch gelangen; ohne solche aber wird die Auslegung vielfach unsicher und lückenhaft bleiben.

Dies Buch erscheint gewissermaassen als zweite Auflage meiner kleinen Schrift: „Ueber die Mundart der Mandäer" (aus dem zehnten

Bande der Abhh. d. K. G. d. Wiss. zu Göttingen. Gött. 1862). Möge es einer ebenso wohlwollenden Beurtheilung begegnen, wie sie jener auf ein mangelhaftes Material gestützten und mit unzulänglichen Vorkenntnissen unternommenen Arbeit zu Theil geworden ist.

Die Umsetzung der mandäischen Charactere in hebräische Quadratschrift war durch die Umstände geboten und hatte auch keine ernsten Bedenken gegen sich. Willkührlich mussten nur Zeichen für das auslautende ה des Suffixes der 3. Pers. sg. (§ 62) und für das Relativwort (§ 84) gewählt werden; ich gebrauchte dafür ה und דּ. Die Scheidung des ד und ר nach etymologischen Rücksichten, welche ich früher beobachtete, habe ich aufgegeben, weil sie in der Sprache nicht begründet ist und sich auch im Einzelnen nicht durchführen lässt. Die beigegebne Tafel zeigt dem Leser die Originalschrift.

Die syrische Schrift, welche in dem Buche verwandt ist, sticht etwas unvortheilhaft von den sonst vortrefflichen Typen ab, aber sie ist wenigstens deutlich. Die Verlagshandlung, deren Entgegenkommen ich überhaupt nicht genug anerkennen kann, ging bereitwillig auf meinen Wunsch ein, die syrischen Zeichen für $š$ und b, welche denen für j und k zu ähnlich waren, durch deutlichere zu ersetzen; nur ganz im Anfang des Buches sind jene noch stehn geblieben. Das Abspringen der syrischen Vocalpuncte hat mir wieder viel Verdruss gemacht; s. darüber die „Verbesserungen und Zusätze". Uebrigens hatte ich schon mit Rücksicht auf diese befürchtete Calamität für die Vocalisation der syrischen Wörter, soweit es erlaubt schien, die griechischen Vocalzeichen vorgezogen; nur konnte ich mich nicht dazu entschliessen, das Zeichen für das $â$ (॑) durch das griechische ՙ zu ersetzen, welches der späteren westl. Aussprache gemäss eben ein $ô$ darstellt, und ferner durfte ich nicht auf die Bezeichnung eines o durch ॔ mit dem oberen Punct und eines $ê$ durch die schrägen Puncte ॒ verzichten für die Fälle, wo die westliche Aussprache daraus resp. ein u (ֹ) und $î$ (֒) gemacht hat. Dagegen war die griechische Bezeichnung wieder zweckmässiger bei dem *a* vor *w* (ܳܘ), wo wenigstens die gewöhnliche Schreibweise der Ostsyrer ein langes *â* (ܵܘ) auszudrücken pflegt. Auf diese Art ist eine etwas buntscheckige Vocalisierung der syrischen Wörter entstanden, welche mir selbst nicht behagt.

Rücksichtlich der **Abkürzungen** in den Verweisungen auf die mandäischen Drucke und Handschriften verweise ich auf die Einleitung S. XXII ff.

Der Leser wird ernstlich gebeten, beim Gebrauch des Buches immer die „**Zusätze und Berichtigungen**" zu benutzen. Für überflüssig hielt ich es übrigens, in denselben die Druckfehler zu verzeichnen, welche Niemand als solche verkennen wird.

Wenn ich bei der Abfassung dieses Buches von Vielen gefördert bin, so doch von Niemand in dem Grade wie von meinem lieben Freund EUTING. Derselbe hat mir, noch ehe ich einen Wunsch geäussert, all seine Facsimile's und Abschriften aus Pariser und Londoner mandäischen Handschriften nach Kiel geschickt und mich dadurch in den Stand gesetzt, fast die ganze mandäische Literatur wie in den Handschriften selbst zu benutzen. Dies Material, grösstentheils gewaltige Folianten, lauter calligraphische Meisterwerke, habe ich noch heute im Hause. EUTING hat mich dann auch später, nachdem uns ein günstiges Geschick an einen Ort zusammengeführt, mit Rath und That bei dieser Arbeit unterstützt. Auch die Tafel mit dem mandäischen Alphabet ist von seiner Hand.

Herr Professor AUGUST MÜLLER in Halle hat sich durch die äusserst sorgfältige Besorgung der 1. und 3. Correctur, sowie auch dadurch ein wesentliches Verdienst um das Buch erworben, dass er mich dabei noch zur rechten Zeit auf allerlei Schreibfehler und selbst materielle Versehen aufmerksam gemacht hat.

Meinen tiefgefühlten Dank spreche ich ferner den Leitern des Königl. Preussischen Unterrichtsministeriums aus, welches mir durch das Geschenk eines Exemplar's von PETERMANN's Sidrâ Rabbâ (im

Jahre 1867) die erste Veranlassung zur Wiederaufnahme meiner mandäischen Studien gab, sowie der hohen Reichsregierung, die mir durch diplomatische Verwendung ein wichtiges Hülfsmittel verschaffte und mir die Mittel zu einem mehrwöchentlichen Aufenthalt in England gewährte, welcher wenigstens theilweise auch dieser Arbeit noch zu Gute gekommen ist.

Zu besonderem Dank verpflichteten mich ferner die Vorstände der Königlichen Bibliothek in Berlin, der Grossherzoglichen Bibliothek in Weimar und der herrlichen Bodleyana in Oxford durch Uebersendung mandäischer Handschriften; vor Allen aber danke ich der Verwaltung der Pariser Nationalbibliothek und der Französischen Staatsregierung dafür, dass sie meinem, auf diplomatischem Wege vorgetragenen, Wunsche entsprechend, mir eine der wichtigsten mandäischen Handschriften (cod. B des Sidrâ Rabbâ, einen schönen Folioband) nach Strassburg schickten, wo ich sie längere Zeit untersuchen konnte.

Vielleicht wird es mir in kurzer Zeit möglich, eine Auswahl leichterer mandäischer Texte mit Erläuterungen erscheinen zu lassen, welche geeignet sein dürfte, in das Studium dieser selbst für den Kenner des Aramäischen höchst schwierigen Literatur einzuführen.

Strassburg i. E., April 1875.

Th. Nöldeke.

INHALT.

EINLEITUNG.

ERSTER THEIL. SCHRIFT- UND LAUTLEHRE.

I. Schriftlehre.

§		Seite.
1	Zahl und Namen der Buchstaben (neuere Zeichen für fremde Laute)	1
2	Vocalbuchstaben	3
3	Darstellung des *a*	3
4	Darstellung des *i, e*	4
5	Aussergew. Anwendung des ע	5
6	Darstellung des *u, o*	7
7	Darstellung der Diphthonge	7
8	Darstellung der flüchtigen Vocale (*Schwa mobile*)	8
9	Ausfall eines י u. ו neben י u. ו	8
10	ו neben ה und א	8
11	Defectivschreibung	9
12	Beurtheilung d. Vocalbezeichnung im Allgemeinen	11
13	Doppelconsonanten	12
14	Worttrennung	12

II. Lautlehre.

1. Vocale.

Vocalveränderungen.

§		Seite.
15	Vocalschwankungen	13
16	א zu י	14
17	א und י vor auslautenden Gutturalen	15
18	*a* zu *ê* nach Aufhebung einer Doppelconsonanz	16
18ᵃ	*a* und *i* vor consonantischem א	17
19	*a* und *i* zu *u*; *u* gegenüber *i*	17
20	*â* zu *e* und *ô*	21
21	Diphthonge	21
22	Umlaut	24
23	Sonstige Vocalveränderungen	24

Annahme neuer Vocale und Bewahrung schwindender.

24	Vorschlag eines *a* oder *e* vor consonantischem Anlaut ohne vollen Vocal	25
25	Einschiebung von Vocalen zwischen Consonantengruppen	26
26	Erhaltung flüchtiger Vocale nach anlautendem Spir. lenis	27
27	Erhaltung flüchtiger Vocale nach andern anlautenden Consonanten	28
28	Erhaltung der Vocale nach den Präfixen des Verbums	29
29	Erhaltung kurzer inlautender Vocale in offnen Silben	30
30	Erhaltung kurzer Vocale zwischen zwei gleichen Conson.	31
31	Aussergewöhnliche Vocaleinschiebung	32
32	Vorschlag von *a* oder *e* vor consonantischem Anlaut mit vollem Vocal	33

Wegfall von Vocalen.

| 33 | Abfall auslautender Vocale | 33 |
| 34 | Abfall anlautender Vocale vor einer Consonantengruppe | 34 |

§		Seite	§		Seite
35	Wegfall anlautender Vocale nach einem vocalisch auslautenden Procliticon	35		Vocalbuchstaben (*J* und *W*).	
			55	י	55
36	Sonstiger Wegfall von Vocalen nach anlautendem *Spir. len.*	35	56	ו	56
				Kehlhauche.	
37	Wegfall inlautender Vocale	35	57	Abschwächung der Kehlhauche im Allgemeinen . . .	57
	2. Consonanten.				
	A. ALLGEMEINES.		58	ה, ח als 1. und 2. Rad. .	60
38	Aussprache der Consonanten. Aspiration der Mutae . .	36	59	Aussergewöhnliche Abschwächung von ה, ח als 1. und 2. Rad.	61
39	Consonantenverdopplung .	37	59ª	ה, ח als 3. Rad. . . .	63
40	Character der Consonantenveränderungen im Allgemeinen. Assimilation . . .	38	60	Aussergewöhnliche Erhaltung von ה, ח als 3. Rad. . .	64
			61	Erhaltung von ה, ח als 3. Rad. durch Umsetzung	66
	B. DIE EINZELNEN CONSONANTEN-CLASSEN.		62	ה	67
	Gaumenlaute.		63	א, ע	69
41	ק zu ג	38	64	א, ע zu ה	71
42	ק zu כ	39	65	ע als 1. Rad. zu י . . .	72
43	כ zu ג	40	66	ע zu אק, ק	72
44	ג	41			
	Zahn- und Zischlaute.			C. EINIGE SONSTIGE ERSCHEINUNGEN AN CONSONANTEN.	
45	ט, ת	42			
46	ד	42	67	*Umsetzungen*	73
47	צ	44		*Einschiebungen.*	
48	ס	45			
49	ז	45	68	Einschiebung von *n m* . .	74
50	ש	46	69	Sonstige Einschiebungen .	77
51	*Lippenlaute* (פ und ב) . .	47		*Aussergewöhnliche Syncopierungen.*	
	Liquidae (*M N L R*)				
52	מ	50	70	Wegfall einer Liquida nahe vor ihresgleichen . . .	78
53	נ und ל	50	71	Sonstige gewaltsame Syncopierungen	79
54	ל und ר	54			

ZWEITER THEIL. FORMENLEHRE.

Vorbemerkungen.   *Interjectionen und Begriffswurzeln.*

72	Interjectionen	80	74	Wurzeln. Umbildung schwacher Wurzeln	82
73	Eintheilung der Begriffswörter	81			

I. Nomen.

	1. Pronomen.			*Demonstrativpronomen.*	
	Personalpronomen.		78	Pron. der 3. Pers. als Demonstrativ	89
75	Selbständige Personalpronom.	86			
76	Possessivsuffixa	88	79	האהו u. s. w.	89
77	Objectsuffixa	88	80	דן u. s. w.	89

§		Seite.
81	הרן u. s. w.	90
82	האך u. s. w.	90
83	האנאתה u. s. w.	91
84	*Relativpronomen*	92
85	*Fragepronomen*	94

2. Nomen im engeren Sinn
(Substantiv und Adjectiv).

A. NOMINALSTÄMME.

86	Vorbemerkungen	94
87	a) *Nomina kürzester Wurzel*	96
	b) *Nomina von dreiradicaliger Wurzel ohne äussere Vermehrung. Die einfachste Bildung.*	
88	Vorbemerkungen	99
89	Mit *a*	100
90	Mit *i*	101
91	Mit *u*	104

Mit kurzem Vocal der beiden ersten Radicale ohne Verdopplung.

92	Vorbemerkungen	106
93	Aufzählung dieser Nominalstämme	106
94	Aehnliche Bildung von פו׳	111
95	Aehnliche Bildung mit Verdopplung des 3. Rad.	112

Mit â nach dem 1. Rad.

96	Mit *a* nach dem 2. Rad.	112
97	Mit *i* nach dem 2. Rad.	112
98	Mit *ô* nach dem 2. Rad.	113

Mit kurzem Vocal nach dem 1. und langem nach dem 2. Rad.

98ᵃ	Mit *â*	114
99	Mit *î*	116
100	Mit *ê*	117
101	Mit *û*	118

Mit Verdopplung des mittleren Rad.

102	Mit kurzem Vocal nach dem 1. Rad.	119

§		Seite.
103	Mit *â* nach dem 2. und *a* nach dem 1. Rad.	120
104	Mit *â* nach dem 2. und *i* nach dem 1. Rad.	122
105	Mit *â* nach dem 2. und *u* nach dem 1. Rad.	122
106	Mit *î* nach dem 2. Rad.	123
107	Mit *û* nach dem 2. und *a* nach dem 1. Rad.	125
108	Mit *û* nach dem 2. und *i* nach dem 1. Rad.	125
109	c) *Nomina von vierradicaligen Wurzeln ohne äussere Vermehrung*	126

d) *Nomina durch Präfixe gebildet.*

110	Substantiva u. Adject. mit *m*	128
111	Participia mit *m*	131
112	Mit *t*	133
113	Mit *h* und Spir. lenis	134
114	Mit *n*	135

e) *Nomina durch Suffixe gebildet.*

115	Abstracta und Sachwörter mit *ân*	135
116	Adjectiva mit *ân* aus Adjectiven	137
117	Adjectiva mit *ân* aus Substantiven	138
118	Mit *ên*	139
119	Mit *ôn* (*ûn*)	140
120	Mit *m*	140
121	Mit *âi*	140
122	Mit *ê*	142
123	Mit *ûth*	144
124	Mit *i*	146
125	Mit *us*	148

B. FLEXION.

126	Umgestaltung des Nomens durch Geschlechts-, Zahl- und Statusendungen	148
127	Status des Sg. m.	149

§		Seite.
128	Status des Sg. f. . . .	153
129	Feminina ohne Femininendung	155
130	Wurzelhaftes *t* als Femininendung angesehn, und Femininendung verkannt	161
131	Pluralendungen . . .	161
132	Plurale, in denen der 2. und 3. identische Consonant gesondert erscheinen . .	163
133	Plurale von vocalisch auslautenden Wurzeln . .	164
134	Plurale auf *wâthâ* . . .	166
135	Plurale mit Hinzufügung von *j* vor *âthâ*	168
136	Plurale mit Hinzufügung von *ân* vor *ê*	169
137	Plurale mit Wiederholung eines *r* als 3. Rad. . .	170
138	Plurale mit Femininendung von Singularen ohne solche	170
139	Plurale ohne Femininendung von Singularen mit solcher	171
140	Heteroclita	173

C. ANKNÜPFUNGEN DER NOMINA AN POSSESSIVSUFFIXA.

141	Vorbemerkungen . . .	174
142	Suffix der 1. Sg. . . .	175

§		Seite.
143	2. Sg.	176
144	3. Sg.	177
145	1. Pl.	178
146	2. Pl.	179
147	3. Pl.	180

D. VERZEICHNISS EINIGER ABWEICHENDER NOMINALFORMEN.

148	Substantiva	182
149	אחרן *alius*	185
150	מנדעם *aliquid*	186
151	E. NOMINALCOMPOSITA.	186

3. Zahlwort.

152	*Cardinalia*	187
153	Besondere Form für eine determinierte Zahl . .	190
154	חדדי „einander" . . .	191
155	*Ordinalia*	191
156	*Bruchzahlen*	192

4. Partikel.

157	Vorbemerkungen . . .	193

Präposition.

158	Aufzählung d. Präpositionen	193
159	Präpos. mit Personalsuffixen	197
160	*Adverbium im engeren Sinn*	200
161	*Conjunction*	207

II. Verbum.

1. Flexion des Verbums.

A. ALLGEMEINES.

162	Vorbemerkungen . . .	210
163	Activstämme . . .	211
164	Reflexivstämme . . .	212
165	Vertausch. d. Verbalstämme	214
166	Bildung der Verbalformen	215

B. VERBA STARKER WURZEL.

167	Verhältniss der Vocalisation des Perf. zu der des Imperf. und des Imperat. im Peal	217
168	Vorbemerkung zu der Aufführung d. einzelnen Formen	221
169	Perfect	221
170	Perfect mit Enclitica .	224
171	Imperfect	226
172	Imperfect mit Enclitica .	228
173	Imperativ	229
174	Imperativ mit Enclitica .	229
175	Participia	230
175ᵃ	Participia mit Personalpron.	230
176	Infinitiva	233

C. VERBA TERT. GUTT.

177	Echte Gutturalformen .	234
177ᵃ	Mit Uebergang zu לי׳ .	236
178	D. VERBA פנ׳	238

§		Seite.	§		Seite.
	E. VERBA פ׳ע UND פא׳.			2. Verbum mit Objectsuffixen.	
179	Peal	241	197	A. VORBEMERKUNGEN	269
180	Die andern Verbalstämme	243		B. DIE VERBA, WELCHE NICHT	
	F. VERBA פר׳ UND פו׳.			לי׳, MIT OBJECTSUFFIXEN.	
181	Peal	244	198	1. Sg.	270
182	Die andern Verbalstämme	246	199	2. Sg.	273
	G. VERBA ער׳ UND ע׳ע.		200	3. Sg.	274
183	Vermischung der ער׳ u. ע׳ע	247	201	1. Pl.	279
184	Peal	248	202	2. Pl.	280
185	Afel	251	203	3. Pl.	281
186	Ethpeel und Ettafal	251		C. VERBA לי׳ MIT OBJECT-	
187	Pael und Ethpaal	253		SUFFIXEN.	
188	ער׳, welche auf ה, ח auslauten	254	204	Vorbemerkungen	284
189	H. VERBA MIT ע UND א ALS		205	1. Sg.	284
	2. RAD.	255	206	2. Sg.	286
			207	3. Sg.	286
	I. VERBA לי׳.		208	1. Pl.	289
190	Vorbemerkungen	256	209	2. Pl.	290
191	Peal	257	210	3. Pl.	290
192	Pael und Afel	260	211	D. PARTICIPIALVERBINDUN-	
193	Reflexivstämme	263		GEN MIT OBJECTSUFFIXEN	291
194	Vierradicalige Verba, die auf י auslauten	266	212	E. INFINITIVE MIT OBJECT-SUFFIXEN	292
195	Fünfradicaliges Verb auf י	267			
196	הוא „sein" und חיא „leben"	267	213	3. אית	293

DRITTER THEIL. SYNTAX.

214 *Vorbemerkungen. Character der mandäischen Syntax im Allgemeinen* 297

I. Von den Redetheilen.

215	Vorbemerkungen	298	220	St. cstr. ohne Determination	313
	1. Nomen.		221	Genitivausdruck durch ד׳	313
215ᵃ	*Geschlecht*	299	222	Selbständigkeit des Genitivs mit ד׳	315
	Status absolutus u. emphaticus.			*Beiordnung.*	
216	Vereinzelter Gebrauch des Stat. abs.	300	223	Congruenz des attributiven Adjectivs	317
217	Stat. abs. des prädicativen Adjectivs	306	224	Voranstellung des attributiven Adjectivs	318
	Genitivausdruck.		225	Apposition	319
218	Stat. constr.	308	226	*Construction von* כול	323
219	Stat. abs. für den const.	312			

§		Seite.
	Anreihung.	
227	Anreihung mit und ohne Verbindungspartikel	325
228	Distributive Doppelsetzung	328
	Pronomen.	
229	Personalpronomen als Subject beim Verbum	329
230	Setzung von הו zur blossen Hervorhebung	329
231	Hervorhebung eines determinierten Nomens durch ein Personalsuffix	330
232	Selbständigkeit von ל mit Suffix nach ו	332
233	דיל׳	332
234	Reflexivpronomen	336
235	Pronomen der 3. Pers. als Demonstrativum	336
236	„Jener"	337
237	„Dieser"	339
238	Fragepronomen	341
239	Relativpronomen. Correlativa	343
	Zahlwort.	
240	Cardinalzahlen	346
241	Distributivzahlen	348
242	Ordinalzahlen	348
243	Zahlausdrücke für das Vielfache	349
244	„Einander"	349
	Adverbialausdruck.	
245	Gebrauch der nackten Substantiva als Orts-, Zeit- und Maassadverbien	351
246	Zustandswörter (*Hâl*)	352
247	Stellung des zu einem Adjectiv gehörigen Adverbs	353
	Präpositionen.	
248	על, ל	353
249	עלאוירא	356

§		Seite.
250	מן	357
251	Zusammensetzungen von Präpositionen und Adverbien mit ל und מן	359
252	ב	361
253	בית, ביניא	362
254	כואת	363
	2. Verbum.	
	Person und Geschlecht.	
255	Nichtbezeichnung des Subjects beim Participium	364
256	*Verbum impersonale*	365
	Tempora und Modi.	
257	Vorbemerkungen	367
258	Perfect	367
259	Imperfect	370
260	Part. act.	373
261	Part. act. mit קא	379
262	Part. pass.	379
263	Part. pass. mit ל	381
264	Zusammensetzungen mit הוא	381
265	Imperativ	385
266	Character der mandäischen Tempora und Modi im Allgemeinen	385
	Infinitiv.	
267	Infinitiv mit und ohne ל und nach Präpositionen	386
268	Infinitiv ohne Präposition als adverbialer Ausdruck der Zeit	388
269	Infinitiv statt des Verb. fin.	389
	Rection des Verbum.	
270	Object	390
271	Absolutes Object (Infinitiv. absol.)	397
272	אית	401

II. Vom Satz.

1. Vom einfachen Satz.

A. DER EINFACHE SATZ IM ALLGEMEINEN.

Die Theile des Satzes.

273 Subject, Prädicat, Copula . . . 405
274 Weglassung des Subjects im Nominalsatz . . . 409
275 Voranstellung absoluter Nomina 409

Congruenz der Satztheile.

276 Masculinformen statt Femininformen 410
276ᵃ Constructionen ad sensum 412
277 Geschlecht von Ausdrücken wie „dasjenige, welches" 413
278 Geschlecht partitiver Ausdrücke 414
279 Construction aneinandergereihter Nomina . . . 415
280 Besondere Construction pluraler Subjecte mit singularen Prädicaten 418
281 Verbum im Sg. m. bei weiblichem oder pluralem Subject 419

Wortstellung.

282 Character der mandäischen Wortstellung im Allgemeinen 422
283 Stellung des Subjects . . 423
284 Stellung des Objects . . 427
285 Stellung der adverbialen Ausdrücke 428

B. BESONDERE ARTEN VON SÄTZEN.

Negativsätze.

286 Ausdruck der Negation im Satz 429
287 Einige besonders schwierige Fälle von Negativsätzen . 433

Fragesätze.

288 Frage nach dem Prädicat selbst 434

289 Frage nach einem einzelnen Satztheil 435

2. Verbindung mehrer Sätze.

290 Character der mandäischen Perioden im Allgemeinen 438

A. COPULATIVSÄTZE.

291 Vermeidung der Wiederholung von Worten, die zu mehreren aneinandergereihten Sätzen gehören . . 439
292 Asyndetische Nebeneinanderstellung eng verbundener Sätze; Paare von zusammengehörigen Verben ohne verbindende Partikel . . 441
293 Anreihung durch „und" statt genauerer Bezeichnung des Verhältnisses der Sätze . 445
294 Anreihung durch „oder" und „aber" 446

B. RELATIVSÄTZE.

295 Vorbemerkung 447

Attributive Relativsätze.

296 Das Relativ als Subject und Object 447
297 Das Relativ im Genitiv, nach Präpositionen und ohne solche als adverbiale Bestimmung 450
298 Das Relativ durch eine Apposition ersetzt . . . 454
299 Das auf das Relativ rückweisende Wort erst in einem weiteren abhängigen oder Nebensatz 455
300 Kurze adverbiale Bestimmungen als Relativsätze . 456
301 Relativsatz zu der 1. und 2. Person 456

§		Seite.	§		Seite.
302	Voranstellung des Relativsatzes	460	309	Das Relativwort vor Anführung directer Rede	469
303	Weglassung des Relativwortes	460		*Gemeinsame Regeln für beide Arten.*	
304	Unterordnung eines attributiven Relativsatzes ohne Relativwort unter eine Präpos.	461	310	Aneinanderreihung mehrer Relativsätze	469
	Conjunctionelle Relativsätze.		311	Stellung des Relativwortes in seinem Satze	470
305	Conjunctioneller Relativsatz als Subject, Object und Genitiv	461	312	C. INDIRECTE FRAGESÄTZE.	470
				D. BEDINGUNGSSÄTZE.	
306	Conjunctioneller Relativsatz abhängig von Präpositionen	463	313	Mit „wenn"	473
			314	Mit „wenn nicht"	478
307	Weglassung des Relativworts beim Objectsatz	467	315	Ohne Bedingungswort	480
308	Das einfache Relativwort statt einer Präp. mit diesem	467	316	Zur Characteristik der mandäischen Bedingungssätze im Allgemeinen	480

*   *   *

317 *Ellipsen* 480

*   *   *

ZUSÄTZE UND BERICHTIGUNGEN 484

EINLEITUNG.

In den heissen Sumpfgegenden des unteren Babyloniens (im Gebiete von Wâsit und Basra) und des benachbarten Chûzistân wohnen die spärlichen Reste der Mandäer. Diese Secte, die wohl nie sehr zahlreich war [1], besitzt eine Literatur, welche voll des grössten Widersinns ist, geschrieben in einer Mundart, von der ein Kenner des Syrischen zunächst den Eindruck starker Entartung erhält. Und doch haben diese Literatur und diese Sprache eine hohe Wichtigkeit. Die wirren religiösen Vorstellungen, welche wir in den Büchern der Mandäer finden, gehn auf die wichtigsten geistigen Bewegungen der ersten christlichen Jahrhunderte zurück. Wir erhalten hier Reflexe, zum Theil völlig treue Reflexe bedeutender gnostischer Systeme, von deren eignen Schriften nur sehr Wenig erhalten ist, namentlich des consequentesten und hervorragendsten von allen, des manichäischen. Andrerseits finden wir hier ein Abbild von Lehren und Bräuchen der Judenchristen, welche, mit heidnischen Elementen gemischt, als Elkesaïten und später in Babylonien als „die sich Waschenden" *(almughtasila)* [2]

---

[1] Vgl. zu dem Allen meinen Artikel in den Gött. Gel. Anzeigen 1869 Stück 13. — Die Wohnsitze der Mandäer sind sehr ungesund und schwerlich günstig für die Entwicklung geistiger Fähigkeiten. Die Bewohner von Chûzistân standen im Mittelalter in geringem Ansehn und galten als sehr beschränkt; ich könnte darüber verschiedene Stellen arabischer Schriftsteller anführen. Bei Jâqût II, 372 finden wir eine wenig schmeichelhafte Beschreibung von Huwaiza und seinen Bewohnern, welche bei aller Uebertreibung doch auf eine entsetzliche Wirklichkeit schliessen lässt, und dies Huwaiza ist grade ein Hauptort der Mandäer.

[2] Dies sind vielleicht die „Ṣâbier" des Korans. Dass die Mughtasila nicht die Mandäer sind, habe ich kurz ausgesprochen a. a. O. S. 484.

erscheinen. In der Religion der Mandäer haben sich diese theils einander ähnlichen, theils ganz verschiedenartigen Elemente in seltsamer, ja oft roher und lächerlicher Weise gemischt. Sie nennen sich Nâṣôrâjê d. i. „Nazarener", „Christen" und halten doch Jesus für ein böses Wesen, den heiligen Geist, den sie nach alter judenchristlicher Vorstellung als seine Mutter ansehn, für ein arges Teufelsweib. Und dennoch sind sie wirklich eine Art Christen: keinen Gedanken betonen sie so sehr wie die echtchristliche Idee der Erlösung; nur machen sie, ähnlich wie die Manichäer, nicht den historischen Jesus zum Erlöser, sondern den Mandâ d'Haijê, die hypostasierte $\gamma\nu\tilde{\omega}\sigma\iota\varsigma$ $\zeta\omega\tilde{\eta}\varsigma$, nach welcher sie sich Mandâjê „Mandäer" nennen[1]. Zu den christlichen Elementen kommen nun noch solche, die aus der persischen Lichtreligion geflossen sind, und selbst Reminiscenzen an das alte babylonische Heidenthum. Man begreift, dass eine sorgfältige Untersuchung des leider zum grossen Theil äusserst schwer zu ermittelnden Inhalts der mandäischen Schriften für die Religionsgeschichte von grossem Interesse sein muss.

Nun ist diese Literatur aber auch für den Sprachforscher von grossem Belang. Stände die aramäische Mundart, in welcher sie geschrieben, den älteren Schwestern auch weit ferner, als es wirklich der Fall ist, so wäre damit noch immer nicht erwiesen, dass sie ohne linguistische Bedeutung wäre. Das vornehme Absprechen über „verderbte Jargons" ist heutzutage wenigstens in der Wissenschaft nicht mehr üblich. Aber das Mandäische ist, genauer betrachtet, eine gar nicht so sehr entstellte und auf alle Fälle sehr wichtige Mundart. Die Abweichungen von der älteren Gestalt des Aramäischen beruhen zum grössten Theil auf dem durchgreifenden Wirken einiger weniger Lautgesetze, welche vielfach auch in andern Dialecten gewirkt haben, ohne sich da aber so stark in der Orthographie auszuprägen. Immerhin erlitt das Mandäische gegenüber dem, was es durch Entfernung der heiseren Kehlhauche und die relative Besserung des Verhältnisses der Vocale zu den Consonanten vermuthlich an Wohlklang gewann, hier und da empfindliche Einbussen in Bezug auf die Deutlichkeit der Rede. Ursprünglich verschiedene Wörter wurden lautlich einander gleich; doch mochte beim Sprechen noch manche feinere Verschiedenheit z. B. in

---

[1] So, nicht „Mendäer" ist zu sprechen. — Die Namen „Johanneschristen", „Zabier", die man ihnen oft in Europa beilegt, sind ihnen selbst unbekannt und durchaus unpassend.

der Nüancierung der Vocale bewahrt werden, wo in der Schrift kein Unterschied mehr zu erkennen ist. Manche Feinheit verschwand durch die Verwischung der ursprünglichen Gränzen gewisser grammatischer Categorien; aber Aehnliches zeigt sich mehr oder minder auch in den übrigen aramäischen Dialecten, zum Theil selbst im Hebräischen. Und dabei hat sich das Mandäische den ganzen alten Bau des Nomens und des Verbums im Wesentlichen erhalten, und es bewahrt sogar hier und da Constructionen und Formen, welche den verwandten Dialecten verloren gegangen sind. In der Syntax hat das Mandäische weniger fremde Einwirkung erfahren als alle andern aramäischen Mundarten, in denen wir umfangreichere Schriftstücke besitzen: weder ist es hier vom Griechischen beeinflusst wie das Syrische, noch vom Hebräischen, wie so ziemlich alle aramäischen Mundarten in jüdischen Schriften. Iranischer Einfluss, auf den ich hier und da hingewiesen habe, ist allerdings in diesen Gegenden, wo sich seit uralten Zeiten Semiten und Iranier berührten, fast selbstverständlich; doch habe ich nur Wenig von der Art finden können[1], und das Wenige ist dann auch in allen übrigen aramäischen Dialecten nachweisbar. Im Ganzen glaube ich behaupten zu können, dass man aramäische Syntax am besten aus den mandäischen Schriften und ferner aus solchen syrischen Werken lernen kann, welche vom Griechischen so wenig berührt sind wie die des Aphraates. Die aramäischen Stücke des babylonischen Talmud eignen sich deshalb nicht besonders zu ausgedehnten syntactischen Untersuchungen, weil deren eigenthümlicher Stil fast nur ganz kurze Sätze zulässt.

In seiner Reinheit finden wir das Mandäische nur in den älteren Schriften, die allem Anschein nach verfasst sind, als der Dialect noch vollständig lebendig war. Natürlich müssen wir dabei von den Verderbnissen durch die Abschreiber absehen, was uns (durch die vielen Parallelstellen) wohl im Ganzen und Grossen, nicht aber in jeder Einzelheit gelingt. Als Anhaltspuncte für die Bestimmung der Zeit der betreffenden Literaturstücke haben wir zunächst die Thatsachen, dass sie schon von Muhammed und dem Islâm wissen, dass sie aber im 16. Jahrhundert, in dem unsre ältesten Handschriften geschrieben sind,

---

[1] Wie es sich umgekehrt mit dem Einfluss semitischer Syntax auf die der älteren iranischen Mundarten verhält, vermag ich nicht recht zu beurtheilen. Was Spiegel in seinen „Arischen Studien" Heft 1, 45 ff. darüber giebt, beweist nicht viel.

schon viele Jahrhunderte alt waren, wie aus dem Zustande des Textes sowie aus den von den Abschreibern gegebenen Nachweisen über die Genealogien der Codices erhellt. Die Stelle des „Königsbuches" (des letzten Abschnittes im ersten Theil des „grossen Buches"), welche die Herrschaft der arabischen Könige nur zu 71 Jahren rechnet und das Ende der Welt 150 Jahre nach dem Anfang jener ansetzt (ed. PETERMANN I, 387, 9; 389, 23), zeigt, dass wir hier ein vor dem Ablauf jener 71 Jahre, also spätestens im ersten Jahrzehnt des 8. Jahrhunderts geschriebnes Stück haben. Freilich wäre es nicht unmöglich, dass der Verfasser hier in unverständiger Weise eine schon ältere Voraussagung benutzt hätte; man weiss ja schon aus der Geschichte der Auslegung des Daniel, welcher Unsinn bei der Ausdeutung nicht eingetroffner Apocalypsen vorkommt. Doch finde ich hier wenigstens keine bestimmte Veranlassung zu einer solchen Annahme. Und dazu ist wohl auch die fast gänzliche Reinheit der Sprache von arabischen Wörtern ein Zeichen verhältnissmässig hohen Alters. Auf keinen Fall irren wir sehr, wenn wir diese alten Schriften zwischen die Jahre 650 und 900 n. Chr. setzen. Ihrer Grundlage, ja zum Theil ihrem Wortlaute nach mögen sogar manche Stücke noch in die Sasanidenzeit hinaufreichen. Die Zusammenstellung dieser Schriften zu den heutigen Büchern mag aber viel später geschehen sein. Die Angaben der Abschreiber über den letzten Ursprung der Bücher bieten der Kritik zwar eine Grundlage, aber mir ist es wenigstens bis jetzt noch nicht gelungen, aus diesen theilweise sehr mythischen Aussagen eine einigermaassen klare Vorstellung über die Abfassung zu gewinnen.

Zu diesen alten Schriften rechne ich zuerst die wichtigste von allen, das Ginzâ „den Schatz" oder Sidrâ Rabbâ „das grosse Buch", nach der gänzlich unbrauchbaren Ausgabe von MATTH. NORBERG (Codex Nasaraeus, liber Adami appellatus. Tom. I—III Londini Gothorum 1815—1816; dazu ein Lexidion ib. 1816 und ein Onomasticon ib. 1817) in den Originalcharacteren herausgegeben von H. PETERMANN (Thesaurus s. Liber magnus, vulgo „Liber Adami" appellatus. Tom. I, 1. 2 [Text]; II [Varianten] Berolini 1867). Meine Citate in blossen Ziffern gehn auf diese Ausgabe; ich bezeichne den ersten oder „rechten" Theil des Textes mit I, den zweiten oder „linken" mit II und gebe ausserdem die Zeilen an [1]. Von

---

1) Also bedeutet z. B. I, 273, 2 Sidrâ Rabbâ ed. PETERMANN, rechter Theil S. 273, Zeile 2. Natürlich habe ich in den Citaten mit Hülfe der

den 4 Pariser Handschriften, nach welchen Petermann's Ausgabe gemacht ist, A, B, C, D, habe ich B selbst einige Wochen in Händen gehabt und theilweise nachcollationiert. Dazu hatte ich durch Euting die Collation verschiedener Stücke, namentlich des Anfanges und der alphabetischen Lieder nach fast allen in Europa befindlichen Handschriften und von Wright die Collation der Londoner Codices zum „Königsbuch". Zu letzterem habe ich selbst den Oxforder Codex verglichen; doch geschah dies erst zu einer Zeit, in welcher der Druck der Grammatik so weit gefördert war, dass ich die Collation nicht mehr für dieselbe verwerthen konnte. Soweit ich nach dem mir bekannten Material schliessen kann, bilden die Pariser Handschriften mit der Oxforder eine Familie, welche wieder in die Gruppe der besseren, A, B und die Oxforder, und die der schlechteren, C und D, zerfällt; die Londoner Handschriften unterscheiden sich vielfach von den andern. Die schon stark entstellte Handschrift, auf welche unsre ganze Textüberlieferung zurückgeht, führt uns aber schwerlich auch nur in die Mitte des 15. Jahrhunderts.

Den zweiten Rang nimmt an innerer Bedeutung ein das Sidrâ d'Jahjâ „Buch des Johannes" oder D'râŝê d'malkê „Vorträge der Könige", von welchem mir die in grosser Eile durch Euting angefertigte Abschrift eines schlechten Pariser Codex (nr. XII) vorlag. Dazu benutzte ich wiederum das Weimarer Facsimile des Anfanges einer besseren Pariser Handschrift (nr. VI) und die von Euting gesammelten Varianten verschiedner Londoner Fragmente, welche durchgehends einen besseren Text haben. Nachträglich habe ich selbst noch ein Stück des trotz seiner zierlichen Schrift gleichfalls schlechten Oxforder Codex verglichen. Ich citiere das Buch als DM und zwar mit der von Euting seiner Abschrift beigefügten Pagination der Pariser Handschrift (auch da, wo ich in meinen Citaten andern Lesarten folge). Mit Weim. bezeichne ich die Weimarer Nachzeichnung. Eine auf dem ganzen Material beruhende Ausgabe dieses Buches wäre sehr erwünscht.

Ferner gehören hierher die Lieder und Formeln im s. g. Qolasta (citiert nach Euting's Ausgabe „Qolasta oder Gesänge und Lehren von der Taufe und dem Ausgang der Seele". Stuttgart 1867), sowie die im Hochzeitsformular (Cod. Par. XI), mir vorliegend in Euting's Abschrift, mit welchem vielfach die in dem kleinen Cod. Oxon. III

Varianten zuweilen den Text Petermann's verbessern, der ausdrücklich nur den Cod. A wiedergeben soll.

übereinstimmen; diese vortreffliche Handschrift, die älteste von allen datierten (vom J. 936 d. H. = 1529/30), habe ich genau untersucht. Ausserdem noch einige Lieder in dieser und jener Handschrift. Solche Sachen mögen wohl zum Theil noch in etwas spätere Zeit herabreichen, aber sie halten sich dann doch genau an die alten Muster. Nur die bis jetzt genannten Literaturstücke sind unbedingt als gutes sprachliches Material zu bezeichnen.

Bedeutend später sind gewiss die Gebrauchsanweisungen im Qolasta, im Hochzeitsformular u. s. w. Zu dieser Literaturabtheilung gehört auch der „Dîwân", eine Darstellung über das Verfahren zur Sühnung religiöser Vergehen, von mir benutzt nach der von EUTING genommenen Abschrift des schlechten Cod. Paris. XIV. In diesen Stücken zeigt sich schon eine grössere Unsicherheit im Grammatischen. Man merkt, dass die Verfasser dieser Anweisungen in einer Sprache schreiben, die ihnen nicht mehr ganz geläufig ist; der Dialect der älteren Schriften sollte gewahrt werden, obwohl er nicht mehr so gesprochen wurde, und daraus entstanden allerlei Schwankungen. Die arabischen Wörter werden in diesen Stücken zahlreicher. Uebrigens sind diese, meist in kleiner Schrift ausgeführten, Anweisungen von den Abschreibern noch weit nachlässiger behandelt als die älteren Theile; auch ist der Text oft willkürlich abgeändert. In diese Periode mögen auch die frühsten Theile der Abschreibernotizen sowie die älteren Stücke des Berliner astrologischen Codex[1] gehören, den ich nach dem einen Haupttheil Asfar Malwâŝê „Buch der Zodiacalzeichen" als AM citiere. Dies Alles darf für die Grammatik nur mit grosser Vorsicht benutzt werden.

Noch bedeutend weiter in der sprachlichen Entartung führen uns die jüngeren Stücke dieser astrologischen Handschrift. Die Verwilderung der Grammatik und der Gebrauch der Fremdwörter nimmt zu.

Die letzte Form der Sprache zeigen endlich die jüngsten Theile des Asfar Malwâŝê und die Berichte der Abschreiber über ihre Zeit (16. Jahrh. bis zur Gegenwart). Hätten wir in diesen Stücken wirklich einen modernen lebenden Dialect, so wären sie von grosser Wichtigkeit; aber sie bieten uns nur ein unerquickliches Gemisch von Formen der alten Sprache, welche man noch immer zu schreiben meint, und

---

1) Es ist ein Sammelcodex, der allerlei astrologisches Zeug aus sehr verschiedner Zeit enthält, zum Theil Uebersetzungen aus dem Arabischen und Persischen; Einiges darin ist jüdischer Herkunft.

ganz jungen. Nicht bloss der Wortschatz, sondern auch die Grammatik ist von arabischen und persischen Elementen durchdrungen. Man sagt z. B. ראבתאר „grösser" mit dem persischen Suffix *tar*, und gebraucht im aramäischen Text arabische Formen wie יידהאר = يظهر. Ein Studium der lebenden Sprache, welche den Texten zu Grunde liegt, wäre natürlich von Interesse, aber diese wird hier eben wegen der Rücksicht, die man auf die alte Sprache und vielleicht auch auf fremde Schriftsprachen nimmt, durchaus nicht treu ausgedrückt. Die Texte sind dazu grade wegen ihrer Abweichungen von der alten Orthographie und Grammatik durchweg sehr schwer verständlich. In diesen letzten Zeitraum fällt auch das von einem katholischen Missionär mit Hülfe eines Mandäers verfasste arabisch-mandäisch-lateinisch-persisch-türkische Glossar, welches in einem Amsterdamer Codex enthalten ist[1]. Dasselbe erweist sich bei äusserst behutsamem Gebrauch nützlich, kann aber den Unkundigen leicht sehr stark irre führen. Der Verfasser selbst hat sich oft genug geirrt[2] und hatte keine Kenntniss von der Literatur. Auch dieses Buch habe ich in einer Abschrift EUTING's benutzt, in welcher die persische und türkische Columne fehlt.

Meine Grammatik gründet sich auf die Schriften der ersten Periode. Die der zweiten sind selten benutzt, die späteren nur gelegentlich angezogen, wo es von besonderem Interesse war, auf jüngere Erscheinungen hinzuweisen oder wo gute Gründe die Uebereinstimmung des Sprachgebrauchs jener mit dem alten verbürgten. Gern hätte ich die Entwicklung des Mandäischen bis auf unsere Zeit dargestellt, aber wir haben eben nur für die ältere Periode zuverlässige Quellen, da ja, wie gesagt, die jüngeren Schriften keineswegs die Sprache ihrer Gegenwart rein darstellen.

Von dialectischen Schattierungen lassen sich in den alten Schriften begreiflicherweise nur sehr schwache Spuren entdecken. Dahin mag gehören, dass das Demonstrativ עלין *illên* „diese" und die Präposition עם *im* „mit" nur in gewissen Stücken vorkommen, dass in einigen Partien die mit dem Präfix *l* statt *n* gebildeten Imperfecte häufiger sind u. s. w.

Am nächsten verwandt ist das Mandäische dem gewöhnlichen Dialect des babylonischen Talmud. Beide Mundarten stehn sich ja auch

---

[1] S. DE JONG's Catalogus cod. or. Bibl. Acad. Regiae Scient. p. 91 f.

[2] Er verwechselt immer צ und ס, wohl weil das mandäische ס ganz die Gestalt des arabischen ص hat.

geographisch sehr nahe. Wie die Juden im eigentlichen Babylonien den dortigen aramäischen Volksdialect wohl in etwas eigenthümlicher Modification werden gesprochen haben, so stimmten vermuthlich auch die Mandäer weiter stromabwärts nicht in jeder Einzelheit der Sprache mit ihren Landsleuten überein; denn im Morgenlande sondern sich ja die Secten gern auch sprachlich etwas ab. Aber im Wesentlichen dürfen wir doch die Sprache des babylonischen Talmud's für die des oberen, das Mandäische für die des unteren Babyloniens halten. Ein Dialect wie der mandäische wird der sein, von welchem es Kidd. 71ᵇ heisst „das untere Apamea[1] spricht mêšânisch" (מישתעיא מישנית); denn wenn es sich in dieser Talmudstelle auch nur um eine halachische Anwendung der Gränzbestimmung und eine aggadische Ausdeutung des Namens מישן handelt, so wäre doch der Ausdruck gar nicht gebraucht, wenn man nicht eine Aussprache von Mêšân (dem späteren Gebiet von Basra) gekannt hätte.

Die nahe Verwandtschaft des Mandäischen mit dem Talmudischen[2] zeigt sich durch die ganze Grammatik hindurch; s. die Nachweisungen, die ich in meiner Darstellung gebe. Im Ganzen zeigt das Mandäische eine etwas jüngere Gestalt als das Talmudische, aber doch nicht durchweg. Dazu sind die mandäischen Texte sprachlich saubrer, nicht so mit Fremdartigem gemischt und repräsentieren daher die aramäische Sprache Babyloniens besser als der Talmud. Hätten uns die Araber von dem Dialect der „Nabatäer des ʿIrâq" d. h. der aramäisch redenden Landbewohner Babyloniens etwas Mehr mitgetheilt als ein paar gelegentlich angeführte Wörter, so würden wir darin die Grundzüge des Mandäischen und Talmudischen noch weit deutlicher wiederfinden, als wir es zum Theil schon jetzt können. Das Alles waren eben babylonische Dialecte.

Vielleicht stand auch die Mundart, von welcher das heutige Neusyrische in Kurdistan und am Urmiasee abstammt, in ziemlich nahem Verhältniss zum Mandäischen und Talmudischen. Die starken Veränderungen im Bau des nordöstlichen Dialects lassen uns jenes Verhältniss nicht mehr recht erkennen; doch sind z. B. die Uebereinstimmung in

---

1) Apamia ... Mesene cognominata Ammian 23, 6, 23; Ἀπάμεια ἐν Μεσηνῶν γῇ Steph. Byz. s. v. u. s. w.

2) Natürlich rede ich nur von den aramäischen Stücken im Talmud, nicht von den hebräischen und schliesse dabei auch die Stücke in palästinischem Dialect aus, welche sich, theils unverändert, theils mit leichter Ueberarbeitung des Dialects im babylonischen Talmud zerstreut finden.

der Bildung der Infinitive (mit den Vocalen $\hat{u}-\hat{e}$) und mancherlei Berührungen bei den Pronomina von grossem Gewicht.

Ferner steht das Mandäische schon dem „Syrischen" d. h. der Mundart von Edessa, welche sich früh zu allen aramäischen Christen verbreitet hat und ihnen als höhere Umgangs- und Schriftsprache diente. Nun behielten aber die localen Mundarten immer einigen Einfluss auf die Gestaltung des Syrischen in Mund und Schrift. Selbstverständlich stand das Syrische, wie es im Osten auf ehemals persischem Gebiet in Kirche und Schule lebte, dem Mandäischen etwas näher als in der Form des Westens, zumal nach der später dort recipierten Aussprache. Eine besonders wichtige Uebereinstimmung zwischen den babylonischen Dialecten und dem Syrischen liegt in der Anwendung des Präfixes *n* beim Imperfect, wodurch sich diese ganze Gruppe scharf von der westlichen, resp. südwestlichen absondert, zu welcher auch das Palmyrenische gehört.

Im Ganzen stehn diese südwestlichen Dialecte, wie sie in bunter Fülle in Palästina und dessen Nachbarschaft gesprochen und geschrieben wurden, von allen aramäischen dem der Mandäer am fernsten. Doch finden sich immerhin zwischen ihnen Berührungen, wo das Edessenische andre Bildungen zeigt. Das ist denn entweder eine gemeinsame Bewahrung ursprünglicher Sprachweise, welche im Syrischen verloren gegangen oder abgeändert ist, oder aber es ist eine parallele Entwicklung. Letztere zeigt sich z. B. in der ähnlichen Behandlung der Gutturale im Mandäischen und Talmudischen einerseits, in einigen späteren palästinischen Dialecten (Samaritanisch, Galiläisch) andrerseits[1]. In dieser Weise stimmt das Mandäische aber gelegentlich auch mit andern semitischen Sprachen überein, zunächst mit dem Hebräischen, dann auch mit dem Arabischen und selbst dem Aethiopischen.

Auch der Wortschatz des Mandäischen zeigt die stärkste Berührung mit dem des Talmud. Freilich bedingt schon die grosse Verschiedenheit im Inhalt und Stil einen bedeutenden Unterschied. Hätten

---

1) Bei den von Juden in Palästina und Syrien gebrauchten Dialecten kommt noch hinzu, dass der allzeit rege Verkehr zwischen ihnen und den Brüdern im Osten auch wohl Formen der babylonischen Mundarten in jene eindringen liess, wie ebenfalls das Umgekehrte Statt fand. Noch stärker ist dieser sprachliche Austausch zwischen den Dialecten des Ostens und Westens im Wortschatz der jüdischen Schriften. Zu beachten ist übrigens, dass das officielle Targum (Onkelos und Jonathan), obwohl in Babylonien redigiert, einen Dialect zeigt, dessen Grundlage palästinisch ist.

wir z. B. Erzählungen ähnlichen Inhalts in beiden Dialecten, wir kämen völlig mit einem Wörterbuche aus.

Bei Weitem das meiste mandäische Sprachgut ist ächt aramäisch und findet sich in den übrigen Dialecten mehr oder weniger deutlich wieder. Allerdings hat aber das Mandäische einzelne alte Wörter erhalten, welche jenen ganz oder fast ganz fremd geworden sind, bildet daneben einige neue und wendet vielfach bekannte Wörter in etwas anderer Bedeutung an. Letzterer Umstand gehört zu den Hauptursachen der Schwierigkeit des Verständnisses. Ich weise hin auf Wörter wie כאנא „Basis" „Stamm"[1], im Mandäischen auch für die Gesammtheit der Frommen gebraucht; עותרא „Reichthum", im Mandäischen „Engel" (s. unten S. 104 Anm. 4; 182 Anm. 3); זיוא „Glanz", bei den Mandäern oft „Glanzwesen, guter Geist" u. s. w. Manche Veränderung der Bedeutung mag hier ohne besondere Absicht vorgegangen sein; bei andern dürfen wir aber wohl eine bewusste Umbildung von Seiten der geistigen Leiter der Mandäer sehn.

Sehr gering an Zahl sind wohl die Wörter, welche sich mit ihrer technischen Bedeutung aus altbabylonischer Zeit erhalten haben. Dahin gehört vermuthlich מאלואשא „Zodiacalzeichen" und besonders das interessante שושא (öfter vorkommend) $=\Sigma\hat{\omega}\sigma\sigma o\varsigma$, im Mandäischen seltsamerweise der 12te Theil einer Stunde[2].

Von den Ausdrücken für religiöse Vorstellungen ist natürlich Manches den älteren Secten entlehnt. Die Bedeutung hat sich dabei zuweilen etwas verschoben. So sind die בהיריא eigentlich die $\dot{\varepsilon}\varkappa\lambda\varepsilon\varkappa\tau o\iota$, im Mandäischen aber „die Erprobten" (s. S. 311 Anm. 1). שאלמאניא bedeutet ursprünglich gewiss die $\tau\acute{\varepsilon}\lambda\varepsilon\iota o\iota$; das Glossar erklärt das Wort aber durch متواضع humilis (S. 155); وديع mitis, humilis (S. 176); مسكنة inopia (S. 157 mit einer in diesem Buche nicht seltnen Verwechslung von Abstractum und Concretum). Und so heisst I, 214, 13 f. שאלמאנותא wirklich „Demuth". Man nahm es wohl zunächst als „friedfertig". Allerdings passt Qol. 4, 29 wieder besser die Bedeutung „voll-

---

1) Im Syr. ist kannâ „Fundament, Basis" Exod. 9, 31; 38, 8; Ephr. bei Overbeck 5, 11; „Stamm, Stengel" Geop. 97, 4; Land, Anecd. III, 35, 3 Davon kannen „einen Stamm bilden" Barh. gr. I, 48, 14; Ps. 128, 6 Sym.

2) Die Zahl 60 wird dadurch erreicht, dass die šôšâ in 5 pegâ („Anstoss" = „Minute") zerfällt. Diese Eintheilung ergiebt sich aus Sidrâ Rabbâ I, 379. ܡܢܐ „Minute" bei Cast.-Mich. p. 572 und 927 ist wohl die griechische Form.

kommen". In ähnlicher Weise wird פרישאיא „Pharisäer", welches als Ehrenname zu den Mandäern gekommen war — die Ableitung von פרש war nicht zu verkennen s. I, 282, 20; 317, 4; II, 27, 20 — schlechthin in der Bedeutung „hervorragend, vornehm" gebraucht, in lobendem und in tadelndem Sinn, s. I, 315, 16; 387 ult.; 391, 14; DM 4ᵃ.

Unmittelbar oder mittelbar hat das Mandäische noch manche hebräische oder speciell jüdisch-aramäische Wörter von den Juden angenommen ¹. Es sind durchgehends solche, die genau so oder in wenig veränderter Form vom A. T. her auch bei den syrischen Christen üblich waren. Dahin gehören תֵּבֵל = תיביל; שְׁאֹל = עשיול; אוֹרָיְתָא = עוראיתא (s. S. 134); מָרוֹם = (ע)מרום (s. S. 129 Anm. 1); טוֹטָפוֹת = טוטיפתא u. s. w.; im Grunde auch נביהא „Prophet" u. A. m. In versteckter Weise findet sich noch allerlei Derartiges in den Namen der guten und bösen Geister; so ist der Teufel אור = עור „Feuer"; das oft genannte Paar שילמאי und נידבאי, die Hüter des Taufwassers („Jordans"), weisen auf die Opfer שְׁלָמִים und נְדָבָה hin.

Viel geringer an Zahl sind die Wörter, welche dem Sprachgebrauch der christlichen Syrer entlehnt sind, und zwar werden sie fast alle direct zur Bezeichnung christlicher Dinge, durchweg in höhnendem Sinn, gebraucht. So die עביליא = ܐܒܺܝ̈ܠܶܐ „die (trauernden) Asketen"; טובאניא „Seligen" (s. S. 448); עשו משיחא = ܥܒܰܕ ܡܫܺܝܚܳܐ; מאהיאנא = ܡܰܚܝܳܢܳܐ „Heiland"; סאוירא = ܣܳܥܽܘܪܳܐ „Visitator"; גומארתא = ܓܡܽܘܪܬܳܐ „Hostie" (s. S. 125); ferner vgl. die zum Theil aus dem Griechischen stammenden Bezeichnungen christlicher Würdenträger wie אפיסקופא = ܐܶܦܺܣܩܽܘܦܳܐ „Bischof" u. A. m. s. I, 227 oben; ähnlich נאכריטיא I, 227, 21 = ܢܰܟ݂ܪ̈ܳܝܶܐ Rosen, Cat. 52ᵇ; Payne-Smith, Cat. 508; Assem. III, II, 857 u. s. w. ἀναχωρηταί und קלאסיא I, 227, 3 = ܩܠܰܣܺܝܰܐ, (ܩܠܰܣܺܝܰܐ), ܐܶܩܠܺܣܺܝܰܐ ἐκκλησία. Einige nicht kirchliche Wörter, welche die Mandäer aus syrischen Schriften zu haben scheinen, s. S. 17 Anm. 6.

Die Zahl der griechischen Wörter, im Syrischen und in den palästinischen Dialecten sehr gross, ist im Mandäischen begreiflicherweise verhältnissmässig gering; ich habe, mit Einrechnung jener gelegentlich

---

1) Wo Bibelstellen nachgeahmt werden wie I, 174; Qol. 52 (Ps. 114, 3 ff.); I, 176 (Stellen aus Jes. 5), weist der Wortlaut eher auf eine jüdische Vermittlung hin als auf eine christliche (durch die Peschita). Ich bemerke, dass in dem Stücke I, 173 ff. noch manche Bibelstellen mehr oder weniger deutlich benutzt sind, zum Theil natürlich mit gänzlicher Veränderung des Sinnes.

als fremd aufgeführten christlichen Wörter im Ganzen etwa 60 aufgefunden. Die meisten der wirklich in's Mandäische aufgenommenen Wörter griechischer Herkunft haben sich früh weit über die verschiedenen aramäischen Dialecte verbreitet. Solche sind z. B. עצטלא στολή; טופסא Q. 50, 16 τύπος; עטאך τάχα (s. S. 202); טאכסא τάξις; פארצופא πρόσωπον; פיאסא = ܟܐܒܐ, aramäische Bildung von πεῖσις, πεῖσαι; קיראס, קירסא im Mandäischen „Krankheit" = καιρός; מסאקאם, מסאקים „vollendet" (act. und pass.) öfter in cod. Par. XIV, vgl. ܡܣܰܩ WRIGHT, Cat. 619ᵃ; SACHAU, Ined. 128, 22; ZINGERLE, Mon. syr. I, 106, 29 u. s. w. von ܣܡܟܐ ASSEM. III, 1, 464, 610; ROSEN, Cat. 4ᵃ סכום σήκωμα; נסיס „krank" = ܟܐܒܐ, von νόσος gebildet u. s. w. Nur sehr wenige mandäische Wörter griechischen Ursprungs vermag ich nicht auch im Syrischen nachzuweisen; dahin gehört נסיסיא νῆσοι I, 175, 2; aber dafür haben wir targumisch ניסא; samaritanisch ענסורי Gen. 10, 32 und späthebräisch נסים. Eine eigenthümliche Umformung zeigt das Wort גלוצטמא = γλωσσόκομον, aber für das beliebte ܓܠܘܣܩܡܐ findet sich vereinzelt auch im Syrischen ܓܠܘܣܩܡܐ s. LAND, Anecd. III, 80, 2; 83, 18; 93, 3¹; 97, 26; 99, 2. Veränderungen der Bedeutung, wie dass איאר ἀήρ² im Mandäischen gewöhnlich „Aether" bedeutet, können nicht auffallen. Eigenthümlich ist es, dass מארגנא = ܡܪܓܢܐ μάραγνα den „Olivenstab" des Priesters bezeichnet, vgl. PETERMANN, Reisen II, 119.

Die wenigen lateinischen Wörter wie קינדילא = קאנדילא = ܩܢܕܝܠܐ, κάνδηλα³ candela sind natürlich durch griechische Vermittlung zu den Aramäern gekommen. Die weite Verbreitung grade dieses Wortes[4] zeigt sich darin, dass es auch im Arabischen gebraucht wird.

Eine viel wichtigere Rolle spielt im Mandäischen das persische Element. Einige Lehnwörter aus dem Iranischen haben sich schon in sehr

---

1) An der entsprechenden Stelle steht bei Dion. Telm. 177, 15 die Form mit *q*.

2) Das durch's Aram. weit verbreitete griechische Wort ist auch in's Arabische aufgenommen; s. über die Formen (هَبّ, اير) Kâmil 464, 13 f. Die Bedeutung „Lufthauch, Wind", welche es im Arab. hat, kennt auch das Mandäische.

3) So Pseudocallisthenes ed. MÜLLER III, 28 (142ᵃ, 2); bei Malala (ed. Ox.) I, 346 der Plural κάνδηλα.

4) Welches ausnahmsweise weder eine militärische noch administrative Bedeutung hat wie fast alle andern lateinischen Wörter, die in's Aramäische (und Arabische) eingedrungen sind.

früher Zeit durch das ganze aramäische Sprachgebiet verbreitet; so z. B. פתגם (mandäisch פוגדאמא), רָז, זִיו (persisch *zêb*, vgl. *zêvar*; in's Arabische als زِيّ „Staat", „Kleidung" aufgenommen). Die syrische Schriftsprache gebraucht sehr viel persisches Sprachgut. Noch zahlreicher müssen diese Fremdlinge natürlich in den babylonischen Dialecten sein. Das Mandäische enthält viele Wörter persischen Ursprungs, welche wir nicht leicht sonst im Aramäischen antreffen. Diese Fremdwörter sind theils in älterer, theils in jüngerer Zeit entlehnt. Wie im Syrischen zeigen sie aber in der früheren mandäischen Literatur oft eine etwas alterthümlichere Form als die neupersische. So finden wir hier noch durchgehends die mittelpersische Endung auf *k*, welche im Neupersischen abgefallen ist z. B. נישאנקא „Zeichen" (نِشان); פארואנקא „Bote" (پَروانهٔ)[1]; דאנקא „Obolus", eigentlich „Korn" (دانهٔ)[2]; בונכא „Fundament" (بُنهٔ s. S. 379 Anm. 3), und dahin werden auch gehören סראדקא „Zeltdach"[3] und גראמכא „feines Mehl" (syr. ܓܪܡܚܐ), deren Grundform ich nicht kenne. Eine Nisbabildung mit *k* s. S. 141 Z. 6. Aehnlich ist עצטוּג „elend" I, 389, 23 = pehlevi סתוך (neupersisch أُسْتُوهٔ, سُتْوهٔ). — Das nur als Attribut zu מיא „Wasser" vorkommende סיאויא („das schwarze Wasser") hat hinten noch das *v*, wie im Avesta *sjâva*, während im Pehlevi schon wie im Neupersischen סיאה ist. Alterthümliche Lautverhältnisse zeigt u. A. auch noch פאדאשאר „Herrschaft", in den Pehleviinschriften פאתהשתרי s. Haug, Essay on Pahlavî p. 71, vgl. im Buchpehlevi פאתהשה „Herrscher" s. Hoshangji's Glossar s. v., wofür neupersisch *pâdhšâh*[4]. Die Erweichung der Tenuis *t* zur Media *d* (*dh*) zwischen zwei Vocalen in jener mandäischen Form ist wieder eine jüngere Erscheinung, die sich aber wohl auch in Iran

---

1) S. Lagarde, Abhh. 76 f.

2) Ebend. 32 f. Das aramäische Wort für diese Münze ist מעא „Kern", das hebräische גרה „Korn". Vgl. نواة „Dattelkern" als Gewicht für Edelmetall (Kâmil 658).

3) Die von den Arabern gegebne Ableitung des Wortes سُرادِق von سرايپردة ist nicht wohl möglich. Entsprechen würde ein neupersisches *سرادة (oder *سراية?).

4) Vgl. das mundartliche اخشيد *ikhšêdh* für *šêdh* aus *khšêta* (*khšaêta*) u. A. m.

schon zur Sasanidenzeit vollzogen hat. Auch die weitere Erweichung eines zwischen Vocalen stehenden *p* durch *b* zu *v* finden wir schon in אואר aus *apar* = آوار s. S. 305 [1]. Eine jüngere Form zeigt auch פאימאניא I, 217, 6 (Plur.) = يَيْمان aus *patmân, padhmân*, während das in sehr früher Zeit aufgenommene פתגם (mandäisch in פוגדאמא umgelautet) noch das *t* bewahrt hatte (neupersisch يَيْغام). Man wird schon aus diesen Beispielen sehen, dass das Mandäische auch für die iranische Lautgeschichte von grossem Belang ist.

Ein allem Anschein nach iranisches Wort, welches besondere Beachtung verdient, ist מאנא, das ich etwa mit „Geist" (oder wohl noch besser mit „Intelligenz") übersetzen möchte (z. B. in מאנא רבא דעקארא „der grosse Geist der Herrlichkeit", Name des höchsten Gottes, und in מאנא אנא דהייא רביא „ich bin ein Geist vom grossen Leben", wie so oft die auf die Erde gekommene Seele spricht); ich weiss keine genau entsprechende Form im Mittel- und Neupersischen, aber die Abkunft von der Wurzel *man*, der Zusammenhang mit dem pâzendischen *manídhan, manišn* (neupersisch مَنِش) und mit *mainjô* (für *manjô*, so dass die jüngere Form eigentlich *mani* lauten müsste) scheint mir kaum zweifelhaft.

Auch bei iranischen Wörtern haben die Mandäer die Bedeutung zuweilen specialisiert oder gradezu abgeändert. Vgl. z. B., was ich

---

1) Die verschiedenen Weisen der Behandlung eines anlautenden *va, vi*, welche wir im Neupersischen kennen, kommen alle auch im Mandäischen vor; aber sie lassen sich auch sämmlich schon an Eigennamen aus viel älterer Zeit nachweisen. Wir haben so die Beibehaltung in וארזיא „Saaten" (neupersisch وَرْز, بَرْز); die Verwandlung zu *ba* in באסתירוקא „Prachtkleid" (pehlevi וסתרג, pâzend *vastarg*, neupersisch بستر, s. LAGARDE, Abhh. 23); באהראן, ביהראם aus *Varahrân*, resp. *Verethraghna* (neupersisch بهرام); die Verwandlung zu *gu* in גוזרא „Keule" aus *vazr* (so noch im Pâzend), (neupersisch گُرْز mit Umsetzung); גושתאסף = Vîstâspa (كشتاسب). Endlich finden wir dafür *u* in ܥܪܫܢܐ „Hengst" aus *waršni* (neupersisch كُش) s. LAGARDE, Abhh. 11 und was ich Z. d. D. M. G. XXVIII, 95 f. gebe. — Den Wechsel von *r* und *l* zeigen שאהריאליא = קאלאזאר = كارزار s. S. 305; „Könige" I, 386, 1 von شهريار, während Theophanes (ed. Bonn.) S. 500 umgekehrt Σαλιαρός (Eigenname des Vaters des letzten Jezdegerd) hat.

S. 389 Anm. 1 über דראפשא = دَرَفْش sage, sowie was S. 418 Anm. 1 über das in eine semitische Wurzel herübergezogene פארואנקא bemerkt ist.

Uebrigens kann ich mit meinen beschränkten Kenntnissen gar manches Wort, das iranischen Ursprungs zu sein scheint, nicht in seiner heimathlichen Form nachweisen.

Die Zahl der Entlehnungen aus dem Persischen nimmt nun in jüngeren Schriften immer zu; diese neu aufgenommenen Wörter zeigen durchgängig rein neupersische Formen z. B. מירא „Frucht" = ميوه (nicht מירך wie im Pehlevi).

Arabische Wörter enthält die ältere Literatur, abgesehen von den Eigennamen אבדאלא = عبد الله; מאהאמאד = حمّد u. s. w. fast gar nicht. Die einzigen, welche mir sicher zu sein scheinen, sind folgende:

מאלא „Vermögen" II, 129, 11 (wo vielleicht ursprünglich ein anderes Wort stand), מאלאן „unser Vermögen" DM 45ᵃ = مال.

הוס = حَوْض „Bassin" 3 mal in DM, und so ist auch wohl האוסיא I, 216, 14 zu erklären.

הינא = حِنّاء „Henna" DM 29ᵃ; 32ᵃ in einer Polemik gegen die Muslime, welche dies Kraut gebrauchen[1].

In der zweiten Periode nimmt die Zahl der arabischen Lehnwörter schon zu. Wir finden da z. B. טילבית „ich forderte" von طَلَب (wie persisches طَلَبيدن) Cod. Par. XIV nr. 80 im Parallelismus zu בְּעִית = בית.

מאקאטיעיא = مقاطيع Cod. Par. XI fol. 21ᵇ.

נאציפא „Tuch zum Verhüllen" = نصيف Qol. 20, 10; Ox. III, 66ᵃ u. s. w.

תאפסיר = تفسير Cod. Par. XIV u. s. w.

In den letzten Perioden nehmen dann die arabischen und persischen Wörter einen immer weiteren Raum ein und das einheimische

---

1) Ueber יא und הום, deren Aehnlichkeit mit arabischem يا und ثمّ leicht zu falschen Schlüssen führen könnte, s. S. 80 f. und 204.

Sprachgut wird von dem fremden fast verdrängt. Aber das gilt noch durchaus nicht von der älteren Literatur. Denn wie zahlreich in dieser auch die Wörter persischen Ursprungs sind, sie enthält doch nicht so viel fremde Elemente wie die meisten syrischen Schriften mit ihren massenhaften Entlehnungen aus dem Griechischen.

Schliesslich noch ein Wort über die mandäische Schrift. Dieselbe ist aller Wahrscheinlichkeit nach in Babylonien selbst durch allmähliche Umwandlung der aramäischen entstanden. Ziemlich nahe steht sie der Schrift auf den vorsasanischen Münzen Iran's und den ältsten Formen des Pehlevialphabetes, wie es auf den Inschriften erscheint, namentlich der zweiten Gattung (s. g. Chaldaeo - Pehlevi). Die Abweichungen sind zum Theil durch die Verwendung als Cursivschrift bedingt [1]. Hätten wir mandäische Documente aus viel älterer Zeit, so würde die Aehnlichkeit vielleicht noch bedeutend mehr hervortreten; doch spricht allerdings Manches dafür, dass der Schriftcharacter unserer älteren Handschriften schon seit längerer Zeit im Wesentlichen unverändert in Uebung war.

---

1) Das Einzelne muss ich einer besonderen Abhandlung vorbehalten.

ERSTER THEIL.
Schrift- und Lautlehre.
I. Schriftlehre.

Das mandäische Alphabet, ein Abkömmling des alten aramäischen, § 1. besteht wie dieses aus 22 Buchstaben. Denn wenn die Mandäer auch die ursprünglichen Laute des ח und ע verloren haben, so verwenden sie die entsprechenden Schriftzeichen doch anderweit. Die Zahl 22 sowie die Beibehaltung der alten Reihenfolge, mit einziger Ausnahme der Umsetzung des ה und ח (s. § 62 Anm.), wird schon durch die alphabetischen Lieder (I, 247 ff. und Par. XI) gesichert. Ob die Mandäer früher auch die alten Buchstabennamen alef, bêth u. s. w. gebrauchten, lässt sich nicht erkennen. In neuerer Zeit scheint man einfach â, bâ, gâ, dâ u. s. w. zu sagen, denn in der Unterschrift von Par. VIII vom Jahre 1102 d. H. (beginnt 5. October 1690) heisst es אלפאן אבאגאדא „lehre mich das Alphabet" und weiter: „und er lehrte mich" אבאגאדא. Dazu stimmt das von Wright, Cat. cod. syr. 1216ᵇ wiedergegebene mandäische Alphabet א בא גא וש׳ mit dem vom Obersten Taylor nach Anleitung eines Mandäers darüber geschriebenen *A Bā Vā Gā Ghā* u. s. w.

Im „Diwan" (Par. XIV) vornean ist seltsamerweise von 24 Buchstaben die Rede אסרין וארבא הוגיאניא דאבג[1]. Man darf diese Zahl vielleicht daraus erklären, dass man das Relativwort ד als eignen Buchstaben rechnete und das arab. ع mitzählte, das in späterer Zeit zur Bezeichnung des ʿAin-Lautes (welcher dem Mandäischen verloren gegangen war)

---

1) Syrisch ist ܗܓܝܐ allerdings „Silbe", doch ist die Bedeutung „Buchstab" hier klar. Sie kommt auch AM 183 vor (bei der Berechnung der Buchstabenwerthe). Vgl. übrigens ܗܓܝܐ ܠܡܐܠܦ „lesen zu lernen" Ephr. III, 203 C.

in arabischen Wörtern verwandt wird. Das älteste uns bekannte Beispiel ist im Texte von DM 29ᵃ ع‎אבדאלא, während die Handschriften des Sidrâ Rabbâ noch stets אבדאלא für عبد الله schreiben. Jenes ع könnte aber immerhin erst von einem Abschreiber herrühren. Im Text des AM und in den Unterschriften der Codices ist dies ع bei Eigennamen und selbst im Alphabet gar nicht selten, vgl. ع‎ילים = علم AM 189; ‎שׁיעׅיר = شعر AM 181; ‎ע‎נאיע = صنايع ebd.; ع‎אמאי „meine Tante" (عمّة) Q. 61, 2; ع‎אויז = عزيز ebd. u. s. w.

In den jüngsten, mehr oder weniger in modernem Dialect geschriebenen Stücken finden wir auch noch andere Bezeichnungen arabischer und persischer Laute, nämlich שׁ für چ und הׄ für ج‎ͨ, כׄ für خ. So schon in der Unterschrift von Par. X (von 978 d. H., beginnt 15. Juni 1570) ‎פאנשׁיא = پانچی und ‎שׁארים = چهارم) چارׄם); בולפאראשׁ‎ = ‎מהׄאמאד = محمّد in der Unterschrift von Par. XI (von 1026 d. H. = 1617). Andere Beispiele s. in Wright's Catalog 1213 ff. Sogar ‎יטשאסאר für das echt mandäische ‎עתשאסאר „neunzehn" (s. § 152) findet sich in Par. VIII (von 1105 d. H., beginnt 2. Sept. 1693). Seltener ist כׄ z. B. ‎כׄימיר = خمر „Wein" AM 180; ‎כׄאן = خان Q. 73, 21. Daneben werden übrigens die einfachen Zeichen שׁ für چ, ה für ج, כ für خ gebraucht. So findet sich z. B. öfter בולפאראשׁ‎ = بو الفرج mit שׁ als mit שׁ̇; ferner so ‎שאייז = جايز I, 395, Z. 15 u. s. w. In älterer Zeit kannte man jene diacritischen Puncte nicht. Die Mandäer begnügten sich damals auch wohl damit, die fremden Laute annähernd, nicht genau, auszusprechen z. B. שׁ oder צ für ج u. s. w. ganz wie die Syrer[1]. Jene Unterschei-

---

1) Bei einigen Wörtern scheint mir jedoch ein alter Versuch vorzuliegen, das چ und ج durch eine Combination von דש und טש darzustellen. So ist der Name I, 383, 12 ‎דאשאמשיר (Var. ‎דאשמשיר, lies ‎דשאמשיר) = جمشيد; I, 390, 12; 392, 17 ‎האנדשמאן, ‎האדשמאן (und andere Varr.) = hanǧaman انجمن. Aus der starken Entstellung I, 383, 9 lässt sich mit Sicherheit der Name خماي چهرزادان erkennen, in welchem ج durch טש oder טאש dargestellt ist. Endlich ist auch Q. 50, 25 vielleicht aus ‎בית הודשאייא

dungen wurden erst ein Bedürfniss seit der Ueberschwemmung mit arabischen Wörtern, von welcher die älteren Schriften noch ganz frei sind.

Nur im Glossar, welches kein rein mandäisches Erzeugniss, finden wir noch besondere Bezeichnungen für ض u. s. w.

§ 2. Neben diesen 22 Buchstaben gebraucht das Mandäische keine orthographischen Hülfszeichen. Dem Bedürfniss nach deutlichem Ausdruck der Vocale wird genügt durch regelmässige Anwendung des Vocalbuchstaben. Im Mandäischen ist nämlich die in den aramäischen oder unter aramäischem Einfluss stehenden Schriftsystemen erscheinende Tendenz[1] reichlicher Anwendung von Vocalbuchstaben durchgeführt. Grundregel ist: alle deutlichen Vocale werden durch Vocalbuchstaben bezeichnet. Ueber die wenigen Ausnahmen s. § 11.

§ 3. Als Vocalbuchstaben dienen die Halbvocale ו י und die ursprünglichen Gutturalen א ע. Im Grunde kann man auch das ה ﻕ als eine Art Vocalbuchstab ansehen; doch ist es zunächst eine etymologische Reminiscenz (§ 62).

1) Im Anlaut bezeichnet א neben dem Vocal a $â$ noch zugleich den Spiritus lenis ohne Unterschied der Entstehung: אמאר = אָמַר dicit; אביד = עָבַד; אמריך = אָמְרִין; אבדיא = עָבְדִי faciunt; ארבא = אַרְבַּע „vier" und = עַרְבָּא „Schiff"; אשכית = אֶשְׁכְּחֵת „ich fand" u. s. w. In- und auslautendes a $â$ ist א: שאכיב = שָׁכֵב; הואת = הֲוָת; קאל,

---

(vgl. die Varr.) *bêth Hûǧâjê* herauszulesen; dieser Name kann ja ebenso gut mit چ wie mit ج oder ﮋ geschrieben werden.

1) In der gemeinen syr. Schreibweise wird bekanntlich schon jedes lange oder kurze u plene geschrieben; zuweilen, namentlich in Fremdwörtern, auch schon $ĭ$. Aehnlich ist es im Christlich-Palästinischen (Z. d. D. M. G. XXII, 447 ff.), wo aber auch schon aramäisches $ĭ$ und selbst $ă$ in Plenarschreibung vorkommt. Noch weiter geht die Verwendung von Vocalbuchstaben in jüdischen Schriften. Von da ist nur noch ein Schritt zur Regelmässigkeit, die wir im Mandäischen sehen. — Die ursprüngliche Beschränkung der Plenarschreibung auf lange Vocale findet sich noch ziemlich in der palmyrenischen und nabatäischen Schrift, vollständig in der arabischen, welche auch dadurch, dass sie das inlautende $â$ in älterer Zeit oft unbezeichnet lässt, ihren Ursprung aus der nabatäischen bekundet.

קאלא = קָל, קָלָא; הוא = הֲוָא (הֲוָה); בכא = בְּכָא; מאלכא = מַלְכָּא;
מאשכא = מַשְׁכַּח; עתאכשאל = אִתַּכְשַׁל „strauchelte"; מאן = מַן u. s. w.

§ 4. 2) Anlautender *Spiritus lenis* mit *i e* ist ע: עלאנא = אִילָנָא „Baum"; עת = אִית; עקארא = ܐܝܩܪܐ, עדא = ܐܝܕܐ „Hand"; ܝܕܰܥ, ܐܝܕܰܥ „wusste"; ܐܺܕܰܥ „ich weiss"; עתיב = ܝܬܶܒ, ܐܝܬܶܒ „sass" und ܐܺܬܶܒ „sitze"; ערא „glänzend" (von יהר); עמאר = ܐܶܡܰܪ „ich sage"; עבאר = ܐܶܥܒܰܪ; עמא = ܐܶܡܳܐ „Mutter"; עבד׳ת feci u. s. w. Aus den ersten Beispielen dürfte ziemlich sicher erhellen, dass dies ע nicht auf den E-Laut beschränkt ist. Man müsste sonst ohne zwingenden Grund annehmen, dass im Anlaut immer *e* aus *ji*, *î* geworden wäre. Einigemal finden wir übrigens anlautendes *î*, *ê* durch עי ausgedrückt. So עית für und neben עת = ܐܝܬ (vgl. z. B. die Varr. zu I, 25 ff.; 29, 12 f.; die besten Handschriften wechseln hier ab). Ferner einigemal עיל = אֶל; עיל עיל = אֶל אֶל; עין האי = עֵין חַי. Dem entsprechend in den Zusammensetzungen mit אֵל gewöhnlich עיל, doch vgl. סראייל I, 120, 15 f. neben סראעיל = ישׂראל.

Treten vor so anlautendes ע die präfigierten ולב, so pflegt das ע zu bleiben, also בעדאך ܒܐܝܕܟ „in deiner Hand"; לעקארא = ܠܐܝܩܪܐ; לעלאנא, ועלאנא = ܠܐܝܠܢܐ, ܘܐܝܠܢܐ; ועבדאת = ܘܥܒܕܬ; ועמרא = ܘܐܡܪܐ „und Sagen", u. s. w. Einzeln ist auch hier עי z. B. ועידאיהון „und ihre Hände" I, 56, 12 (aber A und B ועד׳); so öfter לעיל für und neben לעל ܠܥܠ (vgl. I, 269, 1; Q. 29, 29).

Zuweilen, jedoch nicht häufig, fällt aber nach diesen Vorsätzen das ע weg z. B. בילאנון „in ihrem Baum" I, 9, 2; ביבליא = ܒܒܒܠ I, 301, 14; II, 35, 9; ביסורא = בְּאֵסוּרָא I, 340, 10 (Var. בעס׳, בעסור׳) u. s. w.

Im Inlaut ist *î ê* regelmässig י: זיוא = ܙܝܘܐ; בריך = ܒܪܝܟ; רישא = רֵישָׁא; פירא = ܦܐܪܐ „Frucht"; האויך = ܗܳܘܶܝܬ; נימאר = ܢܺܐܡܰܪ; ניבאר = ܢܶܥܒܰܪ; נישמא = ܢܶܫܡܬܐ; הינון = הִנּוּן u. s. w.

Auslautendes *î ê* erhält stets noch ein א hinter dem י[1]: ליא = לִי; מיתראהביא = מִתְרַהֲבֵי (מתרהבין); צביא = ܨܒܐ; דניא = ܕܢܚ; אסגיא

1) Wenn das א ganz einzeln (ich habe höchstens 4 Fälle bemerkt) fehlt, so ist das ein blosses Versehen, wie denn auch wohl andere, nothwendigere Buchstaben von den Abschreibern weggelassen werden.

= נוכראייא ;בְּנֵי = בניא = ܒ݁ܢܰܝ̈; קאריא = ܩܳܪܶܐ; „geh" „ging" = אַסְגִי, אַסְגֵי = ܐܰܣܓܺܝ u. s. w.

Dies א fällt aber sofort ab, wenn ein Encliticum antritt; also ܗܳܘܐ = ܗܘܳܐ; הוילאן = ܗܘܰܝܢܰܢ, aber ניהוילוך = ܢܶܗܘܶܐ ܠܳܟ݂, ניהויא = ܢܶܗܘܶܐ u. s. w.

Ein יא am Wortende kann aber auch *jâ* bedeuten; so ist היא = ܚܝܳܐ „lebte". Man kann daher nur aus dem Zusammenhange erkennen, ob man האריא zu sprechen hat הָוֵי oder הָוְיָא¹ u. s. w.

Ueber die Verwendung von ܔ siehe § 62.

Nicht selten tritt, und zwar gleichermassen bei *i* und bei *e*, für § 5. י im Inlaut oder für יא im Auslaut als rein graphische Variante ע auf. Durchaus geschieht dies in הע = הִסֵ „sie". Beliebt ist diese Vertauschung nach den Consonanten נ, כ, פ, צ, welche alle einen weit nach unten gehenden spitzen Winkel (∨) bilden; es ist also nur ein besonderer calligraphischer Gebrauch. Vgl. נעהא = ܢܶܗܐ I, 103 ult., 105, 1; ܣܢܶܥܩܺܝܰܐ = ܣܢܺܝܩܳܐ I, 286, 3; נעכול = ܢܶܐܟ݂ܽܘܠ „isst"; אנען = אניך „wir"; נעתיאאר = ܢܶܬܬ݁ܥܺܝܪ „er wird erweckt"; נעכלא = ܢܶܟ݂ܠܳܐ „List"; נעזאל = ; ܢܰܣ̈ I, 293, 21; זנע = זְנֵי „Arten"; כעלא = ܟ݁ܰܝܠܳܐ „Maass"; ܢܰܥ = נַע; אפכין = אָפְכִין Ox. III, 23ᵃ; מלאכע = ܡܰܠܰܐܟ݂ܳܐ „Saturn"; בֵּירָן = כעואן; וואצאצע = וַחֲצָצֵי „und Kiesel" u. s. w. נפעש = נְפִיש „viel" (öfter). Ferner vgl. זעפא = ܘܰܐܦ݁ܳܐ „Falschheit" I, 232, 21; לעויאתאן „Leviathan" I, 233 ult.; ליתלה = לית לה I, 31, 21; לע „mir" u. s. w. In allen diesen Fällen findet sich aber die Schreibweise mit י, resp. יא, daneben, zum Theil als Var. zu derselben Stelle, zum Theil viel öfter. Aber nur הע „sie".

Beliebt ist nun dieses ע noch, wo mehrere *i* und *j* zusammenstossen. So סבעיא = סְבִיעָא = רקיעא = רְקִיעָא; זרעיא = נבעיה = ܢܒ݂ܰܥܬ݂ܳܐ I, 133, 13; מיתבעיא = ܡܶܬ݂ܒ݁ܰܥܝܳܐ II, 4, 10; זְרִיעָא; שריאן* = שָׁרְיָאן „wohnend" (Pl. f.); נבעיא = נְבִיאֵי „Propheten" I, 287, 12; קריאן* = קריעא קרעיא Ox. III, 44ᵇ; מצעיית =

---

1) Die Hinzufügung des א zur Bezeichnung des auslautenden *î*, *ê* ist ein ähnlicher Luxus wie im Arabischen die Schreibweise او für auslautendes *û*, *au*, welche aber weniger zu Verwechslungen Anlass giebt.

اَنَا عَيِّ I, 164, 3. Fast ausnahmlos haben wir so טעיא „Irrthum" (doch auch טייא und טיעיא Q. 9, 22). Für יָאא jâjê „schön" finden wir יאייא, יאיע, יאעיא, יאע und selbst יאיעי (vgl. die Varr. zu I, 3, 11; Ox. III, 21ᵇ u. s. w.). So auch יאיעלון, יאעלון u. s. w. = יָאא להון I, 316, 16; יאיעין, יאעין, יאען = יָאן I, 177, 17. Bei einigen dieser Wörter kommt man fast auf den Gedanken, dass das ע sich aus einer Zeit erhalten hat, in der es noch lautbar war. Da es sich aber ebenso in Wörtern findet, welche nie ein consonantisches ע hatten, so ist das als Täuschung anzusehen; dass das ע oft in Wörtern mit radicalem 'Ain geschrieben wird, erklärt sich daraus, dass grade in solchen jene Häufung der Laute i und j leicht vorkommt.

Der Luxus der Schreibart יעי, יע für einfaches ע oder י, den wir eben in טיעיא, יאעיא u. s. w. fanden, kommt auch sonst noch einigemal vor. So צבעייא, צבעיא für einfaches صَبِيّ II, 112, 17, 23; 113, 3 (Var. צביא), welches wohl auf einer Verwechslung mit dem Plural beruht; ferner אנאשיע = اَنْتُ I, 49, 18 (AB); ראכשיע = اَسْمَ I, 386, 8 (die Londoner Codd. ראכשיא); עניאנעיא = لَحْنَ „Gesänge" Ox. III, 102ª; אנאניעא = لَحْنَ Par. II, 186ᵇ. Diese drei Fälle erklären sich aus missbräuchlicher Vereinigung zweier möglichen Schreibungen, also עניאניעא = עניאנע oder = עניאניא¹. Im An- und Inlaut haben wir so noch einzelne עייה neben עיה und עה = اَنْتَ; לעייל neben לעיל und לעל; ניעיול = نَخَلَ (etwa nejol gesprochen) Ox. III, 18ª für נייול oder לעיול, wie Par. XI an der Stelle hat; ניעכול = تَاْكُلُ „isst" I, 105, 2 B (PETERMANN verzeichnet die Var. aus D); ניעהות = تَسُمَ I, 70, 16 B; כיעלא = قِيلَ I, 202, 22 B; כיען = كَذَ I, 269, 3 B (die anderen כען) u. s. w. In einigen dieser, immerhin ziemlich seltnen, Fälle kann man wieder das Zusammenfliessen zweier möglicher Schreibungen annehmen; zum Theil aber sehen wir hier eine blosse orthographische oder calligraphische Laune. Das gilt auch von זאכעיין, זאכיען, זאכעין u. s. w., die oft in der Schlussformel זאכין הייא (oder הייא זאכען) = سَمَا أَتَمَ „das Leben siegt" vorkommen.

---

1) Wie sich anderswo einmal דובפשא für דובשא oder דופשא „Honig" findet.

3) Anlautender Spiritus lenis mit *u, o* ist עו: עוראיתא = ܐܘܪܳܝܬܳܐ § 6. „Thora"; עור = אור (Name des schlimmsten Teufels, aus dem hebr. אור „Feuer"); עו = או „oder"; אודנא = אוּדܢܳܐ „Ohr"; עומקא = ܥܘܡܩܐ „Tiefe"; עומצא = אוּמܨܳܐ (talm.; von עמץ) „Bissen" u. s. w.

Dies עו kann aber unter Umständen auch *ew, iw* bedeuten z. B. עודון = *ebhdûn(i)* d. i. *אֲבַדּוּנִי „verliessen mich"; עוירא = ܥܘܝܪܐ „blind".

Nach den Präfixen בל und לב bleibt das ע: לעומקא = ܠܥܘܡܩܐ; ועותריא = ܘܥܘܬܪܐ „und die Uthra's".

Im Inlaut ist *u, o* bloss ו: רוהא = ܪܘܚܐ; לבושא „Kleid"; טופאניא „Sündfluthen"; יומא = יוֹמָא „Tag"; קום „stehe auf"; כולהון = כֻּלְהוֹן; נישכוב „liegt"; נוכראיא = ܢܘܟܪܝܐ „fremd" u. s. w.

Ebenso im Auslaut: דמו = ܕܡܘ „Gestalt"; אקו = ܐܩܘ „Noth"; קרו „riefen" u. s. w.

Die Diphthongen *au* und *ai* werden (im Anlaut mit Einschluss des § 7. Spiritus lenis) durch או, אי wiedergegeben. Ob in der Aussprache noch ein Unterschied zwischen *âu, âi* und *au ai* gemacht ward, lässt sich nicht sagen; orthographisch ist hier keine Verschiedenheit. Vgl. איתיא = ܐܝܬܝ „brachte"; איבא = ܥܝܒܐ „Nebel"; אילא = עָיְלָא „sie tritt ein"; אותיב = ܐܘܬܒ „setzte"; אולא = ܥܘܠܐ „Frevel"; מאיתיא = מכאסאי = ܡܟܐܣܝ [1]; מאותיב = ܡܐܘܬܒ „sterben"; und ܡܐܬܐ „bringt" מאלכאי = ܡܠܐܟܝ; הזאי = ܚܙܝ; לאו = ܠܐܘ „sieh" (fem.); לָאו „nicht" [2].

Als Diphthong ist auch wohl *ew (eu)* anzusehn in Wörtern wie אבדוני* = ליויאתהאן = לְוְיָתָן; עודון (§ 6). Ferner das nur im Auslaut vorkommende *ûi* (vielleicht unter Umständen auch *ôi*), welches wie auslautendes *i e* mit Zusatz eines א geschrieben wird ויא z. B. אבויא

---

1) Auch Formen wie האויא = הָוְיָא „sie ist" wird man hierher ziehen dürfen, da das *w* hier schwerlich consonantisch geblieben ist.

2) Der Diphthong *âi* scheint im Auslaut einigemal איא geschrieben z. B. קאדמאיא = ܩܕܡܝܐ s. § 217. Doch ist hier vielleicht gradezu der Uebergang in eine andere grammatische Form. Für die Endung איא *âjâ* finden wir nicht selten אייא s. § 121 Anm.

קיריויא = „riefen ihn" u. s. w.ניטרויא = נטרוי „bewahrten ihn"; אבוי = „sein Vater";

§ 8. Schwer ist zu sagen, wie weit die blossen Vocalanstösse (*Schwa mobile*) bezeichnet werden. Allerdings finden wir im Mandäischen nicht selten ursprünglich kurze Vocale in offenen Silben, welche die syrische Schrift nicht ausdrückt; wir können aber nicht wissen, ob die Mandäer hier nicht wirklich einen vollen Vocal sprachen, ja ob hier nicht unter Umständen (wie im Hebräischen) gar Längen entstanden sind. Wir thun daher besser, hier Fälle unerwarteter Vocalbewahrung zu sehen, und sie in der Lautlehre zu behandeln (§ 27). Aber freilich bleiben wir geneigt, bei Schwankungen wie zwischen קולאלא und קלאלא „Schlinge" u. s. w. vorne nur einen halben Vocal anzunehmen, hinsichtlich dessen die Schrift nicht recht wusste, ob sie ihn bezeichnen sollte oder nicht.

§ 9. Obgleich die Häufung von י (oder ײַ und יִ) nicht vermieden, ja mitunter ganz unnöthigerweise geflissentlich herbeigeführt wird (§ 5), so tritt doch zuweilen im Gegensatz zu jener luxuriösen Schreibweise grade auch bei י und ו eine Ersparung ein. So finden wir einzeln ניול für נייול *nejol* = ܢܶܟܦܳܐ. Aehnlich ist מהאיא für מהאייא ܡܰܫܡܰܥ Ox. III, 27ª, 28ª. Doch sind dies Ausnahmefälle. Häufiger ist או statt אוו z. B. ושאורבין = ושאורבין statt בהין וְשַׁוִּי I, 110, 24 (2 mal); נישואנאן = ܢܰܣܦܶܬ݂; ניהאון = ܢܰܣܦܶܗ I, 316, 5 und andere Fälle von שַׁוֵּי und חַוֵּי[1].

§ 10. Ein ו fällt zuweilen aus oder ist wenigstens nur *implicite* vorhanden in Folge des leidigen Schwankens der drei- und zweizackigen Gestalt des ה und צ (ܗ und ܗ; ܨ und ܨ). Bei anlautendem ה ist, meinen Beobachtungen in Handschriften und guten Nachzeichnungen zufolge, nie sicher zu sagen, ob nicht davor ein ו steht; das sonst durchweg kräftig geschriebene ו wird vor ה sehr oft bloss durch eine kleine Zacke ausgedrückt, welche ebensogut als Theil des ה selbst

---

1) Hierbei ist zu bemerken, dass, wo mehrere ו und י zusammenkommen (in Fällen wie עשתאיריא d. i. אֶשְׁתַּעֲיוּרִי = אשתעויי „erzählen"; שאוריא = שַׁוְּירוּ „machten ihn") durch Weglassung und Versetzung der kleinen Buchstaben viele Verschreibungen vorkommen.

angesehen werden kann, und andererseits wird auch ein anlautendes ה
ohne ו davor oft mit einem ziemlich hohen perpendiculären Strich
angefangen, den man zunächst für ein ו halten würde. Im Inlaut ist
das zweizackige ה häufiger, so dass man bei drei Zacken gewöhnlich
וה oder הו zu lesen hat; doch kommt auch da das dreizackige nicht
selten vor, während auf der anderen Seite das zweizackige zuweilen
ein ו mit in sich schliesst. So finde ich in den besten Handschriften
das הו von כולהון durch 4, 3 und 2 Zacken ausgedrückt. Aehnlich
ist es bei inlautendem und oft auch bei anlautendem צ, für welches
letztere aber auch eine besondere, von dem mit ו versehenen deutlich unterschiedene, Form vorkommt[1]. Man kann sich denken, dass
hier leicht Versehen unterlaufen, wenn es einem Abschreiber einfällt,
eine Form dieser Buchstaben in seiner Vorlage mit einer anderen zu
vertauschen, ohne genau zu überlegen, ob darin auch ein ו steckt oder
nicht; zuweilen thut er dann auch wohl ein ו fälschlich hinzu. Wirklich unbequem wird aber nur die Unsicherheit wegen des anlautenden ו[2].

§ 11. Sporadisch fehlt auch wohl sonst noch ein Vocalbuchstabe, namentlich in gewissen Handschriften. So finde ich in Weim. משכא für
מאשכא = מַשְׁכַח; I, 29, 9 hat A קרסאיא für קירסאניא, wie B richtig
liest (qêrsânê „Kranke"). Aber das sind vereinzelte Nachlässigkeiten;
man darf darin durchaus nicht etwa eine alterthümliche Sparsamkeit
sehen. Grade in ganz schlechten modernen Stücken, wie in dem Glossar (und dem Text bei Thévenot, Rel. de divers voyages Tome I.) hat
diese Defectivschreibung (durch arabische Einflüsse?) viel weiter um
sich gegriffen.

Ein wirklicher Rest alterthümlicher Schreibweise ist dagegen die
Defectivschreibung einiger kurzer, sehr häufiger, und daher keiner

---

1) Es ist die durchweg von Petermann angewandte.

2) Einigemale auch die Schwierigkeit הו (ܘܗ) von וצ (ܘܨ) zu unterscheiden. Jene Unbequemlichkeit ist ähnlich der in der syr. Schrift durch
die rechte Zacke des nach rechts unverbundenen ܩ hervorgerufenen, in welcher event. ein ܒ stecken kann.

Missdeutung ausgesetzter Wörter[1]. Dies sind 1) מן „von" (in B etwa 12 mal מין); 2) בר „Sohn", auch „mein Sohn" = مِنۡ (wofür B I, 337, 2 באר hat); 3) פת „Tochter"[2]; 4) רבא, רביא, „gross, grosse" (einzeln ראבא, immer ראב), auch mit Suffixen רבאיהון neben ראבאיהון (siehe die Varr. I, 275, 4). So auch רבאנאן II, 74, 6 „unsre Lehrer" für sonst übliches ראבאנאן (wie auch dort als Var.), zuweilen רבותא neben häufigerem ראבותא „Grösse"; 5) היא = حَيّ „Leben" (aber mit Suffixen בהאיאך; בהאיאיכון II, 78, 16; 90, 21; האיאריון Q. 22, 27. Auf האייא Q. 74ᵇ, 36, in Minuskelschrift, ist kein Werth zu legen, da unter dem א der Tilgungspunct steht); 6) מיא = مَنۡ „Wasser" (מאיא einigemal in B z. B. I, 12, 18; 212, 16; 337, 12; öfter מאיארון z. B. I, 287, 15 B. C; ja einmal במעייא I, 84, 4 und במעיא eb. Z. 2)[3]. Damit ist aber diese Reihe auch vollständig erschöpft. Ferner werden die Proclitica ולב auch da, wo sie vor einem vocallosen Consonanten stehen, also nothwendig eine Art Vocal haben müssen, meistens ohne Vocalbuchstaben geschrieben. So z. B. ותלאתא „und die drei"; ונהורא = „und das Licht"; לפתאהיל = לְפֶתָחְאֵל „den Petahil"; בדנאב = בְּדְנָב „am Ende" u. s. w.[4] Die Aussprache des ב, ל muss hier etwa be, le sein; dafür spricht, dass gelegentlich hier doch בא, בי; לא, לי vorkommt, vgl. באדבאר Var. בידבאר, בדבאר, „in deserto" I, 382, 1; I, 274, 14 ein Cod., ein anderer בילבאב, die andern בלבאב = كَلۡبِ „in meinem Herzen"; באדמו neben בדמו = كَدَمِهِ „gleichwie"; ליברה

---

1) Es ist wesentlich derselbe Fall wie die Weglassung des ا, welches das â bezeichnet, bei einigen häufigen arab. Wörtern wie هذا, ثلث, الله.

2) Aus Versehen auch פה für פאה = פֵּאָה „sie schrie" I, 212, 16.

3) Die Aussprache rabbâ, hajjê (resp. haijê), welche durch die Analogie gefordert und durch die daneben vorkommenden Schreibweisen gesichert wird, bestätigt auch PETERMANN ausdrücklich. Auch für מיא scheint mir das a nach dem מ durch die daneben vorkommenden Formen ziemlich gesichert; an sich könnte man sonst wohl an eine Zusammenziehung zu mê denken. Eine Singularform ist מאי mâi.

4) Nach falscher Analogie so לשלום „ist zu Ende" I, 369, 3 (B לישלום), wo das ל nicht Präposition sondern Verbalpräfix; und so noch ein paar Mal (§ 166).

= לִבְרֵהּ „seinem Sohn" I, 374, 10; בזמא = בְּדְמָא „im Blut" I, 391, 1; ליהדיסאר „den Elf" I, 380, 20; ביהדאדיא = كَسِرَ‎ (öfter) und so ziemlich oft ״ביה für und neben ״בה u. s. w.

Dagegen kann ich keinen sicheren Fall mit ו belegen [1].

Umgekehrt wird wegen der Gewohnheit, den Vocal nach ולב nicht zu schreiben, mitunter auch der dem nachfolgenden Worte von Haus aus gebührende Vocal weggelassen. So finden wir ברפיליא für ״באר = كَبِضَلْ „in den Nebeln" I, 67, 13; ברקבא (Var. ״באר) „im Scorpion" I, 386, 24; וזדאהאר (Var. ״ועזד) = סְוָרֲנוֹס I, 314, 9; ורמינון = וְאֶרְמִנוּן I, 82, 13 und so nicht selten bei der 1. Pers. Impf. [2].

§ 12. Für eine lebende Sprache ist die mandäische Vocalbezeichnung sehr passend. Die kleinen Unbequemlichkeiten, wie der Doppelwerth von ו und י als Consonanten und Vocale, sind kaum störender als sie im Latein waren, wo auch Niemand VVA anders als *uva*, VIA anders als *via* gelesen hat, obgleich theoretisch noch andere Lesungen möglich gewesen wären. **Man muss gradezu sagen, dass das mand. Schriftsystem alle anderen semitischen an Zweckmässigkeit übertrifft;** denn diese sind alle entweder mehr oder weniger undeutlich oder aber sehr schwerfällig. Letzteres gilt namentlich vom äthiopischen [3]. Anders stellt sich die Sache freilich für uns, die wir mit

---

1) Die Fälle mit לא, בא liessen sich übrigens auch zu § 24 ziehen.

2) Noch weiter geht dies in בלמיהויא I, 276, 10 (von vielen verglichenen Codd. nur B ״ביל), wo gar nicht die Präposition, sondern nur בְעָא למהוי = בא למיהויא „sucht zu sein" ist (Cod. Par. XI, in dem dasselbe Lied vorkommt, hat richtig ״בא למ). So למהארא „nicht Maass" (?) = לא מחרא II, 111, 15 und so noch öfter ל für לא; da aber ja auch das Umgekehrte vorkommt, so ist jenes für blosse Nachlässigkeit zu halten.

3) Wir sahen schon oben, dass das mand. Schrifsystem nur die folgerichtige Durchführung älterer Tendenzen ist. Ich möchte aber kaum glauben, dass erst die Mandäer diese letzten Schritte gethan; was wir sonst von ihnen wissen, spricht nicht dafür, dass sie so verständig gewesen wären. In Babylonien wird dies orthographische System schon sonst üblich gewesen sein. — Wie unrichtig es ist, die mand. Lautbezeichnung mit der äthiop. zusammenzustellen, habe ich in Kürze in den Gött. gel. Anz: 1869 St. 13 S. 504 zu zeigen gesucht.

Schmerzen Zeichen entbehren, welche uns die langen Vocale von den kurzen, *o* von *u*, *e* von *i* unterschieden, geschweige dass wir die feineren Vocalnüancen bestimmen könnten. Für ganz verkehrt muss ich es aber halten, wenn man, ohne eine sichere Ueberlieferung zu haben, mit mehr oder weniger Willkühr durch Hinzufügung von Vocalpuncten die Aussprache genauer bestimmen will. Selbst wenn ich genau wüsste, wie die heutigen Mandäer ihre heiligen Bücher lesen, würde ich das kaum wagen, da es im höchsten Grade unwahrscheinlich ist, dass sie die alte Aussprache ganz treu erhalten hätten. Freilich ein sehr wichtiges Mittel, dieselbe annähernd wieder zu erkennen, wäre die Kenntniss der heutigen Ueberlieferung in dieser Hinsicht allerdings.

§ 13. Sehr störend ist für uns ferner, dass das Mandäische keine Bezeichnung der Consonantenverdoppelung hat. Zusammengerückte Mutae werden allerdings doppelt geschrieben z. B. אהיתתה „ich brachte ihn herab" I, 164, 8; 332, 3; אבהיתתינון „ich beschämte sie" I, 259, 4; שאהיבבה „prangt mit ihr" (שבח) I, 165, 17; עריבבה „dareingemischt" I, 9, 16. Bei Liquidae wird aber selbst bei solcher Zusammenrückung nur der einfache Buchstabe geschrieben wie in כאפיֿנא = ܦܢ ܐܢܐ „ich hungere"; האימאנאבאך „wir haben an dich geglaubt"; מיתגאדאלכון „wird euch geflochten" und manches Aehnliche.

§ 14. Für die Worttrennung gilt auch im Mand. die Regel, dass kein aus einem einzigen Consonanten bestehendes Wort selbständig geschrieben wird. ו ב ל müssen daher stets proclitisch sein. Proclitisch sind ferner קא, קי (§ 261) und meist לא „nicht"; oft יא „o"; zuweilen das fragende מי (§ 161) neben selbständigem מע. Auch das Relativ ד ist gemeiniglich proclitisch, doch wird es z. B. in B nicht selten selbständig geschrieben (wie stets כֿד). Proclitisch bleiben die genannten Wörtchen auch, wenn mehrere zusammentreten z. B. ולא u. s. w.[1] Als Enclitica werden die Präpositionen ב, ל mit Personalsuffixen dem vorangehenden Verbum angeschlossen z. B. ניהויליא = ܠܗ ܢܣܒ; אמארוליא „saget mir"; הימלה = ܐܡܪ ܠܗ „ihm ward heiss"; אבארובאך „sie

---

1) Aber mit vorgesetztem הא haben wir האל als eigenes Wort Q. 4 (mehrmals).

thaten an dir"; קאמבה „standen in ihm" u. s. w. Da diese Wörtchen vielfach auf die Form des vorhergehenden Verbums Einfluss haben (namentlich zur Bewahrung des Ursprünglichen), so muss man annehmen, dass sie wirklich mit ihm zusammen gesprochen wurden, so dass das Ganze ein Wort mit einem Haupton bildete.

Natürlich werden auch sonst zwei Wörter, die formell zusammengewachsen sind, als ein einziges geschrieben z. B. נאפקית ܢܦܩ ܐܢܐ; ܣܡܟ ܠܗܢ = האמיסאר; ܢܦܩ ܐܢܘܢ = נאפקיתון; ܢܦܩ ܐܢܐ = ראבנא.

II. Lautlehre.

1. Vocale.

Vocalveränderungen.

Die Vocalverhältnisse sind im Mandäischen im Ganzen und Grossen § 15. dieselben wie sonst in den älteren aramäischen Dialecten. Zunächst ist aber zu bemerken, dass sich in manchen Fällen ein Schwanken zwischen א und י, seltener zwischen ו und י zeigt. So haben wir גינזאיהון und גאנזאיהון „ihr Schatz"; זאכרא und זיכרא „männlich" (beide häufig); יאהרא und ייהרא = יַרְחָא „Monat" (jenes beliebt in B.); יאהיא und ייהיא Jahjâ (Eigenname); שארשא und שירשא „Wurzel" u. s. w. Die Anlautsilbe מיש' erscheint zuweilen als מאש', nämlich in מאשתימאנא = ܡܫܬܡܥܢܐ „gehorsam" I, 106, 15; 107, 6 u. s. w., Pl. מאשתמאניא Par. XI, 22ᵇ; לאמאשתאניא = ܠܐ ܡܫܬܡܥܢܐ I, 3, 5 B (die andern "מיש); מאשתאדויא = מִשְׁתַּדְוֵי „gegossen werden" DM 53ᵃ ein Cod. (ein anderer מיש")¹. Von einzelnen Schwankungen dieser Art sehen wir ab. Es liegt nahe, anzunehmen, dass hier ein Vocal war, den weder א noch י genau wiedergab, etwa ein ă oder ĕ.

ו und י wechseln, sogar in denselben Handschriften, stark in Formen wie הוכומתא, היכומתא = ܚܶܟܡܬܐ „Weisheit" (vgl. z. B. I, 80, 1; 89, 21; 91, 7; 97, 22; 98, 8, 23); ניציבהא, ניצובהא (neben dem

---

1) Auch מאשתוציא etwa „Unholde" (häufige Bezeichnung der Planeten) mag hierher gehören; es könnte mit שֵׁיצִי zusammenhängen.

ursprünglichen בורוכתא, בירוכתא, בירוכתא = ܒܘܪܟܬܐ (= ניצבתא) "Pflanze"; (neben בירכתא) "Segen"; שומבילתא, שומבולתא und selbst שימבילתא "Aehre" u. s. w.

Bei Wechseln wie ניקרוב, ניקראב "nähert sich"; נסיב, נסאב "nahm" u. s. w. handelt es sich natürlich nicht um einen Lautwandel, sondern um den Uebergang aus einer Verbalcategorie in eine andre; sie gehören in die Formenlehre.

Alle die genannten Schwankungen sind aber auf gewisse Wörter beschränkt und keineswegs beliebig in jedem ähnlichen Falle anzuwenden. Nicht selten beruht sogar das Schwanken bloss auf Nachlässigkeit der Abschreiber, welche entweder spätere Formen in die alten Schriften übertrugen oder auch gradezu ganz falsche Vocale setzten.

§ 16. Der in allen aram. Dialecten und, wahrscheinlich durch aram. Einfluss, auch im Hebräischen[1] erscheinende Uebergang eines a zu e, i in ganz oder halb geschlossener oder geschärfter Silbe hat im Mandäischen einen sehr weiten Umfang erreicht. So haben wir hier ganze Reihen von Nomina der Formen فَعْل und فَعَل z. B. גירמא = ܓܪܡܐ "Knochen"; בירקא "Blitz"; ציפרא "Morgen"; זיבנא "Zeit"; סיברא "Hoffnung"; סיתוא "Winter"; זירא = أَزَل "Saame"; בילא = ܒܥܠܐ "Gatte"; רימא = ܐܪܥܡܐ "Donner". Ferner so גירביא = ܓܪܒܝܐ "Nord"; עם = ܥܡ, עם "mit"; שיקלה = ܫܩܠܗ "nahm ihn"; מיתגיטליא = ܡܬܓܛܠܝܐ ; סאלקית = أَزَلَ ; אזלינן = ܐܙܠܝܢ u. s. w. In geschärften Silben so גילאת = גַּנַּת "Garten" (stat. constr.), dazu גינאייא "Gärtner" (auch talmud. גינתא und גינייא); גיליא = ܓܠܐ "Wogen"; סינמאניא (neben סאמאניא = ܣܡܡܢܐ "φάρμακα" von סאמא, sowie פריכיא = ܦܪܝܟܐ "Altäre" oder dergleichen[2]. Selbstverständlich geschieht dies ferner in

---

1) Vgl. Z. der D. M. G. XXII, 454. In viel geringerem Grade im Arab., meistens nur durch den Gegensatz eines benachbarten $â$ z. B. تِبْيَان vgl. تَفْعَلان. Ganz der aram. und hebr. Art entspricht das dialectische تَفْعَل u. s. w. Uebrigens ist ja der weit verbreitete Uebergang des ◌ַ in $ä$ $ĕ$ etwas ganz Aehnliches.

2) Assyrisch nach Schrader in der Z. d. D. M. G. XXVI, 35 *parakku*.

allen Fällen, in denen dieser Uebergang gemeinaramäisch ist, wie z. B. in תישבוק aus ursprünglichem *tašboq* „du verlässest" u. s. w. Mancherlei solche Fälle werden noch in der Formenlehre vorkommen, aber fast immer ist dieser Uebergang innerhalb seiner Gränzen durchgeführt, so dass man die Categorien mit erhaltenem *a* und mit Uebergang in *e* (oder *i*) genau trennen kann.

Dieser Uebergang wird zum Theil gehemmt durch Antritt der Enclitica vgl. פארשית = אַתְּ פָּרֵשׁ „du erkennst"; aber פארשאתלון = ܦܳܬܚܰܬ = א׳ לְהוֹן; פתיח = ܦܳܬܚܳܐ „öffnetest", aber עצטבאתהבה = ܨܡܶܕ ܐܰܢ̱ܬ „wurdest darin getauft"; נפאקינן = ܢܦܰܩܠܰܢ „wir gingen aus", aber נפאקנאבה = ܢܦܰܩܠܰܢ ܒܰܗ̇; באיינן = ܒܳܥܶܝܢܰܢ (ܒܳܥܶܐ ܐ̱ܢܐ) „wir suchen", aber באיינאלה = ܒܳܥܶܐ ܠܗ̇.

Grade im Anlaut nach א(ע) und י hält sich ausserdem gern das *a*, vgl. אמראה neben אמיראה „sie sagte"; אזלאה neben עזלאה „sie ging" (nur ניפקאה u. s. w.); אסראך neben עסראך = ܐܣܪܳܟ (aber nur ליגטאך = ܟܰܡܠܰܢܝ „nahm mich"); so auch יאתביה neben עתביה „ich sass" (gegenüber ניפקיה); vgl. עתיאהבאת „sie ward gebgeben"; מיתיאדליא „sie werden geboren" von ידל = ילד (gegenüber עתגיבלאה „sie ward gebildet" u. s. w.). So scheint auch bei keinem Nomen der Form فَعَل von Wurzeln prim. ע oder א der Uebergang von *a* zu *e* vorzukommen.

Im Grunde sind hierher auch zu ziehen die Formen ריקיניאתא = רְקִנְיָתָא u. s. w. (§ 20), da in ihnen *e* zunächst aus verkürztem *a*, nicht direct aus *â* entstanden sein wird.

§ 17. Das aram. Gesetz, nach welchem wurzelauslautendes *r* als letzter Consonant der Silbe ein vorhergehendes *e* in *a* verwandelt, wird zwar im Mand. meistens, aber nicht durchgängig beachtet. So finden wir zuweilen אמירנא neben אמארנא „ich sage"; עתיכפיר „wurden gebunden" I, 98, 7 (Var. עתיכפאר); שאדירתאן „du schicktest mich" I, 338, 4; סאדירתינון „ich ordnete sie" I, 159, 16 (eine Handschr. סאדארתינון) u. s. w. Doch bevorzugen die besseren Handschriften hier meistens noch *a*, und keineswegs ist das *e* als Ueberbleibsel des Ursprünglichen anzusehen, sondern es ist wieder durch die Analogie der entsprechenden Formen entstanden. Dies zeigt sich auch sonst in jüngeren aram. Dialecten.

Bei Wurzeln, die auf Gutturale ausgehen, bleibt ein solches aus ĕ entstandenes *a* immer im Wortauslaut z. B. שאמא = ܫܡܰܥ aus *šámiʿ* „hört"; משאבא = ܡܫܰܒܰܚ „preist" u. s. w. Ebenso in den losen Zusammensetzungen wie מנחס אנא = ܡܰܢܚܶܬ ܐܢܳܐ; שאמבאנא אנא שאמאנא u. s. w.[1]

Einen seltsamen Gegensatz hierzu bilden nun aber einige Fälle, in denen grade ursprüngliches *a* in geschlossener Silbe vor einem Guttural zu *e* wird. So תיח = ܬܚܶܬ „unten"; פתיח = ܦܬܰܚܬ „öffnetest" Q. 55 ult.; עשתאבית = ܐܶܫܬܰܒܰܚܬ „wurdest gepriesen" Q. 53, 27; שמית = ܫܡܰܥܬ „hörtest" Ox. III, 39ᵃ = Par. XI, 55ᵇ; אנין = *אֲנַחְן „wir" (talm. אֲנָן)[2]. Hier hat wohl zum Theil die Analogie der Wurzeln ל״י gewirkt; vgl. dem gegenüber Formen wie שמאתון = ܫܡܰܥܬܘܢ; שמאנין = ܫܡܰܥܢܝܢ u. s. w.; ferner die Bewahrung des *a* vor Enclitica (§ 16). Aber auch in der ersten Silbe wird aus ַ zuweilen *e* vgl. רימא „Donner"; בילא „Gatte"; ריואנא = ܪܰܥܘܳܢܳܐ „versöhnlich"; טיאנא = ܛܶܥܝܳܢ „Irrthum"; שיחא = ܫܳܥܬܳܐ, שָׁעֲתָא „Stunde" (aber טאמא = ܛܰܥܡܳܐ „Geschmack u. s. w.).

Der eingeschobene Vocal (§ 25) bleibt ĕ vor ursprünglichen Gutturalen in דימיתהא, דימיתא = ܕܶܡܰܥܬܳܐ „Thräne"; זיויחהא = ܙܶܥܬܳܐ „Erschütterung"; und dieser Analogie folgen dann מאדיחהא, מאדיתא = *ܡܰܕܥܳܐ „Erkenntniss"; חוליתא = ܬܰܘܠܰܥܬܳܐ „Wurm"; צביחא = *ܨܶܒܥܳܐ₃ „Zeigefinger".

Eigenthümlich ist noch ארביא = ܐܰܪܒܰܥ „vier" (fem.), wofür man ארבא erwartete[3].

§ 18. Im Syrischen ist in einigen Wörtern die Verdoppelung eines Consonanten, namentlich *r*, schon früh aufgegeben[4] und zum Ersatze dafür

---

1) Beispiele für dies Alles siehe § 177.

2) Dass dies *anan* gesprochen wird, folgt aus der stets defectiven Schreibweise.

3) Auch neusyr. kommt *arbê* vor. Dass diese Form bloss zur Differenziierung von dem Masc., welches auch ארבא (aus אַרְבְּעָא) lautet, gewählt wäre, ist unwahrscheinlich, da sich das Mand. aus dem lautlichen Zusammenfallen ursprünglich getrennter Formen sonst wenig macht.

4) Davon ist durchaus zu unterscheiden die Aufhebung aller Verdoppelung überhaupt bei den späteren Westsyrern.

ein vorhergehendes ă zu ê gedehnt[1]. Von diesen Fällen finde ich im Mandäischen גיריא = ܓܺܐܪ̈ܶܐ, גִּירֵי „Pfeile" DM 5ª, 7ᵇ (von גדר); בידיא „eine Strasse" Q. 59, 18 (§ 124. 128) und בידיאתא „Strassen" I, 224, 29 (und so zu lesen I, 387, 23 = *בֵּנָי, ܒܢܰܝܳܐ (von בר „draussen", vgl. hebr. חוצות)[2]. Dagegen steht neben ܚܺܐܪܶܐ vgl. חֵירִי[3] mit ursprünglichem Vocale הארִיא, fem. הארֳאתא[4].

§ 18ª Wie sonst im Aramäischen bewirkt die schon früh eingetretene Auflösung eines inlautenden consonantischen א nach a oder i[5] auch im Mandäischen ein ê oder î, vgl. נימאר „er sagt"; רישא „Haupt"; בירא „Brunnen" u. s. w. Die Ausnahmen מאכולתא = ܡܶܐܟ݂ܽܘܠܬܳܐ (aber מיכלא wie מימרא) und מאליא „Jammer, Todtenklage" (welches sonst im Aram. מַאֲלְיָא lauten sollte) beruhen wohl auf dem Einflusse der analogen Formen מאדיהתא (= ܡܶܐܕ݂ܺܝܬ݂ܳܐ*); מאטרא (ܡܶܐܛܪܳܐ); מאדנא (ܡܶܐܕ݂ܢܳܐ), so dass hier kein eigentlicher Lautübergang Statt findet[6].

§ 19. In einer Anzahl von Wörtern ist durch Einfluss des folgenden, silbenschliessenden Lautes ein a oder i zu u geworden, wie Aehnliches

---

1) Also wie im Hebr. pērēq für pirrēq aus parriq.

2) Vgl. Z. d. M. G. XXV, 673.

3) Das talm. בר חור ist aus dem hebr. חֹרִים (vgl. حُرّ).

4) Das noch in diese Categorie gehörende צַד (vgl. صَلّ) kommt im Mandäischen nicht vor.

5) Im ersteren Falle erscheint im Hebr. ô, vgl. Neusyr. Gramm. S. 87. In עָאנָא, ܥܳܢܳܐ = צֹאן ضَأن und in ܟ݂ܶܐܠܳܐ Barh. gr. II, 115 (Pl. ܟ݂ܶܐ, ܟ݂ܶܐ Geop. Vorrede Z. 24; 77, 7) = צְאֵלִים, ضَأْل ist der A-Laut wohl durch das ע erhalten; natürlich musste er nach Wegfall des Spir. lenis gedehnt werden.

6) â für ê (î) in den Fremdwörtern קאבא = ܩܳܐܒ݂ܳܐ (zur Vocalisation vgl. Barh. gr. I, 233, 20) κημός; שאריא = ܫܳܐܪܝܳܐ vgl. σηρικός; קאבותא = ܩܳܐܒ݂ܽܘܬ݂ܳܐ κιβωτός; באוילא = ܒܳܐܘܺܠܳܐ (ܒܳܐܘܺܠܳܐ, ܒܳܐܘܺܠܳܐ Ursprung?) kommt wohl nur daher, dass die Mandäer diese Wörter aus fremden (syrischen) Schriften in der darin angewandten Orthographie aufgenommen haben. Vgl. die Behandlung der syrisch-christlichen Würdenamen I, 227, 1 f.

noch in anderen Dialecten vorkommt¹. Vgl. 1) גומלא „Kameel" (auch neusyr. gümlâ); תומריא „Datteln" (talmud. תומרתא Sota 49ª neben המרתא)²; ܣܡܒܝܠܬܐ = ܣܒܠܬܐ „Leiter"; רומאיא „Betrüger" I, 54, 20 (nicht ganz sicher) und das Fremdwort קומריא „Gürtel" I, 48, 1 (stat. cstr. קאמאר II, 122, 14 pers. kamar)³, ferner שום, שומא (wie die meisten aram. Dialecte) gegenüber ܫܶܡ ܫܽܘܡ (und سَمٌ, سِمٌ vgl. Baiḍ. 1, 4 u. sonst). 2) גופנא „Weinstock" (גֶפֶן, جَفْن), aber auch jüdisch גופנא und syrisch im Plur. ܓܘ̈ܦܢܶܐ); דופנא „Seite" (ܕܦܢܐ, aber jüdisch דופנא); כופנא „Hunger"; vielleicht טופרא „Nagel" II, 99, 6 (jüdisch טופרא, ظُفْر neben seltnerem ظِفْر; ܛܦܪܐ ist unbelegt; gewöhnlich ܛܦܪܐ). 3) דובשא oder דופשא „Honig" (jüdisch דובשא⁴, sonst דְבַשׁ, دِبْس, ܕܒܫܐ); גובריא „Männer" (schon bibl.-aramäisch גֻבְרַיָּא)⁵) neben Sg. גאברא. בית קובריא „Begräbnissplatz" neben קאברא; שובא „sieben", שובין „siebzig" (auch palästinisch und talm. mit שו⁶).

---

1) Im Arab. vgl. أُمّ für إِمّ; لُبّ für لِبّ.

2) Hier haben wir freilich auch im Hebr. תֹּמֶר Jud. 4, 5; Jes. 10, 5, aber die Punctatoren deuteten das Wort gewiss anders als „Palme" vergl. die Targume.

3) Im Syr. hat Ed. Urm. 2 Kön. 1, 8 ܡܥܙܪܐ; bei Ephr. II, 379 C ist ܡܥܙܪܐ geschrieben; Cast. giebt, aber unbelegt, auch ܡܥܙܪܐ. Die paläst. Targg. haben קמורא, der Talmud קמרא.

4) Diese Form (mit Auflösung des ב, wie im Neusyr.) liegt auch dem pers. دوشاب „Syrop" = دِبْس (siehe Ibn Hauqal 177, 2) zu Grunde; es ist vox hybrida = دُבְשׁ + آب. Davon ist natürlich دوشاب „Melkvieh" (von دوختن) zu trennen.

5) Vgl. die Ortsnamen בית גוברין ܒܝܬ ܓܘܒܪܝܢ ܕܡܐ Mart. II, 209; Euseb., Mart. Pal. 38 und ܓܘܒܪܝܢ Barh. hist. eccl. 339, 341, welche im Arab. nach bekanntem Lautgesetz zu جِبْرِين, بيت جِبْرِين werden (cf. Jâqût s. v.). Ptol. V, 15 hat aber noch Βαιτογαβρεί mit α.

6) צוביאא = ܨܒܥܐ gehört nicht hierher, da eben die ganze Cate-

Auf einer Verdunklung des *e* durch nachfolgenden Labial beruht vielleicht auch לארוב = ܠܳܐ ܥܳܒ݁ ("geht nicht unter" I, 3, 5 (viele Codd.; nur B hat falsch לאהארוב; an das Adjectiv ܥܳܒ݁ ist hier nicht zu denken); הארוב = ܥܳܒ݁ I, 29, 19. Ein vorangehendes ו könnte so gewirkt haben in dem mehrmals vorkommenden ראוז, ראורז (§ 183 Anm.) = ܐܳܙ. Doch traue ich in allen diesen Fällen der Ueberlieferung nicht recht[1]. Durch den Einfluss des Labials ist auch wohl יומאמא "Tag" = ܝܰܘܡܳܐ entstanden; das ו ist hier schon desshalb nicht aus dem ursprünglichen יוֹמָם zu erklären, da das ־ fehlt; so auch יומאמאתא "Schwur" von ܝܰܘܡܳܬܳܐ (§ 110).

Ursprünglich ist das *u* vielleicht in שומבילתא (seltner שומבולתא oder שימבילתא § 15) gegenüber ܫܶܒ݁ܠܬ݂ܳܐ (Barh. gr. I, 217, 25 f.) hebr. שִׁבֹּלֶת vgl. سُنبُلة; jüdisch ist hier meist שובלתא (Pl. שובלי), doch auch שיבלתא Sota 4ᵃ 2 mal und (ganz nach dem Hebr.) שיבולתא[2].

Wie in mehreren aram. Dialecten der Anlaut שו für *ša* oder *še* um sich gegriffen hat[3], so geschieht das auch im Mand. in einigen Fällen. Vgl. ausser den schon angeführten שובא שומא noch שורבתא Pl. שורבאתא = ܫܰܪܒ݁ܬ݂ܳܐ[4]; שושאלתא oder שושילתא "Kette" = ܫܺܫܰܠܬ݂ܳܐ, سِلسِلة, שַׁלשֶׁלֶת, so dass der ursprüngliche Vocal schwer zu bestimmen ist[5]; ferner שוליתא secundina = שיליתא, ܫܺܠܺܝܬ݂ܳܐ Deut. 28, 57, שִׁלְיָה und שולתא Pl. שולאתא = ܫܽܐܳܠܬ݂ܳܐ, شُؤآلة "Forderung".

Das Syrische zieht noch in einigen Wörtern einem *u* anderer Dialecte gegenüber das *e* (*i*) vor; in diesen Fällen hat auch das Mand.

---

gorie فِعلان im Mand. grosse Neigung hat zu فُعلان überzugehen (§ 115). Das zuweilen vorkommende רובאניא "Lehrer" ist wohl nur Fehler für das gewöhnliche ראבאניא oder רבאניא.

1) Gemein aram. ist schon פומא, פום gegenüber فَم u. s. w. (§ 87).
2) Für die Lautverhältnisse vgl. קפוד = ܩܽܘܦ݁ܕ݂ܳܐ = قُنفُذ.
3) Vgl. Z. d. D. M. G. XXII, 455.
4) Doch ist wiederum سُربة zu vergleichen, neben welchem سِرب steht.
5) In jüd. Schriften schwanken die Formen dieses Wortes ausserordentlich.

durchgehends *u*. So ܒܘܩܒܬܐ (wie talm. und targ.) femina = ܢܶܩܒܬܐ (hebr. נְקֵבָה); ܒܘܣܡܐ „Wohlgeruch" = ܒܶܣܡܐ Pl. ܒܘܣܡܐܢܝܐ = ܒܶܣܡܢܐ; עודנא „Ohr" = ܐܶܕܢܐ; ܛܘܠܐܢܝܐܬܐ „Schatten" I, 277, 23 = ܛܶܠܢܝܬܐ (so auch die Targumform טלניתא), wie טולא (auch targ. und talm. טולא vgl. ظِلّ) gegenüber צֵל, טֵל.

Dagegen haben wir wie im Syr. ܥܶܩܪܐ „Wurzel" auch mandäisch שירשא oder שארשא gegenüber jüdischem שורשא, hebr. שֹׁרֶשׁ. Und mand. שיקרא „Lug" stimmt zu שֶׁקֶר (in Pausa שָׁקֶר aber שִׁקְרֵיהֶם Jer. 23, 32), nicht zu ܫܘܩܪܐ[1] und גישמא, גישומא „Körper" zu جِسْم, nicht zu ܓܘܫܡܐ.

Von mehreren dieser Wörter mögen von Alters her zwei Formen nebeneinander bestanden haben; doch ist in anderen ein wirklicher Lautübergang aus einer in die andre wahrscheinlich.

Neben dem ursprünglichen פאדנא „Pflug" II, 10, 22 finde ich DM 56[b], 57[a] (5 mal) פודנא.

Noch steht *u* gegenüber syr. *a* in dem Fremdwort בורזינקא „Kopfbinde" = ܒܪ ܐܕܢܐ, welches auch im Talm. בורזינקא ist Sabb. 77[b][2].

Sehr auffällig ist, dass כורסיא „Thron" in dem (sehr häufigen) Plur. immer כארסאואתא mit *a* hat; die Ursprünglichkeit des *u* ist hier durch alle sonstigen aramäischen Formen sowie durch das aus dem Aram. entlehnte كُرْسِيّ gesichert; auch כסא spricht nicht dagegen.

---

1) Arab. scheint سُقَر bestanden zu haben, vgl. جاء بالسُقَرِ والبُقَرِ (Freyt. nach Maidânî).

2) Die Bedeutung „Beinschiene" steht für das syr. Wort zwar fest (siehe 1 Sam. 16, 6; Lagarde, Anal. 153, 25), aber BA erklärt es auch als „Kragen", BB (bei Payne-Smith s. v.) als „Kopfbinde", wie im Mand. Ein Stück Zeug muss es auch in der Talmudstelle bedeuten (die Glosse versteht die Stelle falsch; es wird da ein Calembourg gemacht mit בור זה נקי). Die ursprüngliche Bedeutung ist also wohl „Umwicklung" oder „Binde"; es ist sicher ein Fremdwort. Die syr. Aussprache, als wäre es eine Zusammensetzung mit bar (wie bar îdhâ u. s. w.), mag auf einer Volksetymologie beruhen, die mit der von Lagarde, Abh. 24 angenommenen übereinkommen würde; aber zu halten ist diese Etymologie nicht (eine andre Volksetymologie mit בר siehe unten § 51).

Langes *a* hält sich meist rein. Ob es sich vielfach zu *ă* verkürzt hat, können wir nicht sicher constatieren. Doch spricht hierfür die Analogie der übrigen Dialecte[1] und der Uebergang von ursprünglichem *â* in *e* (doch wohl kurz *ĕ*), welcher durch *ă* vermittelt sein dürfte. Wir finden nämlich ריקאניאתא neben ריקיניאתא = רֵיקָנְיָתָא; איני׳ניאתא neben אינאניאתא „Quellen"; מאהדורי׳ניאתא „Strudel"; vereinzelt מארגיניאתאך „deine Perlen" DM 27ᵇ (sonst mit *a*); טוליניאתא „Schatten" I, 277, 23 (nur ein Cod. neben vielen, welche *a* haben). Auch das Adverb ריקין neben ריקאן = רֵיקָן darf man vielleicht hierher ziehen. Viel älter ist der Uebergang von *ân* zu *ên* in הורינא, הורינתיא u. s. w. = ܐܶܣܢܝܼ (§ 149) u. s. w. Zu *ô* wird *â*, wie einzeln auch schon in alten Dialecten[2], vor *n* in פירונא = פֻרעוֹנֵא (syrisch ܦܘܼܪܥܳܢܐ) „Strafen" und einigen ähnlichen (§ 118). Sonst haben wir aber keine Spur von dem Uebergang des *â* in *ô* oder *å*, welcher besonders bei den westlichen Syrern schon ziemlich früh um sich gegriffen hat. §20.

Die Diphthongen bleiben im Allgemeinen in dem Umfange, wie im Syr. nach der westlichen Aussprache[3]. Wie das Syrische löst aber auch das Mand. die Diphthonge in geschlossenen Silben auf, und selbst die wenigen Fälle, die dort noch vorkommen, sind hier verschwunden. Wir haben nämlich לית für ܠܰܝܬ (neusyr. *lît*) neben לאית = ܐܝܼܬ אִיתּ und als Verbalendung bei Wurzeln ל״י erscheint ית statt ܰܝ. In ܐܶܡܰܪ §21.

---

1) Vgl. neusyr. Gramm. § 2.

2) Vgl. Z. d. D. M. G. XXII, 474. Im Syr. noch vereinzelt ܣܩܽܘܒܠܐ = ܣܩܳܒܠܐ Dion. Telm. 78, 12; ܣܩܘܒܠܗܘܢ Ephr. III, 277 E; ܠܟܽܘܠܡܰܕܶܡ Mart. II, 325 ult.; 326, 15; ܡܰܕܶܡ = ܡܶܕܶܡ „was?" Land, Anecd. 4, 5; 80, 20; 130, 21; ܬܡܳܢܶܐ „acht" ebend. 313, 22; ܬܡܳܢܝܐ ebend. 82, 25 (vgl. Wright, Cat. 1048ᵇ); ܬܡܰܢ = ܬܡܳܢ „dort" Dion. Telm. 10, 4; 56, 10 und öfter. ܡܽܘܢ „was?" = ܡܽܢ (aus *mâdhen*) ist schon alt.

3) Die Ostsyrer, welche in so vielen Dingen die Vocalaussprache alterthümlicher bewahren, haben doch schon früh angefangen, *au* und *ai* zu *ô* und *ê* zusammenzuziehen. Uebrigens müssen solche Aussprachen auch weiter westlich einzeln vorgekommen sein, vergl. ܙܳܘܦܐ (mit *o*) für ܙܰܘܦܐ in Wright's Cat. 101ᵇ.

(welches die Syrer *ach*[1] sprachen) und in der Suffixform ܰܟ݂ wird der Diphthong durch Einschiebung eines Hülfsvocals (wie im hebr. בַּיִת, מָוֶת, nach samarit. Aussprache jejen, ajin = יַיִן, עַיִן) gemildert, so dass איאך, איאן entsteht.

In תמאנין „achtzig"[2] (aus t'mânain) ist ân aus ain geworden, was bekanntlich in anderen Dialecten in ausgedehntem Umfang vorkommt; so auch in מנא „woher?" aus min-ân, min ain (auch talm.). Vielleicht so *â* aus *ai* auch in האכא „wo?" aus haikâ und in ähnlichen Formen mit hâ (§ 160), wo jedoch vielleicht ein kurzes *a* mit Verdopplung des nächsten Consonanten gesprochen ward[3].

Der gewöhnliche Uebergang des *ai* zu *ê*, *au* zu *ô* hat auch sonst noch in einigen Wörtern in offener Silbe stattgefunden. Vgl. בינא, ביגאת (und mit Suffixen) „zwischen"; היוא „Thier" (masc.) = ܚܰܝܘ̤ܐ; היואת = ܚܰܝܘ̤ܬ݂ܐ Pl. היואיאתא; סיפא „Schwert"; סיבותא „Greisenalter" = ܣܰܝܒܘ̤ܬ݂ܐ (neben סאבא ܣܳܒ݂ܐ) sowie in einigen Zusammensetzungen mit dem fragenden *ai*, *hai* (§ 85. 160)[4] — עוצאר „Schatz" = ܐܘܳܨܪ̈ܳܐ; יומא[5] „Tag"; מותא „Tod"; מותאנא „Pest"; שותאפא „Genosse" = ܫܰܘܬܳܦܳܐ (jüd. nach Levy שׁוּתָּף[?]); מוזאניא môzanjâ „Wage"; מומאתא „Eid" = ܡܰܘܡܳܬ݂ܳܐ, wofür aber gewöhnlich eine andere Form (s. § 110); תוליתא „Wurm" = ܬܰܘܠܰܥܬ݂ܐ; קומאת „meine Statur" = ܩܰܘܡܳܬ݂ܝ; טופאניא „Sündfluthen" (Pl.) = ܛܰܘܦܳܢܶܐ; גר טופניא „Inneres" (aber st. emph. גאוא, mit Suffix גאוה u. s. w.); או „oder"[6].

---

1) Barh. gr. I, 147, 17 f. führt schon die Meinung Aelterer über den Grund an, weshalb dies Wort mit ܘ geschrieben wurde; sie sahen also den Buchstaben an sich für überflüssig an. Dass hier kein Diphthong gesprochen ward, erhellt auch aus dem Rukkâch des Kaph.

2) Auch Baba k. 115ª 2 mal תמנין (Luzzatto giebt ohne Beleg תמנין).

3) Nicht hierher gehört האלין aus hâ-illên, da hier ein langes *â* das *ĭ* verschlungen hat.

4) In עמאת = ܐܶܡܰܬ݂ scheint schon sehr früh das *ai* zu *ĕ* mit Verdopplung des *m* zum Ersatz geworden zu sein. Von den anderen Zusammensetzungen mit *ai* sind nicht alle sicher.

5) I, 274, 19 hat ein Oxforder Codex (nach Euting) יאומא.

6) Ob זוטא „klein", Pl. f. זוטאן u. s. w. hierher gehört, ist mir nicht

Im Auslaut steht יא (ê) für ai in ליא „wo? wohin?" = l'ai, מיליא „woher" aus min l'ai; im st. constr. Pl. z. B. בניא = ܒ݁ܢܰܝ̈ und in den Formen von ל״י, in welchen es auch im Syr. steht. Aehnlich ist die Zusammenziehung des alten יַ־ im Pl. st. emph. zu ê (יא), wie im Syr., Talm. und anderen Dialecten. Aber מכאסאי = ܡܟ݂ܐܣܰܝ̈ und natürlich לילאי = ܠܺܠܰܝ̈.

In folgenden Fällen hat vielleicht der Consonant nach dem Diphthong sein Schwa mob. verloren, so dass eine geschlossene Silbe eintrat und die Vereinfachung jenes zu ê, ô nothwendig ward: רורביא, רורבאניא „die Grossen"; כוכבא „Stern"; מובליא „Lasten" I, 106, 17; 348, 18; מותבא „Sitz"; מונקא „Pfleger" I, 101, 3; 323, 7, 9 u. s. w. wenn es von ינק kommt; und einmal עותבאן „setzte mich" (s. §182)[1]; תותבא „Beisasse" I, 296, 19 (syr. ܬ݁ܰܘܬ݁ܳܒ݂ܳܐ), auch Name eines gewissen Gewandes (s. § 112); עוצרא „Schatz"; קומתא „Statur"; לוטתא „Fluch" I, 132, 19 = ܠܰܘܛܬ݂ܳܐ; היכלא „Tempel" I, 133, 5; היותא „Thier"; ליליא „Nacht"[2].

Diese Aufzählung dürfte annähernd vollständig sein. Aber zuweilen kommen noch einzelne Wörter mit einfachem Vocal geschrieben vor, welche sonst den Diphthong haben: so z. B. יונא „Taube" I, 318, 3 (ein Codex), Z. 6 und 8 (2 Codd.); die anderen, wie gewöhnlich, יאונא, was Z. 1 alle haben. So einzeln שוטא „Geissel" für und neben שאוטא z. B. I, 301, 15; in DM. öfter עולא „Frevel" für אולא. Diese Schwankungen beruhen wahrscheinlich auf dem Umsichgreifen der Aussprache ô ê für au ai bei den Späteren, von welcher sich auch sonst Spuren finden; für die alte Sprache ist hier noch der Diphthong anzu-

---

ganz sicher; ich weiss nicht, wie weit die Vocalisation ܙܽܘܛܳܐ זוטא in den Lexica begründet ist. Das Wort, dessen längere Form זוטר im Mand. selbst nicht vorkommt (aber das Fem. צטארתיא siehe § 49 vgl. מזאוטאר „macht klein" I, 280, 13 wie איזוטר Sanh. 95ᵃ) ist unklarer Herkunft.

1) Sonst im Afel mit Bewahrung des au z. B. אותבאן = ܐܰܘܬ݁ܒ݂ܰܢ, אוקרויא = ܐܰܘܩܪܰܘܝ; אותבון = ܐܰܘܬ݁ܒ݂ܽܘܢ u. s. w.

2) Syr. vgl. ܠܺܠܝܳܐ, ܠܺܠܝܳܐ, Barh. gr. I, 235, 2 (wo das ◌̇ = ô constatiert wird) Pl. ܠܺܠܰܘܳܬ݂ܳܐ, ܠܺܠܰܘܳܬ݂ܳܐ vgl. noch ebend. I, 33, 4 und die Varr. dazu. Ebenso ܗܰܝܟ݁ܠܳܐ Wright Cat. 139ᵃ (= ܗܰܝܟ݁ܠܳܐ) neben ܗܰܝܟ݁ܠܳܐ.

nehmen. Ueberhaupt ist festzuhalten, dass sich die Diphthonge in bei Weitem den meisten Fällen, wo sie im Syr. bleiben, auch im Mand. fest erhalten.

§ 22. Eine dem Semitischen sonst ziemlich fremde Erscheinung ist der Umlaut, die Umbildung des Vocals der vorhergehenden Silbe durch einen selbst wegfallenden Vocal oder Halbvocal[1]. Im Mand. tritt der Umlaut in einem Falle ein[2]. Das j der Silbe $j\hat{a}$ fällt nämlich zuweilen nach einer Liquida weg, verbindet sich aber mit dem a der vorhergehenden Silbe zu ai. Wir haben nämlich סאינא „hässlich" Pl. f. סאינאתא = ܣܢܝܬܐ, ܣܢܝܬܐ; so selbst Pl. סאיניא = *סַנְיֵי (syr. ܣܢܐ, ܣܢܐ; im St. abs. des Sg. aber סניא wie ܣܢܐ); קאינא „die Wage" im Thierkreis = ܩܢܐ[3]; סאימא „blind" = ܣܡܐ I, 84, 9; 277, 12; פאינא „Abend" = ܦܢܐ (zunächst wohl zu pănjâ geworden). Und so auch האימיא „sie welken" = *דָמְיֵי (syr. ܕܡܐ) I, 5, 21 und öfter. Bei diesen Worten, in welchen dem j stets ein n oder m vorhergeht, findet der Umlaut immer Statt. Vereinzelt stehn dagegen einige Ableitungen von Wurzeln tert. ע, die in die Analogie von ל"י gerathen sind: מישתאימא = ܡܫܬܐܡܐ Q. 22 f. (wo aber Varr. die bessere Form haben) und selbst נאשתאימון = ܬܫܬܐܡܘܢ AM 59 sowie (bei r) מיתפאיריא = ܡܬܦܐܪܝܐ Q. 7, 12. Diese Formen sind kaum als correct anzusehen.

§ 23. Einzelne Vocalveränderungen besonderer Art werden wir noch in der Formenlehre behandeln. Das Mand. mag übrigens noch mancherlei nicht controllierbare Vocalveränderungen haben. Von vorn herein dürfte es wahrscheinlich sein, dass das Verhältniss von $\hat{o}$ zu $\hat{u}$, von $\hat{e}$ zu $\hat{\imath}$

---

1) Hierher zu rechnen ist der im Talm. sehr häufige Ersatz eines abfallenden ו durch Verfärbung des vorhergehenden Vocals in נפול, כנוף, איבדור u. s. w. aus נפלו, כנפו, אתבדרו. Im Mand. findet sich diese Erscheinung nicht; Merx, der etwas Aehnliches zu erkennen glaubte, hat sich getäuscht.

2) Der Lautvorgang hat am meisten Aehnlichkeit mit dem in $\beta\alpha\acute{\iota}\nu\omega$ aus $\beta\acute{\alpha}\nu j\omega$ u. s. w. Mancherlei Aehnliches ferner im Deutschen, im älteren Französisch u. s. w.

3) Siehe Z. d. D. M. G. XXV, 257 f.

ungefähr dasselbe sei, wie fast in allen aram. Dialecten mit Ausnahme der Aussprache des Syr., welche bei den späteren Westsyrern galt; aber sicher sind wir hier nicht. So können wir auch nicht wissen, welche Vocalverkürzungen und Dehnungen im Mand. Statt gefunden haben mögen, so mancherlei in dieser Hinsicht sich vermuthen lässt.

Annahme neuer Vocale und Bewahrung schwindender.

§ 24. Wie in vielen semitischen Dialecten[1] tritt auch im Mand. vor einen vocallosen anlautenden Consonanten gern ein Vocal zur Erleichterung der Aussprache. Ein solches א oder ע kann aber ganz nach Willkühr fehlen oder stehn. Ein Vorschlag scheint oft auch dann gesprochen zu sein, wenn er nicht geschrieben ist; darauf deuten wenigstens einige Zeichen, wie die von PETERMANN mir angegebene Aussprache *ed* neben *d'* für דֿ und einige Transscriptionen mandäischer Wörter bei Neueren. Formen mit und ohne Vorschlag wechseln in denselben Handschriften und als Varianten an denselben Stellen. Gewisse Handschriften haben übrigens besondere Vorliebe für solche Erweiterungen. א ist hier häufiger als ע. Wir haben so אהואת neben הואת „sie war"; ארגאז „zürnte" Q. I, 23, 27 (Var. רגאז); אשכינתא „(himmlischer) Wohnsitz" (Var. שכינתא, wie gewöhnlich); אברא „Sohn" (viel häufiger ברא); אנסאבתינון „ich nahm sie" I, 346, 15 A (die andern Codd. נכ״, wie A. Z. 16); אסמאלא und עסמאלא neben סמאלא „Linke"; ענכיסתא und נכ״ „Opfer" I, 6, 17; עתיאבותא „Busse" I, 194, 18 (ohne Var. sonst תי״). Und so sehr vieles Andere. Nicht sehr häufig ist אב für die Praep. ב wie in אבמאמבוגיא „in den Sprudeln" Q. 13 ult. (1 Cod. für במ״ der übrigen)[2].

---

1) Vgl. Z. d. D. M. G. XXII, 461. In der samarit. Aussprache des Hebr. ist manches Aehnliche. Ebenso im Neuarabischen; im Altarabischen gehört hierher اِبْنٌ, اِفْعَلْ u. s. w. Im Syr. vgl. ausser Fällen wie ﺇﺳﻤﻌﻴﻞ, ﺇﺳﻘﻤﺎ „Strasse" (LAND, Anecd. I, 61 unten mehrmals neben häufigerem ﺳﻘﻤﺎ, wie auch jüd. אשקקא neben שקקא) u. s. w. das von Barh.gr. I, 99 Dargelegte; danach kann man in Versen z. B. ܡܛܠ ܗܘ viersilbig metuledhu sprechen. So wird man z. B. bei ISAAC I, 258 v. 165; 296 v. 50 ܐܝܬ ܠܗܘܢ wohl îth elhôn zu sprechen haben u. s. w.

2) Auch neusyr. spricht man oft *ab* für *bĕ*.

Ueber על, אל = ל siehe § 158. Tritt vor ein solches Wort ולב, so kann der Vorschlag stehn bleiben. Bei י ist der Fall deutlich, da das ja wenigstens zunächst für den Anlaut dient; bei א kann hier aber ebensogut das § 11 Besprochene vorliegen. Vgl. בעמרומא, בעמרום, לעמרום „(in) der Höhe" I, 78, 6; 130, 18 u. s. w. (Var. "במ, "לם); בעאשאיון „in ihren Weibern" I, 391, 18 A (die andern "בנש); לעתרין „den zwei" I, 305, 15 A (die andern "לת); ועספידהאתא „und die Lippen" I, 371, 1, 10 A (die andern "וסף); ואשפור „und Schönheit" I, 365, 14 (A "וש); וספאר, ועספאר, ואספאר „und das Buch" I, 205, 2, 22; 206, 19. Hierher gehört wohl auch ואאמיא „und die Töne" I, 218, 12 für* נְעֲמֵי (vgl. ܢܶܓ̈ܡܳܬ݂ܳܐ = ܢܶܓ݂ܡܳܐ, נָגַם).

§ 25. Die auch im Syr. bekannte Einschiebung eines Vocals nach einem Consonanten, dem noch zwei andre folgen, von welchen erst der letzte einen vollen Vocal hat [1], ist im Mandäischen sehr beliebt. Der eingeschobene Vocal ist meistens e (i), seltner a oder auch u [2]. Besonders häufig ist die Einschiebung in den Reflexivformen wie עתיקריא = ܡܶܬ݂ܩܪܶܐ; מיתיברייך = ܡܶܬ݂ܚܙܶܐ*; עתינסיב = ܡܶܬ݂ܢܣܶܒ݂; ferner in Fällen wie ܡܰܥܒ݂ܶܕ݂ [2], תישיפלון = ܬܶܫܦܠܘܢ; ניהדרון = ܢܶܗܕܪܘܢ; ניליגתון = ܢܶܠܓ݂ܬܘܢ sogar נישימון neben נישמון = ܢܶܫܡܘܢ u. s. w. Sodann in Substantiven wie ܫܶܡܥܳܐ = (§ 15); היכומתא, הוכומתא; לקטתא = לקיטתא*, ליגתתא in „in תולאמתא, חומרתא = הומארתא; ניצבתא = ܢܶܨܒ݁ܬ݂ܳܐ; und ניציבתא, ניצובתא „Brotstück" = טולמתא (§ 91); זיירהתא, seltner זאורהתא = ܐܳܘܪܚܳܬ݂ܳܐ; דימיתא = ܕܡܘܬ݂ܳܐ. Von den zahllosen Beispielen, welche

---

1) Vgl. u. A. Barh. gr. I, 199 ff.; II, 8; Journ. as. 1872 avril, 351; BERNSTEIN's Vorrede zu der Ausg. des Ev. Joh. S. VII f. Bei Ephraim ist diese Einschiebung nach Ausweis des Metrums sehr selten und fast nur auf Wörter wie ܫܶܟ݂ܠܳܐ, ܫܶܡܥܳܐ beschränkt. Sehr beliebt ist die Einschiebung in nestorianischen Texten wie in der Urmiaer Ausgabe des A. T. Im Einzelnen herrscht hier grosses Schwanken nach localer Aussprache und Schultradition. In den Targumen finden wir מדינחא (madinḥâ) für מדנחא und משירייתא (maširjân u. s. w.) für "מְשׁרְ, משירייתא, משיריין. — Im Hebr. zeigt sich diese Einschiebung nur bei Gutturalen wie in יַעֲצְמוּ für יַעְצְמוּ.

2) Eine interessante Notiz bei Barh. gr. II, 72 (wohl von einem Spätern) giebt an, der eigentliche Vocal stehe zwischen ă und ĕ; es wäre da also etwa ein ä̆.

noch erwähnt werden könnten, hebe ich nur hervor das Fremdwort פאתיכרא (das gewiss nicht direct aus dem alten **patikara** stammt, sondern vom mittelpersischen **patkar**, syr. ܦܬܟܪܐ) und die Zusammensetzung בילידבאבא neben viel häufigerem בילדבאבא = ܒܝܬ ܐܠܗܐ.

Aber andre Wörter vermeiden doch die nach den Lautverhältnissen mögliche Einschiebung stets. So haben wir z. B. ארמלאת = ܐܪܡܠܬ „sie war Wittwe", aber כאריםלא neben כארמלא = ܟܪܡܠܐ „Karmel"; פארזלא „Eisen"; יארדנא „Jordan"; אדכראת „sie erwähnte" (wofür aber אדכיראת erlaubt wäre). Nie kommt diese Erscheinung bei den Reflexiven von Verben vor, die mit Zischlauten anfangen, da der Zischlaut und der Dental zu fest aneinander hängen: also nur עצטבא = ܐܨܛܒܥ „ward getauft"; עשתמא = ܐܫܬܡܥ „ward gehört".

Natürlich ist es nicht in jedem Falle leicht zu erkennen, ob ein Vocal ursprünglich oder eingeschoben ist; namentlich erschwert diese Einschiebung oft die Unterscheidung gewisser Nominalstämme [1].

§ 26. Nach allen Analogieen zu schliessen [2], fallen manche Vocalanstösse im Mand. ganz fort. Sicher ist das in עמביא „Trauben" neben viel seltnerem ענביא, in welchem die Verwandlung von *n* in *m* nicht möglich wäre, wenn noch der ursprüngliche Vocalanstoss (wie im hebr. עִנְבֵי) nach jenem stände. Aber auf der andern Seite schreibt das Mand. vielfach Vocale, wo nach den sonstigen Lautgesetzen des Aram. nur ein Schwa zu erwarten war, theilweise mit solcher Consequenz, dass wir hier die Existenz eines vollen Vocals annehmen müssen.

Anlautender Spiritus lenis hat stets einen vollen Vocal. Hier hatte die Schrift freilich keine Wahl, da sie das א und ע nur in Ver-

---

1) Auch die Syrer rechnen einige ursprüngliche Vocale fälschlich als eingeschoben z. B. in ܬܘܒܠܬܐ (Barh. gr. I, 200, 7).

2) Aus dem Syr. vgl. Fälle wie ܟܬܒܝ (mit Quššâi des ܒ, also Wegfall des im hebr. יְכָתְבִים noch lautbaren Vocalanstosses). Nach JOHANN VON TAGRIT spricht man ܡܦܩܝܢ ܡܚܠܝܢ m'faqîn, m'chalîn (Journ. asiat. 1872 avril 357). Aehnliches findet sich bei Barh. Auch die Aussprache ܟܬܒܐ für ܟܬܒܐ Barh. gr. I, 205 setzt Wegfall des Schwa (nach Aufhebung der Verdopplung) voraus. — Die jüdischen Grammatiker betrachten manches Schwa mob., wie das in מַלְכֵי, fälschlich als quiescens.

bindung mit seinem Vocallaut gebraucht. Doch macht die Analogie des Syr., Targumischen (vgl. Levy, Wörterb. Vorrede S. V) und theilweise selbst des Hebr. (אֵזֹר, אֵבוּס, אֹהָלִים) es ziemlich wahrscheinlich, dass hier überall volle Vocale waren. Also אמאר = אֲמַר; אתא „kam"; עתית und אתית „kamst", „ich kam"; אלאהא „Gott"; אראדא „Wildesel" = اَغْنَل; אבאד „that" = غَبَّ; אבאדתון „ihr thatet"; עזיל „geh"; עכול, אכול „iss"; עמיר „gesagt"; עביד „gethan"; אתא „komm" (= اِتِّ); אנא „ich"; אנין „wir"; אנאשא „Mensch"; עניש aliquis = *אֲנָשׁ[1]. Der Vocal schwankt, wie man sieht, theilweise; wohl ein sicheres Zeichen, dass er wenigstens nicht lang ist. Aber für gewisse Formen herrscht doch der eine oder der andere allein; so das א im Perf., das ע im Part. pass. ע steht überhaupt fast nur, wo in der 2ten Silbe ein י ist.

u haben wir so noch in עובאדא „Werk" = عُبْدَا, עֲבָדָא[2]; ähnlich ליעוהוראן = לַאֲחֹרָן „hinter uns" (freilich mit manchen Varianten s. § 158)[3].

§ 27. Hinter dem ersten festen Radical erscheint nur selten da ein deutlicher Vocal, wo man z. B. nach syr. Analogie nur ein Schwa erwartete. So noch am häufigsten *u*, welches theils ursprünglich, theils durch einen Labial erzeugt ist (§ 19). Vgl. besonders הוריניא, הורייא u. s. w. alius, alii etc. = ursprünglichem o͡horên; קודאם „vor"; שומא „Name"; שומיא und sogar עשורמיא „Himmel"[4], zuweilen auch

---

1) Der Anlaut א, ע fällt nie bei selbständigen Wörtern ab, wie theilweise in andern Dialecten.

2) Z. d. D. M. G. XXII, 458. Ebenso samaritanisch und in jüdischen Texten.

3) Nach den präfigierten ולב bleibt auch dies א, ע regelmässig; doch finden sich einzelne Schreibweisen wie ביבידראתא I, 46, 7 für "בעב = בַּעֲבִידְתָא „in den Thaten"; ליכילתא (ein Cod.), לכילתא (ein Cod.) für לעכילתא (6 Codd.) „zur Speise" I, 378, 7.

4) Diese (dazu חולך, חולק, עוֹלִים) finden sich auch so in den palästinischen Dialecten z. B. im Samar. und im Christlich-Paläst. (Z. d. D. M. G. XXII, 45, 8 f.). Im Samar. wechselt damit zum Theil defective Schreibung. Auch in jüd. Schriften kommen sie fast alle mit *u* vor. Zum Theil mag das *u* übrigens durch secundäre Verdopplung oder durch Dehnung befestigt sein: dafür sprechen Formen wie עשומיא = שומיא; בשומאיהון „in

שומא ¹ neben שמא = ܫܡܐ (Perf. und Impt.); ferner צורוריתא „Salamander" als Var. zu צרוריתא I, 137, 11, 15 = زُوَنْقَا; קולאליא (auch mit Präp. בקולאליא I, 216, 3, wo nur ein Cod. "בקל) neben seltnerem קלאלא „Schlinge". Einige andere, zum Theil zweifelhafte, siehe unten bei den Nominalstämmen.

Ein solches א und י dürfen wir sehen in האטאייא „Sünden" (so immer; auch mit Präfixen "בהאט, "להאט, "והאט und mit Suffixen) wohl = سَلِيَّةٍ; שאבא „sieben" (fem.) = שְׁבַע; האמאר „Wein" DM 1 (2 Codd.) = سَقْرٍ; קאראבתאנא „Krieger" = مُقَاتِلُ; סיטאר „hinter" (auch בסיטאר II, 77, 8) = سَلِيِّ; סימאדרא „Weinblüthe" (auch לסימאדריא Ox. III, 31ᵇ) = سَقَفْرٍ; wohl auch סימאכא „Stütze" (§ 98ᵃ) und zerstreut noch einige andre (vgl. z. B. § 101). Aehnlich ist DM 19 (2 mal) לימאליא = كَمْ لِي „wozu mir?" (eine Hdschr. hat einmal das sonst übliche לימאליא) und לימאליך cur tibi (fem.)? DM 38ᵇ (wo eine Hdschr. gar לאמאליך). Auch von diesen Formen mögen einige den Vocal durch Dehnung oder Verdopplung des folgenden Consonanten befestigt haben. Uebrigens stehen allen diesen Wörtern viel zahlreichere gegenüber, in denen bei genau entsprechenden Lautverhältnissen kein Vocal auf den Anlaut folgt.

Die Präfixe des Imperfects erhalten auch da stets einen vollen § 28. Vocal, wo das Syr. bloss ein Schwa bietet, also ܢܩܘܡ = ניקום „steht"; נימאכיך = نَقْمَصْ „drückt nieder"; תיבאטיל = ܬܒܛܠ „sie vereitelt" u. s. w. In ניאתרה „wir machen sie gross" I, 105 ult. und ähnlichen haben wir bloss eine kürzere Schreibung (nach § 9) für נייאתרה oder נעיאתרה (wie נעיאקראך „wir ehren dich" I, 4, 18). Das Mand. geht in dieser Beziehung weiter als ein andrer aram. Dialect². Ebenso hat

---

ihrem Namen" u. s. w. Dass sich ein ŏ in solcher Stellung leicht fester hält, sehen wir aber auch schon aus gewissen hebr. Wörtern.

1) So häufig diese Form ist, so bezweifle ich doch ein wenig ihre Richtigkeit; die Verwechslung mit שומא „Name" lag den Abschreibern zu nahe.

2) Im Talm. ist die Vocalisierung üblich bei den "עו z. B. לידון judicet Ketub. 105ᵇ; תינח ,תיקו (beide häufig). Im Syr. gebrauchen die Dichter (wie Ephraim, Isaac) Formen wie ܢܥܘܠ, ܢܥܘܠ, ܢܥܡ (von "עו)

das Mand. im Inf. Peal von "עו nur Formen wie מיסאף, מיסאב ¹ u. s. w. Zum Theil mag hier übrigens ein Uebergang in die Bildung der "עע vorliegen, was in den ähnlichen Afelformen noch wahrscheinlicher ist (s. § 184 f.). Zu bemerken ist aber, dass das Präfix des Part. Pael nicht den Vocal erhält, also משאדאר wie ܡܫܰܐܕܰܪ gegenüber נישאדאר für ܢܫܰܐܕܰܪ.

§ 29. Sehr oft bleibt nach dem 2ten Radical (resp. bei Quadrilitterern nach dem 3ten) bei der Verlängerung der flectierten Formen ein Vocal wie bei der kürzeren Form. Besonders geschieht dies im Afel und wenn eine Enclitica antritt; ferner oft beim Antritt der Objectsuffixe. Vgl. מאכבילויא = ܡܰܟܣܶܐ ܠܶܗ = מאלבישילה, מַלְבְּשִׁין לֵהּ "sie sündigen"; "be-kleiden ihn"; מימאסכינילה "machen ihn arm" I, 264, 1; נאפרישאך "belehrt mich"; ניכגידולוא "verehren mich"; מבאטשקירילה "fragen ihn"; מיתאוזיפיא "werden hinzugefügt"; עשביקינכון "ich lasse euch"; ניראנדידון "rütteln auf" u. s. w. Man sieht, dass hier auch in solchen Fällen ein י ist, wo ursprünglich ein anderer Vocal war. So haben wir auch נימארולא, נימירולא, נימארולה "sagen mir, ihm", aber daneben נימארוליא, נימירוליא (ohne Zusatz נימרון). Dagegen ist hier nie ein ו ². Uebrigens stehen neben diesen Formen sehr viele analoge ohne einen solchen Vocal; ja zum Theil wechseln beide Aussprachen in demselben Worte. So haben z. B. für אותיבויא "setzten ihn" II, 56, 19 A die andern Codd. אותבויא;

---

sehr oft zweisilbig; seltner ist die Vocalisierung des Präfixes bei längeren Formen wie ܢܣܰܡܶܐ, ܢܣܰܡܶܐ (ich habe über diesen Punct ziemlich weitgehende Beobachtungen gemacht). Selbst in Prosa wird zuweilen so vocalisiert. So ist eine Karkaphische Var. zu Luc. 15, 25 ܬܳܩܶܬ, ܪܳܩܶܬ. Anderes schon bei HOFFMANN, Gram. S. 218. Aber nie finden wir so Etwas bei andern Wurzeln als bei "עו.

1) Talm. מיקם Kidduschin 33ᵃ; מימה Gittin 68ᵇ u. s. w. Syr. ܡܶܩܳܡ 2silbig bei Ephr. II, 357 D; ܡܺܩܳܡ erwähnt von Barh. gr. I, 99, 21 f.

2) אנהוראת "sie erleuchtete", das sich einigemal neben und für אנהירואת, אנהאראת findet (so in den meisten Handschriften I, 276, 10) beruht auf der leidigen Verwechslung des dreizackigen ה mit הו (§ 10); das Versehen ward begünstigt durch die Gewöhnung der Abschreiber an das überaus häufige נהורא. So liessen sie sich auch durch כאלוזא (im Mand. "Stimme") verleiten, מאכלוזאנא "Ausrufer" zu schreiben I, 217 ult. für מאכליזאנא.

neben נאלבישה „bekleidet ihn (sie)" finden wir נאלבשה vgl. I, 229, 3; Q. 21ᵇ, 37; neben מסארסיפין „sie fachen an" I, 17, 11 מקארקלילון „sie stürzen sie um" I, 316, 18 und so manches Aehnliche (S. u. A § 126). Es ist gar nicht in Regeln zu fassen, warum hier bald die eine, bald die andre Aussprache ausschliesslich oder vorwiegend gebraucht wird. Für das Ohr wird aber der Unterschied nicht gross gewesen sein [1]. Uebrigens dient die Erhaltung dieses Vocals zur Erleichterung der Aussprache in ähnlicher Weise wie die, ja auch vielfach schwankende, Einschiebung § 25 (vgl. ניסיגדון „beten an" neben ניסגידוליא „beten mich an"). In Pael- und Ethpaalformen sowie bei Assimilation des ersten Radicals an den zweiten (bei פ׳נ) kommen solche Vocale nicht vor[2]; offenbar weil die Verdopplung nicht mehr gehört und daher Aussprachen wie מאסקיא; מאפקיא; מיזדאהריבה; מיתפאלגיא; ניקאבלון kei-nerlei Unbequemlichkeit hatten.

Ganz selten sind Erleichterungen der Aussprache wie מיתקירין „werden gerufen" I, 45, 21 B; מישתיביקלכון „wird euch gelassen" DM 17ᵇ cod. Weim. (Ox. מישתב); מיסתימיכנא „ich stütze mich" DM 19ᵇ (2 Codd.).

Zwischen zwei gleichen, auf einander folgenden Consonanten wird § 30. gern ein Vocal erhalten, um das Zusammenfallen derselben zu verhüten. Und zwar dient hierzu gewöhnlich das א, welches wohl als stärker gilt, auch da, wo ursprünglich ein andrer Vocal war. So haben wir 1) יאמאמיא) „Meere"; אממיא „Völker"; כינעניא neben כיניא „Umhüllungen" u. s. w. (§ 132). 2) האנאנה „liebkoste ihn" = חַנְּהָ (daneben האננה); האנאנאן „liebkoste mich"; מבאניניתון „ihr zeugt" I, 22, 1; האולאלאת „sie jammerte"; מאלאלית „ich redete" (neben מאללית); מיתגאלאליא „werden geoffenbart" (neben מיתגאללליא); גאלילוליא „offen-

---

[1] Die mancherlei Schwankungen in der Setzung und Weglassung solcher Vocale und in ähnlichen Dingen geben uns übrigens ein anschaulicheres Bild von dem wirklichen Lautbestand der lebenden Sprache, als wenn hier etwa eine grammatische Schule überall eine einzige Schreibweise als die canonische festgesetzt hätte.

[2] Eine Ausnahme wäre מהאתאמאתא = مَهْأَتْمَثَا II, 7, ult.; hier ist aber das *a* wohl nur aus Versehen der Schreiber wegen des häufigen Sing. מהאתאמתא geblieben.

barten mir"; מיתגאלילינין „wir werden aufgeklärt"; מלאטאטילה „verfluchen ihn"; מראגיגילון „reizen sie" (Var. מראגאגילון) I, 24, 17; מיתגאבביא „sind gekrümmt" I, 316, 13 (Var. מיתגאבביבא, מיתגאבביא); מהאבבא „entbrannt" I, 17, 6 (von ܚܒܐ); מסאכיכילה „stecken ihn ein" I, 92, 22 f. (Var. מסאכבילה); מקאשאשיא „sind alt" I, 77, 18 ff. (Var. מקאשישיא); מיתהפאסאסיא „werden zerstört" u. s. w. Man sieht aus den Nebenformen, dass dieser Vocal nicht nothwendig geschrieben werden muss; vgl. noch עתזאבטטית „ich ward betrübt" I, 193, 19 und gar mit Zusammenziehung עתגיבאת „sie ward gekrümmt" = ܐܬܓܒܝ I, 264, 7; מהאזילה „liebkosen sie" = מְחַנְּנִין לה I, 152, 14.

§ 31. Was hier im Innern der Wörter geschieht, scheint ausnahmsweise bei Präfixen angewandt in באבאיתא „im Hause" I, 97, 2 für בב" (beide neben einander I, 205, 1); באבאואתא „durch Bitten" I, 108, 19 = בְּבָעוּתָא (ein Cod. בב"); לילבתא „dem Ziegel" für ללִיבתא I, 331, 9 und ähnlich מימאסכינילה „machen ihn arm" I, 264, 1 (gegen S. 30). Aber wie gesagt, sind dies nur ganz einzelne Ausnahmen.

In אנאת „du" אנאתון „ihr" ist nicht etwa ein Vocal eingeschoben um unverträgliche Laute auseinander zu halten, sondern diese Formen sind anders zu erklären (§ 75). Ueber איך und die Endung איאן aus aich, ain siehe oben § 21.

Einschiebung nicht ursprünglicher oder Wiederherstellung längst entschwundener Vocale haben wir noch in einigen seltenen Fällen. So zwischen ש und מ in רושומא „Zeichen" (viel seltner רושמא) = ܪܘܫܘܡܐ und גישומא u. s. w.) „Leib" neben גישמא (גישומאיהון) = ܓܘܫܡܐ. Durch den Einfluss von הוכומתא (§ 25) erklärt sich der Stat. const. הוכומאת (neben הוכמאת) und so durch מינילתא (für minl'thâ) der Stat. constr. מינילאת (neben מילאת s. § 148). Derartige Bewahrung eines Vocals, der nach den allgemeinen Lautgesetzen hätte wegfallen sollen, durch Einfluss einer andern Form, in der er von Rechtswegen steht, findet sich wohl noch öfter. Dahin zähle ich מארכאבאתא nach מארכאבתא; auch מהאשאבאתא „Gedanken" und האבאראתין „ihre Genossinnen" (besser bezeugt als האבראתין II, 30 ult.; 31, 4, 5), wenn diese beiden Formen wirklich richtig sind. Die Vocalisation שאמיש (aber שאמשא s. § 127) „Sonne" und האמיש (aber האמשא) „fünf" lässt mehrere Erklärungen zu; letztere Aussprache ist auch die syrische

ܣܘܼܡܵܐ. Wenn, wie das Hebr. zeigt, dies auch wesentlich die ursprüngliche Vocalisation ist, so erwartete man doch nach gemein aramäischen Lautregeln ܣܘܿܡܵܐ.

Vorschlag eines א, ע vor einem vocalisierten Anlaut (also ein ganz § 32. anderer Fall als § 24, wo der Vorschlag die Aussprache erleichterte) haben wir in einigen Fällen, nämlich in אטירפיא „Blätter" = ܛܲܪܦܹ̈ܐ [1]; עשומיא neben שומיא „Himmel" (§ 27); selten עשומא neben שומא „Name"; אראמאהת „Höhen" I, 380, 18 (alle Codd.) neben Sg. ראמתא [2]; עדילמא = דילמא = ܐܲܠܟܡܵܐ.

In den folgenden Wörtern mag dagegen das א nicht ein blosser lautlicher Vorschlag, sondern, wie im Talm., aus עַל entstanden sein: אקאמה „vor ihm" (und mit andern Suffixen [seltner קאמה]); אתותיא „unter" (seltner תותיא); אבאהאר „hinter" (seltner באהאר); אביניא „zwischen" (häufiger ביניא); אביהדיא „bei"; אמינטול „wegen" (erst spätere Stücke מינטול) vgl. talm. אבתר, אמטול. Dann wird man auch אגאמביא מיא [3] „über das Wasser hin" I, 380, 19 (§ 158) hierher ziehn und in Fällen wie מן אגאמבאיין I, 243, 17 (Var. גאמביא), על אגמביא, לאגאמביא Q. 3, 31 eine Häufung der Präpositionen finden.

Wegfall von Vocalen.

Die auslautenden unbetonten[4] Vocale fallen weg wie im Syrischen, § 33. welches wenigstens ܒ und ܩ als Ueberbleibsel einer Zeit, wo sie laut-

---

1) Talm. אטרפא Gittin 69[b]; so אטרפוי Targ. Ps. 1, 3 vgl. Levy, Wörterbuch s. v.

2) Vgl. syr. ܐܪܙܐ „Geheimniss", dessen überaus beliebte Schreibweise mit ܐ sich auch nur daraus erklärt, dass man einmal arâzâ sagte. Vor r ist ein solcher Vorsatz in vielen Sprachen üblich.

3) Ueber das מ siehe § 53.

4) Ob die Betonung sich später geändert hat, ist hier gleichgültig. Ich kann nachweisen, dass alle diese Vocale an der so zu sagen gefährlichsten Stelle waren, nämlich im Auslaut unmittelbar nach der betonten Silbe. Ein â muss in diesem Falle zuerst verloren sein, da es schon von der syrischen Schrift ignoriert wird vgl. ܒܪܢ mit בְּרָנָא (eigentlich wohl בְּרָנָא); es ist auch schon im Christlich-Paläst. verschwunden, welches ܝ und ܘ noch fest

bar waren, gewöhnlich noch schreibt, und meistens im Talmudischen, theilweise auch in anderen Dialecten [1]. So schreibt man denn קאם = ܐܶܟ݂ܰܠ, „führte mich"; עם = ܐܶܚܰܕ݂ „meine Mutter"; עמאת = ܐܶܡܰܬ݂ܝ „wann?" (talmud. אמת, älter אֵימָתַי); עתמאל = ܐܶܬ݂ܡܳܠ „gestern" (talm. אתמל; targum. אֶתְמְלִי) u. s. w. Nur in der Form דיליא = ܕܺܝܠܺܝ hat das Mand. hier einen Vocal, den das Syr. verloren hat [2]. Hier ist gewiss das Suffix der 1. Pers. im Mand. betont worden, was ja im Bibl.-Aram. [3] und Hebräischen [4] immer geschieht.

Diese weggefallenen Vocale erscheinen aber theilweise wieder, wenn eine Enclitica an das Wort tritt z. B. אמאר = ܐܳܡܰܪ „saget", aber אמארוליא = ܐܳܡܰܪ ܠܺܝ (§ 170. 174 u. s. w.).

Einzeln steht der Abfall eines יא in דאל für דאליא „hob auf", „hebe auf" II, 16, 2; Q. 45, 27; DM 88ᵇ und באן für באניא „bauend" I, 213, 19, 25.

§ 34. Im graden Gegensatz zu dem § 24 besprochnen Vorschlage wird zuweilen ein anlautender Spir. lenis mit einem Vocal vor einer Consonantengruppe weggenommen. So ist besonders סרין viel häufiger als עסרין „zwanzig" (wohl nach Analogie von תרין, seltner עתרין). So noch einzeln רפיליא „Nebel" I, 311, 5 für ארפיליא (so A) = ܥܰܪܦܶܠܳܐ; זדאהאר „hütet euch" I, 20, 17, sonst עזד; אנא לגיטינכון „ich nehme euch" I, 98, 16; דרהום „dass ich liebe" II, 65, 18; דהזינון „dass ich sie sehe" II, 65, 17 und so öfter die 1. Pers. Impf.; שמאן „liess mich hören" II, 135, 11 (2 mal) für אשמאן, ܐܶܫܡܰܥ [7]. Auch סתאא „Nord" = איסתנא, ܐܶܣܬܢܳܐ [5] wird hierher gehören.

---

hält, und ähnlich in andern paläst. Dialecten. — Zu Bardesanes' Zeit sprach man übrigens in Edessa schon jene ܐ und ܥ nicht mehr aus, wie das Metrum seiner dichterischen Fragmente ergiebt.

1) Für das Palmyr. vgl. Z. d. D. M. G. XXIV, 95.
2) Vgl. Talm. דידי mit י der 1. Pers.
3) Ausnahme אֲבִי Dan. 5, 13.
4) Zwei Ausnahmen 2 Kön. 5, 18 und Micha 7, 8, 10.
5) Das Wort ist dunkler Herkunft und wohl Fremdwort. FLEISCHER's Ableitung (zu LEVY: Wörterb.) von סְתָוָא ist mir sehr bedenklich.

Bei Weitem häufiger ist aber die Beibehaltung des א, ע in diesen Fällen. Ueberhaupt ist, wenigstens bei den meisten Wörtern, die Wegnahme wohl nur graphisch. Wie man der anlautenden Doppelconsonanz gern einen Vorschlagsvocal gab, auch wo man ihn nicht schrieb, so liess man auch wohl einen ursprünglichen Vocal vor einer solchen in der Schrift weg, sprach ihn aber doch. Höchstens mag man zuweilen den Anlaut nach einem eng damit zusammengesprochenen vocalisch auslautenden Wörtchen haben wegfallen lassen. Dass in Wörtern wie ורמינון „und ich werfe sie" (§ 11) die Weglassung des ע nur graphisch ist, leuchtet ein.

Der vocalische Anlaut schwindet wirklich oft, aber nicht nothwendig, nach der Negation לא. So לאביד „thut nicht" = ܠܐ ܢܒܶܕ; „trat nicht ein" = ܠܐ ܥܰܠ II, 103, 5; לאברה „non transeam eum" = ܠܐ ܐܶܥܒܪܺܗ; לאודונון „belehrten sie nicht" = לא אודעונון I, 310, 18 und manche andre; aber wenigstens ebenso häufig bleibt der Anlaut nach לא¹. So finden wir auch קאתיא „kommt" = קָא אָתֵי; קאייל „tritt ein" = קָא עָיֵל (§ 261); ferner einmal יאב „o mein Vater" = ܝܳܐ ܐܰܒܝ Par. XIV no. 104 und 112. Aehnlich מידיתון „wisst ihr" aus מי ידעתון II, 54, 13 (3 mal). § 35.

Den Abfall der aus dem Spir. lenis mit folgendem ursprünglich kurzem Vocal gebildeten Silbe (§ 26) finden wir sonst im Mand. bei selbständigen Wörtern wohl nur in הורינא, הורינא „alius" u. s. w. = הורן aus ŏḥŏrên oder ursprünglich oḥrên². Dagegen kommen natürlich bei der Zusammenziehung in Fällen wie אזלינן „wir gehn"; בריכתון „ihr seid gesegnet"; ראבנא „ich bin gross" auch solche Verluste vor. Ebendasselbe geschieht selbstverständlich neben andern Verstümmlungen bei so starken Zusammenziehungen wie in den Zahlwörtern von 11—19. § 36.

In solchen Fällen werden auch inlautende Vocale verloren; ebenso bei dem Uebergang der Formen ″ער in ″עע. Derartiges ist aber in der Formenlehre zu behandeln. Zu erwähnen ist jedoch hier, dass einige- § 37.

---

1) Bedenklich ist mir לעדון „wussten nicht" II, 37, 14 (CD לא עדון).

2) Had „einer" aus aḥad ist schon gemein aramäisch. Daraus hat sich dann schon früh l'ḥôd und im Syr. ܚܰܕ weiter entwickelt.

mal nach Verlust eines Gutturals nicht, wie sonst üblich, der frühere Vocalstand unverändert bleibt, sondern ein nunmehr überflüssig erscheinender kurzer Vocal wegfällt. So haben wir תשא oder עתשא „neun" nicht bloss regelrecht für ܬܫܥ (f.), sondern auch für ܬܫܥܳܐ (m.) und עתשין oder תשין „neunzig" statt ܬܫܥܺܝܢ, während wir hier תישא, תישין erwarteten. So auch צבאתא „Finger" statt "ציב ܐܶܨܒܥܳܐ Q. 45, 20 und öfter im AM.

Eine ungewöhnliche Vocalausstossung ist noch in מנא „woher?" aus min ân (§ 160). Einzelne andre aussergewöhnliche Verluste von inlautenden Vocalen werden wir noch bei der Formenlehre antreffen (z. B. § 212).

Im Ganzen muss man aber sagen, dass das Mandäische grade inlautende Vocale mit Sorgfalt schützt und unbequeme Consonantenhäufungen vermeidet.

2. Consonanten.

A. Allgemeines.

§ 38. Abgesehn von den Kehlhauchen ist das System der mand. Consonanten wesentlich dasselbe wie sonst in den ältern aram. Dialecten. Wir haben auch keinen Grund zu der Annahme, dass sich das Mand. durch bedeutend abweichende Aussprache der Consonanten von jenen unterschieden hätte. Es hatte sicher auch den Gegensatz der Aspirierung und Nichtaspirierung bei den Buchstaben ב ג ד כ פ ת. Dies wird zunächst durch die Analogie der übrigen aram. Mundarten[1] wahrscheinlich. Dazu unterscheidet das „Glossar", wenn auch selten, die aspirierten Buchstaben zuweilen durch einen obern Punct z. B. אבֿל, גֿא (קא אכיל, אבֿאל = اكل ياكل). Das TAYLOR'sche Alphabet (WRIGHT, Cat. 1216ᵇ) schreibt auch über diese 6 Buchstaben je eine doppelte Aussprache ב *Bā Vā*; ג *Gā Ghā*; ד *Dā Dhā*; כ *Kā Khā*; פ *Pā Fā*; ת *Tā Thā*. Endlich hat mir PETERMANN direct mitgetheilt, dass die Mandäer die doppelte Aussprache hätten. Betreffen nun alle diese Zeugnisse auch nur die neuere Aussprache, so ist es doch im höchsten

---

1) Aus dem Aramäischen ist vielleicht erst die Aspirierung auch in's Hebräische gekommen.

Grade wahrscheinlich, dass dieselbe in diesem Puncte auch die der ältern Mandäer war. In wie weit sich aber das Mand. rücksichtlich der Aspiration im Einzelnen vom Syr. unterschied, lässt sich um so weniger bestimmen, als im Syr. selbst nach Ort und Zeit allerlei Verschiedenheiten in dieser Hinsicht zu constatieren sind. Da die Mandäer ihren alten Schriften keine Zeichen der Aspiration oder Nichtaspiration beigegeben haben (was für sie auch vollkommen unnöthig war, so lange die Sprache lebte oder doch die Tradition lebendig blieb), so müssen wir uns mit der Annahme bescheiden, dass hier wohl im Ganzen und Grossen dieselben Hauptregeln gegolten haben werden wie im Hebräischen und Syrischen.

§ 39. Der Umstand, dass die westlichen Syrer die Consonantenverdopplung ganz eingebüsst haben [1], ist für uns durchaus nicht hinreichend, einen ähnlichen Vorgang auch im Mand. anzunehmen. Dazu bezeichnet wieder das „Glossar" einige ursprüngliche Doppelconsonanten wirklich mit dem arabischen ـّ z. B. אַםָּא „Mutter" [2]. Ob jedoch nicht theilweise die Verdopplung auch im Mandäischen aufgegeben, ist eine andre Frage. Dass gewisse Verbalformen durch ihre Vocalisation auf Aufhebung ursprünglicher Verdopplung und Wegfall des folgenden Schwa mobile deuten, sahen wir oben (§ 29); vgl. noch נאשרון, מאשרין = נַשְׁרוּן, מַשְּׁרִין „halten fest" mit מאלבישיא „bekleiden", מאסכיליא „sündigen"; משאלטיא = מְשַׁלְּטֵי „haben Macht", מיתפאלגיא (מתפלְּגִי) „werden getheilt" mit מסארסיפין „fachen an" u. s. w. Wenn ich zuweilen einen Buchstaben mit ـّ [3] bezeichne, so deute ich damit natürlich immer nur an, dass er ursprünglich doppelt gewesen ist; ob er es nach der Aussprache der alten Mandäer noch war, muss ich dahin gestellt sein lassen.

---

1) Theilweise auch das Neusyrische; aber, wo die Verdopplung im Neusyr. beibehalten ist, fällt sie grade sehr scharf in's Ohr.

2) Weniger gebe ich in diesem Puncte auf die Transscription einiger mand. Wörter durch Europäer, in der sich Verdopplung findet; denn in solchen Dingen begegnen denen, die nicht sehr genau aufmerken, leicht Fehler.

3) Ich wähle das arabische Verdopplungszeichen, weil es deutlicher in die Augen fällt als das hebr.

§ 40. Die Veränderungen, welche die Consonanten im Mandäischen erleiden, bestehn fast sämmtlich in Schwächungen und Erleichterungen für die Aussprache. Zu letzteren gehören die Assimilationen, namentlich die Verwandlung der Tenues vor Mediae in Tenues und umgekehrt. Im Syrischen lassen sich solche Erscheinungen in grossem Umfange schon um 700 n. Chr. constatieren[1], während die alterthümliche Orthographie sehr wenig davon zeigt. Ist nun auch eine derartige Verschiedenheit zwischen Schrift und Aussprache bei den Mandäern keineswegs anzunehmen, so zeigen doch gewisse Schwankungen, dass auch bei ihnen die Schrift immer etwas conservativer war als die Aussprache.

B. Die einzelnen Consonantenclassen.

Gaumenlaute.

§ 41. Das ק zeigt einige Neigung, zu ג zu werden. Im „Glossar" wird für ק meistens ג geschrieben und wieder umgekehrt zuweilen ק für ג z. B. קנזא für גינזא (adverbial „viel"). Wir dürfen wohl annehmen, dass das ק hier wie in manchen arabischen Dialecten ungefähr wie غ oder wie pers. ڭ gesprochen ward[2]. In der ältern Sprache beschränkt sich aber doch die Vertretung des ק durch ג auf gewisse Wörter und Lautverbindungen, so dass wir annehmen müssen, die beiden Consonanten unterschieden sich sonst noch deutlich von einander. Die Erweichung findet Statt im Anlaut in גאיטא = ܩܝܛܐ „Sommer"; נמט = ܥܡܣ „packen"; גיצפאת[3] „sie brach ab" I, 381, 6 vgl. קצפה Joel 1, 7 قصف; גארטופיאתא „Messer" (oder etwas Aehnliches) I, 134, 19 vgl. talm. קרטופני „Ritzen" قرطب „schneiden", قُرْطُبِي „Schwert" (belegt von Jâqût s. v. قرطبة) auch ܩܘܪܛܒܐ „Distel" (ܩܘܪܛܒܐ „Dor-

---

1) Vgl. die Fragmente der syr. Grammatik des Jacob von Edessa (in Wright's Ausg. S. 3); Wright, Cat. 57ᵇ; 104ᵃ (nestorianische Massora vom Jahre 899) und die genauen Angaben bei Barh. gr. I, 205 ff. Auch im Arab. ging die Aussprache hier vielfach weiter als die Schrift, vgl. Mufaṣṣal 176 f. und namentlich die Bücher über Aussprache und Varr. des Korans.

2) In Barhebräus Heimath Malatia sprach man ܒܝ für ܒܥ s. Barh. gr. II, 82.

3) Petermann's Ausgabe hat aus Versehn גיהפאת.

nen" Barh. gr. II, 117)[1]; ferner in allen Wurzeln, welche mit קט anlauten, also גטל „tödten", גיטמא „Asche", גטן „fein sein" u. s. w.[2] Wie hier überall ein ט oder צ unmittelbar oder mittelbar neben dem ק stand, so ist das auch in der sehr beliebten Wurzel לגט „nehmen" = לקט der Fall. Das Mandäische hatte also wohl das Streben, nicht zwei so emphatische Laute nahe bei einander zu haben. Im Inlaut: פיגיא „taube" = ܦܐܨܐ I, 279, 11. Neben פוקדאניא „Befehle" I, 21, 20 u. s. w. steht zuweilen פוגדאניא (nach § 40)[3].

ק wird im Anlaut öfter zu כ. So in כושטא „Wahrheit", כשיט § 42. „wahrhaft"[4] = קושטא, קשיט syrisch ܩܘܫܬܐ[5]; כאצומא „Wahrsager"; כצירא „krank" = קצירא; כאצארא „Walker" I, 217, 20; כרץ „zunicken" = ܩܪܨ[6], hebr. קרץ; כיצאת (stat. constr.) wohl = קְצָת I, 6, 16; כארכיש „die Glocke (oder Klapper?) rühren" II, 10, 23 noch neben מקארקיש DM 29ᵃ und so כארכושתא „die Glocke (oder Klapper?) des Hirten" I, 180, 16 = קרקשתא Baba k. 52ᵃ; כימצא „Ende" I, 378, 12 und öfter, wohl von קמץ „zusammenziehen". Die sonstige Wurzel כמץ I, 238 ult.; 239, 3, 20; 240, 3, 16, 22; 297, 9; 307, 22 bedeutet wohl „emporsprudeln" und dürfte mit قفص كفض (vgl. קָמְצָא „Heuschrecke") identisch sein. Und so wohl noch ein paar andere.

---

1) NORBERG's קרטיפא „Schleuder" passt nicht und wird auch bei BUXTORF nur aus dem Zohar belegt. — ܩܪܛ „abschneiden" Geop. 92, 23; 99, 30 קרטם قرطم hat aber eine verdächtige Aehnlichkeit mit καρατομεῖν.

2) Die Ausnahmen in NORBERG's Glossar sind nur aus den modernen Unterschriften z. B. der Familienname קוטאנא.

3) Bei den Ostsyrern wird q vor d wie g gesprochen Barh. gr. I, 208, 12; WRIGHT, Cat. I, 57ᵇ. Gemeinaramäisch ist dieser Uebergang schon in שיגדיא „Mandeln" = שגדין = שקדים (auch in's Aethiopische als *segd* aufgenommen).

4) Neusyrisch ܟܫܝܛܐ, ܩܘܫܬܐ, jüdisch אכשט, תכשיט neben Formen mit q.

5) Auch in קשתא „Bogen" und dessen Ableitungen wechseln dialectisch stark ק und כ, ת und ט vgl. Z. d. D. M. G. XXIV, 97.

6) Vgl. לאכירצית ולאארימזית mit Ephr. carm. Nis. 64, 13 ܡܙܠܦ ܐܦ ܐܟܪܢܬ. — In derselben Lautverbindung wird ק schon in der Inschrift von Carpentras zu כ: כרצי איש לא אכלת (wäre syr. ܐܢܬ ܩܨ ܐܟܠܬ).

Im Inlaut haben wir so אכצאליא „es schmerzt mich" = עקץ syrisch ܟܐܒ [1].

Auch hier scheint durchgängig die Nähe des emphatischen צ (einmal ש) die Erweichung befördert zu haben. Darum ist es mir bedenklich, עכא „Noth" von עוק (ضاق, hebr. צוק) abzuleiten, zumal das Mand. sonst das ק dieser Wurzel unverändert lässt [2].

§ 43. Anlautendes כ wird ganz ausnahmsweise zu ג in גאנפא „Flügel" (sehr häufig), woneben כאנפא in anderer Bedeutung bleibt; ferner, wie es scheint, in dem räthselhaften, wohl fremden גורמאיזא „Faust" I, 99, 4; 101, 11; 344, 17 u. s. w., dem targumisches כורמיזא entspricht [3]. Als dritter Laut steht ג für כ in הארגתא neben הארכתא, האראכתא, „Schiefheit" I, 214, 19; 215, 17; Q. 72, 3 u. s. w., dessen Wurzel = حرك sein dürfte und jedenfalls von הרך „versengen" I, 280, 20; 315, 23 (حرق) ganz verschieden ist. Immerhin könnte aber הרג [4] = سحق „abreiben" darauf eingewirkt haben. Ferner ziehe ich hierher רגיג = ܪܓܡ „weich". Man könnte dabei auch an רקיק denken, aber die לבושיא רגיגיא I, 233, 11 erinnern doch zu sehr an die ܢܚܬܐ ܪܟܝܟܐ Luc. 7, 25, und dann steht II, 13, 5, 14 dies Wort als „zart" dem אשיא (עשן) „hart" ganz so gegenüber wie in Nedarim 49ᵃ רכיכי dem אשוני [5]. Immerhin kann hier רגיג = ܪܓܐ desiderabilis eingewirkt haben.

---

1) Im Syr. ist u. A. כ für ק eingetreten in ܐܣܟܘܦܬܐ = אסקופתא; siehe unten S. 46 Anm. 4.

2) Näher liegt der Zusammenhang mit ضَنْك. Ein dem arab. ضنك entsprechendes aram. ענך ist sonst nicht bekannt, so dass man das Wort nicht davon ableiten darf; denn samar. אנכהותא Gen. 16, 5 stammt von נכי.

3) Ein ähnlicher Wechsel bei einem Fremdwort ist in ܟܘܕܦܠܣܐ, ܓܘܕܦܠܣܐ „ein gefüttertes Kleid" siehe BA und Payne-Smith unter dem Letztern (כירומניקא χειρομανιάκη hat nichts damit zu thun).

4) Das mehrfach vorkommende הארגא ומורבא liesse sich auffassen als „Abreibung" (بلاء) und „Fleck".

5) Ob vielleicht auch אינה בדמא ראיגא I, 83, 9 danach zu erklären ist: „sein Auge wird weich vor Thränen"? דמא „Blut" ist auch ohne das in דימא oder דימיא zu verbessern.

Für hebr. גֵּפֶץ syr. ܓܘܿܦܨܐ "Grube" haben wir כומצא I, 89, 9; § 44. 97, 14; DM 30ª, dem aber targum. כומצא zur Seite steht [1]. ג wird noch zu כ in עכורא "Götzenaltar" = targ. איגורא (ob verwandt mit אוגר, יגר "Haufen"?).

Ganz den syr. Lautgesetzen entsprechend [2] (§ 40) ist כשאשא "Erforschung" von גשש und wohl auch דאכשא "durchbohrt" I, 217, 11 (von der Stimme) von דגש II, 24, 15 [3]; desgleichen [4] ראכתאניא für ראגתאניא "lüsterne" I, 27, 9, sowie פוכתא "Zaum" I, 85, 10 (zweimal) = פוגדהא* (syr. ܦܓܘܿܕܐ). Zwischen a und u, resp. nach au, fällt g aus [5] in den früh recipierten Fremdwörtern תארנאולא "Hahn" DM 40ª (2 Codd.) und oft in AM = tarnagôlâ und in זאוא "Gattin" = ܙܘܓܐ aus ζεῦγος [6]. Aehnlich ist זגאיתא "Glas" I, 280, 10 neben זגאגיתא I, 281 ult. = ܙܓܘܓܝܬܐ, زجاج (hebr. זכוכית [7]).

Uebrigens werden sich im Silbenauslaut aspiriertes ג und כ nicht stark unterschieden haben; so steht für פאסוך pers. پاسخ "Antwort" einmal פאסוג Ox. III, 62ᵇ und umgekehrt für das häufige פארשיגנא (= פרשגן [8]) einmal פארשיכנא ebend. 85ᵇ.

---

1) Targumisch daneben auch קומץ und גומץ vgl. die Varr. zu 2 Sam. 18, 17 in LAGARDE's Ausgabe. — Nicht hierher gehört כאליותא "Fremde, Auswanderung", da das Wort nicht von גלא kommt, sondern = כַּלְיוּתָא von כלא retinere ist.

2) Vgl. ܩܣܘܪܐ = ܩܣܘܪܐ "Balken, Brücke" BA.

3) Syr. ܢܓܫ 2 Macc. 12, 22; Ephr. I, 549 C; Apost. apocr. 329, 12; Joh. Eph. 192; Dion. Telm. 124, 8; Mart. I, 130; Hos. 9, 13 Hex.

4) Barh. gr. I, 205, 22 ff. und schon Jacob von Edessa a. a. O.

5) Aehnlich im Neusyr., vgl. neusyr. Gramm. S. 39.

6) Talmudisch זווא "Paar" (Sabb. 129ᵇ בזווי "paarweise"), auch "Zange" (wofür die Ausgaben meist זוגא setzen: vgl. BUXT.). Ebenso زَوْج "Paar", nach dem Qâmûs auch "Genosse" und "Gatte", sowie "Scheere" Jâqût II, 960 neben زَوْخ.

7) Berach. 31ª oben steht ähnlich זוזגיתא.

8) Ueber die Etymologie siehe LAGARDE, Abh. 79.

Zahn- und Zischlaute.

§ 45. Während sich ט im Mandäischen kaum irgendwie verändert[1], wird ת als mittlerer Radical einigemal zu ד. So immer in כאדפא = ܟܰܬܦܳܐ „Schulter" und in כְּדַשׁ (כאדשילון = „schlagen" oder „plagen sie" I, 182, 2), כדֹּשׁ, אתכדֹשׁ „streiten" (oft) = כתש (aber האכתושא „Streit" I, 17, 8). Für כתב „schreiben" steht oft כדב, so jedoch, dass die bessern Hdschrr. כתב bevorzugen und כדב mehr auf den Fall beschränken, wo ת vocallos vor ב steht, also nach § 40 zu ד wird, z. B. כידבו = ܟܬ݂ܰܒ݂ܘ̱ II, 108 f. neben כתיבא; כאדביא I, 24, 8 neben כתאבא (D כדאבא). Doch kommt auch sonst in ihnen wohl כדב vor; constant ist hier keine Hdschr. Aehnlich שדק z. B. שידקא „Schweigen" I, 71, 11, 16 u. s. w. neben שתק. So noch תישאדפון „ihr gesellt bei" I, 67, 21 (D תישאתפון), aber dicht dabei תישאתפוליא „ihr gesellt mir bei" Z. 22. Vielleicht gehört hierher noch סאדמית Q. 24, 17 „schliessest ein" oder „wirfst nieder" von סתם, aber vgl. سَلَمَ, سلّم.

Ein ת assimiliert sich (oder fällt weg) oft bei den Reflexivformen mit עת׳, נית, תית, מית (§ 164); ferner fällt es ab in Flexionsformen des Verbums vor Enclitica z. B. אמארילה „ich sagte ihm", קאמאלה „sie stand ihm" (§ 170). Assimiliert wird es vielleicht in עכא „es giebt", ליכא „es giebt nicht" = talm. איכא, ליכא aus אית und לית + כא. Es fällt aus in ביסאד(י)א „Kopfkissen" (§ 148). Sonst hält sich das ת noch sehr fest, wie in den ältern Dialecten, besser als im Talm.

§ 46. ט steht für ד in אטשיא „Früchte" = ܐܛܫܐ, einem Wort unklarer Herkunft, dessen Abstammung von εἶδος mir G. HOFFMANN im Glossar zu Arist. Hermen. mit Recht zu bezweifeln scheint. Sodann wird man סאפטיא „Ketten" Ox. III, 108 ff.; מיסתיפטיא „sind gefesselt" II, 65, 19; מאספוטיאתא „Ketten" I, 84, 5; 90, 8, 12; 166 ult.; 310, 17; II, 65, 19 am besten mit صفد صِفاد und أَصْفاد nicht selten z. B. Sura 14, 50;

---

1) Eine alte Wurzelspaltung ist חטף und חתף. So findet sich im Mand. neben häufigem הטף selten התף (I, 215, 22 unmittelbar neben einander; ferner I, 253, 17). Beide Wurzeln im Hebr.; im Arabischen خَتَف neben خطف.

38, 37) zusammenstellen, wozu ܐܘܨܐ "Oese" (? unbelegt) und vielleicht auch צפד עורם בעצמם Klagel. 4, 8 gehören mag[1].

Durch eine Art Assimilation wird ד zu ט in אטאטא "Dornbusch", syr. ܐܛܕܐ aus אָטָד أَثَل und zu ת in עתית, עתיתא u. s. w. "bereit, zukünftig" aus ܐܬܝܕ. Eigenthümlich ist im Anlaut ט für ד (ܕ), welches ein paar mal vorkommt (§ 84)[2].

Eine besondere Eigenthümlichkeit des Mandäischen ist der, zum Theil nur facultative, Ersatz eines ד durch ז. Vollkommen gleichwerthig sind z. B. דאהבא und זאהבא "Gold"; sie stehen oft dicht bei einander und nach demselben Worte; letztere Form ist aber wohl etwas häufiger. So noch האזין, האזא, hic, haec (האדין nur in האדינו "dieser ist"; האדא selten; aber nur דה hoc vgl. zu dem allen § 80 f.); האיזאך = ܐܝܟܢܐ; האיזין "wie?" und "so" (neben האידין "wie?") = די + אי und דהא + ?; ܡܐ = זיכרא, זאכרא mas (ohne Nebenform); זאביא, זיביא "Opfer" (neben דאבא "Opferer"; מאדבהא, מאדבא "Altar"); זאבא "Fluth, Strom" I, 37, 19; 370, 5 f.[3] von דוב; זיקנא "Bart" I, 210, 1[4]. In allen diesen Fällen entspricht das ז oder ד einem hebr. ז, arab. ذ, und man wäre daher geneigt די = זי in den ältesten Inschriften, דנה = זנא auf den ägyptischen Papyrus zur Vergleichung heranzuziehen[5]. Aber auch זמא "Blut" steht oft neben דמא, und hier haben sonst alle semit. Sprachen ein ד. Dies scheint auch von זיקלא neben דיקלא "Palme" zu gelten (arab. دَقَل, welches freilich

---

1) ضبط צבט, woran man sonst denken könnte, ist aram. ܟܒܫ.

2) יאהוטאיריא "Juden" statt ܝܗܘܕܝܐ ist boshafte Umbildung mit Anklang an יאהטא abortus I, 231, 5 und an הטא (ܚܛܐ) "sündigen" I, 46, 1; 224, 13.

3) אנזאבא I, 19, 7 in der Parallelstelle zu I, 37, 9 scheint falsch. — Dies זאבא wird die wahre Erklärung des in Assyrien und Babylonien mehrmals vorkommenden Flussnamen زاب sein (Ζάβατος ist wohl eine alte Femininform זָבַת); die Uebersetzung durch Λύκος beruht auf einer alten Verwechslung mit זאב, דאב.

4) ܐܣܡ für أسم bei Norberg ist ein Irrthum.

5) Nahe liegt es dann auch, die neben einander vorkommenden Aussprachen des ذ bei den heutigen Aegyptern zu vergleichen, wo man z. B. dahab und zahab (זהב) hört (Maltzan in Z. d. D. M. G. XXVII, 242).

aus dem Aram. entlehnt sein könnte). Nicht hierher gehören זאכאיא „rein" und „siegreich" neben דאכיא, denn die Wurzeln זכי und דכי, deren Bedeutung ursprünglich verschiedner gewesen sein dürfte, stehn auch sonst im Aram. und im Arab. neben einander (ذكا und زكا)[1].

Ein ד fällt weg vor ת in פוכתא „Zaum" für פוגדתא (§ 44). Aehnlich haben wir als Var. zu האדתיא „neue" I, 205, 23; 206, 20 auch האתיא, was die Aussprache genauer wiedergeben wird[2]. ד fällt ferner weg in קאמה, אקאמה „vor ihm" (und mit andern Suffixen) = קָמֵהּ aus קַדְמֵהּ vgl. ܩܽܘܡܶܗ „Vorderseite" Gen. 9, 23 Aq. Symm.; ܩܰܕ݂ܡܳܝܰܬ݂ „zuerst" (häufig), wie im Palästinischen aus ܩܳܕ݂ܡܰܝ (Dan. 11, 16 und oft bei Ephraim, Isaac, Jacob von Sarug) קוּדְמֵי wird; und in האבשאבא = ܚܰܕ݂ ܒ݁ܫܰܒ݁ܳܐ „Sonntag" wie im Eigennamen schon sehr früh auch im Syrischen ܒ݁ܚܰܕ݂ ܒ݁ܫܰܒ݁ܳܐ bezeugt ist[3]. Eine Assimilierung des ד von עד „bis" (im Talm. häufiger) wird in אכאדית „noch" (§ 160) sein. Zwischen zwei Vocalen fällt ד aus in den Demonstrativformen האדינו = האינו; האי = [ה]אדי (§ 81); האך aus הָדֵן+דְּ (§ 82).

§ 47. Bei den Zischlauten zeigt sich öfter die Assimilierung nach § 40, doch ist die etymologische Schreibung häufiger. So wird צ zu ס in בסּפאר, בעסּפאר „am Morgen" I, 197, 3, 9; DM 23ᵃ neben ציפרא, was übrigens auch auf einer Verwechslung mit כפאר „Buch" beruhen könnte; הוסּפא „Frechheit" I, 251, 21 = ܚܽܘܨܦ݁ܳܐ neben האציפא I, 279, 11; 280, 4[4]. In der Nähe von פ ist צ noch zu ס geworden in מאסּפוטיאתא „Ketten" u. s. w., wenn die oben S. 42 gegebne Etymologie richtig ist.

---

1) Wenn עוזארה I, 382, 9 von עזר „helfen" kommt, so würde diese Form der Wurzel durch عزر gegenüber ܥܰܕ݁ܰܪ gestützt. — זינבוריא „Bienen" II, 114, 3 wird durch זיבּורא, زنبور bestätigt, während allerdings das Syr. nur ܕܶܒ݂ܽܘܪܳܐ hat (hebr. דְּבוֹרָה). Vgl. noch § 108.

2) Ganz so steht in den syr. Geoponikern öfter ܬ݁ܳܐ, ܬ݁ܳܐ für ܬ݁ܳܐ, ܬ݁ܳܐ z. B. 86, 9. Die Nichtaussprache des ܝ in ܚܺܝܛܝܶܗ vor dem ܠ schreibt die nestorianische Massora vor bei Wright, Cat. 103ᵇ.

3) Siehe neusyr. Gramm. S. 15 Anm. 2 und Z. d. D. M. G. XXV, 518 f.

4) Cast. hat ܐܳܨܶܦ݂ ܚܰܨܺܝܦ݂ impudens, effrons, aber das ist wohl ein Fehler.

Auf Assimilation beruht ז für צ in עוזבא (besser עׄזבא) I, 22, 23 = עצבא (fälschlich עוצבא) I, 75, 7; 92, 22 „Farbe" = صِبۡغ (vgl. Barh. gr. I, 208, 8)[1].

ס wird durch Assimilation zu ז in היזדא „Schande" = سُمۡعَة (vgl. § 48. Barh. gr. I, 205, 21 f.); מאגדא I, 227, 4 B (die Uebrigen etymologisch מאסגדא) „Bethaus" (Barh. gr. I, 208, 5 ff.); אזבאר „erheben" (oft) für und neben אסבאר.

Vor ט wird ס entsprechend zu צ in מאצטיתון „ihr verleitet" und anderen Formen von אסט, doch daneben מאסטיאנותא „Verleitung" I, 20, 15 u. A. m. mit ס; ferner יצטממיא „Stahlspitzen" I, 143, 19 neben וסטממין DM 7ᵇ = $\sigma\tau\acute{o}\mu\omega\mu\alpha$ [2]. So mit zweifacher Assimilierung צוצטמיא Q. 38, 19 als Var. zu כוסטמיא „Bande" ($\sigma\acute{v}\sigma\tau\eta\mu\alpha$?). Trotz der Trennung durch einen Vocal wirkt die Assimilierung noch in ציטרא AM 5 neben häufigerem סיטרא = صِطۡرَا[3]; צאטאניא DM 55ᵃ für das sonst übliche סאטאניא „Satane". Und so selbst צארטאנא „der Krebs" (im Thierkreise) I, 379, 14 in den Londoner Codd. und oft in AM für sonstiges סארטאנא [4].

ז wird (nach § 40) zu צ vor ט (eine Lautstellung die im Syrischen § 49. wohl nie eintreten kann) in צטארתיא parva, fem. von *זוטרא (wofür

---

1) Für עוציאנא und אצין (von لَجّ „widerspänstig sein") finden wir I, 215, 23 f. עוסיאנא und אסין, aber das ist durch das darauf folgende בוסיאנא und באסין „verachten" bewirkt; die häufigere Wurzel אסי „heilen" mag die Verwechslung befördert haben, die wir auch Q. 72, 2 in אסיותא für אציותא finden. In dem schlechten Text Par. XIV nr. 9 steht noch מיתביצרין für מיתפיסרין „werden gering". Die mehrfach z. B. I, 18, 7 f. vorkommende Vertauschung von נצב „pflanzen" und נסב „nehmen", welche beide im Mand. sehr beliebt sind, ist auch eine blosse Nachlässigkeit der Schreiber.

2) Auch sonst wechseln bekanntlich im Aram. für anlautendes griech. $\sigma\tau$ צט und סט (resp. mit einem vocalischen Vorschlag). Vgl. noch Barh. gr. I, 208, 14 f.

3) Sonst סיטרא (§ 27), auch אסטרויא „beseitigten ihn" I, 194, 10. — Vgl. übrigens ביצטרה und auch ציטרא im Samar. und in paläst. Targumen.

4) In אכצאליא (§ 42) gegenüber ܠܗܡܣ ist das ק ursprünglich, vgl. עקץ.

nur זוטא vorkommt s. § 21) DM 76ᵃ (2 Codd.); Par. XI, 19 f. und öfter in AM; so wohl auch das Verbum ועצטאר „und ward klein" I, 165, 16 = *וזטר¹.

Entsprechend zu ס wird ז vor ק² in עסקא „Schlinge" DM 47ᵇ, vgl. BUXTORF unter עזק, und in dessen Fem. עסקתא, עסקאת, עזיקתא für und neben עזקתא u. s. w. = ܐܙܩܬܐ, ܥܙܩܬܐ „Ring" (§ 93), vgl. I, 144, 6; 147, 3 u. s. w., sowie in סקירנא „ich hüpfe, freue mich" I, 130, 17, vgl. יזדאקאר „freute sich" II, 93, 14; מיזדאקריא I, 253, 17, ganz wie auch aus dem Talmud neben איזדקר ein בסקיר „sprungweise" citiert wird.

§ 50. Für ש steht im Mand. in einigen wenigen Fällen ein andrer Zischlaut; aber fast immer bieten dann auch andre Dialecte Entsprechendes. So steht neben הימצא „Bauch" I, 81, 21; 281, 2 zwar hebr. syr. חֹמֶשׁ, ܚܡܨܐ, aber auch talm. הימצא. סמירא „wohl bewahrt" sollte nach hebr. שמר ܣܡܪ ein שׁ haben, aber auch targumisch ist איסתמר (sogar איסטמר)³. Auch סלק „kochen" für שלק (סאלקילון „man kocht sie" I, 226, 7; 227, 12 und so in dem sehr jungen Stück AM 156) soll im Talmud vorkommen. Vermuthlich ist der Sprache hier die Vermischung mit der Wurzel סלק „steigen" begegnet. Aehnlich scheint es zu sein mit מסאנקילון „peinigen sie" I, 301, 8; תאסניקא „Peinigung, Peinigungsort" I, 23, 3; 220, 13 u. s. w. (wie אבדון); das Mand. ist hier aus der Wurzel שנק in סנק (סניק „bedürftig" I, 42, 19 u. s. w.) gerathen⁴.

---

1) Eine Ableitung von צער (also *וְאָצְטַעַר) kann das Wort nicht sein; man erwartete da mindestens וְאֶצְטַעַר, das aber heissen würde: „er ward geschmäht" oder „geplagt".

2) Die Ostsyrer sprechen es in diesem Falle als ܙ (Barh. gr. I, 208, 22). Auch Sam. עסקתה Gen. 41, 42 und sonst. — Anlautendes זק wird auch von den Ostsyrern סק gesprochen (Elias I bei MARTIN, Syriens orient. et occid. 335).

3) שמר „bewahren" kommt in aram. Schriften nur als Hebraismus vor; ܐܰܫܠܶܡ, mand. שאמאר „loslassen, wegschicken" (d. i. سَمَّ, سَمَّ = ارسل) hat nichts damit zu thun.

4) Man könnte freilich zuletzt שנק als Šafel, סנק als Safel von אנק auffassen. — Erwähnen liesse sich hier noch עסקופתא „Schwelle" = talm.

Lippenlaute.

Anlautendes פ, dem als zweiter Radical ein ג folgt, wird durch § 51. eine Art Assimilation zu ב in בגא „traf" = ܒܓܐ II, 26 ff.; תיבגא „sie trifft" Ox. III, 38ª (2 mal); באגין „treffen" I, 11, 7 u. s. w. neben פגא II, 33, 15; פיגית „ich traf" (öfter) = ܦ̇ܓܥܬ. Auch im Syr. ist dieser Uebergang vollzogen in ܓܥܐ „schreien, anrufen", mand. stat. constr. בגאן „Anrufung, Provocation" vgl. in Mischna und Targ. פגן, הפגין [1]. Auf einer Volksetymologie beruht gewiss die Veränderung des Fremdwortes פרגודא $\pi\alpha\rho\alpha\gamma\alpha\acute{\upsilon}\delta\eta\varsigma$, $\pi\alpha\rho\alpha\gamma\acute{\omega}\delta\eta\varsigma$, $\pi\alpha\rho\alpha\gamma\alpha\tilde{\upsilon}\delta\iota\varsigma$ u. s. w.[2] in בר גודא I, 212, 23; II, 8, 11, als wäre es mit בר „Sohn" zusammengesetzt.

Umgekehrt wird als erster Radical ב zu פ in פת (פאה) „Töchter" neben בראה (§ 148), und durch Assimilation (§ 40) in פתולא, פתולתא „Eheloser, Ehelose" (gewöhnlich mit böser Nebenbedeutung)[3]. In späteren Texten finde ich noch מיתפיסרין für מיתביצרין Par. XIV nr. 9 und פרך für ברך z. B. מפאראכתיא benedicta (öfter in AM).

Es scheint fast, dass im Inlaut ב und פ in vielen Lautverbindungen gar nicht oder nur wenig verschieden klangen. So wechselt סביהאתא einigemal mit ספיהאתא „Lippen". כבוץ „verschwindet" Q. 8, 30 scheint zu קפץ ܩܦܨ zu gehören[4]. Auch קובליא „Fesseln" I, 361, 23 =

אסקופתא (targ. masc. אסקופא), syr. ܐܣܩܘܦܬܐ (arabisch entlehnt أُسْكُفَّة), von denen שקופא und hebr. מַשְׁקוֹף wohl schwerlich zu trennen sind.

1) Vgl. eine Anm. zu § 127. Syrisch so noch ܦܓܪ „hindern, auflösen, schwach werden" = talm. פגר, hebr. פגרו 1 Sam. 30, 10 (dazu فجر „abfliessen"?). Auch in ܐܬܦܓܝ, das BA = ܐܬܟܠܝ („aufgehalten werden") setzt, wird derselbe Vorgang sein; das Erstere belegt Payne-Smith, Letzteres findet sich Ephr. I, 204 F (ܡܦܓܝܢܐ „verhindernd" f.).

2) Lagarde, Abh. 209 f., wo noch Joh. Lydus de magistr. I, 4; I, 17 hätte citiert werden können. Syr. ܦܪܓܘܕܐ Joh. Eph. 82 ist die Diminutivform $\pi\alpha\rho\alpha\gamma\alpha\acute{\upsilon}\delta\iota(o)\nu$ Malala II, 135.

3) Vgl. ܐܬܦܛܝ أنطبخ = ܐܬܒܫܠ BA nr. 2102. Viel häufiger sind die Fälle, wo überhaupt im Aram. der Anlaut פ dem hebr. ב gegenübersteht vgl. פקעא, פרזל u. s. w.

4) Hebr. קבץ قبض ist aram. ܩܦܨ.

قَفْل ܩܡܨܳܐ ist hierher zu ziehen ¹. Besonders aber steht פ oft für ב im Silbenauslaut vor ש und ת (nach § 40) ². So haben wir ראפתיא I, 350, 18 und sonst als Var. zu dem weit häufigeren ראבתיא magna; שאפתא „Sabbat" und „Blatt" neben שאבתא ³; קאראפתאזא I, 162, 7 als Var. zu dem sonst üblichen קאראבתאזא „Krieger"; sehr oft דופשא neben דובשא „Honig". Für Letzteres kommt sogar die monströse Schreibweise דובפשא vor; wie gleich hier ב und פ gilt, kann man daran sehen, dass I, 233, 22 in B גראפתינון אנא גראבתינון „ich habe sie geplündert" (von גרב) und an einer andern Stelle mit (falscher) Wiederholung ודובשא ודופשא steht. Es kann nicht auffallen, wenn nun auch gelegentlich umgekehrt ניטובתא, ניטוביאתא für ניטופתא, ניטופיאתא „Nitufta, Nitufta's" (eigentlich „Tropfen"), und ניתאבשון „sie werden zahlreich" Par. XI, 23ᵇ für ניתאפשון steht. Gesprochen wird hier überall *p, f* sein. Aehnlich ist noch שאפקיא II, 76, 21 in 2 Codd. für שאבקיא „lassen".

Anders ist die allein stehende Verwandlung des mittleren ב zu פ in ניצאפ̄ית (oder vielleicht besser mit CD ניצׄאפ̄את als Ethpaal) „schmückt (sich)" I, 218, 10 und מצאפ̄את „wohl geordnet" I, 216, 21 von ܨܒ݂ܰܬ.

Als dritter Radical steht פ für ב in אוטיף I, 36, 11 „thuet wohl" אוטיפויא I, 15, 7 ⁴ (הוֹטִיבוּ).

Wie jenes צבת (ursprünglich „verbinden") im Talm. zu צוות wird, so entspricht nun auch dem syrischen ܨܒ݂ܰܬ oder wohl einer Nebenform

---

1) كبل כבל mag allerdings verwandt sein.

2) Vgl. Barh. gr. I, 207 ult. — 208, 2. Auch in den Handschriften steht oft ܦܐ für ܒܐ und umgekehrt z. B. ܥܪܘܒܬܐ „Freitag" PAYNE-SMITH, Catal. cod. Ox. 293 und öfter; ܠܥܘܒܬܐ WRIGHT, Cat. 1113ᵃ, 5; Mehreres bei WRIGHT, Apocr. acts of the apostles, Uebersetzung S. 222. ܐܦܬܐ und ܐܒܬܐ „Pech" wechseln bekanntlich ohne Unterschied. — Die Neusyrer sprechen ܟܦܬܐ (ܟܦܝܚܬܐ) *kâlîptâ*, ܫܒܬܐ *šáptâ*.

3) שאפתא שאבתא „Blatt" (zum Schreiben), Pl. שאבאתא I, 272, 3, 24 weiss ich nicht abzuleiten.

4) So im Sam. לבלב = לפלף, נוב = נוף.

ܨܒܽܘܿܢܳܐ* das beliebte Wort צאותא, welches im Mand. theils „Ordnung, Herrlichkeit, Glanz"[1], theils „Genossenschaft" bedeutet.

Sehr alt ist die Auflösung des ב in *w, u* bei רורביא = ܪܰܘܪܒܶܐ, מראוראב, רורבאניא, רַבְרבִיא. Zu ו wird ב noch in אבד z. B. אויד „geht verloren" (oft); אודאניא „Wüsteneien" I, 389, 19[2], ferner im שוש „verwirren" I, 110, 17, 23; 310, 16, 21 = שבשׁ, das im Mand. nur noch als „schmeicheln, bethören" vorkommt z. B. I, 24 ult.[3]. Wenn sich sonst in Handschriften einzeln noch ו für ב findet z. B. סואלת für סבאלת „hast getragen" II, 11, 11 (A) oder umgekehrt זאביאתא für זאויאתא „Winkel" Q. 3, 17 (eine Hdschr.), so darf man das wohl nur als Schreibfehler ansehn. Jedenfalls war im Mand. das aspirirte ܒ noch vom ו in der Aussprache deutlich geschieden, wie denn Jacob v. Tagrît (13. Jahrh.), nicht bloss die Edessener, sondern auch die Babylonier (zu denen wir die Mandäer auch sprachlich zu rechnen haben) den nordöstlichen Aramäern gegenüber hält, die ܒ und ܦ wie ܘ sprächen[4].

Das ב fällt nach *au* weg im Afel von יבל. Also immer אויל, אולית, אוילון, אוילה, מאולילה u. s. w. für resp. ܐܰܘܒܶܠ (ܐܰܘܒܠܶܗ), ܐܰܘܒܶܠܬ, ܐܰܘܒܶܠ, ܐܰܘܒܠܶܗ, ܡܰܘܒܶܠ ܠܶܗ. Zu *m* wird *b* vielleicht in ܬܘܿܡ = הום (§ 160)[5].

---

1) So bedeutet תוקנא eigentlich „Festigkeit", im Mand. „Klarheit", „Helligkeit", insbesondere des Mondes.

2) עבדוניא Q. 24, 7 „Abaddons" ist als Fremdwort aufgenommen.

3) ܬܘܫܳܫܐ confusio, permistio bei Cast. ist unbelegt. Vgl. aber تشويش, شَوَّش, das in Schriften populären Stil's sehr beliebt ist, wie denn تشويش auch in's Pers., Türk. und Neumandäische (האשויש AM 285) übergegangen ist. Ursprünglich ist es wohl dem Aramäischen entlehnt und gilt deshalb für unclassisch. — Das ähnlich aussehende mand. לוש „verunreinigen" I, 179, 21; 234, 11 scheint vom pers. لوش „Koth" zu kommen.

4) Journ. asiat. 1873 avril 341. Vgl. Barh. gr. I, 206; II, 40; Payne-Smith (nach Severus von Tagrît) s. v. ܐܘܒܠ col. 421 u. s. w. So hat Jâqût (s. v. دير احويشا) أَحْوِيشَا = ܣܒܝܫܐ (in Se'ert). Für das Neusyr. s. meine Gramm. S. 48 u. s. w.

5) Im Neumandäischen des „Glossars" wird auslautendes ב auch in ם, יאתב (setzen) zu ם, עתיב = יאתם.

Liquidae *(M N L R)*.

§ 52. Sehr gering sind auch im Mand. die Veränderungen, welche *m* erleidet. Zu ב ist es geworden in dem Fremdwort קאבא = ܩܐܡܐ (Ephr. I, 52 E; 235 A; Mart. I, 146) = *κημός* (jüd. כמס PERLES, Studien 88 f.). Zu נ scheint es durch eine Ausgleichung, ähnlich der in אטאנא und עתינא (§ 46), geworden zu sein in מינרא (selten מאנרא) „Geld", das ich nur mit خُصمةٌ zusammenstellen kann¹.

Durch eine Art Assimilation, entgegengesetzt der, welche נב zu מב macht (§ 53), steht נד für מד in דנדם = דמדם „still stehn".

Den Abfall des ם finden wir in מינדא (in ältern Texten sehr selten) neben מינדאם = מנדעם „Etwas" (§ 150). Hier ist wohl weniger eine rein lautliche Veränderung als das Streben, dem Worte eine gewöhnliche Substantivendung zu geben, um es flectierbar zu machen².

§ 53. Ein unmittelbar vor einem ב stehendes נ wird, wie so ziemlich in allen genauer bekannten semit. Sprachen, in der Aussprache stets zu מ geworden sein. Die Schrift bezeichnet diesen Uebergang aber nicht immer. Wir haben so מאמבודהא und מאמבוגא „Sprudel"; עמביא neben ענביא „Trauben"; גאמבא neben גאנבא „Seite"; שומבילתא „Halm" = (§ 113) أُنْبُوب اقْصَب (= אנב) "(D.)" „Flöten" I, 225, 4; ³אמבוביא; سُنْبُلة und andre mehr, darunter das Fremdwort בוסתאמבאיא = بستان بان Par. XI, 20ᵃ. Aber wohl nie geschieht dies im Part. Praes. wie in גאנביא = نَصِب I, 225, 6, da hier die etymologische Berechtigung des *n* (vgl. Sg. גאניב) noch zu deutlich ist, wie denn auch z. B. in מאנביא = מַנְבִּעִין I, 121, 7, 9 u. s. w. oder gar bei dem blossen Vorschlags-

---

1) Auf מנרנא Deut. 8, 3 im Targ. Jerus. II darf man sich nicht berufen, da dies ein Fehler für מזרנא ist. — Was ist aber das erste Glied in der regelmässigen mand. Verbindung ארגבא ומינרבא „Geld und Gut"? Das letztere kommt nur I, 366, 7 allein vor.

2) Im Talm. fällt ם ausser in dem entsprechenden מידי noch ab in manchen Formen von קום, ferner in איברא = בְּרָם.

3) Jedem fallen hier gleich ambubajarum collegia ein; vor derartigen Frauenzimmern (זאמבאראתא) vgl. زَمّارة = زانِية Qam.) haben die mand. Schriften viel zu warnen.

vocal in ענביהא = נביהא „Prophet" das *n* natürlich immer bleiben muss.

Schon aus den hier gegebnen Beispielen sieht man, dass sich das *n* vor einem andern Consonanten im Mand. viel hartnäckiger hält als im Hebr. und Syr. Allerdings wird es im Verbum als erster Radical oft assimiliert z. B. אפיק „führte aus" von נפק; ניפיל „fällt"; עסאב „ich nehme" u. s. w., aber wir finden hier auch sehr viele Formen mit erhaltnem *n* (s. das Nähere § 178). Im Nomen stehn Formen wie מאטרא, מאטארתא „Wache"; מאסארא „Säge"; מאצותא „Streit"; מאפיקתא „Ausgang" neben solchen, denen das *n* geblieben ist vgl. מאנזאלא „Abwärtsgehn" des Himmels (gegenüber זיקפא) I, 272, 7; מאנזאלאתא = מַזָּלוֹת und die eben angeführten מאנמבוגא u. s. w. Doch ist im Nomen die Assimilierung häufiger. So bildet נטר, dessen Verbalformen das *n* bewahren, die beiden Nominalformen, die wir eben sahen.

Erhaltung des *n* sehn wir noch in אנפיא „Gesicht" = ܐܦܐ; אמינטול „wegen" = ܡܛܠ; מינדאם „etwas" = מִנְדַּעַם, מִדַּעַם ܡܕܡ (§ 150).

So auch in den Fremdwörtern פלאנגא = ܦܠܓܐ φάλαγξ I, 382, 7 f.; גינזא „Schatz" aus pers. *ganğ* (vgl. גנז Esth. 3, 9 u. s. w. und schon Ezech. 27, 24; ܓܙܐ γάζα)[1]; davon גאנזיברא „Oberpriester" eigentlich „Schatzmeister" aus *ganğabar* (גזבר Esra I, 8; 7, 21; ܓܙܒܪܐ, ܓܝܙܒܪܐ, neben ܓܢܙܒܪܐ Barh. gr. I, 19, 10 aus der jüngeren pers. Bildung *gangûr*); שפינזא „Herberge" = ܣܦܢܓ, ܣܦܢܙ, אושפיזא u. s. w.)[2]; האנדאמא „Glied" aus pers. *handâm* (ܗܢܕܡ) u. s. w., während in תיגארא „Wasserbecken" I, 226, 7 = talm. תיגגרא, תינגרא aus pers. تَنْكير[3] und סאדאנא „Ambos" = ܣܕܢ aus pers. سِنْدَان assimiliert ist.

---

1) Auch sanscrit *ganğa*. Das Syr. bildet trotzdem ein Part. ܓܢܙ BA = خزون, als ob die Wurzel גזז wäre, während andrerseits das Verbum גנז ܓܢܙ eine Ableitung von diesem Fremdwort ist, von dem wir im arab. كنز eine weitere Umformung sehn.

2) Mit hospes, womit das Wort noch bei Payne-Smith s. v. ܐܘܫܦܙܐ zusammengebracht wird, hat es nichts zu thun. — Im Minochired findet sich *aspanz*, *azpanž* und *aspanğ*. Ueber die Etymologie des pers. Wortes vgl. Lagarde, Abh. 27 f.

3) Syr. wieder ܬܢܟܪܐ, das BA dem arab. طنجير gleichsetzt. Bis in's

Während als letzter Radical *n* in שיתא „Jahr", wofür oft שידתא geschrieben wird, = ܫܰܢ݇ܬܳܐ wegfällt[1] und in ליבתא „Ziegel" = ܠܒܶܢ݇ܬܳܐ, ܠܒܶܬܳܐ I, 216, 9; 331, 9 durch Umbildung des ganzen Wortes spurlos verloren geht (§ 139[2]), wird es in מדינתא „Stadt" = ܡܕܺܝܢ݇ܬܳܐ erhalten, was in שכינתא „Wohnung" = ܫܟܺܝܢ݇ܬܳܐ, גינתא „Garten" = ܓܰܢ݇ܬܳܐ auch im Syr. geschieht.

Dass der Wegfall des *n* übrigens selbst vor Gutturalen Statt finden kann, zeigen verschiedene Formen von נחת z. B. ניהות = ܢܶܚܬܳܐ (seltner ניניהית). Besonders interessant ist das Wort גוהא „Erschütterung", das oft unmittelbar neben dem Verbum גהא (= גנח) steht. Dies Wort, welches im Talm. als גוהא „Erdbeben"[3] erscheint, wird von BA nr. 2790 in der Form ܓܽܘܗܳܐ[4] als locale Nebenform von ܓܽܘܢܗܳܐ[5] erwähnt.

Eine ausnahmsweise Assimilation haben wir in מילא „woher?" = מן לאי, während sonst מן sein ן behält, und ferner in allen den Formen von נתן, in welchen ein mit ל anlautendes Enclit. angeschlossen wird z. B. ניתילן „giebt uns"; יעתילה „giebt ihm"; עתילכון „ich gebe euch"; למיתילון „ihnen zu geben". Da dies Verbum sonst immer als נתן, nicht wie im Syr. als ܝܰܗ݈ܒ erscheint, so muss man diese Formen durch Assimilierung des *n* erklären[6].

Türkische ist dies Wort als طَنْجَرَة gedrungen. Vgl. noch LAGARDE, Abh. 50 f., dessen Erklärung des talm. Wortes nach dem hier Gegebnen hinfällig wird.

1) שיתא ist ܫܶܢ݇ܬܳܐ „Schlaf".
2) Ganz wie im Neusyr. *giptâ* aus *g'fi(n)tâ* „Rebe" (Gramm. S. 91).
3) Siehe Berach. 59ᵃ oben, wo RABBINOWICZ's Cod. גיהא und, ganz wie im Mand., גהא für גנח hat.
4) Bei PAYNE-SMITH unrichtig ܓܽܘܗܳܐ.
5) Dass mit PAYNE-SMITH in der Bedeutung „Erschütterung, Erdbeben, Verwunderung" *gunhâ* und nicht *gunnâhâ* (3silbig) zu lesen, erhellt, abgesehn von den durch ihn angeführten Zeugnissen, noch aus mehrern Dichterstellen und aus Barh. gr. II, 89 v. 1049. Als Nomen actionis zum Pael und Ethpaal ist natürlich daneben *gunnâhâ* immer erlaubt.
6) STADE im Lit. Centralbl. 1873 Nr. 45 S. 1418 erklärt auch das syr. ܝܰܗ݈ܒ durch Assimilation der damit verwachsenen Präp. ܠ; angesichts vom

Wie wenig das Mandäische das *n* vor andern Consonanten scheut[1], sieht man daraus, dass es gern eine Doppelconsonanz durch den einfachen Consonanten mit *n* (resp. *m*) davor ersetzt (§ 68). Nicht immer ist im einzelnen Falle klar auszumachen, ob ein *n* an solcher Stelle ursprünglich oder secundär sei. Wie denn auch in solchen Formen, in denen ein radicales *n* erscheint, oft nicht sowohl eine beständige Bewahrung des Ursprünglichen als eine Wiederherstellung desselben anzunehmen ist (§ 178).

Sehr oft fällt nun aber ein auslautendes flexivisches ן ab. So haben die Nomina im Plur. stat. abs. für ין sehr oft יא, so dass diese Form wenigstens in der Schrift mit der des Stat. emph. und constr. zusammenfällt; so ist für die Endung אן gewöhnlicher א, wodurch wieder verschiedene Formen gleichlautend werden. Zwischen solchen Formen mit und ohne ן herrscht ein grosses Schwanken. Regelmässig[2] ist der Abfall, auch nach ו, wenn ein Encliticum antritt z. B. דאיגילון „richten ihn" = ܢܬܩܢܘܢܝ; הדירילה „umgeben ihn" = ܢܚܕܪܘܢܝ; ניהדובה „freuen sich seiner" = ܢܚܕܘܢ ܒܗ; אמארתוליא „ihr sagtet mir" = ܐܡܪܬܘܢ ܠܝ; קרוליא „riefen mich" = קרון לי (die Verba 'ל׳ bilden sonst nur ausnahmsweise die 3. Pl. im Perf. und Imperat. nicht auf ון). So noch מבא „woher?" aus *min ân* und in האי Nebenform zu *hâden* (האזין § 81). Dies Alles kommt auch in der Talmudsprache vor, welche darin aber noch weiter geht; das Mand. hält z. B. bei den Endungen תון, כון; (ה)ין; (ה)ון, in אנאתון u. s. w. das ן immer fest (ausser vor Enclitica und in ganz einzelnen Ausnahmefällen wie in האמנר § 85; בדארו § 147; קאדמו und האיילו § 159 gegen Ende). Zusammenziehungen wie סאלקינין = סאלקיתון; ܣܠܩܝܢ, ܣܠܩܬܘܢ sind schon syrisch[3].

---

neusyr. ܣܠܩܘܢ u. s. w. (Z. d. D. M. G. XXV, 669 f.) scheint das ganz richtig zu sein.

1) Ueber אנאת „du" und אנאתון „ihr" s. § 75.

2) Die einzige Ausnahme, die mir aufgefallen, ist עתיתנכלה „sind ihm bestimmt" I, 250, 7 = ܗ ܠ ܟܠܝܡܐ.

3) תימא „Süd", תימיאיית „südlich" ist nicht direct von תימן ܬܝܡܢܐ abzuleiten; vgl. ܬܝܡܐ und ܬܝܡܢܐ neben ימן.

In einigen Fällen wechselt *l* mit *n*. Als Präf. der 3. Pers. im Imperf. finden wir wie im Talm. zuweilen ל für נ (§ 166). Es hat grosse Bedenken, dies ל für ursprünglicher zu erklären; sonst sind freilich mehr Belege für נ aus ל als umgekehrt. Ursprünglicher ist der Anlaut im mand. לגט = לקט "nehmen" als im talm. נקט[1] und in להאמא oder לאהמא (häufiger) "Brot" als im talm. נהמא = לַהְמָא. Während ferner das Mand. in האלין h i das *l* gegenüber talm. הָנֵי[2] gehalten, hat es die Verwandlung in *n* doch in dem daraus gebildeten האניך illi (aus *hâ* + *illên* + *k*) = talm. הֵיךְ. Ausserdem hat es נהש "flüstern" I, 390, 17, 20 aus לחש ܠܚܫ[3].

Einer eigenthümlichen Dissimilierung verdankt wohl מינילתא "Wort" seine Gestalt. Wahrscheinlich sagte man zuerst im Pl. מיניליא statt מיליליא (über den Vocal nach dem ersten ל s. § 30. 132) und hat sich erst davon der Sg. מינילתא, מינילאת, מינילא gebildet (daneben noch zuweilen מילתא s. § 148)[4].

§ 54. Im mand. האלצא "Hüfte" ist wie im hebr. חלצים wohl das Ursprüngliche erhalten gegenüber חַרְצָא (syr. mit Assimilation ܚܰܨܳܐ).

---

1) Dass sowohl das mand. לגט wie das talm. נקט aus לקט entstanden sind und dass letzteres mit נקט "stechen" nichts zu thun hat, erhellt aus genauer Vergleichung des Sprachgebrauchs. Das mand. לגט wird vollständig so gebraucht wie das talm. נקט; übrigens zeigen sich bei letzterem noch genug Reste der eigentlichen Bedeutung "sammeln, auflesen", vgl. לנקוטינהו "zu sammeln" Kidd. 13ᵃ; מנקיט "sammelt" Gittin 68ᵇ; Nedarim 50ᵃ (wo die Glosse מלקט erklärt) und נקוטאי (Glosse שנתלקטו) "zusammengelesene, aufgegriffene Menschen" Baba m. 83ᵇ oben.

2) Aehnliche Formen mit *n* im Neusyr.

3) Die Ursprünglichkeit des *l* wird hier auch durch das schon von Gesenius herangezogene Aeth. belegt. Mag immerhin לחש in letzter Instanz mit נחש "Schlange" zusammenhängen, so ist doch das jedenfalls eine viel ältere Spaltung. Ich bemerke, dass נחש im Syr. und Arab. nur in abgeleiteten Bedeutungen vorkommt; syr. ܠܚܫ "flüstern" ist nicht selten.

4) Mit umgekehrter Verwandlung des *n* in *l* לופאתא "Kehricht" aus نفاة zu erklären, hat seine Bedenken, zumal jenes Wort I, 84, 1 als Pl. gebraucht wird. Auch קילומא "Verwesung" II, 78, 20 = Q. 66, 20 u. s. w. kann man zwar mit قنم (s. Fihrist 44, 3 قنمة "Gestank" vom Mist) zusammenstellen, aber dem *l* kommen doch כלמתא = כנים Onkelos (so Raschi zu Berach 51ᵇ, bestätigt durch Levy s. v.); כלמי "Würmer" Berach 51ᵇ; כלמו

Zur Dissimilation ist ר für ל eingetreten in גירגלא „Rad", st. abs. גארגול = גלגל, ܓܝܓܠܳܐ; in קארקיל „umstürzen" = קלקל; טארטיל „hinwerfen" = טלטל. Ferner steht *r* für *l* in תארמידא „Schüler." „Priester" und תארמיד „lehren" = ܠܚܡܝܢ, ܠܚܡ.

Umgekehrt ist *r* zu *l*[1] geworden in dem altrecipierten Fremdwort כאלוזא (mand. nicht „Rufer", sondern „Stimme") und so מאכליזאנא „Rufer" vgl. כָּרוֹזָא u. s. w.[2].

Assimiliert wird ל in gewissen Fällen bei der Präposition ܠ (§ 32. 158) und ר in באזירא „Saame" = ܒܙܪ, ܐܢܒܐ, wie schon MUSSAFIA (cf. LEVY s. v.) für das im Talm. und in den paläst. Targumen vorkommende בִּזְרָא annahm; die mand. Vocalisation ist noch ursprünglicher[3].

Eingebüsst ist *r* ferner in פת gleich und neben בראת; syr. ܒܬ (§ 148)[4].

Vocalbuchstaben (*J* und *W*).

§ 55. In der Behandlung dieser Laute unterscheidet sich das Mand. fast gar nicht vom Syr. Anlautendes יְ oder יִ, יָ wird stets zu ע (*î*)[5] vgl.

= בלו Deut. 29, 4 Jerus. I zu Hülfe. Ueber den etwaigen Zusammenhang mit ܩܠܡܚܐ „Laus" „Wurm" und קמל wage ich nicht Etwas zu behaupten.

1) Man könnte auch daran denken מארולא II, 14, 11; 78, 23 = Q. 66, 24 aus Dissimilation von מארורא zu erklären. Doch ist erstlich die Bedeutung unsicher, und dann darf man sich nicht etwa auf die Analogie vom hebr. חרול berufen, da dies Wort nicht von חרר herkommt und nicht „Brennnessel" bedeutet; denn wie ܣܡܚܐ = λάϑυροι Geop. 18, 6, vgl. PAYNE-SMITH, Cat. Ox. 176, und das von BA damit zusammengestellte خُلّ zeigen, ist es ein wildes Schotengewächs.

2) כלוזא Baba b. 8ᵃ wird zwar durch הַכְרָזָא erklärt, doch scheint es hier, wie in der Parallelstelle Baba m. 108ᵃ אוכלוסא, = אוכלוסא ὄχλος zu sein, so dass die Aehnlichkeit mit der mand. Form zufällig wäre.

3) Arab. بزر „Sämerei" u. s. w. ist erst aus dem Aram. entlehnt. Das Neusyr., welches sonst *r* öfter einbüsst, hat in diesem Worte noch *barzarrâ*, Pl. *barzarrê*.

4) Die Aussprache dieses Wortes ohne *r* ist schon bezeugt durch die nestorianische Massora vom Jahre 899 s. MARTIN, Syr. or. et occ. S. 388.

5) Mehr oder weniger geschieht dies in allen aram. Mundarten, ebenso

עקארא „Herrlichkeit" = ܥܩܳܪܳܐ, עתיב „sass" = ܝܺܬܶܒ; אֲתֵיב = עית, עַת; ܡܶܬܶܒ
אֲמַת ;עהאב „gab" = יְהַב; עהבית = וִיהַבְת; עדית „ich wusste" =
יְדַעֵת ;עשו „Jesus" = ܝܶܫܽܘܥ u. s. w. Dass aber grade zur kräftigern
Bewahrung des Halbvocals oft der Vocal *a* bleibt, wo sonst nach Analogie ein *e* oder *i* stände, sahen wir § 16.

Im Inlaut fällt יְ ganz weg, vgl. עתהיב „ward gegeben" = אֶתִיְהֵב;
doch wird es vocalisiert in den Nominalformen wie בכיתא „Weinen" =
בְּכִיתָא u. s. w. (§ 90),

Auslautendes *âjâ* scheint zu *â* zusammengezogen zu werden in הרא
(D הירא) „Excrement" I, 91, 2 d. i. ܚܶܪܳܐ (stat. constr. ܚܪܶܐ II Kön. 6,
25; Geop. 71, 5; 72, 29), wie auch das entsprechende talmudische
Wort חָרֵי, חַרְיָא punctiert werden muss [2].

Wie sonst wohl ein Auslaut אָא֖, oder אָֽא wird אְיָא behandelt in
שיביאהיא „die Sieben" („Planeten") = ܫܰܒ݂ܺܝܰܐ Ephr. II, 550 D;
Cureton, Spic. 9, 7 und so ארביאהא quartus als Nebenform zu
ארביאיא = ܐܰܪܒ݁ܺܝܰܐ.

§ 56. Anlautendes ו findet sich vor einheimischen mand. Wörtern nur
noch in der Conjunction ו, da die wenigen sonst so anlautenden Wörter (wie ותיק; ܘܰܙܺܝܰܐ; ܘܳܙ; ܘܰܟ݂ܡܰܐ) im Mand. nicht üblich sind; wohl aber
in einigen alten Lehnwörtern wie וארדא „Rose".

Consonantisches ו fällt aus in einigen Formen von ܗܘܳܐ „sein" z. B.
ניהיא neben ניהויא „ist"; הון „waren" u. s. w. (siehe § 196).

---

unter Umständen im Hebr. nach der Aussprache des Ben Naftali (vgl. z. B.
Baer zu Gen. 27, 28), theilweise auch im Aethiop. und im Vulgärarabischen.
Im Altarab. finde ich nichts genau Entsprechendes, aber doch allerlei Aehnliches.

1) Ganz so ܐܰܡܥܳܐ „sie wusste" Cureton, Spic. 40; ܐܰܫܟܚܶܬ „ich gewann"
Apost. apocr. 306, 7; auch sonst haben wir in alten Handschriften öfter
ܐܰܒ, wo wir nach unsern Grammatiken die Bewahrung des Consonanten erwarten.

1) Nur das Arab. hat خرى als tert. ܥ. Dies Wort hält sich in
allen semit. Sprachen mit auffallender Zähigkeit bis in's Tigre hinein.

Wie weit in Formen wie גיותא = *ܓܝܘܬܐ und selbst in ליויאתאן „Leviathan" u. s. w. das ו noch irgend einen Consonantenwerth hatte, lässt sich nicht bestimmen. Sicher ist die Vocalisierung in האדותא „Fremde" = ܚܕܪܘܬܐ für חַדְרְתָא; ענותא „Herablassung" I, 275 ult. = *עֲנְוְתָא vgl. עֲנְוָתָן und hebr. עֲנָוָה.

Kehlhauche.

Die Veränderung der alten Kehlhauche, welche sich freilich in §. 57. verschiedenen aram. Dialecten ähnlich findet[1], giebt dem Mand. hauptsächlich seinen eigenthümlichen Lautcharacter; dazu kommt, dass in Folge dieser Veränderungen Buchstaben, welche Gutturale bezeichneten, als blosse Vocalzeichen verwandt werden können, mithin das ganze Schriftsystem durch jene bestimmt wird. Von den 4 Zeichen א, ע, ה, ח dienen die beiden ersten, wie wir sahen, ganz als Vocalbuchstaben, nur dass sie, wie unser A, E u. s. w., im Anlaut den Spir. lenis in sich schliessen, aber ohne jeden Unterschied der Etymologie z. B. ܠܚܡ = עביד, ܠܒܡ = אבאד, ܐܥܡܪ = עמיר, ܐܥܡܪ = אמאר, עמאליל = ܐܡܠܝܠ u. s. w. ה (𐡄) ist auf einen ganz speciellen Gebrauch im Auslaut angewiesen. ח (ܚ) vertritt ה und ח gleichmässig. Wir sehen also, dass etymologisches ע und א einerseits, ה und ח andrerseits im Mand. ganz zusammenfallen. Es widerstritte nun aller Analogie, sowie der Verwendung von ע und א als Vocalzeichen, anzunehmen, dass die Mandäer die sanftern Laute ء und ه aufgegeben und bloss ع und ح (oder gar غ und خ) behalten hätten; vielmehr ist sicher anzunehmen, dass das Mand. nur noch das ه, und zwar dieses bloss im Anlaut, und das ء besitzt, sich also auf die in den meisten indoeurop. Sprachen üblichen Kehllaute beschränkt. Es spricht übrigens Manches dafür, dass auch der Dialect des babyloni-

---

[1] Aehnlich noch im Neupunischen und Aethiopischen, während die arab. Dialecte bis auf die Auflösung des Hamza alle Gutturale fast ausnahmslos bewahrt haben. (Eine einzelne Ausnahme in Bezug auf das ع und sogar auf das غ finde ich bei MALTZAN in der Z. d. D. M. G. XXVII, 244 f.).

schen Talmuds diesem Standpunct wenigstens nahe war. Freilich wird in diesem im Allgemeinen noch ganz nach der Etymologie ע und ח geschrieben[1], aber grade bei Wörtern weniger deutlicher Herkunft findet sich da so oft dafür resp. ה und א[2], dass man eben jene Beibehal-

---

[1]) Wie sehr sich in diesem Puncte die etymologische Schreibung auch in solchen Dialecten zu halten sucht, die von gelehrter Behandlung sehr wenig berührt werden, zeigt das Samaritanische. In dieser Mundart ward sicher schon früh sogar anlautendes ח wie א gesprochen und doch hält in weitaus den meisten Wörtern die Schrift den ursprünglichen Guttural; am häufigsten wird da ע für ח geschrieben, indem der Uebergang von ח (ح) in ע (ع) sich lautlich wohl zuerst vollzogen hat.

[2]) א für etymologisches ע findet sich im Talmud u. A. in folgenden Wörtern: א = עַל und עַד (§ 158); אבא „Wald" = ܥܒܐ Ketub. 79ª; Sanh. 39ᵇ u. s. w.; אופיא „Schaum" vgl. عِفَاوة, عِفْوة (eigentlich „das Obere, Bedeckende"); ארדא d. i. כס der Schiffe Sanh. 73ª, lies ארדא = كَرْدا „Zeichen" Mart. II, 146; אזל „spinnen" = ܥܙܠ (أمْعَط „Netz" auch bei BB nach Payne-Smith); אטמא (häufig) = עטמא „Seite" (עצם עצם); אילוא ;(עצם עצם „Taucher" von כܥܡ; אומצא (so lies überall) בר אָמוּדָאֵי ;„Aloe" = ܟܠܗܡ und Anderes von אמץ aus עמץ „zusammendrücken"; אונקא „Hals" Sabb. 140ᵇ; אפצא (auch عنق, أفص, siehe Payne-Smith) „Gallapfel" = עפצא كܥܦܨܐ Wright, Cat. 581ª; אצץ „drücken" = عفص; איצרא = كܥܝ „ausgepresster Saft" von עצר; ארבונא „Dunkelheit" von ערב; ארבא „Schiff" = ܟܥܪܒܐ „Trog"; ארבא „Weide" = ערבא; ארבלא „Sieb" Sanh. 39ª und מארבל = מרבל Buxtorf col. 2190 = كܥܪܒܠܐ Amos 9, 9 u. s. w. غربال (Verb. كܥܪܒ Luc. 22, 31 Phil.; Bel. v. 14; Aphraates 278, 2); ארדא „essbarer Schwamm" = ܥܪܕܐ Barh. gr. II, 117; Pseudocallist. in Roediger's Chrest. (ed. 2) S. 120 غَرَدَ; ארך „ausrüsten, verfertigen" Baba m. 85ª u. s. w. (wozu vielleicht אורכי, lies אורכי „strues lapidum" Gittin 69ᵇ u. s. w.) vgl. hebr. ערך; ארקתא „Riemen" = كܥܪܩܬܐ; אשן „hart sein" = עשן u. s. w. In der Mitte und am Ende wird ע ganz wie im Mand. behandelt in טונא „Last" von טען; דץ infigere = דעץ; סייר „besuchen, nachsehen" = סער; קלא „Erdscholle" vgl. مَكْلَا Ephr. III, 53 A; Ephr. bei Overbeck 13, 4; Isaac I, 58 v. 117; Barh. gr. I, 235, 12 und oft in den Geop.; פִּקְתָא = Berach. 54ª u. s. w. = פִּקְעֲתָא; אפא „Hyäne" Joma 84ª =

tung wenigstens in vielen oder den meisten Fällen für rein graphisch halten muss. Ferner wissen wir ja, dass die „Nabatäer des Irâq" (zu denen wir die Mandäer rechnen müssen) א für ܚ sprechen. Vgl. das قَمَل مِن دَخَلَ لا = ܚܡܛܐ ܒܣܠ ܥܒ Ğawâlîqî 67; هَصّ „Hüfte" = شيْ ebend. 155; ريها = ܢܣܡ in der „nabatäischen Landwirthschaft" (QUATREMÈRE im Journ. asiat. 1835 mars S. 223) und لهْما „Brot" im Fihrist 14, 16. Diesen Nabatäern waren ع und ح so fremdartige Laute, dass sie dieselben nicht einmal aussprachen, wenn sie arabisch redeten. Sie sagten طابِىْ für طابِعْ; يارف für يَعْرِف; أَلَيه für عليه;

אפעא Targ. I Sam. 33, 18, ܐܚܠܐ = צבוע = ضَبُع (durchaus zu trennen von אֲפְעֶה أفعى) u. a. m. Vgl. noch האידנא „jetzt". Hiervon zu unterscheiden ist die förmliche Umbildung (mit Uebergang in die Wurzeln לי׳) in נינוא mentha Gittin 69ᵇ etc. = ܢܥܢܐ aus naʿnâ wie نَعْنَع, نَعْنَاع (dies bei Novaria 281) zeigt; ܐܪܝܐ = עַרְיָא, אַרְעָא. ה für ח haben wir talmudisch in הימצא; סיר̈ם = בהדי, להדי von חד; הדר = سِرَّو; הדדי „einander" = ܣܪܡ; (Ausgaben mit ח) „Bauch"; היפצא (Ausgg. mit ח) eine Frucht = حفص; הרזק von חזק; נהל „sieben", מהולתא „Sieb" Besa 29ᵇ; Moed k. 11ᵃ u. s. w. = ܠܣܐ Geop. 46, 27 und öfter in Geop.; Barh. gr. I, 121, 17, ܡܣܚܠܐ Geop. 87, 14; Barh. gr. I, 121, 17; BA s. v. = مُنْخُل, مَنْخَلَة (dies bei BA). — Selbst in den Mischnatext drangen die Schreibweisen nach der Aussprache, wie der bekannte Streit über עיד und איד im Anfange von Ab. z. zeigt; so noch מערבין und מאַרבין Erub. 5, 1 (vgl. SACHS, Beiträge II, 37). Sogar im Bibeltext sprach der Babylonier Haijâ הְכִּיתִי für הִכִּיתִי Jes. 8, 17 und machte sich so einer Gotteslästerung schuldig (Meg. 24ᵇ); er konnte eben das ח nur als ה hervorbringen. — Die constante Schreibweise טייעא für ܛܝܝܐ „Araber" (طائّي), wo sicher kein ע zu hören war, zeigt schon, dass die Setzung eines ע nicht bedingt, dass dasselbe auch ausgesprochen werde. — Wenn sich nun aber auch im Syr. ganz einzeln א für ע findet (wie in ܐܡܠ أمل; أسلْ = ערסן) oder ה für ח (BA 4111 erwähnt als Nebenform von ܚܡܠܐ „Gerstenbrühe" = talm. חושלא noch ܗܘܫܠܐ), so sind das Formen, die dem Edessenischen Dialect, der ע und ח sehr fest hält, eigentlich fremd und aus andern Mundarten entnommen waren. Natürlich wird hier abgesehn von den Fällen, wo regelrecht ܒ zu ܘ wird (in der Nähe eines andern ܒ, eines ܡ u. s. w.).

اَحْمق für اَهْمق; اَحمر für اَهْمر; يبرح für يَبْرَهُ — عسل für اَسَل
اِحسان für اِهْسان ¹. So steht denn auch in aram. („nabatäischen")
Wörtern, die in's Arab. gedrungen sind — weil grade die Dialecte
Babyloniens hier zunächst in Frage kamen — mehrfach ه für etymologisches ح z. B. هَطَر = ضرب (was Ġawâlîqî 152 f. mit Recht für
unarabisch hält) = ملهي ῥαβδίζειν Apostelg. 16, 22 Phil.; 2 Cor. 11, 25
Phil. u. s. w.; talm. חטר (Denom. von סמהן); هرف „früh reifen" (das
Ḥarîrî, Durra 149 missbilligt) vgl. חרפי „Erstlinge" (talmud.), אחרה
„eilen" ܣܢܗܬ „schnell", mandäisch עהרוה „ich treibe an" II, 90 ult.
u. s. w. ². Bei anderen findet sich ح neben ه z. B. حرزق und هرزق
Ġawâlîqî 52 = הרזק (talm. und mand.) von חזק; خُرْدَى und هُرْدَى
= הורדא. So sahen sich die Mandäer denn später veranlasst, wenn
sie in arab. Eigennamen und Appellativen die Laute ع und ح genauer
ausdrücken wollten, für ersteren gradezu ein ع zwischen die mand.
Charactere zu setzen, für letzteren das ה mit zwei Puncten zu versehen (§ 1) ³.

§ 58. ה und ח werden demnach ganz gleichmässig behandelt, abgesehen
von dem Falle des הֿ (ܓ). Das ה (ח) bleibt durchweg als erster
und zweiter Radical in den verschiedensten Lautverbindungen:

1) הומריא, הוא = אהוא; הסן = חד, הדא, האר = האריא „einer";
„ich עהרוך; חֵסָן = נהויא — מבהא = האכים; סמהן = Amulete"
treibe an" = אחרוך;* מיתאהזיא „wird gezeigt" = מתחזי; תיהאליף =
ܡܬܗܟ.

---

1) QUATREMÈRE l. c. 219; Fragm. histor. arab. ed. DE GOEJE I, 69.
2) Vgl. noch das ديم هرقيل „das Kloster des יחזקאל" Ja'qûbî ed.
JUYNBOLL 108, 5; Jâqût s. v.
3) Wenn Oberst TAYLOR in WRIGHT's Catalog 1216ᵇ über das הא die
zwei Aussprachen Ha Hhā setzt, so meint er mit letzterer allem Anschein
nach den arab. Laut in arab. Lehnwörtern; ebenso giebt er auch dem ט
zwei Aussprachen Tā Thā, deren letztere ط ض in arabischen Wörtern ausdrücken soll.

2) סהיד = ܣܳܗܶܕ; נהית = ܢܚܶܬ; אנהאר = ܐܰܢܗܰܪ; ניסהאד = ܢܶܣܗܰܕ; נירהום = ܢܶܪܚܡܽܘܢ* (ܢܶܪܚܡܽܘܢ); נינהית, ניהות = ܢܶܚܽܘܬ; מאהרא „Krankheit" von ܐܶܬ݂ܚܪ; רוהצאנא = רוחצנא „Vertrauen"; כאהלא = ܟܰܚܠܳܐ; כאהרא = ܟܰܚܪܳܐ; עהאב = יְהַב; יאהבית = ܝܰܗܒܶܬ ܐܢܐ; כאהניא = ܟܳܗܢܶܐ; ניהראת = ܢܶܗܪܰܬ; רידשא = ܪܶܚܫܳܐ; ניבידהתון = ܢܶܒܗܬܽܘܢ (§ 25); מסאהדיא = ܡܣܰܗܕܶܐ; מראהמאנא = ܡܪܰܚܡܳܢܳܐ; נאהאר = ܢܰܗܰܪ; צאהין = ܨܳܗܶܝܢ u. s. w.

Nur in ganz einzelnen Wörtern schwächt sich anlautendes ܗ, ܚ zu א ab. Im Anlaut haben wir so (wie auch sonst in aram. Dialecten vgl. أفك) immer אפך für ܗܦܟ; für das ziemlich häufige האבארא „Finsterniss" (so ܥܰܡܛܳܢܳܐ = אֹפֶל Iob 10, 22; 28, 3, was Barh. gr. II, 89 v. 1054 wie Matth. 12, 11 als „Grube" fasst; so חברא oder הברא „Finsterniss" Horajoth 12[a] und öfter, vgl. Buxt. unter ה; mandäisch auch noch הבאר „er ward finster" DM 60[a] und היבראת „sie w. f." I, 313, 12)[1] steht (mit Suffixen) באבאראך, ואבארכון, אבארון II, 57, 18, 22; 58, 8; ferner scheint אצאציא[2] I, 216, 10 = ܫܽܘܥܶܐ „Kiesel" (B hat "הא) zu sein und das öfter vorkommende עוצא Pl. עוצאניא I, 9, 1; 33, 3; 89, 16; 188, 9 u. s. w. „Blatt" = ܚܽܘܨܳܐ خوص talmudisch הוצא „Palm-, Kohlblatt" (vgl. Novaria 289 u. s. w.). Wie in fast allen Dialecten ist ausserdem א beinahe stets als Präfix des Afel eingetreten; doch ist noch ganz einzeln ה geblieben (§ 163). הינון, היניך „sie" bewahrt als selbständiges Wort stets sein ה (syr. je nachdem ܗܶܢܽܘܢ, ܗܶܢܶܝܢ und ܐܶܢܽܘܢ, ܐܶܢܶܝܢ, talm. אינהו, אינהי) aber dieses fällt fort in ואילינון, האסלינון „wehe ihnen", „bewahre, dass sie" (ܚܰܣ). הו „er" verliert den Anlaut in האדינו, האינו „dieser ist" (§ 81), מאנו „wer?" לאו (aus לא+הו) „nicht", in אמו „warum?" = עַל מְאהו und in der jungen Form

1) Ob auch حبر „Dinte" hierher gehört? In den syr. Dintenrecepten steht ܚܶܒܪܳܐ für die gewöhnliche Dinte, siehe Wright, Cat. 580[b]; 581[a]; Einleit. X; sonst scheint حبر allerdings mehr farbige Dinte zu bedeuten; vgl. Fihrist II, 5.

2) I, 10, 22 ist vielleicht dasselbe Wort, doch denkt man da eher an Schmucksachen geringen Werthes. ואצאציא II, 26, 14 sind vielleicht „Nägel" ܣܶܟܶ̈ܐ.

מוד für und neben מאהוד quid est quod? (§ 85); sonst haben wir kein Zeichen einer Aussprache wie ܩܛܠܘ قَتَلُو qâtelû; ܡܠܟܰܘ مَلْكَوْ malkau u. s. w. In ziemlich weitem Umfange verlieren dagegen הון, הין und הינון, היינן, הינוך als Personalsuffixe ihren Anlaut; ebenso steht nach ו immer ויא für ܗܘܐ; siehe das Einzelne in der Formenlehre. Merkwürdig ist, dass das Suffix noch einigemal ינהון (wie talm. ינהו) mit ה geschrieben wird; es ist dies eine archaistische Schreibart, die sich schwerlich mehr mit der Aussprache deckte; wird doch so auch אסארינהאן „band uns" II, 128, 21 und einiges Aehnliche geschrieben, wo nie ein ה gewesen ist.

In der Mitte wird ה wie א behandelt in allen Ableitungen von سحا „waschen, schwimmen" (hebr. שָׂחָה): סון „wascht euch" I, 14, 4 u. s. w.; סאינן DM 29ᵇ und סין „wir wuschen uns" Par. XI, 15ᵇ; ניסיא „wäscht sich" I, 228, 7; 300, 24; סאיא „wäscht sich" (Part.) DM 32ᵃ; סאית „du wäschest dich" I, 116, 11 (اغسل اَنَا); סאיא „sie w. sich" (Part. f. I, 300, 24). Auch im Talm. haben wir so בי מסותא „Bad" Gittin 67ᵇ etc.¹. Ebenso in פהא vgl. פאייא = فَحْ Q. 11, 4; פאיין = فَحِّ I, 8, 18. Ferner gehn die im Laut und in der Bedeutung ähnlichen Wurzeln יהר (vgl. hebr. אור) und בהר „glänzen" vielfach in mittelvocalige Wurzeln über. So ערא (= *יהירא) „glänzend"; ערותא „Glanz"; יורא „Glanz" (= יוהרא), aber עתיאהריבה „ich erglänzte darin" I, 103, 2² und von בהר so באר = בהרו I, 91, 22; באריח „ich erglänzte" I, 74, 5; באיאר (Part.) I, 128, 18; באראה (Part. f.) I, 82, 5; עתבאיריבה „ich erglänzte darin" I, 118, 5, aber doch באדאר (Part.) Q. 1, 32³.

---

1) Auch aus einem modernen syr. Dialect habe ich unter Socin's Sammlungen Beispiele gesehen, welche auf סְחָא = סָאָא zurückgehn. In Urmia aber sagt man ܣܚܶܐ.

2) Wenn vielleicht zuweilen עתיאר in der Bedeutung „erglänzen" vorkommt, so ist das eine Verwechslung mit dem gleichlautenden Ethpaal von עור „erweckt werden". עתיאר Q. 3, 21 ist so schwerlich richtig.

3) Das kann aber doch leicht Verwechslung mit ܒܗܶܐ sein, wie ותבאר Q. 2, 14 wohl auf einer Verwechslung mit ܒܗܶܠ beruht.

Vereinzelt fällt dann mittleres ܗ, ـه noch sonst weg. So in צאותא „Durst"[1] I, 86, 19 aus *ܨܗܘܬܐ (צחותא) = ܨܗܘܬܐ neben regelrechtem ניצהיא = ܢܨܗܐ I, 180, 22. Von צחא kommt ציתא „Hitze" = *צחיתא I, 212, 10[2]. Aehnlich noch תאומא „Gränze" (öfter) = תְּחוּמָא (oder wohl aus einer Nebenform תַּחוּמָא)[3] und das Fremdwort נאשירא „Jagd" I, 230, 23 (2 mal) = نخچير (syr. ܢܚܫܝܪܐ Cureton spic. 16; Ephr. carm. Nis. 36, 47, 109, wovon schon Gen. 10, 9 die syrische Ableitung ܢܚܫܝܪܬܢܐ wie ܡܪܟܒܬܢܐ, während jüd. נחשירכן ganz = نخچيركن ist). Immer verlieren noch ihr ܗ oder ـه die Wörter כירא „Mond" = ܣܗܪܐ; שודא „Bestechung" = ܫܘܚܕܐ; שותא „Rost" I, 182, 1 = ܫܘܚܬܐ Jac. 5, 3; Epist. Jerem. v. 11 u. 13; Ezech. 24, 6 Hex.; Ephr. III, 107 C.; Geop. 49, 30; 50, 2[4]; לתית, מן תית I, 93, 22; 98, 11 = ܠܬܚܬ, ܡܢ ܬܚܬ[5]; תיתאיא = ܬܚܬܝܐ (talm. und jerusal. Targ. תַּתַּאי); אתותיא = תְּחוֹתֵי (talm. תוֹתֵי). Aehnlich אנין „wir" aus *anaḥn* (talm. *anan*). In אנין, תית liegt der eigenthümliche Fall vor, dass der mittlere Radical direct vor dem vocallosen dritten steht; hier konnte sich das ה so wenig halten wie in den äusserlich ähnlichen Fällen von Wurzeln tert. ח[6].

Auch als dritter Radical hält sich ܗ, ـه noch in ziemlichem Umfange. So regelmässig zwischen zwei Vocalen z. B. אלאהא „Gott"; אלאהיא „Götter"; רוהא = ܪܘܚܐ; ניאהא = ܢܝܚܐ „Ruhe"; ניהא = ܢܝܚܐ „sanft"; עתניהאת = ܐܬܬܢܝܚܬ u. s. w. Wegen der Assimilation so auch § 59a.

---

1) Zu unterscheiden von dem oben besprochnen צאותא decus und consortium = ܨܒܘܬܐ (§ 51) sowie von צאותא = ܨܘܬܐ صَوْت „Stimme" DM 15b.

2) Schwerlich von ܨܘܐ „verdorren" (צאוין) I, 9, 3.

3) An andern Stellen I, 229, 18; 247, 15 ist תאומא vielleicht = altpers. *tau(h)ma*, neupers. تُخْم, تُهْم, welches freilich auch, wie sonst im Aram., als טוהמא vorkommt I, 28, 5.

4) Nicht zu verwechseln mit dem viel häufigern שותא = שְׁעוּתָא „Rede".

5) Nicht aus ܬܚܝܬ, welches bloss Präposition ist.

6) Dass das ח in תחת nicht ursprünglich radical ist, kommt hier nicht in Betracht; für die Anschauung der Sprache war es längst zum Wurzellaut geworden.

גודהא = ܓܘܕܚܐ (S. 52). Sogar bei einem Vocal nach § 29 bleibt ܚ so in ניפלידהונה „dienen ihm" I, 241, 4, ניפלידהונאן I, 244, 3 = ܢܦܠܚܘܢܗ, ܢܦܠܚܘܢܢ (ohne den Vocal hiesse es ניפלונה, ניפלונאן). Wenn I, 107, 4, 5 טאבאייא „Köche" für טאבֿאהיא steht, so geschieht das absichtlich wegen des Gleichklanges mit dem folgenden אפֿאייא „Bäcker".

Ferner bleibt ה[1] vor dem ת des Fem. sowie auch vor der Plural-Endung אתא, יאתא, vgl. נפיהתא „angeblasen, lodernd" (fem.) = ܢܦܝܚܬܐ I, 279, 13; תושביהתא „Lobpreis"; קידיהתא „Schrei" von קדח; פארא‌היאתא „Funken" I, 4, 5 von ܦܪܚ; פתאהתה „sie öffnete ihn" DM 28ª. Eine Ausnahme bildet אצמאתא „Glanz" I, 283, 2 = *אַצְמְחְתָא, woneben aber צאמאהתא I, 12, 17 = *צְמְחְתָא (Var. צאהמאתא; dafür I, 393, 16 צאהאמתא nach § 61).

In allen andern Fällen[2] ist aber die Regel, dass ܗ, ܚ als dritter Radical wegfällt. Also תמא = ܬܡܗܘ (aber in der Bedeutung „wurden trübe" vgl. ܬܡܗ) I, 268, 1; דנא = ܕܢܚ „ging auf"; גנא (wie handschriftlich auch Berach. 59ª) = ܓܢܚ „erschütterte"; עתפתא = ܐܬܦܬܚ „ward geöffnet"; משאבא = ܡܫܒܚ (activ und passiv); אשכא = ܐܫܟܚ, ܐܫܟܚܘ „fand, fanden"; נו = ܢܘܚ Noah; כידבו = ܟܬܒܘܗ „schrieben sie"; נאגיא „Morgen" = *נַגְהָי I, 99, 21; מישא „Oel" = ܡܫܚܐ, Pl. מישאניא = ܡܫܚܢܐ; משאביא, משאבין = ܡܫܒܚܝܢ; משאבית = ܡܫܒܚܬ, ܐܢܬ ܡܫܒܚܬ; אשכית = ܐܫܟܚܬ; אשכאתון = ܐܫܟܚܬܘܢ; אשכאנין = ܐܫܟܚܢܢ; תישאבון = ܬܫܒܚܘܢ; תישאבונה = ܬܫܒܚܘܢܢܗ; שאבויא = ܫܒܚܘܗܝ u. s. w. So auch der Schlussconsonant des Fremdwortes פארסא (wie jüd. פַּרְסָא) = ܦܪܣܚܐ فرسخ (aus فرسنگ).

§ 60. Allerdings kommen nun aber doch noch ziemlich viel Formen vor, in denen ein solches ܚ erhalten ist. Doch stehn neben fast allen auch Formen ohne ה, und ich bezweifle kaum, dass die Beibehaltung

---

1) Beispiele von ܗ als drittem Radical lassen sich wegen der Seltenheit solcher Wurzeln natürlich nur wenige auftreiben.

2) Man könnte hierher auch הראדא „Täuschung, Blendwerk" ziehn, vgl. הַרְהֹרִין Dan. 4, 2, ܗܘܪܗܘܪ̈ܝܢ BA. Doch ist dies vielleicht eine Bildung von der einfachen Wurzel; dafür spräche die Vocallosigkeit des ה.

bloss archaistische Schreibweise ist, ohne dass der Guttural noch ausgesprochen wäre. Ich gebe die Fälle möglichst vollständig.

Mehrmals haben wir noch den Auslaut יה = ܝܶܗ nämlich דניה = ܢܰܦܫ; I, 3, 16; 4, 11 (aber dafür דניא I, 28, 9 [1]; 345, 11; Q. 21, 29; Ox. II, 64ᵃ, 48ᵇ und an den entsprechenden Stellen von Par. XI); שביה = ܐܶܫܬܺܝܬ; שליה = ܫܠܺܝܚ; שיה „begehrend" = *ܫܗܺܝ [2]; זליהליא „ich habe gegossen" = ܟܶܕ ܐܫܟܰܚܬ II, 84, 19 — gegenüber נע = ܢܦܰܫ I, 293, 21 A [3]. Aehnlich ist רוה = ܪܽܘܚ I, 177, 20 und sogar nach a haben wir ganz ausnahmsweise פלאה = ܦܠܰܚ II, 36, 15 (ohne Var.). Wenn wir nun aber אלאהא אליהין = ܐܶܠܳܗܐ ܕܺܝܠܝ I, 185, 15; Ox. III, 27ᵇ, 28ᵃ finden, so zeigt schon das ganz unmotivierte א nach dem ה, dass wir hier bloss eine ungeschickte Schreibweise haben und dass die Aussprache alâh oder allâh ist, ganz wie in אלאהאכון = ܐܰܠܳܗܟܘܢ I, 255, 22 (wofür B allerdings אלאהכון bietet).

Vor ת und כ ist ה noch erhalten in פתאהתה „ich öffnete ihn" I, 66, 21 (B und C das gewöhnliche פתאתה); לאניהתה „du hast ihn nicht beruhigt" II, 22, 8 [4]; שאביהתה „ich pries ihn" Q. 6, 24 ein Cod. (die übrigen das gewöhnliche שאבאתה); פתאהנון [5] = ܦܬܰܚܢܘܢ I, 141, 10; 152; 10 (neben פתאנה „wir öffneten ihn" I, 141, 10). Und sogar פתאהת „du öffnetest" I, 342, 18 f. (beidemal ohne Var.) [6].

---

1) So alle 3 Handschriften.

2) Regelrecht ist שליהית ܫܠܺܝܚܰܬ ܐܢܬ „du bist gesandt"; שיהית = ܫܗܺܝܬ ܐܢܬ „du bist begehrend", da hier das ה zwischen 2 Vocalen steht; die Zusammensetzung wird als ein Wort betrachtet. In שיהו = ܫܗܺܝ ܗܘ II, 83, 6 kann man das ה als das von הו ansehn.

3) Wie wenig Werth auf die Erhaltung des ה in diesen Wörtern zu legen ist, folgt daraus, dass man dasselbe gelegentlich an einen falschen Ort setzt, wo es nie gesprochen sein kann. So haben wir an dieser Stelle und I, 217, 1; 250, 6 als Lesart oder als Var. נהיע, נהיא für ܢܰܦܫ (von ganz schlechten Lesarten wie נהיר, ניהיא abgesehn).

4) Das Gewöhnliche wäre לאנהאתה nach § 188.

5) Das ist die beste Lesart an beiden Stellen.

6) שיהנאליך „wir verlangen nach dir" I, 187, 22 ist in שיהינאליך zu verwandeln wie ob. שיהיתוליא steht = ܣܰܠܝ ܡܶܢܝ, ܠܟ ܐܢܬ ܫܗܺܝ.

Nach einem blossen Schwa und vor einem Vocal ist ה̇ aussergewöhnlich erhalten in מאדבהא = ܡܰܕܒܪܳܐ I, 227, 6 (sonst מאדבא); אשלהאן „zieh mich aus" (syr. ܐܰܫܠܚܰܝܢܝ) II, 123, 9 in einer Reihe mit אשלאן; תישאבהון = ܬܶܫܒܚܽܘܢ I, 23, 9 (aber תישאבון I, 45, 8; 59, 4); תישאבהויא = ܬܫܰܒܚܽܘܢܳܗ̇ [1] I, 23, 11 (aber תישאבויא I, 45, 10); שאבהית = ܫܰܒܚܶܬ II, 130, 14 in einer Reihe mit שאבית; שאבהינון „pries sie" I, 349, 19 (B ohne ה̇); נישאלהוניה̇ „senden ihn" = ܢܶܫܠܚܽܘܢܳܗ̇ I, 87, 11; ניפלהונה̇ = ܢܶܦܠܚܽܘܢܶܗ AM 49 und gar פולהאנא ganz wie ܦܽܘܠܚܳܢܳܐ I, 12, 20 A (B das gewöhnliche פוהלאנא nach § 61; CD fehlen hier)[2].

§ 61. Sehr häufig schützt die Sprache ein sonst aufzugebendes ܗ, ܚ durch Umsetzung. So haben wir viele Formen von ܦܬܚ z. B. פיהתה̇ = ܦܬܚܶܗ; פאהתית = ܦܬܰܚܬ ܐܢܳܐ; ניפיהתה̇ = ܢܶܦܬܚܶܗ (ܢܶܦܬܚܺܝܘܗܝ § 25); פיהתא = ܦܶܬܳܐ (die mand. Hostie); תיפיהתון = ܬܶܦܬܚܽܘܢ u. s. w. So ferner דאהנא = ܕܳܢܚܳܐ „sie geht auf, blüht"; צאהמא = ܨܳܡܚܳܐ „sie glänzt"; ציהמא = ܨܶܡܚܳܐ „Glanz"; עוהרא = ܐܽܘܪܚܳܐ „Weg"; יאהרא = ܝܰܪܚܳܐ „Monat"; פוהלאנא = ܦܽܘܠܚܳܢܳܐ „Dienst"; זאהליא = ܐܰܙܠܚ „giessen" I, 45, 19; מיהשה̇ „mass ihn" = ܡܫܰܚܶܗ I, 12, 20; פיהלתא „Dienst" II, 37, 15 (A פוהולתא); ראהואלון „es wird ihnen weit" = ܪܳܘܰܚ ܠܗܽܘܢ II, 88 mehrmals; ציהוא „Geschrei" von צְוַח I, 287, 5; קיהדאתא Plur. von קידיהתא „Geschrei" und viele andre. Bei radicalem ܗ so פיהכאת „sie ward dumm" = ܦܶܟܗܰܬ I, 277, 17; תיהוא „Erstaunen" von ܬܘܗ I, 173, 14; מיא תאהמיא „trübes Wasser" von ܬܡܗ vgl. تَمِهَ. Eigenthümlich ist diese Umsetzung in מאהגא „Morgen" I, 193, 3 = *מַנְגְּהָא, *מַגְּהָא, wo das ג hinter das ה̇ kommt, obgleich dasselbe durch Assimilation des נ eigentlich verdoppelt wäre[3].

In allen diesen Fällen stand das ܗ, ܚ unmittelbar hinter einem andern Consonanten und vertauschte damit nur seine Stelle. Viel selt-

1) Syr. wäre das Gewöhnliche hier ܬܫܰܒܚܽܘܢܳܗ̇ oder ܬܫܰܒܚܽܘܢܳܗܝ.

2) פיתהה̇ „er öffnete ihn" Weim. 10^b^ für פיהתה̇ (nach § 61) ist gewiss ein Versehn. Die Zeichen für ה̇ und ת sind zuweilen in der mand. Schrift einander sehr ähnlich.

3) Auch das Syr., welches dem *g* ein *â* giebt, ist über dies nicht seltne Wort unsicher geworden, da es das *g* mit Ignorierung der Assimilation des נ aspiriert (Barh. gr. I, 216 ult.).

ner geschah diese Vertauschung, wenn vor dem auslautenden Guttural ein Vocal stand wie in שאהיבבה „stolziert darin" von שבה. I, 165, 18 und in צאהאמתא = *צָמְחָתָא I, 393, 16 (in allen Handschriften).

Ob übrigens nicht auch hier wenigstens neben dem Vocal a die Erhaltung des Gutturals oft nur graphisch ist, kann zweifelhaft erscheinen. Sehr bedenklich ist wenigstens der Umstand, dass von Verben tert. ה das Part. act. Peal Sg. m. im St. abs. immer so geschrieben wird wie der St. emph. nämlich mit Umsetzung und Anhängung des א. Dass man פאהרא = فَهْرِ „fliegt"; ראהתא = رَثٍ „siedet"; דאהנא = نَدٍ „geht auf" u. s. w. wirklich *pahra, rahta, dahna* gesprochen habe, will durchaus nicht einleuchten[1]; ich denke, man sprach *pârâ, râthâ, dânâ* ganz den Regeln § 60 gemäss und die Orthographie setzte nur das etymologische ה an die falsche Stelle. Vgl. noch שאהאבאנא „ich preise" (viel besser bezeugt als שאהבאנא) Q. 5 f.; Q. 25; Ox. III, 7ª ff. = *šába(h)nâ*, wo a nebst einem etymologischen h gar durch אה ausgedrückt ist, also ganz wie wir eben אלאהא für الَه *alâ(h)* hatten[2].

Dass die Schrift den etymologischen Guttural wirklich zuweilen gegen die Aussprache beibehielt, sehn wir noch an den wunderlichen Bildungen bei den Verben, die zugleich עו׳ sind und auf ـه ausgehn. Siehe § 188. Gewiss hat man für نُـه und نَـه nicht wirklich, wie man aus נהא schliessen sollte, *n'hâ*, sondern etwa *nâ* gesprochen u. s. w. Und so dürfte denn überhaupt manche Eigenthümlichkeit in der Setzung dieser Laute bloss orthographisch und dürften die Lautregeln in der Sprache selbst noch strenger durchgeführt sein, als es nach der Schrift den Anschein hat.

Das ܗ[3], welches ich durch ה transscribiere, hat nach allen Anzeichen keinen Lautwerth, der von dem des ܚ (ח) verschieden wäre; § 62.

---

1) Man nehme z. B. פאהרא ואזיל Q. 42 f. mehrmals „er fliegt und geht".

2) Vgl. noch יאהאבלאן „gab uns" I, 25, 3 = ܠܢ ܝܗܒ (§ 181).

3) In der alphabetischen Folge steht dieser Buchstabe an der Stelle des ח (der 8ten), dagegen ܚ an der des ה (der 5ten). Aus paläographischen und selbst aus etymologischen Gründen ist es höchst wahrscheinlich, dass die Ordnung eigentlich die umgekehrte sein müsste.

letzterer Buchstabe vertritt daher in den alphabetischen Liedern ersteren im Anlaut der betreffenden Stichwörter. Denn die Eigenthümlichkeit des ה ist, dass es nur im Auslaut vorkommt.

Das ה dient nämlich ganz allein zur Bezeichnung des Suffixes der 3. Pers. Sg. m. und f. in den Fällen, wo die andern Dialecte ה ֵ ה und ה ַ ה haben. Leider ist auch in den besten Handschriften seine Gestalt oft von der des א nicht oder doch nur sehr schwer zu unterscheiden [1]; die schlechteren vermischen beide Buchstaben fast ganz. Nur nach den spitz nach unten gehenden Buchstaben פצככ ist selbst in diesen ה von א fast immer deutlich geschieden. Da in Folge jener Unsicherheit die beiden Herausgeber mandäischer Texte das ה fast nie als solches deutlich gekennzeichnet haben, bin ich, so weit mir nicht neues handschriftliches Material zu Gebote stand, genöthigt, nach blosser Analogie die beiden Buchstaben zu trennen; in den meisten Fällen glaube ich aber in diesem Punct mit voller Sicherheit gehn zu können [2].

Bei der Masculinform steht vor dem ה nicht ganz selten (besonders nach ש, also bloss nach calligraphischem Geschmack) ein י als eigentlicher Vocalbuchstab z. B. oft נאפשיה neben נאפשה = ܢܰܦܫܶܗ; קודאמיה neben קודאמה „vor ihm" u. s. w.

Da das י aber gewöhnlich fehlt, so vertritt das ה hier schon fast die Stelle eines Vocalbuchstaben [3]. Der überwiegende Gebrauch der besseren Handschriften giebt, soweit ich es habe constatieren können, auch dem Femininsuffix ה ַ ein ה [4]; doch kommt daneben auch wohl

---

1) In seltnen Fällen schreiben sie selbst wohl ה für א; viel häufiger ist das Umgekehrte.

2) Auch künftige Herausgeber mandäischer Bücher werden trotz sorgsamster Beobachtung der bessern Handschriften in diesem Punct nicht ganz ohne Willkühr auskommen.

3) Das hier und da vorkommende אה ist ein Fehler für יה, für ה oder für א.

4) So ganz überwiegend B; so, nach genauen Proben zu schliessen, A und die Londoner Handschriften des Sidrâ Rabbâ; ferner meistens Ox. III. Letztere hat aber doch nicht ganz selten א für ה ַ; so immer die schlechte Hdschr. des AM, welche aber überhaupt nur nach כ u. s. w. das ה von א unterscheidet.

א vor (also ganz wie im Talmud für ein solches הָ— auch oft אָ—
geschrieben wird). Schon der Gleichförmigkeit wegen schreibe ich
auch in diesem Falle immer ה¹.

Ganz eigenthümlich ist die Verwendung des ה in דה וּדה "dies
und das" (§ 80). Hier ist an eine consonantische Aussprache des *h*
kaum zu denken. Ueberhaupt möchte es fraglich sein, ob dies ה noch
irgend einen consonantischen Laut gehabt und ob es nicht einfach wie
resp. *ê, â* klang; die auch in den Handschriften eingerissene Vermischung mit א würde dafür sprechen. Dagegen könnte man anführen,
dass die Abschreiber den pers. Namen رُوزبِهْ einigemal (z. B. Ox. III, 61ᵇ;
111ᵃ und ᵇ an einer ziemlich alten Stelle der Genealogie der Handschrift) רוזבה oder רוזביה schreiben; sie scheinen also doch das ה für
das beste Zeichen gehalten zu haben, das sie für das lautbare א in
diesem Worte wählen konnten.

Anlautendes etymologisches ܒ und ܘ werden, wie wir gesehen, § 63.
nicht unterschieden; ob ע oder א geschrieben wird, hängt nur von dem
Vocal ab.

Zwischen zwei Vocalen wird nicht bloss א, wie theilweise auch
in andern Dialecten², sondern auch ע zu *j*. Also משאייל = ܡܫܐܝܠ
"fragt"; נישתאיאל = ܢܫܬܐܝܠ; עתגאיית "ich erschien prächtig" =
ܐܬܓܐܝܬ I, 86, 20; יאייא (יאיג) u. s. w. S. 6) = ܝܐܝ "schön"; שוריאליא =
ܫܘܪܝܠܐ (öfter in Par. XIV). So auch לאייה = ܠܐܝ (neben לית = ܠܝܬ)
—מאייל = ܡܐܝܠ "führt ein"; תייול = ܬܝܘܠ; באייא = ܒܐܝ "sucht";
באיין = ܒܐܝܢ; סאיודא = ܣܐܝܘܕܐ (christlich-kirchlicher Ausdruck) I,

---

1) Auch hier haben wir ein paarmal אה (z. B. מינאה "von ihr" B
fol. 72ᵇ); dies würde sich besser rechtfertigen lassen als dieselbe Schreibart
beim Masc. Doch kann es immerhin blosse Doppelorthographie sein nach
Art der S. 6. 48 erwähnten.

2) Barh. gr. I, 106 bestätigt dies als westsyr. Aussprache. Dass wenigstens theilweise vor *i, e* ein ܘ in der Aussprache nicht wesentlich von *j* verschieden klang, erhellt aus Schreibweisen wie ܘܝܢܝܘ für ܘܝܢܝܘ; ZINGERLE,
Chrest. 396 v. 17 und ܣܘܝ für ܣܝܝ schon in sehr alten Codd.; ebendarauf
deutet das Schwanken der Orthographie in ܐܚܝܕ und ܐܚܝܕ und andern Adjectiven der Form فَعِيل von עו'.

227, 4; יאדויא = ܡܝܕ̈ܥܐ „Kenner"; שאייא = ܫܥ̈ܐ „Stunden"; דראייא = ܕܘ̈ܝܐ „Arme"; נישתאייא = ܡܫܬܥܝܐ „erzählt"; צאיארתא „Peinigung" = *צַעֲרְתָא I, 302, 11 u. s. w.[1].

In allen andern Fällen verschwindet ܥ und ܐ; wie weit damit unter Umständen eine Vocaldehnung verbunden war, können wir nicht sagen. Dieser Wegfall tritt selbst da ein, wo ein ܥ, ܐ im Inlaut nach einem Consonanten mit Schwa mob. steht (wo also ܐ im Syr. gewöhnlich einen Hülfsvocal erhält), also עתמאר = ܐܬܐܡܪ; עתביד = ܐܬܥܒܕ (also ganz wie beim ְ nach § 55). Wie vollständig hier auch jede vocalische Spur geschwunden ist, zeigt der Umstand, dass, wenn der 2. Radical hier ein Zischlaut ist, die Umstellung eintreten muss, welche im Semit. überhaupt nöthig ist, wo das ת des Reflexivs unmittelbar vor einem Zischlaute zu stehen kommt: also עסתאר = ܐܬܐܣܪ „ward gefangen"; עשתיד = ܐܬܐܫܕ „ward gegossen".

Nach Vocalen im Silbenauslaut fällt ܥ, ܐ so weg

1) als 1. Radical in מאמידנא = ܡܥܡܕܢܐ „ich taufe"; תיבאד „du thust"; עבאד „ich thue"; אברויא = ܐܥܒܪܘܗܝ „führten ihn über"; נימאר = ܢܐܡܪ „sagt"; תימרון = ܬܐܡܪܘܢ u. s. w.

2) als 2. Radical in טאמא = ܛܥܡܐ „Geschmack"; ראיא = ܪܥܝܐ „Hirt"; באואתא = *ܒܥܘܬܐ „Gebete"; טונא = טוּעְנָא (syr. ܛܥܢܐ) „Last"; שולא = ܫܘܥܠܐ „Handvoll"; בילא = ܒܥܠܐ „Ehemann"; רימא = ܪܥܡܐ „Donner"; שיתא = שַׁעְתָא (שָׁעְתָא) „Stunde" — שאלית = ܫܐܠܬ „ich verlangte; רישא = רֵאשָא „Haupt"; גאיותא = ܓܐܝܘܬܐ „Herrlichkeit"; יאיא = ܝܐܝܢ pulchrae sunt Q. 28, 25 u. s. w.

3) als 3. Radical: שמא = ܫܡܥ „hörte"; זארא = ܙܪܥ „säet"; ארביא = ܐܪܒܥ „vier"; עדילאך = ܝܕܥ ܠܟ „du weisst"; עשו = ܝܫܘܥ „Jesus" u. s. w.[2]

---

1) Die Verben mit mittlerem ܐ und ܥ, welche nicht zugleich ל״י sind, darf man übrigens nicht als vollgültige Beweise für alle Fälle dieses § anführen, da sie ganz in die Categorie der ע״ו übergehn; vgl. z. B. נישול wie ניקום; טאיין = ܛܥܝܢ Pl. טאיניא wie ܩܝܡܝܢ (§ 189). Aber freilich erleichterte jene lautliche Behandlung diesen Uebergang.

2) ܐ kann hier nicht in Frage kommen, da die betreffenden Wörter immer wie ל״י behandelt werden.

Endlich fallen ܐ, ܥ spurlos weg nach einem silbenschliessenden Consonanten oder blossen Vocalanstoss. Vergleiche מאזיז = ܡܥܰܫܶܢ „stärkt"; תיבון = ܬܶܒܥܽܘܢ „ihr sucht"; ניביא = ܢܶܒܥܶܐ; צובאן „taufe mich" = *צוּבְעֵנִי; זירא = ܙܰܪܥܳܐ „Same"; אדידיא = ܥܺܐܕ̈ܶܐ „Feste"; טאבין = ܛܳܒܥܺܝܢ „gehn unter"; בא = ܒܥܳܐ; בית = ܒܥܳܬ; בירא = ܒܥܺܝܪܳܐ „Vieh" — שאל = ܫܶܐܶܠ „verlangte" u. s. w. Als 3. Radical war hier ܐ (ohne Uebergang in 'לי [1]) vorhanden in סאנא = סָנֵאָה ܣܳܢܐܳ „Hasser"; סינא = סִנְאָה „Hass"; קינא „Eifer" = קִנְאָה sowie in מארא = מָרְאָה, ܡܳܪܐ neben מאריא, ܡܳܪܝܳܐ „Herr" (§ 97).

Es ist wohl nicht zu bezweifeln, dass anlautendes א, ע nach den Präfixen ו ל ב das Schwa mob. so wenig bewahren wie ܐ im Syr. Wir müssen also לאבויא „seinem Vater"; ועמרא „und Rede" u. s. w. etwa *labhûi, wemra* sprechen (nicht *l'abhûi, w'emra*).

In einzelnen Fällen tritt aber doch für ܐ, ܥ ein stärkerer Laut ein. § 64.
Im Anlaut haben wir oft האתיקא „alt" und האפיקיא „Bäche" neben אתיקא und אפיקיא = ܥܰܬܺܝܩܳܐ und אפיק (syr. ܐܦܩܐ Ephr. II, 126 E) und in manchen Fällen הוק „eng, bang sein" neben עוק z. B. האקית = ܥܳܩܰܬ, aber איקאלון = ܥܳܩܳܐ ܠܗܽܘܢ I, 369, 4, 7 und לאיקיא = ܠܥܳܩܳܐ I, 369, 4 sowie אקות אינא = ܥܳܩܰܬ ܥܰܝܢܳܐ DM 26[b 2]. Dass das Fragewort *ai* in gewissen Zusammensetzungen *hai (ha, he)* (z. B. האיזין „wie?"; האכא „wo?") und ebenso das Bedingungswort *en* unter Umständen *hen* lautet, sehn wir auch in andern aram. Dialecten[3].

Im Auslaut wird ܥ erhalten durch Umwandlung in ה bei רקיהא, neben רקעיא (§ 5) = ܪܩܺܝܥܳܐ „Firmament"; קמאהא Pl. קמאהיא „Amulet" AM = *ܩܡܺܝܥܳܐ (wofür die Syrer ܩܡܺܝܥ̈ܶܐ sagen, Lagarde, Rel. jur. 31, 10; 120, 13; Ephr. II, 464 D; III, 671 B; Mai, Nova Coll. X, 255[a]

1) Wie hier auch im Syr.

2) In אקרא ἄκρα „Burg" hat das Mand. die ursprüngliche Form, neben der in jüd. Schriften auch עקרא, חקרא erscheint (arab. عَقْر schon bei alten Dichtern vgl. Jâqût s. v.).

3) Da hier aber das Syr. und Arab. und besonders das Hebr., welches sonst anlautendes ה sehr fest hält, immer *ai* (*ê*) haben, so ist in diesem Fall der Spir. lenis für ursprünglicher zu halten.

282ᵃ; WRIGHT, Cat. 539ᵇ); צאבוהא „Täufer" = צָבוּעָא Q. 31, 20 (ein Cod. צאבוייא, soll heissen צאבויהא); מאמבוהא „Sprudel" = ܡܰܨܒܥܳܢ; מאדיהתא neben דימיתא דימירתא „Thräne" = ܐܶܓܠܳܐ; מאדיהתא neben „Einsicht" = ܡܰܓܠܳܐ*; זייהתא (selten זאורהתא) „Schrecken" = ܙܘܳܥܳܐ und so alle Ableitungen von זוע, als wären sie von זוה. So noch פאסוהיאתא „Schritte" von ܦܣܥ. Bei ן haben wir diesen Vorgang in נביהא Pl. נביהיא „Prophet" (seltner נבעייא I, 287, 12). Die § 61 besprochne Umsetzung findet Statt bei solchen Wörtern in זיהוא „Schreck" = ܙܘܳܥܳܐ; פאהסא „sie schreien" (Pl. fem.) = ܦܳܨܚ̈ܢ II, 83, 5.

Seltner wird ܒ als 2. Radical zu ה; so steht manchmal דהך für ܒܠܰܟ „erlöschen" z. B. היהכאת = ܕܰܟ̣ܺܝܬ I, 83, 18 f.; Q. 8, 26; דאהיכתה „ich löschte sie" I, 91, 2; דאהיכליא „löschte mir" II, 85, 8; Reflexiv עדאהאך II, 83, 3 neben דאך = *ܒܠܰܟ (syr. ܒܠܰܟ) I, 164, 22; דאייך = ܒܠܰܟ I, 318, 9 u. s. w. — So noch גאהיא „sie schreit" = ܒܳܟܝܳܐ I, 82, 1; 313, 8 u. s. w. Seltsam und wohl nur ungeschickt geschrieben ist באיהא = ܒܳܝܳܐ II, 125 ff., das doch kaum anders als *bâjâ* lauten soll¹.

§ 65. Eine ungewöhnliche Verwandlung des ܒ als 1. Radicals in *j* findet Statt in עתיאיאר = ܢܶܬܥܺܝܪ „erweckt werden"; in עתיאבאט = ܢܶܬܟܰܒܠ „gefesselt werden" vgl. יאבאטתא Variantensammlung zu PETERMANN's Ausgabe S. 223, 9; auch wohl in עיואר „wurde geblendet" für ܢܶܟܠܶܙ (nach § 164) Q. 7, 13. In יאתיריא „reiche" I, 387, 22 (2 mal) für ܒܰܓܺܝ̈ܢ ist wohl ein Uebergang in die Wurzel יתר, wovon יאתירא = ܝܰܬܺܝܪܳܐ häufig ist.

§ 66. Die von den allgemeinen Regeln abweichenden Veränderungen der Gutturale (§ 59. 64. 65) sind nicht viel stärker als sie sonst gelegentlich in allen semit. Sprachen vorkommen. Im höchsten Grade auffällig ist dagegen die Vertretung eines anlautenden ܒ durch אק in den Worten אקאמרא „Wolle" = ܥܰܡܪܳܐ und אקאפרא (in D einmal אגאפרא nach § 41, vgl. die Varr. S. 119 unten) „Staub" = ܥܰܦܪܳܐ, woneben das regelrechte אפרא (beide in einer Reihe bei einander II, 53, 14; 99, 7);

---

1) „Schelten" ist mand. כהא wie im hebr. כָּהָה, gegenüber syr. ܟܐܐ, arab. كَأَى. Aber die Wurzeln כהי und כאי sind uralte Nebenformen.

ähnlich אקנא „Schaf" = ݣܘܢܐ, selten אנא DM 15ᵇ¹. Man könnte daran denken, durch ק hier etwa Aehnliches wie das arab. غ ausgedrückt zu finden; doch hat das seine grossen Bedenken. צחק = سحر und لحك ² und بحث = ضغط als Analogie heranzuziehn, ist deshalb bedenklich, weil wenigstens in אקאפרא, אפרא alle semit. Sprachen ein ע zeigen (nicht ج ض ص). Auch möchte ich nicht die Ersetzung des ܒ z. B. in كصب durch ܘ hierherziehn, welche Barh. gr. I, 206 als tadelswerthe Gewohnheit der Westsyrer erwähnt, da es sich hier vermuthlich nur um einen häufigen Schreibfehler handelt; das syr. ܒ wird durch Verlängerung des rechten Schenkels nach unten ja leicht zum ܘ. Ich muss eine Erklärung dieser wunderlichen Erscheinung schuldig bleiben.

Viel älter ist ארקא „Erde" = ܐܪܥܐ (ארץ, ارض), das ja schon auf den Ninivitischen Gewichten und in der Glosse Jer. 10, 11 vorkommt. Dass diese Form in den mand. Schriften ausschliesslich gebraucht wird, beruht übrigens wohl auf Absichtlichkeit; man wählte das alterthümliche abgelegene Wort als das feierlichere, wie man auch רקיהא, תיבל u. s. w. mit Vorliebe gebrauchte.

C. Einige sonstige Erscheinungen an Consonanten.

Umsetzungen.

Den wichtigsten Fall von Umsetzung, welcher einer deutlichen Regel folgt, sahen wir § 61 beim ה. Zerstreut kommt noch sonst einiges Aehnliche vor, und vermuthlich wird sich mit der Zeit noch etliches finden. Wie in andern Sprachen handelt es sich fast in allen Fällen

§ 67.

---

1) Wären nicht die anderen Beispiele, so würde man eher an eine Umbildung aus نصب denken; אנקיא II, 30, 21 wäre dann als Uebergangsform anzusehn (man hat aber wohl אקריא herzustellen).

2) Diese Wurzel findet sich im Mand. nicht bloss als גהך z. B. I, 276, 11, sondern auch in regelmässiger Gestalt als אהך z. B. עהכית „ich lachte" I, 86, 19 vgl. I, 259, 7; II, 62, 14, wie auch im Talm. אחך erscheint (das zu erwartende עחך musste ja zu אחך werden) vgl. z. B. Berach. 18ᵇ; Gittin 55ᵇ, 68ᵇ; Moed k. 17ᵃ. Eine Sprossform daraus ist erst חייך (wie aus ضعف = الضف weiter كحف, كصف wird). Eine andre aram. Nebenform ist endlich דחך. Man sieht, auf wie verschiedene Weise man sich die unbequemen Laute umformte.

um die Metathesis eines *r* oder *l*. So haben wir ליגרא „Fuss" = ܪܓܠܐ (aber daneben noch das Denominativ רגל „die Füsse zusammenschnüren, fesseln" I, 127, 2 u. s. w.¹, wie רגול in der Mischna, vgl. noch אדרביגאל „Erd' am Fuss" § 71); ארקבא „Skorpion" = ܥܩܪܒܐ; הלאצא „Pein, Folter", הלאצאלה (3. Sg. f. im Perf.) „es schmerzte sie" (beim Gebären) I, 95, 13; 158, 20, wahrscheinlich = לחץ لحص „zusammendrängen"²; היקלית „ich glitt aus" DM 13ᵃ, מי־קיל „gleitet aus" I, 357, 4 u. s. w. wohl von חלק „glatt" vgl. הֶחֱלִיק „ausgleiten" wie am Ende auch האקלא „Hals" I, 381, 6 = حَلْق sein könnte; ארבך „knieen" als Afel von ברך z. B. הארבכון I, 16, 22³; ילד = مخم „gebären" in den Verbalformen, mit Ausnahme derer im Ethpeel, welche den Anlaut verlieren (עתליד neben מיתיאדליא) und מאודאלא „Geburt" = ܡܘܠܕܐ⁴. Ferner gehört hierher ניגבא „Spross, Pflanze" stat. constr. נגאב, Perf. נגיב I, 145, 3; 169, 9 von נבג (aber im Afel מאבוגא „sie lässt hervorsprudeln" I, 216, 8 und das häufige מאמבוגא „Sprudel" = ܡܒܘܥܐ). Vielleicht darf man auch מסאנדרא „sie erschüttert" AM 269, עסתאנדאר „erbebte" II, 13, 22, fem. עכתאנדראת II, 80, 18 mit ܐܫܠܝ (vgl. סרדא „Sieb", neusyr. ܣܪܕ „sieben") zusammenstellen; das ס erklärt sich ja nach § 68. — Eine Umstellung haben wir endlich noch in dem alten Fremdwort פוגדאמא = ܦܓܕܐ⁵; das *th* hat sich darin noch dem *gh* assimiliert.

Einschiebungen.

§ 68. Im Gegensatz zu der Scheu, welche einige Dialecte vor einem *n* mit unmittelbar darauf folgenden Consonanten haben, ruft das Mand.

---

1) Vgl. πέδη Fessel u. s. w. von ποδ- Fuss, sowie im-ped-ire.

2) Wohl auch im neusyr. ܚܡܨ „zusammenpressen, antreiben, sich anstrengen" haben wir dieselbe Umstellung.

3) Aehnlich neusyr. ܐܪܟܒ ܐܢܐ „ich will reiten" neben ܪܟܒ, was freilich bei der jetzigen Erweichung *rôkin* und *râchû* einen ganz andern Effect hat.

4) So neusyr. ܡܘܠܕ (Gramm. S. 66).

5) גזל „rauben" ist im Mand. unverändert, nicht wie im Syr. zu ܓܠ geworden.

diese Lautverbindung sogar manchmal geflissentlich hervor. Die Verstärkung einer zu schwach erscheinenden Form durch ein *n* findet sich freilich theilweise schon in den ältesten aram. Documenten; so namentlich in Ableitungen von ידע¹, in denen andere Dialecte ein volles Gewicht der Formen durch Verdopplung des *d* zu erreichen suchen (vgl. יְנַדַּע mit בֵּי *niddá*). Das Mand. vermeidet diese Verstärkung allerdings bei den Verbalformen von ידע (z. B. תידא, nicht תִנְדַע), dagegen wendet es sie an in מאנדא = ܡܰܕܥܳܐ (ausser in מאנדא דהייא, der hypostasierten Γνῶσις ζωῆς, noch einzeln z. B. I, 178, 17) neben מאדא und immer in מינדאם = מדעם, ܡܶܕܶܡ (§ 150). Aber das Mand. liebt es überhaupt, eine Doppelconsonanz durch *n* mit dem einfachen Consonanten zu ersetzen; wenigstens tritt für *dd*, *gg*, *bb* sehr oft resp. *nd*, *ng*, *mb* (statt *nb* nach § 53) ein. Bei einigen Wörtern bleibt es jedoch zweifelhaft, ob ein solches *n* ursprünglich oder secundär ist, ob also der Fall hierher oder in § 53 gehört.

Wir haben so also 1) *nd* für *dd*: גונדא „Heer" = جُنْدٌ, aber auch in's Arab. aufgenommen als جُنْد, in's Byzantinische als γοῦνδα (die semit. Herkunft, für welche LAGARDE, Abh. 24 eine iranische substituiert, scheint mir ziemlich gesichert durch das hebr. גְּדוּד); ראנדיר „aufrütteln, aufwecken", wenn man das Wort mit رَجَّ zusammenstellen darf²; über עסתאנדאר „erbeben" vgl. § 67. מנאנדריא „sie erschüttert" Q. 52, 3; עלאנדריתון „ihr seid erschüttert" Q. 52, 19 sind Pael- resp. Ethpaalformen von נדי = נדד. Ausserdem vgl. noch das Fremdwort שלאנדא = ܐܶܣܟܺܝܡ σκελετόν I, 380 f.

---

1) Ausserdem vgl. ܡܰܕܥܳܐ, dessen *n* freilich schon zu Jacob von Edessa's Zeit wieder nicht mehr lautbar war (Fragm. of the gram. 2ᵇ oben) sowie das etwa aus זָהָר entlehnte pers. زِينْهَار, زِنْهَار.

2) Als Grundbedeutung hätte man dann etwa „stossen, schlagen" anzunehmen, aus welcher sich auch die hebr. und targ. „breit schlagen, ausdehnen" (vgl. die Bedeutungsentwicklung von רקע), wie die mandäische und die arabische wohl erklären liessen. — Aus pers. راندن (Stamm ران) kann man das Wort nicht gut herleiten, so bequem die Bedeutung passte.

2) *ng* für *gg:* עתהאנגאר „ward gelähmt" I, 316 ult. = ܐܬܢܓܪ;
נאגאר „haute" I, 211, 17 u. s. w., Pass. I, 318, 7 u. s. w. = ܢܓܪ τεκτο-
νεύειν Mart. I, 171; Apost. apocr. 185; Barh. gr. I, 186, 2 (neusyr.
ܢܓܪ „hacken") und נאגארא faber = ܢܓܪܐ; עתאנגאר „handelte" = ܐܬܢܓܪ
(ursprünglich ܐܬܢܓܪ); האנגארא „Kaufmann" = ܢܓܪܐ; עתנאנגאל „ragte
hervor" I, 381, 6, vgl. نجل „hervorspriessen, sprudeln" (daher wohl
ܢܓܠ „fliehen" Joh. Eph. 117; 365; 414); נאגגרא „Grube" = נגרא
(Ursprung?); ענגאריא „Dach" = ܐܢܓܪ Par. XI, 4ᵇ (vulgär arab. إنجار,
siehe FREYTAG); גאנגאראתא „Kehle" Pl. vor ܓܪܓܪܐ (aus גרגרתא) oft
im AM. Alle bis jetzt genannten gehen auf *r* oder *l* aus, und die
meisten lauten mit *n* an. Hierher gehört aber wohl auch היגגיא „eine
Art Dämonen" I, 55, 23 = ܗܢܓܐ, das Parh. gr. II, 94 als ܪܩܕܐ
ܚܕܘܬܐ definiert¹, und vielleicht das wahrscheinlich fremde סינגיאניא
„Herrscher", wenn dies mit NORBERG = סגן zu nehmen ist (in dessen
Punctation im A. T. allerdings keine Verdopplung des נ erscheint).

3) *mb* für *bb:* האמביב „sich erhitzen" I, 281, 20 von ܚܡܒ (ܚܒܒ
selbst ist „lieben") neben מהאביב „glüht" I, 227, 8; האמביל „verderben" in mehreren Formen, wie auch Refl. עתהאמבאל und האמבאלא
„Verderber"; ebenso האמבלאת ὠδίνησεν I, 95, 17 u. s. w. = חבל;
סומביאלתא „Leiter" = ܣܡܒܠܬܐ, neusyr. *simēltâ*²; שאמבביריא „Strahlen"
(sonst ohne Verdopplung שׂביבָא Dan. 3, 22; ܫܒܝܒܐ); קומבתא und קומבא
„Gewölbe" = ܩܡܒܐ, קָבָּה קובתא u. s. w.; צומבא „Busen" = ܓܡܒܙ; זינבוריא
„Bienen" II, 114, 3 (Var. זינבריא, זאנבוריא = זיבורא) زنبور (s. § 46).
Und so selbst מאמבארתא „Fähre" oder „Floss" I, 382, 5 u. s. w. zunächst
aus מַעְבַּרְתָא = מַעְבַרְתָא³.

---

1) Die Mandäer sehen die Zauberwirkung gewisser Gegenstände in den
sie bewohnenden Dämonen und benennen diese gradezu mit dem Namen
jener; so brauchen sie עכוריא „Altäre" (= איגורא § 44) und הומריא =
ܟܡܪܐ „Kügelchen, Wirbel" (zu Amuletzwecken getragen) als Namen gewisser böser Geister. — Ich habe noch ܣܡܒܠ ܕܢܒܐ Mart. II, 232, 3 (Jac. v.
Sarug) notiert, kann dies aber hier nicht verificieren. — Zu unterscheiden
ist von diesem Worte היגגא „Tanz" = targ. חיגגא I, 105, 4; 225, 7, 8.

2) Die Entstehung dieser Form ist also neusyr. Gramm. S. 51 nicht
genau dargestellt.

3) Das Wort hat auch im Talm. sein ע eingebüsst.

Vielleicht ist in ähnlicher Weise מאנזיא „Haare" = عَنْز zu erklären; doch könnte auch die Wurzel מנז sein[1]. Umgekehrt scheint *mb* für *mm* eingetreten in שומבאט „lang herabhängend" s. § 105.

Der Plur. von ליבא „Herz"[2] lautet seltsamerweise ליִלביא I, 39, 2; § 69. Q. 24, 1 (wo nur eine Hdschr. ליבריא hat); der Anlaut hat hier in ähnlicher Weise nachgewirkt wie in *nangârâ* u. s. w. Dadurch beeinflusst ist wohl die Form לילבאן „Libanon" I, 174, 17, 24; Q. 52, 13, 18, neben welcher aber I, 380, 11 ליבנאן erscheint, wie auch I, 260, 12 herzustellen ist[3].

Nur orthographisch ist wohl שידתא „Jahr" zur Unterscheidung von שיתא ܫܳܥܬܳܐ „Stunde". Würde in diesem Falle doch aller Wahrscheinlichkeit nach selbst ein etymologisch berechtigtes ד dem ת in der Aussprache assimiliert[4].

Eine sonst im Semitischen unerhörte, in den indoeurop. Sprachen aber nicht seltne, Einschiebung ist die des *b* zwischen *m* und *r* in עמברא „Widder" = אִמְּרָא, Plural עמבריא; Diminutiv עמברוסיא = ܐܶܡܒܪܽܘܣܝܳܐ[5].

---

1) Einen Zusammenhang mit זימתא I, 363, 18 = ܐܳܙܡܳܐ (unbelegt), أَزْمَة Prov. 23, 7; Barh. gr. I, 214, 2; christlich-paläst. זְמָא „ein Haar" anzunehmen, ist misslich.

2) Von der Nebenform (لُبَاب لְבָב) finden wir daneben לבאב „mein Herz" = *ܠܶܒܒܝ.

3) Die Identität der beiden Namen brauchen die Mandäer nicht gekannt zu haben.

4) גאדפא „Flügel" = גַּדְפָא Ketub. 106ᵇ Mitte und oft in den Targg. ist natürlich ursprünglicher als גַּפָא (in den Targg. neben גדפא) جَهْف, von dem dann allerdings weiter גפיך abgeleitet wird. Vgl. جلف, جلد (unter welchen Wurzeln mehrere Lehnwörter aus dem Aram.). — כאדפא ist nicht = כפא, wie ich früher annaɒm, sondern = כתפא (§ 45).

5) Aehnliches im Phönicischen, worauf mich PRAETORIUS, Tigriñasprache S. 134 verweist, kann ich nicht gelten lassen, da es sich in dem von SCHROEDER, Phön. Gramm. S. 114 angeführten Fall nicht um die einheimische, sondern um die abendländische Schreibung semitischer Laute handelt (abgesehen davon, dass ich nicht gern mit so unsicherem Material wie den Punica des Plautus arbeite). Sonst müsste man ja auch Fälle wie Σαμψών, Ἐσδρας

In jüngern Texten finden wir einigemal *uch* für *û*, nämlich in שידיאוכתא „Amt des שידיאנא" (شِينا) Unterschrift von Ox. III; הידוכתא „Braut" 2 mal in den Gebrauchsanweisungen in Ox. III, wo Par. XI das gewöhnliche הידותא hat; הידוכתא Par. XIV nr. 174; גאנזיברוכתא „Amt des גאנזיברא" Unterschrift von Par. XIV (v. Jahre 1127 d. H.). Das ist deutlich dieselbe Erscheinung wie im Neusyr. Hier wird nämlich dialectisch ein ursprüngliches *û* gesprochen $\widehat{ui}$, woraus einerseits $\widehat{\hat{u}}$, andrerseits gradezu *uch* (das *ch* ganz wie das deutsche *ch* in *ach*) wird z. B. طُور „Berg" gesprochen *ṭûrâ*, *ṭûîrâ*, *ṭûrâ*, *tuchrâ* u. s. w. Als ich meine Grammatik schrieb, waren mir die Zeichen, die auf solche Aussprache deuteten, noch nicht verständlich; erst durch einen Neusyrer bin ich hierüber aufgeklärt. Aehnlich wird auslautendes *î* (durch *ii*, *ij* hindurchgehend) im Neusyr. vielfach *ich* (das *ch* hier wie deutsches *ch* in *ich* gesprochen) z. B. كَجِب „sie thun" (aus كَجِبِ) *ôdich*.

Aussergewöhnliche Syncopierungen.

§ 70. In den meisten aramäischen Dialecten werden manche durch Doppelsetzung einer kurzen Wurzel gebildete Nomina so vereinfacht, dass der 2. Radical das erste Mal ausfällt, namentlich wenn er eine Liquida ist. Das Mand. vermeidet dies durch Dissimilierung in גירגליא „Räder" (§ 54)[1]. Sonst aber hat es auch קיקלא, Pl. קיקליא; קיקילתא, Pl. קיקלאתא „Mist" = קִילְקְלתא, gewöhnlich קיקלתא, ܡܰܟܠܳܐ) קִיקְלוֹן Hab. 2, 16?); שושילתא, שושאלתא, Plur. שושלאתא „Kette" = שַׁלְשֶׁלֶת oder שושלתא u. s. w. ܫܽܘܫܶܠܬܳܐ; שושמא „Sesam" = שומשמי oder ܫܽܘܡܫܡܳܐ; שושמאנא „Ameise" = שומשמנא Gittin 69ᵇ u. s. w. سُمْسِم oder ܫܽܘܫܡܳܢܳܐ; דידביא „Fliegen" I, 188, 15 Sabb. 66ᵇ u. s. w. سُمْسُم oder ܕܰܒܳܒܳܐ; aus* דבדבא, talm. דידבא, neusyr. ܕܺܒܳܐ[2]. In גאגאראתא „Kehle" vgl. hebr. גַּרְגְּרוֹת syr. ܓܰܓܰܪܬܳܐ hat das Mand. das durch Assimilierung des

---

hierher ziehn. Dass übrigens in der Aussprache auch in semit. Sprachen gelegentlich Derartiges vorkommen mochte, will ich nicht in Abrede stellen; aber eine Bezeichnung in semit. Schrift finde ich nur hier im Mand.

1) Vielleicht auch קורקליא I, 202, 13, dessen Bedeutung mir aber unsicher ist.

2) S. neusyr. Gramm. S. 102 f.

ersten *r* entstandene doppelte *g* nachträglich wieder in *ng* aufgelöst (§ 68).

In ganz ähnlicher Weise wird für מאמלאלא (für מַמְלְלָא § 30) „Rede" oft מאלאלא gesagt (das gewiss nicht als eine ganz andere Bildung פַּעֲלָא anzusehn ist), während andrerseits das Schwerfällige jener Bildung auch wohl durch Ausfall des ersten לא vermieden wird. Wir haben so ganz durch einander z. B. מאמלאלאי I, 16, 8; 220, 19; 318, 11; מאלאלאי I, 16, 8 BD; הדא מאמלאלא „ein Wort" I, 26, 7, 16 und הדא מאמלא (oder האד) 1, 24, 1, 1 3; 88, 23; Pl. מאמלאליא I, 88, 24 und מאלאליא I, 19, 22; 25, 4 u. s. w. Die Form מאמלא ist am seltensten, während sie im Syr. ܡܡܠܠܐ grade die übliche ist [1]. In etwas andrer Weise mildert das Mand. eine Häufung von *m* und *l* durch die Aussprache מאמליל für מִמַלֵּל (§ 187).

Gewaltsame Syncopierungen haben wir noch in einigen Zusammen- § 71. ziehungen von Participien und Adjectiven mit Subjectsuffixen (z. B. נאפקיתון = ܢܦܩܝܬܘܢ, u. s. w.), bei einigen zusammengesetzten Zahlwörtern wie האמיסאר aus ܚܡܫܐܣܪ; תלאסאר aus ܬܠܬܐܣܪ u. s. w. Hierher gehört der eigenthümliche Ausdruck ארקאביגאל, ארקאביגאר = ארקא ברגל „Erd' am Fuss" d. i. „demüthiger Sklav", von welchem noch folgende Nebenformen vorkommen: ראביגאר, אראביגאר, ארביגאר, ארביגאל und dann noch zuweilen Formen mit באי für בי. Der Ausdruck steht im Text nur I, 98, 11; 339, 20, ist aber beliebt als Selbstbezeichnung der Abschreiber [2]. Die Formen wechseln ohne Consequenz. Bei denen ohne ק könnte man an eine Zusammensetzung mit אַרְעָא statt mit אַרְקָא denken; doch ist es immerhin bedenklich, hier allein das sonst nie im Mandäischen vorkommende Wort mit ע anzunehmen. Den Formen auf ר liegt das mand. ליגרא = רגלא (§ 87) zu Grunde.

---

1) Das Syr. verfährt ähnlich mit ܡܡܠܠܐ, wo es aber Schwankungen giebt.

2) Vgl. ܥܒܕ ܪܒܝ ܐܝܠ, Payne-Smith, Cat. 315. 331 und ähnliche Ausdrücke, mit denen sich syr. Abschreiber selbst benennen. Auch im Arab. gebraucht man تراب اقدام für „gehorsamen Diener".

ZWEITER THEIL.
Formenlehre.

Vorbemerkungen.
Interjectionen und Begriffswurzeln.

§ 72. Den Begriffswörtern stehn die Empfindungslaute oder Interjectionen gegenüber [1]. Jede lebende Sprache besitzt sehr zahlreiche Interjectionen, Wörter, die ihrer eigenthümlichen Natur nach zuweilen Vocalschattierungen und sonstige Laute und Lautverbindungen enthalten, welche sonst der betreffenden Sprache fremd sind [2]; aber so häufig diese in der lebendigen Unterhaltung sind, so kommt in der Literatur immer nur ein Theil derselben vor. Dass grade in der theologischen, durchweg in einem gespreizten Tone gehaltnen Literatur der Mandäer besonders wenig von ihnen erscheinen, ist ganz natürlich. Die nachweisbaren mand. Interjectionen sind fast alle solche, die schon eine gewisse syntactische Verbindung mit den übrigen Satztheilen eingehn, also anfangen, sich zu Begriffswörtern zu entwickeln. Im Folgenden zähle ich die mand. Interjectionen auf, welche mir begegnet sind.

ܐܝ "o" häufig vor dem Vocativ zur Erregung der Aufmerksamkeit, wesentlich wie das arab. ܠ gebraucht. Doch ist es gewiss nicht aus dem Arab. entlehnt, da es sich als ܠ schon in ältern syr. Schriften findet z. B. ܠ ܬܘܒ ܠܐ ܬܙܝܥܝܗ̇ "o du sollst sie ferner nicht mehr bewegen" LAND, Anecd. II, 13, 10; und, ganz wie im Mand., in der von Barh. gr. I, 179, 1 angeführten Stelle aus Sirach 41, 1 ܠ ܡܘܬܐ = ܐܘ ܡܘܬܐ "o Tod", sowie in der, allem Anschein nach alten, Dichterstelle bei demselben II, 70 v. 780 ܠ ܡܘܬܐ ܐܣܝ ܐܣܘܪ̈ܘܗܝ "o Tod, löse

---

1) Vgl. u. A. OLSHAUSEN, Hebr. Gramm. § 92; meine neusyr. Gramm. § 33.

2) Vgl. z. B. unser deutsches *hm*, *schsch* (ohne deutlichen Vocal), *hui*, *pfui* (mit dem Diphthong *ui*) u. s. w.

meine Bande", vgl. das ähnliche يَا بُنَـيَّ „o mein Sohn" Prov. 31, 1, und יי פרנסייא Targ. Jerem 23, 1 [1]. Ebenso steht עין קאריא „o Rufer" Q. 1, 26 (vielleicht עוּן zu lesen = syr. ؗأَنْ?) und auch האי „he" in האי גאברא „he, Mann" DM 52[b]; האי מאראי „o Herr" DM 37[b]; האי אבא „o, Vater" DM 38[b].

Eine interjectionelle Hinweisung, die man aber schon früh stark bei der Bildung von Begriffswörtern verwerthet hat, ist הא ecce z. B. הא בדור בישיא ecce in habitatione malorum Q. 65, 9 u. s. w. (Beispiele I, 73, 13; 144, 9; 192 ult.; 223, 17; 271, 11; mit Präposition ל zu האל zusammengezogen Q. 4). Hierher gehört auch הין (הִנֵּה, إِنْ أَ ‒ הֵן) ecce II, 124, 8, dann „ja" (öfter).

עוּאי ואי vae, oft doppelt עוּאי עוּאי, ואי ואי, ואי ואי I, 164, 16; 242, 1; sehr oft mit den Präpositionen ל und על (אל) verbunden [2].

Rechte Empfindungslaute sind עדהאי „juchhe" in den Hochzeitsliedern (Par. XI) und פוהא „wehe" I, 85, 11; 86, 7 (nicht „pfui") [3]. Ein Ausdruck des Ekels scheint aber קאס פו II, 14, 19 zu sein.

Sonst finde ich weiter keine Interjectionen.

Alle Begriffswörter zerfallen in die beiden Classen des Nomens und des Verbums. Dem Nomen gehören wohl alle Bildungselemente des semit. Verbums an. Schon dadurch rechtfertigt sich die Voranstellung des Nomens in einer semit. Grammatik. Vom Nomen im engern Sinne (Substantiv und Adjectiv), von welchem die Zahlwörter wieder einen ganz eigenthümlichen und daher besonders zu stellenden Zweig bilden, unterscheiden sich nun aber einerseits die alten abnormen Bildungen der Pronomina, welche z. B. noch gar keine Rücksicht auf das Gesetz der Triliteralität nehmen, andrerseits die Adverbien mit ihren besondern Unterabtheilungen, Präpositionen und Conjunctionen, die zu

§ 73.

---

1) Die Beispiele von יי bei LEVY s. v. sind zum Theil bedenklich; in einigen ist jedenfalls וְיָי zu schreiben. —. יא (יָא punctiert, wie mir DERENBOURG schreibt) auch in dem von SAʿDIA mitgetheilten Satz יא גד „o Gad", יא ספרא „o Schriftgelehrter" (DERENBOURG, MANUEL du lecteur 189).

2) Der Wehruf אלאי אלאי I, 84, 14; 85, 22; 86, 7; 88, 2 ist wohl nur die Präposition mit Suffix: „über mich (kommt)".

3) Syr. ܦܘܗ WRIGHT, Cat. I, 374[a]; 897[b] Barh. gr. I, 182, 5 f. (mit ܒ construiert) ist ganz unser „pfui".

blossen Formelementen herabgesunkenen Nomina, welche wohl theilweise in den urältesten Sprachverhältnissen wurzeln — wer möchte uns eine wahrscheinliche Etymologie von ו oder ל geben? — zum grossen Theil aber erst aus sonst gebräuchlichen Nomina entsprossen sind[1]. Bei manchen Wörtern kann man streiten, ob man sie schon zu den Partikeln oder noch zum Substantiv nehmen will, je nachdem man den Begriff ersterer etwas weiter oder enger fasst; wie denn ja nicht leicht eine einzige dieser Wortclassen die Schärfe und Bestimmtheit streng logischer Categorien haben kann.

Die Anordnung der Wortclassen ergiebt sich somit von selbst: 1) Pronomen; Nomen im engern Sinn; Partikeln; 2) Verbum.

§ 74. Die allgemeinen Gesetze der semit. Wurzel- und Formbildung, welche natürlich auch für das Mand. gelten, setze ich als bekannt voraus. Nur ein paar Worte über Umbildung schwacher Wurzeln und Neubildung secundärer will ich hinzufügen. Das Mand. bietet hier zwar durchaus keine ganz neuen Erscheinungen dar, da sich ja ähnliche Umbildungen schon in den ältesten semit. Sprachen beobachten lassen, doch ist im Einzelnen hier manches Eigenthümliche.

Die Wurzeln עו׳ scheinen im Mand. stark im Uebergang in die עע׳ zu sein. Formen wie ניקמון „sie stehn" können nicht wohl direct von קום abgeleitet sein[2]. Wenn von כון noch כאונא „Ruhe" abgeleitet wird, so haben wir doch daneben מאכנא „Quartier" (= مكان מכון aber wie von כנן) und ebenso עתכאאן „seid ruhig" I, 114, 15. Ebenso sind צאראר „bildete"; מיצטאראר „wird gebildet" (öfter) von צרר statt von צור (wovon צאיארא „Maler" u. s. w.); ferner vgl. מטאסאסין „fliegen" I, 19, 15 von טסס = טוס (טוש); לאטוטיא מלאטיטילה „sie ver-

---

1) Eine ganz kleine Minderzahl könnte allerdings auch aus flectierten Verbalformen entstanden sein; diese schliessen sich aber in ihrem Gebrauch ganz den übrigen an.

2) Das Einzelne siehe besonders § 184. 185. Vollständig können wir hier nicht urtheilen, da wir die Quantität der Vocale nicht kennen und z. B. nicht wissen, ob sich קאמית „ich stand"; מיקאם „stehn" noch durch den langen Vocal von אלית „ich trete ein"; מיזאל „eintreten" (قَبَلَ) unterschieden.

fluchen ihn" I, 173, 23 von לטט (auch targumisch) unmittelbar neben ליטיתה „du bist verflucht" von לוט.

Das Umgekehrte, Uebergang von 'עע in 'ער, findet in der Flexion des Part. act. Peal Statt z. B. גאיזרא „sie scheren" sowie in אייל introducere, wenn dies Peal und nicht Afel ist (siehe § 187).

Dass die Wurzeln mit mittlerem א und ע stark in die 'ער übergehn, sahen wir schon § 189. Dieser Uebergang ist zunächst rein lautlich, greift dann aber weiter um sich. Vgl. noch האומא „Zwilling"[1], wie von תום, gegenüber תאם, تَوْءَم, توْءَم u. s. w. mit mittlerem א.

Mehrfach gehn Wurzeln 'לי in 'עע über. So das beliebte Pael גאליל von גלי z. B. גאלאיא דמגאליל כאסיאתא „Offenbarer, der du das Verborgene offenbarst" I, 61, 23 [2]. Zu בני „bauen" (so meist im Peal, ferner בינאנא „Gebäude"; באנאי „Baumeister") haben wir als Nebenform בנן, wovon u. A. באנתה „sie baute ihn" II, 99, 9; באנינתה „ich baute ihn" I, 245, 3; עבון בינתא „ich baue ein Gebäude" Ox. III, 18ᵃ = Par. XI, 51ᵃ; באיין בינתא „baut ein Gebäude" I, 89, 10 neben בינתא בנא I, 104, 16, 17 (בינתא ist häufig); בונא „Gebäude" II, 84, 13 und sogar באנא „Erbauer", באנאי „mein Erbauer" Ox. III, 17ᵃ [3] u. s. w. Ausserdem ist בַּן noch Denominativ von בניא „Kinder" in der Bedeutung „zeugen" I, 21 ult.; 22, 1; 255, 3. Hierher ist wohl auch noch עהכאלאל „ermatten"; מכאלאל „ermüdet" zu zählen vgl. כָּלָה u. s. w.

Umgekehrt ist neben רגג gebildet רגיתא „Gelüste" I, 22, 15 (= رَغْبَة) nach dem Muster von בכיתא u. s. w. — Neben ילף, אלף „lernen, lehren" (wovon das Part. יאליף, יאלפיא und das Nom. ag. יאלופא)[4] hat לוף um sich gegriffen, wovon Perf. לאפת; לאפריא „lehrten ihn";

---

1) Vgl. التوم وهو بالنبطيّة القرين Fihrist 328, 11.

2) Aehnlich neusyr. ܫܠܝ „ruhig sein" neben ܫܠܐ.

3) Die Form lässt sich nicht gut anders fassen denn als בָּנָא (Part. Peal) nach syr. Art, wofür nach sonstigem Gebrauch allerdings im Mand. בָּיְנָא erwartet würde.

4) Die Imperfectformen wie תילפון I, 14, 14 u. s. w. können von ילף wie von לוף herkommen.

לוף „lehre"; לופינון „lehre sie"; לאיפיח „du lernst"; ליף „gelehrt". — Von סליק Impf. ניסאק bildet sich ein neues Perf. סאק „stieg" (§ 178).

Eine secundäre Wurzel kommt von עתאר „erwachte" (§ 186), indem das ת von ܢܬܠ in die Wurzel dringt: Pael אתאר „erweckte"; אתרה „erweckte ihn"; אתארתה „sie erweckte ihn"; ניאתראן „erweckt mich"; לאתרון „erweckten mich nicht"¹. Aehnlich ist אֲתְנַח (אהנא) „legen" z. B. אתנאתה „ich legte ihn" (vgl. אתנחתא „ich legte sie" Baba b. 74ᵃ; samar. אתנחת Gen. 3, 12) secundäre Bildung von ܢܬܠ. So könnte auch מצר „quälen" (z. B. מצירליא „ich habe gequält" II, 103, 6; נימׄצאר בנורא „wird gequält mit Feuer" I, 35, 10 und oft מצארא „Folterqual") vielleicht von مَدَّ (مَدَّدَ) ausgehn².

Bildungen wie נישתאדנון „werden toll" (Hunde) öfter in AM (vgl. Glossar 28 משאדן = اَحْمَق) von مَازُوبْ sind auch im Syr. mehrfach vorhanden³.

Ein zur Nominalbildung gehöriger Laut wird radical bei Quadriliteren in מימאסכיניליח „lehren" (von תארמידא = תארמידא ܠܟܣܡ); in מיאכריא „machen ihn arm" I, 264, 1 von מיככינא; in נסכרי „בכרי (z. B. מאכריא I, 278, 11 „entfremdend"; Pass. מאכריאי II, 21, 21; ܢܣܟܒ = נאכריאן II, 130, 13) von נוכראיא, vgl. כלדי (z. B. כאלדיאן „bezauberte mich" II, 103, 11) von כאלדיאא „Chaldäer, Zauberer".

Die Dissimilation bei den reduplicirten Stämmen קרקל, טרטל, die Veränderung von דמדם in דנדם und von רברב in רורב sind in der Laut-

---

1) In anderer Weise ist aus עיר, אתעיר eine secundäre Wurzel entstanden in תיירית „erweckte ihn" Baba k. 117ᵇ oben; תיר „wach" und im neusyr. ܬܝܪ „wieder zu sich kommen". Zum Mand. würde ganz stimmen samar. ואתער „und er erwachte" Gen. 28, 16 in einer Hdschr., wenn da nicht ועתאר zu lesen sein sollte.

2) Aber eben so nahe liegt es wohl dies מצר mit مَدَّ, dialectischer Form von مَدَدَ (مَدَّدَ) „sich ausstrecken" (BA 5575. 7204. 7232) zusammenzustellen (مَدَّدَ „streckte sich aus" Mart. II, 164; Barh. chron. 139 ult.). Es wäre dann zunächst das gewaltsame Ausrecken der Glieder.

3) حمق selbst ist neusyrisch. Vgl. neusyr. Gramm. S. 188 Anm. 2, wo أَنْكَث „betrügerisch sein" (häufig) von zêfânâ, ܙܦܢ „sich heimlich unterreden" (öfter im Jovinianus-Roman) u. a. m. hinzuzufügen wären.

lehre erwähnt (§ 54. 52. 51). Verkürzt ist eine solche Bildung wieder in מגארגילה „sie schleppen ihn" von גרגר[1]. Eine eigenthümliche Abänderung der Reduplication haben wir in דירדקיא u. s. w. (§ 148). Noch seltsamer ist עתראוראת unmittelbar neben ראת „erschüttert werden" II, 1, 6, 9, 12, wofür man עתראתראה erwartete. Die scheinbare Bildung von Quadriliteren aus dem Pael oder Ethpael durch Einschiebung eines *n, m* wie האמביל = ܐܡܒܝܠ siehe § 68.

Einzeln wird so auch *r* verwandt[2], nämlich in הרזק „fesseln" (wie im talm. חרזק) z. B. II, 57, 18 aus חזק, in אתכרפת „gefesselt werden" I, 203, 18; 204, 7 von כפת.

Eigenthümlich ist die Verstärkung der Wurzel durch eingeschobenes *u* (*au*) in נאוכרית „ich entfremdete" Ox. III, 52ᵃ; מנאוכאר „entfremdend" eb. 55ᵃ. Vielleicht hat hier das *u* von נוכראיא eingewirkt. In ניתיאוקרון „werden geehrt" Ox. III, 77ᵃ (2 mal) = 91ᵃᵇ[3] haben wir eine Nebenbildung von ܐܘܩܪ[?] zu sehn[4].

Quadriliteralbildung durch Wiederholung des 1. Radicals nach dem zweiten[5] haben wir wohl in מסארסיפין, מסארסיפיא „sie fachen an" I, 17, 11; 357, 13; DM 33ᵃ; vgl. hebr. שֹׂרֵף. Ob hierher auch מיתפארפיא „vergnügen sich" gehört = ܡܬܦܪܦܐ? (ܦܪܦ] Efr. II, 542 D; carm. Nisib. 82, 12; 96, 11 u. s. w. scheint übrigens eigentlich zu bedeuten „sich schwemmen" oder „sich ausspülen" vgl. ܦܪܦ ܒܦܘܡܗ „spülst ihr in den Mund" Geop. 115, 13 [ἀποκλύζειν]; darf man dies mit أفرف in der Bedeutung „hervorsprudeln" Mart. II, 354 [mehrmals] zusammenbringen?). Der Form nach möchte man auch כרכש, קרקש

---

1) Aber עגארגוליא „wartet mir" II, 16, 17 ist falsch, obgleich es 2 mal da steht; hier muss ein Afel von נגר stehn, etwa אגארוליא.

2) Vgl. Neusyr. Gramm. 191.

3) Die beiden Stücke sind identisch; ebenso steht die Form in den entsprechenden Stellen von Par. XI.

4) ניאוקרון Ox. III, 79ᵃ; ניאוקראך I, 4, 18 (Var. נעיאקראך) darf man gradezu für seltnere Formen des Afel halten (§ 166).

5) Vgl. neusyr. Gramm. S. 191. Im Vulgärarab. ist diese Bildung häufiger; vgl. auch ܣܟܪܒ „schlecht schreiben" von ܣܟܪ Wright, Cat. 310ᵃ (vom Jahre 1489 n. Chr.).

"klappern" (§ 42) hierherziehn, sowie כרכס in ניתכארכאס I, 160, 7 etwa "wird unterdrückt" oder "vertrieben" מיכ֗ארכאס DM 941ᵃ¹.

Eine 5lautige Wurzel scheint אזדדמבי zu sein (§ 195); ferner עשתארהזאל (§ 163 Anm.), welches aber sehr zweifelhaft ist.

I. Nomen.

1. Pronomen.

Personalpronomen.

§ 75. Die selbständigen Personalpronomina sind Sg. אנא "ich" — אנאת "du" — הו "er"; הע "sie" (§ 5)² — Pl. אנין (אנען) "wir" — אנאתון "ihr" — הינון ³ "sie"; f. הינין (הינען). Von diesen Wörtern sind die auffallenden אנאת und אנאתון aller Wahrscheinlichkeit nach nur durch die Analogie von אנא und אנין hervorgerufen; man erwartete⁴ sonst את und אתון oder für letzteres אנתון, da ja das Mand. gar

---

1) Oder darf man vielleicht alle diese Bildungen mit der in דירדקיא bemerkten zusammenhalten, in welcher der 2. Radical das erstemal durch ר ersetzt wird? סרסף liesse sich sehr wohl von ܣܬܬ ableiten; קרקש (auch syrisch) oder כרכש mit קשקש neusyr. ܩܫܩܫ "rasseln" u. s. w.; כרכס zur Noth mit ܐܣܟܣ (vgl. ܩܣܩܣ = ܟܘܚܟܣܬ BA; ܣܬܗܣܟ u. s. w.) verbinden. Auffallend ist jedenfalls, dass wir hier überall ein *r* an der 2. Stelle haben.

2) Im Talm. הוא, היא fast nur als Copula, sonst איהו, איהי. Damit könnte man identificiren ועהו I, 154, 15 B und I, 170 ult. B, doch steht diese Form ganz vereinzelt. Für הע einmal העיא I, 258, 21 B (§ 5).

3) Talm. אינהו, f. אינהי, welche uns die Entstehung des aram. הִנּוּן, הִנִּין u.s.w. aus (אֵן) הֵן) ecce und הון, f. הין (= הֵם ; هُمْ هَنْ u. s. w.) klar machen. Vereinzelt im Talm. אינון (von Luzzatto aus Nazir belegt). — הִמּוֹ, הִמּוֹן, הִמּוֹ (bibl. aram. und auf den Papyrus) ist hiervon zu trennen, da es nur = הֵמָּה, هُمْ ist, ohne Zusatz vorne (das *n* hinten wie in דֵן, אִלֵּין gegenüber זֶה, אִלֵּה, ذَا, اَلَّذى).

4) Ein solches gegenseitiges Einwirken von Formen der Pronomina 1. und 2. Pers. findet sich in manchen Sprachen. Das Stärkste der Art

keinen Widerwillen gegen das unmittelbare Zusammenstossen von *n* und *t* zeigt. Eine Femininform אנאתין kommt nicht vor; doch würde es nicht überraschen, wenn sie sich noch gelegentlich fände.

אנען, אנין „wir" ist aus *anan, anaḥn, anaḥna(n)* gebildet [1]. Die Form אנהין I, 105, 1, 2; 117, 18; 126, 21 (zum Theil mit ganz schlechten Varr.) ist gewiss nur eine weniger gute Schreibart, die darauf beruht, dass in andern Formen (als Suffixa der 3. Pl.) 'נהין, נהון ohne Unterschied mit 'נין, 'נון gebraucht werden, ein ה also wie ein unschädlicher Zusatz angesehn ward, den man beliebig machen konnte. אנינען I, 28, 22 A ist nicht etwa eine wirkliche Verdopplung des Wortes, sondern blosse Dittographie.

Ueber ו für הו s. § 59. Die Form לינון iis für להינון s. § 78.

Die Pronomina der 1. und 2. Pers. verkürzen sich in der engen Verbindung mit Participien und (seltner) mit andern Adjectiven resp. zu נא; ית (את); נין (נא); תון (תו). Bei der 2. Pers. liegen hier natürlich die ursprünglichen, nicht erweiterten, Formen את, אתון zu Grunde. Im Fem. kommt noch einigemal תין vor z. B. פאהתיתין „ihr öffnet (f.)"; für die 2. Sg. ist keine besondere Femininform möglich. Beispiele der Zusammensetzung mit diesen Pronomina siehe unten beim Verbum § 175 u. s. w.; ferner vgl. שאפירנא „ich bin schön" I, 146, 20; טאבנא „ich bin gut" II, 53, 12; ראבנא „ich bin gross" DM 9ᵇ; f. זוטאנא parva sum Ox. III, 75ᵃ; ניהית „du bist sanft" Par. XI, 44ᵃ u. s. w. — ראבית „du bist gross" Ox. III, 77ᵇ; האכימית „du bist weise" I, 127,

---

bietet wohl das Neusyr. Nach Analogie von *ăchnen, ăchni* „wir" sagt man da auch *ăchtun* „ihr" mit Einfügung eines *ch*; und wie man nun aus diesem *ăchtun* durch Anhängung des Possessivsuffixes der 2. Pl. *ăchtŏchun* bildet (eine Form, die beliebter ist als die einfache), so sagt man nun sogar auch *ăchnŏchun* „wir". Diese Form habe ich erst von einem Nestorianer kennen lernen, nachdem meine Grammatik geschrieben war. — Uebrigens mögen ähnliche Analogieen schon im Ursemitischen bei der Gestaltung der Personalpronomina gewirkt haben.

1) Talm. אנן; und so in den jüngeren paläst. Dialecten, nämlich im Samar., Christlich-Paläst., in den paläst. Targg., dem jerus. Talm. אנן oder אנין zum Theil noch neben den vollständigen Formen; im jerusal. Talmud auch blosses נן.

4, 17 = חכימת Bechor. 8ᵇ; טאביתון „ihr seid gut" I, 292, 2; זוטיתון „ihr seid klein" eb. ¹ u. s. w.

§ 76. Suffigierte Personalpronomina. Die Possessivsuffixe (theilweise mit dem ursprünglich als Pluralendung dienenden *ai* des Substantivs zusammengewachsen) sind:

Sg. 1) יא (in ליא „mir" und דיליא = بِهَا); O (wie in אב „mein Vater"); 2) *m.* אך ד; ד *f.* יד ד; 3) *m.* ה; יה; יא (in אבויא u. s. w.) איכון; *m.* כון; 2) איאן ן; אן; O (אבו = ܐܒܘܢ). — *Pl.* 1) אן; ן; 2) איאן *m.* איכון; *f.* ה (א); ;איהין; ין; *f.* הין; איון *f.* איון ן; איהון; הון *m.* 3) איכין כין²; *f.* כין (אכון) איין³.

Ueber die Zusammensetzung mit Substantiven siehe § 141 ff., mit Präpositionen § 159.

Ueber דיל, womit selbständige Possessivpronomina gebildet werden, siehe § 233.

Die Objectsuffixe sind:

§ 77. *Sg.* 1) אן; ן (§ 33); einzeln ין 2) *m.* אך; ד *f.* יד ד; 3) *m.* ה; יה; יא (nach ו) *f.* ה (א); O (nach י). — *Pl.* 1) ינאן; נאן (אן) 2) *m.* ינכון; ;נכון *f.* ינכין; נכין 3) *m.* נהון; ינהון; ינון *f.* נון; ינהין; ינין; כין.

Ob die weit selteneren Formen נהין (נהין scheint zufällig nicht vorzukommen), נהון, ינהון = talm. נהי, נהו ⁴ noch durch die Aussprache unterschieden wurden, mag zweifelhaft sein; die Etymologie stellen sie jedenfalls dar. Beachte, dass die Objectivsuffixe des Plurals alle mit *in* zusammengesetzt sind ⁵.

Ueber die Anfügung der Suffixe an's Verbum siehe § 197 ff.

---

1) Doch vgl. רורביא אנאתון „ihr seid gross" Ox. III, 75ᵃ und so immer bei Substantiven und adverbialen Ausdrücken die vollständige Form.

2) Für dies כין wie das in § 77 kann immer כען geschrieben werden.

3) Talm. הו fem. הי; nur in einigen Tractaten noch oft הון. Im Mand. fällt das ן nur in ganz vereinzelten Fällen ab (§ 53 S. 53).

4) בנהי Meg. 4ᵃ oben (mehrmals); שפצינהי ob.

5) So auch im Talm., vgl. איבדקינכו „ich erforsche euch" Sanh. 93ᵃ; שווינכו „machte euch" Pes. 51ᵃ; פרוקינן „befreie uns" Rosch h. 32ᵇ; חזיתינן „hast uns gesehen" Baba b. 10ᵇ u. s. w.

Demonstrativpronomen.

§ 78. Als Demonstrativ kann zunächst (auch adjectivisch) das Personalpronomen der 3. Pers. gebraucht werden (§ 235). So kann auch die Präposition ל vor sie treten. In der öfter vorkommenden Verbindung mit ואי „wehe" und האס = ܢܚܫ „Gott bewahre" verliert dann הינון sein ה, also האס לינון; ואי לינון.

§ 79. Ungefähr in derselben Bedeutung, aber häufiger gebraucht wird auch im Mandäischen die Zusammensetzung des Personalpronomens der 3. Pers. mit הא (§ 72), nämlich האהו, האהי (Q. 25, 17 eine Var. הָאהיא) = הָהוּא, הָהִיא[1]; ܗܿܘ, ܗܿܝ. Der dazu gehörige Plural (= הָאִנּוּן, הָאִנִּין; ܗܵܠܹܝܢ, talm. הָנְהוּ) kommt nicht vor[2].

§ 80. Von dem einfachen Demonstrativpronomen für das Nähere דֵּן f. דָא Pl. אֲלֵין finden wir im Sg. nur noch in der Doppelsetzung ודה ודה „dies und das" I, 73, 2; 89, 15 u. s. w. Die Schreibart mit ה ist durch gute Handschriften (wie Ox. III und B) belegt. Ist sie nicht dennoch in דא zu verändern, in welchem Falle wir hier das Fem. hätten[3], so muss man *de* aussprechen. Dies wäre leichter = דֵן (mit Verlust des *n*) zu setzen denn = דָא (trotz ܗܿܢ)[4]. Der Pl. עלין[5] kommt fast nur

---

1) Es ist ein alter Missbrauch, der durch Verwechslung dieses הא (arab. ܗܐ) mit dem durchaus verschiedenen hebr. Artikel הַ. (arab. ال aus *hal*) entstanden ist, das aram. Pronomen הַהוּא, הַהִיא zu punctieren. Hebr. הָאָרֶץ הַהִיא bedeutet allerdings ganz dasselbe wie ארעא הָהִיא = ܐܲܪܥܵܐ ܗܿܝ, aber die ersten Hälften der sich entsprechenden Demonstrativa sind verschiedenen Ursprungs.

2) הָאִנִּין I, 23, 22 A statt הינון CD ist um so weniger zu vertheidigen, als hier das einfache „sie" allein passt.

3) Vgl. דא ודא Sabb. 52[b] mehrmals, aber in einer ursprünglich palästinischen Stelle; das einfache דא *haec* jedoch Sanh. 67[a] (ed. non castrata!) in einer ausdrücklich als Pumbedithanisch bezeichneten Redensart. דין Berach. 38[b]; Nedarim 49[a] und öfter aus dem Palästinischen vgl. Luzzatto, Gramm. 70.

4) Am wenigsten darf man daran denken, das ה als radical zu betrachten und etwa ܗܿܢܵܐ = ذي heranzuziehn.

5) אלין Sabb. 68[a] in einem ältern Spruch, der auch den palästin. Inf. אֲסָאָה hat. Eine andre Stelle, dem „notariellen Stil" angehörig, weist Luzzatto, Gramm. § 48 nach.

in einzelnen Abschnitten des Sidrâ rabbâ vor, in diesen aber ziemlich häufig, eines der wenigen Merkmale von Dialectschattierungen. Im Demonstrativpronomen entwickeln ja die aram. Dialecte überhaupt starke Verschiedenheit, und haben da oft nah verwandte Mundarten mannigfache Abweichungen.

§ 81. Der gewöhnliche Ausdruck für „dieser" ist das eben bezeichnete Pronomen, vorn mit הא versehen. Meistens wird dabei das ד nach § 46 zu ז; im Pl. wird *âi* zu *â* zusammengezogen, sonst wird nichts geändert. Also האלין, האזא, האזין [1]. Nur selten zeigen sich noch die Formen mit ד, nämlich האדינו I, 254, 18, 19; II, 25 ff. „dies ist" wie sonst הו האזין I, 185, 17; 19-20; f. הדרא hoc I, 73, 12; Q. 11 f.; Ox. III, 24ᵇ; 27ᵇ; 28ᵃ. Und neben jenem האדינו steht noch האינו „da ist er" ecce eum I, 152, 12; 343, 20 (an dieser Stelle mit schlechten Varianten). Hier haben wir deutlich denselben Ausfall des *dh* wie im talm. היינו „das ist" aus הוא הדן.

Aber auch die im Talm. gewöhnliche Form האי mit Ausstossung des *dh* und Abfall des *n* [2] kommt zweimal im Mand. vor, nämlich in האי מאלכא „dieser König" I, 390 ult. und האי ד׳ הילפא „diese Ablösung, welche" I, 263, 16.

§ 82. Im Talmud finden wir האיך (Ab. z. 57ᵇ u. s. w.) f. הך (Taanith 23ᵃ u. s. w.) Pl. הני (Hagiga 11ᵇ; Meg. 12ᵃ), offenbar, wie schon LUZZATTO sagt, resp. aus jenem הני, הא, האי mit Zusatz des ד, das bei der Bildung der Demonstrativen, die auf das Fernere hinweisen, in allen semit. Sprachen mit Ausnahme des Hebr. beliebt ist. האיך ist

---

1) Talm. הדין Ab. z. 18ᵇ oben; Gittin 68ᵇ; 69ᵃ und oft in Nedar. und Nazir (vgl. LUZZATTO S. 70). Das Fem. הדא oder עדא und den Plur. האלין belegt LUZZATTO 70 f. — Gewöhnlich aber gebraucht der Talmud verstümmelte Formen; siehe die folgende Anmerkung.

2) Die üblichen Formen im Talmud sind nämlich האי aus *hâdhen* f. הא aus *hâdhâ* Pl. הני aus *hâlên*. Ganz so מאי aus דין + מא. Das *d, dh* fällt ebenso weg in den syr. Formen هٰنْ, هٰنَا; أَنَا, أَنَا aus = *hâdhen, hâdhnâ; aidnâ; mâdhen, mâdhnâ*; ähnlich ferner im jerus. Talmud, wo unterschiedlos ההן, אהן neben הדן und im Neusyr., wo *âhâ, â* aus *hâdhâ*. Selbst im Vulgärarab. haben wir den gleichen Ausfall des *dh* in *hal* = هٰذَا آلْ und *ellî* = الَّذِى.

also = הָ + דֵן + ךְ (also = هٰذاك) u. s. w. Hiermit ist identisch das Mand. הָאךְ¹ „jener" (commune) Pl. הָאנִיךְ. Im Sg. sind also die im Talm. noch getrennten Formen zusammengefallen; im Pl. ist auffallend die im Talm. allerdings hier constante Veränderung des *l* in *n*. Die Form entspricht also fast ganz dem alten syr. ܗܳܠܶܝܢ (in CURETON's Evangelien), welches nur nicht mit אֵלֵין, sondern mit einem dem אֵלוּ der Mischna entsprechenden Worte gebildet ist (Fem. aber ܗܳܠܶܝܢ Matth. 15, 22 CURETON; Euseb. Theoph. I, 47 [pg. 2, 12], wo LEE mit Unrecht bessert)². Ohne vorgesetztes הָא haben wir die mand. Form im bibl.-aram. אֵלֶךְ, christl.-paläst. ܗܳܠܶܝܢ.

Am häufigsten wird aber das Entferntere bezeichnet durch das § 83. räthselhafte, dem Mand. eigenthümliche Wort: Sg. הָאנַאתְה (für beide Geschlechter) Pl. m. הָאנַאתוּן f. הָאנַאתִין I, 128, 6. Zunächst steht fest, dass dies Wort am Ende das Possessivsuffix הֵ֖, הַ֖, (ה)וּן hat³. Ebenso sicher ist wohl das הָא im Anfang; aber sehr zweifelhaft, was dazwischen steht. Da das *n* auch im Fem. und Pl. bleibt, kann es nicht von הָדֵין herrühren; ebensowenig darf man an אָתָא „Zeichen" denken, zumal dieses Fem. ist. So lange man nichts Besseres vorbringt, beharre ich einstweilen noch auf meiner alten Vermuthung, dass die Formen zu erklären aus einer doppelten Demonstrativinterjection הָא und הֵין (אֵין) mit אָתֵה, אָתָה, אָתְהוֹן, אָתְהֵין = יָתֵה u. s. w. Jenes

---

1) Als Var. oft für beide Geschlechter הָאכָא, aber das ist blosse Verwechslung mit dem Ortsadverbium. Ob هَكَ im Beduinenarabisch (WETZSTEIN, aus d. Zeltlager 11, 16; 12, 2 u. s. w.) auch aus هٰذاك entstanden ist?

2) ܗܳܠܶܝܢ illi (stets masc.) Tit. Bostr. 20, 19; 46, 7 u. s. w.; Euseb. Theoph. I, 75 ult.; II, 67, 2; III, 2 (pg. 2, 3); III, 80 paenult., wofür ܗܳܢܽܘ Tit. Bostr. 30, 26, ist aus ךְ + הוּן entstanden. Dass das talmud. und mand. הָנָךְ, הָאנִיךְ nicht etwa auch so gebildet, ergiebt sich aus der Vocalisation.

3) Die Schreibart mit ה ist für beide Geschlechter des Sg. durch Ox. III, B und die Londoner Handschriften völlig gesichert. Dem entspricht auch die in Par. XIV ein paarmal für das Masc. vorkommende Schreibart הָאנַאתִיא. Dadurch allein widerlegt sich schon die auch sonst ohne alle Analogie dastehende Vermuthung von MERX, dass hier eine Composition mit אַתָּה „du" אתון „ihr" sein sollte.

אִין, הִיןֹ spielt ja auch sonst in solchen Bildungen eine gewisse Rolle, vgl. אִינְהוּ, הִינוּן „sie"[1]. Bedenklich ist allerdings אָת (wie hebr. אָתְ, אֹתְ), wofür im Aram. sonst immer יָת. Dies Wort mit Possessivsuffixen wird aber wirklich nicht bloss im Mischna-hebr. (אותו „der" „jener" u. s. w.) sondern auch im Samarit. und Christlich-Palästinischen (Z. d. D. M. G. XXII, 471), wie auch in jüdisch-palästinischen Schriften (Ber. r. 3 יתהון illi gegenüber דין) gebraucht[2].

Relativpronomen.

§ 84. Das Relativwort (ܕ ܕ݁ ܕ݂ ܕ݀)[3] ist jedenfalls eine graphische Abkürzung, entweder aus ܕܝ݂ (דִי), oder aus blossem ܕ (דְ), dessen oberen Theil es dann allein repräsentierte. Für Ersteres spricht vielleicht, dass das Wörtchen im cod. B sehr oft selbständig geschrieben wird, was, wenn es nur aus einem Buchstaben bestände, gegen die Regel § 14 liefe. Aber für die zweite Annahme lässt sich nicht bloss die Aussprache dĕ oder ĕd (§ 24) bei den heutigen Mandäern (nach PETERMANN's Mittheilung) anführen, sondern vorzüglich auch der Umstand, dass nach den Präfixen ו ל ב jenes Zeichen, welches sich nicht mit ihnen verbinden kann, regelmässig mit blossem ד vertauscht wird; zuweilen geschieht das selbst nach עַל, also: בדיורבא „an den des Jorba" I, 272, 18; לדיאתביא „denen, welche sitzen" I, 389, 23; לדקאימיא „denen, welche stehn" Q. 4 ult. (Var. "דק עַל); ודתלאתמא „und der 300" I, 128 ult.; 129, 2; ודעצשיא „und der Weiber" I, 119, 21 u. s. w. Steht nun aber einmal לדיהטין „weil wir gesündigt haben" I, 63, 23; ודימצױא „und wer kann" I, 324 ult. (B "ודמ), so erklärt sich das aus § 11. Ein weiteres Zeichen dafür, dass das Relativ nur ד ist, finden wir in

---

1) Das אי in איהו, איהי wage ich jetzt nicht mehr aus *enhû*, *enhî* zu erklären, da der Talm. ein vorgesetztes אי auch sonst besitzt in אידי (aus אי + דן) Sota 3ᵇ; Hagiga 12ᵃ oben u. s. w. und mit angesetztem ך: אידך „jener" „der Andere" Pl. אינך (das נ wieder aus ל) Meg. 16ᵃ. — Aber das vorgesetzte *n* in נִיהוּ, Pl. נִינְהוּ (als Copula gebraucht) ist wohl mit unserm *en* identisch.

2) Im Syr. ist ܢܦܫ „Selbst".

3) Gradezu mit וי kann es nicht leicht verwechselt werden, da der vordere Strich immer schräger resp. krummer als der des ו ist.

ולאדקאימיא „und denen, welche stehn" II, 74, 7, sowie in ועדסאהדיא „und denen, welche zeugen" Par. XIV nr. 9 (wieder nach § 11)[1].

Ist so das einfache Relativwort wahrscheinlich ein blosses ד, so ist damit noch nicht bestimmt gesagt, dass die Zusammensetzung mit כ (ࡊࡃ) auch כַּד wäre (was dann einen weiteren Fall der regelmässigen Auslassung des Vocals in häufig gebrauchten Wörtern § 11 gäbe); es könnte immerhin auch das ursprüngliche כְּדִי[2] sein. Diese letztere Aussprache scheint mir klar vorzuliegen in ࡊࡃ mit nachgesetztem א = כדיא, was wir im Cod. B I, 154, 4; 254, 16; 233, 9 und einmal vorn in Par. XIV finden; die kürzere Aussprache ist aber ihrerseits wieder bezeugt durch כידבירכו „wie sie sie segneten" Par. XI, 22ᵇ[3].

Wir wählen für das Relativwort mit und ohne vortretendes כ willkürlich die Combination דֿ (כֿדֿ).

In einigen seltnen Fällen wird dies דֿ durch ט ersetzt. In טאביד ביש מאשכא טאב „der Böses thut, findet Gutes" DM 4ᵃ; טאביד טאב DM 13ᵃ liegt es nahe, in טאביד טאב מאשכא וטאביד סניא מאשכא ביש = ࡃࡀࡁࡉࡃ داٮِم eine absichtliche Umformung zur Erreichung eines Gleichklanges mit טאב zu sehn. Diese Erklärung reicht aber nicht aus für רוהא טאבאהאתאן „Geist unserer Väter Q. 14, 5[4]. Es ist nicht gut möglich, hier einen Schreibfehler anzunehmen. Und wenn auch die lautliche Verwandlung des anlautenden d (oder wohl gar dh nach dem vocalischen Auslaut des eng verbundenen Wortes davor) in t etwas bedenklich bleibt, so lässt sich doch die häufige Verwandlung des relativen d in t im Neusyr. auch vor einem vocalischen Anlaut z. B. b'tâte „er wird kommen" = ܟܒܣ ܘܢܐܬܐ als Analogie anführen[5].

---

1) Dass jenes Zeichen oft gleich ad, ed galt, sehn wir auch daraus, dass eine Londoner Handschrift das häufige Wort אדיאורא „Helfer" I, 391; 9 damit statt mit אד schreibt.

2) Talmudisch gewöhnlich כי mit Wegfall des dh vgl. S. 90.

3) Im Glossar S. 130 wird כֿה (mit Aspirationszeichen über dem ה) = ڡيم gesetzt d. i. כַּד.

4) Die verschiedenen Entstellungen in den Codd. behalten doch alle das ט bei.

5) Man kann darüber streiten, ob wir das Relativwort nicht besser erst bei den Partikeln behandelt hätten; der syntactische Gebrauch reiht das

Fragepronomen.

§ 85. Fragepronomen sind zunächst מאן „wer?" מא „was?"; mit Hinzufügung von הו resp. מאנו, מאהו[1]. Für זּ מאהו steht in den jüngeren Texten Par. XI, 20ᵇ, 22ᵇ; Par. XIV מו; מוד aus מאהו ist aber auch schon älter in אמו „warum?" (§ 160).

Einen wirklich gebräuchlichen Repräsentanten von أَخْشَ, أَيْ, אֵיזוּ (talm. הידין oder אידין, f. הידא) [2] finden wir im Mand. nicht. Doch ist das II, 125 mehrmals vorkommende (אזליה) ליא כו „wohin" (gehst du)?" wohl = לאידין+הו aufzufassen [3].

Jenes fragende אי, הי steckt, wie in verschiedenen Adverbien, so auch in etwas andrer Form in dem dreimal vorkommenden האמניא, האמנו. Die Fälle sind בהאמניא תיהילפון „in welchem wollt ihr übersetzen?" I, 368, 3 f.; בהאמנו אתרא דארת „an welchem Ort weiltest du?" I, 362, 17 und כורסיא דיליא האמנו הו „welcher (Thron) ist mein Thron?" I, 211, 12. Das Erste ist deutlich הֵי מִנָּה, neusyrisch *iminê* (neusyr. Gramm. S. 82 f.; 415) „welcher davon?"; das andre הֵי מִנְּהוֹן = talm. הי מנייהו Baba b. 58ᵃ und sonst „welcher von ihnen?".

2. Nomen im engeren Sinn (Substantiv und Adjectiv).

A. Nominalstämme.

Vorbemerkungen.

§ 86. Eine Aufzählung der Nominalstämme hat im Mand. mindestens eben so grosse Schwierigkeiten wie im Neusyr. Am meisten wird die klare Erkenntniss der Formen durch den Mangel einer Bezeichnung der Vocalquantität und der Consonantenverdopplung gehemmt. Ferner

---

aram. די, ד allerdings wenigstens eben so sehr den Partikeln wie den Pronomina an; aber die etymologische Verwandtschaft mit dem Demonstrativ und mancherlei Züge in dem Gebrauch mögen es doch rechtfertigen, wenn wir hier die herkömmliche Anordnung beibehalten.

1) Auch מאהו ist talmudisch; gewöhnlicher aber im Talm. מאי aus מא(ד)י(ן) (§ 81 Anm.). Beide in Parallelstellen z. B. Ab. z. 14ᵇ.

2) Beispiele bei Luzatto S. 73. Den Plural kenne ich nicht; er würde wohl *הילין lauten.

3) ליא liesse sich freilich auch als „wohin?" nehmen (§ 160), aber was ist dann כו?

vermissen wir hier oft mit Bedauern eine Bezeichnung der Aspiration der Mutae, sowie eine genauere Darstellung der Vocalfarbe (ob i oder $ê$, $û$ oder $ô$). Liessen sich diese Lautverhältnisse aus der mand. Schrift klarer erkennen, so könnten wir selbst für den Fall, dass sich auf diesem Gebiet gegenüber dem ältern Zustande des Aram. grosse Veränderungen ereignet hätten, doch mit ganz andrer Sicherheit vorgehn. Wir müssen uns nun natürlich bei der Eintheilung der Nominalstämme nach der Analogie des Syr. und der andern genauer bekannten aram. Dialecte richten, theilweise auch nach der des Hebr. und Arab.

Die Participien und Infinitive als wahre Nominalformen müssen wir unter diesen aufführen; wegen ihres Zusammenhanges mit dem Verbum sind sie dann allerdings bei diesem noch einmal zu behandeln.

Die semit. Sprachen haben bekanntlich in ihrer Anlage den Unterschied zwischen Adjectiv und Substantiv (resp. zwischen Concretum und Abstractum) gar nicht oder nur sehr schwach ausgedrückt. Beim Aram. tritt derselbe allerdings, wenigstens in der Syntax, ziemlich klar hervor. Wir werden es jedoch auch bei der Uebersicht der Nominalstämme mit berücksichtigen, wie weit dieselben zum Ausdruck von Adjectiven und von Abstracten zu dienen pflegen.

Bei der Aufzählung semitischer Nominalstämme kann man übrigens zweckmässigerweise nur die äussere Form zur Richtschnur nehmen, indem man z. B. die Nomina mit einem einzigen kurzen Vocal nach dem ersten Consonanten (فُعَل), die mit verdoppeltem zweitem (wie فَعُول, فِعَّال) u. s. w. je für sich zusammenstellt und die kürzeren Bildungen den längeren vorausschickt. Dadurch kommen allerdings oft Formen sehr verschiedenen Ursprunges neben einander, und Formen, welche aus einander entstanden, werden getrennt; aber bei den ungeheuren Schwierigkeiten, welche einer Enthüllung der genetischen Entwicklung der semit. Nominalformen entgegenstehn, Schwierigkeiten, welche voraussichtlich auch die künftige Forschung nur zum Theil wird entfernen können, bleibt uns nichts übrig, als im Interesse der deutlichen Uebersicht ein morphologisches System zu befolgen. Darin halten wir jedoch das historische Princip fest, dass wir nicht die grade vorliegende äussere Gestaltung, sondern die mit Sicherheit erreichbare älteste semitische der Eintheilung zu Grunde legen.

Bei der Aufzählung der Nominalstämme setze ich die Bekanntschaft mit den Feminin-, Plural- und Statusendungen einstweilen voraus; Näheres darüber § 126 ff.

a) Nomina kürzester Wurzel.

§ 87. Abweichend von dem Standpunct der arabischen und vieler neuerer Grammatiker halte ich Wörter wie دَمٌ, اِسْمٌ, شَفَةٌ nicht für Verkürzungen aus dreiradicaligen Bildungen, sondern für zweiradicalige, Reste eines früheren Sprachzustandes. Freilich erkenne ich durchaus das Streben der Sprache an, diese Bildungen allmählich den sonst üblichen gleich zu machen. Unvermeidlich war ihre Umbildung in die Dreiradicaligkeit, sobald man von ihnen gewisse weitere Ableitungen machte. Den Plur. دِماءٌ, den Dual دَمَوانِ oder دَمَيانِ [1], den Plur. أَسْماءٌ (äth. mit Zufügung von *t* sogar *asmât*), das Diminutiv سُمَىّ (Mufaṣṣal 86) musste man wie von دمو (دمى), سمو bilden; aber daraus erhellt ebensowenig die Ursprünglichkeit letzterer Wurzeln wie aus paläst. אדם (samarit., christl.-paläst., jerus. Targ.) „Blut", syr. ܐܕܡ „bluten" Geop. 100, 17; 110, 9 [2] eine Wurzel אדם oder aus ܡܕܡܡ „blutig" Barh. chron. 116, neusyr. *dimmâ* „Blut", und *dämdim* „bluten", dialectischem دَم (Qâmûs s. v.) eine Wurzel דמם oder wie aus ܡܩܕܐ, ܡܩܕܬܐ, ܩܕܬܐ die Ursprünglichkeit des *h* folgt. Wird doch im Arab. sogar mit Benutzung des blossen Vorschlages von اِبْنٌ (für بْنٌ aus بِنٌ) das Diminutiv أُبَيْنُونَ gebildet (Hamâsa 274 f.) [3].

---

1) In einem Verse, der Mufaṣṣal 75, 2; Ibn al-Anbârî (cod. Lugd. 564) S. 120 und öfter angeführt wird.

2) Stammt auch אדם „roth" von „Blut"?

3) Dieser Gegenstand liesse sich noch weit ausführen. Uebrigens werden manche jetzt dreiradicalig erscheinende Nomina einen ähnlichen Ursprung gehabt haben. — Ein alterthümlicher Zug im Hebr. ist es, dass sich darin weit weniger solche Umbildungen in die Dreiradicaligkeit zeigen (dahin gehören allerdings שִׂפְתוֹת; קְשָׁתוֹת; אֲמָהוֹת).

Die meisten der sonst im Aram. vorkommenden Wörter dieser Classe[1] finden wir auch im Mand. Es sind

ברא „Sohn" mit Fem. בראתא (פּת) § 148.

דמא, זמא „Blut".

זאן Pl. זניא (זנע) „Art"[2].

עדא „Hand" (syr. إِيد und so, als ob das ן radical, neuarab. îd FLEISCHER, Beiträge 1866 S. 315; WETZSTEIN in Z. d. D. M. G. XXII, 125; neben يَكّ FLEISCHER, Gloss. Habicht. I, 9; daneben die wie auf resp. يدو und adw zurückgehenden arab. und äthiop. Formen).

שומא „Name" (arab. ausser سِمٌ, اِسْمٌ Ibn Aqîl S. 9; Baid. S. 4 viele Formen wie von سمو; aram. viele wie von שמי und von שמה, neusyr. šimmâ wie von שמם).

פומא „Mund" (= פֻּמָא Dan. 7, 5; neusyr. mit Auflösung der Verdopplung pûmâ[3] wie arab. فَم FLEISCHER a. a. O. S. 314, Pl. أَفْمَام Harîrî, Durra 68 f. neben ursprünglichem فَم und neben dem Dual فَمَوَيْهِما bei Farazdaq eb. wie von فمو).

מאי, Pl. מיא „Wasser" (arab. Formen theils wie von موء, theils wie von موه umgebildet; äthiop. mâj. Das ursprüngliche mâ noch in اسْقِنِي مَا (Qâmûs).

---

1) Zu diesen zählen ausser مِثَة (مَائَة) מֵאָה מאה auch wohl noch ܪܐܬܐ HOFFMANN, Glossar zu Arist. Hermen. 208ᵇ; Novaria S. 30; ܪܐܬ Eph. II, 316 D; Geop. 117, 8 „Lunge" = رِئَة, mischna-hebr. ריאה (althebr. wäre es *רֵאָה).

2) Wenn das Wort nicht, wie LAGARDE, Rel. (graece) XXVIII und PERLES, Etym. Studien 80 vermuthen, iranisch ist. Es kommt schon im Hebr. vor Ps. 144, 13 (in einem Cento-Psalm, an einer Stelle, die ziemlich alt aussieht) und 2 Chron. 16, 14.

3) Die Verdopplung ist jedenfalls das Ursprüngliche und so wenigstens nach älterer Weise auch syr. pummâ zu sprechen. Die hebr., äthiop. und arab. Formen ohne m sind im Aram. nicht mehr vertreten; wenn man von ܟܣܦܐ = לְפִי לפום absieht. Vgl. FLEISCHER a. a. O. 312 ff., mit dessen genetischer Ableitung ich allerdings nicht übereinstimme.

Ferner die Feminina

שיחא, שידתא שינתא "Jahr" für שינתא ‏ܫܲܢ݇ܬܳܐ (Arab. neben der kurzen Form سَنَة, Pl. سِنون noch Ableitungen wie von سنو z. B. سَنَوات und von سنه z. B. سَنَهات; vgl. سانَيْت und سانَهْت Mubarrad, Kâmil 470 etc.; ein weiteres Denominativ von سنة "(böses) Jahr" ist أَسْنَتَ mit Hereinziehung des weiblichen *t* in die Wurzel).

אמתא "Magd" (hebr. אֲמָהוֹת; syr. ܐܲܡܗܳܬ̈ܐ, aber arab. أَمَوات; ob der mand. Plural אמאהא direct von אמתא gebildet oder aus אֲמָהָתָא nach § 59ª geworden, lässt sich nicht sicher entscheiden).

קאשתא "Bogen" (arab. قَوْس wie von 'עו, Pl. قِسِيّ u. s. w. wie von قسي; hebr., aram. und äthiop. Formen mit Hereinziehung des *t* in die Wurzel).

Nur im Pl. kommt vor עספיא, ספיהאתא "Lippen" (auch im Arab. mit Hinzunahme des *h* شِفاه, شَفَة neben Formen wie von شفو vergl. شَفَوات wie ܣܹܦ̈ܘܳܬܐ[1]; Hebr. mit Hereinziehung des *t:* שְׂפָתוֹת).

Hieher ist auch עשתא oder עושתא "Grund, Boden" zu ziehn, wenn wir wirklich I, 382, 5 für das unverständliche בשושתא (oder nach den Lond. Handschriften gar פשושתא) lesen dürfen בעשתא oder בעושתא[2].

---

1) Verwandt سَفًا sowie مض, شفير, شَفْرة.

2) Im Syr. ܐܫܬܐ mit Quššâi Barh. gr. I, 214, 8; BA nr. 1616 siehe Jon. 2, 6; Geop. 72, 12 u. s. w., stat. constr. ܐܫܬ, bei den Ostsyrern (nach Barh. gr. I, 70, 13; 237, 24 und so wirklich in nestorianischen Texten) ܫܸܬ Amos 8, 6; Ephr. II, 266 B, besonders oft in ܐܫܬܐ ܐܣܐ fundamentum parietis (שית אסא im Targ. von Ps. und Hiob), Pl. ܐܫ̈ܬܐ neben ܐ̈ܫܬܐ Geop. 48, 9; jüdisch-aram. Plur. אושייתא — hebr. שׁת nates, Pl. שׁתוֹת "Grundlagen" Jes. 19, 10; Ps. 11, 3; 2 Sam. 10, 4; neuhebr. שית, Pl. שיתין Sota 53ª und sonst nebst Ableitungen wie von שתת z. B. משתית Eccl. R. 2, 5, 11 und der Nebenform in אבן שתיא "Grundstein" — arab. أُسْت mit Ableitungen wie von سنة z. B. أَسْتاهُ, أَسْتَهُ (und Weiterbildung سَنْتَهْم) und seltsamer Nebenform سَتْه. Ueberall ist hier שת resp. ست das Bleibende.

Ob vielleicht auch מאתא „Stadt" hierher gehört, das schon im Assyr. vorkommt?[1] Eine Ableitung von اوى scheint mir bedenklich.

Diesen Nomina reihen wir die alten Verwandtschaftswörter an, die allerdings etwas anders gebildet sind, da sie aller Wahrscheinlichkeit nach ursprünglich auf ein $\hat{u}$ oder $\hat{i}$ ausgingen, das sie aber manchmal aufgeben müssen, und die sich nie recht in die Reihe der dreiradicaligen geschickt haben[2]. Es sind אבא „Vater" (mit Suffix אבוך u. s. w., Pl. אבאהאתא), אחא „Bruder" (אהוך, Pl. aber אהיא), אהאתא „Schwester" (Pl. אהואתא) — האמאתא „Schwägerinn" DM 53ᵇ (das Masc. kommt zufällig nicht vor).

b) Nomina von dreiradicaliger Wurzel ohne äussere Vermehrung.

Die einfachste Bildung.

Die einfachste Bildung mit kurzem Vocal des 1. und Vocallosigkeit § 88. des 2. Radicals (فَعْل) ist auch im Mand. stark vertreten. Freilich ist es nicht mehr möglich, sie von der Bildung, welche ursprünglich einen kurzen Vocal beim 2. Rad. hatte (فَعَل u. s. w.), streng zu trennen, da diese Formen lautlich oder doch in der Schrift meist ganz zusammenfallen. Doch wollen wir trotzdem beide Bildungen so gut wie möglich auseinander zu halten suchen, wobei wir, wenn sichre Zeichen für die

---

Vollkommen zu trennen ist dies Wort von folgenden zum Theil ähnlichen und bei BUXTORF und LEVY wild damit durcheinander gemengten: 1) אושא „Grundlage", Pl. אֻשַׁיָּא (bibl. aram.), אושין Baba k. 50ᵃ, arab. أُسّ von אשש اسس 2) אֲשִׁיתא „Wand" siehe § 97 3) أَسَل Pl. أُسُل „Wand".

1) Im Syr. selten s. Z. d. D. M. G. XXV, 678; häufig im Talm. und im Neusyr.

2) Die secundäre Abkürzung beim Artikel in الأبُ ist wenig auffallend. Aber sehr seltsam ist أُخْتٌ, worauf بِنْتٌ eingewirkt haben wird. Die grammatisch vorgeschriebene Abänderung der Vocale *abû*, *abî*, *abâ* ist übrigens schon in den besten Zeiten nicht von allen Arabern eingehalten; ich kann z. B. *abû* und *abâ* mehrfach aus guten Quellen als Genitiv belegen. Ebenso tritt im Aethiop. *abûhû* für *abâhû* ein u. s. w. (DILLMANN 281).

aram. Grundform fehlen, die Entscheidung zunächst nach der hebr., sodann nach der arab. Form der Wörter treffen.

§ 89. 1) Mit ursprünglichem ă (فَعَل). Meistens Concreta, sehr wenig Adjectiva.

a) Mit Beibehaltung des *a*. Von starken Wurzeln מאלכא „König"; פאגרא ‏‎,Seite"; גאמבא ‏(syr. ܗܒܠܐ‎); האבלא „Dunst"; גאברא „Mann"; יאתרא „Seele"; נאפשא uterus; כארסא „Horn"; קארנא „Körper"; גאטלא (öfter als גיטלא) „Mord" und sehr viele andre — „Sehne" DM 5^{b1}; Mit vorderem ן oder ܒ: אגרא „Lohn"; ארקא „Erde"; אנפיא „Gesicht"; ארזא „Zeder"; אבדא „Sklave" — Mit mittlerem ܒ: טאמא „Geschmack" — Mit mittlerem ה, ܗ: נאהלא „Bach"; יאהטא abortus — Mit ܗ als 3. Radic.: יאהרא „Mond" (§ 61).

Von עע: יאמֵא „Meer"; אמֵא „Volk"; סאדֵא „Fussblock"; גאוא (st. constr. גו § 21) „Inneres"; האלֵא „Schoos" = حِضْن u. s. w. Die Adjectiva ראב u. s. w. zieht man besser zu den Bildungen mit mittlerem Vocal (§ 93).

Von 'עי und 'עי: תאורא „Stier"; דאורא „Wohnung"; כאונא „Festigkeit"; יאונא „Taube"; גאורא „Ehebruch"; האוקא „Angst" (von ܟܡܣ § 64); צאומא „Fasten"; ראומא „Höhe"; האומא „Hitze" ܪܘܡܐ; רומא „Tag" (§ 21); אופא „Laub" ܟܦܐ u. s. w. — האילא „Stärke"; אינא „Auge"; היוא „Thier" (§ 21). Hierunter also mehrere Abstracta.

Von 'לי: גאדיא „Bock"; טאביא „Gazelle"[2].

b) Mit Uebergang des *a* in *e* oder *i*. Sie sind nicht immer sicher von denen mit ursprünglichem *i* zu trennen. Alt ist dieser Uebergang in denen mit mittlerem ן (ـﺀ) nämlich רישא „Kopf"; גירא „Herrlichkeit" (Masc. zu גיותא = גֵּאֲוָה vgl. ܓܐܘܬܐ), ferner in גירא „Pfeil" (S. 17).

Von starker Wurzel: גירנא „Knochen"; תירבא „Fett"; דירכא „Weg"; דיברא „Feld" (stat. constr. דבאר) = جِزْم; צילמא (Var. צאלמא) „Bild"; הירבא „Schwert"; דירגא „Stufe" = دَرَجَة; אטירפא „Laub"

---

1) Hebr. יֶתֶר (יְתָרָם), äth. *watr*, aber وَتَر. Syr. ܝܰܬܪܐ Jud. 16, 7; Ephr. III, 208 D entscheidet nichts.

2) אריא „Löwe" ist aus einer längern Form verkürzt (§ 134 Anm.).

(§ 32) u. s. w. — Mit vorderem ܝ, ܒ wohl keines (§ 61 gegen Ende) — Mit mittlerem ܒ: רימא „Donner"; בילא „Gatte" — Mit mittlerem ܗ, ܣ סירא „Mond" (§ 59); ריהשא (neben ראהשא) „Gewürm"; ליהשא „Geflüster" I, 280, 21 (לַחַשׁ, ܠܟܣܡ Hab. 3, 4) — Von tert. Gutt. תירא „Thür" = ܬܪܥܐ; זירא „Saame" — Von עע׳ noch ריקא „Schildkröte" I, 280, 3 = ܪܩܐ Barh. gr. II, 90 Schol. und رَقّ [1] — Von לי׳ (לו׳) סיתוא „Winter"; ציהיא „Durst" = ܨܗܝܐ.

Feminina sind viel weniger zu belegen. Sie haben vielfach Einschaltungen nach § 25: מאלאכתא „Königinn" I, 140, 2; 172, 3; הארכתא, הארוכתא „Schiefheit" — יאדיתא = *יָדְעְתָא?, wenn es nicht zur 2. Bildung (§ 93 oder 94) gehört, syr. ܝܕܥܬܐ; מאשיהתא „Maas" I, 4, 21; 380, 11 (hebr. מִשְׁחַת, was aber auch von מִשְׁחָה kommen könnte; syr. ganz anders ܡܫܘܚܬܐ Pl. ܡܫܘܚܬܐ) — Von tert. ע wohl פאקאהא „Ebenen" I, 280, 22 = ܦܩܥܬܐ von ܦܩܥܐ (hebr. mit i בִּקְעָה) — Von עע: כאפתא „Schale"; כאלתא „Braut"; פארתא „weibliches Lamm"; גינתא „Garten"; כינתא „Hülle" — Von עו׳: לוטתא „Fluch"; קומתא „Statur" (§ 21).

Von לי׳ (לו׳) gehören hierher היותא (st. constr. היואת) „Thier" = ܚܝܘܬܐ[2]; גיותא (st. constr. גיואת) „Herrlichkeit" = גַאֲוָה (ܓܐܘܬܐ); צאותא „Durst" für *צַהְוְתָא (§ 59) und endlich האדותא (stat. constr. האדואת st. abs. האדוא I, 370, 13) = ܚܕܘܬܐ[3] (ܚܕܘܬܐ, ܚܕܘܬܐ) hebr. חֶדְוָה.

Auch תירתא „Gewissen" = ܬܐܪܬܐ, eigentlich ὑποχόνδρια (HOFFMANN, Gloss. zu Aristot. Hermen.) vgl. שאר ثأر zieht man wohl am besten hierher — Zu u scheint a geworden in שורבתא, שורובתא „Geschlecht" = ܫܪܒܬܐ (§ 19).

2) Mit ursprünglichem i: Hierunter viele Abstracta[4], wie ja auch § 90.

---

1) Ueber die Vocalisation s. Damîrî s. v.

2) Wenn es nicht doch nach § 93 zu versetzen; die Formen חַיָּה, حَيَّة sprechen dafür, dass es bloss Fem. des Adj. חַי = חיו ist, welches man am besten jener Bildung beizählt.

3) Das ist das einzige Wort auf ûthâ, das in diese Classe zu rechnen.

4) Ich könnte gegen 40 solcher mand. Abstracta der Form فِعَل aufführen.

im Syr. ܦܥܳܠܐ oft gradezu das Nomen actionis neben dem noch viel häufigeren ܦܥܳܠܐ. Keine Adjectiva.

Von starker Wurzel: ליגרא „Fuss"[1]; סיפרא „Buch"; סידרא „Buch" (eigentlich „Reihe") — מירדא „Empörung"; רידפא „Verfolgung"; ניגדא „das Ziehn"; היזדא „Schande" = ܒܶܗܬܐ (§ 48); היסמא „Neid"; ריטנא „Murren" u. s. w. — Mit Uebergang in u דובשא, דופשא „Honig" (§ 19. 51) — Mit vorderem א, ܐ: עמרא „Rede"; עברא „Uferseite" = עהך*܁ = „Lachen" von אחך ;עהכא „Lachen"; ܓܶܘܳܢ ;עזלא „Gewebe" = ܐܰܪܥܐ (§ 66 Anm.) — Mit mittlerem א: בירא „Brunnen" = ܒܺܐܪܐ ܕܡܰܝ̈ܐ; דיבא „Wolf"; כיבא „Schmerz"; auch vielleicht סינא „Schuhe" II, 116, 20; 121, 3 = ܣܺܝܢܳܐ (vgl. ܣܰܐܘܢܐ u. s. w.) — Tert. ע׳: שימא „Gehör"; דימא „Thräne"; פיקא „Spalte" — Tert. א׳: סינא „Hass"; קינא „Eifer" — Tert. ח׳, ܚ: מישא „Oel"; aber (nach § 61) נידהא „Morgen" I, 263, 14; 273, 13; תיהוא „Erstaunen" I, 173, 14 (siehe תיוהא bei LEVY s. v.); ציהוא „Geschrei"; (vgl. צְוָחָה); תיהמא „Wunder" I, 242 ult. = ܬܶܗܡܰܬ; כיתא (דסיאנא); „Glanz" — Von 'עע: ליבא „Herz"; עמא „Mutter"; (דסיאנא) I, 94, 3 = (ܪܰܡܫܳܐ) ܪܡܳܫ Ephr. carm. Nisib. 76, 99; רימא „Gewürm" — Von 'עו[2]: דינא „Gericht"; רירא „Geifer"; זיקא „Wind"; קירא „Pech"; תינא „Harn" = ܬܺܝܢܐ[3].

Von 'לי: כיסיא „Verborgenheit" = ܟܶܣܝܳܐ; שיביא „Gefangenschaft"; מיסיא „Verdichtung"; קיריא „Widerspänstigkeit, Widrigkeit" I, 287, 3; DM 11[b] = ܩܶܪܝܳܐ Deut. 23, 10 u. s. w. — עתיא „Kommen"; עדיא „Uebergang" — היויא „Schlange" = ܚܶܘܝܐ; רוויא „Sättigung vom Trinken" I, 174, 11 = *ܪܘܳܝܐ (רַוّי דִי) — רעיא „Weiden" = ܪܶܥܝܐ I, 268, 21; טעיא „Irrthum" (§ 5) — היזוא „Anblick".

Feminina. Die Unterscheidung der hierher gehörigen Formen von andern, welche schon im Syr. oft schwierig wird, ist im Mand.

---

1) Einige wie ליגרא, היזדא entsprechen im Hebr. Formen mit a; wir folgen hier dem Syr. Für ליגרא vgl. auch رِجْل.

2) Diese Formen fallen mit mehrern anderen, besonders فَعِيل, zusammen, und die Zutheilung kann nicht ohne einige Willkühr Statt finden.

3) So punctiert wenigstens ed. Urm. an den beiden Bibelstellen.

durch die Einschiebung (nach § 25), zum Theil auch durch die Veränderung der Vocale und die Unsicherheit hinsichtlich der Quantität noch weit schwerer geworden. Formen wie סירופתא „Einschlucken" I, 82, 13 (syr. ܣܘܦܬܐ Land, Anecd. II, 140, wo auch der Pl.; Assem. II, 39; III, ı, 244)[1], סיהופתא „das Niederstürzen" und dann wohl auch „eine übergestürzte Hülle" oder ähnlich I, 195, 9; 306, 19; פירושתא „Unterscheidung, Verstand" II, 15, 2 und selbst ניצבתא, ניצובתא, ניציבתא „Pflanze" (= ܢܶܨܒܬܐ), סיגודתא (selten סוגודתא) „das Anbeten" (syr. ܣܓܕܬܐ) können verschiedenen Bildungen angehören, je nachdem man das ו (das noch dazu aus einem andern Vocal verfärbt sein kann) als ursprünglich oder als eingeschoben ansieht; in einigen der Fälle könnte es sogar lang sein wie sicher in ניטופתא (§ 101). Jedenfalls beweist היכומתא, הוכומתא u. s. w. = ܚܶܟܡܬܐ חָכְמָה nicht gradezu, dass alle diese Wörter unsrer Bildung angehören. Während wir sonst die Wörter der Form ליגיטתא mit grösserer Sicherheit der andern Bildung zuweisen, gehört דימיתא, דימיהתא „Thräne" = ܕܶܡܥܬܐ דִּמְעָה hieher. Bei תיהראתא „Wunder" I, 227, 5 (der Bedeutung nach = ܬܶܕܡܘܪܬܐ) und תיקלאתא „Anstösse" I, 309, 5 (syr. ܬܘܩܠܬܐ, Sg. ܬܘܩܠܬܐ) ist die Sache wieder nicht gewiss.

Sicherer gehn wir bei den Bildungen von ע״ע: גיזתא „Schur" I, 56, 11 = ܓܶܙܬܐ גִּזָּה; ביזתא „Raub"; תיכתא „Riemen" Par. XI = ܬܶܟܬܐ; מירתא „Galle" = ܡܶܪܬܐ.

Von ל״י (לו״י) darf man wohl hierher zählen סיליתא „Dorn, Angel" II, 57, 18 (vgl. ܣܶܠܘܐ, سَلاً u. s. w.) und vielleicht גיותא „Leib" I, 300, 23 u. s. w., das jedenfalls mit גֵּוָה und mit ܓܘܳܐ „Eingeweide", ܓܘܳܝܐ (d. i. ܓܘܳܝܐ), Pl. ܓܘܳܝܐ ὑποχόνδρια BA zusammenhängt[2]. Es ist wohl gradezu = גֵּוָה Iob 20, 25.

Ferner ziehe ich hierher בכיתא „Weinen" (vgl. hebr. בְּכִיתוֹ; syr. ܒܟܝܬܐ) und die ziemlich zahlreichen nach derselben Weise gebildeten Abstracta von ל״י, welche zum grossen Theil aus andern Formationen

---

1) Das Verbum ܣܦܬ „schlürfen, trinken" kommt noch öfter vor.

2) Auch mit جَوًى „eine Bauchkrankheit"?

in diese herübergezogen sind: vgl. רניתא „Nachdenken" (syr. ܪܢܝܐ); עליתא „Gejammer" (syr. ܥܠܐ und (ܥܠܝܬܐ); מהיתא „Schlag", Pl. מיהיאתא (syr. ܡܚܘܬܐ, stat. abs. ܡܚܐ; jüdisch מְחִתָא); כהיתא „Schelten" (syr. ܟܐܬܐ); שפיתא „Guss" I, 33, 15; 34, 3 von שפי = שפע (§ 177ᵃ; syr. ܫܦܥܐ); קריתא „Ruf" (syr. ܩܪܝܐ); שכיתא II, 7, 13; אשכיתא I, 183, 2 „Klage"[1]; גביתא „Auswahl" = ܓܒܝܐ[2], Pl. ܓܒܝܬܐ; ציתא „Gluth" (§ 59); רביתא „Wucher" I, 159, 23 (vgl. رِبًا, מַרְבִּית, syr. aber ܪܒܝܐ). Einige von diesen mögen aber immerhin der andern Bildung angehören; bei הטיתא „Sünde" = ܚܛܝܬܐ (ohne Plural, Barh. gr. I, 26, 9) kommt sogar die Form فَعِيلَة in Frage. Hierher muss man endlich zählen רגיתא (Umbildung von ܪܓܐ S. 83) und שוליתא (mit u aus i § 19) I, 227, 11 = שִׁלְיָה, ܫܠܝܬܐ.

§ 91. 3) Mit u. Auch hier manche Abstracta, fast gar keine Adjectiva[3].

Von starker Wurzel: בוכרא „Erstgeborner"; כושטא „Gerechtigkeit"; רוגזא „Zorn"; הוספא „Unverschämtheit" = ܚܨܦܐ (§ 47); הורבא „Zerstörung"; טולמא „Unterdrückung" (ظُلْم); רושומא „Zeichen" (§ 31) und viele andre.

Mit vorderem ܰ, ַ: עומקא „Tiefe"; עוכמא „Schwärze"; עותרא „Engel"[4]; עודנא „Ohr" u. s. w. — Mit mittlerem ܰ: טונא „Last"; שולא „Handvoll" = ܚܘܦܢܐ (I Reg. 20, 10 und oft; hebr. שֹׁעַל) — Mit mittlerem ܶ: שודא „Bestechung" = ܫܘܚܕܐ; שחַד; שותא „Rost" = ܫܘܚܬܐ (§ 59); פוהרא „Mahl" = ܦܘܚܪܐ. (Ephr. III, 524 A und sonst) —

---

1) Vgl. noch אשכון „klagten" I, 381, 19. Cast. hat ܐܫܟ lamentationes (unbelegt); شك zu vergleichen, bleibt wegen der mangelnden Lautverschiebung immerhin etwas bedenklich.

2) Der angebliche Sg. ܓܒܝܐ existiert nicht.

3) Unter den Aufgezählten sind vielleicht mehrere فُعَل; فُعْل und فُعُل sind uralte Varietäten.

4) Eigentlich ܥܘܬܪܐ „Reichthum", welches wie in andern gnostischen Systemen δύναμις (ܚܝܠܐ), αἰών u. s. w. als Name einer gewissen Categorie geistiger Wesen gebraucht wird; ähnlich זיוא „Glanz".

Von tert. ܣ: עוהרא „Weg" = ܐܘܪܚܐ; שוהבא „Preis" = ܡܘܗܒܬܐ; דוהנא „Blüthe" von ܢܣ: (§ 61); גוהא „Erschütterung" von ܠܣ (S. 52 Anmerk. 5).

Von 'עע: כול „all"; טולא „Schatten"; דוך (st. abs.) „Ort"; גובא „Grube"; רוקא „Speichel"; שורא „Nabel"; das Adjectiv דוגא „taub" = أَطْرَشُ (vgl. أَصَمُّ und أَعْوَرُ); ferner (mit Einschiebung nach § 68) גונדא „Heer"; עומבא „Busen"; קומבא „Kuppel" — Von 'עו[1]: נורא „Feuer"; טורא „Berg"; נונא „Fisch"; טובא „Heil"; רוחא „Geist"; דודא „Topf"; שורא „Mauer"; פורא „Erhitzung, Zorn" I, 376, 9 (vgl. ܚܡܬܐ und ܚܡܬܐ Ephr. carm. Nisib. 67, 40); צופיא (דאקאמרא) „Wollflocken" (Pl.) I, 210, 1 = صُوف[2].

Von 'לי: פותיא „Breite" = ܦܬܝܐ Geop. 35, 19; Dion. Telm. 90, 12; דוכיא „Reinheit".

Feminina. Von starker Wurzel: פורטתא (seltner פורוטתא oder gar פרוטתא) „Spalte"; היכומתא, הוכומתא (§ 15) = חָכְמָה „Weisheit"; בוכארתא „Erstgeborne" öfter im Par. XIV (bei BUXTORF ohne Beleg בוכרתא); חומרתא „Amuletgeist" = ܚܘܡܪܬܐ vgl. ܚܘܡܪܬܐ, (Pl. הומריא) הומארתא. Pl. ܚܘܡܪܐ (s. S. 76); גומארתא „Kohle" (christlich-kirchlicher Ausdruck) I, 227, 15 vgl. ܓܘܡܪܬܐ, Pl. ܓܘܡܪܐ; טולאמתא „Brotstück" II, 101 mehrmals = ܠܚܡܬܐ (nach BA = الجَردَقة) טולמתא, Pl. טולמין (öfter in den Targg.) oder טולמי Meg. 15ᵇ, arab. طُلْمَة „in der Asche gebackner Kuchen"; פוכתא „Zaum" (§ 44).

Von 'עע haben wir דוכתא „Ort"; מוראת (st. cstr.) „Gift" I, 209, 3 (Nebenform zu מירתא); קומבתא = ܩܘܒܬܐ (§ 68); von 'עו: צורתא „Gestalt"; von 'לי: כוליאתא „Nieren" = ܟܘܠܝܬܐ.

---

1) Könnten zum Theil aus فَعُول oder فُعُول sein.
2) Sonst nicht als aram. bekannt.

Mit kurzem Vocal der beiden ersten nicht verdoppelten Radicale[1].

§ 92. Diese Bildung ist im Aram. nur wenig von der kürzesten verschieden, da eben das unterscheidende Merkmal, der kurze Vocal des 2. Rad., früh verloren ist. Von demselben wird im Mand. kaum mehr ein Schwa mob. geblieben sein; die Assimilation im Plural עמביא "Trauben" aus עִנְבֵי spricht wenigstens dafür, dass auch hier der 2. und 3. Rad. unmittelbar zusammenstossen. Ob der 3. Rad., wenn er einer der בגדכפת ist, zum Zeichen des früher vor ihm stehenden Vocals wenigstens aspiriert blieb und wie weit etwa kleine Nüancierungen der Vocale auf die früheren Vocalverhältnisse hindeuteten, lässt sich natürlich nicht mehr controlieren. Nur bei gewissen schwachen Wurzeln tritt diese Bildung ganz deutlich hervor; im Uebrigen müssen wir uns nach der Analogie der verwandten Dialecte und Sprachen richten. Doch haben wir darauf zu verzichten, die einzelnen Formen wie فَعِل, فَعَل u. s. w. besonders aufzuführen. Im Syr. ginge das noch eher; hier hat z. B., soweit meine Beobachtungen reichen, die Form فَعَل wie ܓܰܪܒ݂ "Aussatz" = גָּרָב جَرَب bei einer Muta als 3. Radical Rukkâch, die Form فَعِل wie ܓܰܪܒ݁ "Aussätziger" جَرِب [2] in demselben Fall Quššâi, wohl zum Zeichen, dass das *i* früher verloren ist als das *a*[3].

§ 93. Von starker Wurzel: דאהבא, זאהבא (זָהָב "Gold" ذَهَب نَصّ)[4]; באדרא "Kälte, Hagel" (בָּרָד بَرَد صَنّ); כאדבא "Lüge" (כָּזָב صَمّ) aber

---

1) Vgl. neusyr. Gramm. § 44.

2) גָּרָב kommt im Hebr. nur als Eigenname vor.

3) Vgl. auch عابدون = עוֹבְדִים = ܥܳܒ݂ܕܺܝܢ, mit Quššâi des *d* nach früherem *i*. Vor der Tonsilbe hält sich wenigstens auch im Hebr. das *ă* in offner Silbe besser als das *i*.

4) Die syr. Formen führe ich im Allgemeinen nur an, soweit in ihnen Aspiration oder Nichtaspiration für die Classificierung des Wortes bedeutsam ist. Als Quellen für die Erkennung jener dienen mir theils genaue Texte wie Bernstein's Johannes und das A. T. von Urmia, theils die Nachrichten bei Barh. und andern Grammatikern sowie bei BA.

siehe § 43 גאנפא, כאנפא ,(ܣܼܚܿܓ݂ܵܐ ܚܲܠܒ݂ܵܐ חָלָב "Milch"); האלבא "Milch" (כָּלָב);
כאבדא (חָתֵן חָתָן "Schwiegervater"); האתנא "Schwiegervater" (ܣܸܠܓ݂ܵܐ); aber كَنَف كَنَف[1] und die "Leber" (כָּבֵד כָּבָד ܓ݂ܒ݂ܵܢ̄ܐ); כאדפא "Schulter" (כָּתֵף כָּתֵף) Adjective סכיל סאכלא, "Thor" (סָכָל); האדתא "neu" (חָדָשׁ חֲדַשׁ ܚܲܕ݂ܬ݂ܵܐ); [2] הארשיא ܪܫܝܼܥܵܐ; = "unreine", צאהניא "demüthig" (שָׁפֵל שָׁפִיל שפיל (סְפַל) ; "taube" = ܚܲܪܫܵܐ (aber arab. أَخْرَس, hebr. חֵרֵשׁ) — Mit Uebergang in i: גירבא "Aussatz" (جَرَب גָּרָב); דינבא "Schwanz" (ذَنَب זָנָב), aber זאכרא neben mas (ذَكَر זָכָר); בירקא "Blitz" (بَرْق, aber بَرَق); (ܒܸܢ̄ܩܵܐ) ; בישרא "Fleisch" (בָּשָׂר), doch auch זיקנא "Bart" (ذَقَن זָקָן); (ܕܲܩܢܵܐ) ; מיטרא "Regen" (מָטָר מְטָר), aber auch ܡܸܚ̈ܠܵܐ; (ܡܸܛܪܵܐ) syr. מיתלא "Gleichniss" (מָתָל מָשָׁל) ; שירבא "Dürre" I, 366, 8 (שַׁרְבָא, שָׁרָב) —
Mit Uebergang in u (siehe § 19): גומלא "Kameel" (جَمَل גָּמָל); תומריא "Datteln" (ܬܡܲܪ תָּמָר).

Von prim. ܐ, i: עקבא "Ferse" (עָקֵב עָקֵב); (ܒܸܥܒܼܵܐ) ; ענביא "Trauben" (עִלָּג; hebr. עִנָּב); (כלנטא); אלגיא "stotternde" (عَلَج, عَلَج; hebr. עִלֵּג); אראב "Schiff" = stat. abs. ארבא ; wohl auch (أَثَر) "Ort" אתאר, אתרא ; (ܟ݂ܘܿܒ݂ܬܵܐ) "Trog" (siehe S. 58). Hierher auch עורבא "Rabe" (עֹרֵב) — Mit mittlerem ܓ: ליגיא "stammelnde" (ܐܸܟ݂ܬܼܿܐ); hebr. nur im Pl. stat. constr. (לַעֲגֵי) — Mit mittlerem ה: נאהרא "Fluss" (נָהָר نَهَر, gewöhnlicher نَهْر)[3] — Von tert. ܐ: סיבא "Sättigung" (= שָׂבָע ܣܸܒ݂ܥܵܐ)[4].

---

1) Ob ܟܸܢܦܵܐ beim ܦ Quššai oder Rukkâch hat, weiss ich nicht.

2) Zuweilen aus Verwechslung הראשיא geschrieben, was "Zauberer" hiesse.

3) Ueber نَهَر vgl. u. A. Ibn Duraid 39 ult. Der Pl. انهار geht von نَهَر aus.

4) Arabisch neben شَبَع noch شِبَع und شِبْع, siehe Hamâsa 129. Letzteres wohl nach Analogie von سِمَن, das wieder nach der von Wörtern

Hier behandeln wir auch am zweckmässigsten die Adjectiva von Wurzeln ע׳ע, welche sich in der Form allerdings auch im Arab. und Hebr. nicht von den einfachsten Bildungen unterscheiden. Es sind Wörter wie ראב „gross"; האיא „lebendig" und vielleicht מאכא oder מיכא „sanft", wofür allerdings im Syr. ܡܟܼܝܼܟܼ, ܡܟܼܝܼܟܼܐ (Partic.) üblich ist, vgl. BA s. v.; Geop. 65, 21 u. s. w. Ebenso verhält es sich wohl mit כיפא „gebeugt" I, 179, 19 von כפף. Sehr möglich ist freilich, dass wir bei diesen beiden Umbildungen in Wurzeln עו׳ haben; wäre syr. ܡܟܼܝܼܟܼ sicher bezeugt [1], so stände das ziemlich fest.

Von עו׳. Hier haben wir zunächst ganz deutlich die Form فَعَل in סאכא „Ende"; באכא „Thor"; קאלא „Stimme"; דאשא „Thür" (wie I, 216, 22 zu lesen) u. s. w. sowie in den Adjectiven ראם „hoch"; טאב „gut"; סאכא „Greis".

Nicht ganz so sicher steht es um die Formen von עו׳, welche im Hebr. und Syr. ein ê (nach späterer, westsyr. Aussprache î) haben, welches aber nicht aus einem Diphthong entstanden sein kann, da von einem solchen nicht nur im Syr. keine Spur vorhanden ist, sondern auch die im Hebr. durchaus herrschende defective Schreibart dagegen spricht. Im Arab. entspricht nichts recht. Immerhin wird man aber diese Formen am besten als فِعَل ansetzen. Es sind im Mand.: כיפא „Stein" (ܟܹܐܦܼܐ hebr. כֵּף); שידא „Dämon" (שֵׁד ܫܹܐܕܼܐ); כינא „gerecht" (ܟܹܐܢܼܐ); זיפא „Gewalt" (ܙܹܐܦܼܐ); היפא „Duft" (רֵיחַ ܪܹܝܚܼܐ); ריהא (כֵּן ܟܹܐܢܼܐ)

wie كَبَر, صِغَر, فِحَم u. s. w. (denn فِعَل bezeichnet zunächst gewisse Grössenverhältnisse).

1) ܡܟܼܝܼܟܼ steht bei Aphraates 278, 7 in cod. B. Bei BA s. v. soll aber unter ܡܟܼܝܼܟܼ wohl nur der Eigenname Micha erklärt werden. Er hat ܡܟܼܝܼܟܼ ܐܘܣܹܒ ܡܟܼܝܼܟܼ ܡܬܘܐܕܥ = Μιχὰ ταπεινός LAGARDE, Onom. 195.

2) Beachte die Schreibung mit י im Hebr. und Syr. Im Syr. so nach *r* auch ܪܹܝܚܼ; beide nie mehr mit ܝ geschrieben, letzteres aber oft defectiv. Sonst wird dies ê ganz wie das aus ܱܝ entstandene (§ 18ᵃ) im älteren Syrisch mit ܝ oder auch defectiv, auch wohl ܝܼ, aber nur in geschlossner Silbe mit ܶ geschrieben. Die Unterscheidung von den î-Formen wird dann durch die nestor. Punctation und durch die Regeln des Barh. bestätigt.

„Falschheit" (ܙܐܦܐ); פיגא „taub" (ܚܪܫܐ); פירא „Frucht" (ܦܐܪܐ). Hierher gehört auch wohl זידא „Zorn" I, 21, 22; 39, 7, 9; Ox. III, 52ᵇ (זֵד ist Adj.) und sicher die Grundform von ריקאן „leer" (نَفْ)[1] von ריק* = hebr. רֵק, רֵיק vgl. רֵיקָם. Der Gottesname עיל, על = אֵל ist wie im Syr. ܐܠ ein Fremdwort[2].

Von לי' gehören hierher viele Adjectiva der Form فَعَل, welche auch als Part. pass. dienen z. B. מליא מאליא „voll" (מָלֵא); סניא „hässlich"; כסיא „bedeckt" u. s. w. Ferner טאליא „Junges" (طَلًا, טָלֶה); האדיא „Brust" (חָזֶה); קאינא für קניא (§ 22) „die Wage" im Thierkreis; eigentlich „der Wagebalken", „das Rohr" (قَنًا, קָנֶה, welche فَعَل sind). Auch שומיא, עשומיא „Himmel" = שָׁמַיִם ܫܡܰܝܳܐ würde hierher zählen; der Sg. wäre hebr. *שָׁמֶה, arab. سَمًا, wofür bekanntlich سَمَاءٌ gebraucht wird. Endlich gehört hierher מעיא (sprich etwa mêjâ) „Eingeweide" = מֵעִים ܡܥܰܝܳܐ, Plural von مِعًى, also فَعَل.

Feminina. Wie בירכתא, בירוכתא, selten בירוכתא „Segen" = בָּרְכָה (syr. aber ܒܽܘܪܟܬܐ); נישימתא „Seele" = ܢܫܰܡܬܐ (stat. constr. ܢܫܰܡܬܐ), نَسَمَة, נְשָׁמָה wird man auch ליגיטתא „das Packen"; קידיהתא „Aufschrei" (Pl. קיהדאתא) von קדה hierher ziehn. Ferner נהימתא „Gebrüll" = ܢܗܰܡܬܐ, נְהָמָה; auch vielleicht ענכיסתא „Schlachtopfer" I, 6, 17 = ܢܟܣܬܐ. Nicht ganz sicher ist sodann עזקתא, עזיקתא (auch mit ס § 49) „Ring" = ܥܶܙܩܬܐ, ܥܙܩܬܐ[3], womit vielleicht der hebr.

---

1) Wieder mit ܒ nach ܪ. Die Punctation kenne ich aber nicht genau; ܢܶܦܫܬܐ in der ed. Urm. Jes. 41, 29 (mit Diphthong) ist schwerlich richtig.

2) Im Hebr. gehören hierher ausserdem אֵד „Nebel" (womit אֵיד „Unglück" vielleicht identisch); נֵר „Feuer" (نَار); גֵּר „Schutzbürger" (جَار); עֵד „Zeuge"; עֵר „wach" Cant. 5, 2 (syr. ܥܺܝܪ, wie auch Dan. 4, 10, 14, 20 עִירָא mit î); לֵץ „Spötter"; מֵת „todt" (syr. ܡܺܝܬ). 3—4 andere (שֵׁש, שֵׁשׁ neben שַׁיִשׁ, חֵיק) sind zweifelhaft.

3) Bei Jacob v. Sarug, Thamar v. 291 dreisilbig, sonst ist es da zweisilbig.

Ortsname עֲזָקָה („Ring", vgl. الطائف) identisch. Eine Form فَعَلَة ist ענבתא „Traube" Par. XI, 46ᵇ = ܥܢܒܬܐ. عَنَبَة. Ob נוקבתא, seltner נוקובתא „Weibchen" gradezu = נְקֵבָה ܢܩܒܬܐ, kann zweifelhaft erscheinen (vgl. jüd. נוקבתא; نَقْبَة ist „Loch"). Hier ist eben, wie wir oben sahen, Manches schon deshalb unsicher, weil das Aram. die ähnlichen Formen sehr früh vermischt hat. Sicher gehören hierher die Feminina der entsprechenden Adjectiva wie האדיתא, הדיתא = سَمْرَة[1].

Mit mittlerem ا haben wir שולתא „Forderung" = ܫܐܠܬܐ שְׁאֵלָה (§ 19) — Von tert. ܒ vielleicht צבי‎תא „(Zeige-)Finger" Q. 45, 21, Pl. צבאתא, Fem. zu ܨܒܥܐ אֶצְבַּע إِصْبَع (§ 113; Pl. ܨܒܥܬܐ אֶצְבָּעוֹת) und מיצאת = ܡܨܥܬܐ (مُصْعَدَة) „Mitte"[2] — Von עע die Feminina der entsprechenden Adjectiva wie רבתיא magna, חאיתא viva und „Hebamme" — Von עו: אקתא „Noth" = ܥܩܬܐ; שיתא „Stunde" aus ܫܥܬܐ (§ 17) und אתא „Zeichen" vgl. آيَة (neben آي), sowie die weiblichen Adjectiva טבתא bona, רמתא alta; ferner mit beweglichem ו (wohl wegen des auslautenden Gutturals) זאוירתא, זויחתא „Schreck" = זְוָעָה וܙܘܥܬܐ.

Ob ביתא „Ei" AM 142 wie بَيْض, Sg. ܒܥܬܐ (so die alte Schreibweise) den Masculinformen wie ܒܥܐ entspricht, ist zweifelhaft, da בֵּיצָה (plene geschrieben) und بَيْضَة den Diphthong ziemlich sichern. Hier ist also doch wohl im Aram. der Diphthong früh aufgelöst.

Von לי, לו die Feminina der Adjectiva wie דכיתא pura = ܕܟܝܬܐ; כסיתא absconsa = ܟܣܝܬܐ, aber סניתא exosa; im stat. abs. הניא „gefällig" = *הֲנִיא (syr. dafür ܗܢܝܐ [فَعِيل] üblich); אביא crassa = ܥܒܝܐ. Ferner wohl לויתא „Begleitung" = ܠܘܝܬܐ, vgl.

---

1) באטינתא gravida (syr. ܒܛܢܬܐ) hierher zu ziehn, ist bedenklich, weil der Plur. באטינאתא vorkommt, was auf Uebergang in *בָּטִין schliessen lässt.

2) Doch ist wohl מצע überhaupt ein altes Lehnwort aus dem Griech. μέσος.

hebr. לִוְיָה (was im stat. abs. לִוְיָה bedingt) und רויתא „Trunkenheit" = רְוָיָה, sowie ענותא „Herablassung" I, 275 ult. = עֲנָוָה. Aus einer andern (wohl ältern) Behandlung der Form فَعَلة gingen hervor מנאתא „Theil" = ܡܢܵܬܼܐ. Ob man auch דיותא „Dinte" = ܕܝܘܼܬܼܐ, دَوَاة[1] (hebr. ohne Femininendung דיו) hierher rechnen kann als فَعَلة?[2].

Diesen Formen reihe ich die beiden einzigen Reste von Bildungen § 94. wie שֵׁבֶת, דֵּעָה u. s. w. an[3], nämlich שינתא „Schlaf" = שֵׁנָה سِنَة von יׁשׁן وسن und חימתא „Zorn" = חֵמָה von יחם وحم (welches Letztere TEGNÉR, de vocibus primae rad. W p. 60 mit Recht hierher zieht). Aber die Sprache hat diese längst schon so behandelt, als wären sie von עע׳, so dass der St. constr. z. B. שֵׁינַת ܫܸܢܬܼ lautet[4].

---

1) Wahrscheinlich ܕܝܘܼܬܼܐ mit dem oberen Punct über dem ܘ.

2) צלותא = ܨܠܘܼܬܼܐ, صَلَاة (Pl. ܨܠܵܘܵܬܼ, aber Sg. stat. abs. צְלוּ, nicht צַלְוָא) ist nicht eigentlich mand. Für ܡܢܚܬܐ מנחתא ist im Mand. eine andre Form üblich (s. S. 104). Hierher gehört unter andern noch ܢܣܪܬܐ, Pl. ܢܣܵܪܵܬܼܐ = بُرَايَة „Sägespähne" BA, vgl. Jac. Ed., Fragm. Gram. 6ᵃ, welches erst LAGARDE (Gött. G. Anz. 1871 Stück 28 S. 1098) erkannt hat. — Ausserdem חֲזֻתֵהּ Dan. 4, 8, 17 und Manches im Hebr.

3) Vgl. Neusyr. Gramm. S. 92 und Z. d. D. M. Ges. XXV, 668. Im Aram. ausserdem noch ܨܦܬܐ (zu ܡܬ wie صِفَة zu وصف) und עֵטָא (= עֵצָה עֲצָה zu יעץ ,وعظ עצה). Möglicherweise gehört auch ܐܣܠ „Ochsenstachel" (fem., aber Pl. ܐܣܠܐ) hierher (vgl. أزق „einengen"?). Jüd. דעתא ist vielleicht aus dem Hebr. übernommen; doch ist immerhin möglich, dass es die ältere Form und ܡܕܥܬܐ, mand. ידיתא, eine spätere Vervollständigung wäre; bei diesem Worte wurde eben allein noch der Zusammenhang mit dem betreffenden Verbum auch später gefühlt.

4) ܫܢܬ, ܫܸܢܬܼ 2silbig, ܫܸܢܬܼܗܿ 3silbig ist öfter bei Ephr. So punctieren auch die Ausgaben. Barh. behandelt ܫܸܢܬܼ ganz wie ܚܸܡܬܼ. Dagegen heisst es ܣܡܟܼܗܘܢ Ps. 58, 4; ܣܡܟܼ (öfter), wie ja aber Aehnliches auch von Wörtern aus Wurzeln עע׳ vorkommt. — עֵטָא scheint in den Targu-

§ 95.   Die Bildung mit zwei kurzen Vocalen und Verdopplung des letzten Radicals ist nicht sicher zu belegen, da פרידכיא = صِمَّى kaum als einheimisches Wort anzusehn ist (s. S. 14). Ebensowenig einheimisch ist wohl גופארא spatha palmae II, 3, 9 = قَفْعَة (wie BA ausdrücklich angiebt)[1].

§ 96.   Mit *â* nach dem 1. Radical. Die Bildung فَاعَل (im Arab. und Aethiop. nur durch Fremdwörter vertreten): אלאם, אלמא = ܥܳܠܡܳܐ = עוֹלָם, arabisiert عَالَم; האתמא "Siegel" = ܚܳܬܡܳܐ[2] חוֹתָם, arabisiert خَاتَم, خَاتَام; נארגא "Beil" = نَاجَر? — אנכא "Zinn" AM 143 = אֲנָךְ آنُك أَنَك gehört hierher, wenn es kein Fremdwort ist.

§ 97.   فَاعِل ist ungemein häufig als Form des activen Partic. Peal wie נאפיק "geht aus" = نَافِق; אביד "thut"; זארא "säet" = אמאר; "sagt"; שאיל "fragt"; קאים "steht" = ܩܳܐܶܡ; איל "tritt ein" = ܥܳܐܶܠ; גאליא "offenbart" = ܓܳܠܶܐ — גאטלא "Mörder"; סאנא "Hasser" = ܣܳܢܶܐ; פאנא "Abend" = ܚܰܫܡܝܳܐ (§ 22) u. s. w. Neben מאריא "Herr" = ܡܳܪܝܳܐ auch מארא = *מָרְאָא ܡܳܪܶܐ und so Fem. immer מארתא ܡܳܪܬܳܐ[3]. Ein

---

men theils wie eine Ableitung von עו׳, theils wie von לי׳ behandelt zu sein. Nur das Bibl.-Aram. gebraucht die in ihm vorkommenden Bildungen dieser Art ganz nach der ursprünglichen Weise.

   1) In's Arab. als كَفَرَّى und جَفَرَّى aufgenommen mit 3facher Möglichkeit der Vocalisation der beiden ersten Consonanten (Qâmûs). In's Persische aber wohl erst wieder aus dem Arab. gekommen.

   2) Der Vocal des 2. Consonanten ist im Syr. nicht festzustellen; Stat. abs. und cst. kommen wohl nicht vor. Ebenso ist es bei ܢܳܚܶܬ.

   3) Dan. 4, 16, 21 Ket. noch das etymologische (vgl. مَرْء) מָרְאִי "mein Herr", und so auf den ägypt. Papyrus מָרְאָה, מָרְאִי (Gesenius Mon. Phoen. tab. 30 u. 31). Ein Fem. zu diesem Worte ist wohl auch der Eigenname مَارِيَة, auf Inschriften Μαρεάθη, Μαρηάθη (Waddington 2253[b]; 2104) wie sonst ܡܳܪܬܳܐ Μάρθα; beide stehn neben einander wie ܡܳܪܶܐ Μάρας (Burton, Unexplored Syria II, Inschr. nr. 51) und Mareas (Waddington 2720[a]), das = ܡܳܪܶܐ (de Vogüé 22) ist.

Denominativ ist מאכסא „Zöllner" = ܡܳܟܣܳܐ. Von substantivisch gebrauchten Participien erwähne ich noch שאכתא sedimentum I, 277, 23 = ܫܶܟܬܳܐ (unbelegt, aber ܫܟܳܬܳܐ „Hefe" Euseb. Theoph. I, 73 zweimal); סאהרא „Thurm" I, 333, 15, vgl. ܣܗܪܐ; סאהריא „böse Geister" = ܡܚܰܒܶܠ „Verderber" (§ 61); שאבקא „Bach" I, 110, 10 = ܫܒܩܐ Cant. 5, 12; Euseb. Theoph. II, 77; III, 2, 1 und das Fem. אשיתא „Wand" I, 115, 6 f.; 387, 7, Pl. אשיאתא I, 10, 18; II, 15, 14; 83, 1, 2 (wofür schlecht אשתא I, 67 ult. und אשאיאתא DM 88ᵃ). Es ist = ܐܶܣܬܳܐ (الحيطان BA), wie die Ostsyrer Jes. 17, 7 lesen, vgl. ed. Urm. und Barh. gr. I, 34, 19 Var.; 239, 8. Dies אשיתא ist häufig im Talmud z. B. Ber. 54ᵃ; Baba b. 7ᵃ; Baba m. 84ᵃ, auch wohl Targ. Jer. 50, 15 [1]; endlich ist auch אשויתיה oder אשיותיה Jer. 50, 15 und آسية dasselbe Wort.

Das Femininum lässt sich natürlich vom Part. reichlich belegen, jedoch fast ausschliesslich im St. abs. (§ 223).

פָּעוֹל. Diese im Hebr. nur wenig, im Arab. als فاعول in einheimischen Wörtern fast gar nicht vertretene Form dient im Mand. wie in den übrigen aram. Dialecten als Nomen agentis zum Peal, wie sie denn gewiss in einem etymologischen Zusammenhang mit dem Part. فاعل steht. So häufig wie im Syr., wo sie von jedem Peal gebildet werden kann, ist sie jedoch im Mand. nicht [2]. Vgl. פארוקא „Erlöser" = ܦܳܪܽܘܩܳܐ; כאפוקא „der Abscheidende"; כאפורא „Verleugner, Ungläubiger"; פארושא „Unterscheider" d. i. „klug" = ܦܳܪܽܘܫܳܐ (beliebt im Syr.); יאהובא „Geber"; יאדויא „Wisser" = ܝܳܕܽܘܥܳܐ; האזיא „Seher"; בארויא „Schöpfer"; שארויא „Löser". — Wenn כאנונא „Kohlenbecken" = כנונא كانون ein semit. Wort, was ich jedoch bezweifle, so gehört es

§ 98.

---

1) An andern Stellen ist in den Targg. der Plural אשויתא (schlecht אושויתא). Die Verwechslung mit andern Wörtern (s. S. 99) ist nicht ursprünglich.

2) Manche Verben bilden im Mand. in diesem Sinn lieber فَعَّال oder sie verwenden das einfache Particip, z. B. in ראדפאן „unser Verfolger" Q. 41, 13; גאדלא דכלילא „der die Krone flicht" Q. 28, 15 f., wo im Syr. ܪܳܕܽܘܦܰܢ und ܓܳܕܽܘܠܳܐ wenigstens geläufiger wäre. Doch gebraucht auch das Syr. z. B. ܢܳܣܽܘܒܐ, ܐܳܟܽܘܠܳܐ ganz substantivisch.

hierher. So wohl auch der Stat. abs. כאיוב „Schmerzleidend" I, 358, 8, 9. Hierher darf man auch wohl rechnen נאהור „leuchtend"[1]; יאנוק[2] infans, welche mit weiteren Endungen heteroclitisch (§ 140) נאהרא, יאנקא u. s. w. bilden; desgleichen האקון „fest" (neben האקנא, aber auch fem. האקונתא und Pl. האקונאתא)[3]; נאפוש „viel" (verlängert נאפשא u. s. w.)[4].

Hier erwähne ich noch פאתורא „Tisch" I, 216, 11, wohl ein altes Fremdwort; es unterscheidet sich von den genannten Bildungen durch sein ○ (mit unterem Punct, also *û*, nicht *ô*), s. Barh. gr. I, 235, 11 und die ed. Urm. Ex. 36, 10 u. s. w.

§ 98a. **Mit kurzem Vocal nach dem 1. und langem nach dem 2. Radical.**

1) Mit *â*. Im Arab. haben wir فِعَال, von denen allerdings فِعَال vielleicht erst aus فَعَال entstanden ist. Im Aram. lassen sich diese Formen nicht mehr aus einander halten, da wir nur wenige sichere Spuren von فَعَال haben wie in עובאדא ܚܨܕ, wohl auch in קולאלא neben קלאלא „Fangstrick" (aber targ. קולא, Pl. קולין).

Das Mand. hat keine Adjectiva dieser Form mehr, wenn nicht vielleicht שׁבאי, das einigemal für שׁאבאי „wundersam" steht[5] (§ 140);

---

1) Aram. sonst ܢܰܗܺܝܪ, das auch mandäisch ist z. B. I, 281, 14.

2) Talm. יְנוּקָא „jung" Gittin 68ᵃ; 69ᵃ u. s. w. und ינקא. Im Syr. ist ܝܰܢܘܩܳܐ nur im strengen Sinn ϑηλάζων Matth. 21, 16 Phil.; doch vgl. das wunderliche, halbgriechische ܥܠܝܡܐ, das in den Apocryphen des A. T. und in der hexapl. Uebersetzung viel zu häufig ist, als dass man es überall mit LAGARDE durch ܥܠܝܡܐ νεανίσκος ersetzen dürfte, durch welches es allerdings beeinflusst ist.

3) Sonst ܢܩܺܝܦ und ܢܩܶܦ; Beides auch targ.

4) Daneben oft נפיש, נפישא, das auch talmudisch ist.

5) Eigentlich „entrückt"; im Syr. bedeutet ܫܢܳܐ dann „verrückt" vgl. BERNSTEIN zu Ev. Joh. 10, 20 (wie sonst ܫܢܺܝ, Pl. ܫܢܰܝܳܐ). Hebr. Adjectiva dieser Art sind צָדוֹק, קָדוֹשׁ, גָּדוֹל, טָהוֹר (Eigenname); arab. شُجَاع, حُبَاب, جَبَان, لِيَاح, طُوَال, كُبَار u. s. w., vgl. Div. Hudhail. 131, 13 Schol.; eb.

dagegen manche Concreta und Abstracta. Vgl. גלאלא „Stein" = talm. גְּלָלָא, hebr. גָּלָל (אבן); טלאלא „Dach"; גנאנא „Hütte" (syrisch ܓܢܘܢܐ); המאריא „Esel" I, 387, 19 (Var. "האמ", היט); סיאנא „Koth"; אלאהא „Gott"; אראדא „Wildesel" = غَرَا; אבארא „Blei" = أَبَّر; אנאנא „Wolke" = ܥܢܢܐ; סאריא „Gerste" I, 389 = شَعِير u. „Haare" AM110; 116; כראייא „Fussgelenke" = ܟܪܥܐ; דראייא „Arme" = ܕܪܥܐ ¹. Auch סימאכא „Stütze" = ܣܡܟܐ accubitus, سِماك (eigentlich „Basis, Träger") ist am besten hierher zu ziehn, ebenso שיהאניא „Schwären" (vgl. ܫܘܚܢܐ شِحْين) und vielleicht auch גידאדא „Ufer" I, 184, 15 (talm. גידודא), wenn nicht bei diesen der 2. Radical verdoppelt ist.

Wie im Hebr. פְּעוֹל regelmässig als Inf. abs. des Qal, im Arab. فَعَال oft als Infinitiv (und darnach فِعَال von jedem Qal als Befehlwort), im Syr. ܦܥܳܠܐ überaus häufig als Nomen actionis vom Peal (im Neusyr. dann gradezu als Inf.) gebraucht wird, so ist diese Form auch im Mand. sehr stark für Abstracta und gradezu als Nomen actionis gebraucht. Schon unter den genannten sind einige, die ursprünglich Abstracta waren: ferner vgl. שראדא „Wahrheit"; שלאמא „Friede, Heil"; מראדא „Bitterkeit"; תכאלא „Todtenklage"; מצארא „גאדא, הלאצא, פכארא „Folterung, Ausstreckung, Fesselung, Torquierung" (oft zusammen); זמארא „Gesang, Spiel"; רגאלא „Fesselung"; כשאשא „Erforschung" (§ 44); שלאהא „Ausziehn" (ܫܠܚܐ); האטאייא „Sünden"; אסארא „Fesselung, Fessel" = אֲסָרָא Dan. 6, 10; עקארא „Herrlichkeit" = أَعْقَر; זואדא „Vorrath"; רואהא „Erholung" = نَفَس Ephr. III, 594 D; כיאנא „Natur"; ניאהא „Erquickung" = نَفَس; הרא = مَنَّا (§ 55).

Das Femininum (wie ܡܫܚܬܐ, ܣܩܢܬܐ; زَهَادَة, دِرَايَة, خِفَارَة u. s. w.) ist nur wenig vertreten. Ich zähle hierhin כשאלתא „das Strauchlen"

79, 2; Urwa b. Alward S. 40 u. A. m.); für's Aethiop., wo sie im Aussterben, vgl. DILLMANN Gr. 181. Im Syr. kenne ich ausser ܩܪܚܐ nur noch ܫܚܩܐ „abgenuzt"; ܩܪܚܐ „kahlköpfig".

1) עסאדא „Unterlage" würde zwar nach יְסוֹד وِسَاد hierher gehören, aber أُسّ weist darauf hin, dass das Aram. dies Wort in eine andre Classe herübergezogen.

II, 64, 17; גבארתא „Stärke" I, 202, 19; רהאמתא ("Liebe") „Wollust" I, 24, 9 u. s. w. sowie *לְוָיתא in dem ziemlich häufigen בלואיתאן (und mit anderen Suffixen): „in unserer (deiner u. s. w.) Begleitung", wofür nicht selten בילואתאן u. s. w. durch Verwechslung mit der Präposition לואת.

§ 99. 2) Mit *î*. Fast alle Adjectiva oder Partic. pass. vom Peal. Die Form tritt im Aram. beim Adjectiv stark an die Stelle des undeutlich werdenden فَعَل, sowie des aussterbenden فعال; aber wiederum macht sich dann فَعِيل im Mand. und noch mehr im Syr. immer mehr geltend auf Kosten der Form ohne Verdopplung. Wir haben so von starken Wurzeln: כשיט „gerecht"; נפיש „ausgedehnt, viel"; זהיר „vorsichtig" = כציר, וֹחְמֶי; בציר „klein" = כֵּאמ; תריץ „grade" = نَجِي; סניק „krank"; „bedürftig" = ܣܠܝܡ; תמימא „einfältig" = תָּמִים (syr. ܬܡܝܡܐ); שדיק (§ 45) „schweigend" (syr. ܫܬܝܩ); שכינא „wohnend" (syr. ܫܟܝܢ, hebr. שָׁכֵן); שכיבא „liegend" (ܫܟܝܒ); רגיזא „erzürnt" (ܪܓܝܙ); מכיכא, selten מאכיכא „demüthig" (nur ܡܬܡܟܟ) u. s. w. — Dazu die Participia wie קטיל „getödtet" = ܩܛܝܠ; לגיט „nehmend" = ܚܣܝܢ (vgl. § 262) u. s. w.; die Substantiva כלילא „Krone"; הביצא „ein gewisser Brei" = حَبِيص Ex. 16, 31 Hex. u. s. w., arab. حَبِيص; הקיקיא „Risse" von חקק; האמירא, הימירא „Sauerteig" = خَمِير; סעימן als Abstract הבילא mehrfach neben הבאלא (سَطْل), das doch vielleicht überall herzustellen; vgl. sonst noch נטישא „Schmerz" I, 320, 13 [1]. Dass רתיתא „Zittern" (Pl.) I, 264, 8 dieselbe Bildung, ist kaum wahrscheinlich, da hier sowohl das hebr. רְתֵת, wie das syr. ܪܬܝܬܐ (nach Barh. gr. I, 32, 19 und dem Gebrauch der ed. Urm.) *ê* hat [2].

---

1) Die Form فَعِيل ist Abstract in den Inff. صَهِيل, وَجِيف, رَحِيل u. s. w. (vgl. dazu die Pluralformen wie عَبِيد). Im Aethiop. ist *faîl* gewöhnlich Infinitiv. Im Hebr. so חָרִישׁ „Pflügen"; קָצִיר „Ernte".

2) Syr. so auch ܢܦܐܫܐ „Erholung", wie selbst mit griech. Vocalen noch ܢܦܐܫܐ neben ܢܦܝܫܐ vorkommt (vgl. die karkaph. Randnote zu Phil. 2, 1 [cod. Par.] und Ephr. I, 98 E) und ܟܡܐܢܐ „Hinterhalt" (woraus كَمِين wohl erst entlehnt).

Bei prim. ܲ, ܝ haben wir hier vorn stets *e*: עתית „bestimmt"
(אֲרִכָה, אָרֹךְ) = (§ 46) أَرِيبُ .hebr) = „lang" עָרִיךְ; عَتِيدٌ عَتِيدٌ لَهُمْ؛
עזבאתא „Eheloser", Pl. f. עזיבא = ܟܲܫܡܵܐ (hebr. עִוֵּר); עויר „blind" = ܟܲܫܡܵܐ
(vgl. עֲזוּבָה und عَرَب); עגירא „Löhner" = أَجِيرٌ; עבילא „Asket"
(„Trauriger", ein Wort aus der christlichen Kirchensprache) = أَبِيلٌ;
עמיר „gesagt" = أَعْجَمُ; עביד „gethan" = ܥܒܼܝܼܕ u. s. w. — Von פ':
עהיבא „gegeben" = יְהִיבָא — Mit mittlerem ܝ, ܲ: ביש „schlecht" (aus
בְּאִישׁ) = ܒܝܼܫ; טין „beladen" = ܛܥܝܼܢ; בירא „Vieh" = ܒܥܝܼܪܐ —
Von tert. ܝ: דניה, דניא (§ 64), mit Endung דניהא = ܕܢܝܼܚܵܐ „aufgegangen" (ܕܢܝܼܚ) ist „klar, hell" wenigstens nach Barh. gr. II, 91
v. 1075); זריא „besät" = ܙܪܝܼܥ; רקיעא, רקיעא „Firmament" = רְקִיעָא;
נביהא „Prophet" = נְבִיאָה (§ 64, übrigens Fremdwort) — Von ע':
mit Endung ניהא „sanft" = ܢܝܼܚ (§ 60); שיט „verachtet" = ܫܝܼܛ;
(דאתנזנא) ציביא (Pl.) „Brennholz" DM 32ᵇ; 80ᵃ (ܨܝܼܒ݂ܵܐ)
(„Fleisch-)Stücke" Nov. S. 183; talm. ציב (vgl. besonders ציבחד „ein
Stück, ein bischen, wenig", wofür oft schlecht ציבחר steht).

Feminina. Die Adjectiva und Participia können natürlich ohne
Weiteres Femininendungen annehmen z. B. בריכתא benedicta u. s. w.
Wir zählen daher nur einige zu Substantiven gewordene Wörter dieser
Form auf:

כריכתא „Wirbel" I, 391, 3 (vgl. targ. כְּרִיכָן „Bündel"); שכינתא
„Wohnung" = ܫܟܼܝܼܢܬܐ; כנישתא „Versammlung" = כְּנִישְׁתָּא, st. constr.
כְּנִישַׁת; ספינתא „Schiff" = ܣܦܼܝܼܢܬܐ; הזירתיא „Sau" I, 217, 23 =
ܚܙܝܼܪܬܐ Prov. 11, 22; Geop. 71, 23 etc.; פתיליאתא „Dochte" Par. X, 19ᵃ
Pl. von ܦܬܼܝܼܠܬܐ (§ 135); מרירתא „Erbitterung" I, 160, 23 u. s. w. —
עכילתא „Speise" (wohl Fem. des Part. pass.) wie עבידאתא „Thaten" =
ܥܒܼܝܼܕܬܐ — רביתא „Ocean" wahrscheinlich aus ܪܒܼܝܼܥܬܐ (ܪܒܼܝܼܥܬܐ), vgl.
Geop. 49, 25; Deut. 33, 13 in der Pesh. — סימתא „Schatz" =
ܣܝܼܡܬܐ.

§ 100. 3) Mit *ê*. Die von OLSHAUSEN zuerst für das Hebr. gefundene
Diminutivform فُعَيْل glaube ich auch für das Aram. in עולים ܥܘܼܠܝܼܡ

und كَهْوَنٌ nachgewiesen zu haben [1]. Hierzu ist noch سَلِّمٌ "Schweinchen" (BA) zu fügen. Im Mand. findet sich bloss das von עולים abgeleitete עלימא:א "Jüngling". Sehr bedenklich wäre es, ein solches Diminutiv zu sehn in ביסרא כוסיל I, 236, 6; II, 7, 12, 15 "Fleischstück" (welches auf den Herzen liegt; Varr. כוסעל, כוסעיל, כסעיל, auf die aber nichts zu geben, da den Schreibern die Engelnamen auf עיל = אל im Kopf steckten); das Wort entspricht dem hebr. כְּסֶל oder vielleicht einem *פְּסֶל (vgl. § 127). — Ein ê, das aber andrer Herkunft sein wird, hat noch רחיתיא (§ 99).

§ 101. 4) Mit û. Die Formen פִּעוּל فَعُول und פְּעוּל فَعُول können im Mand. nicht mehr unterschieden werden. Die betreffenden Wörter sind nicht zahlreich. Adjectiva resp. alte Participia pass. sind טרוש "taub" = طَرُوش טרוש (Lehnwort); טמור "begraben, zugedeckt" II, 2, 14, 22; פתולא "Junggesell" (§ 51). Ferner גדולא "Locke" I, 85, 21 u. s. w.; רקודא "Tanz" I, 24, 18; 115, 24; פרוקא "Lösegeld" I, 36, 21; 38, 1; בגמורא "vollständig" (vgl. كَمُون); היזורא "Schwein" = ܚܙܘܪܐ (Nebenform zu ܚܙܝܪܐ BA 3800. 6780; auch im Neusyr. mit û, ŭ; das Femin. היזידתיא § 99); הילולא "Hochzeit" = ܗܠܘܠܳܐ [2]; — עסורא, עוסורא "Bande" = אֱסוּר Dan. 4, 12; עבוריא "Ernten" I, 385, 22 = ܚܨܳܕܳܐ עֲבוּר (st. constr.); מומא "Makel" (ursprünglich מְאוּמָה); כסריא "Anzug"; ובוייא, Pl. ובוייא (für רעב) "und Geschwulst" AM 88; 98; 209 (syr. ܡܟܬܫܐ). Vielleicht auch תאומא "Gränze" (§ 59) = ܬܚܘܡܐ. Den Wörtern נהור, נהורא "Licht"; השוך, השוכא "Finsterniss"; דגור, Pl. דגוריא "Haufen" entspricht resp. נְהוֹרָא (Dan. 2, 22 Qri; Syr. ܢܘܗܪܐ),

---

1) S. "Orient und Occident" II, 176. Was Blau in der Z. d. D. M. G. XXVII (insbesondre S. 296) vorbringt, hält vor den Thatsachen nicht Stich. Auch zugegeben, dass كَهْوَنٌ ein Lehnwort wäre (obgleich auch in rein aramäischen Landen dies Thier nicht selten), wie kämen die Aramäer der verschiedensten Gegenden dazu, ihre "Jungen" mit einem arabischen Worte zu benennen? Und selbst Blau muss z. B. זְעֵיר als alte Diminutivform anerkennen; eine einzige solche Concession wirft aber sein ganzes Gebäude um.

2) Jüdisch freilich הילולא, aber das ist wohl ein absichtliches Herüberziehn in das Nomen actionis von הִלֵּל.

הֲשׁוּרְכָא (syr. ܣܡܘܟܐ)[1]; דְּגוּרָא. Das ô dieser Formen steht fest; ob es bloss aus û verfärbt[2] oder ob es seinen besonderen Ursprung hat, weiss ich nicht. Vielleicht haben übrigens noch andre der aufgezählten Wörter ô.

Feminina: פתולתא (§ 51) „Ehelose" I, 226, 3 u. s. w.; גדולתא „Locke" (neben גדולא); גנובתא „Diebstahl" = ܓܢܘܒܬܐ (altes Particip. pass.); פלוגתא „Zweifel". Auch ניטופתא „Nitufta" (eigentlich „Tropfen") = ניטופתא Baba b. 73ᵇ oben; Pl. Gittin 69ᵇ wird man hierher zählen, da es nicht wohl verdoppeltes ט haben kann; vielleicht auch פיסוסתא „Zerstörung" (§ 108) und eins oder das andre der § 90 mitaufgezählten. So wohl noch שיקופתא „Schlag" I, 237, 14, Pl. שקופיאתא Q. 74ᵇ, 35; טמושיאתא oder טמוסיאתא „Untertauchungen" (bei denen das lange û durch die Endung jâthâ gesichert scheint s. § 135); vielleicht auch גוטופתא „Trauben" I, 324, 19. Endlich noch הידותא[3] „Braut" (häufig), Pl. הידותאתא II, 17, 21, wo auch das Masc. Pl. הידותיא „Bräutigame". Es steht für הידותא vgl. ܚܕܘܬܐ, mit Quššâi des t „Braut" (BA nr. 3668), vgl. Bärh. gr. II, 94, also für ܚܕܘܬܐ. Nun hat aber die Sprache dies Wort in die Wurzel חדי „freuen" herübergezogen und bildet auch im Masc. הידויא[4] Ox. III, 74ᵇ; Par. XI, 23ᵃ; vgl. dazu schon חדותא „Brautpaar" oder „Hochzeitsgesellschaft" Gittin 68ᵇ.

Mit Verdopplung des mittleren Radicals.

1) Mit kurzem Vocal des 2. Rad. giebt es in allen semit. Sprachen § 102. verhältnissmässig nur wenige. Im Mand. gehören hierher ציפאר, ציפרא „kleiner Vogel" = صَفَر, صَفَّر[5] vgl. צִפֳּרִים (neben Sg. צִפּוֹר); עמברא

---

1) Das ó mit dem oberen Punct steht fest durch das A. T. von Urmia; vgl. LAND, Anecd. I. facs. nr. 78 (tab. XVI).

2) R scheint allerdings im Syr. zuweilen die Umwandlung von ܘ in ܳ zu bewirken; mitunter auch andre Consonanten.

3) הידוכתא § 69.

4) In den Formeln, wo dies Wort vorkommt, werden absichtlich die Ableitungen von חדי gehäuft.

5) Die aram. Form ist noch deutlich erhalten in مَرْج الصُّفَر „Vogelwiese" bei Damask: Jâqût s. v.; Belâdhorî 118 und im Personennamen Σεπφερα, צפרא in den Palmyr. Inschriften, DE VOGÜÉ nr. 10–12.

"Widder" (§ 69) = אִמַּר, اِمَّرٌ; vielleicht היצרא "kleiner Finger" Q. 45 = شِنْصِر, aber auch = خِنْصِر¹. Ursprünglich gehörte auch איליא, אילאתא "Hirsche" (männl. und weibl.) dazu, vgl. אַיָּל אַיִּל. Als Feminin dieser Bildung sehe ich noch עשאתא an, welches im Mand., wie in den Targumen אישתא, noch "Feuer" heisst; über die Formation dieses Wortes siehe neusyr. Gramm. S. 97. Ferner darf man hierher ziehn סומבילתא "Leiter" = ܣܶܒܶܠܬܳܐ (§ 68).

§ 103. 2) Mit *â* nach dem 2. Rad. a) Mit *ă* nach dem 1. Rad. So werden im Aram. theils intensive Adjectiva gebildet, theils Bezeichnungen regelmässiger Lebensgewohnheiten, einer Beschäftigung, eines Berufs². Als Steigerungsadjectiv verstärkt diese Bildung fast immer die Bedeutung des activen Partic. Peal. Wir haben so: כאדאבא "Lügner"; פאהארא "Töpfer" = خَزَّفٌ; גנאבא "Dieb"; הראשא "Zauberer"; כאצארא "Walker" (§ 42); גאבארא "Held" = جَبَّارٌ, גבור; מאלאהא "Seemann" = ܡܰܠܳܚܳܐ; צאיארא "Maler"; דאינא "Richter"; קאיאם "beständig"; האריאסא "versöhnlich"; תאיאבא "vergebend"; ראואזא "frohlockend"; זאנאיא "Hurer"; זכאיא "rein"; האזאיא "sehend"; גאלאיא "offenbarend" u. s. w. Mit Ersatz der Verdopplung nach § 68: תאגגארא "Kaufmann"; נאגגארא faber; האמבאלא "Verderben, verderblich" (ausnahmsweise zum

---

1) Auch כולאב (st. constr.) "Haken" DM 50ᵃ, vgl. ܟܽܘܠܒܳܐ, כולבא, كَلَّاب könnte man zu diesen Wörtern rechnen, wenn es nicht wahrscheinlich Fremdwort wäre, vgl. pers. كُل "krumm", كُلْبَه "Winkel" (verwandt mit curvus, Alles von √hvar). — Wenn הימצא II, 27, 20 "Kichererbse" ist, so gehört es wohl auch in diese Reihe, da durch arab. حِمَّص (neuarab. *ḥommuṣ* Z. d. D. M. G. XI, 5, 19) eine ursprüngliche Verdopplung des *m* von شقي (Geop. passim; Nov. 277) חימצי (Talm.) wahrscheinlich wird.

2) In letzterer Bedeutung ist es zwar auch im Arab. beliebt, aber wir haben Spuren davon, dass diese Anwendung erst aus dem Aram. in's Arab. gekommen ist. Wörter wie نَجَّار, بَنَّاء, فَخَّار Sura 55, 13 (welches Wort die Erklärer misverstehn) sind nicht ursprünglich arabisch, aber man hat diese Bildung dann selbständig sehr weit ausgedehnt.

Pael ܐܡܒܝܠ הַאֲמבִיל gehörig). Die Form wird im Mand. zuweilen zum blossen Nom. ag. des Peal wie in כאגאדה „seine Verehrer" I, 84, 23 (wäre syr. ܣܓܽܘܕܰܘܗܝ); דאהאלה „die ihn fürchten" I, 51, 21.

גאואזא „Stock" = גַּוָּזָא¹ ist vielleicht eigentlich „der Wanderer" (vgl. جَالَ)? Eigenthümlich ist auch האבארא, אבארא „Dunkelheit" = ܚܶܫܽܘܟܳܐ (siehe oben S. 61). Das Aram. zieht auch אתאנא „Eselinn" in diese Categorie; denn obwohl אָתוֹן אֲתָן ein einfaches t haben (also wie חֲמָר חִמָּר und עֲרָד עָרוֹד), so zeigt doch das harte t in אַתָּנוֹ (Barh. zu Gen. 49, 11; Jud. 5, 10), dass hier verdoppelt ward; auch scheint bei Onkelos אֲתָנָא am besten bezeugt zu sein.

Bloss lautliche Umformung ist רומאיא „Betrüger" = רַמָּיָא (wenn es richtig). Ob פודאנא, פאדאנא (§ 19) hierher gehört, ist zweifelhaft, da das Wort unklarer Herkunft.

Feminina: דאהאלתא „fürchtende"; כאדאבתיא „Lügnerinn"; זאכאיתא „reine" u. s. w. Hierher wohl פאראהיאתא „Funken" (vgl. ܙܰܠܺܝܩܳܬܳܐ).

Noch eine ganz andre Function hat nun aber im Mand. diese Form mit Femininendung; sie dient nämlich als Nomen actionis zum Pael resp. Ethpaal². Sie steht hier im engsten Zusammenhang mit dem alten Inf. Pael קַטָּלָא (ܩܰܛܳܠܳܐ in ܡܩܰܛܳܠܽܘ)³, zu dem sie nur eine Femininbildung ist, ganz wie hebr. בַּקָּרָה; בַּקָּשָׁה (vgl. בֹּקֶרֶת); בַּלָּהָה. Diese Form kann im Neusyr. von jedem Pael gebildet werden, nur dass sie

---

1) BA bei Martin, Syr. or. et occid. Anhang S. 12 führt ܓܰܘܙܳܢ in dieser Bedeutung als dem Dialect des Hochlandes (ܛܽܘܪܳܝܳܐ) angehörig auf. Ob der „Eunuch" ebenso als „Stock" bezeichnet wird, oder ob es da von ܓܙܐ deficere herkommt?

2) Vgl. die entsprechenden Formen vom Afel (אַפְעָלְתָּא) und vom Quadril. פַּעְלְלְתָּא (§ 113. 109).

3) Hebr. קַטֵּל; arab. كِذَّاب Sura 78, 28; قِضَّاء (in einem Verse in Ibn Anbârî's Kitâb al-addâd bei Th. M. Redslob, Die arab. Wörter mit entgegengesetzten Bedeutungen S. 7 des arab. Textes); مِرَاء, كِلَّام, قِتَّال Mufaṣṣal 97. Vgl. besonders Fleischer, Beiträge 1866, 335 ff.

da früher noch das Präfix מ֫ erhielt (neusyr. Gramm. S. 98). So haben wir פאקאדתא „Befehl"; האשאבתא „Gedanke" (von אֶתְחַשַּׁב, neben welchem aber im Mand. auch חַשֵּׁב nicht selten in derselben Bedeutung); ראגאגתא „Anreizung"; זאבאנתא „Verkauf"; שאבאשתא „Bethörung"; גאלאלתא „Offenbarung" (§ 74); שאמארתא „Vertreibung" (von أَمَرَ); צאהאנתא „Glanz" (§ 61); אפאכחתא „Umdrehung"; יאבאטתא „Gefangennehmen" (§ 65); זאהארתא „Warnung" (von أَذَنَ); צאיארתא „Misshandlung" (von كَرَى); טאיאלתא „Frage"; סאיאכחתא „Begränzung"; קאיאמתא „Aufrichtung"[1].

§ 104. b) Mit *i* (فِعَال). Dies scheint eine blosse Nebenform von فَعَال zu sein. Die Beispiele sind selten. Wir haben so הידארא „weiss" = شَهْوَن; עכארא „Landmann" = אִכָּר gegenüber أَكْبَر أَكَّار[2]. Ferner so עקארא „Wurzel" I, 303, 10, 11 = עִקָּר گِمار[3]; כינאר, כינארא „Cither" (wenn es ursprünglich semit. ist); אנגארִיא „Dächer" = أَجِر (§ 68). Das Aram. zieht noch לְשָׁנָא לִשָׁן لِسان in diese Categorie: כְּפִּנָא, mand. לישאנא[4].

§ 105. c) Mit *u* (فُعَال). Einige Adjectiva[5]: Wie أَسْوَد „schwarz" so auch יוראקא „grünlich, gelb" I, 393, 8 = مُؤْصَف Lev. 13, 49; Sachau, Ined. 78, 5; Geop. 5, 3; 76, 12; Barh. zu Gen. 2, 12 (gewöhnlich „Grünes, Kraut"); צוהארא „weiss" oft in AM (vgl. צָחוֹר); ferner עומאנא „Künstler" = أَصْنَع und wohl auch שומבאט (für שומאט) „lang herab-

---

1) Vielleicht ist רהאמתא „Erbarmen" I, 2, 17 u. s. w. (wohl zu unterscheiden von רהאמתא „Wollust" S. 116) in ראהאמתא zu verändern von رَحْمَة.

2) Da أَكْرَة „Grube" ist, so kann man אכר immerhin als „graben" (verwandt mit כרי) ansetzen, also אִכָּר „der Gräber". Aber das Verbum أَكَرَ u. s. w. ist erst ein Denominativ.

3) عَقَّار ist wohl ein Lehnwort.

4) So ist auch I, 79, 20; 80, 17 für תיניאנא zu lesen תיננא = תְּנָנָא „Rauch".

5) So كُبَّار Sura 71, 21; صُفَّاح „breiter Stern" Hamâsa 562 unten. Vgl. u. A. Fleischer, Beiträge 1870 S. 248.

hängend" oft in AM (von שמט "herabhängen" I, 333, 1, 5 f.) vgl. שמוט, שמיט. Hierher noch עוזארה I, 382, 9, wenn es "seine Helfer" heisst.

Daneben dient diese Form zur Bildung von Abstracten, die in Beziehung zum Pael stehn, aber durchaus nicht in der Weise wie im Syr., das so aus jedem Pael ein Nomen actionis bilden kann[1]. Die Abstracta können dann natürlich unter Umständen wieder die Bedeutung von Concreten annehmen. So: זוהארא "Warnung" = ܙܘܗܪܐ; סוגארא ("Verschluss") "Zaum" I, 217, 13; גוזאהיא "Erschütterungen" I, 264, 8; 266, 7; כומאצא "Grube" (§ 44); שויאליא "Fragen" oft im Par. XIV = ܫܘܐܠܐ; דומאיא "Nachahmung, Ebenbild"; רומאריא "Trug" (Pl.) Q. 13, 9; 17, 3. So wohl auch הומבאריא I, 203, 10; 204, 1 (§ 68), dessen Bedeutung ich nicht sicher verstehe. Hierher gezogen ist auch טולאלא "Schatten" (syr. ܛܠܠܐ); רומאנא "Granatapfel" = ܪܘܡܢܐ (hebr. רמון), ein Wort, dessen Etymologie, ja Vaterland ganz unsicher.

3) Mit *i* nach dem 2. Rad. Als 1. Vocal immer *ă*. Eine in den § 106. verwandten Sprachen seltene, im Aram. stark um sich greifende Adjectivbildung, die freilich im Mand. noch nicht so zahlreiche Vertretung hat wie im Syr., wo sie besonders dient, um zu vielen intransitiven Verben Verbaladjectiva zu bilden[2]. Aus der grossen Zahl führen wir

---

1) Dies ist eigentlich ein Inf. pass., denn ܓܢܒܐ "das Stehlen" entspricht Laut für Laut dem hebr. Inf. Pual גֻּנֹּב Gen. 40, 15, heisst also eigentlich "das Gestohlenwerden". Weiter aber nimmt nun das Abstractum, wie so oft, im Arab. die Bedeutung eines Collectivs an und so wird فُعَّال endlich zum reinen Plural. قُتَّال wäre also ursprünglich "Gemordetwerden", dann "Mord", "Mörderschaft". Die Analogie ist natürlich im Arab. weiter gegangen und man bildet diese Form ganz ohne Rücksicht darauf, ob dazu ein فَعَلَ oder فَعُلَ gebräuchlich ist.

2) Ich könnte eine sehr grosse Anzahl belegen, auch von ע"ו wie ܩܳܐܶܡ (ܩܳܝܡܳܐ); ܚܳܐܶܡ; ܫܳܐܶܡ u. s. w. und von ל"י wie ܐܬܳܐ (Pl. ܐܬܰܝ) "gekommen", ܗܘܳܐ "gewesen" u. s. w. — Lagarde zu den Proverbien S. 17 weist mehrere Formen dieser Art von ע"ע nach, denen im Hebr. kürzere gegenüberstehn z. B. ܬܰܡܺܝܡ gegenüber רך.

an יַאקִיר ¹ „herrlich" = hebr. יַקִּיר (arab. وَقِيم); שׁאלִיט „herrschend" = hebr. שַׁלִּיט (arab. سَليط); זאדִיק „gerecht" = hebr. צַדִּיק (arab. ursprünglich صَدِيق „[wahrhaftig], Freund"; صِدِّيق ist wohl keine alte Bildung); כאביר „gross" = hebr. כַּבִּיר (arabisch كَبير); יאמין „rechts" (hebr. יָמִין, arab. يَمِين); יאחִיד „einzig" (hebr. יָחִיד, arab. وَحِيد); האכִים „weise" = חַכִּים Dan. 2, 21 (arab. حَكِيم, hebr. חָכָם); שאמין „fett" (arab. سَمِين, hebr. שָׁמֵן); האסִיר „mangelnd" = חַסִּיר Dan. 5, 27 (arab. خَسِيم, hebr. חָסֵר); קאלִיל „leicht" (arab. قَلِيل, hebr. קַל); ראכִיך „glatt" (arab. رَكِيك, رَكّ, hebr. רַךְ); האמִים „heiss" (arab. حَمِيم, hebr. חָם); קאריר „kalt" (arab. قَرِير, قَرّ, hebr. קַר); אזיז „stark" (arab. عَزِيز, hebr. עַז); האטִיף „räuberisch" (nicht syrisch, wo nur ܚܛܘܦ —) סאגיא „viel" = hebr. שַׂגִּיא; vielleicht auch אניא „elend" (nicht im Syr., hebr. עָנִי), das aber auch فَعِيل sein könnte, obgleich man dann eher עניא (mit *e* vorne) erwartete u. s. w. Passivbedeutung haben ausnahmsweise האבִיב „geliebt" wie auch syrisch ܚܒܝܒܐ ² (arab. حَبِيب, während ܣܓܝܒ „entbrannt" ist Barh. zu Iob 31, 26; gr. I, 21, 23); דאחִיל „furchtbar" = ܕܚܝܠ ³. In diesen Fällen ist aber die Bedeutung für die Vorstellung ursprünglich wohl activ: „liebend, liebevoll" und „schreckvoll" (vgl. خَيِف u. s. w.). Substantive geworden sind זאלִיקא „Strahl" = ܙܠܝܩܐ und שאמבִיבא „Schein" (§ 68), das nicht bloss im Hebr. שָׁבִיב Iob 18, 5, sondern auch im Bibl. Aram. שְׁבִיבָא Dan. 3, 22 und im Syr. ܫܒܝܒܐ Iob 41, 10 ohne

---

1) Wo die syr. Form ganz entsprechend ist, führe ich sie nicht auf.

2) Syrisch so noch ܚܒܝܒ „geliebt" BA; Barh. gr. I, 227, 1 u. s. w. (arab. وَدِيد, hebr. יָדִיד).

3) ܕܚܝܠ „furchtbar" Ephr. II, 369 A. Viel häufiger in der Bedeutung „furchtsam". ܕܚܝܠ ist „furchtbar" Hebr. 12, 21 u. s. w.

Verdopplung; ferner mit kleiner Lautveränderung סיכינא¹ „Messer" = שַׂכִּין‎ Prov. 23, 2 ܣܰܟܺܝܢܳܐ².

Feminina lassen sich natürlich von den Adjectiven nach Belieben bilden z. B. האסירתא, האסירתיא „die Mangelhafte" u. s. w., vgl. den Pl. פאתיכאתא „buntes Zeug" I, 231, 1 = ܦܳܐܬܺܟܳܬܳܐ.

4) Mit *û* nach dem 2. Rad. a) Mit *ă* nach dem 1. Rad. (فَعُول). § 107. Hierher kann man אתונא „Ofen" = ܐܰܬܽܘܢܳܐ أَتُّون‎ zählen, dessen Wurzel freilich unsicher³; ferner die Adjectiva אמוק „tief" (syr. ܥܰܡܺܝܩ, bibl. aram. עַמִּיק Dan. 2, 20; hebr. עָמֹק, עֲמֻקָּה); זאפור „stinkend" = ܐܳܣܦܳܐ (welches BA durch الزفم erklärt), mit weiteren Endungen meist heteroclitisch זאפרא u. s. w. (§ 140); vielleicht auch האקון (syr. ܥܰܩܽܘܡ und ܥܰܩܽܘܡ) und andre der oben § 98 besprochenen. So vielleicht noch האפורא II, 3, 11 „grünes Korn" = חפורה⁴ und פאסודהיאתא „Schritte" von ܦܣܰܥ (dessen *û* wegen des *j* für lang zu halten, s. § 135). Aber bei keinem dieser Wörter lässt uns die Ungenauigkeit der Schrift hinsichtlich Verdopplung, Quantität und Vocalfarbe Sicherheit gewinnen.

b) Mit *i* nach dem 1. Rad. (فِعُول). Die Adjectiva עכום „schwarz" § 108. I, 385, 5 (dafür I, 6, 19 ולא אכום, ולאכום, wo das א aber wohl durch das vorhergehende hervorgerufen ist)⁵ und עקוז „kurz" oft in AM (wohl zusammenhängend mit עתקיס „zog sich zusammen" I, 162, 22); ferner שיפולא „Saum" I, 208, 6; II, 6, 12 (syr. aber ܫܦܽܘܠܳܐ; das ו also

---

1) Die Lesart steht nicht sicher; der andere Cod. hat סכינא. Das arab. سِكِّين ergiebt sich schon durch sein س gegenüber hebr. שׂ als Lehnwort.

2) קאנונא „Schale" = קנונא (Buxt.); ܩܳܢܽܘܢܳܐ (unbelegt); قَنِّينَة Qazwînî II, 249, 2 u. s. w. ist aus κανίον, καννίον entstanden.

3) Gesenius leitet es von תנן „rauchen" ab.

4) زوان = خافور (ein Unkraut) Qâmûs ist wohl kaum dasselbe.

5) ܐܰܣܦܳܐ (أَقَدْ سَخَمْ) Nah. 2, 11 (nicht ܐܣܦܝ, wie in der Polyglotte) fasst Barh. gr. I, 45, 8 als Adjectiv, was aber seine schweren Bedenken hat (vgl. § 129 und 167).

vielleicht nur nach § 27); קילומא „Verwesung" (siehe § 53 am Ende, Anm.) und mit Ersatz der Verdopplung זימבוריא „Bienen" II, 114, 3 = זיבורא ‏زنبور‎ ‏ܙܒܘܪܐ‎ (vgl. *Δεββώρα* der LXX)[1]. Vielleicht hierher auch הילולא „Hochzeit" (vgl. S. 118) und „eine Art Gewand" I, 47, 23 (vgl. ‏حلة‎ Ezech. 16, 10 ‏خَلة‎). Die Wörter שיפורא „Trompete" = ‏ܫܝܦܘܪܐ‎ aus שׁוֹפָר und auch כיתון „Rock" = כיתון[2] (syr. ‏ܟܘܬܝܢܐ‎, hebr. כְּתֹנֶת) sind schon für's Syrische, gewiss aber für's Mandäische als Fremdwörter anzusehn.

Vielleicht dürfen wir hier auch aufführen folgende 3 Wörter 1) גירטא „Zorn, Strafe" I, 351, 5; 376, 1, 8; II, 6, 22, am besten mit NORBERG von ‏ܓܥܨ‎ = ‏ضغط‎ „beengen" abzuleiten also = גְּעוּטא 2) נירלא, נעולא „Qual, Quälen" I, 95, 19; 96, 23; 106, 17 u. s. w. jedenfalls von ‏نول‎ (‏ܢܠܐ‎, נְוָלוּ u. s. w.); also *נְוּלָא 3) סירטא irgend ein Leiden AM 90, vielleicht von ‏ܣܚܡ‎ (‏ܣܚܝܡ‎ „abscheulich" PAYNE-SMITH, Cat. Ox. 272; WRIGHT, Cat. 310ᵃ; 851ᵇ; ‏ܡܣܚܡ‎ „scheltend" BA). Wir hätten hier 3 in der Schrift (nach § 9) und vielleicht auch in der Aussprache verkürzte Beispiele der Form פְּעוּל, welche im Hebr. (besonders im nachbiblischen) und danach in jüdisch-aram. Schriftstücken ein beliebtes Nomen actionis ist. Als ein Feminin dieser Bildung liesse sich allenfalls פיסוסתא „Zerstörung" (§ 101) auffassen.

c) Nomina von vierradicaligen Wurzeln ohne äussere Vermehrung.

§ 109. Ich erlaube mir hier aus practischen Gründen auch die Schafelformen, welche 4 Consonanten ergeben, ferner die durch Verdopplung kurzer Stämme (wie קלקל) sowie etliche, in denen ursprünglich vielleicht ein Wortbildungssuffix war (wie פַּרְזֶל, עֲרָפֶל), und so noch einige

---

[1] Vgl. oben S. 44. Die Bedeutung schwankt in den semit. Sprachen zwischen „Biene" und „Wespe". Im syr. Sprachgebrauch ist ‏ܙܒܘܪܐ‎, Pl. ‏ܙܒܘܪܐ‎ „Wespe"; ‏ܙܒܘܪܝܬܐ‎ oder ‏ܙܒܘܪܝܬܐ‎, Pl. ‏ܙܒܘܪܝܬܐ‎ „Biene" vgl. z. B. Geop. 94, 9; 92, 23; BA u. s. w.

[2] Diese Vocalisation vielleicht direct aus *χιτών*?

ähnliche als Quadrilitera zu behandeln. Die Untersuchung über die Entstehung der Quadrilitera wäre hier doch nicht am Ort.

Eine der § 103 (am Ende) besprochenen analoge Bildung ist die mit ă nach dem 1., mit â nach dem 3. Rad. und der Femininendung[1]; wir erhalten so ein Nomen act. zu den quadriliteren Verben wie im Neusyr. (neusyr. Gram. § 48), wo aber diese Bildung viel stärker vertreten ist. So קארקאלתא "Umsturz" I, 222, 11 (von קרקל = קלקל § 54); שארגאזתא "Erzürnung"; שארהאזתא "Erschreckung" (von אשתרהז I, 312, 17; 314 f.; kein sicherer etymologischer Zusammenhang); אנדאשתא II, 63, 12 "Nachdenken" (aram. Bildung von pers. اندیشه); אנדאזתא "Aufstellung" DM 56ᵃ (ebenso von انداز, انداختن siehe § 163).

Verdopplungsbildungen wie גירגלא "Rad" = גלגל ܓܝܓܠܐ und mit Verkürzung קיקלא "Mist" siehe § 70. So noch אדידיא "Feste" = ܟܪܝܼܟܬܐ. Mit Auflösung des bh רורביא magni = רַבְרְבִין und (schon gemeinsemitisch) כוכבא "Stern" aus kabkab. Eine alte Verdopplungsbildung ist wohl auch ליליא (leljâ) "Nacht".

Durch Wiederholung des 3. Rad. sind gebildet זאהרירא "Strahlen" = أَهْنِي; שאהרירא "Aengste" I, 58, 11 von שהר eb. Z. 10 = ܚܣܢ Joh. Eph. 113 "sich fürchten". Ein Fremdwort ist wohl מורטאטא I, 178, 12 "Mantel" = مِعْطَف (wie מורטא eb. = ܡܥܛܦ BA 6683 nach Ephraim und مِرْط). Ob man פוראריא דפאינא רורביא "die grosse Abendröthe (?)" I, 207, 13 mit hebr. פארור (vgl. פורא "Erhitzung" § 91) zusammenstellen darf?

Sonst haben wir nur noch einzelne 4radicalige Nomina aufzuzählen: צאורא, st. constr. צאואר "Hals" = ܨܰܘܪܳܐ[2] wird durch hebr. צַוָּאר

---

1) Hebr. so חַלְחָלָה; arab. in manchen Fällen فِعْلَال (aus فَعْلَال) und durchweg فَعْلَلَة als Inf. von فَعْلَلَ (Lâmîja [1. Ausg.] S. 21; Ibn ʿAqîl 220); dazu das Befehlwort wie قَرْقَارِ, عَرْعَارِ Mufaṣṣal 63. Man könnte in der mand. Form gradezu فَعْلَلَة sehen, wenn die Analogie von § 103 und § 113 nicht für langes â spräche.

2) Der St. constr. und abs. würde wohl ܨܘܪ lauten; erst in einem

als ursprüngliches צַוָּאר erwiesen [1]; סימאדרא „Weinblüthe" = ܣܡܳܕܪܳܐ
גארטופיאהא; ארקבא „Scorpion" = ܥܰܩܪܰܒ ܥܰܩܪܳܒ (§ 67); כְּמֻדָּר
„Messer" (s. S. 38); כארכושתא „Glocke" (s. S. 39); ארגבא „Geld" (s.
S. 50); שומבילתא „Halm" = ܫܽܘܒܠܳܐ u. s. w. (S. 14. 19).

Durch ר ist erweitert ארטיל „nackt" = ܓܰܪܛܶܠ vgl. עטל عطل.

קירקנא I, 115, 19 = קרקא ? (s. BUXTORF).

כורסיאת אנפיא I, 244, 17 „Nasenbein"? NORBERG vergleicht
ܟܽܘܪܣܳܐ, aber das heisst nach BA 4654 nur „Glied an Fingern und
Zehen", und كرسوع ist noch beschränkterer Bedeutung.

Ob שותאפא „Genosse" = ܬܰܘܬܳܒܳܐ mit ܬܰܘܬܳܒ u. s. w. ursprünglich
aram. ist, bezweifle ich sehr.

Zu den Quadrill. zählt man am besten auch das dunkle כורסיא
„Thron" = ܟܽܘܪܣܝܳܐ ܟܶܐ.

Bildungen auf l sind ארפילא „Gewölk" = ܥܰܪܦܶܠ עֲרָפֶל ohne deutlichen etymologischen Zusammenhang, da das unklare ἅπ. λεγ. עריפיה
Jes. 5, 30 uns nicht weiter bringt; פארזלא „Eisen" = ܦܰܪܙܠܳܐ בַּרְזֶל, das
GESENIUS gut vom aram. ברז „stechen" ableitet (vgl. حديد); סמאל
„links" = ܣܶܡܳܠܳܐ שְׂמֹאל für שְׂמָאל wie arab. شَمْأَل und شَأْمَل neben
dem gewöhnlichen شِمَال (Mubarrad, Kâmil 464, 9) von شَأْم und endlich ארמאלתא „Wittwe" = ܐܰܪܡܰܠܬܳܐ أَرْمَلَة von ארם (= אלם in אַלְמָנָה).

d) Nomina durch Präfixe gebildet.

§ 110. Mit מ. Die Bildungen mit מ behaupten im Mand. dieselbe Ausdehnung wie in irgend einer andern semit. Sprache, namentlich auch
bei den Participien und Infinitiven.

---

nestor. Gedichte aus dem spätern Mittelalter (im K'thâbhâ d'wardâ)
finde ich ܡܰܦܶܩ wie ܡܰܦܶܩ von ܢܦܰܩ.

1) So noch im arab. Ortsnamen صُوَّر bei Jâqût s. v. neben anderen
arab. und aram. der Form صُور u. s. w. Sonst bildet auch schon das Arab.
Denominative ohne ـَ wie صَوَّرَ, أَصْوَرَ.

Die einfachste Form mit kurzem Vocal des 2. Rad. (مَفْعَل) hat meistens vorne *ma*, das nur bei besondern Lautverhältnissen verändert wird. Substantive der Art sind: מאסגדא „Bethaus"; מאשכנא „Wohnung"; מאסיהפא „Umsturz" (סחף § 25); מאטרא „Wache" (נטר); מאמלאלא, מאמלא מאלאלא „Rede" (§ 70); מאהרא „Krankheit" (von هَذَى, أَذًى); מאלא „Eintritt" I, 365, 5 = ܡܥܠܳܐ; מארבא 1) „Untergang" = ܡܰܥܪܒܳܐ; 2) uterus = ܡܰܪܒܥܳܐ; daneben מאריבא wahrscheinlich „Mischgefäss" (von ܡܙܓ mischen); מימרא „Rede" (אמר); מיכלא „Speise" (אכל); מותבא „Sitz" (יתב); מובלא „Last" (יבל); מאדא, מאנדא (§ 68) „Vernunft"; מיקמא „das Stehn" und מאכנא „Quartier" (mit Uebergang in 'עע, vgl. § 74); מישתיא „Trank" (sprich מַשְׁתְיָא); מיתיא „Ankunft" = ܡܶܐܬܺܝܬܳܐ; מאשקיא „Tränkung" (מַשְׁקְיָא) I, 16, 13; מאליא „Trauer" (אלי)[1]. Ein altes Wort dieser Art ist noch מאנא „Gefäss, Kleid", das GESENIUS richtig mit إناء אֲנִי zusammenstellt.

Die Form مِفْعَل bildet auch im Mand. den Inf. Peal, also: מילגאט „nehmen"; מיפאק oder מינפאק „herausgehn"; מימאר „sprechen"; מיבאד „thun" (עבד); מיתאב sitzen"; מישאל „fragen"; מישמא „hören" (שמע); מידנא „aufgehn" (דנח); מיסאס „zerstören" (פסס); מיעיאל „eintreten" (*mêjal* = ܡܶܥܰܠ); מיקאם „stehn"; מיקריא und מיקרא „rufen"; מיהוא „sein"; מיביא „bitten" (= מִבְעֵי); מיתיא „kommen" (= מֵיתֵי). Der 2. Rad. hat hier zuweilen י für א z. B. מיסמיך „stützen", was aber weniger gut sein dürfte[2].

Feminina: מאטארתא „Wache"; מארכיבתא, מארכאבתא „Wagen"; מאדיתא, מאדיהתא, מאסיקתא „Aufsteigen" (zu סלק) מאפיקתא „Auszug"; „Einsicht" = *ܡܰܕܥܳܐ (§ 17); מדינתא „Stadt"; מארדיתא „Lauf"; מאהזיתא „Spiegel"[3] u. s. w. Mit *u* beim 2. Rad. ist gebildet מאכולתא

---

1) Nicht eigentlich mand. sind מלאכא, seltner מאלאכא „Engel" (מַלְאַךְ); מרומא, מרום „Höhe", „Himmel", dessen seltsame syr. Aussprache ܡܰܪܽܘܡܳܐ (als wäre es = מְרַוַּם) gleichfalls andeutet, dass es zu den religiösen Wörtern gehört, die früh aus dem Hebr. entlehnt sind; denn das echte syr. Gegenbild von מָרוֹם wäre *ܡܰܪܘܳܡܳܐ.

2) Genauer werden wir diese Formen bei den Verben behandeln.

3) Könnte, wie mehrere andre unter den aufgezählten, auch ein Part. Afel sein, das dann virtuell noch ein ה enthielte (aus מְהַחְזְיַת).

„Speise" und מדורתא „Aufenthalt" I, 203, 16 (wo aber Var. מדארתא, מדירתא). Von יהב ist מוהבאתא oder מוהאבאתא (Pl.) gebildet I, 62, 4 (wo schlechte Varr.). Ganz seltsam ist der mand. Reflex von ܡܰܘܡܰܬܐ „Eid", nämlich עומאמאתא, was zu oft vorkommt, als dass man es ohne Weiteres für falsch erklären dürfte; עומאמא „Tag" hat auf seine Form eigenthümlich eingewirkt; nur II, 36 ult. findet sich noch das regelmässige מומאתא.

2) Mit *â* nach dem 2. Rad. (مَفْعَال): מאנזאלא „das Abwärtsgehn" I, 272, 7; מאסארא „Säge" I, 300, 21 = مِنْشَار ¹ܡܰܢܫܳܪܐ; מאדנאתא „Aufgang" (syr. meines Wissens nur im Pl. st. cstr. ܡܰܕܢܚ̈ܐ und mit Possessivsuffixen); מאבאדא „Werk" = מַעֲבָד hebr. und bibl.-aram. (syr. gewöhnlich ܡܶܥܒܕ)²; מאודאלא „Geburt" = ܡܰܘܠܕܐ (§ 67); מאלואתא „Fluch"; מאלואשא „Zodiacalbild" = ܡܰܠܘܳܫܐ (Etymologie?). So auch מסאניא „Stiefel" = ܡܣܳܢܐ für* מִסְאָנֵי (denn das radicale ן beweist סְאָן; ܣܐܘܢܐ).

3) Mit sonstigen langen Vocalen: mit *ê* nur מיסכינא „arm" = مِسْكِين (ܡܶܣܟܺܢܐ מִסְכֵּן entlehnt).

Mit *û* (مَفْعُول im Arab. als Part. pass. verwandt): מאלבושא „Kleidung"; מאמבוגא „Sprudel" = ܡܰܒܘܥܐ; מאמבודא „Sprudel" (ܢܒܥ im Syr. sehr häufig: „herauf- hervorkommen"); מארגוש „Unruhe, Empörung"³. Durch Vorsatz von *mâ* (mit *â*)⁴ unterscheidet sich מאהוזא „Stadt" = ܡܳܚܘܙܐ (vgl. حوز); vielleicht ist so auch ܡܰܚܣܢܐ gebildet, dessen mand. Form מינוכא ist (§ 52). Wie ein Femin. von dieser Bildung sieht aus מאשרוקתא „Pfeife" DM 15ᵇ; vielleicht ist aber gradezu

---

1) Die Aussprache mit *â* scheint gesichert durch ܡܰܢܫܳܪܐ (dreisilbig) Isaac I, 146 v. 1437; mit ן auch in Tychsen, Physiol. cap. 31.

2) ܡܚܰܫܦ soll „Zauberer" sein, BA 6310 f., ist aber ursprünglich Abstract.

3) Ob vielleicht das § 54 besprochne מארולא II, 14, 11; 78, 23; Q. 66, 24 =* מַרְעוּלָא „Erschütterung" (von ܙܠ) zu nehmen ist?

4) Syr. so noch ܡܳܚܘܙܐ; und vielleicht ܡܳܓܢܐ und ܡܳܣܟܐ (entlehnt ماعور); hebr. מָסָךְ, מָגֵן, בָּרָךְ, מָעוֹז, welche ihr *â* nicht verkürzen Ich bin geneigt, in diesem *mâ* eine sehr alterthümliche Form des Präfixes zu sehn.

מַשְׁרוֹקִיתָא Dan. 3, 5 etc. ܡܲܫܪܘܿܩܝܼܬܵܐ herzustellen [1]. Sichrer ist מאצותא „Streit", wie II, 30, 17 zu lesen, = ܡܲܨܘܼܬܼܵܐ, das nicht etwa mit der Endung *ûth* gebildet, sondern für *manṣûitâ* steht, wie ähnlich in ܒܵܥܘܼܬܼܵܐ; ܚܲܣܝܼܕܘܼܬܼܵܐ; ܬܲܫܥܝܼܬܼܵܐ; ܙܲܒܢܘܼܬܼܵܐ das *û* den letzten Radical verschlungen hat.

Ferner bilden sich mit מ alle Participia, mit Ausnahme derer § 111. des Peal [2]. Ohne weitere Vermehrung so die Participia des Pael und der Quadriliteren.

Activ (מְפַעֵּל :מֻפَعِّل): מבאר̄ך „segnend"; משאדאר „sendend"; משאבא „preisend" = ܡܫܲܒܚ; מאליף „lehrend" = ܡܲܠܦ; מאזיז „stärkend" = ܡܥܲܫܢ; משאייל „fragend"; מקאיים „aufrichtend"; מזאייד „ausstattend"; מכאסיא „bedeckend"; מאסיא „heilend" = ܡܲܐܣܹܐ u. s. w. — Quadril. [3] (מְפַעְלֵל :مُفَعْلَل): מקארקיל „umstürzend"; מזאוטאר „klein machend"; משארדיב „ausbreitend".

Passiv (מְפַעַּל :مُفَعَّل): מבאר̄ך „gesegnet"; משאדאר „geschickt"; משאבא „gepriesen"; מהאממבאל „verdorben" (§ 68); מקאיאם „aufgerichtet, fest"; מכאסאי „bedeckt" — Quadril. (מְפַעְלַל :مُفَعْلَل): מראוראב „hochgefeiert"; מנאכראי „entfremdet".

Vortretend vor den durch ה (א) verstärkten Stamm (dessen ה dann durchweg verdrängt wird), bildet מ das Part. Afel.

Activ (מַפְעֵל :مَفْعِل): מאפיק „herausbringend" (נפק); מאדכאר „erinnernd"; מאפריש „lehrend"; מאצבא „taufend" (צבע); מאביד „thun machend" = ܡܲܥܒܸܕ; מאבאר „überführend" = ܡܲܥܒܲܪ; מאוזיף „leihend"; מאריס „erhöhend"; מאכיס „zurechtweisend" (ܝܣܦ); מאשאר „fest machend"; מאייל „einführend" = ܡܲܥܸܠ; מאסגיא „gehend".

---

1) Allerdings führt BA 6876 ein dialectisches ܡܲܫܪܘܿܩܝܼܬܵܐ = المشرقة an; heisst das aber „Pfeife"?

2) Ich gebe hier wieder nur eine Uebersicht über die Hauptformen. Das Einzelne siehe beim Verbum. Ich übersetze hier die Participien durch Participien, obgleich sie nach ihrer Stellung im Satz als Verba finita wiederzugeben wären, was unten beim Verbum auch geschieht.

3) Wieder im weitesten Sinne wie oben.

Passiv (מַפְעַל): מאפראש „belehrt"; מאדכאר „erinnert"; מאפָּאק „herausgebracht"; מאצבא „getauft"; מאבאד „bewirkt"; מאושאט „ausgestreckt"; מאראם „erhöht"; מאלואי „zur Begleitung gegeben" u. s. w. Mit Beibehaltung des ה (wie ein Quadril.) מהאימין „glaubend"; מהאימאן „zuverlässig" (Pass.).

Vortretend vor den durch את verstärkten Stamm bildet מ, das sich damit zu מית verschmilzt, die Participien der Reflexiva; das ת fällt dabei nach § 164 oft weg.

1) Ethpeel (מִתְפְּעֵל): מיתכריך, מיכריך „sich umdrehend"; מיתיבריך „gesegnet"[1]; מיתינסיב „genommen"; מיתֿריץ „aufgerichtet"; מישתביק „verlassen"; מיהשיב „gedacht" = ܚܡܫܒܬ; מיתפרא „bezahlt" = ; מיתמאר „gesagt" = ܡܬܐܡܪ; מיפתחא, מיתפתחא „geöffnet" = ܡܬܦܬܚ; מיתביד „gethan" = ; מיתפיך „umgedreht" (אפך); (§ 63); מיתהיב „gegeben" = ܡܬܝܗܒ; (§ 55); מיפסיס „zerstört" (פסס); מיבّאי „gefordert" = ; מיתמליא, מיתימליא „angefüllt"; מִתְבָּעֵי, מִבָּעֵי.

2) Ethpaal (מִתְפַּעַל): מיתהאשאב „nachdenkend" = ; מיתהאנבאל „verdorben" = מיתפאראק „erlöst"; מישתאלאם „vollendet"; (§ 68); מיתאנגאר „handelnd" = ; מישתאבא „sich rühmend" = ; מיתהאיאב „beschuldigt" = ; מישתאניא „fortgehend" = ; מיתגאייא „stolzierend" = ; מישתאייא „erzählend" = .

3) Ettafal (מִתַפְעַל): מיתאפראש „belehrt"; מיתאשכא „gefunden" = ܡܬܫܟܚ; מיתאוזאף „geliehen" = ; מיתאסליא „verworfen".

4) Von Quadriliteren (מִתְפַעֲלַל): מיתהאראזאק „gefesselt" (הרזק, הרזק); מישתאורזאב „gerettet"; מיתראוראב „erhoben"; מיכّאראכאס „sich bewegend" DM 41ª.

Vielleicht giebt es daneben noch Reste von Passiv-Participien nach hebr. Art (wie מְפַעַל)[2]. So liesse sich wenigstens zur Noth fassen מוליא „Hochland" I, 282, 25 = *מְעֻלְיָא und der Name des mand. Paradieses משוניא כושטא „das Entrückte der Gerechtigkeit" (מְשֻׁנֶּה) I, 302,

---

1) Genauer wäre „gesegnet werdend".
2) Siehe neusyr. Gramm. S. 213.

18 (*meschunne kuschta* nach Petermann); damit hängt aber am Ende משאוניאת עשאתא etwa „wunderbares Wesen[1] des Feuers" I, 87, 9; 295, 13 zusammen, dessen Form ganz unklar.

Die Infinitive ausser dem des Peal, welche mit מ gebildet sind, aber auch ein Suffix erhalten, siehe unten § 122.

Mit ת. Mit vortretendem ת werden, wie im Arab. (تَفْعِيل, § 112. تَفْعَال, تَفْعِلَة), auch im Hebr. und Aram. Nomina actionis zum Pael (und Ethpaal), aber auch zum Afel[2] gebildet. So haben wir im Mand. תאכתושא „Streit" = ܬܰܟܬܽܘܫܳܐ (ܐܶܬܟܰܬܰܫ); תושביהתא, stat. cstr. תושביהאת, Pl. stat. cstr. תושביהאן Q. 55, 19 ff. (so dass man an langes î denken muss) „Lobpreis" (sonst תושבחתא; syr. ܬܶܫܒܽܘܚܬܳܐ zu ܫܰܒܰܚ); תושלימא „Vollendung", „seliger Geist" = targ. תושלימא „Vergeltung" (zu אשלם)[3]; תאומיאהא „Beschwörungen" I, 150, 21 (zu أَقْسَمَ); תאסניקא „Qual" vgl. ܬܰܫܢܺܝܩܳܐ zu ܐܫܢܩ (§ 50); תארבותא „Erziehung" AM 3 = תַּרְבּוּת Num. 32, 14 (gebildet wie ܬܰܪܒܺܝܬܳܐ; syr. ܬܰܪܒܺܝܬܳܐ zu ܪܒܳܐ). So auch die nur noch als Concreta gebrauchten תארמידא „Schüler", „Priester" = (ܬܰܠܡܺܝܕܳܐ); תותבא „Beisasse" I, 296, 10, wofür sonst mit langem â תּוֹשָׁב, Pl. stat. cstr. תּוֹשְׁבֵי ܬܰܘܬܳܒܶܐ (ܬܰܘܬܳܒܳܐ). Ob תותבא (targum. und talm. ebenso) „Kleid" hierher gehört, ist zweifelhaft (da יתב nicht die Doppelbedeutung des indoeurop. *vas* hat)[4]. Mit Recht darf man wohl auch mit Gesenius תיגרא „Streit", stat. cstr. תיגר II, 91, 1, 16 (hebr. תִּגְרָה fem.; syr. ܬܶܓܪܳܐ unbelegt; targ. und samar. תיגר, תיגרא) zu הִתְגָּרָה ܬܰܓܰܪܺܝ ziehn; der für das Hebr. regelmässige Wegfall des 3. Rad. ist im Aram. allerdings etwas bedenklich; doch vgl. מאנא S. 129.

Ganz andern Ursprungs ist das ת in תיניקתא I, 84, 18; תיניחתא DM 58 „Seufzen" = ܬܶܢܚܬܳܐ; hier ist von אִתְאַנַּח, אתאנח aus eine secundäre Wurzel תנק, תנח entstanden.

---

1) שאניא, שאנאי eigentlich „entfernt, abgewendet" heisst im Mand. „wundersam" (cf. hebr. נפלא, פלא).

2) Z. d. D. M. G. XXV, 674.

3) Ob die mit ו (im Jüd.-Aram. häufiger) ursprünglich Passivbedeutung haben?

4) Vermuthlich hängt ثَوْب damit zusammen.

Mit präfigiertem ת ist ferner gebildet תימיא „Süd", vgl. تَيْمَاء und תֵימָן تَيْمَنُ ܬܰܝܡܢܳܐ¹, und so vielleicht auch תוליתא „Wurm" = תּוֹלֵעָה ܬܰܘܠܥܳܐ. Ob auch תאתורא „Brücke" = talm. תיתורא und תארבאצא „Vorhof" = תרבץ, תרביצא ist sehr zweifelhaft, weil deren semit. Herkunft nicht feststeht².

§ 113. Mit א und ה. Die Bildung אפעלתא dient in derselben Weise als Nomen actionis zum Afel wie פַּלֶּלְתָא zum Pael (§ 103) und פַעלְלְתָא zu den Quadriliteren (§ 109)³. So אפראשתא „Belehrung"; אגזארתא „Verurtheilung"; אלאסתא „Vorwurf" (أنْصَب); אצמאתא „Glanz" I, 283, 2 (أَقْمَس). So ist für das einigemal vorkommende אסכילאתאן „unsre Sünden" wohl zu lesen אסכאלאתאן (أَسْقَت). Ein jüdisches Wort dieser Bildung, das aber schon für's Syr. und erst recht für's Mand. Fremdwort, ist עוראיתא „Thora" = ܐܽܘܪܳܝܬܳܐ (st. abs. auch אוֹרְאָה Targ. Jes. 18, 18); späthebr. הוֹרָאָה, הוֹרָיָה⁴.

Sonst ist vielleicht noch die Bildung mit präfigiertem א, ה in einigen alten und dunkelen Wörtern:

עוצאר, עוצרא („Schatz"), im Mand. stets der „innere Schatz" (mit Anknüpfungen an ϑησαυρὸς τῆς καρδίας Matth. 12, 35; Luc. 6, 45), „die Gedanken"⁵ = ܐܰܘܨܪܳ, ܐܰܘܨܪܺܝܢ, אוֹצָר⁶.

---

1) Vielleicht ist das ת hier aber auch anderen Ursprungs, nämlich wie in תִּירֹשׁ, ܬܺܝܪܳܫ der Masculinbildung יִצְהָר entsprechend und vom Verbum herkommend.

2) Die von PERLES, Etymol. Studien S. 43 gegebne Ableitung des letzteren Wortes vom pers. دَروَاز ist allerdings wegen des t unannehmbar. Von רבץ „lagern" lässt sich das Wort nicht ableiten, weil dessen aram. Form רבע ist.

3) Vgl. hebr. הֶנָפָה; הֲנָחָה; הַצָּלָה Jes. 30, 28 (wo es gradezu Infin.) — aram. sonst אַסְמַכְתָּא; אַכְרַזְתָּא u. s. w.; arab. إِقَامَة u. s. w. (vom starken Verbum ist إِفْعَالَة immer Neubildung aus إِفْعَال als Vereinzelungswort).

4) Wäre das Wort ächt syr., so hiesse es ܐܰܘܪܰܝܬܳܐ. Die Syrer verstehen die Bildung gar nicht; bei BA v. 408 finden wir die Erklärung ܢܰܗܺܝܪܳܐ = אור אתא! — Auch in's Aethiop. ist dies Wort mit anderen durch die aram. Missionäre als ôrît hineingetragen.

5) Von יֵצֶר مُصَغَّر kann diese Form nicht kommen.

6) Hebr. אָצַר ist denominativ von אוֹצָר (Neh. 13, 13 ist mit KAMP-

ܐܣܟܘܦܬܐ עסקופתא „Schwelle" I, 211, 23 = איסקופתא, איסקופא
vgl. מַשְׁקוֹף ,שְׁקוּף (§ 50 Anm. 4).

אמבובא „Rohr, Flöte" = ܐܢܒܘܒܐ, أُنْبُوب, vgl. נָבוּב „hohl" (§ 53).

עצבא „Finger, Zoll" II, 19, 17 = אֶצְבַּע, إِصْبَع, vergl. צביתא
(S. 16), ܨܒܥܐ.

היכלא „Tempel" = הֵיכָל ܗܝܟܠܐ arab. هَيْكَل „dick, voluminös"
(wir leiten es mit EWALD von יכל „umfassen" ab).

Mit נ. Eine Bildung mit נ, welche in demselben Verhältniss zur § 114.
3. Pers. Imperf. m. stände, wie gewisse hebr. und arab. mit י¹, lässt
sich im Aram. nur unsicher nachweisen. Doch gehört dahin wahrscheinlich נירבא „Berggipfel" Q. 8, 21 = ܢܘܪܒ, ܢܘܪܒܐ Balai bei OVER-
BECK 260, 12; ASSEM. III, 1, 496; 499 u. s. w.; dessen Ableitung von
ܢܘܪܒ, نَرَب sehr nahe liegt ².

e) Nomina durch Suffixe gebildet.

Mit ân und dessen Varianten. Das Suffix אן, ân, für welches § 115.
in gewissen Fällen (§ 20) יִ eintritt, ist auch im Mand. weit verbreitet und zwar sowohl für Abstracta wie für Adjectiva.

1) Abstracta und Sachwörter (فَعْلَان). Der 1. Rad. kann
alle 3 Vocale haben, der 2. ist vocallos. Ursprünglich war der 2. Rad·

HAUSEN אֲצֻוָה zu lesen). — Zu vergleichen ist wohl أَصَرَ, وَصَرَ „zuschnü-
ren, binden", wovon أَيْصَر. Lautlich stimmte genau الأَوْصَر, was der Qâmûs
durch المرتفع من الارض erklärt.

1) Vgl. MERX in SCHENKEL's Bibellexicon s. v. Nisroch.

2) ܢܘܪܒ, נרבא als Ortsname nicht bloss im Osten (bei Mosul: cfr.
Jâqût s. v. نيرب; WRIGHT Cat. I, 161ª u. s. w.); sondern auch, was sprachlich von grossem Interesse, bei Damascus und Haleb als ܢܝܪܒ,
النيرب, vgl. WRIGHT, Cat. Index s. v.; Jâqût im Mu'aǧǧam und im Muštarik;
FREYTAG, Selecta ex hist. Halebi S. 15 des arab. Textes; Ibn Athîr XI, 85
ult. u. s. w. und schon bei Steph. Byz. aus Nicolaus Νήραβος. — Sonst
kenne ich von einigermaassen sicheren Bildungen dieser Art nur targ. נחשול
„Sturm" (wofür syr. ܡܚܫܘܠܐ) von חשל Dan. 2, 40 حسل „stossen, zerstossen,
verstossen". ܬܚܡܣܠ „Leithammel" ist kaum syr. Herkunft.

in manchen Fällen verdoppelt, vgl. עִזְּרוֹן (zu עָזַר); עִצְּבוֹן u. s. w. Aber diese Fälle lassen sich im Aram. überhaupt nicht mehr ausscheiden, geschweige denn im Mand. Natürlich ist auch hier die eigentliche Abstractbedeutung oft geschwunden.

a) Mit ursprünglichem *a* nach dem 1. Rad.: יאקדאנא „Brand" = ܡܰܘܩܕܳܢܐ; אודאנא „Wüste" von אוד = אבד (§ 51); מותאנא „Pest" = ܡܰܘܬܳܢܐ (§ 21); טופאניא „Sündfluthen" = ܛܰܘܦܳܢܐ; טיראנא „Irrthum" AM 106 = ܛܽܘܥܝܳܢܐ und auch wohl אואנא „Quartier" I, 333, 2 = أَوْنٌ resp. أَوْنٌ (von اوى ¹ ähnlich wie ܡܰܘܢܐ oder ܡܳܐܘܢܐ von דוי). Ein Plur. fem. ist אינאיאתא, איניניאתא „Quellen".

b) Mit *i, e*: Von starker Wurzel nur סיבראנא „Hoffnung" I, 61, 19; sonst בירנאנא „Bau"; כיניאנא „Name" ²; שיריאנא „Ader" (ܫܶܪܝܳܢܐ so Ephr. I, 243; bei OVERBECK 62, 10 u. s. w.); קיניאנא „Besitz, Vieh"; עלואיא „aufsteigende Todtengeister" I, 392, 20, 21; 391, 3 ³ (syr. ܥܶܠܳܝܐ unbelegt; vielleicht ist auch im Mand. der Sg. עלוא § 136); עניאנא „Antwort"; ferner עילאנא „Baum" und עדאנא „Zeit" (עדן). So ziemlich alle diese im Syr. ebenso.

c) Mit *u*. Sehr zahlreich; fast stets noch mit stark ausgeprägter Abstractbedeutung; darunter einige, die früher *e* hatten: קורבאנא „Opfer" = ܩܽܘܪܒܳܢܐ; ⁴ קָרְבָּן, יותראנא „Gewinn" = ܝܽܘܬܪܳܢܐ (hebr. יִתְרוֹן); שולטאנא „Gewalt" = ܫܽܘܠܛܳܢܐ (hebr. שִׁלְטוֹן); סומכאנא „Stütze" = ܣܽܘܡܟܳܢܐ; דוכראנא „Angedenken" = ܕܽܘܟܪܳܢܐ (hebr. זִכְרוֹן); בוטלאנא „Vereitelung" (syr. ܒܽܘܛܠܳܢܐ); בוסיאנא „Verachtung" (syr. ܒܽܘܣܝܳܢܐ); צוביאנא „Wille" (syr. ܨܶܒܝܳܢܐ); הוגיאנא („Aussprache") „Buchstabe" (syr. ܗܶܓܝܳܢܐ,

---

1) LAGARDE, Abh. 149 leitet das im Aram. (auch als Ortsname) beliebte Wort aus dem Iranischen; seine Polemik gegen BERNSTEIN's semit. Ableitung ist selbst sehr anfechtbar. Dass in ܡܳܐܘܢܐ das Suffix *ân* zu *ôn* (und weiter zu *ûn*) verfärbt ist, macht keinen wesentlichen Unterschied.

2) In den Texten steht dies Wort zuweilen fälschlich für כיאנא „Natur".

3) Die Form steht durch A und die Londoner Codd. fest.

4) Hebr. ausser diesem nur שִׁלְחָן, sonst immer mit *ă, ĭ, ĕ*; arab. so u. A. بُنْيَان, كُفْرَان, غُفْرَان, شُكْرَان. Das Syr. hat sehr viele Formen mit *u* von starken Wurzeln, dagegen fast gar keine von ל״י; umgekehrt sehr viele mit *e* von ל״י und nur wenige von starken Wurzeln.

hebr. הִגָּיוֹן‎); שוגיאנא ‎„Versehen" (hebr. שִׁגָּיוֹן‎) u. a. m. Für أَخْـذ‎
רַעְיוֹנָא‎, רַעְיָנָא‎ Dan. 2, 29 u. s. w. (= رِضْوانُ رَصُونٌ‎) haben wir (in der
Bedeutung „Gedanke") an einigen Stellen das entsprechende רויאנא
(= *רֶעְיָנָא‎)[1], anderswo, und zwar häufiger, רויאנא‎ (als käme das
Wort von רוי‎), das doch nicht richtig sein kann.

Von einem mit Präfix מ‎ gebildetem Nomen ist ein weiteres Abstract
abgeleitet in מאשקלאנא‎ („Aufladen, Bepacken") „Wanderung" I, 368,
5 = ܡܰܫܩܠܳܐ Gen. 13, 3 u. s. w.; מאסקאנא‎ „Aufsteigen" I, 282, 3 =
ܡܰܣܩܳܢܳܐ Neh. 3, 32; מיתיאנא‎ „Kommen" I, 147, 9 [2].

2) Adjectiva. In einigen Fällen tritt die Endung *ân* an ein § 116.
anderes Adjectiv (im engern Sinne) oder an ein Personenwort. So
שאליטאנא‎ „Machthaber" = ܡܰܫܰܠܛܳܢܳܐ; שאלמאנא‎ τέλειοι [3] (von ܫܠܶܡ
שָׁלֵם‎); ריקאן, ריקין‎ „leer" (adverbial; Pl. ריקניאתא‎) = ܪܺܝܩ‎ (§ 93);
ארטילאנא, ארטאלאנא‎ „nackt" (von ܟܶܢ‎); שיהאנא‎ „frech" I, 180, 7 =
ܫܺܝܚܳܐ 2 Macc. 4, 25 vgl. ܫܺܝܚܽܘܬܳܐ „Frechheit" Hab. 3, 14; 2 Macc. 2, 21;
LAND, Anecd. I, 72, 10 von שיה‎ (im Mand. „begehrend" vgl. ܐܶܫܬܰܚ
„frech sein, wagen") [4]; עלימאנא‎ „Jüngling" von ܥܠܰܝܡܳܐ (§ 100). So
wohl auch צוראניא‎ *parvuli* II, 17, 20 von *צְעוּר‎. Nur im Plur. sind
erlaubt ראבניא, רבאניא‎ „Lehrer" und רורבאניא‎ „Magnaten" (§ 148).

Besonders wichtig ist nun aber dies Suffix zur Bildung des Nomen agentis vom Participium. Diese geschieht wie im Syr. von allen

---

1) Entschieden besser bezeugt ist diese Lesart z. B. I, 5, 8 auch nach
EUTING's Collationen.

2) Syr. kenne ich ausserdem noch ܡܰܥܒܪܬܳܐ Ex. 19, 1 u. s. w.; ܡܰܕܟܠܐ;
ܡܰܕܟܠܢ „Uebergänge" ZINGERLE, Chrest. 238; „Gänge im Innern des
Thierleibes", Physiol. ed. TYCHSEN cap. 31 S. 20. Man sieht, dass diese
ganze Gruppe von den nächstliegenden Verben der Bewegung gebildet ist.
Der Form nach entspricht hebr. מַשָּׁאוֹן‎ „Täuschung" Prov. 26, 26.

3) Siehe über dies Wort die Einleitung.

4) Allerdings liesse sich das Wort auch von שחן‎ (ܐܶܫܬܰܚ „wüthend
werden" ist nicht selten) ableiten; die Bedeutung „hitzig, zornig, wüthend"
passt für alle Stellen ebensogut; aber bedenklich ist dann das lange *â*.
Nicht verschweigen darf ich jedoch, dass die Punctation der ed. Urmia und
der zuweilen über dem ܚ stehende obere Punct die Aussprache *saiḥânâ*
erheischen.

Verbalstämmen mit Ausnahme des Peal [1]. Doch mag immerhin fraglich bleiben, ob es im Mand. statthaft war, von jedem derartigen Verbum diese Form zu bilden, was im Syr. allerdings der Fall ist.

Vom Pael [2]: מראדפאנא „Verfolger"; מתאקנאנא „Ordner"; מקאימאנא „Aufrichter"; משאוריאנא „Macher".

Vom Afel: מארגיזאנא „Erzürner"; מאנההאראנא, מאנהיראנא „Erleuchter"; מאשראנא „Befestiger"; מאהיקאנא „Beängstiger" = ܡܰܕܚܶܠ; מאיראנא „Erwecker" Ox. III, 2ª = ܡܰܕܚܶܠ; מאסטיאנא „Verführer"; מאתיאנא „Bringer" Q. 3, 11 = ܡܰܚܣܶܢ (§ 180); מאהיאנא „Heiland" = ܡܰܚܣܶܢ. Hierher wohl auch מאהדריניאתא „Wirbel" I, 277, 19 (Umdrehende") [3].

Vom Quadril.: משארגיזאנא „Erzürner"; משארהיבאנא „Ausbreiter"; משאוזיבאנא „Erretter".

Vom Reflexiv finde ich bloss מאשתימאנא „gehorsam" = ܡܶܫܬܰܡܥܳܢ (§ 15). Die im Syr., namentlich im mehr gelehrten Sprachgebrauch, beliebte Anwendung dieser Verbaladjective von Reflexiven in der Bedeutung: „fähig, geeignet .... zu werden" (= Part. auf τέος), ist dem Mand. wohl unbekannt.

Von einem passiven Partic. wird so abgeleitet משאלטאנא „mit Macht versehen" I, 88, 6 von משאלאט wie ܡܫܰܟܠܰܠ „vollständig" von ܡܫܰܟܠܰܠ.

§ 117.   Ferner bildet das Mand. eine ziemliche Anzahl von Adjectiven auf ân von andern Substantiven, namentlich von Abstracten.

1) Aus Masculina [4]: אולאנא „frevelhaft" von אולא رُغْز; רוגזאנא „zornig" von רוגזא; טופשאנא „schmutzig"; כושטאנא „wahrhaftig"; הונפאנא „Heuchler" (הונפא = *חונפא nicht nachzuweisen); שוהבאנא

---

1) גאטלאנון „ihre Mörder" II, 17, 6 ist entweder in מגאט oder lieber in גאטלון zu verbessern.

2) Zum Verständniss der Vocalisation wird man gut thun, die Flexion der entsprechenden Verba zu beachten.

3) In den zahlreichen Handschriften, die zu der Stelle verglichen sind, schwankt die Vocalisation des Wortes ausserordentlich; aber diese Lesart scheint die richtige, wenn auch מאהדרוניאתא noch besser bezeugt ist.

4) Arab. غَرْيَانُ, غَضْبَانُ, عَطْشَانُ u. s. w.

„herrlich" von שוהבא ܡܫܒܚܐ (§ 61); זידאנא „zornig" von זידא (§ 93); זיפאנא „falsch" von זיפא = ܙܐܦܢܐ; גירבאנא „aussätzig" syr. ܓܪܒܢܐ[1]; תיניאנא secundus von ܬܢܝܢܐ „Wiederholung" (häufig); זיהיראנא „giftig" I, 279, 8 vom pers. זיהירא I, 279 ult. زهر; קירסאנא „krank" vom griech. קירסא καιρός; ריואנא „versöhnlich" I, 1 ult.; 61, 16 von רָעוּא. Hierher auch עליאנא „Daumen" Q. 45, 21 = אלינא von ܐܠܝܢܐ, ܐܠܝܢܐ (ohne Berücksichtigung der weiblichen Endung), wenn FLEISCHER zu LEVY's Wörterbuch Recht hat; ferner wohl ליהאניא, Name einer Art böser Geister I, 279, 5; Q. 8, 5 von ליהא „Netz" oder „Fangstrick" II, 57, 17 etc.[2]. Auch שושמאנא „Ameise" aus שומשמאנא (§ 70)?

2) Nach der Femininendung[3]: רבותאנא „hochmüthig" von ראבותא; ראכתאנא „lüstern" = ܪܓܬܢܐ von ܪܓܬܐ (§ 44); גיותאנא „stolz" I, 204 ult. = ܓܐܝܘܬܢܐ; קראבתאנא „kriegerisch" = ܩܪܒܬܢܐ (obgleich nur das Masc. ܩܪܒܢ vorkommt). So auch עותאנא „stolz" oder „gewaltig" I, 88, 6; 204 ult. = אִוְּתָנָא (LEVY s. v.), jedenfalls von (מאלכותא) עיות I, 178, 3; aber die Herkunft dieses letzteren ist nicht deutlich. גדולתאניא, Name einer Art von bösen Geistern I, 279, 6 kommt vielleicht von גדולתא „Locke"[4].

Ob סארטאנא, צארטאנא „Krebs" (in den mand. Büchern immer Name des Sternbildes) und סוכאנא „Steuerruder" DM 48ᵇ auch ursprünglich Adjectiva sind? Letzteres ist nicht von סכן abzuleiten, da es syr. ܣܘܟܢܐ heisst (arab. سُكَّان ist entlehnt).

Ueber ân bei den Pluralen siehe § 136.

Als Nebenform von ân haben wir ên[5] im Adjectiv הורינא = § 118. ܐܚܪܝܢ alius, und zwar im Mand. ganz durchgeführt, ohne Formen wie ܐܚܪܢܐ, s. § 149.

---

1) Κάρβανοι „die Aussätzigen" Hesych. (nach Ktesias). Das k für g wird persischer Vermittlung zu verdanken sein, die auch bei Herodot einige semit. Namen entstellt haben dürfte.

2) Dieses Wort selbst ist unklarer Herkunft.

3) Hiervon giebt es im Syr. ziemlich viele, besonders der Form פַּלָּחְתָן; hebr. so נֶחְשְׁתָן; jüdisch noch עֲנְוְתָן von עַנְוְתָא, עֲנָוָה. Arabisch wären solche Bildungen unerhört.

4) Die Bedeutung von שאלותאניא I, 335, 16 ist nicht sicher, an eine Etymologie daher nicht zu denken. 5) Siehe Neusyr. Gramm. S. 107.

Die Nebenform *ôn* (§ 20) finden wir in פארונא פירונא I, 98, 7; 225, 21 „Strafe" = פִּרְעוֹנָא (ܦܘܼܪܥܵܢܵܐ); צִיבוּנִיא „gefärbtes Zeug" = צִבְעוֹנָא (von ציבא I, 229, 11 = צִבְעָא, hebr. צֶבַע wie syr. ܨܒܼܥܘܼܢܵܐ von ܨܒܼܥ, Ex. 35, 6; Ephr. II, 319 F; III, 677 B); הילבונא wohl ursprünglich „Eiweiss" = חֶלְבּוֹן; בית ציהיון (stat. abs.) I, 180, 21 „dürre Gegend"[1] vgl. ܨܗܝܘܿܢ ܒܹܝܬ Deut. 8, 15. אבדוניא, עבדוניא „Abbadon's" ist Fremdwort (§ 57)[2].

§ 119. Diminutivbildungen auf וּן. Als solche sind wohl zu betrachten יארקוניא olera = ܝܲܪܩܘܼܢܵܐ; פיקוניא „Blumen" von ܦܸܩܥܹܐ Ephr. II, 378 E und באדרוניא „Saaten" von באזירא aus בר זרעא (§ 54), vgl. ܙܲܕܥܘܼܢܵܐ und זְרֹעֹנִים Dan. 1, 16[3]; ביזונא „Ritzchen" I, 188, 9 von ܒܲܙܥܵܐ; שאבוניא „Splitter" I, 181, 12 von שִׁיבָּא „Stück, Spahn" (dessen hebr. Plur. שְׁבָבִים Hos. 8, 6)[4] und das Adjectiv דירדקוניא parvuli I, 387, 12 von דירדקיא (§ 148).

§ 120. Mit *âm*: Bildungen auf *m*, im älteren Semit. wohl einst zahlreicher[5], sind im Aram. ziemlich ausgestorben. Der einzige Rest im Mand. ist עומאמא „Tag" = ܝܘܼܡܵܡܵܐ, hebr. ursprünglicher (aber nur noch in adverbialer Bedeutung) יוֹמָם für *jaumâm* aus *jaum*, *jôm*.

§ 121. Mit *âi*. Diese Endung bildet auch im Mand. relative Adjectiva, nicht bloss von Eigennamen, sondern auch von andern Substantiven, Adjectiven und Adverbien, sogar von zusammengesetzten Adverbialausdrücken. Ziemlich häufig bedeuten diese Worte „sich beschäftigend mit" und werden, namentlich im Plural, gern substantivisch. Die wissenschaftliche Beziehung auf Etwas, welche die Adjective auf *âi* im Syr. unter griech. Einfluss (als Nachbildung der Wörter auf κός) in so ausgedehntem Maasse annehmen, ist ihnen im Mand. natürlich

---

1) Aber ציהיון ראבתיא Ox. 13ᵃ ist „das grosse Zion" (ܨܗܝܘܿܢ = ציון).

2) Ueber מאהדרוניאתא s. S. 138 Anm. 3.

3) זרענים ist dem Aram. entnommen. Ob die Punctation, welche es wie ערבון, עצבון behandelt, richtig ist, bezweifle ich sehr.

4) שיפא von שפף „abreiben" ist davon zu trennen.

5) Vgl. hebr. רֵיקָם, אֵיבָם und Eigennamen wie גרשם, עמרם; arab. أَسْنَهُ = سِنُّهُمْ; شُجَاعٌ = شُجْعَمٌ u. s. w.

fremd; gar nicht kennt dieses die zu streng wissenschaftlichen Ableitungen fast noch beliebteren Bildungen mit dem Doppelsuffix *ânâi*.

Von Eigennamen: פארסאייא „Perser"[1]; אראבאייא „Araber"; רוהמאייא „Römer" I, 389, 21 (lies רהומאייא aus syr. ܪܗܘܡܝܐ mit der pedantischen Wiedergabe des ὁ durch וֹ, welche die Mandäer gedankenlos nachschrieben); סיגיסנאייא (lies סיגיסכאייא) von *Sagazîk* (arab. جَزِّى) „Sagistânier"; משונאייא „Bewohner des Paradieses" (משוניא כושטא § 111); מאגושאייא „Magier" ܡܓܘܫܐ Μαγουσαῖοι u. s. w. Von sonstigen Nomina: גאואייא internus; dann „Eunuch" I, 217, 24[2]; בראייא externus; עלאייא superior; תיתאייא inferior[3]; מיצאייא medius = ܡܨܥܝܐ; קאדמאייא[4] und רישאייא primus und so die übrigen Ordinalzahlen (§ 155); באתראייא posterior; להדאייא, ליהדאייא (durchgängig besser beglaubigt, als das trotzdem wohl richtige להודאייא = ܠܚܘܕܘܗܝ) solus; כילאייא, כעלאייא „der sein Maass (כילא, כעלא) erfüllt hat, gestorben"; נוכראייא „fremd" = ܢܘܟܪܝܐ aus נֻכְרִי aus נֵכָר نَكِر; זאנגאייא „Glöckner" von זאנגא aus pers. زَنْگ (syr. ܙܓܐ); ארטילאייא „nackt" = ܥܪܛܠܝܐ von ארטיל, ܥܪܛܠ; לאגאייא „Barbaren" I, 385, 19 wie ein Volksname von לאגא, (vgl. hebr. לַעֲגֵי) weitergebildet[5]; גזיראייא „die sich beschneiden" von ܓܙܝܪ „beschnitten; מאטאראייא „der auf Posten steht" von מאטרא;

---

1) Oft wird bei diesen Adjectiven schon im Sg. אייא statt איא geschrieben (so schon I, 2, 23 קאדמאייא nach vorhergehendem אלמיא); das beruht wohl darauf, dass איא im Uebergang zu einer diphthongischen Verschmelzung war, so dass der Unterschied von אייא (etwa *âê*) nicht mehr stark hervortrat.

2) So auch syr. ܓܘܝܐ, targ. גוויא „Mann des Inneren", ein Euphemismus wie خَادِم ܡܚܡܨܠ u. s. w.; übrigens wohl aus בַּוָּא S. 121 umgebildet.

3) Der Gegensatz von ܥܠܝܐ zeigt, dass auch im Syr. ܬܚܬܝܐ nicht etwa ein فَعَّال von עלי, sondern Ableitung von ܬܚܬ (تَحْت) ist, mit secundärer Verdopplung, um dem Worte mehr Halt zu geben.

4) קודאמאיא II, 136, 3, ist trotz besserer Bezeugung kaum richtig gegenüber קאדמאייא.

5) Vgl. أَعْجَمِيّ, wo أَعْجَم genügte, nach Analogie von عَرَبِيّ u. s. w.

„der übersetzt" II, 80, 10; Q. 65, 22 von خُدڪَتِ (unbelegt), wenn nicht von مُخَدڪَتِ (häufig) מאמבארהא (§ 68) wie גינאיא „Gärtner" = גינאה Baba m. 36ᵃ; 64ᵃ; Gittin 14ᵃ von גינתא¹. So ist vielleicht ähnlich אזגאיריא I, 217, 19 (ein Mann, der ein unreinliches Gewerbe betreibt) „Glasbläser" von אזגאריתא „Glas" I, 281, 10 (§ 44).

Nicht wohl richtig kann sein מאפראיי (st. abs.) „Flügel besitzend" II, 112, 1; eher wohl מאפראי = *מְפָרְחָי.

Eine Ableitung vom Plural בתיא בָּאתֵי muss sein באתאייא, באתאיאתא „Häuser habend, verheirathet" I, 95, 14; II, 17, 23 (überall ohne Variante).

Das Fem. auf איית siehe bei den Adverbien § 160.

§ 122.   Mit ê. Durch den Antritt eines יא an Formen, die vor dem letzten Rad. ein ו haben, bilden sich im Mand., wie im Talm. und im Neusyr.², die Infinitive aller Verbalclassen mit Ausnahme des Peal; vor das Wort tritt oft noch ein מ, welches sich im Talm. kaum nachweissen lässt. Diese Infinitive sind ein Merkmal der östlichen Dialecte des Aram. Die Bildung שַׁבּוֹחֵי u. s. w. ist sehr räthselhaft. Sie aus Formen wie dem paläst. שַׁבָּחָא (mit dem אָ— des st. emph.)³ oder مَحْبَسُةٌ (mit dem û, ûth des Abstractums) durch blosse Lautumwandlung zu erklären, hiesse alle sichre Analogie verlassen. Wenngleich man gewohnt ist, das innere ו ô zu lesen, darf man am Ende doch wohl hebr.

---

1) Zur Noth freilich auch von einer Masculinform גַן wie im Hebr. abzuleiten. Uebrigens vgl. das häufige ܡܚܒܬܢܐ von ܡܚܒܬܐ und das von Barh. gr. II, 27 aufgeführte ܐܘܢܝ von ܐܘܢܐ; sowie ähnlich ܫܫܠܬܢܐ ὑλυσίδετος Ex. 28, 22 Hex. von ܫܫܠܬܐ. Im Aram. bleibt sonst in der Regel das ת des Fem. vor solchen Ableitungssuffixen.

2) Jetzt finden wir einzelne dieser Formen selbst bei Onkelos und Jonathan, ferner in einigen palästin. Targumen (aber nicht in allen). Ursprünglich aber sind diese babylon. Formen da nicht; in sonstigen palästin. Schriften finden wir sie wohl nie.

3) Bei der genauen Uebereinstimmung dieser paläst. Formen mit den sonstigen, auch den nicht aram., kann es kaum zweifelhaft sein, dass die Endung â hier wirklich den Stat. emph. bedeutet, obwohl der Stat. constr. אַחֲוָיַת Dan. 5, 12 in die Femininbildung überlenkt; sollte dafür אַחֲוָיָה zu lesen sein?

Abstracta wie שִׂכְלוּל hierherziehn; dies wäre der Inf. Pael, während uns אֱשְׁתַּדּוּר Esra 4, 15, 19 (schon auf aram. Gebiet) eine analoge Bildung aus Ethpaal und נִפְתּוּלִים eine aus dem, im Aram. unbekannten, Nifal zeigte; vgl. noch נַאֲפוּפִים, נַעֲצוּץ (eigentlich „Stechen"), שַׁעֲרוּרָה[1]. Vielleicht hatten selbst die arab. تَفَعُّل, تَفَاعُل (äth. *tagab'rô*) ursprünglich langes *û*. Das auslautende *ê* möchte ich am liebsten für eine Femininendung = ي ـَ, syr. ܺܝ ـ (wie in ܡܶܚܕܳܐ, ܠܶܚܡܳܐ, ܠܶܚܡܳܐ, ܚܶܣܕܳܐ, ܠܶܒܳܐ) halten; dass die mand. Infinitive männlich construiert werden können, gäbe keinen starken Einwand, da die unzweifelhaft weiblich gebildeten syrischen wie ܡܚܒܟܘܬܐ u. s. w. ebenso behandelt werden. Bedenklicher, aber doch auch nicht sehr erheblich, ist schon, dass das *ê* vor Possessivsuffixen wegfällt. Aber da diese Erklärung doch noch zweifelhaft und die Sprache jedenfalls von der Bedeutung des Suffixes kein Bewusstsein mehr hatte, so thun wir besser daran, diese Formen hier bei der Bildung der Nominalstämme als bei der Motion zu behandeln.

1) Vom Pael: בארוכיא „segnen"; נאטוריא „bewahren"; שאבוהיא „preisen"; גאלוליא „offenbaren"; קאירומיא „aufrichten"; לאטוטיא „verfluchen"; מאטוייא „hingelangen"; אסייא „heilen" Q. 13, 8 [2].

---

1) Dagegen ist es bedenklich دَيْمُومَةٌ, سَيْدُودَةٌ, شَيْخُوخَةٌ, بَيْنُونَةٌ u. s. w. hierher zu ziehen, so nahe es liegt, sie wie נִיחֹחַ als Inf. zu בּוּן u. s. w. aufzufassen (EWALD, Gr. 7. Aufl. § 156°); denn die durch eine Dichterstelle bei Ibn Anbârî (cod. Lugd. 564 p. 255) belegte Form كَيْنُونَةٌ macht es wahrscheinlich, dass jene Abstracta erst Weiterbildungen aus Adjectiven wie بَيِّنٌ, شَيِّخٌ (= شَيْخٌ) u. s. w. sind. So erklärt sich auch, dass diese Bildungen gleichmässig von עוּ und von עִי hergeleitet werden. Jener Vers lautet:

يَا لَيْتَنَا قَدْ ضَمَّنَا سَفِينَةٌ ٭ حَتَّى يَكُونَ الْوَصْلُ كَيْنُونَةٌ

Er wird auch zur Hälfte citiert von einem Späteren bei GUIDI zum Liede des Káb S. x, wozu FLEISCHER's Aenderung in كَيْنُونَةٌ kaum statthaft ist.

2) Ein Cod. אסויא, wie öfter יא in solchen Fällen für ייא geschrieben wird.

Seltner mit מ: מפאקודיא „befehlen" II, 2, 7; מזארוזיא „hurtig machen" Ox. III, 90ᵃ, wo 2 Pariser Codd. זארוזיא; מקאירמיא „aufrichten" Ox. III, 90ᵃ, wo ebendieselben קאיומיא; מישאניייא „versetzen" I, 214, 26.

2) Vom Afel: ארבוכיא „knieen" (§ 67); אגזוריא „verurtheilen" II, 43, 5; אסבוריא „belehren"; אזהוריא „erhellen"; אקומיא „aufrichten"; ארומיא „erhöhen"; אסגוייא „gehn".

Mit מ: מאצותיא „hören"; מאסגוייא „gehn"; מאיתוייא „bringen".

3) Quadrill.: האנדוזיא „messen" (aus pers. *handâz* اندازَ); דאידומיא „still stehn" (von דום oder דמם); ראורוביא „gross machen".

4) Von Reflexiven. Vom Ethpeel kann ich nur einige von לי׳ aufführen: עתיכסוייא „bedeckt werden"; עתיגלוייא, עתיגלוייא „offenbart werden".

Vom Ethpaal: עתלאבושיא „bekleidet werden"; לתאפוכיא (für לעתהאפוכיא) „umzukehren" Q. 54, 12; עתארוביא „gemischt werden" (ܚܠܛ) Q. 28, 6; עתיאיוריא „erglänzen" Q. 33, 5 (von יהר § 59); עשתאפוייא „ausgegossen werden" (שפא = שְׁפַע); עשתאיוייא „erzählen" = אֶשְׁתַּעֲוִי, wofür allerlei schlechte Varr. vorkommen wie עשתאיויא, עשתאיריא.

Mit מ: מישתאדוריא „geschickt werden"; מיתיאתוריא „sehr gross sein"; מיכאדושיא „streiten"; מיתבאנויא „erbaut werden".

Quadrill.: עלאַרפותיא „gefesselt werden" I, 204, 7.

§ 123. Mit *ûth*. Diese dem Nordsemitischen gemeinsame Abstractendung bildet auch im Mand. von Adjectiven wie von Substantiven Ableitungen; wieder aber ist die Bildung nicht so häufig wie in der Sprache der gelehrten Syrer, die namentlich auch Wörter auf ܢܽܘܬ̣ܳܐ, ܺܝܘܽܬ̣ܳܐ = griech. ότης u. s. w. lieben. So z. B. מאלכותא „Königthum"; ראהמותא „Liebe" = ܐܣܝܽܘܬ̣ܳܐ; באהתותא „Beschämung" (vom Part. ܒܳܗܷܬ̣?); זאהרותא „Vorsicht" (syr. wäre nur ܐܙܕܰܗ̇ܪܘܬܳܐ möglich); ביסרותא „Fleischlichkeit" von ביסרא ܒܶܣܪܳܐ; סיברותא „Kunde"; טאבותא „Güte"[1]; ראבותא, רבותא (§ 11) „Grösse"; סיבותא „Greisenalter" = ܣܰܝܒܽܘܬ̣ܳܐ (§ 21);

---

1) Es vertritt in seiner Bedeutung nicht bloss ܛܳܒܽܘܬ̣ܳܐ, sondern auch ܛܰܝܒܽܘܬ̣ܳܐ, טיבותא = χάρις, welches wie ܣܰܝܒܽܘܬ̣ܳܐ gebildet ist.

זידאנותא „Zorn" aus זידאנא (§ 117); יאנקותא „Kindheit" von יאנקא (§ 98. 140); מטאנפותא „Unreinheit" von ܡܛܰܢܦܳܐ; מכאירותא „Hässlichkeit" von ܡܟܺܐܰܪ; מאזרותא „das Säen" DM 19 von ܡܙܰܪܥ; מאמידותא „christliche Taufe" I, 362, 1 wie vom Particip. ܡܥܰܡܕ oder ܡܥܰܡܶܕ, aber eigentlich Umbildung von ܡܰܥܡܽܘܕܺܝܬܳܐ. Statt האיאסותא „Erbarmen" (Q. 73b ein Codex) von האיאסא ܚܳܝܳܣ steht durchweg האיסותא oder היאסותא.

האימאנותא „Glaube" = ܗܰܝܡܳܢܽܘܬܳܐ ist im Grunde ein alter Infinitiv.

Eigenthümlich sind die Ableitungen von Reflexiven ותראהמותכון (für ″ועת) „und euer Erbarmen" Q. 73b unten mehrmals von ܐܶܬܪܰܚܰܡ und תיארותא, אתיארותא „Glänzen" von אֶתְיַהַר (§ 59); bei beiden erwartete man eine Bildung vom Partic. mit vorderem מ. Vielleicht sind auch dies Infinitive = *ethraḥḥâmûthâ* u. s. w. mit Ausfall des *â*, um diese gar zu ungefügen Wörter zu erleichtern.

Bei den Ableitungen von ל״י bleibt meistens der Schlussradical als *j*. Doch ist das nicht die alte Weise, nach der vielmehr, wie im Hebr., der vocalische Auslaut wegfällt. Wir haben nach dieser vom Part. act. Peal: מאטותא „Bitte" = מָטוּתָא von מאטיא, מָטֵי „anreichend"; זאכותא „Reinheit" = ܙܳܟܽܘܬܳܐ von ܙܳܟܶܐ; אסותא „Heilung" (wovon im Syr. der Plur. ܐܳܣܘܳܬܳܐ)[1]; die Plurale שארואתא „Gastmähler" II, 106, 15 = ܫܶܪܘܳܬܳܐ von ܫܶܪܽܘܬܳܐ[2] und באואתא „Bitten" = ܒܳܥܘܳܬܳܐ von ܒܳܥܽܘܬܳܐ (als dessen Sg. בותא = *בְּעוּתָא dient). Ob טאיותא „Götze" = ܛܳܥܝܽܘܬܳܐ oder = טְעוּתָא, lässt sich nicht sagen, da beide Formen nach den Lautgesetzen jenes ergeben würden.

Diesen Formen mit Wegfall des *j* stehn gegenüber זאניותא „Hurerei" ܙܳܢܝܽܘܬܳܐ von ܙܳܢܶܐ und מאריותא „Herrschaft" Ox. III, 49a.b von מאריא ܡܳܪܝܳܐ (syr. ܡܳܪܘܬܳܐ, direct von ܡܳܪܳܐ)[3].

1) Eine jüngere Bildung aber ist vom Sg. ܐܳܣܝܽܘܬܳܐ direct ܐܳܣܝܘܳܬܳܐ Barh. gr. I, 35, 3 ff.

2) Wie erklärt sich die Form שירותא im Targ. und Talm.?

3) Mit Wegfall des *j* kenne ich im Syr. sonst keine als die genannten Formen. Mit Beibehaltung haben wir ferner ܫܳܢܝܽܘܬܳܐ „Verrücktheit"; ܪܳܥܝܽܘܬܳܐ „Hirtenamt" Land, Anecd. II, 178, 4; III, 306, 23; ܕܰܘܝܽܘܬܳܐ „Elend"; ܚܰܕܝܽܘܬܳܐ

Von kürzern Formen bildet sich mit Wegfall des *j:* ܕܡܘܬܐ „Gestalt" = ܕܡܘܼܬܵܐ, Pl. ܕܡܘܵܬ݂ܵܐ (hebr. דְּמוּת, auch im Stat. absol., wo דְּמוּת kaum möglich wäre) und צבותא „Sache" = ܨܒܘܼܬ݂ܵܐ, Pl. ܨܒ݂ܘܵܬ݂ܵܐ scheinen Bildungen wie סִכְלוּת ܣܲܟ݂ܠܘܼܬ݂ܵܐ zu entsprechen. So vielleicht auch בותא „Bitte" = *בְעוּתָא; שׁוּתא = שְׁעוּתָא „Gespräch"[1] und der Plural שִׁיטְרָאתָא „Thorheiten", der neben Sg. שׁיטיא üblich ist. Aber מסותא „Verdichtung" (syr. ܡܣܘܼܬ݂ܵܐ „Fäulniss" II, 59 F; Aphr. 155; BA neben ܡܚܣܘܼܬ݂ܐ und ܡܚܣܘܼܬ݂ܐ „das Gerinnen der Milch", „das, was die Milch zum Gerinnen bringt" BA nr. 626; 2704); סרותא „Gestank"; דנותא „Demuth" (vgl. עַדְנִיא = ܥܲܕܢܝ̣ܐ); הזותא „Anblick" (hebr. חָזוּת)[2]; גלותא „Verbannung" (גָּלוּת)[2] sind am besten als Ableitungen vom Part. pass., resp. Adj. ܡܲܣܝܵܐ ܡܚܣܲܢ, ܡܲܚܣܲܢ; ܣܢܹܐ, ܣܢܹܐ u. s. w. anzusehn.

Dagegen wird das י in Bildungen von solchen Adjectiven erhalten in דאכיותא „Reinheit" = ܕܲܟ݂ܝܘܼܬܵܐ; כאליותא „Fremde" von ܢܘܼܟ݂ܪܝ „zurückgehalten"; האליותא „Süssigkeit" = ܚܲܠܝܘܼܬܵܐ; כאריותא „Betrübniss" = ܟܲܪܝܘܼܬܵܐ; גאיותא „Herrlichkeit" = ܓܐܝܘܼܬܵܐ; גאליותא „Klarheit" = ܓܲܠܝܘܼܬܵܐ; ראשׁיותא „Bestechung" I, 215, 6 vgl. targ. רִשְׁוְתָא; קאשׁיותא „Härte" = מאסיליותא; אניותא „Niedrigkeit" = targ. עֲנִיוּתָא. Ganz analog מאסיליותא „Verworfenheit" von ܡܲܣܠܲܝ = ܡܲܣܠܝܘܼܬ݂ܵܐ (§ 25), welche Form ich allerdings nur in activer Bedeutung „das Verwerfen" (von ܡܲܣܠܹܐ) belegen kann (Anton. Rhetor in ROEDIGER's Chrestom. S. 111).

Nicht erklären kann ich עירות מאלכא „Königsstolz" I, 178, 3 von dem das oben erwähnte עוּתָאא = targ. אוּתָא (S. 139) herkommt[4].

§ 124. Mit *i.* Die Vermehrung durch angesetztes *i (j)* ist schwerlich bei allen betreffenden Wörtern gleicher Natur. Theilweise ist hier wohl eine Vereinfachung des *âi* der Nisba (§ 121), theilweise mag das *j*

„Schönheit"; ܕܲܡܝܘܼܬܵܐ „Aehnlichkeit"; ܣܲܟ݂ܠܘܼܬܵܐ „Thorheit"; ܫܘܼܝܘܼܬܵܐ „Würdigkeit"; LAGARDE, An. 2, 2 und wohl noch andere.

1) Vgl. das Adverb. שׁנות „anders" (§ 160).
2) Mit unwandelbarem *â*.
3) Syr. noch viele wie ܫܲܘܝܘܼܬܵܐ „Gleichheit"; ܡܣܟܢܘܬܐ, ܚܠܝܘܼܬܵܐ, ܒܢܝܘܬܐ.
4) האדותא (S. 101); צלותא (S. 111); מאצותא (S. 131) sind nicht mit Suffix ות gebildet. Auch nicht גירותא „Körper" (S. 103).

auch rein parasitisch (als Mouillierung) sein[1]. Die im Syr. für Abstracta beliebte Form ܡܥܲܒܕܳܢܘܬܐ (vgl. auch חיבוליא [2] „Wucher" Moed k. 28ᵇ und in den Targg.; כינופיא „Versammlung" Taanith 12ᵇ u. s. w.; christlich-paläst. חוטופיא „Raub"; טולומיא „Unterdrückung") darf man wohl finden in פלוגיא „Theilung" und טנופיא „Unreinheit", vielleicht auch in בלוקיא I, 236, 6 u. s. w., das „Blendung"[3] zu heissen scheint. Mit *i* ferner גירביא „Nord" = ܓܰܪܒܝܳܐ (arab. entlehnt جَرْبِيَاء Mubarrad, Kâmil 464, 11 u. s. w.). סוסיא „Pferd" = ܣܘܣܝܳܐ, aber hebr. סוס wie syr. Fem. ܣܘܣܝܐ Cant. 1, 8; Geop. 106, 17 u. s. w. ist wohl ein uraltes Fremdwort, vgl. Ludwig Geiger, Urspr. u. Entwicklung d. menschl. Sprache I, 464[4]. Uebrigens sind die Formen mit י wohl ursprünglicher.

Mit der Femininendung haben wir ־ִית im Hebr. gradezu als Abstractendung, wie ־וּת, und dieses ist unzweifelhaft einfach das Fem. zu den Adject. auf ־ִי (wie arab. Abstracta auf يَّة). Vermuthlich

---

1) Arab. vgl. die Pflanzennamen عَلْقَاةٌ nom. unit. عَلْقًى und أَرْطًى (أَرْطَاةٌ) Mubarrad, Kâmil 468, 5 f.; Mufaṣṣal 104, 2; vielleicht auch أَفْعًى neben أَفْعَى אֶפְעֶה Hamâsa 386 oben, obgleich تَفْعَى „wie eine Natter thun" (vgl. تَنَمَّ) und äth. *faʿau* das Wort zu einer Wurzel פער ziehn. Ueber אריה unten § 134 Anm.

2) Trotz dieser Form ziehe ich mand. הבוליא „Zins" nicht hierher, sondern nehme es als Plur. wegen des meistens dabeistehenden והבול הבוליא „und Zinseszins" (oft stark entstellt).

3) Vgl. „Wehe dem Fische" דבליקלון דאינה נהורא לאהאזיא „welcher von ihnen geblendet ist, dessen Auge das Licht nicht sieht" DM 49ᵇ. ܨܠܚ heisst „erscheinen, entgegentreten", aber ursprünglich wohl (vgl. بلق) „hell schimmern", woraus sich „Blendung" ableiten lässt.

4) ܣܰܝܶܣ „pflegen, (ärztlich) behandeln" (ziemlich häufig) ist Safel von ܐܳܣܝ, nicht Denominativ von ܣܘܣܝܐ, worauf سَائِس, سِيَاسَة u. s. w. sonst führen könnten.

darf man auch die ähnlichen arab. Wörter[1] als verkürzte Formen des Relativadjectivs ansehen. So haben wir זוהמיתא „Schmutz" I, 81, 13; II, 105, 8 (syr. ܙܘܗܡܘܬܐ und ܙܘܗܡܬܐ, letzteres wohl *zâhmûthâ* Ephr. II, 560 B; Land, Anecd. II, 300, BA s. v.); צורוריתא oder צרוריתא „Salamander" = ܨܘܪܳܪܐ; ביריאתא „Strassen" (§ 18, st. abs. בירא § 128) = ܒܰܪܳܐ von ܒܰܪ „draussen"; טולאניאתא „Schatten" = ܛܶܠܳܢܝܳܐ von ܛܶܠܳܠܐ. מאספוטיאתא „Ketten" von כפט = صفل (§ 46) und גארטופיאתא „Messer" (§ 41) muss man vielleicht schon zu den Wörtern zählen, die erst im Pl. dies *j* annehmen. Sehr viele Wörter erhalten nämlich im Pl. dies *j* unter gewissen Verhältnissen ganz wie ein flexivisches Element; darüber § 128. 135. 138 [2].

Ganz einzeln steht da מוזאניא „Wage". Ich möchte vermuthen, dass hier das *j* ein Ueberbleibsel der Dualendung von מאזנים ist. Dass davon ein Plur. מוזאניא (§ 133) gebildet wird, spricht nicht dagegen; man hatte die Bedeutung der Endung längst verloren.

§ 125. Die dem Aram. eigenthümliche Diminutivendung auf וס (syr. nicht ganz selten auch im Fem. ܘܣܐ, Pl. ܘܣܬܐ) haben wir noch in עמברוסיא „Lämmchen" DM 15ᵇ von עמברא (§ 69), das in der Form عمروس auch in die Sprache der Araber Syriens aufgenommen ist (Ǧawâlîqî 106 ult.).

B. Flexion.

§ 126. Die 3 Status sind im Mand. noch deutlich bei beiden Geschlechtern und Zahlen vorhanden, ungefähr in demselben Umfange wie im Syr. Doch fallen wegen der mand. Laut- und Schriftgesetze manche ursprünglich getrennte Formen theils lautlich, theils wenigstens in der Schrift zusammen. Eine streng genetische Behandlung der betreffenden Suffixa würde dadurch zu grosser Weitläufigkeit führen und ist

---

1) Arab. (رَفَاهَةٌ =) رَفَاهِيَةٌ; (طَمَاعَةٌ =) طَمَاعِيَةٌ; (كَرَاهَةٌ =) كَرَاهِيَةٌ; كَحَفْنِيَةٌ; زُفَهْنِيَةٌ; بُلَهْنِيَةٌ; عَلَانِيَةٌ Hariri, Durra 160; Lâmija 18 u. s. w. Vgl. Sachau in Z. d. D. M. G. XXIV, 719.

2) יאנקיתא „weibliches Kind" als Fem. zu יאנקא I, 289, 23 ist schwerlich richtig; lies etwa יאנוקתא. — מארגאניתא „Perle" ist bekanntlich ein Fremdwort.

dazu ganz unnöthig, da ich voraussetzen darf, dass der Leser mit der ursprünglichen Bildung dieser Formen im Aram. schon bekannt ist. Ebenso wenig brauche ich eine genaue Darstellung der inneren Vocalveränderungen zu geben. Der Hauptsatz, dass der in offne Silbe tretende kurze Vocal wegfällt, gilt auch im Mand., allerdings mit den Einschränkungen, die sich aus § 29 ergeben. Vgl. z. B. נאפיק „herausgehend", נאפקא, נאפקין, נאפקאן, נאפקריא, נאפקיא; קאיים „stehend", קאימא, קאימיא; אלמיא, אלמא, ࠀࠋࠌࠀ = אלאם; אמריא, אמרא, אמאר „sagend", aber מאסכיליא peccantes I, 8, 9; מאוזיפילהון „sie leihen ihnen" I, 187, 9 (Variante מאוזפילהון); מאוקירין honorantes neben מאוקריך, מאוקריא I, 20, 21; 50, 10; מאלבישילה vestientes eum neben מאלבשילה (seltner); מסארסיפין „anfachende" neben מדאנדמיא „still stehende"; מיתאכשיליא „strauchelnde"; מיתאפרישיא „lernende"; מיתארמידין „unterwiesene" DM 37ᵃ 2 mal (Varr. מיתארמודיא). Besonders zu beachten ist noch, dass die Participia des Ethpeel, in Uebereinstimmung mit der sonstigen Vocalisation dieses Verbalstammes, dem 1. Rad., wo derselbe einen Vocal erhält, nicht א, sondern י geben; also מיתניסבא „genommen" = ࠌࠄࠕࠍࠎࠁࠀ; מיתפיכריא „gefesselte"; מיתגיררביא „geplünderte"; מיהידרא conversa; מיתבייניא = ࠌࠄࠕࠁࠍࠉࠀ aedificata; מיבّעיא, מיבّייא = ࠌࠄࠁࠏࠉࠀ quaesita. Eine Ausnahme bilden die ׳פ: מיתיאדלין, מיתיאדליא nascentes I, 46, 21; 48, 23; 58, 23. Die Lautgesetze über die Gutturale kommen natürlich nöthigenfalls zur Anwendung z. B. ࠌࠄࠎࠊࠀ = מאשכא und ࠌࠄࠎࠊࠍ; Plur. מאשכיא, מאשכין = ࠌࠄࠎࠊࠉࠀ; יאדיא oder יאדין = ࠉࠀࠃࠍ u. s. w.

Bei dem Sg. ohne Fem.-Endung (einerlei, ob das Wort sonst männlich oder weiblich ist) stimmen auch im Mand. St. abs. und cstr. völlig überein. Diese beiden stellen bei den meisten dieser Nominalbildungen die verhältnismässig ursprünglichste Form dar; denn עוצאר („Schatz") „Gedanke"; ציפאר „Vögelchen"; צאואר „Hals"; קיראס „Krankheit" (aus καιρός); נאפיק „ausgehend" haben eine ursprünglichere Vocalisation als resp. נאפקא, קירסא, צאורא, ציפרא, עוצרא. Steht vor dem letzten Rad. ein langer Vocal, so besteht der ganze Unterschied im Fehlen oder Setzen des א wie in לבוש, לבושא „Kleid"; באב, באבא „Thor"; נהור, נהורא „Licht"; ריש, רישא „Haupt" u. s. w. Bei Diph- § 127.

thongen tritt aber in geschlossener Silbe die Vereinfachung ein, also
דור "Wohnung"; סוף "Ende"[1]; בית "Haus" neben באיתא, סאופא, דאורא.
Aehnlich so גו neben גאוא "Inneres" (aber גואן, גאונא siehe S. 152).
Da die Formen mit vocalisch anlautender Endung viel häufiger sind
als die andern, so kann man einen bei jenen wegfallenden kurzen Vocal
nicht immer aus dem Mand. selbst bestimmen; mitunter wie bei נארגא
"Beil" = نَرْجِـا gelingt dies nicht einmal mit Hülfe der verwandten
Dialecte.

Uebrigens sind bei Weitem nicht alle grammatisch möglichen Fälle
in der Literatur nachzuweisen; doch wären wir im Stande, fast alle
nach sicheren Analogien zu bilden.

Die einfachsten Bildungen (§ 88 ff.), soweit der 2. und 3. Rad.
stark und sie nicht von Wurzeln ע״ע, werfen im Aram. meistens den
Vocal im St. abs. und cstr. nach hinten. Sichere Beispiele des im
Hebr. üblichen Verfahrens, den Vocal an seiner Stelle zu lassen, aber
einen Hülfsvocal nach dem 2. Rad. einzuschieben, eines Verfahrens,
welches auch das Syr. in اُورَح "Weg" und اُورَع "Begegnung" und
andere Dialecte wie das Christlich-Paläst.[2] noch häufiger einschlagen,
finden wir im Mand. nicht. Doch darf man wohl שאמיש "Sonne" =
שֶׁמֶשׁ, שָׁמֶשׁ und vielleicht צוריך (st. cstr.) "Strahl"(?)[3] = *צֹרֶךְ so auf-

---

1) Beliebt in יומא דסוף "jüngster Tag" und יאמא דסוף "Meer des
Endes". Dieser Ausdruck geht natürlich auf das hebr. ים סוף zurück.
Man fasste dies aber vielfach als ים סוף auf (vgl. Aphraates 255 ult.:
ܐܣܘܦ ܠܡܨ̈ܪܝܐ und ausdrücklich Barh. zu Exod. 15, 4, sowie BB in einer
mir zufällig vorliegenden Stelle; die Nestorianer punctieren auch ܣܘܿܦ
sôf, nicht ܣܘܿܦ sûf). Die allegorische Verwerthung des Untergangs der
Aegypter finden wir u. A. bei den Peraten s. Pseudorigenes 5, 16 (131).

2) Z. d. D. M. G. XXII, S. 475 f.

3) Oft in צוריך הייא (entgegenkommender) "Strahl des Lebens" (oder
so ähnlich). צראך בקאלא I, 363, 1 vgl. Z. 2: "er schrie auf" kann damit
in Verbindung gebracht werden, da dessen Zurückführung auf صرَخ = צרח
(Ephr. II, 490 D; III, 280 F; Jes. 54, 1 Hex., auch targumisch)
nicht wohl angeht. Dagegen weiss ich das Adj. צריך I, 235, 2 damit nicht
zusammenzubringen, da dieses "still, ruhig" heissen muss; sollte dies ursprünglich = صَرِب "bedürftig, arm" sein?

fassen. Aeusserlich schliessen sich im Mand. auch die wenigen entsprechenden Bildungen mit kurzem Vocal beim 1. und 2. Rad. (§ 92 ff.) den kürzesten an, obgleich die Entstehung der Formen eine ganz andere ist, indem hier der ursprüngliche 2. Vocal an seiner Stelle gehalten wird. Als Vocal nach dem 2. Rad. erscheint meistens *a*, auch wo dieses nicht durch vorhergehendes *r* oder einen Guttural hervorgerufen ist. Wir haben so von der einfachsten Bildung: מליך „König" (מאלכא); גבאר [1]; (אִישׁ אֱנָשׁ =) „Mensch" עניש; (טיפרא) „Buch" אספאר, ספאר „Mann" (נאברא); דבאר „Feld" (דיברא; רֶחֶם); כראם uterus (כארסא) syr. ܟܰܪܣܳܐ; גפאן „Rebe" (גופנא) für גֻפְנָא § 19); בגאן „Anrufung" = ܒܥܳܐ oder ܒܥܳܐ [2]; משא = ܡܫܚܳܐ „Oel" (מישא = ܡܫܚܳܐ) neben תירא מרומא „die Thür der Himmelshöhe" Ox. III, 48^b (ܬܰܪܥܳܐ; das י ist entweder wegen Verdunklung der Form echt, oder aber es beruht bloss auf einer vom Schreiber begangenen Verwechslung mit dem häufigen St. emph. תירא = ܬܰܪܥܳܐ). Der Vocalunterschied von ܒܥܶܠ, ܒܥܶܠܕ ist im mand. ביל, בילא (in בילדינא „Gegner vor Gericht"; בילדבאבא „Feind") nicht mehr vorhanden. Hier erwähnen wir noch פסאן עדה Ox. III, 12^a, das zu פיסניא I, 118, 18; 192, 22; Ox. III, 48^b gehören wird, dessen Bedeutung und etymologischer Zusammenhang aber dunkel ist[3]. Eine Form

---

1) Die Auffassung dieses nur im St. abs. und nur in der Bedeutung „irgend Einer" vorkommenden Wortes = talm. איניש als einfache nothwendige Lautveränderung von אֱנָשׁ verdanke ich einer Mittheilung von G. HOFFMANN. Das Syr. braucht in der Bedeutung das verwandte ܢܳܫ, ܐܢܳܫ = أُنَاس אֱנוֹשׁ.

2) Das syr. Sprachbewusstsein hatte schon den etymologischen Zusammenhang dieses Wortes verloren und schwankte daher in der Vocalisation; man las theilweise ܡܶܫܚܳܐ WISEMAN 247, wie ich denn schon bei Anton. Rhetor ܡܫܚܳܐ 3silbig gemessen finde. Nach Barh. gr. I, 239, 8 lasen die Ostsyrer ܡܫܚܳܐ, was übrigens zunächst nur auf der in geschlossnen Silben überaus häufigen Vertauschung des ◌ִ mit dem (dann auch kurz gesprochnen) ◌ֶ beruhen wird. Anderes zu dem Worte s. bei PAYNE-SMITH s. v.

3) An der ersten Stelle heisst es: „die Waffen fielen von ihrer Schulter (כאדפה) und die Bogen עדה פסאן מן". An der letzten Stelle steht פינדור כושטא דמליא פיסניא תושביהתא „die Cither (πανδούρα) der Gerechtigkeit, welche erfüllt ist mit ..... des Lobes". Hier erwartete man „Töne"

mit *u* ist שׁפוּר „Schönheit" (שׁוּפְרָא) und אתוּר (עוּתְרָא) ܥܘܼܬܪܵܐ) im Eigennamen אבאתור (§ 148 Anm.). Die Formen mit *au, ai* werden anders behandelt (siehe S. 150); aber das diesem gleichende Fremdwort גארזא „Farbe" pers. كُون *gûn* (aus altem *gauna*, altbaktr. *gaôna*) bildet גוּאן I, 34, 3, wie die Westsyrer ܓܘܢ sagen [1].

Von der Bildung mit ursprünglich kurzem Vocal des 2. Rad.: שְׁפִיל בְּסָאר (סאכלא) סָכָל ܣܲܟ݂ܠ „thöricht" = (שׁאפלא) שְׁפָל ܫܦܲܠ „elend"; כאנפא) כְּנָף [2] ܟܸܢܦ = „Flügel" = כנאף (ביסרא) בְּשַֹר ܒܸܣܪ = „Fleisch" (אתרא); ܐܲܬ݂ܪ [?] = „Ort", אתאר (דייבא); זְנָב „Schwanz" = דנאב (ܕܘܼܢܒ݂); so wohl auch לאראב = לא אראב „kein Schiff" I, 382, 4 (ארבא, ܐܲܪܒ݂ܵܐ). So das alte Fremdwort זבאן „Zeit" = ܙܲܒ݂ܢ זְבַן زَمَن u. s. w. (זיבנא, זִמְנָא ܙܲܒ݂ܢܵܐ)[3] aus altpers. *zarvan*.

Bei den Bildungen auf יא sind die 3 Status in der Schrift nicht zu unterscheiden, wenn nicht innere Vocalwechsel dazu kommen (wie z. B. דכיא = ܕܲܟ݂ܝܵܐ st. abs. oder constr., דאכיא = ܕܲܟ݂ܝܵܐ st. emph.) oder ein Encliticon antritt, welches z. B. האזילה = ܗܵܐ als Stat. abs. kennzeichnet. Aber ob z. B. מאריא als מָרְיָא stat. emph. oder als מָרֵי stat. constr. auszusprechen, kann man nur aus dem Zusammenhang erkennen, der hier freilich sicher führt. Die Substantive kurzer Form wie סיגיא „Gang" = סְגִיא, היזוא „Anblick" = ܚܸܙܘܵܐ kommen wohl nie anders als im St. emph. vor. Wie denn die Zahl der auf diesen Status beschränkten Substantive sehr gross ist. Ein ganz fester Sprachgebrauch findet sich in dieser Hinsicht selbst im Syr. kaum, und jedenfalls

---

oder „Saiten"; letztere passten zur Noth (aber schlecht) zu den Stellen der Sidra rabba.

1) Auffallend ist immerhin, dass das Mand. hier nicht eher zum ܓܘܢ der Ostsyrer stimmt. Ebenso ܗܸܢ und ܗܸܢ von ܗܘܼܢ. Siehe PAYNE-SMITH s. v. ܗܸܢ; Barh. gr. I, 68, 15 f.

2) Das ܲ kann ich nur durch CASTELLUS beglaubigen. Sonst habe ich für die Punctation der Wörter gute Autoritäten wie die ed. Urm., Barh. u. s. w.

3) Neupers. زَمان ist erst aus dem Arab. zurückentlehnt.

bedarf es noch umfassender Beobachtung, um die Nomina ungefähr zu bestimmen, welche alle 3 Status haben. Für's Mand. müssen wir noch mehr auf ein solches Unternehmen verzichten.

Der bei Weitem überwiegende Theil der Feminina bildet sich § 128. durch Antritt der Femininendung, welche ursprünglich *at* oder auch blosses *t* war. Diese Endung erscheint im Aram. noch im St. constr.; im Stat. abs. fällt das *t* ab, im Stat. emph. wird durch Zutritt des *â* daraus *tâ* z. B. ܡܠܟܬܐ, ܡܠܟܬܐ; ܡܠܟܬܐ, ܡܠܟܬܐ, ܡܠܟܬܐ. Beim Substantiv ist wieder der St. emph. durchaus überwiegend, während gewisse weibliche Adjectiva im Mand. diesen Status auch da, wo er syntactisch nöthig wäre, durch den St. abs. ersetzen (§ 223); der St. constr. ist bei weiblichen Adjectiven nicht sehr häufig.

Der Antritt des *ath*, *â* (st. constr. und abs.) hat natürlich dieselben lautlichen Folgen wie der anderer vocalisch anlautender Suffixa. Durch den Antritt des תָא (st. emph.) wird dagegen die ursprüngliche Form des Wortes nicht geändert, es sei denn, dass ein Vocal nach § 25 eingeschoben werde. Vgl. z. B. מיאבאשתא arefacta I, 191, 20, dessen St. cstr. und abs. ܡܒܐܫܬ, ܡܒܐܫܬܐ wären. Eine Uebersicht über die hier in Betracht kommenden Formen giebt die obige Liste der Nominalstämme. Wir bemerken nur noch einige Einzelheiten.

Der St. emph. fem. von Adjectiven wie דכיא „rein" ist דאכיתא; סאריתא putida; קאשיתא dura; האליתא γλυκεῖα also mit Beibehaltung des *a* gegenüber syr. ܚܠܝܬܐ u. s. w.; aber doch סניתא foeda. Den Stat. abs. bilden solche Wörter gewöhnlich so, als ob sie von Formen auf *î* herkämen, Nebenformen, denen wir noch mehr begegnen werden. So צהיא (*s'hîâ*) sitibunda I, 189, 6 (wie רְקִיעָא, רְקִיעָא); שריא, שרייא οἰκοῦσα I, 199, 22; Q. 69, 3; סניא foeda (neben סאינא § 22); רמיא jacta I, 216, 9; Ox. III, 11ª; כסיא occulta II, 111, 2; aber אביא crassa I, 84, 6 = ܥܒܝܐ; היניא jucunda = *ܗܢܝܐ (syr. nur ܗܢܝ, ܗܢܝܐ).

Die Adjectiva auf *ân* nehmen auch im Mand. im St. emph. fem. vor dem תא ein *i* an: מבאסמאניתא „duften machende" = ܡܒܣܡܢܝܬܐ; שאלמאניתא I, 332, 4 τελεία; פלאניתא aliqua u. s. w. Doch findet sich תיניאנתא secunda I, 343, 8; מאסטיאנתא „Verführerinn" I, 120, 2 (und statt jenes שאלמאניתא im AM 84 שאלמאנתיא). Der entsprechende St. abs. kommt nicht vor.

Wir sahen eben Feminina auf תיא. In einer Reihe von Adjectiven tritt nämlich תיא statt תא ein. Diese Endung, die gewiss *tê* zu sprechen ist, kennen wir auch aus dem babyl. Talmud, vgl. זוטרתי parva Meg. 25ᵃ; 26ᵇ; Baba k. in fine; חֲדַתִּי שַׁתָּא Moed. k 9ᵇ; חוורתי alba Gittin 68ᵇ; אחריתי alia oft. Diese Formen sind auch in andere jüdische Schriften gekommen, so namentlich oft רבתי [1] z. B. Targ. Jerus. Gen. 10, 10 (auch in der Massora). Im Echa r. findet sich חוורתי und אוכמתי nigra [2] u. s. w. Solche Formen sind im Mandäischen רבתיא (oft); היוארתיא alba; האדיתֿיא nova; צטארתיא = זוטארתי (§ 49); הורינתיא (und הורינתין §149) alia, also lauter Wörter, die wir auch im Talmud so finden; ferner שינתא כאדירתיא gravis somnus DM 15ᵇ [3]; האתיקתיא antiqua = ܟܠܡܫܬܐ I, 223, 5 nach der richtigen Lesart; כאדאבתיא und כאדאבתא „Lügnerinn"; האסירתיא und האסירתא „Mangelhafte"; באסימתיא und באסימתא „liebliche" (vgl. II, 21, 20; 23, 1 genau in derselben Phrase); שאפירתיא und שאפירתא pulchra und noch einige in den jüngeren Schriften. Von eigentlichen Substantiven so nur היזירתיא „Sau" neben Masc. היזורא. Häufiger sind aber die Formen auf תא und zwar auch bei ganz gleich gebildeten Adjectiven;

---

1) Barbarisch ist die auf Verwechslung mit dem ganz andersartigen hebr. רַבָּתִי Thren. 1, 1 beruhende Aussprache רַבְּתִי für die aram. Form. Einen interessanten Beleg für diese babylonische Form haben wir in اغمربثى ومعنى ذلك الآجام الكبرى Beladhori 293, 11 d. i. אגמא רבתי. Seltsam ist allerdings der weibliche Gebrauch von אגמא (ich verbessere وفى in ومعنى vgl. 386, 12).

2) Dass die Form ursprünglich wirklich babylonisch, erhellt auch wohl daraus, dass für שידתין „weiblicher Dämon" Gittin 68ᵃ (wofür שידתי zu lesen sein wird) die Lesart der Palästinenser שידתא ist.

3) כדר „schwer sein" kommt im Mand. mehrfach vor s. I, 166, 24; 167, 1; 170, 13. Im Syr. vgl. ܟܡܪ „ermüdet sein" Joh. Eph. 371; ܟܡܝܪܐ „Gewaltthätigkeit" Ephr. II, 241 B, verschiedene Anwendungen des Begriffs „schwer". Zu jenem gehört wohl das unbelegte ܟܡܝܪ infirmi, imbecilles, während ܟܡܪ blatero, linguax eigentlich „der Beschwerliche, Lästige" sein wird.

vgl. z. B. נאהירתא lucida; בצירתא „mangelhafte"; האיתא viva; קאדמאיתא prima; מכאלאלתא coronata (oft in Par. XI). Warum nur einige Adjectiva die Endung תיא theilweise oder immer haben, ist unklar. Dass man aber nicht etwa תא überall als eine blosse graphische Abkürzung für תיא aufzufassen hat, ergiebt wohl die Uebereinstimmung mit den jüd. Formen grade bei denselben Wörtern.

Im Stat. abs. verliert im Aram. nicht bloss die Endung *ath* (z. B. נאפקא „ausgehende" u. s. w.), sondern auch *ûth* den Schlussconsonanten. Also ܢܒܼ = טאבו; ܐܩܘ = אקו; ܙܟܼܘ = זאכו u. s. w. Doch wird die Sprache unsicher, indem sie zuweilen das ת im Stat. abs. beibehält, nämlich in האימאנות „Glaube" II, 121, 17 ff.; 129, 15; נאצרות („Nasoräerschaft", „nasoräische Weisheit") „Wissenschaft" Par. XI, 30ᵃ; 30ᵇ = Ox. III, 87ᵃ. Dagegen bildet האדותא „Freude" = חַדְוְתָא regelrecht האדוא oder הידוא ¹. Zu מנאתא „Theil" haben wir im Stat. abs. מנא. Von Formen auf יתא kommt nur einmal ein St. abs. vor in בירי „Strasse" Q. 56, 18 (vgl. בירייאתא § 18. 124), welches wohl *bêri* auszusprechen ist, vielleicht aber auch *bêrjâ*.

Im St. constr. haben wir natürlich מדינאת; גינאת „Garten" (גינתא); האליות „Süssigkeit"; ראהמות „Liebe" = ܐܩܘܬ; אקות „Enge" = ܐܩܬܼܐ, aber auch wieder nach der Regel האדואת ליבא „Herzensfreude" und גיואת עקארא „herrliche Pracht". Von מנאתא „Theil" und מאתא „Stadt" haben wir מנאת und מאת DM 62ᵇ ².

Ausnahmsweise ist die Beibehaltung des Hülfsvocals vom Stat. emph. beim Stat. cstr. in הוכומאת neben הוכמאת (von הוכומתא) „Weisheit" s. § 31.

§ 129. Wie alle semit. Sprachen hat nun aber auch das Mand. eine Anzahl von Substantiven, welche weiblich sind, ohne die weibliche Endung zu tragen ³.

---

1) Das Samarit. giebt den Unterschied auf und hat חדו oder עדו Gen. 31, 27.

2) Die theilweise Ersetzung des St. constr. durch den St. abs. gehört in die Syntax.

3) Ich muss hier die neusyr. Gramm. S. 128 ausgesprochne Ansicht zurücknehmen, dass dieser Fall eigentlich in die Syntax gehört. Das wäre richtig, wenn jene Wörter ohne die Femininendung eigentlich Masculina

Soweit ich diese Wörter nachweisen kann, will ich sie hier aufführen. Ziemlich lückenhaft muss aber mein Verzeichniss schon deshalb bleiben, weil die Literatur nicht umfangreich und mannigfach genug ist — lassen sich doch auch im Syr. und selbst im Arab. auf diesem Gebiete bei erweiterter Lectüre immer noch neue Entdeckungen machen —; sodann erschweren die Orthographie und die Syntax der Mandäer, welche namentlich im Plural oft Feminina wie Masculina construiren, und endlich die Nachlässigkeit der Abschreiber ausserordentlich die Erkenntniss des grammatischen Geschlechts. Uebrigens schwankt im Mand. bei einigen Wörtern das Geschlecht ungefähr wie im Hebr., mehr als im Syr. und Arab.

Ein Fem. ist natürlich עמא „Mutter". Von Namen kleiner Thiere sind Fem. אקנא „Schaf" DM 14 f. (wie كَبْشٌ Gen. 30, 41 u. s. w. und gewöhnlich (צאן); ארקבא „Scorpion" I, 124, 4 (wie ܥܩܪܒܐ CURETON, spic. 7 u. s. w.)[1]; יאונא „Taube" (wie ܝܘܢܐ). Dass בירא „Vieh" weiblich (wie ܒܥܝܪܐ Joel 1, 17 u. s. w.)[2], ergiebt sich aus dem Pl. בירייאתא

---

wären und nur aus besondern Rücksichten weiblich gebraucht würden. Aber für das Sprachgefühl sind doch unzweifelhaft Wörter wie אֵם, רָחֵל, باطِن ebenso gut Feminina wie אִשָּׁה, מַלְכָּה, und nicht anders verhält es sich mit יָד, עַיִן u. s. w.; ja deren Auffassung als weiblicher Wesen mag zum Theil älter sein als die Anwendung einer Femininendung, die wohl zunächst nur gebraucht ward, um den geschlechtlichen Gegensatz zu dem wirklichen Masculinum zu bezeichnen, welches durch die genau entsprechende Form ohne jene Endung dargestellt ward z. B. *malkat*, nur im Gegensatz zu *malk* u. s. w. — Das Mand. entzieht einigen Wörtern ihrer Femininendung, braucht sie aber dann männlich: so מדין „Stadt", דוך „Ort", עננאר „Brief", היוא „Thier", aber alle nur in bestimmten Verbindungen neben מדינתא, דוכתא, ענגירתא, היותא. Zum Theil mag daran die Verwechslung zweier Formen mit Schuld sein: man bildete von דוכא, מדינא weiter דוך, מדין, als wären jene Masc. im Stat. emph. und nicht Fem. im Stat. abs. Vielleicht ist auch das eben S. 155 erwähnte האדוא, הידוא „Freude" eine solche Neubildung und als Masc. im St. emph. zu nehmen.

2) Das Geschlecht vom hebr. עקרב ist nicht zu bestimmen. Mit Unrecht bezeichnet es daher GESENIUS im Thesaurus schlechtweg als männlich.

4) Hebr. בעיר wieder ungenau von GESENIUS als Masc. angegeben, da

Baba b. 74ᵃ und öfter). הירבא „Schwert" ist überwiegend m. I, 126, 9; 260, 14; 261, 14, während I, 259, 16; 261, 8 das f. besser bezeugt ist (חֶרֶב f.; ܣܰܝܦܳܐ „Schwert" meist f.; selten m. wie Ephr. bei Barh. gr. I, 68, 26 ¹; حَرْب „Krieg" ist f.). Männlich gegen den syr. Gebrauch sind פודאנא „Joch" DM 57ᵃᵇ (نِير f. Jes. 7, 25); עצטלא (ܐܶܣܛܠܳܐ στολή). Ich bemerke noch, dass דאורא „Wohnung" m., während das ähnliche ܢܰܘܪܳܐ bald m., bald f., und دار f., und dass אתרא „Ort", früher m., im AM f. ist (wohl durch Einfluss des Pl. אתראתא für ܐܰܬܪܰܘܳܬܳܐ) ².

Ferner sind im Semit. weiblich allerlei Namen für elementare oder geheimnissvolle Gewalten, für die Erde und ihre Richtungen, theilweise auch den Himmel und die Himmelskörper. So auch Manches im Mand.: רוהא „Geist" (wie ܪܽܘܚܳܐ meistens, wenn es auch nicht selten m.; ebenso hebr. רוח gewöhnlich f. — روح und رِيح f.); נאפשא „Seele" (wie נפש نَفْس). So נורא „Feuer", das aber in seltnen Fällen m. wie Q. 12, 4 ff., wo beiderlei Gebrauch durcheinander (ܢܽܘܪܳܐ f. wie نار und אש, das nur an einigen Stellen und nicht ganz sicher m.); danach אדוגא „Feuerofen" I, 111, 7, das aber I, 216, 14 m. ist (was auch ܐܰܬܽܘܢܳܐ zu sein scheint) ³ und שראגא „Licht" I, 281, 9 (wie Pes. 101ᵃ), während es sonst (wie ܫܪܳܓܳܐ) m. II, 85, 8 f; 92, 11 u. s. w.; ferner die Höllennamen גוהנאם = גיהנם und עשיול (von שְׁאוֹל f. wie auch ܫܝܽܘܠ) und sogar נורא יאקדאניא „Feuerbrände" II, 107, 3 f., 11. Femin. sind אנאנא „Wolke" ⁴ (wie ܥܢܳܢܳܐ; ענן ist m.) und ארפיליא „Gewölke" (wie ܥܰܪܦܶܠܳܐ Sap. 2, 4; Aphraates 39, 4 und עורפילא Taanith 4ᵃ, 1) ⁵; שומיא, עשומיא „Himmel" (immer Sg. f., während ܫܡܰܝܳܐ Sg. m., Sg. f. und Pl. f.); ארקא (wie ܐܰܪܥܳܐ أرض und meistens ארץ) und so das entlehnte

---

1) Vgl. das Masc. ܣܰܝܦܳܐ سيف. In der Bedeutung „Verwüstung" ist ܣܰܝܦܳܐ gleichfalls überwiegend f.

2) Auch hebr. מקום ist in seltnen Fällen f., vgl. die Pluralbildung מקומות.

3) תנור ist m. wie ܬܰܢܽܘܪܳܐ, aber Hos. 7, 4 f.

4) Im Mand. bedeutet das Wort gewisse geheimnissvolle Wesen.

5) Das Geschlecht vom hebr. ערפל lässt sich nicht bestimmen (GESENIUS wieder m.).

תיביל (ܚܒܠ ܐܪܥܐ mit Femininpräfix); משארא „Landstrich" I, 284, 10 (wie משרא Taan. 9ᵇ u. s. w. f.) ¹; עוהרא „Weg", das aber I, 331, 4 m. ist (ܐܘܪܚܐ f., אֹרַח f., doch noch einzeln m.) ²; בירא „Brunnen" (wie ܒܐܪܐ, بِئْر), das vielleicht der Analogie von עין „Quell" folgt. סירא „Mond" ist m., während ܣܗܪܐ auch zuweilen f. (شَهْر ist m. wie قَمَر, بَدْر, יָרֵחַ, يَرَح, ܣܗܪܐ); so auch שאמיש שאמשא שמשא m. bis auf eine häufige Redensart: דלארבא שאמשה „dessen Sonne nicht untergeht" (ܫܡܫܐ häufiger m. als f.; שֶׁמֶשׁ gewöhnlicher f.; شَمْس f.). איאר (eigentlich „Luft" ἀήρ) „Aether" ist m. (syr. ܐܐܪ gewöhnlich f., seltner m. wie Ephr. III, 34ᵉ; Theod. Mops. 88, 6) ³. גרביא „Nord" ist I, 3, 11 m. während ܓܪܒܝܐ f. Cant. 4, 16 ⁴.

Die griech. Wörter פלאנגא ἡ φάλαγξ; (א)שלאנדרא τὸ σκελετόν sind f. wie ܦܠܢܓܐ und ܐܣܩܠܛܐ; so auch נסיכא „Krankheit" I, 377, 14 ἡ νόσος.

Während syr. ܐܬܐ ⁵) in der Bedeutung „Mal" f., ist mand. זיבנא stets m. אסתירא „Goldstück" I, 387, 3 ist f. wie ܐܣܬܪܐ Matth. 17, 27. Ob die auffallende weibliche Construction von הילפא = ܚܠܦܐ „Ablösung" I, 263, 15, 20 mehr als ein Fehler (vgl. Z. 16, wo es m.), wage ich nicht zu sagen. דיואן (pers. دیوان) wird weiblich gebraucht Q. 21, 32 und öfter in den Notizen über die Handschriften. גונדא „Heer" ist

---

1) Das Wort ist auch von den Arabern als مَشَارَة aufgenommen, vgl. z. B. v. Kremer, Culturgesch. Streifzüge auf d. Gebiete d. Islâms S. 69 v. 14. — So ist ܡܫܥܬܐ f.

2) Auch דרך ist m. und f., صِرَاط, طَرِيق und سَبِيل sind gewöhnlich m. Mand. דירכא und שבילא sind m. wie ܫܒܝܠܐ.

3) Wohl nach Analogie von ܪܘܚܐ. Dass ὁ ἀήρ bei Homer ἡ ἀήρ ist, kann auf den aram. Gebrauch nicht eingewirkt haben.

4) Welchen Geschlechtes die andern Himmelsgegenden (im Syr. fem.), lässt sich nicht ermitteln.

5) Im Folgenden gebe ich einige Wörter, die ich in den früheren Gruppen nicht gut unterbringen konnte. Ausdrücklich erkläre ich übrigens, dass jene Gruppierung durchaus nicht den Anspruch erhebt, den Gang der ursprachlichen Phantasie darzustellen, welche den einzelnen Nomina ihr Geschlecht zuwies.

m. (wie Gittin 57ᵃ¹; auch جُنْد m.), während زَوْجٌ nur in ganz seltnen und unsicheren Fällen m. ist².

Wie im Syr. einige Substantive auf wurzelhaftes ת aus Verwechs- § 130. lung desselben mit der Femininendung weiblich gebraucht werden (z. B. ܚܘܡܬܐ „Rost" Jac. 5, 3; Ez. 24, 6, 11 Hex. u. s. w.; ܟܬܝܬ Ephr. II, 343 C, F; gewöhnlicher jedoch, und nach Barh. gr. I, 17, 24 f. allein richtig, m. — u. s. w.), so geschieht es auch einigemal im Mand. So ist צאותא = ܨܒܘܬܐ (S. 49) „Ordnung" u. s. w. f.³ (in der Bedeutung „Gesellschaft" m.); ebenso das Fremdwort דישתא „Ebene" = دَشْت. Ob beim Fem. מאתא = ܡܐܬܐ das t radical oder Suffix ist, wage ich nicht zu entscheiden. Aehnlich auch עית oder עייה „das Wesen" I, 185, 1, 4, 5, 21, 22 (ܐܝܬܐ) ist m. s. § 213).

Noch ist zu erwähnen, dass der Plural שומהאתא nomina f. ist (aber die andre Form שומיא und der Sg. sind m.).

Umgekehrt fängt aber die Sprache auch an, einige Femininendungen nicht mehr sicher als solche zu erkennen. So treffen wir öfter die St. abs. דמו und צבו (deren ת nur noch implicite vorhanden) als m. gebraucht; ganz einzeln so nun auch דמותא I, 236, 15; Q. 30, 9 und der Pl. I, 95, 14 תריסאר דמואראתא neben האמיש דמוארתא I, 96, 17, wie denn die Feminincunstruction von דמותא doch weitaus überwiegt. So wird noch männlich gebraucht מסותה I, 94 ult. (2 mal)⁴, aber weiblich I, 169 ult.; 171, 14; und männlich בותא = *בעותא II, 52, 11. Der Masculingebrauch von מאטותא „Bitte" kann aus מאטותא לאניהויא על שיביאהיא I, 119, 14 noch nicht gefolgert werden (s. § 281).

Plural. Die Endungen des männlichen Plurals sind im Aram. § 131. $în$, ai, $aijâ$. Hiervon erscheint im Mand. für ין sehr oft יא ($î$); $aijâ$ wird noch durchgreifender als im Syr. zu $ê$, und ebenso geht es stets der Endung ai: also sehen die 3 Status im Plural, alle auf יא ausgehend, meistens ganz gleich aus. Doch ist es immerhin wahrschein-

---

1) Berach 58ᵃ wird das Wort m. und f. gebraucht.

2) Unbekannt ist mir, was das Fem. הוש I, 198, 5, 7 bedeutet.

3) S. § 51. ܟܬܝܬ wird Aphraates 8, 8 im cod. A als f. gebraucht; doch in B m., was nach Barh. gr. I, 11, 6 ff. allein richtig wäre.

4) Vielleicht ist da הדא für האד zu lesen.

lich, dass sich der St. abs., ausser vielleicht bei den ל׳, stets durch den Vocal *î* von den beiden andern unterschieden haben wird. Denn dass die Sprache das Gefühl für den Unterschied der Status auch im Pl. nicht verloren hat, beweist einerseits, dass ין und יא nur beim St. abs. wechseln[1], andrerseits die strenge Aufrechterhaltung der Verschiedenheiten beim Fem., wo noch die alten Endungen sind: *ân, âth, âthâ*: אן, את, אתא. Für אן steht aber sehr oft א, woraus wieder Verwechslungen mit Singularformen entspringen. Die Endungen י, ין wechseln mit יא, א so unterschiedlos, dass oft gleiche Sätze in derselben Handschrift und identische Stellen in verschiedenen Handschriften Beides zeigen. In gewissen altheiligen Redensarten scheint allerdings ין stets beibehalten: so in den Schlussformeln וקאימין חייא בשכינאתון „und beständig ist das Leben in seinen Wohnsitzen"; משאבין חייא „und gepriesen ist das Leben"; חייא זאכין על כולהון עובאדיא „das Leben ist siegreich über alle Werke". „Dass ין bei Substantiven kaum vorkommt (s. § 216 am Ende), liegt daran, dass der St. abs. bei Substantiven im Pl. aus besonderen Gründen noch seltner ist als im Sg. Stets abfallen muss auch beim Adjectiv das ן vor Enclitica; die einzige Ausnahme ist עתיתילה „sind bestimmt für ihn" I, 250, 7 = ملهم wofür man עתיתילה erwartete.

Die Lautgesetze, auf welche § 126 hingewiesen ist, werden natürlich auch bei den Pluralendungen beachtet. Innere Vocale fallen z. B. weg in נישימתא, בירכתא, oder בירכתא von נוקבאתא, נישמאתא, בירכאתא, נוקבתא oder נוקבתא. Nach § 61 haben wir קיהדאתא I, 163, 16 von קידיהתא I, 163, 17 „Aufschrei".

---

1) Sollten doch ein paar Ausnahmefälle vorkommen, so wären das Nachlässigkeiten, die nicht auffallen können. Denn die Abschreiber haben sich allerdings gewöhnt, die Endungen ין und יא als identisch zu betrachten, und vertauschen sie darum auch wohl da, wo sie nicht vertauscht werden dürfen. So hat der Corrector in B I, 45, 16 nachträglich אודין ergänzt statt אודיא, während dies doch kein ן haben darf, da es Perf. = اودى ist. Ebenso finden sich in B. האליא für האלין hi und האזיא für האזין hic (Verwechslung mit Verbalformen wie اتى, اتين). Ferner steht I, 392, 12 in A und B שאתין .... ענתא, indem man שאתין las statt שאתיא; I, 28, 21 מאסגין für מאסגיא „er geht" u. s. w.

§ 132. Die im Hebr. noch ganz deutliche ursemitische Einschiebung eines *a* vor dem letzten Rad. im Pl. der dreiradicaligen Nomina kürzester Bildung [1] zeigt sich im Syr. und in einigen andern aram. Dialecten wenigstens noch in Spuren, namentlich bei einigen Ableitungen von עע׳. In diesem Fall ist nun das Mand. zuweilen noch ganz ursprünglich, indem es den Vocal א, wofür nach vorhergehendem י, ע auch wohl י, ע eintritt, gradezu schreibt; in andern Fällen genügt, wie im Syr., die doppelte Schreibung des Consonanten, das vocalische Element anzudeuten. So אמאמיא „Völker" [2]; יאמאמיא „Meere" (einmal יאמֿיא I, 68, 4); סאדאדיא „Fussblöcke" von כאדא, صَدٌّ II, 88, 11 (Var. סאדיא); האנאניא „Tanna's" von האנא Ox. III, 71ᵃ, auch im Par. XI [3]; עבאבאידהון „ihre Früchte" I, 9, 2; עביבה „seine Früchte" I, 322, 6 u. s. w. = أَكَلْ [4]; כינעניא neben כיניא „Hüllen" von כינהא I, 158, 12 f.; vgl. noch הילליא „Staub" II, 12, 14 von ܥܦܪܐ. Hierher gehört auch מימילא „Worte" für *מילילא (§ 148). Dagegen גילילא „Wogen" I, 181, 6 u. s. w. gegenüber ܓܰܠ̈ܶܐ.

---

1) Vgl. neusyr. Gramm. § 72. Im Hebr. so מְלָכוֹת, מַלְכֵי, מְלָכִים, מַלְכוֹת aus *mălăkîm, mălăkai* u. s. w., sowie עֲמָמִים, עֲמָמֵי (*'ammê*, nicht *'ammî*); ebenso syr. ܥܰܡ̈ܡܶܐ, ܥܰܡ̈ܡܰܝ u. s. w., palästin.-aram. גללײא, wo die Doppelschreibung unzweifelhaft auf eine einstmals durch ein vocalisches Element getrennte Aussprache deutet, das freilich zu Barhebräus' Zeit und längst vorher nicht mehr hörbar war. Arabisch gehört hierher أَرَضُون von أَرْض (wie *אֲרָצִים, wofür nur אֲרָצוֹת vorkommt) und beim Fem. der regelmässige Plur. فَعَلَات, فَعَلَات von فَعْلَة, فَعْلَة. Aethiopisch so *kalabât* „Hunde" von *kalb* und vielleicht *ḥelaqât* „Ringe" von *ḥelqat* (DILLMANN, Gr. 234). Ein Rest hat sich überdies im Syr. noch erhalten in der Aspirierung des 3. Rad. in ܡܰܠܟ̈ܶܐ von ܡܰܠܟܳܐ bei allen Syrern, in ܐܰܚ̈ܶܐ, ܐܰܚ̈ܰܝ von ܐܰܚܳܐ u. s. w. bei den Ostsyrern (Barh. gr. I, 212, 10 f.).

2) In Ox. III einmal auch für „Ellen" אמאמיא, wofür I, 380 mehrmals אמיא.

3) Ein mythischer Begriff, den ich nicht sicher deuten kann.

4) Die Doppelschreibung ist üblich in der gewöhnlicheren erweiterten Pluralform ܐܶܟ̈ܠܳܬܳܐ, ostsyr. ܐܶܟ̈ܠܳܬܳܐ.

§ 133. Die Endung *aijâ* scheint im Plur. nirgends mehr vorzukommen als etwa bei מיא (§ 11). Denn שניא, בניא, דמיא „Werth" DM 46ᵇ haben wir *š'nê, b'nê, d'mê* zu sprechen, nicht ܡܠܺܝ̈ܳܢ̈, ܕ̈ܢܳܬܶ̈, ܩ̣̈ܢܳܬܶ̈; wird doch ihr St. cstr. ganz ebenso geschrieben. Bei den Ableitungen von לי׳ verfährt man nun aber beim Antritt der männlichen Pluralendung verschieden:

1) Die Substantiva auf יא *jâ* behandeln ihr *j* wie die starken Consonanten und bilden im Pl. ייא *jê:* so טאבייא „Gazellen" I, 387, 16; גאדייא „Böcke" I, 187, 6 AB. Wenn dafür als Var. טאביא (so die Londoner Codd. I, 387, 16); גאדיא (I, 187, 6 CD; 183, 18 alle) erscheint, so ist das wahrscheinlich nur kürzere Schreibart für dieselbe Form, nicht eine andere Aussprache. Eben dahin möchte ich zählen רידיא „Züchtigungen" Q. 13, 9; 17, 3 (das auch im Syr. ܪ̈ܕܰܝܳ lauten würde) und מאליא „Wehklagen" II, 22, 4, 6 (also wohl *maljê* zu sprechen). So nicht selten auch die Adjectiva כאסייא occulti (Ox. III, 51ᵃ)[1]; סארייא putidi; דאכייא puri (Ox. III, 80ᵃ, דאכיא, wo der Par. XI דאכייא); מאלייא pleni Q. 4, 29 (3 Codd. מאליא); שאלייא quieti I, 373, 9; 373, 2 (hier C שאליא); שאנייא miri (Var. שאניא). So auch מרזאנייא „Wagen" II, 85, 10; Q. 34, 9 neben Var. מרזאניא (§ 124). Sehr junge Bildungen sind in dieser Art wohl die vereinzelten מישתיריין „aufgelöste" I, 353, 21 A = ܡܫܬܪ̈ܝܳܢ; מילוישיין Ox. III, 12ᵃ (hier auch Par. XI); Ox. III, 22ᵇ „vergessene" = ܡܛܥܝ̈ܢ; מיתקיריין „gerufene" Q. 71, 19 (2 mal, in einer Nota) = ܡܬܩܪ̈ܝܳܢ; dasselbe soll vielleicht sein מיתקירין Ox. III, 60ᵃ (in einer Gebrauchsanweisung).

2) Bei den längern Bildungen von לי׳ verschmilzt aber die Endung mit dem Wurzelauslaut. So im Part. act.[2] z. B. האוריא, האורין ὄντες; צאהיא „durstige" = ܨܗܶܝ̈, I, 214, 5; ראבין = ܪܳܒܶܝ̈; האטיא, האטין peccantes = ܛܳܥܶܝ̈, ܛܳܥܶܝ̈ן; משאורין facientes = ܥܳܒܕܶܝ̈; מיתקירין = ܡܬܩܪܶܝ̈; מכאסין = מכאסיא von מכאסאי = ܡܟܰܣܶܝ̈; מישתרין = ܡܫܬܪܶܝ̈ן „bedeckt"; מישתאליא = ܡܫܬܰܐܠܶܝ̈ „weggerückte" Q. 53, 28 u. s. w. Ebenso

---

1) Dieser Cod. schreibt so öfter יא für ייא.

2) In diesen Formen bleibt das ן im St. abs. häufiger als sonst. — Im Talm. so auch von Substantiven קני calami Baba m. 86ᵃ; הדי „Brüste" Baba b. 9ᵇ.

auch von einigen kurzen Formen: מלין = ܡܠܶܐ pleni; לוין = ܠܰܘ̈ܝ "begleitende"; שרין = ܫܪܶܝܢ "wohnende"; מצין = ܡܨܶܝܢ "könnende".

3) Die kurzen Adjectiva lassen auch hier (wie S. 153) oft metaplastisch eine Form mit *î* eintreten, von welcher sich die Endungen deutlicher abheben. So מצייין II, 43, 6; מצעין öfter; מצעייא I, 214, 26 = מצין; ܡܨܺܝ̈ܢ; שריין שרעין I, 60, 8; Q. 62, 30 neben שרין; כרעייא, כריעא "aufgehäufte" = *ܩܪܺܝ̈ܢ I, 382, 6; קרעייא, קריעא = ܩܪܶܝܢ vocati I, 237, 3; תלייא, תלעייא = ܬܠܶܝܢ suspensi I, 198, 16. Sogar absichtlich zusammengestellt: פוגדאמיא כאסייא כסעייא ונטיריא [1] "geheime, geheimde und wohlbewahrte Worte" I, 79, 2—3.

So auch ganz ausnahmsweise מישתרייין I, 353, 21 B.

אנייא miseri und סאגייא multi können als עֲנֵיֵי, סַגִּיֵאי gefasst werden, doch können sie auch zu nr. 1 gehören.

Die mit *â* anlautenden Endungen des Femin. verschmelzen sich natürlich im Pl. so wenig mit dem Wurzelauslaut wie im Sg. Wir haben so z. B. האריאן oder האוריא = ܗܶܢܶܝܢ "sie (f.) sind"; יאיא = ܝܳܐܝ̈ܳܢ pulchrae Q. 28, 25; פאריאן = ܦܳܐܪ̈ܝܳܢ "fruchtbare" I, 5, 1; מדאליאן = ܡܕܰܠܝ̈ܳܢ "erhobene" I, 9, 6 von ܡܕܰܠܝܳܐ; מכאסיא = ܡܟܰܣ̈ܝܳܢ I, 281, 9; Q. 14, 6 von ܡܟܰܣܝܳܐ; מגאיא = ܡܓܰܐ̈ܝܳܢ "herrliche" Q. 28, 25 [2]. Ferner im St. emph. כאסיאתא occultae; גאליאתא patefactae; קיריאתא "Geschöpfe" [3]; תאומיאתא "Schläge" von מחיתא (syr. ܡܚܽܘܬܳܐ); מיהיאתא "Beschwörungen" I, 150, 21 (§ 112); זאויאתא "Winkel" von ܙܳܘܺܝܬܳܐ. So auch מארגאניאתא "Perlen" (neben מארגאניא und מארגניא § 139) von מארגאניתא und ליליאתא "Liliths" von לילית. Das oben S. 103 besprochene גיותא "Körper" bildet גיויאתא Q. 23, 11 mit Herstellung des wurzelhaften י.

Bei den kurzen Adjectiven von ל״י kommen aber auch hier die Nebenformen auf *î* vor. כסייא, כסיא I, 93, 20 = ܟܣ̈ܝܳܬܳܐ; שרעייאן Q. 62, 24, שרעייאן, שרעיא I, 378, 1 = ܫܪ̈ܺܝܳܬܳܐ; קרעיא öfter = ܩܪ̈ܶܝܳܬܳܐ; בנעיא I, 10, 17 = ܒܢܝ̈ܳܬܳܐ aedificatae. Finden wir nun neben diesen

---

1) Für das zweite D. כסיא.
2) Wie דָּמְיָין Baba b. 74ᵃ; שָׁדְיָין Megilla 27ᵇ.
3) קרא (aus dem Nichts hervor-) "rufen" ist der gewöhnliche mand. Ausdruck für "schaffen". Er geht von ויקרא in Gen. 1 aus.

Formen zuweilen ohne Unterschied der Bedeutung כסיא, שריא, קריא, so ist das wieder nur für eine Abkürzung der Schrift zu halten, da das *â* jedenfalls selbständig hörbar sein musste.

Wie störend aber namentlich bei den Formen auf יא die graphische und theilweise auch lautliche Gleichheit der verschiedenen Formen sein kann, leuchtet ein. Kann doch האריא nach den beiden Aussprachen sein 1) als *hâwjâ* a) = ܗܳܘܝܳܐ Sg. st. emph. m.; st. abs. f. b) = ܗܳܘܝܳܐ Pl. st. abs. f. 2) als *hâwê* a) = ܗܳܘܶܐ Sg. st. abs. m. b) = ܗܳܘܶܐ Pl. st. abs. m. c) = ܗܳܘܶܐ Pl. st. emph. m. (in Summa also 6 Möglichkeiten).

Ich bemerke noch, dass שומיא, עשומיא „Himmel", stets als Sg. gebraucht, keinen weiteren Pl. bildet.

§ 134. In den Worten אנאת אסיא דעלאריא אסאואתא ומדאליא דעלאריא מדאלואתא „du bist der Arzt über allen Aerzten und der Erheber über allen Erhebern" Q. 24, 14 ist nicht bloss von ܐܳܣܝܳܐ ein Pl. ܐܳܣܰܘ̈ܳܬܳܐ gebildet, sondern auch ein ähnlicher Pl. von מַדְלְיָא. Das geschieht aber nur des Gleichklangs wegen und ist sonst ohne Beispiel. Dagegen haben wir noch so מאראואתא von מאריא „Herr" und im St. abs. seltsamerweise mit י vor dem *w* מאריואן I, 185, 15; 222, 19 wie ܡܳܪ̈ܰܘܳܬܳܐ, ܡܳܪ̈ܰܘܢ (woneben auch Formen gleich = ܡܳܪ̈ܰܝ s. § 148 s. v.) und so שאקואתא „Schenken" I, 106, 16; 107, 5 wie ܫܳܩܰܘ̈ܳܬܳܐ von ܫܳܩܝܳܐ[1]. Ein vocalischer Auslaut wird noch in bekannter Weise durch ואתא im Pl. reflectiert in לילאואתא „Nächte" von ליליא, woneben das seltsame לילויא[2] oft in einer bestimmten Redensart in DM; כארסאואתא „Throne" von כורסיא (über das *a* § 19); סוסאואתא (wie doch wohl I, 387, 11 für סאסואתא der Handschriften zu lesen — nur eine Londoner hat das Richtige) „Pferde" von סוסיא; היואראתא „Schlangen" AM 225 von היויא mit Beibehaltung des *e* aus dem Sg. Sie entsprechen resp. syr. ܟܽܘܪ̈ܣܰܘܳܬܳܐ, ܣܽܘܣܰܘ̈ܳܬܳܐ, ܚܶܘܰܘ̈ܳܬܳܐ. Hierher gehört auch ארי אואתא „Löwen" =

---

1) Syr. so noch ܕܰܩ̈ܝܳܬܳܐ von ܕܰܩܝܳܐ.

2) Oder soll es ein Sg. sein? — Aehnlich steht אנגאריא, אנגואריא „Inseln" I, 175, 2; Q. 52, 12 neben אנגרון der Targume. Das dunkle Wort ist schwerlich semitischer Herkunft.

ܐܪܝܘܬܐ von אריא, da dies Wort ursprünglich hinter dem ו noch einen radicalen Vocal hatte [1].

Der Sg. von אגלאואתא „Wellen" oder „Fluthen" I, 129, 16; Q. 53, 23 ist mir nicht bekannt [2].

Als Zusatz erscheint das ו bei den Femininen אתואתא „Zeiten" = ܐܬܘܬܐ und מאתואתא „Städte" = talmud. מתותא (neusyr. ܡܕܝܢܬܐ) und dem Masc. רישואתא oder רישאואתא „Köpfe" I, 167, 7; II, 85, 2, 3 wie talm. רישוותא [3].

Von der Endung *úth* ist der Pl. regelrecht ואתא, vgl. מאלכאואתא, seltner מאלכואתא „Königsherrschaften" = ܡܠܟܘܬܐ von מאלכותא; טאבואתא I, 12, 14 von טאבותא „Güte"; בישואתא von בישותא „Uebel"; גאבאראותא und גאמבאראואתא I, 18, 16; Q. 24, 16 u. s. w. „Wunderthaten" von ܓܢܒܪܘܬܐ (aber in der Bedeutung von ܓܢܒܪܘܬܐ); ferner von ל׳: דמואתא „Gestalten" (syr. ܕܡܘܬܐ) von דמותא; באואתא „Bitten" = ܒܥܘܬܐ (wie von ܒܥܘܬܐ, aber maud. Sg. ist בותא); שיטואתא „Thorheiten" (wie von שטותא; der gebräuchliche Sg. ist שיטיא); זאכאואתא und זאכואתא (wäre = *ܕܟܝܘܬܐ) von זאכותא „Reinheit"; אסאואתא „Heilungen" = ܐܣܘܬܐ von אסותא; שארואתא „Mahlzeiten" = ܫܪܘܬܐ von

---

1) Vgl. hebr. אַרְיֵה, aram. fem. ܐܪܝܘܬܐ, wie רְעוּתָהּ „ihre Gefährtinn" zu רֵעָה (Ἀριώθ ἡ λέαινα ὑπὸ Σύρων Hes.), ferner äthiopisch *arwê* „wildes Thier", das Dillmann Gr. 219 mit Recht = אריה setzt. Ob man أَرْوَى, gebraucht als männlicher Pl. zu أَرْوِيَّة „weiblicher Steinbock", hierher ziehn darf (Hamâsa 96, Damîrî s. v.), ist weit fraglicher; die Bedeutung liesse sich allerdings durch die des äthiop. Wortes sehr wohl vermitteln.

2) An das unsichere ἅπ. λεγ. אגלי טל Iob 38, 38 (aus dem natürlich עליית אגלים Hagiga 12ᵇ erst genommen ist) darf man nicht denken.

3) Kidd. 29ᵇ steht שבעה רישוותא grade wie II, 85, 2, 3 שובא רישואתא. — Kennten wir den mand. Sprachgebrauch in grösserem Umfange, so würden wir wohl noch eine ziemliche Anzahl ähnlicher Fälle finden, vgl. im Syr. ܟܡܬܐ, ܪܝܫܘܬܐ u. s. w. Als Pl. von נורא haben wir übrigens נוריא Q. 52, 26 wie in ܢܘܪܐ Joh. Eph. 98, während es sonst ܢܘܪܬܐ heisst Barh. gr. I, 31, 20 (wofür ܢܘܪܐ Cureton, Corp. Ignat. 216, 24 wohl falsch ist). Für ܟܦܬܐ neben ܟܦܐ hat das Mand. לילביא (S. 77).

ܢܶܐܪܳܬܳܐ. Man sieht an diesen Beispielen, dass das Setzen und Weglassen des *a* vor dem ܝ im Mand. zwar einigermaassen schwankt, dass es aber im Ganzen doch dem syr. Gebrauch entspricht.

Von der Endung *âth* haben wir im Pl. אהואתא, seltner אהאואתא „Schwestern" = ܐܰܚ̈ܘܳܬܳܐ von אהאתא; מנאואתא „Theile" = ܡܢܰܘܳܬܳܐ von מנאתא. Der Pl. von עשאתא „Feuer" ist DM 40ᵇ zweimal unverändert עשאתא, doch hat der bessere Cod. hier einmal עשאתיא mit Hinüberziehung des ת in die Wurzel[1] vgl. ܨܰܘ̈ܝ von ܨܰܘܬܳܐ „Schelten" Barh. gr. I, 32, 4 und Aehnliches. Als Pl. von עומאמאתא „Eid" (§ 110) erscheint unverändert עומאמאתא wie ܡܰܘܡܳܬ̈ܳܐ von ܡܰܘܡܳܬܳܐ [2].

§ 135. Im Syr. bildet eine Reihe von weiblichen Nomina ihren Plural von einer durch ܝ erweiterten Form. Vor dem ܬܳܐ der Endung steht dann immer eine Silbe mit langem Vocal oder einer Doppelconsonanz. Diese Bildung greift in den jüngeren aram. Dialecten sehr um sich (namentlich im Neusyr.). Sie findet sich auch im Mand. Gemeinaramäisch ist diese Erweiterung, die wir schon beim Fem. Sg. sahen, bei den Femininpluralen der Adjectiva auf *ân* (*anîthâ*, *ânjâthâ*)[3]. So (ev. mit יי für אנ § 20) גירבאניא וגירבאניאתא שאלמאניא neben שאלמאניאתא τέλειοι; leprosi et leprosae; עלימאניאתא puellae II, 17, 19 wie עלימאניא (§ 116); היואניאתא bestiae; ריקיניאתא vacuae u. s. w. So auch das ähnlich klingende דאשתאניאתא „menstruierende Frauen" I, 224, 5, ein

---

1) Syr. (wie ܨܰܘ̈ܳܬܳܐ von ܨܰܘܬܳܐ) ܨܰܘ̈ܝܳܬܳܐ siehe Payne-Smith und Barh. gr. I, 34, 13.

2) Barh. gr. I, 26, 9 belegt den Pl. ܡܰܘܡܳܬ̈ܳܐ, vgl. II, 14. Damit steht in Widerspruch II, 67, wonach der Sg. (das unmögliche) ܡܰܘܡܳܬܳܐ wäre; entweder ist der Ausdruck hier unklar, oder ein Späterer hat Etwas interpoliert. Der Pl. ܡܰܘܡܳܬ̈ܳܐ Clem. 49, 7; Euseb. Theoph. V, 9, 4, 8 und Barh. gr. I, 26, 9 kommt natürlich von dem ungebräuchlichen *ܡܰܘܡܳܬܳܐ.

3) Es ist etwas gewagt, רַחֲמָנִיּוֹת Thren. 4, 10 so direct zu *רַחְמָן zu ziehn. Dass dergleichen Wörter im Hebr. in solchen Fällen kein *i* annehmen müssen, zeigen רִאשֹׁנוֹת, רִאשֹׁנָה, אַלְמָנוֹת u. s. w. Doch vgl. wiederum רִאשֹׁנִית Jer. 25, 1; קָדְרַנִּית, אַחֲרַנִּית. Bildungen wie קַדְמֹנִי, Pl. קַדְמֹנִיּוֹת bestätigen übrigens die Vermuthung, dass dies *i* seinem Ursprung nach gleich dem *âi* der Nisba ist (§ 125).

persisches Wort [1]. Ferner הורינייאתא aliae = ܐ̈ܚܪܢܝܬܐ (§ 145) und דירדקונייאתא parvulae I, 387, 12, wie auch im Syr. das Femin. des Diminutivs ܣܘ̈ܣܝܬܐ, ܣܘܣܝܬܐ ist. Danach selbst מדינייאתא „Städte" (öfter, von מדינתא). So nun ferner von solchen, die das י im Sg. nicht haben: תארמידיאתא „Schülerinnen", „Priesterinnen" I, 288, 5; גאנאביאתא „Diebinnen" II, 30, 23; הארשאיאתא „Zauberinnen" I, 51, 14; II, 30, 23 neben הארשאתא (ܚܪ̈ܫܬܐ); גאיאריאתא und גאיאראתא „Ehebrecherinnen" I, 256, 7; II, 30, 23; כאצנומיאתא „Wahrsagerinnen" II, 30, 22 C (besser bezeugt כאצנומאתא; syr. wäre es aber auch ܩܨܘ̈ܡܝܬܐ)[2]; קאדישיאתא sanctae II, 33, 20; הידותיאתא „Bräute" DM 28ᵃ (2 mal), aber gewöhnlich הידתאתא (§ 101); ניטופיאתא „Nitufta's" (wie talm. שקופייתא „Tropfen"); גדוליאתא „Locken" I, 118, 11 von גדולתא; טמושיאתא, טומושיאתא „Untertauchungen" Q. 10 oben; 20; פתיליאתא „Dochte" Par. XI, 19ᵃ; פאסוהיאתא „Schritte" (פסע § 107); פאראהיאתא „Funken" I, 4, 5 (wohl von *פַּרְחְתָא) und so wohl צאלאהיאתא I, 4, 6 (von צלח?), das eine ähnliche Bedeutung haben muss; דינביאתא „Schwänze" AM 261 = ܕܢ̈ܒܬܐ; שידיריאתא „Stricke" II, 9, 9 (wozu schon NORBERG talm. שודרא heranzog). Vgl. noch בירייאתא von בירא „Vieh" (§ 138).

Einige männliche Substantive bilden auch im Mand. den Pl. von § 136. einem durch ân erweiterten Stamm[3]. So ריהאניא „Düfte" = ܪ̈ܝܚܢܐ von ריהא = ܪܝܚܐ; בוסמאניא „Wohlgerüche" = ܒܣ̈ܡܢܐ von בוסמא; מישאניא „Oele" = ܡܫ̈ܚܢܐ משחניך Targ. Esth. II, 224, 18 (Lag.) von מישא; סאמאניא, סימאניא = φάρμακα = ܣ̈ܡܢܐ von סאמא; עוצאניא „Blätter" von עוצא = ܥܨ̈ܐ (§ 59); היזואניא = ܚܙ̈ܘܢܐ neben היזוא = ܚܙܘܐ „Anblicke" von היזוא; האבשאבאניא „Sonntage" Par. XI, 23ᵇ (= neusyr. ܚܒܫ̈ܒܢܐ) von האבשאבא (= ܚܕܒܫܒܐ); ראבאניא „Lehrer" = ܪ̈ܒܢܐ

---

1) S. LAGARDE, Abhandlungen S. 35.

2) ܩܨܘܡܬܐ bildet mit wenig Ausnahmen im Pl. ܩܨܘ̈ܡܬܐ.

3) Vgl. neusyr. Gramm. S. 136. Hebr. gehört hierher vielleicht נִצָּנִים Cant. 2, 12 als Pl. von נֵץ (Targ. ניצנייא I Reg. 6, 1, 37; in palästin. Targg. auch ניצין) und קמשונים Prov. 24, 31 von קמוש (קימושין). Mehreres im Assyr. z. B. ṣalmani „Bilder" von ṣalam (SCHRADER in Zeitschr. d. D. M. G. XXVI, 220).

und רורבאניא „Magnaten" = ܖܘܪܒܳܢܶܐ von רבא (§ 148). Aehnlich שואלאניא, אשואלאניא Q. 74ᵇ, 39; 71, 8; Par. XI, 23ᵇ u. s. w. „Schüler" von שואליא, אשואליא (š'waljâ; talmud. שוּליא), jedenfalls ein Fremdwort[1].

Eine ähnliche Femininbildung ist אינאניאתא „Quellen" Ox. III, 66ᵇ.

§ 137. Die eigenthümliche Pluralbildung mit Reduplicierung des letzten Radicals, welche im Neusyr. nicht selten ist (neusyr. Gramm. § 72), findet sich in der jüngsten Entwicklung des Mand. bei Wörtern auf *r* in מיטראריא AM (öfter) von מיטרא „Regen"; מאהראריא „Krankheiten" AM 9 von מאהרא (§ 110) neben מאהריא; סידראריא „Bücher" Wright, Cat. syr. 1211ᵇ, 7 (Parallelstellen סידריא); יאהראריא „Monate" Par. VIII Unterschrift u. s. w.

§ 138. Manche weibliche Substantiva, welche im Sg. ohne Femininendung sind, nehmen im Aram. eine solche im Pl. an[2]. Im Mand. kann ich davon nur wenige nachweisen, nämlich עוהראתא „Wege" = ܐܘܪ̈ܚܳܬܐ אֲרָחוֹת von עוהרא; כארסאתא uteri = ܟܰܪ̈ܣܳܬܐ; אינאתא „Quellen" Ox. III, 113ᵃ u. s. w. = ܥܰܝ̈ܢܳܬܐ עֵינוֹת neben אינאניאתא (§ 136) und איניא = ܥܰܝܢܳܐ[3]; im AM, wo אתרא weiblich, auch אתראתא „Orte" (syr. ܐܰܬܪ̈ܰܘܳܬܐ); ferner ist wohl אלואתא „Ranken" I, 377, 22; II, 37, 20; Q. 2, 14; Par. XI, 16ᵇ, 17ᵃ von אלוא I, 358, 6, vgl. bei Buxt. אלא pl. אלוון[4]. So die

---

1) Von שאל liesse sich die Form nicht regelrecht ableiten. Ist es mit pers. جوان verwandt? Gegensatz ist durchgehends רבא.

2) Im Hebr. thun das selbst männliche, ohne dadurch weiblich zu werden. Arab. Wörter, welche im Pl. *ât* annehmen, siehe u. A. bei Harîrî, Durra 190; das Verzeichniss, welches aber nicht vollständig, enthält viele Fremdwörter.

3) Aber כאדפיא „Schultern" Q. 23, 7, nicht ܟܰܬ̈ܦܳܬܐ; (hebr. כְּתֵפוֹת); קארניא „Hörner" I, 246, 23 u. s. w., nicht ܩܰܪ̈ܢܳܬܐ (hebr. קְרָנוֹת; das bei Cast. angeführte ܩܰܪ̈ܢܳܬܐ erinnere ich mich wenigstens nicht gelesen zu haben); כאבדיא „Lebern" I, 194, 1, nicht ܟܰܒ̈ܕܳܬܐ Barh. gr. I, 12, 25. Ich denke übrigens, dass כאדפיא; קארניא, wie ܐܶܡ̈ܗܳܬܐ, ܐܶܡܐ (neben ܐܶܡ̈ܐ); ܟܰܒ̈ܕܐ (neben ܟܰܒ̈ܕܳܬܐ); אֹזֶן (neben אֲזָנוֹת); כָּפַת (neben כְּפָתוֹת) eigentlich Duale sind = עִקְבֵי (neben עָזְנַיִם; עֵינַיִם; יָדַיִם (יָדַיִן) Dan. 2, 34, 45); קַרְנַיִם; כְּתֵפַיִם; Pl. עֲקֵבוֹת).

4) Kaum verwandt mit עָלֶה (talm. עליא Hullin 92ᵃ).

Fremdwörter עסתיראתא = ܐܣܬܐܪ̈ܬܐ von ܐܣܬܪܐ "Venus"[1] und דישתאתא "Ebenen" von pers. دَشْتٌ. Von צאלמאתא, צאלאמאתא neben צילמיא "Götzenbilder" I, 14, 9; 16, 21; 24, 20 ist aber wohl der Sg. ܨܠܡܐ[2], allerdings ohne die besondere Bedeutung "weibliches Bild". Ueber אנאשאת(א) "Familie" s. § 148.

Von erweiterten Stämmen haben wir so ביריאתא "Vieh" I, 12, 19 von בירא = ܒܥܝܪܐ (nach dem Muster des daneben stehenden היואניאתא) und nach älterer Weise bei Masculinen אבאהאתא "Väter" = ܐܒ̈ܗܬܐ, أَبَهَاتٌ (hebr. אָבוֹת) (§ 87. 148); שומהאתא "Namen" (syr. ܫܡ̈ܗܬܐ und ܫܡ̈ܗܐ, hebr. שֵׁמוֹת), weiblich gebraucht mit Beibehaltung des Vocales vom Sg. neben dem Masc. שומיא; von Femininen עדאהאתא "Hände" DM 39ᵇ = ܐܝܕ̈ܗܬܐ (יָדוֹת) von עדא neben gewöhnlichem עדיא = ܐܝܕ̈ܐ, ܐܝܕܐ (יָדַיִם); ארקאהאתא[3] "Erden" von ארקא; ספיהאתא[4] neben עספיא (§ 139) "Lippen" von סיפתא (§ 148).

Ein Hineinziehn der Femininendung in die Wurzel und weitere Anfügung der Femininendung im Pl. finden wir noch in קאשתאתא "Bogen" DM 5ᵇ = ܩܫ̈ܬܬܐ קְשָׁתוֹת von קאשתא und in דוכתאתא "Oerter" erst AM 19 von דוכתא.

Eine ziemliche Anzahl von weiblichen Substantiven[5] ist dagegen im Aram. nur im Sg. mit dem Femininzeichen versehn, im Pl. ohne § 139.

---

1) LAGARDE, Abh. 14 ff., wozu sich jetzt noch Einiges nachtragen liesse.
2) Vgl. Z. d. D. M. G. XXIV, 100.
3) Die Formen ארקיא und ארקאהיא I, 8, 10; 9, 6 u. s. w. sind sehr unsicher; hier ist wohl überall Sg., oder es sind Formen von רקיהא = ܪܩܝܥܐ herzustellen.
4) Das י vor ה ist ähnlich wie vor ו in מאריואן (§ 134); doch findet sich auch סבאהאתא (und סביהאתא). — Ob auch עספיא ein Dual ist?
5) Aus dem Syr. kann ich über 70 Fälle belegen und finde noch immer neue; aus dem Talm. kann ich zu den 4 von LUZZATTO S. 69 gegebnen Beispielen doch noch über ein Dutzend aufführen. Nicht sehr zahlreich sind sie im Hebr. Im Arab. entsprechen zum Theil einigermaassen die Gattungsnamen, aus welchen durch das ة unitatis Einheitsworte gebildet werden. — Man hat die Fälle übrigens nicht eher gesichert, als bis die weibliche Construction des Plurals feststeht, da es sich sonst um wirkliche männliche Nebenformen handeln könnte.

dasselbe. Im Mand. lassen sich nicht sehr viele belegen, und von diesen muss ich zum Theil den Sg. aus andern Dialecten ergänzen.

הומאר׳תא (talm. חומרתא ܚܘܡܪܬܐ) „Amuletgeist" (§ 91), Pl. הומריא (חומריא ܚܘܡܪ̈ܝܢ).

דימידהתא, דימיתא (ܕܡܥܬܐ) „Thräne", Pl. דימיא (ܕܡ̈ܥܐ).

תיכתא Par. XI, 14ᵇ (ܬܟܬܐ unbelegt; תיכא St. abs. im Targ.)[1] „Riemen, Binde", Pl. תיכיא I, 221, 6 u. s. w. (ܬܟ̈ܐ Ephr. II, 379 C; talm. und targ. תיכי, תיכין).

שידתא (ܫܢܬܐ שתא, hebr. שָׁנָה, arab. سَنَة) „Jahr", Pl. שניא (ܫ̈ܢܝܐ שני; שָׁנִים سِنُونَ).

שיתא (ܫܥܬܐ שעתא) „Stunde", Pl. שאייא (ܫ̈ܥܐ שעי).

מינילתא (ܡܠܬܐ מילתא, hebr. מִלָּה) „Wort", Pl. מיניליא, מינליא (ܡ̈ܠܐ מילי, מִלִּים s. § 148).

עניבתא (ܥܢܒܬܐ) „Traube", Pl. ענביא, עמביא (ܥܢ̈ܒܐ).

גינתא (ܓܢܬܐ) „Garten", Pl. גיניא Q. 62, 25 (ܓ̈ܢܐ)[2].

שומבילתא (ܫܒܠܬܐ שיבולתא u. s. w., hebr. שִׁבֹּלֶת) „Halm", Pl. שומבליא II, 3, 11 (ܫ̈ܒܠܐ[3] שובלי, שִׁבֳּלִים).

כינתא „Hülle", Pl. כינעניא, כינניא.

כיפתא „Lippe" (ܣܦܬܐ סיפתא), Pl. עספיא neben ספיהאתא (vgl. ܣܦܘ̈ܬܐ סיפוותא).

Zu ܟܘܬܐ כוותא Baba b. 74ᵃ ist der mand. Pl. כאוריא „Fenster" (ܟ̈ܘܐ כווי Baba b. 7ᵃ).

Zu ܚܛܬܐ (hebr. חִטָּה): היטיא „Weizen" (ܚ̈ܛܐ חִטִּים).

Zu ܐܡܬܐ: אמיא „Ellen" I, 380, 12 f. (ܐܡ̈ܝܢ אמין)[4]; Geschlecht im Mand. nicht deutlich.

Zu ܣܥܪܬܐ: סאריא „Haare" AM 110; 116 (im Syr. hat ܣܥܪܬܐ „Haar" wohl keinen Pl.; targ. סערא ist masc.).

---

1) = تِكَّة (ein häufiges Wort). Dass diess ein Fremdwort, vermuthete Ibn Duraid, s. Ǧawâlîqî 40.

2) Targumisches weibliches גינין, also als Pl. von גינתא, ist nicht ganz sicher.

3) Es existiert auch ein Sg. m. ܫܒܠܐ Hos. 8, 7.

4) Hebr. אַמּוֹת.

Zu ܣܝܟܬܐ: סיכיא סיכתא „Pflöcke" I, 147 ult. (סיכי ܣܝܟܝ); Geschlecht nicht deutlich.

Zu ܥܪܩܐ: ארקיא „Riemen" Q. 60, 13 (= ܥܪܩܐ); Geschlecht nicht deutlich.

Zu ܣܢܝܐ: האגיא „Dornbüsche" (= ܣܢܝܐ, vgl. Barh. zu Iob 30, 7; zu Jes. 55, 13 u. s. w.); Geschlecht nicht deutlich.

Von גומרי „Kohlen" I, 17, 11 u. s. w. (Geschlecht undeutlich) mag ursprünglich גומארתא, das I, 227, 15 als fremder Ausdruck angeführt wird, Sg. sein (wie ܓܘܡܪܬܐ, ܓܘܡܪܐ), aber jetzt hat es wohl als Pl. des Masc. גומרא, גימרא zu gelten; auch גומרי Baba b. 74ᵇ ist masc.

Ebenso ist סיבליא „Treppen, Stufen" vielleicht ursprünglich ein Pl. zu סומבילתא ܣܘܡܒܝܠܬܐ, aber jetzt wird es I, 208, 2 ff. männlich gebraucht — absolut entscheidend sind die Formen freilich nicht —, und fast scheint in סבאל „meine Leiter" I, 86, 1 ein neugebildeter Sg. vorzuliegen.

Von ליבחא „Ziegel" (s. § 53), Umbildung aus ܠܒܝܢܬܐ לבינתא Gittin 68ᵇ; Berach. 56ᵃ, hebr. לְבֵנָה, kommt kein sichrer Pl. vor (wie ܠܒܢܐ ליבני Ketub. 77ᵇ, לְבֵנִים). ליבנא I, 387, 7; Q. 54, 23 könnte der Form nach Sg. im Stat. abs. sein, während man allerdings den Stat. emph. erwartete; jedenfalls ist es an der ersteren Stelle Fem. (Sg. oder Pl.).

תומריא „Datteln" II, 3, 10 sind jetzt wie ein Masc. construiert, was aber nicht für das Geschlecht entscheidet; nach ܬܡܪܐ Geop. Vorrede; תמרי Gittin 70ᵃ sollte man das Wort von ܬܡܪܐ Land, Anecd. II, 106; תומרתא Sota 49ᵃ ableiten ¹.

Eine besondere Stellung nimmt ein מארגאניא oder מארגניא neben מארגאניאתא von מארגאניתא „Perle" (Fremdwort). Jenes ist aber wohl m. Vgl. übrigens مرجان.

§ 140. Wir sahen in den letzten Paragraphen ziemlich viele Heteroclita. Einige ganz besondere Fälle werden wir erst unten § 148 aufführen. Hier sind aber noch zu erwähnen die Adjectiva, welche wir

---

1) Doch vgl. hebr. masc. תמר, תמרים. — גופנא „Weinstock", Pl. גופניא ist m., wie auch talm. גופנא und גֶּפֶן vorkommen; vgl. sogar syr. ܚܡܨܘܬܐ und ܚܡܨܐ, Namen zweier Bryonia-Sorten (cf. BA und Payne-Smith, bei dem die Glossen entstellt); sonst syr. ܓܘܦܢܐ, ܓܦܬܐ.

schon § 98 genannt haben: נאהור ‏„leuchtend", יאנוק infans, תאקון ‎„fest", נאפוש ‏„ausgedehnt, viel", die meistens ihre Ableitungen wie von activen Participien bilden, nämlich נאהרא, נאהריא; יאנקא; האקנא (doch auch האקונתא und האקונאתא); נאפשא, נאפשיא. Ferner so זאפור ‎„stinkend" = اَذْفَرُ (§ 107), welches זאפרא (اَذْفَر BA), זאפריא bildet (doch זאפוריא I, 37, 1 A), und endlich שאנאי ‏„wundersam" (= *שְׁנָי), wofür einigemal שנאי steht z. B. I, 236, 14, was wegen ܫܢܝ (§ 98ᵃ) nicht ganz unzulässig ist. Dies Wort bildet שאניא, Pl. שאנייא, auch שאנין I, 320 ult., שניך eb. B; dies ist wohl שַׁנְיָא u. s. w. wie von *שְׁנָי.

C. Anknüpfung der Nomina an Possessivsuffixa.

§ 141. Im Syr. ist die Gestalt der Possessivsuffixa, welche durch die Verschmelzung mit dem *ai* des St. cstr. im Pl. m. entsteht, noch durchaus von der unvermischten getrennt; ebenso in den paläst. Dialecten, nur dass in jüd. Schriften für יִךְ oft יךְ (also in Wirklichkeit ךְ ־ wie beim Sg.) erscheint; so schon im Qri bei Daniel[1]. Dagegen verwischen die babylonischen Mundarten, das Talmudische und Mandäische, diesen Unterschied allmählich fast ganz, so dass zuletzt das traurige Resultat entsteht, dass bei den meisten Masculinen, wenn sie ein solches Suffix haben, Sg. und Pl. nicht zu unterscheiden sind. Ganz ähnlich ist es im Neusyr. In den meisten Fällen tritt im Mand. und Talm. die Pluralform für die des Sg. ein, doch auch umgekehrt. Allerdings erscheinen daneben durchgehends noch einzelne ursprünglichere Formen, aber ohne dass die Sprache auch bei ihnen Werth auf den Unterschied der Numeri legte.

Die inneren Vocalverhältnisse der mit Suffixen versehenen Wörter sind fast ausnahmslos dieselben wie bei Antritt der Endungen א, יא u. s. w. (§ 126 u. s. w.).

Besondere Berücksichtigung erheischen die Wörter אבא ‎„Vater" und אחא ‎„Bruder" (resp. vor Suffixen אבו, אחו), welche ihre alterthümlichen Formen besser bewahren.

---

1) Aehnlich ist יה ־ für die 3. Pers. f., aber hier unterscheidet das kurze *ă* die Form von ה ־ (יה ־ ist unrichtig, siehe Luzzatto S. 15).

Singularis 1. Person. Die Endung *i* ist schon im Syr. nur § 142. noch für's Auge vorhanden. Bei der Entwicklung, die das Aramäische genommen hat, namentlich dem Umsichgreifen des St. emph., ist die so entstehende Seltsamkeit, dass das Possessivpronomen der 1. Pers. nur durch den Mangel einer Endung ausgedrückt wird, nicht eben störend. Wir haben nun auch im Mand. noch einige Formen dieser Art, bei denen aber dann das *i* auch in der Schrift wegfällt; es sind darunter ein Paar Wörter, die so auch im Talm. vorkommen. Das nachstehende Verzeichniss ist annähernd vollständig:

אב „mein Vater" (ܐܒܝ)[1]; עם „meine Mutter" (אם Gittin 70ª; Sabb. 66ᵇ und öfter; ܐܡܝ); בראת „meine Tochter" Ox. III, 39ª neben בראתאי öfter (ברה Hullin 95ᵇ; ܒܪܬܝ)[2]; אהאת „meine Schwester" II, 117, 11 (ܚܬܝ); אהואה „meine Schwestern" II, 100, 17, 25 (ܐܚܘܬܝ); בר, באר „mein Sohn" (§ 11), öfter בראי (ܒܪܝ); ראב „mein Meister" I, 190, 13, öfter רבאי (ܪܒܝ); פום „mein Mund" Ox. 19ª neben פומאי (ܦܘܡܝ); יום „mein Tag, heute" I, 12, 2 BD wie sonst יומאי (ܝܘܡܝ); שום ורושום „mein Name und mein Zeichen" Q. 31, 30, sonst שומאי ורושושאי Q. 64 u. s. w. (ܫܘܡܝ ܘܪܘܫܘܡܝ), und שום „mein Name" noch I, 245, 12, 13; נהור „mein Licht" Q. 53, 7 sonst נהוראי; זיו „mein Glanz" Q. 53, 6 sonst זיוראי (ܙܝܘܝ); לבאב „mein Herz" oft (aber ליבאי); לבוש „mein Kleid" II, 115, gewöhnlich לבושאי (ܠܒܘܫܝ); צוביאן „mein Wille" II, 23, 20 (ܨܒܝܢܝ); תיגאר „mein Streit" öfter (§ 112); ראמאת „meine Höhe" (ܪܘܡܬܝ Ez. 34, 6); קומאת „meine Statur" I, 212, 19, wo ein Cod. קומתאי (ܩܘܡܬܝ); נישמאת „meine Seele" mehrfach, aber gewöhnlicher נישימתאי (ܢܦܫܝ Barh. gr. I, 55, 14); האבראת „meine Genossinn" (ܚܒܪܬܝ Barh. a. a. O.); תיראת „mein Gewissen" I,

---

1) Nur einmal Par. XI, 21ª לאבאי, wofür wohl לבאבאי zu lesen; da באבאי „meine Väter" vom Pers. باب, بابا auch in's spätere Mand. aufgenommen.

2) Luzzatto S. 68 führt auch אח „mein Bruder" aus Baba m. 59ᵇ auf; an der Stelle finde ich aber אחי, und dazu ist es zweifelhaft, ob sie nicht ursprünglich hebr. gewesen. Mand. nur אהאי. Sonst kenne ich aus dem Talmud von hierher gehörigen Formen nur noch das beliebte מר = ܡܪܝ „mein Herr" (höfliche Umschreibung des „du").

72, 6 (wäre wohl ܕܡܽܘܬܝ)¹; דמות‎ „meine Gestalt" II, 113, 12 in derselben Reihe mit dem gewöhnlichen דמותאי (ܪܒܽܘܬܐ); מאריות‎ „meine Herrschaft" Ox. III, 49ᵃ (syr. ܡܳܪܽܘܬܝ). Vielleicht noch סבאל‎ „meine Leiter" I, 86, 1 (S. 173).

Auf alle Fälle ist diese Art im Aussterben; so recht im Gebrauch sind fast nur die Anreden der nahen Verwandten und was dem ähnlich ist (wie das talm. מר‎).

Die Formen am Pl. wie בנאי‎ „meine Söhne"; אהאי‎ „meine Brüder"; ראהמאי‎ „meine Freunde" = ܪܳܚܡܰܝ; בילדבאבאי‎ „meine Feinde"; עדאי‎ „meine Hände" u. s. w. (vgl. באלהודאי‎ „ich allein" = ܒܰܠܚܽܘܕܝ) kommen genau so auch am Sg. und am Pl. f. vor. Alle eben genannten Wörter (mit Ausnahme natürlich des heteroclitischen בנאי‎) könnten auch Singularbedeutung haben. Vergl. z. B. אהאי‎ „mein Bruder"; מיניאנאי‎ „mein Herr"²; האילאי‎ „meine Kraft" (חילאי‎ Meg. 16ᵃ); מאצבאנאי‎ „meine Zahl"; נאפשאי‎ „ich selbst" (נפשאי‎ bei Luzzatto 66); שינתאי‎ und צאבויאי‎ „mein Täufer" Q. 63, 19 (wäre ܨܳܒܽܘܥܝ, ܚܶܫܟܝ); „mein Schlaf"; שכינתאי‎ „meine Wohnung"; דוכתאי‎ „mein Ort" (דוכתאי‎ bei Luzzatto S. 66); מיזלאי‎ „mein Gehn"; מיתיאי‎ „mein Kommen"; נישמאתאי‎ „meine Seelen"; אבאהאתאי‎ „meine Väter" u. s. w. Dazu füge מאטוריאי‎ „mein Ankommen" von מאטוריא‎ = מָטוֹרִי. Dass in diesen Fällen die Sprache für das verschwindende *i* eine deutliche Bezeichnung erwählte, ist übrigens ganz erklärlich.

§ 143. 2. Person. Bei dieser Person fielen, wie wir sahen, schon im aram. Dialect des A. T. nach jetziger Punctation die Formen nach *ai* und die andern (ursprünglich *aich* und *âch*) zusammen. Dieser rein

---

1) Sichere Analogie für die Aussprache der syr. Form kann ich nicht nachweisen, da ܪܒܽܘܬܳܟ, ܡܳܪܽܘܬܳܟ nicht als solche genügt. Das Syr. hat sich nämlich in der Vocalisation der Wörter mit Femininendung und Possessivsuffix der 1. Sg. und der 2. 3. Pl. so sehr durch die Analogie des als Hauptform angesehnen St. emph. leiten lassen, dass die ursprünglichen Lautregeln dabei oft vernachlässigt werden, aber nirgends ist hier Consequenz; denn warum man z. B. ܪܒܽܘܬܝ, ܡܳܪܽܘܬܝ, aber ܚܶܫܟܝ, ܚܶܫܟܳܟ sagt, ist nicht recht abzusehn.

2) מרי‎, wohl auch מָרִי zu sprechen, Kidd. 31ᵇ (2 mal) in stärkerer Bedeutung als das abgegriffne מר‎ (ܡܳܪܝ).

lautliche Vorgang ist im Mand. durchgeführt; an beiden Numeri ist das Suffix אךְ[1], im Fem., wenn dasselbe unterschieden wird, יךְ; nach dem Vocal ist bloss ךְ.

Am Sg. und Pl. f.: בראךְ „dein Sohn"; לבושאךְ; שכינתאךְ; כורסיאךְ = הוכומתאךְ; אהאתאךְ „deine Schwester"; נישימתאךְ; „dein Thron"; האילאךְ „deine Brust"; ܣܶܡܥܰܠܝ = האדיאךְ „deine Weisheit"; ܡܶܣܟܶܢܝ „deine Kraft"; מישיכבאךְ „dein Liegen"; מיתיאךְ „dein Kommen" — נישמאתאךְ „deine Seelen"; אבאהאתאךְ „deine Väter" u. s. w. — אבוךְ; אהוךְ.

Am Pl. m. הארמידאךְ „deine Priester"; בנאךְ „deine Söhne"; אהאךְ „deine Brüder"; ראהמאךְ = ܣܶܩܡܰܝ; כולהון יאדאךְ „alle deine Bekannten (יָדֶיךָ); בהאיאךְ „bei deinem Leben" = ܚܰܝܰܝܟ u. s. w.

Das männliche Suffix wird überwiegend auch für das Fem. gebraucht; doch kommt nicht selten auch noch ein weibliches auf יךְ (ܟܝ, ܡܶܟܝ) vor. So

am Sg. und Pl. f.: זאהביךְ „dein Gold" DM 28ᵃ; רישיךְ „dein Haupt" I, 116, 14; עמיךְ „deine Mutter" II, 100, 18; בראתיךְ „deine Tochter" Ox. III, 39ᵃ; קומתיךְ „deine Statur" I, 116, 11; לוטתיךְ „dein Fluch" I, 132, 19; שכינתיךְ I, 220, 14; אבאהאתיךְ I, 150, 3; II, 24, 14 u. s. w.;

am Pl. m.: בניךְ „deine Söhne" I, 132, 20; איניךְ „deine Augen" I, 116, 13; אהיךְ „deine Brüder" II, 100, 20 u. s. w.; שאקיךְ „deine Beine" I, 116, 12; האטאיריךְ „deine Sünden" II, 132, 10, 12; דימיךְ „deine Thränen" Ox. III, 43ᵃ = ܕܶܡܥܰܝܟܝ u. s. w.

3. Person. Das männliche Suffix am Sg. und am Pl. f. ist יה, ה, § 144. das weibliche ה (resp. א § 62). Deutlich unterschieden sind die beiden Geschlechter nur nach *û*, nämlich אבויא = ܐܰܒܽܘܗܝ, אהויא = ܐܰܚܽܘܗܝ gegenüber אבו = ܐܰܒܽܘܗ, אהו = ܐܰܚܽܘܗ; für letztere beiden Formen treten aber in den Handschriften zuweilen die männlichen ein, jedoch wohl unrichtig[2].

---

1) Das im Talm. neben ךְ beliebte יךְ trägt eigentlich das Pluralsuffix in sich.

2) Talmudisch אבוה „sein Vater" (öfter) und „ihr Vater" (Meg. 16ᵃ).

Sonst לבושה, לבושיה; רישה, רישיה; אפשה, נאפשיה; שכינתה Sonst
נישימתה; כורסיה, כורסיה „sein Thron"; כולה „er ganz"; עדה „seine
Hand"; מיזלה „sein Gehn" u. s. w.

Fem. בראתה „ihre Tochter"; עמה „ihre Mutter"; נישימתה „ihre
Seele"; כולה „sie ganz"; כאדפא „ihre Schulter" Ox. III, 12ᵃ u. s. w.

Am Pl. m. sehn wir im Talm. noch einigemal ורהי z. B. רברבנוהי
Meg. 16ᵃ; רגלוהי Sukka 53ᵃ in einem alten Spruch; עינוהי Meg. 14ᵇ
in demselben Spruch, in dem Baba k. 92ᵇ עיניה steht; בנוהי Sanh.
96ᵃ. Hiervon finde ich im Mand. noch ein einziges Beispiel in בתארתין
עדו „mit seinen beiden Händen" II, 72, 13 = ܒܬܪܬܝܢ ܐܝܕܘܗܝ. Sonst
tritt hier, wie auch im Talm., ganz dieselbe Form ein wie im Sg. und
zwar für beide Geschlechter in der Schrift gleich[1]: בנה „seine Söhne,
ihre Söhne"; אהה „seine Brüder"; שנה „seine Jahre"; כיפה „ihre
Ufer" I, 194, 5; עדא „ihre Hände" Ox. III, 12ᵃ (vielleicht Sg.); הומרא
„ihre Amuletgeister" cod. B fol. 40ᵃ (2mal) u. s. w.

Dass die Verwischung dieses Unterschiedes für das Verständniss
der Schriften ganz besonders empfindlich werden kann, ist begreiflich,
zumal dazu noch so oft die Unsicherheit über den Auslaut ה oder א
kommt.

§ 145. Plural. 1. Person. Die Endung אן *an* (aus *ânâ*) giebt mit *ai*
des Pl. zusammen איאן (§ 21). Leider wird aber diese bequeme Unterscheidung
im Gebrauch aufgehoben und einerseits איאן auch am Sg.
und am Pl. fem., andrerseits אן auch am Pl. masc. gebraucht[2]. So
haben wir

1) am Sg. und Pl. f. a) mit אן: לבושאן; בראן „unser Sohn";
שינהאן „unser Griff"; ליגטאן, ליגיתהאן; שכינתהאן; אתראן „unser Ort";
„unser Schlaf"; קיריאתהאן „unsre Hervorrufungen" („Schöpfungen");
אבאהאתאן; אהואתאן „unsre Väter".

---

1) Umgekehrt ist im Neusyr. *û* (aus *auhi*) auch am Sg. üblich geworden;
doch sind daneben noch die ursprünglichen Formen erhalten.

2) Im Talm. meistens ין, welches wie איאן aus *ain* entstanden sein
wird, also auch eigentlich das Pluralsuffix in sich enthält z. B. מאתין „unser
Ort" Meg. 27ᵃ ganz unten; אתרין Sanh. 97ᵃ; בנתין „unsere Töchter"
Moed. k. 9ᵇ ult. ן ‒ noch in רבנן „unsere Lehrer" und an Präpositionen
wie מנן, גבן.

b) mit איאן: כולאיאן „wir alle" DM 20ᵇ (gewöhnlich כולאן); עמאיאן „unsre Mutter" I, 146, 16; ענתאיאן „unser Weib" I, 148, 8; רישאיאן „unser Kopf" Q. 13, 23; Ox. III, 106ᵇ; קאלאיאן „unsre Stimme" I, 152, 8 (קאלאן II, 46, 2); מאראיאן „unser Herr" (häufiger מאראן).

2) Am Pl. m. a) mit אן: אהאן „unsre Brüder"; אינאן „unsre Augen" I, 63, 17; 99, 23; כולהון יומאן „all unsre Tage" I, 66, 7; ליגראן „unsre Füsse" I, 100, 3; האטאיאן „unsre Sünden"; ספאן „unsre Lippen" Ox. III, 82ᵃ u. s. w.

b) mit איאן: כאפאיאן „unsre Hände" Q. 12, 15; עדאיאן „unsre Hände" DM 20ᵇ; קארנאיאן „unsre Stirnlocken" („Hörner") I, 246, 23.

Die Formen mit אן sind übrigens für beide Numeri häufiger.

Nach ו haben wir bloss ן: אבון[1]; אהון.

2. Person. Die Endung כון vertritt oft auch das Fem., doch § 146. ist daneben noch כין im Gebrauch. Diese Endungen treten beim Sg. und Pl. noch oft ohne Weiteres an das Wort, was im Talm. nicht mehr üblich ist[2]. So: יולפאנכון „eure Lehre"; מאמלאלכון „eure Rede"; דאיאנכון „euer Richter"; עשאתכון „euer Feuer"; ראהמותכון „eure Liebe"; בנאתכון „eure Töchter"; נישמאתכון „eure Seelen" u. s. w. und für's Femin.: עדאנכין „eure Zeit" Q. 37, 20 (Var. עדאנאיכין); מיניאנכין „eure Zahl" Q. 56, 12; עוהראתכין „eure Wege" I, 357, 22; Q. 37, 12 u. s. w.[3] So auch אבוכון; אהוכון.

Für diese Form tritt nun einzeln auch אכון, אכין ein. Dass dies nicht aus איכון, איכין entstanden, beweist das analoge Vorkommen von נאכון, ינאכון = נכון, ינכון am Verbum (§ 202); es ist also das a eine Andeutung des dem כ der 2. Pers. hier im Aram. und Hebr. ursprünglich überall vorhergehenden Vocales. Diese Schreibart ist nur in einigen Handschriften beliebt, z. B. in Par. X (Qolasta vom Jahre 978 d. H.); sie findet sich nie in Ox. III.

Wir haben so מיניאנאכון und הושבאנאכון „eure Rechnung" Q. 56ᵇ, 12; זוואדאכון „euer Reisevorrath" Q. 56ᵃ, 9; נישמאתאכון Q. 56ᵇ, 12;

---

1) I, 99, 17; 244, 34 daneben אבוהאן.

2) Ich kenne im Talm. so nur noch בכו; לכו; מנכו; דידכו; כולכו; und natürlich אבוכו (אבוכון Baba b. 33ᵃ; 58ᵃ).

3) An einigen dieser Stellen Varr. mit כון.

יאמינאכון „eure Rechte" I, 38, 7 B; מאמלאלאכון I, 35, 6 A. u. s. w. Vgl. noch Q. 73ᵇ unten. Ueberall sind hier Varr. ohne das א.

Mit dem *ai* des Pl. m. erhalten wir so איכון: בנאיכון „eure Söhne"; אינאיכון „eure Augen"; עובאדאיכון „eure Thaten"; האיאיכון „euer Leben" II, 78, 16 u. s. w. (dafür II, 90, 21 C האיאכון); מאיאכון „euer Wasser" I, 221, 18 u. s. w.

Aber auch diese Formen auf איכון stehn sehr oft am Sg. (im Talm. fast ausschliesslich)[1]. So אמאיכון „eure Mutter"; ליבאיכון „euer Herz"; כולאיכון „ihr alle" (nie כולכון); לבושאיכון Par. XI, 26ᵇ; שיביאיכון „eure Gefangenschaft"; מיתיאיכון „euer Kommen"; מיקמאיכון „euer Stehn"; מישתיאיכון, מישתיאיכון (auch wohl verdorben מישתאיכון) „euer Trinken" I, 17, 17; 37, 10 (an welchen beiden Stellen mehrere ähnlich); 179, 4; Q. 56, 10; מנאתכון „euer Theil" II, 41, 4 (A מנאתכון); דוכתאיכון „euer Ort"; בותכון ותושביהתאיכון „euer Gebet und Lobpreisen"; הוכומתאיכון „eure Weisheit"; מאצבותאיכון „eure Taufe" u. s. w.

§ 147. 3. Person. Die männliche Endung הון vertritt wieder oft die des Fem. הין, welche aber daneben noch im Gebrauch ist. Das ה beider Endungen fällt nach Consonanten fast stets, nach Vocalen sehr oft weg; die Formen mit und ohne ה stehn unterschiedslos neben und für einander[2]. Mit dem *ai* des Pl. m. erhalten wir איון, איהון, איהין, איין. Diese Endung erscheint nun wieder sehr oft, wenngleich nicht so ausschliesslich wie im Talm.[3], auch am Sg. und am Pl. f. Zuweilen hat dann aber auch wieder das Wort mit blossem הין, ין; הון, ון ohne *ai* davor doch Pluralbedeutung.

1) Das Suffix ohne *ai*. Hinter die Femininendung (wo stets ohne ה) tritt es ganz mit derselben lautlichen Wirkung wie das א des St. emph. Der schon im Syr. häufige Ausfall des *a* vor dem n nach Analogie des St. emph. ist hier regelmässig. Ebenso ist es mit den kur-

---

1) Z. B. רבותייכו Gittin 68ᵇ; תבלונייכי Pes. 110ᵇ ganz oben; פרחייכי Pes. 110ᵃ ganz unten.

2) Ganz ausnahmsweise fällt auch wie im Talm. das ן ab in בדאורו = בדאורהון „in ihrer Wohnung" II, 58, 7.

3) Formen wie דיקהון Nazir 39ᵃ ult. (angeführt von Luzzatto 67) sind sehr selten; gewöhnlich so nur כולהו, f. כולהי; להו; בהו; דידהו und יתהון.

zen Vocalen vor dem letzten Radical. Beispiele: רישהון „ihr Kopf"; אלמון „ihre Welt" (ܐܠܡܗܘܢ, wie אלמא; גאטלון „ihr Mörder" I, 355, 3 (ܩܛܠܗܘܢ,); משאריאנון „ihr Macher"; האברון „ihr Genosse"; כולהון „sie alle" (stets mit ה); הוכומתון wie הוכומתא (syr. ܚܟܡܬܗܘܢ, Barh. gr. I, 55, 8); ניצבתון, (ܢܨܒܬܗܘܢ,); (= מדינתהון 2silbig Ephr. II, 372 C, vgl. I Chron. 20, 1 und Barh. I, 56, 11); סימתון „ihr Schatz" = (ܣܝܡܬܗܘܢ, 2silbig Ephr. in Zingerle's Chrest. 275 ult., 278, 9, während nach der Regel Barh. gr. I, 55, 10 und der Punctation ܣܝܡܬܗܘܢ, Matth. 6, 21; Luc. 12, 34 die Form ܣܝܡܬܗܘܢ, erwartet würde); שכינתון (syr. wohl ܫܟܝܢܬܗܘܢ,); תושביחתהון „ihr Preisen" (wäre syr. ܬܫܒܘܚܬܗܘܢ, Barh. gr. I, 57, 6); מדורתהון „ihr Aufenthalt" II, 45, 22; שינתון „ihr Schlaf" (ܫܢܬܗܘܢ Prov. 4, 16; Barh. gr. I, 54, 1 u. s. w. § 94); סיפתון „ihre Lippe" (ܣܦܬܗܘܢ, nach sonstigen Analogien? oder ܣܦܬܗܘܢ, wie ܫܩܦܬܗܘܢ Ps. 58, 4; ܩܠܬܗܘܢ, u. s. w.? Siehe Barh. gr. I, 54); בכיתון „ihr Weinen" (vgl. syr. ܒܟܝܬܗܘܢ, Deut. 13, 13 u. s. w.); עבידאתון „ihre Werke"; שכינאתון „ihre Wohnungen"; אבאהאתון „ihre Väter" u. s. w. Vom Fem. so מתאקנאנין „ihr Ordner" Ox. III, 74ᵇ; דאשתאנין „ihre Menstruation" I, 23, 21; מיזלין „ihr Gehn" Q. 37, 2 (wäre ܡܐܙܠܬܗܝܢ); האבאראתין „ihre Genossinnen"; מאצבותין „ihre Taufe"; כולהין (stets mit ה); בירכתין „ihr Segen" Q. 30, 11 (wäre ܒܘܪܟܬܗܝܢ).

Nach û haben wir אבוהון (mit Var. אבהון, die nicht besser als אבויהון, אבאיהון siehe II, 118, 8, 14) und אהוהון I, 172, 2 (Var. אהון).

Pluralbedeutung bei der einfachen Endung haben wir in לאטאבון כולהון „all ihre Unholde" I, 107, 5; כולהון כומרון וסאגאדון „all ihre Pfaffen und Anbeter" I, 119, 13; סאגאדון so noch I, 313, 13 f.; האטאיון „ihre Sünden" (wo das אי radical ist)[1].

2) Das Suffix mit *ai* steht a) beim Pl. in לבושאיהון I, 131, 2; האדיאיון „ihre Brüste"; האיאיהון „ihr Leben" Q. 22, 27; באתאיון „ihre Häuser"; אנפאיון, אנפאיהון „ihr Antlitz" u. s. w. vgl. להודאיון I, 28, 4 = ܠܝܗܘܕܝܗܘܢ. Fem. גובראיהין „ihre Männer" I, 390, 1; בילאיהין „ihre Gemahle" I, 389, 2 (ܒܥܠܝܗܝܢ,); עולאיען „ihre Embryonen" I, 224, 7;

· 1) דירדקונון „ihre Kleinen" I, 387, 12 ist unsicher. Die Londoner Codd. haben passender דירדקוניא.

בנאיין "ihre Söhne" I, 183, 10 u. s. w.; האדיאיין "ihre Brüste" I, 181, 13 (zum Theil wieder mit Varr. הון, ון).

b) Sehr oft auch beim Sg.: עמאיהון "ihre Mutter"; מאראיהון "ihr Herr"; ריהאיין "ihr Duft"; לבושאיהון (auch Pl.); סיגיאיהון "ihr Gehn" I, 11, 4; מיתיאיין "ihr Kommen" II, 107, 17 u. s. w.; מישתיאיהון "ihr Trinken" I, 26, 9; II, 105, 6 f.; אקראיהון "ihre Burg" ($ἄκρα$) II, 95, 7 (auf derselben Seite mehrmals אקרון); שומאיהון "ihr Name"; כסויאיין "ihr Anzug" I, 47, 9; דמותאיהון, דמותאיין "ihre Gestalt"; שכינתאיין, תושביתהתאיין, תושביהתאיין "ihr Lobpreisen" öfter[1]; עמאיהון; ניצבתאיהון; בראתאיין "ihre Tochter" DM 44[b] u. s. w. und Fem.: "ihre Mutter" I, 209, 2; מאראיהין "ihr Herr" I, 64, 3; דאהבאיין "ihr Gold" I, 91, 6 f.; כאספאיין "ihr Silber" eb.[2].

D. Verzeichniss einiger abweichender Nominalformen.

§ 148.   אבא "Vater"[3], vor Suffixen אבו, Pl. אבאהאתא.

אחא "Bruder", vor Suffixen אחו, Pl. אחיא; Fem. אהאתא "Schwester", Pl. אהואתא.

אנאשא kommt nur im Genitiv vor: בר אנאשא "Mensch" I, 207, 22; Pl. aber auch אנאשיא[4] I, 49, 18 u. s. w. (vgl. בית אנאשאך "Ort deiner

---

1) Mehre von diesen sahen wir oben ohne *ai*.

2) Eine talm. Form mit Femininsuffix wäre רישתינהי domina earum Pes. 110ª, wofür aber zu lesen רִישָׁתַיְיהִי. Sonst יהו auch für's Fem.

3) St. abs. und cstr. fehlen (vgl. Barh. gr. I, 53, 23), denn für אב I, 256, 8 A haben die anderen codd. אבא. Allerdings ist der St. constr. אב (der auch targumisch Gen. 17, 4, 5) erhalten im Eigennamen אבאתור = אב אתור "Vater des Reichthums"; das 2. Glied ist stat. absol. von ܐܬܘܪܐ, dessen Pl. als Bezeichnung der himmlischen persönlichen Wesen im Mand. sehr beliebt ist. In letzter Instanz kommt unsre Erklärung des Namens אבאתור mit der in den Schriften gegebnen (I, 93; Q. 4, 19) als אבא דעותריא auf dasselbe hinaus, nur dass diese grammatisch ungenau. — Sehr dunkel ist die Form von בית אבו "Vaterhaus" I, 75, 3; 98, 10; 99, 6; 101, 18; 208, 10; 209, 20. An ein Abstractum kann man kaum denken (syr. ist dasselbe ܐܒܗܘܬܐ); sollte es vielleicht = אבון "unser Vater" sein, was so ziemlich überall passte? Aber der Wegfall des ן der 1. Pers. Pl. wäre sehr auffallend.

4) Talm. אינשי, das wohl *ĕnâšê* zu sprechen ist, nicht *inšê* (als Pl. zu איניש).

Familie" II, 79, 3 = Q. 66, 29; so בית אנאשאידהון I, 28, 4). Gewöhnlich im Pl. בני אנאשא, wofür seltsamerweise nicht selten auch בנאת אנאשא oder בנאת אנאשיא steht I, 19, 24; 35, 5; 51 mehrmals; 52, 23 (als Masculin). Erst in einem sehr jungen Text wird בר אנאשיא und בארנאשיא „Menschen" gewagt AM 240. 228. In der Bedeutung „Familie" wird ein neuer Pl. auf *âth* gebildet: אנאשאתהון „ihre Familie" I, 51, 17; 59, 15; אנאשאתכון „eure Familie" II, 106, 1. Nur im Stat. abs. kommt vor עניש (= إِنْس) s. § 127.

עתא „Frau", kein St. cstr., Pl. עגשיא (talm. נשי und נשייא Hagiga 4ᵇ unten). Die regelmässige Setzung des ע ist wohl durch Einfluss der Singularform. Eine sehr seltsame Form ist der St. abs. אתואה I, 5, 17; 22, 3 f.; 202, 2; 226, 22; ich kann sie absolut nicht erklären. Dass אתואה st. abs., ist aus den meisten Stellen deutlich, nur I, 202, 2 läge an sich die Auffassung als determiniertes Wort näher.

ארקא „Erde", Pl. ארקאהאתא; die andern Pluralformen ארקאהיא und ארקיא sind unsicher (§ 138).

באיתא „Haus"[1], st. cstr. בית; das verkürzte *bê* nur in ביסאדיא „Kopfkissen", wie für ביסאדא Par. XI, 12ᵃ zu lesen; hier auch syrisch ܒܣܕܝܐ. St. abs. kommt nicht vor. Pl. באתיא = בָּתִּים ܒܳܬ݁ܶܐ *bâttîm*[2] (schlechte Lesart zuweilen באיתיא).

ברא „Sohn", st. cstr. בר (§ 11), verkürzt in באזירא = اِبْن, Pl. באזרוניא (§ 54. 119). Pl. בניא, אבניא. Fem. בראתא „Tochter", st. cstr. בראת und פת = syr. ܒ݁ܰܪܬ݂; targ. בְּרַת[3]. Letzteres steht fast nur zwischen zwei Eigennamen und so פת אבו פתולא I, 181, 1 „die Jungfrau, Tochter ihres Vaters" (wie زِيَاد بن أبيه)[4]; doch auch פת זאמארתא „Tochter einer Musikantinn (Hure)" DM 35ᵇ; זאוא פת בישיא „eine Frau, Tochter schlechter Menschen" DM 30ᵃ; öfter פת האריא = ܒ݁ܰܪܬ݂ ܐܪܥܐ;

---

1) בינתא „Gebäude" ist ein ganz anderes Wort.

2) S. MERX, Archiv I, 456 f.

3) בְּרַת targumisch auch als st. abs. z. B. Ez. 44, 25, wo auch אחת als st. abs.

4) Also ein ähnlicher Unterschied wie im Palmyrenischen zwischen בת und ברת vorkommt, s. Z. d. D. M. G. XXIV, 101.

ferner עשׁיא ותמאניא תמאןאן פת 88 annos nata DM 38ᵇ. Pl. בנאתא, st. cstr. בנאת.

עדא „Hand", st. cstr. יאד, vor Suffixen עד, Pl. עדיא und עדאהאתא DM 39ᵇ·

מאי „Wasser", nicht selten im St. abs. (vgl. מוֹי), doch auch in der Bedeutung des St. emph. z. B. I, 89, 7. Es ist keine Gelegenheit, festzustellen, ob מאי als Sg. construiert wird; doch ist das kaum zu bezweifeln. Gewöhnlich der Pl. מיא, selten מאיא (§ 11); st. cstr. מיא. Mit Suffixen מאיאיון, מאיאירון I, 287, 15; AM 271; מאיאיכון I, 221, 18 (beide mit schlechten Varianten).

מינילתא „Wort", selten מילתא I, 391, 1 BCD Londd.; stat. constr. מינלאת, מינלאה I, 13, 14; 20, 21, Pl. מינילי̈א ¹ (§ 53 am Ende).

מאריא „Herr" und ohne Bedeutungsunterschied (vgl. z. B. I, 387, 15 mit 24) מארא (§ 97), st. cstr. מאריא *mârê* z. B. מאריא כושטא II, 94, 16 ², vor Suffixen מאר (z. B. מאראי, מאראן oder מאראיאן u. s. w.), Pl. מאראואתא, st. abs. מאריואן (§ 134), st. cstr. aber מאריא = مَرَى I, 347, 11, vgl. מארה „seine Herren" Q. 29, 13 u. s. w. — Fem. מארתא.

סיפתא „Lippe"³, Pl. עספיא, vgl. ספאן „unsre Lippen", und ספיהאתא, wofür auch סביהאתא und סבאהאתא.

רבא, st. abs. und cstr. רב, ראב, Fem. ראבתיא bildet wie sonst im Aram. als Adjectiv im Pl. רורביא, רורבאתא, in der Bedeutung „Lehrer" רבאניא, רבאניא, in der Bedeutung „Magnaten" רורבאניא. Doch wird dies im Mand. nicht so streng genommen wie im Syr. „Magnaten" heissen auch oft רורביא I, 73 ult. und רביא I, 81, 22; 129 ult. Wenn nun aber רביא gern als Attribut der höchsten Principien erscheint und im Parallelismus zu רורביא (besonders הייא רביא parallel zu הייא רורביא), so ist es da nach mand. Auffassung wohl nicht blosses Ad-

---

1) בשוליא ומינילאתא „in Fragen und Worten" Ox. III, 47ᵃ 2 mal und ebenso in Par. XI ist trotz der Wiederholung wohl in בשולאתא ומינילי̈א zu verbessern.

2) Vgl. talm. מָרֵי ביתא.

3) Im Syr. st. constr. ܣܶܦܬܳܐ, aber st. abs. noch ܣܦܳܐ in ܣܦܳܐ ܒܣܦܳܐ „Rand an Rand" = „ganz voll"; auch bloss ܣܦܳܐ; so auch targum. ספא בספא II Reg. 10, 21; 21, 16, wo die Lesart סיפא weniger gut.

jectiv „gross", sondern mehr Substantiv „Herren, Grosse". — Entsprechend ist der Pl. von דַּק (im Mand. nicht vorkommend) דירדקיא (wofür Par. XI, 40ᵃ דארדיקיא), דירדקאתא AM 249 und mehr substantivisch (mit Diminutivendung) דירדקוניא, דירדקוניאתא. Da das Syr. von ܪܒܐ den Pl. ܪܘܪܒܐ bildet, so kann man nicht zweifeln, dass die mand. Formen, denen talmud. und palästinensische zur Seite stehn[1], durch eine, allerdings auffallende, Dissimilation gebildet sind; findet sich andrerseits doch auch דַעְדַּק.

שידתא, שיתא „Jahr", st. cstr. שנאת, Pl. שניא.

שומא, st. cstr. שום, Pl. שומיא und שומהאתא, letzteres als Fem. construiert vgl. I, 45, 12; 93, 20; 159, 13 u. s. w.[2]

Das Adjectiv אחרן alius, dessen Flexion in den aram. Dialecten § 149. ziemlich wechselnd, ist im Mand. regelmässiger geworden als in allen übrigen. Es bildet sämmtliche Formen mit י (ê) vor dem נ[3], und behält dies נ stets bei. Im Anlaut hat das Mand. הו, entsprechend dem הו der jüngeren paläst. Dialecte, während im Talm. hier אח ist; wie wenig aber dieser Unterschied bedeutet, mag der Umstand zeigen, dass im Christlich-paläst. Formen mit אח, אוח, חו neben einander stehn[4]. Am meisten nähert sich das Mand. dem Talm. bei diesem Worte in der Auswahl der Formen, die überhaupt gebraucht werden. Statt der 8 im Syr. und in andern Dialecten möglichen finden wir im Mand. wie im Talm., wenn mich wenigstens meine Beobachtung nicht sehr trügt, nur die 4 des St. emph. nämlich:

---

1) Vgl. auch die nicht belegten ܪܘܪܒܢܐ, ܪܒܢܐ bei BA und PAYNE-SMITH. دَرَقٌ „kleine (Kameele)" mit Pluralbedeutung in einem Vers A'šâ's bei Ǧawâlîqî 22, 14; davon ein weiterer Pl. دراتق Ḥamâsa 761 gehört wohl zu der Zahl der Fremdwörter, welche von alten Dichtern als vermeintlicher Schmuck ihrer Rede aufgenommen sind.

2) קריתא „Stadt", „Dorf", das seine Formen in den verschiedenen aram. Dialecten von sehr verschiedenen Themen bildet, wird im Mand. nicht gebraucht.

3) In den Targumen und sonst im Palästinischen ist dagegen das Streben, die Formen mit ân allein gültig zu machen.

4) Die Aussprache wird etwa zwischen oḥŏrên, ḥŏrên u. s. w. geschwankt haben.

mand. Sg. m. הורינא, f. הורינתיא; Pl. m. הוריניא, f. הורניאתא
talm. אחרייתא¹. — אחריני — אחריתי — אחרינא.

Für הורינתיא steht zuweilen die eigenthümliche Form הורינתין;
darf man das *n* hier für einen blossen Schmarotzer der Schrift halten,
welcher ין und יא so oft identisch galt? oder ist es = הין + אחרינת
alia earum?

§ 150. מינדאם „Etwas" aus מנדעם, מדעם; syr. ܡܶܕܶܡ (huzwaresch *mindum*);
talm. gewöhnlich מִידֵּי², neusyr. *mindi* kann als Zusammensetzung von
מִנְדַּע + מָא³ eigentlich keine Flexion haben. Doch bildet sich schon
im älteren Mand. eine flectierbare Nebenform מינדא „Ding, Sache" I,
392, 20, von welcher sich auch ein Pl. מינדיא herleitet I, 389, 22; 392,
9 (2 mal)⁴. Wir dürfen hierin nicht etwa das ursprüngliche Wort ohne
Hinzufügung des מא sehn, da wir davon in keinem ältern Dialect Etwas
finden, sondern es ist ein lautlicher Abfall, begünstigt durch das Streben
nach Analogie mit den sonstigen Nomen. Damit stimmt überein,
dass die Form ohne *m* in der ältern Literatur fast gar nicht vorkommt,
während sie in den jüngsten Stücken sehr beliebt wird⁵.

E. Nominalcomposita.

§ 151. Einige Genitivverbindungen sind auch im Mand. so eng, dass man
die beiden Wörter als ein einziges betrachten muss. Das Geschlecht
derselben bestimmt sich nach dem 2. Gliede, nicht nach dem ersten;
die Pluralendung tritt an jenes, während das 1. Glied im Sg. bleibt.
So haben wir z. B. ריש מאשכניא „die Schulhäupter" DM 53ᵇ; ראב
מאכסיא „die Oberzöllner" II, 121, 24; בית מאסגדאיכון „eure Bethäuser"
I, 227, 4 u. s. w. Ferner בר ענגאריא „die Mondsuchtsdämonen" AM

---

1) Im Pl. f. scheint im Talm., nach der Orthographie zu schliessen, noch
a vor dem *n* geblieben zu sein.

2) מדעם noch Baba b. 123ᵃ und öfter in Nedarim.

3) S. Fleischer zu Levy's Wörterbuch II, 567; Z. d. D. M. G. XXV,
292 f. Ich finde noch immer jenes מנדעם in der Inschrift von Carpentras.

4) BA nr. 5443 führt einen Pl. von ܡܶܕܶܡ auf: اشياء. Neusyr.
bildet ܡܶܕܶܡ den Pl. ܡܶܕܡܳܢܶܐ.

5) אית ist seinem Ursprung nach zwar ein Nomen, aber der Gebrauch
stellt es zum Verbum, daher behandeln wir es bei diesem (§ 213).

141 ult. (syr. ܣܢܬܐ ܐܢܪܝ) und sogar (in einem sehr jungen Text) באר אנאשיא, בארנאשיא „Menschen" AM 228. 240.

Noch mehr zusammengezogen ist באזירא, Pl. ביזרוניא „Sämereien" = ܙܢ ܘܢܓ, *ܙܢ ܘܙܢܐ (§ 54. 119. 148).

Die Verbindung אנפיא יומא „Tagesantlitz" („früher Morgen"?) ist Sg. m. Ox. III, 50ª (wie ܐܦ̈ܝ ܝܘܡܐ im Syr. Sg. m., vgl. S. 158).

Eine ähnliche Zusammensetzung wie die genitivischen bildet האבשאבא „Sonntag" = ܚܕܒܫܒܐ; dieses hat im Pl. האבשאבאניא (syr. ܚܕܒܫܒ̈ܐ).

Ein Fem. wie ܚܕܒܫܒܬܐ oder ein Abstract wie ܚܕܒܫܒܘܬܐ von בילדבאבא wäre auch wohl im Mand. möglich; solche Formen zeigen erst recht, wie fest die Composition geworden ist.

Eine ganz andre Art Composition ist לאטאביא „Unholde" I, 123, 17 u. s. w., das im Mand. ziemlich allein steht. Im Syr. sind dergleichen Wörter nach griech. Muster ziemlich zahlreich, ebenso im Neusyr. nach persischem. Obgleich nun schon im Hebr. des A. T. Aehnliches vorkommt, so möchte ich doch vermuthen, dass jener allein stehende mand. Negativausdruck auch ein fremdes, vermuthlich pers., Vorbild hat (wie ناخوش).

3. Zahlwort.

Cardinalia.

Die erste Decade lautet im Wesentlichen übereinstimmend mit dem § 152. sonst Bekannten:

	Masc.		Fem.
1	האד und öfter הדא [1]	. . . .	הדא
2	עתרין, תרין	. . . .	תארתין
3	תלאתא	. . . .	תלאת
4	ארבא	. . . .	ארביא (§ 17), seltner ארבא
5	האמשא	. . . .	האמיש
6	שיתא	. . . .	שית

---

1) Vgl. im Samar. יומא חדה Gen. 1, 5; אתר חדה Gen. 1, 9. Die Form ist wohl nicht als St. emph. aufzufassen, sondern hat das *â* nach Analogie fast sämmtlicher übriger Masculinformen der ersten Decade erhalten. — Uebrigens vgl. mit den mand. Zahlwörtern die vielfach ähnliche Veränderungen zeigenden neusyrischen (neusyr. Gr. 151 ff.).

7	שובא (§ 19)	שאבא, seltner שובא
8	תמאניא (= תִּמְנְיָא)	תמאניא (= תִּמָנֵי)
9	תשא	עתשא, תשא
10	אסאר	אסרא

Die zweite Decade kann ich nur dadurch vollständig belegen, dass ich das Asfar Malwâsê heranziehe, was aber hier grade ohne Bedenken ist, zumal die Analogie mit dem sonst Feststehenden nirgends verletzt wird. Die mit אסאר zusammengesetzten Formen werden auch beim Fem. gebraucht; die talm. Formen auf סְרֵי, עֶשְׂרֵי (עֶשְׂרֵה) kennt das Mand. nicht mehr.

11 הדיסאר, האדיסאר (talm. חדיסר Taanith 18ᵇ; חדסר R. Hasch. 21ᵃ).

12 עתריסאר, תריסאר (talm. תריסר).

13 תלאסאר AM (talmudisch תליסר neben dem vollständigen תלתעשר Ketubh. 77ᵇ)[1].

14 ארבאסאר (talm. ארביסר oft).

15 האמיסאר (talm. חמיסר oft).

16 שיתאסאר (talm. שיתסר Pes. 110ᵇ u. s. w.).

17 שובאסאר AM (talm. שיבסר Taanith 28ᵇ u. s. w.).

18 תמאנאסאר AM (talm. תמניסר, LUZZATTO ohne Beleg)[2].

19 השאסאר, עתשאסאר AM (talm.?)[3].

Neben diesen Formen findet sich noch die einfache Aneinanderreihung mit Vorausstellung der Zehn und regelmässiger Beachtung des Geschlechts[4]. So die Masculina

    11 אסרא והדא I, 380, 19.

    12 אסרא ותרין I, 263, 8; 267, 7.

---

1) Fem. תליסרי Gittin 68ᵇ; תלתעשרי Nedar. 41ᵃ.

2) Für das Fem. תמניסרי habe ich viele Belege.

3) Das Fem. תשסרי, תשיסרי kommt öfter vor.

4) Vgl. Ephr. bei Barh. gr. I, 70, 23 (arabisch) (umgekehrt Jac. v. Sarug in BEHNAM, Trad. of the syr. church of Antioch pg. V: (syrisch). Ferner auf einer nabatäischen Inschrift שנת עשר שבע (ohne ו); im Phönic. לעסר וארבע Sid. I, 1. Ausserdem finden wir solche Zusammenstellungen im Aethiopischen (DILLMANN, Gr. S. 290) und im Tigre (MERX, Vocabulary of the Tigré lang. p. 29). Vgl. Z. d. D. M. G. XXIV S. 101.

Häufiger aber beim Fem., dessen alte Formen ja nicht mehr vorkommen, also

  13 אסאר ותארתין I, 189, 18 u. s. w.
  14 אסאר וארביא I, 383, 7 u. s. w.
  15 אסאר והאמיש I, 301, 9, 12.
  16 אסאר ושית AM.
  18 אסאר ותמאניא AM.
  19 אסאר ותשא AM.

Die Zehner sind

  20 עסרין, häufiger סרין (§ 34).
  30 תלאתין
  40 ארבין
  50 האמשין
  60 שיתין
  70 שובין
  80 תמאנאן (s. § 21).
  90 תשין, עתשין

Für 40 und 50 haben wir ganz vereinzelt (nach § 53)[1] ארביא I, 393, 21 C und האמשיא I, 380, 13; 383, 24 (beidemal A und die Londoner Codd. האמשין).

Die Zusammensetzung der Zehner und Einer geschieht durch ו, fast immer mit Voraussetzung der Zehner z. B. עסרין והאמשא 25; ארבין ותרין 42; שיתין ושאבא 67 (fem.); תלאתין ושית 36 (f.) u. s. w. Daneben aber תמאניא ועסרין 28 (m.) I, 30, 21.

Die Hunderte sind

  100 מא oder אמא I, 57, 6 = מְאָה, אַמְאָה (§ 24)[2].
  200 מאתין I, 379, 19 oder עמאתין I, 384, 19; für beides 3 Londoner Codd. עמאתיא (§ 53).
  300 תלאתמא
  400 ארבימא [3]

---

1) Bei diesen Zahlen scheint sonst auch im Talmud das auslautende *n* immer zu bleiben.
2) So neusyr. *immâ* neben *mâ*.
3) DM 6ᵇ; 7ᵃ der Oxf. Codex ארבאימא, Weim. ארבימא.

500 האמישמא

600 שיתמא

700 שאבימא [1]

800 תמאנימא

900 עתשימא, תשימא.

Tausend ist אֲלִיךְ, אלפא; das Mehrfache davon wird wie bei sonstigen Substantiven gebildet z. B. 6000 שיתא אלפיא (= שיתא אלפי Meg. 29ᵃ).

Zehntausend ist רובאן, bei der Multiplication nicht verändert z. B. שובין רובאן 70000 I, 182, 13 u. s. w. Es ist die starr gewordne Umformung von ܪܒܘܢ Berach. 58ᵇ; sam. רבואן Gen. 24, 60 cod. BC, dessen Sg. רְבּוֹ, רבוא ܪܒܘ [2] ist.

Der Ausdruck grösserer Zahlencomplexe ergiebt sich aus Fällen wie אליף ותמאנימא ארבימא ותמאנאן אלפיא שניא „480000 Jahre I, 378, 17; אלפיא רובאן עותריא „18,000,000,000 (18 Milliarden) Uthra's" I, 129, 17 [3]; שיתין ותמאניא אלפיא שניא והאמישמא ושובין והדא שידתא „68,571 Jahre" I, 379, 3; תלאתמא ושיתין ושית 366 (oft); I 444 ארבימא וארבין וארביא, 128, 23. Man sieht aus einigen dieser Beispiele, dass in solchen Complexen auch z. B. „60 Tausend" für „6 Myriaden" gesagt werden kann.

§ 153. Besondere Nebenformen, welche die Determination ausdrücken, wie sie einerseits die paläst. Dialecte [4], andrerseits das Neusyr. besitzen [5], finde ich im Mand. so wenig wie im Talm. Nur für „Beide" hat auch das Mand. eine solche Form, aber nicht etwa das sonst übliche תרוי (auch Talm. z. B. תרויכו „ihr beide", neusyr. ܬܪܲܝܟ̈ܘܿܢ und ܬܲܪ̈ܬܲܝܟܹܝܢ), son-

---

1) Cod. B zuweilen z. B. I, 384, 17, 20 שאבאימא gegenüber שאבימא der Anderen, wie er an anderen Stellen selbst hat.

2) Davon in den andern Dialecten auch der St. emph. im Sg. ܪܸܒܘܿܬܐ; ZINGERLE, Chrest. 250 (Barh.); רבותא. Im Sg. gebraucht der Talmud רבבתא, d. i. das echt hebräische רְבָבָה.

3) Vgl. Fälle wie שלוש מאות וששים וחמשה אלפי רבוא כוכבים Berach. 32ᵇ (wo freilich Varr. אלפי רבוא oder wenigstens רבוא weglassen).

4) Vgl. Z. d. D. M. G. XXII, 48 f. Solche Formen auch im jerusal. Talmud und im Sam.

5) Neusyr. Gramm. § 80. Auch das Syrische hat Manches, was hierher gehört.

dern es gebraucht so תרתין, die Femininform[1]. Käme bloss דימאיהון דתארתיניין lacrimae ambarum DM 27ᵇ und בתארתיניין עדה „mit seinen beiden Händen" Ox. III, 16ᵃ vor, so sähen wir hier einfach das Zusammenschmelzen von תארתין + הינין. Aber wir haben auch, und zwar häufiger, הארתינון „sie beide" als Masc. z. B. I, 146, 8; 293, 13 u. s. w., und sogar mit Possessivsuffix der 1. Pers. הארתינאן „wir beide" I, 116, 20 B; DM 37ᵃ. Es sieht aus, als hätte sich hier aus falscher Analogie von jenem הארתיניין her הארתין als unveränderlicher Stamm des Wortes ausgebildet. Ein Bedenken verursachen aber noch die Varianten הארתויניון im cod. A I, 146, 8; 147, 12, welche auf תְּרֵוי zurückweisen könnten; freilich zeigen noch andre Unformen wie תארתיונאן I, 116, 20 cod. A., wie wenig auf solche vereinzelte Lesarten zu geben ist.

Durch Doppelsetzung von חד und Anhängung der Pluralendung ist § 154. im Aram. ܚܕܳܕ̈ܶܐ „einander" gebildet, das auch im Mand. als הדאדיא beliebt ist; vgl. die Syntax § 244.

Ordinalia.

Die erste Decade lautet § 155.

1 קאדמאיא = ܩܰܕܡܳܝܳܐ [2]; seltner רישאיא[3] II, 124, 23.
2 תיניאנא[4]; auch wohl הורינא (§ 149) I, 108, 2.

---

1) Succa 53ᵃ steht zweimal (הני) הנהו תרתי כושאי „diese beiden Kuschiten" (aber Rabbinowicz hat einmal תרי, und das anderemal fehlt es bei ihm); Sanh. 97ᵃ תרתי בנין „zwei Söhne" und eb. תרתין בנין „die beiden Söhne". Uebrigens ist zu beachten, dass der Talmudtext bei den Formen der Zahlwörter ganz besonders unsicher ist; die Zahlen waren wohl oft durch Zahlbuchstaben ausgedrückt, welche dann in Wörter umgesetzt wurden, die nicht genau dem Dialect entsprechen. So finden wir selbst hebr. und paläst. Zahlformen an Stellen, die sonst im babylon.-talmud. Dialect geschrieben sind.

2) Nie mit Assimilierung wie קַמְיָא oder das talm. קַמָא = syr. ܩܰܡܳܝܳܐ (st. abs. ܩܰܡ).

3) Vgl. hebr. ראשון.

4) Das aram. תִנְיָן ist in's Arabische aufgenommen als ثُنْيَان secundarius Nâbigha ed. Derenbourg XXII v. 5; Ahlwardt XXX v. 5. Das hebr. שִׁנְאָן Ps. 68, 18 (aus einem alten Liede) ist Abstract „Verdopplung".

3 תליתאיא

4 ארביאיא oder ארביאהא (§ 55) II, 42, 20 f = ܪܒܝܥܝܐ; dafür zuweilen ארבאיא z. B. I, 27, 19 AB.

5 האמשיאיא oft; האמשייאיא I, 51, 5 B; selten האמשאיא I, 27, 20 A.

6 שיתאיא

7 שובאיא

8 אתמינאיא DM 8ª (2 Codd.), wofür המאנאיא AM 176.

9 תשייאיא Par. XIV nr. 208 oder השיאיא ebend. nr. 200; AM 176 zweimal.

10 אסרייאיא Par. XIV nr. 338; אסריאיא eb. 339; AM 176.

Die alte, dem Hebr. und Aram. gemeinsame Bildung der Ordinalia von 3—10 mit der relativen Endung $\hat{a}i = \hat{i}$ aus einem Adjectiv فَعِيل ist hier also schon vielfach gestört. Bei dem Zahlwort für 4 führt die beständige Schreibweise mit nur e i n e m י nach dem ב darauf, eine Verkürzung des $\hat{i}$ anzunehmen. Das wäre dann wohl, um die Form, die nach Analogie von ארבע stets vorne ein א hat, nicht allzulang werden zu lassen. Doch ist die Verkürzung nicht ganz sicher (§ 9). Nach der täuschenden Analogie des Klanges ist dann האמשיאיא und das, allerdings nur aus jüngeren Quellen belegte, אסריאיא jenem ארביאיא nachgefolgt. Die Formen für 6. und 7. sind (wie hebr. שִׁשִּׁי und חֲמִשִּׁי) direct von den Cardinalzahlen gebildet; so auch die Nebenformen ארבאיא und המאנאיא, wenn nicht beide, wie wahrscheinlich, falsch sind.

Im AM finde ich noch

11. הידאסראיא, הידאסראיא

12¹. תריסאראיא

„Der Letzte" ist באתראיא I, 159, 2 u. s. w. von באתאר ܐܚܪܳܝ.

§ 156. Von Bruchzahlen kann ich im Mand. keine weiteren belegen als רובאיא „der vierte Theil" Q. 7, 19; 20, 15 in einer Gebrauchsanweisung ohne erhebliche Varianten, wofür man nach رُبْع ܪܽܘܒܥܳܐ nur רובא erwartete.

---

1) Ganz wie ܣܘܼܪܝܵܝܵܐ, ܬܪܝܼܨܵܝܵܐ Barh. gr. I, 71, 7 vgl. ܐܚܪܵܝܵܐ Wright, Cat. 892ª; ܣܘܼܪܝܵܝܵܐ Dan. 3, 1 Hex. u. s. w. neben ܣܘܼܪܝܵܝܵܐ Rosen, Cat. 53ᵇ; ܫܠܝܼܚܵܝܵܐ Ephr. I, 331 E u. s. w. (mit $\hat{i}$). Uebrigens sind alle diese Formen auch im Syr. verhältnissmässig selten.

4. Partikel.

Ueber Begriff und Eintheilung der Partikeln verweise ich auf das oben § 83 Gesagte. Ich hebe nur noch einmal hervor, dass Präpositionen und Conjunctionen besondere Arten von Adverbien sind, und dass die Abgränzung der Conjunctionen von den sonstigen Adverbien nicht ohne eine gewisse Willkühr möglich ist.

Da die Präpositionen vielfach zur Bildung andrer Partikeln mit verwandt werden, so empfiehlt es sich, sie zuerst zu behandeln.

Präpositionen.

Die Spuren des Unterschiedes der Präpositionen ܠ und ܒ sind § 158. im Mand. allerdings nicht ganz verloren gegangen, wenn auch etwas unkenntlich geworden. Für ל kann nämlich (nach § 24) על eintreten, z. B. auch bei der Objectsbezeichnung [1]. Selten ist aber die Vertretung von ܒ durch ל (s. § 248). Für ܒ und ܠ tritt zuweilen אל ein, z. B. אלאך = ܠܟܡܘ I, 101, 14; = كُو I, 294, 17; אלמאנא „den Geist" Ox. III, 1ᵇ (Var. למאנא); שלאמא אלאך „sei gegrüsst" I, 141, 22; 142, 15; 145, 5, wo theilweise Var. עלאך, wie I, 142, 2 allein gelesen wird. Regelmässig ist אל in אלאםפיא „entgegen" II, 98, 8 u. s. w. = عَلَيْهِ, während על אנפיא „auf das Antlitz" heisst I, 40, 22; 117, 15, 16; 336 mehrmals = أَفَ ܒܶ.

Proclitisch ist ausser ל nur noch בְ „in"[2]), welches sich mit לא „nicht" zu בלא „ohne" verbindet (z. B. בלא צוביאנון „ohne ihren Willen" I, 24, 23 u. s. w.).

מן ist nicht bloss in weitestem Gebrauch als „von, aus" = ܡܢ, sondern es vertritt auch, wie im Neusyr.[3], ܥܰܡ „mit". Allerdings haben wir in einigen Stücken noch die Präp. עם I, 250, 17, 18; 255, 3 f.; 292, 19; 293, 20; doch nimmt sie keine Personalsuffixe mehr an, und

---

1) Auch im Neusyr. spricht man für ܠ oft *el*. ܠ hat ausserdem im Aram. schon die Functionen von אֶל إِلَى mit übernommen.

2) Da כ in כד und einigen Adverbien nicht mehr volles Leben als eigenes Wort hat.

3) Im Neusyr. ist z. B. *b'tâtin minnuχ* „ich werde mit dir kommen" (ܒܶܐܬܶܐ ܐܶܢܐ ܡܶܢܳܟ) viel gebräuchlicher als *b'tâtin ammuχ* (ܒܶܐܬܶܐ ܐܶܢܐ ܥܰܡܳܟ).

מן steht auch in jenen Abschnitten daneben in der Bedeutung „mit". Die Vermischung dieser beiden Präpositionen, die zu manchen Unklarheiten führt, wäre leichter zu begreifen, wenn מן sein ן dem Anlaut des folgenden Wortes assimilierte; aber das geschieht, wenigstens der Schrift nach zu urtheilen, nur in מיליא „woher?".

לואת, אלואת ist, wie im Syr., 1) „bei", 2) „hinzu"[1].

עלאריא, seltner אלאריא „über, auf"[2].

אתותיא, תותיא = talm. תותי, syr. ܠܬܚܬ (Sg., aber vor Suff. auch im Pl.).

קודאם קוּדָם „vor" = ܩܕܳܡ.

קאם und אקאם fast nur vor Suffixen; die selbständige Form קאם I, 337 ult., wofür B אקאם, ist secundär, vgl. talm. קַמֵּי, denn jenes ist nicht aus קוּדָם, sondern aus קַדְמֵי entstanden; wie noch einmal קאדמו (siehe § 159 gegen Ende).

אבאתאר, באאתאר „hinter" = בתר, באתר, ܒܳܬܰܪ[3].

אהוריא „hinter" I, 285, 12, 23; 287, 23 = אֲחוֹרֵי Berach. 6ᵇ; Baba k. 117ᵇ; Baba b. 7ᵃ (im jerus. Talm. חורי z. B. Baba m. 2, 5).

בין „zwischen" = ܒܝܬ und wie dieses nie mit Suffixen[4]. Der Etymologie nach durchaus von בֵּית „Haus" verschieden, mit dem es

---

1) Aus dem Vorhandensein dieser doppelten Bedeutung im Mand. ergiebt sich, dass syr. ܠܘܳܬ dieselbe nicht etwa erst nach dem griechischen πρός gewonnen hat.

2) ܠܥܶܠ, dessen e ausdrücklich von Barh. zu Iob 29, 3 bestätigt wird (vgl. talm. עילוי Luzzatto 98; ich weiss nicht, ob das Wort auch ohne Suffix im Talm. vorkommt). Es ist jedenfalls ein St. constr. etwa von *עֲלֵי عَلَى; wie sonst awâthâ als Pl. von ai, j (§ 134), so wäre dann hier awaijâ, st. constr. awai so gebraucht; vgl. mand. לילויא (§ 134). Die Verdopplung des ל könnte secundär sein.

3) Vgl. neusyr. Gramm. S. 172 Anm. Als baathar die Bedeutung „hinter" annahm, hiess athar noch „Spur", nicht „Ort". Vergl. u. A. إِثْرَهَا Bânat Su'âd v. 1.

4) Dieses בין scheint im Talm. (in der Form בי) nur noch in Ausdrücken wie מבי חדיה Kidd. 70ᵇ und in den beliebten Zahlenausdrücken בי הרי „zwei zusammen", בי עשרא „zehn zusammen" vorzukommen. —

aber die aram. Dialecte zu verwechseln anfangen. Es ist Sg. f. zu בֵּין ܒܰܝܢܰܝ; dessen Pl. m. ist:

אביני, ביני = ܒܰܝܢܰܝ, talm. ביני Luzz. 96, und dessen Pl. f.:
בינאת = ܒܰܝܢܵܬ, im Mand. nur vor Suffixen [1].

אמינטול „wegen" I, 135, 15, 17; 153, 19 u. s. w. = ܡܶܛܽܠ u. s. w. Vor Suffixen אמיטולאת = ܡܶܛܽܠܳܬ (z. B. אמטולת Luzzatto אמטולתיה S. 98).

אכואת [2] „wie" = ܐܰܟ, zuweilen verstärkt durch הא zu האכואת oder noch האאכואת I, 262, 20.

אבידהדיא „bei" I, 379, 10 u. s. w. = talm. בַּהֲדֵי, eigentlich Pl. st. constr. von חַד mit ב davor; vgl. לַהֲדֵי (die Beispiele bei Luzz. S. 97 sind für beide leicht zu vermehren).

עקאריא „bei" I, 391, 23 (codd. Londd., die Pariser Codd. עקריא) und mit Suffixen I, 96, 4; 107, 14 ff., wo überall Varr. mit Ausfall des א nach ק, theilweise vorne mit א statt ע. In jüngeren und ganz jungen Texten steht dafür mit und ohne Suffixa אקאר, קאר z. B. in der Unterschrift I, 395, 12, 39 (vgl. die entsprechende Stelle bei Zotenberg, Cat. 218 f.), und sonst in den Unterschriften; AM 183; im Glossar u. s. w. (besonders auch mit על z. B. על קאראך „zu dir hin" u. s. w.). Das seltsame Wort ist vielleicht mit לקראת (syr. ܩܺܪܢܰܐ „Streit" Land, Anecd. I, 68, 5; „[nächtlicher] Zufall" Deut. 23, 10; Mai, Nova coll. X, 252; ܩܺܪܢܰܐ „streitsüchtig" Land a. a. O.; ܩܺܪܢܽܘܬܐ „Widerspänstigkeit" oft; ܩܺܪܢܳܐ [3] „widerspänstig" Lev. 26, 11; Aphraates 268, Alles vom

---

Ungenau erklärt Merx, neusyr. Chrest. 51 ܟܰܐ für eine Zusammenziehung aus der Pluralform ܒܰܝܢܰܝ.

1) Im Syr. kommt ܒܰܝܢܰܝ auch als selbständiges Wort vor und zwar häufiger als ܒܰܝܢ. Hebr. nur vor Suffixen ביני und בינות. Aehnlich noch im Aethiop.

2) Dies Wort ist schwerlich eine ursprüngliche Präposition, vgl. ܗܳܟܰܢ „so" u. s. w. Wie solche Conjunctionen allmählich zu Präpositionen werden, sehn wir an איך und כד, die aber noch keine Suffixa annehmen können wie אכואת.

3) ܩܺܪܢܳܐ manifeste, liquido bei Cast. ist falsch; das bedeutet ܩܺܪܝܢܳܐ.

"Entgegengehn" קרא, קרה) zusammenzustellen; dann wären die Formen ohne a hinter ק besser [1].

Ganz einzeln steht im Mand. da קאבאלה "gegen ihn" I, 83, 3, vgl. das Adv. מן קבאל. Die Vocalisation mit anscheinend langem â ist auffallend, da aram. ܡܩܒܠ (ܡܩܒܠ) ܩܒܠ; hebr. קָבֵל; arab. قَبْل, قِبَل, قَبَل sämmtlich andere Vocale zeigen.

Einige von den hier aufgeführten Formen scheinen mit der im Talm. beliebten Präpos. א (aus עַל und aus עַד entstanden) zusammengesetzt zu sein (§ 32. 54). So wohl auch אגאמביא מיא I, 380, 9 = על פני המים, vgl. talmudisch אגב אורחא Sanh. 95[b] u. s. w. (hebr. על גבי Ps. 129, 3).

אלמא "bis" = ל אלמא siehe bei den Conjunctionen § 161.

Mehrere der genannten Wörter zeigen eine enge Verschmelzung mit der Präp. ב. Aber auch sonst verbinden sich manche Präpositionen, grösstentheils jedoch in etwas loserer Weise. Zunächst erwähne ich hier adverbiale Ausdrücke wie מן לאלם I, 274, 14 = ܡܢ ܠܟܠܗ*; בליגאל מן לאי "woher?" aus מיליא "von Anfang an" DM 11[b]; מן בריש öfter = ליגאל "schnell" (vgl. ܨܗܒ Gen. 18, 6 u. s. w.); מן לבאר "draussen"; מן להיל "jenseits"; על מן קבאל siehe S. 203. In diesen Ausdrücken empfand man das 2te Wort nicht mehr als Zusammensetzung mit einer Präposition und verband es daher ohne Scheu noch mit einer zweiten. Ferner haben wir aber noch, ganz in Uebereinstimmung mit dem sonst im Semit. Ueblichen, Zusammensetzungen von Präpositionen mit ל und מן, besonders zur Bezeichnung eines zusammengesetzten Raumverhältnisses; freilich ist auch hier die ursprüngliche Bedeutung oft stark verblasst [2]. So:

מן לואת [3], מן אלואת Q. 23, 31 παρά τινος.

---

1) Die Formen mit Suffixen sind a) in den älteren Schriften: עקאראי I, 96, 4; עקארה I, 107, 14; אקאראיון, עקאראיון I, 107, 15 f. b) in den jüngeren: קאראן; קאראך, קאראי.

2) לעל סאבא I, 281, 24 wage ich nicht hierher zu zählen, da es entstellt sein wird, etwa aus לעל לסאכא.

3) Ich reduciere in dieser Aufzählung die Formen mit Suffixen auf suffixlose.

מן עלאויא I, 150, 16.

לאתותיא und מן אתותיא.

על קודאם, לקודאם und מן קודאם.

מן אקאמי II, 40, 1 (vgl. מקמי Pes. 111ᵇ).

מן אבאתאר.

מן עדוריא Q. 3, 15 und לעדוריא[1] I, 165, 2; 174, 13, 20 u. s. w.
So dürfte wenigstens die richtige Schreibart sein, oder aber לעהוריא.
Gewöhnliche Verstümmlung ist לעודריא, worauf עודרא „Weg" = اُسْدٍ
eingewirkt hat.

². מן ביניא, מן בינאת'; מן ביניא

ביניא ל, בית ל.

אמינטול ל II, 69, 8, 10, 12; 124, 22 für das einfache אמינטול.

על קאר siehe oben S. 195.

מן קבאל „wegen" I, 248, 18.

Hierher gehört auch אגאמביא, לאגאמביא Q. 3, 81 und מן אגאמביא
I, 243, 17 „nach der Seite von ..... hin", „von der Seite von .....
her" (§ 32)³.

Anknüpfung der Personalsuffixa an die Präpositionen.

Nicht bloss die ursprünglich auf *ai* ausgehenden, sondern auch die §159.
andern Präpositionen nehmen meistens ihre Suffixe wie die Plurale der
Masculina an. Hier gilt im Allgemeinen dasselbe, wie beim eigentlichen Nomen (§ 141 ff.). Umgekehrt erscheinen die Suffixe der 3. Sg.
immer wie am Sg. Alles das ist ebenso im Talm. Unter gewissen

---

1) לאחורייה Baba m. 86ᵃ u. s. w.

2) Anders ist לבית כאדפאיון I, 179 ult., da בית כאדפיא „das, was
zwischen den Schultern" zu einem reinen Substantivausdruck geworden ist.

3) Ich weiss nicht, ob ich das seltsame אדינקיא „frei von, ohne" zu
den Präpositionen rechnen darf, vgl. I, 16, 9; 36, 6; II, 17, 12; 118, 23;
Q. 21, 13. Dass es kein Adjectiv im St. cstr. ist, ergiebt sich daraus, dass
es I, 392, 13 beim Sg. f. und I, 26, 10 beim Pl. f. steht. Ich hielt es
früher für eine Zusammensetzung aus עדי* „vorübergegangen" und נקי (נאקיא
Q. 4, 31) „rein", aber jene Construction zeigt, dass es unflectiert ist. Es
erscheint also wie ein Adverb im St. cstr. d. h. wie eine Präposition.

Umständen werden selbst ב und ל vor Suffixen wie *bai* und *lai* behandelt.

Sg. 1. Pers. Hier findet sich noch Einiges mit dem ursprünglichen *î*, nämlich ביא I, 129, 1, ליא oder לי̇ע[1], עליא, letzteres neben עלאי, das aber doch überall = لِي nie = لَدَيَّ sein dürfte; für عَلَيَّ einzeln auch אלאי. Ob נינהארלאי „leuchtet mir" Q. 62, 11 richtig, ist sehr fraglich[2]; eher wäre האסלאי DM 42 (2 mal) = نَسِيَ zulässig, da nach האס und ואי ähnliche Formen von ל und ב mehrfach vorkommen.

Mit unterdrücktem *î* (vgl. § 142) haben wir אלואת, לואת = كَفَى I, 262, 19 (vgl. die Varr.); Q. 23, 31 u. s. w. neben לואתאי I, 95, 10; 391, 14 u. s. w. und לקודאם „vor mir" II, 29, 3, wofür II, 27, 13 u. s. w. לקודאמאי.

Sonst immer *ai*: קודאמאי I, 148, 9 u. s. w.; אקאמאי II, 51, 3 u. s. w.; אבידראי אבאתראי II, 83, 9; עלואאי DM 38ᵃ; אתותאי I, 142, 9 u. s. w.; מינאי I, 54, 16 u. s. w.; oft[3].

2. Pers. m. לואתמאך; מינאך; באך; אלאך, עלאך, לאך[4]; קודאמאך; אכואתאך, כואתאך; עלואאך; אתותאך; אבאתראך; אקאמאך, קאמאך; אמינטולאתאך II, 116, 24; Ox. III, 53ᵇ.

Besondere Femininformen haben wir in מי̇ני̇ך; בי̇ך; עלי̇ך, לי̇ך[5], אמינטולאתי̇ך II, 76, 8 ff. לואתי̇ך I, 147, 2 u. s. w.; אקאמי̇ך; עלאוי̇ך II, 22, 17; Gewöhnlich tritt die Masculinform für die des Fem. ein.

3. Pers. m. לה[6], עלה, אלה I, 45, 3[7]; בה; מינה „von ihm", „mit ihm"; אביהדה DM אתותה; אלאוה; אבאתרה; לאקאמה, אקאמה, קאמה; 19ᵃ; כואתה[8].

---

1) Vgl. דיליא.
2) DM 14ᵇ hat der Oxf. Cod. הואלאי fuit mihi, aber Weim. הואליא.
3) Vgl. קמאי Kidd. 70ᵃ; אבתראי Kidd. 70ᵇ; בהדראי LUZZATTO S. 97; מינאי oft.
4) Vgl. דילאך.
5) So לי̇ך Nedarim 50ᵃ.
6) Vgl. דילה.
7) PETERMANN's Verbesserung ist unrichtig.
8) Vgl. talm. Formen wie מִיַפֵּיהּ, קַמֵּיהּ Megilla 16ᵃ und oft; אבתריה Gittin 69ᵃ u. s. w.; בהדיה Meg. 12ᵃ.

Das Fem. ist graphisch nicht zu unterscheiden: לה, עלה; מינה; לואתה; קודאמה; בידדה I, 146, 6. Deutlich unterscheidet sich vom Masc. die seltne Form בהא I, 252, 19; 262, 10; 266, 2 AC, deren ה aber sicher nicht ausgesprochen ward.

Pl. 1. Pers. Hier stehn die Formen auf אן und auf איאן neben einander:

לאן¹, עלאן, אלאן; באן I, 47, 4; מינאן und seltner מינאיאן I, 62, 7; 99, 16 u. s. w.; לואתאן I, 104, ult. u. s. w. und לואתאיאן I, 254, 4; קודאמאן I, 72, 9; 157, 7 und קודאמאיאן I, 246, 24; אבאתראן II, 60, 15 u. s. w.; עלאואן I, 150, 6 und עלאואיאן I, 233, 14; אתותאן I, 362, 19; בינאן II, 55, 23; 94, 19 und בינאיאן Ox. III, 47ᵃ (3 mal); בינאתאן II, 53, 17 u. s. w. und בינאתאיאן II, 55, 23; 131, 3; כואתאן II, 63, 15.

2. Pers. Nur על, ל und ב pflegen noch direct das Suffix ev. אכון (§ 146) anzuknüpfen.

Masc. לכון², עלכון und als Enclit. auch לאכון z. B. ניהויל̇אכון Q̇. 74ᵇ, 5; בכון. Aber nach עת „es giebt", לית „es giebt nicht", האס „Gott bewahre", ואי „wehe" auch hier schon mit *ai*: עתלאיכון II, 57, 13 u. s. w. und עתבאיכון I, 41, 5; ליתלאיכון I, 68, 6; 228, 2 und ליתבאיכון I, 170, 19; האסלאיכון I, 192, 13; ואילאיכון DM 24ᵃ. Ohne *ai* noch לואתכון I, 133, 1 C für לואתאיכון der anderen, wie auch Ox. III, 5ᵇ. Und so ferner ³ I, 348, 16; II, 100, 6; עלאומאיכון; קודאמאיכון; אתותאיכון; בינאיכון II, 64, 3; בינאתאיכון II, 64, 17 u. s. w.

Besondere Feminiformen haben wir in לכין Q. 51, 10; מינאיכין Q. 11 f.; עלאואיכין Q. 11 f.; בינאתאיכין Q. 56, 17; קודאמאיכין Q. 11 f.

3. Pers. Die Anknüpfung mit und ohne *ai* verhält sich ähnlich wie bei der 2. Pers.; doch giebt es hier noch mehr kürzere Formen. Das ה fällt in derselben Weise ab oder bleibt wie bei den Substantiven.

Masc. להון, לון⁴, עלון I, 324, 23, אלון II, 57 ult.; בון, seltner בהון I, 25, 4 etc. Nach לית und האס aber schon ליתלאיהון I, 9, 11

---

1) Vgl. דילאן.
2) Vgl. דילכון, wofür Q. 74ᵇ, 3 דאלאכון, lies דיל̇אכֻון.
3) Talm. מינייכו oft.
4) So דילהון I, 341, 15 und oft דילון.

u. s. w.; ליתבאיהון I, 4, 3 u. s. w.; האסלאיון I, 60, 21 (aber auch ליתלוך I, 263 ult. u. s. w.; ליתבוך II, 57, 9; האסלון).

Stets II, באתראיהון; קודאמאיהון; לואתאיהון; מיניאיון; [1] מיניאיהון, 99, 17; 100, 9 neben אבאתרון I, 369, 21; 392, 13 (8 Codd.) u. s. w.; עלאואי(ה)ון; תותאיהון; מן בינון I, 342, 4 (2 mal); ביניאתון II, 57, 3; 65, 11; Ox. III, 21ᵇ und ביניאתאי(ה)ון II, 45, 21; 57, 6; Ox. III, 26ᵇ; כואתון. Aus בינון sieht man, dass auch hier Wörter das *ai* aufgeben, welche es ursprünglich hatten (ביני ܒܶܝܢܰܬ).

Das auslautende ן fällt ganz vereinzelt wie im Talm. ab in לאבאתרי (abwechselnd mit לאבאתרון) öfter im Königsbuche und מן קאדמו II, 15, 12 [2]; Ox. III, 14ª (= Par. XI, 49ª). Ferner einmal האוילו „ist ihnen" Par. XI, 19ᵇ.

Besondere Femininformen haben wir in להין I, 35, 12, wofür öfter לין; בין; aber wieder ליתלאיין I, 69, 6, 8; ליתבאיהין I, 279, 2 (neben עלאואי(ה)ין I, 184, 16); מיניאיך; קודאמאי(ה)ין Q. 7, 9; Ox. III, 68ᵇ; ליתלין I, 19, 17; 242, 2; ביניאתאיין II, 73, 6 BCD. Sehr oft wird auch hier das weibliche Suffix durch das männliche vertreten.

Adverbium im engern Sinn.

§ 160. Auch im Mand. werden manche Adjectiva direct als Qualitätsadverbia gebraucht. So שאפיר „gut" II, 64, 8 u. s. w. (syr. ܫܰܦܺܝܪ oft so; talm. שפיר vgl. Luzz. S. 95); ריקיך, ריקאן (§ 116) „bloss" II, 17, 22; 97, 9; Ox. III, 16ᵇ u. s. w.; ארטיל „nackt" II, 97, 9 u. s. w. = ܥܰܪܛܶܠ Hos. 2, 3 u. s. w.; יאתיר „zu sehr, zu viel" I, 391, 20 = ܝܰܬܺܝܪ; נפיש, אנפיש „reichlich, viel" II, 1, 10, 17 u. s. w. (gebräuchlicher ist בנפיש). Hierher gehört wohl auch קאליא in der Bedeutung von ܩܰܠܺܝܠ „wenig" II, 69, 20; vgl. I, 389, 13, 14, wo es auch adverbial.

Die im Syr. so beliebten Adverbia auf *âîth* [3] sind im Mand. nur

---

1) Talm. מנייהו, nur in einigen Tractaten wie Nazir auch מנהון. So אבתרייהו Gittin 69ᵇ u. s. w.

2) Wenn ליגרא (Sg.) hier richtig, so ist es hier allerdings = קדמוהי (vgl. § 144, S. 178), aber wahrscheinlich ist ליגריא zu lesen.

3) Die grosse Ausdehnung dieser Wortclasse im Syr. scheint wieder auf dem Bestreben zu beruhen, Griechisches nachzubilden, nämlich die Adverbien auf ως, resp. κῶς.

spärlich vertreten. Dass davor zuweilen noch die Präp. ב tritt[1], widerspricht nicht der Entstehung dieser Form, welche eigentlich ein Fem. des Adjectivs auf âi ist. Mand. ist so תימיאיית „südlich" I, 278, 10 (von תימיא); יאונאיית „geschickt, künstlich" I, 87, 13, eigentlich gewiss „griechisch" (ܝܘܢܐܝܬ); מרידאיית „widerspänstig" I, 277, 2; בסארהבאיית „eilends" I, 237, 4; Par. XIV öfter (syr. wäre es ܡܣܲܪܗܒܐܝܬ); ניהאיית und בניהאיית „sanft" Q. 72, 11; 46ᵇ; AM 61 = ܢܝܼܚܐܝܬ; בזאהראיית „(וצאלאיית) Q. 39, 31 (Varr. בזהאראיית, בזיהראיית ומאלפאנאיית); das mittlere Wort noch Q. 46, 20 בצילאיית; ähnlich steht Q. 18, 30 בזאהרותא וצילותא ויאדיתא; ich übersetze „vorsichtig und aufmerksam (?) und lehrerhaft", ohne צילאיית etymologisch erklären zu können[2].

Für ܛܒ݂ܬ haben wir das kürzere טאבית I, 292, 12; 295, 20; 389, 14 in der Bedeutung „sehr, viel" (also wie das Adv. ܛܒ݂).

Aehnliche adverbial verwendete Femininbildungen sind noch ראבות I, 324, 15; II, 71, 19; 95, 4, 18; Q. 43, 21; 68, 8 (immer in derselben Redensart) etwa „grossartig, mit Gepränge"; שנות „anders" I, 218, 18 (2 mal); vielleicht so auch שאפלות „elend" Q. 57, 24[3].

---

1) So ܣܘܪܝܐܝܬ „auf syrisch" Assem. II, 264; 316ᵇ; ܪܗܘܡܐܝܬ „auf lateinisch" Beelen, Epist. Clem. app. p. 303; ܐܪܡܢܐܝܬ „auf armenisch" Assem. II, 247 u. s. w. Vgl. ܐܪܡܐܝܬ Sachau, Ined. 12, 13. Die beliebten Wörter ܣܓܝ݂ und ܛܒ݂ܬ sind ja nur ursprünglichere Formen ohne Zusammenziehung des ja zu î.

2) „Betend" kann es schon der Form nach nicht heissen; überdies gebrauchen die Mandäer das Wort צלי nicht.

3) Vgl. die adverbial gebrauchten Feminina ܪܰܒ݁ܬ̥ „sehr" Ephr. carm. Nis. IV, 28; V, 139 u. s. w. (hebr. רַבַּת Ps. 120, 6, welches noch Philippi, Stat. constr. S. 59 als eine Art St. cstr. ansieht); ܚܲܝܬ „lebendig" Ps. 124, 3; ܫܰܦ݁ܝܪܬ „schön" 3 Esra 1, 10; Ephr. in Zingerle's Chrest. 257, 8; ܥܰܪܛܶܠ „nackt" Ez. 16, 7; טְוָת ܟܦܶܢܬ „hungernd" Dan. 6, 18; ܐܟܚܕ Theod. Mops. 8, 10 oder wohl besser ܐܟܚܕܐ Land, Anecd. II, 22, 3; III, 18, 8, 9, 27; 69, 1 „zugleich"; ܕܬܰܪ̈ܬܝܢ „zum 2. Mal", ܕܰܬܠܳܬ „zum 3. Mal"; יאות „schön" im Talm. jerus. und im Christlich-Paläst.; טבאות Jerusal. Meg. 40, 10 (75ᵉ). Ueberall ist hier das sonst nur im St. cstr. bleibende ת erhalten, während die Wörter doch im St. abs. zu denken sind. Vgl. noch ܡܓ݂ܢܐܝܬ „umsonst" Acta 25, 11, 16 (wofür 27, 24 ܡܓܢܐܬ); Land, Anecd. III, 339, 4.

Im Folgenden gebe ich die sonstigen mand. Adverbia, soweit ich sie sammeln konnte. Unter denselben sind mehrere zusammengesetzte Wörter.

עתמאל "gestern" II, 84 mehrmals = ܐܬܡܠܝ, اَمْسِ, hebr. אֶתְמֹל.

האשתא "jetzt" = הָשְׁתָּא, (aus ܗܳܐ ܫܳܥܬܐ, syr. ܗܳܫܳܐ, ܗܳܫ).

עטאך "vielleicht" I, 258, 1, 22 u. s. w. ist das griech. τάχα, das sich früh auch zu den östlichen Syrern verbreitet hat, vgl. Aphraates 267 unten; 318, 1; Mart. I, 113, 7 [1].

עכבאר, כבאר "schon" II, 70, 16 u. s. w. = כְּבָר, ܡܟܰܒܰܪ [2].

כאנדית, אכאנדית "bis jetzt, noch" I, 221, 9; 356, 19, häufiger mit der Negation לא אכאנדית "noch nicht" I, 221, 12; II, 17, 19; 44, 18 u. s. w. Dafür steht II, 48, 4 כאנדיא, eb. 15 f. אכאנדה (sic mit ה) und im Glossar כונדא (erklärt durch بعل adhuc). Das Wort ist zweifellos nahe verwandt mit talm. אכתי (vgl. z. B. Rosch h. 2ᵇ unten "als Aharon starb", אכתי הוה סיחון קיים "war S. noch am Leben"; übrigens wird aber auch אכתי mit לא verbunden). Die Etymologie ist sehr zweifelhaft. Nur das halte ich für sicher, dass das א vorne = עַד ist. Besonders räthselhaft ist das auslautende ת in der mand. Form [3]. Von mehreren Möglichkeiten der Erklärung ist mir keine sicher genug; nahe läge es allerdings, die beiden ersten Silben = עַד כְּעַן Esra 5, 16 zu setzen.

---

1) Sam. טכח (sprich *tacha*) Gen. 16, 2; 18, 31; 28, 12; 43, 12, wo überall Varr. — In der Bedeutung stimmt damit ziemlich überein das im Talm. bei der directen und indirecten Frage beliebte אטו "etwa?, ob etwa?, damit nicht etwa?" (die Beispiele bei Luzzatto S. 96 wären leicht zu vermehren), das aber etymologisch nicht verwandt sein kann. Die Herkunft des Wortes ist sehr dunkel; sicher beurtheilt Luzzatto es falsch.

2) Die Ableitung dieses Wortes, welches in seiner Bedeutung grosse Verwandtschaft mit arab. قَلّ zeigt, von כבר "gross sein" ist mir sehr bedenklich; ich vermuthe eher einen Zusammenhang mit בְּרַם = מָא + בַּר (vgl. כלום = כול מא u. s. w.) und sehe in כ die Präposition.

3) כדו, כדון, ܟܰܕܽܘ "schon", "jetzt", eigentlich "genügend" ist schwerlich verwandt. Welche Verstümmlungen in solchen Worten vorkommen, zeigt z. B. ܒܙܰܒܢܳܐ = *ܗܳܫܳܐ ܟܰܕ für ܗܳܫܳܐ ܟܰܕ ܫܳܥܬܐ.

Eben so schwierig ist אטאר „so lange" (immer als Correlativ zu אלמא ד im Nachsatz) I, 115, 21; 323, 16; 324, 1; II, 42, 6, 7; 45, 10; 46, 22; 60, 23. Es ist allerdings kaum zweifelhaft, dass es von נטר „warten" kommt, aber die genauere Bestimmung der Form ist sehr fraglich. Da es an einigen Stellen in Sätzen steht, deren Subj. die 3. oder 2. Pers. ist, so kann es nicht einfach = ܢܛܪ „ich warte" sein (vgl. sonst עטאר II, 50, 6); auch als Impt. = ܢܛܪ ist es kaum aufzufassen.

לא „nicht"; in der Zusammensetzung mit הו wird es zu לאו = ܠܐ (vgl. § 59). Mit vocalischem Anlaut des folgenden Wortes verschmilzt לא oft (§ 35).

מע num, siehe bei den Conjunctionen.

על עיל, לעיל, לעל und sogar לעיל „oben" I, 269, 1; 295, 14; Q. 29, 29 = ܠܥܠ (לעיל מן „oberhalb" I, 280, 25).

תית Q. 71, 26, 27, לתית öfter „unten"; מן תית I, 98, 11 „von unten" = תחת (s. S. 63) (vgl. מלתחת Bechor. 8ᵇ).

מן לבאר „draussen" I, 258, 21 = מלבר (öfter präpositionell באר מן Q. 25, 4, לבאר מן I, 5, 2; 283, 20 „ausser, ausserhalb, ausgenommen"; I, 226, 25 „aus — heraus")[1]. Der Gegensatz hierzu wird durch גאוא, גו ausgedrückt.

Neben diesen Ausdrücken haben wir noch die adjectivischen ליליאי „nach oben" I, 202, 14 (schlechte Varr.); AM 144 = לעילאי Bechor. 8ᵇ, vgl. מעילאי Gittin 68ᵃ — לתיתאי „nach unten" I, 202, 14 = לתתאי Bechor. 8ᵇ — לבאראי „nach aussen" AM 95 f. u. s. w., vgl. אבראי und מבראי Luzz. 96.

מן להיל „jenseits, in jenem Leben" I, 30, 12 = ܠܗܠ; öfter „von jenseits" I, 367 ult. u. s. w. In Par. XI, 35ᵃ 2 mal בהיל neben להיל; ob jenes richtig?

על מן קבאל „gegenüber" I, 269 ult.

מן קודאם „von früher her, von je her" I, 205 ff.; 278, 19.

---

1) Vgl. לבאר מן ארקא דנהורא לתית לבאר מן ארקא דתיביל תימיאיית „unterhalb der Lichterde, südlich von der Menschenerde" I, 278, 9 (eigentlich „ausserhalb der Lichterde unten" u. s. w.). Dieselbe Construction I, 282, 25.

כא „hier", לכא „hierher", מן כא „von hier" und mit הא davor
מן האכא, להאכא, האכא. Für und neben להאכא steht II, 125 ff. wiederholt הא לכא, wo also das הא vor die Zusammensetzung tritt¹. Mit
einer anderen Präposition noch אבאתאר האכא „hierauf" Q. 41, 28. Mit
עת (עית) = ܐ݈ܶܬ und ܐܺܝܬ ܠܶܗ zusammen bildet sich עכא, wofür oft אכא,
und לעכא ליכא = talm. איכא ליכא, „es existiert, es existiert nicht",
vgl. § 213.

האם „dort", להאם „dorthin", מן האם „von dort" und האתאם „dort"
= שָׁם ثَمَّ², das als תם, התם auch im Talm. noch zuweilen vorkommt,
besonders in gewissen Redensarten (siehe LEVY s. v. תמן), vgl. תַּמָּה
Esra 5, 17; 66, 22, während es sonst im Aram. durch das längere תַּמָּן
verdrängt ist; dieses fehlt wiederum dem Mand.

Diesem האם scheint nun תום gegenüber zu stehn wie ثُمَّ dem ثَمَّ.
Es heisst „dann, dann ferner" (oft dafür ותום); „so" (im Anfang des
Nebensatzes, nach einem Conditionalsatz); beachte noch תום היך „wenn
ferner" II, 90, 22. Aber es ist sehr bedenklich, anzunehmen, dass die
im Arab. vollzogene Vertheilung der Bedeutungen auf zwei, doch wohl
nur zufällig gespaltene, Aussprachen (die, welche den ursprünglichen
Vocal beibehielt, und die, welche ihn vor dem doppelten Labial zu *u*
verfärbte, vergl. § 19) genau ebenso im Mand. Statt gefunden hätte,
während sonst das Aram. nichts von einer solchen Form mit *u* weiss; kaum
weniger misslich ist aber die Ansicht, das schon in den älteren mand.
Schriften so überaus beliebte Wort wäre aus dem Arab. entlehnt. Ich
möchte daher die Vermuthung wagen, dies תום sei = ܬܘܒ „wiederum,
ferner, sodann" talmudisch תו³. Für die Trennung von האם spricht

---

1) So auch targ. הלכא, vgl. syr. ܡܶܟܐ, ܕܶܡܶܟܐ „von hierher". Die Stellung des Zusatzes vor der Präposition liegt hier viel näher als in ܐܰܝܡܶܟܐ
„woher?" oder in אֵי מִזֶּה.

2) Vielleicht ist aber ثَمَّ eigentlich aus ثَمَّا = שָׁמָּה verkürzt.

3) Noch näher läge vielleicht die Identificierung mit dem im Syr. seltnen
ܬܘܒ paläst. תובן (zu den Belegen Z. d. D. M. G. XXII, 485 unten füge
noch jerus. Baba m. 2, 5; Apost. apocr. 277, 11; 278, 12), wenn in diesem Worte nicht aller Wahrscheinlichkeit nach das ב und ן durch ein *â*

übrigens noch der Umstand, dass תום nicht mit Präpositionen verbunden wird.

Ein Lehnwort ist dagegen sicher das in der älteren Literatur noch seltne פאס = pers. پَس (neusyr. ܟܣ). Es bedeutet: „dann also" I, 390, 21 (in verwunderter Frage), „denn, in dem Falle" (wie اِذًا) DM 36ª und einfach „darauf" DM 14ª und so oft in AM, wo einmal פאץ dafür steht (S. 87). Ebenda finden wir es auch öfter mit הא zusammengesetzt als האפיס.

Das fragende ai ist in allerlei Formen in den Adverbien vorhanden. Mit der Präposition מן haben wir מנא¹ „woher?" aus *min ân*², *min ain* (مِنْ أَيْنَ מֵאַיִן). Da für מנא Par. X 29ᵇ einmal אמנא steht und auch im Talm. מנא, nicht מינא geschrieben wird (z. B. Gittin 68ª), so ist anzunehmen, dass wirklich מְנָא mit Ausfall des Vocals gesprochen ist. Doch ist zu beachten die Nebenform in מינילאן unde tibi? DM 87ª, in welcher auch der Diphthong nach gewöhnlicher Weise zu *ê* geworden. Ebenso haben wir *ê* in ליא, עליא, אליא „wohin?" und oft gradezu „wo?" (so z. B. beide Bedeutungen I, 237, 1) = *לֵא. Dass hier einfach *lê* zu sprechen und nicht etwa eine längere Form wie im talm. לייא (vgl. אהייא Luzz. 74), zeigt die Schreibart ל׳ II, 48, 4. Mit מן davor entsteht durch Assimilierung des *n* מיליא „woher?" I, 202, 8. Ist die Form לליליא I, 362, 15; II, 49, 11 (statt ליא I, 362, 18 oder עליא I, 362, 23) richtig, so ist vor jene Zusammensetzung das ל noch einmal getreten.

Hierher gehört auch עמאת oder mit ל davor לעמאת „wann?" = أَمَتَى talm. אימת aus *ai* + *matai* (مَتَى מָתַי).

Das in manchen Dialecten, namentlich palästinischen, vor dies *ai* tretende *h* (vgl. oben § 64) findet sich zunächst in der kurzen Form האי „wie?", die nur DM 74ᵇ; 75ª (2 Codd.) vorkommt, da aber sehr

---

getrennt wären, welches ihre Verschmelzung zu *m* hindern müsste (genau constatieren kann ich allerdings die Vocalisation von ܟܣ nicht).

1) Der Auslaut ist nach der feststehenden Schreibweise im cod. B und Ox. III א, nicht etwa ה.

2) Palästinisch אן, האן, ח׳, vgl. Z. d. D. M. G. XXII, 485.

oft. Meistens wird sie verstärkt durch das Demonstrativ דין: הָאִידֵין "wie?" DM 37ᵇ (2 Codd.) und häufiger (nach § 46) הָאיזין I, 78, 18; 102, 4, 5; 362, 14; 363, 4 u. s. w. Dieses Wort ist wohl zu unterscheiden von anderen ebenso lautenden, welche wir sogleich aufführen werden¹).

Für اَيْنَ "wo?" haben wir עכא I, 381, 3 codd. Londd. und wohl II, 15, 13 oder אכא I, 381, 3 die Pariser Codd. Diese Form verliert in der Zusammensetzung mit הו sogar das eigentliche Fragewort völlig, denn כאהו heisst "wo ist"? II, 26 ff.; DM 30ᵇ (2 Codd.). Mit *h* vorne (talm. היכא) lautet jenes Wort האכא "wo?" I, 354, 11, 15, 19; מן האכא "woher?" I, 355, 9 ².

Auch bei הָאכמא "wie viel?" I, 156, 6, oft auch aliquot, könnte man an eine Entstehung aus הֵיכְמא denken; doch liegt es näher das Wort in הָא כְּמָא ecce quot aufzulösen.

הָאיזין heisst sehr oft "so" I, 148, 11; 162, 22; 170, 5; 322, 23; 324, 19; II, 107, 20, 21 u. s. w. (namentlich oft in הָאיזין אמאר "so sprach er")³. Die Analyse dieser Form ist schwierig; namentlich ist mir das Element unklar, welches das vorgesetzte הָא zum Diphthong הַאי umgewandelt hat. Dass dies הָאיזין = הָאידֵין = هَمَّ wäre und eigentlich temporell "da" hiesse, ist doch kaum anzunehmen.

Merkwürdig ist übrigens, dass alle die zahlreichen Wörter, welche im Hebr. und Aram. "so" bedeuten und sich auch gern gewissen Präpositionen unterordnen, wie כֵּן, כָּכָה, הָכִי (talm. هٰكَذا), كَذَا, כְּדֵן u. s. w., im Mand. entweder ganz verschollen sind oder doch andere Bedeutungen angenommen haben. Man kann hier freilich noch אכואת

---

1) Für dies הָאיזין steht nicht selten הָאזין z. B. I, 190 ult. (dass es eine Frage, ergiebt sich schon aus I, 191, 4); das ist gewiss nur eine Nachlässigkeit der Schreiber, welche das Wort mit dem Demonstrativpronomen verwechselten.

2) Die affirmativen und Fragewörter werden sich so in der Schrift mehrfach ganz gleich, was freilich kleine Unterschiede in der Aussprache nicht ausschliesst. Ich bezweifle aber doch, ob die Lesarten hier überall richtig sind.

3) Zuweilen auch für dies Wort הָאיזין z. B. I, 75, 12 f., wie umgekehrt einzeln הָאיזין für הָאזין I, 293, 24; II, 128 ult. (wo sogar eigentlich das Fem. הָאזא stehn müsste).

„gleichsam" I, 180, 15; 221, 20 aufführen; doch ist das nicht etwa ein Rest des demonstrativen Gebrauchs, wie im christl.-paläst. כן וכות Z. d. D. M. G. XXII, 485 und im palmyr. מטל כות ebend. XXIV, 102, sondern diese Verwendung hat sich erst aus der präpositionellen entwickelt, vgl. Fälle wie I, 283, 11, 15 (s. § 254).

האידין ist = هَمِّ „da" (temporell) II, 119, 10; DM 14ª; viel beliebter ist aber die Form mit angehängtem ך: האיזאך (§ 46) = هَإِنَاك (ganz = هَإِنَاك); auch מן האיזאך „von damals an" kommt vor.

כען, כין (als Var. auch כעין) I, 269, 3; Q. 27, 10; AM 215 u. s. w. hat wie das syr. ݁ܗ nicht die Bedeutung „so", sondern „da" (tum).

Zusammensetzungen mit dem Fragewort מא „was?" sind כמא „wie sehr? wie viel?", vgl. das schon genannte אלמא—האכמא „warum? wozu?" = talm. אלמא Luzz. 101 aus על מה Num. 22, 32 u. s. w. (hebr.), Dan. 2, 15 (aram.) — אמו „warum?" II, 38 ult.; 55, 18, das wohl aus על + מא + הו = אלמאהו entstanden ist (ähnlich talm. אמאי aus על + מא + דין = עַל מַאי wie syr. ܓ݁ܠ ܦ݁ܢ, ܓ݁ܠ ܦ݁ܕ݂ܢ; s. oben die Pronomina). על מאהו kommt übrigens noch vollständig vor II, 55, 18 und zwar in Parallelismus mit אמו.

Bei den Adverbien zählen wir endlich noch passend Ausdrücke auf wie מן ריש, בליגאל ליגאל (S. 196) „schnell" (syr. ܒ݁ܓ݁ܠ, (ܒ݁ܓ݁ܠ)); da capo I, 95, 4; בסיטאר „abseits" II, 77, 8, wofür auch kurz סיטאר II, 74, 21 u. s. w. = شَلْط (شَلْط); באלהוד „allein" I, 15, 17, oft mit Suffixen = ܟ݁ܚ݁ܣ݁ܕ݂ (aus $b+l+h\bar{o}d$; letzteres ist eine Umformung von der Wurzel אחד oder יחד)[1]; להדא „gar sehr" I, 6, 18[2] = לַחֲדָא (eigentlich „einzig", vgl. Levy s. v.) u. s. w.

Conjunction.

ו „und" nicht in der Bedeutung „auch", welche syr. ܘ nach dem § 161. griech. καί oder (bei Negationen) δέ hat[3].

---

1) Vgl. syr. ܫܰܡ.
2) Von 8 Codd., die Euting verglichen, haben nur 3 das richtige להדא (oder eine leichte Entstellung desselben), 5 das scheinbar leichtere לסיבא = ܠܟ݁ܗܢ.
3) Auch der Talm. gebraucht so ולאמדעם Baba b. 123ª, ולאמירי Gittin 54ᵇ, Ab. z. 59ª „gar nichts"; ich sehe aber auch hierin eine Einwir-

אַף „auch"; so וְאַף „und auch"[1].

או „oder" = اوْ; auch doppelt gesetzt או-או aut-aut I, 271, 8 (vgl. Luzz. 99).

או ist auch „wenn"; und zwar möchte ich dies או mit dem eben aufgeführten für identisch halten; die Bedingung setzt ja immer eine Wahl voraus[2]. Daneben ist gebräuchlich הֵן = הִין (§ 64) mit der in manchen aram. Dialecten vorkommenden, aber gewiss nicht ursprünglichen Verstärkung des anlautenden Hauchs (vgl. ܐܢ אִם, إِنْ, أَمْ, welches letztere die ursprünglichste Form ist[3], ferner äthiop. *allâ* „wenn nicht, aber"). Ohne *h* ist das Wort in der Zusammensetzung mit den Negationen עָלָא = ܐܠܘ, אִן (wie لا إِنْ, لا) „wenn nicht" und mit עלאו = ܐܠܘ, talm. אילאו „wenn nicht", beide zuweilen auch noch durch ־ד verstärkt (s. die Syntax § 314). Viel häufiger als diese beiden Zusammensetzungen ist הֵינְעֶלָא, הִינְעִילָא „wenn nicht, ausgenommen", gewöhnlich „aber, sondern". Dies Wort besteht aus denselben Theilen wie syr. ܐܠܘ Dan. 2, 11; Aphraates 12 und oft bei ihm[4]; targ. אִלָהֵין, sam. אלהן Gen. 15, 4 (Var.), in denen das *in* noch einmal hinter

---

kung griechischen oder gräcisierenden Sprachgebrauchs, wie ein solcher durch den Einfluss palästinischer Redeweise auf die babylonischen Juden gar nicht so fern liegt; jener Gebrauch (in Negativsätzen) entspricht ganz dem ܡܕܡ ܠܐ, ܠܐ ܡܢ, womit die Syrer οὐδέν, οὐδείς wiedergeben. Zu bemerken ist allerdings, dass auch im Arab. Fälle vorkommen wie ولم يبق معها و لا درهم, (1001 Nacht; 2. Aufl. Bulaq I, 226).

1) Die Formen أَفْ, paläst. אוף ܐܘܦ (Z. d. D. M. G. XXII, 489, wie auch einmal in einem alten syr. Codex steht s. Land, Anecd. I, tab. 5, facs. 15), neusyr. *up*, hebr. אַף und arab. فَ, das doch nicht wohl von jenen zu trennen, stimmen in der Vocalisation schlecht zusammen, so dass es schwer hält, die Urform zu bestimmen.

2) Das Umgekehrte, der Uebergang eines Bedingungswortes in die Bedeutung „oder" ist häufiger; vgl. אם im Phönic. „oder"; أَمْ „oder" in Fragesätzen.

3) Es ist allerdings möglich, dass أَمْ eigentlich = *أَمْ הַאִם wäre.

4) Aphraates 173 führt auch Joh. 3, 13 so an, wo unsre Ausgabe bloss ܐܢ hat, während Bernstein's Text wirklich ܐܠܘ giebt.

in lâ gesetzt ist, während das Mand. das zweite *in* voranstellt. Die Zusammensetzungen sind weniger auffallend als die Umkehr der Ordnung in dem bibl.-aram. לָהֵן nisi[1].

איאך „wie" = اَمْ [2] (immer relativ, aber nur in verkürzten Sätzen).

מע, wofür II, 57 עמיא, proclitisch geschrieben מי[3] num ist Zeichen der directen und indirecten Frage wie talm. מי (ursprünglich wohl = מא). Mit עכא, אכא (S. 204) zusammen giebt es מיאכא I, 161, 15 ff.; מיאיכא I, 280 ult.; 281, 1, 2; מאכא I, 81, 1; 164, 12 num existit?[4].

עדילמא „vielleicht, ob etwa, dass nicht etwa" = די - למה Esra 7, 23, talm. דילמא دَلْفَا[5]. Ausnahmsweise steht DM 55ᵃ דֿ עדילמא ne forte.

עַד = אד „während, so lange noch" und „bis dass" mit לא verbunden אד לא „bevor noch" II, 1 ult. u. s. w. Mit אד wechselt ohne Unterschied עכל דֿ „während noch", „bis dass" resp. עכל דלא „bevor noch" II, 11, 17, 18; 75, 8 ff., 82, 19 u. s. w. Hier ist eine Vermischung zweier an sich ganz verschiedner Wörter eingetreten; die Sprache fasst das ד des seltner gewordnen und nicht mehr als Präpos. gebrauchten كَم [6] als das Relativum דֿ.

---

1) Diese Umkehr findet sich aber ebenso in dem seltnen arab. (nach Albaghawî zu Sura 86, 4 dem Dialect der Hudhail angehörigen) *lammâ* = *illâ*; dieses besteht aus denselben Elementen wie *lammâ* „noch nicht", nämlich *lâ + mâ*, nur dass dort *mâ* als Relativpartikel gebraucht ist („was", „wann", „wenn").

2) Talm. הֵיכִי ist = syr. *aikan*, wie הָכִי = *hâchan*.

3) Ox. III, 49 steht 2 mal dafür מו.

4) So מיאכא Gittin 55ᵇ; Hagiga 4ᵇ u. s. w.

5) Den Ursprung dieses Gebrauchs zeigen Fälle wie למה נמות Gen. 47, 19 „warum sollen wir sterben?" „dass wir nicht etwa sterben"; למה ישגא Esra 4, 22 „warum soll viel werden?" „dass nicht etwa viel werde". Zum deutlicheren Ausdruck des Hypotaxis tritt davor dann das Relativ די Esra 7, 23 u. s. w. Syr. دَلْمَا steht für די מה, worin מה ganz in derselben Bedeutung gebraucht wird wie in der andern Form למה. Ganz nach aram. Weise steht so schon Cant. 1, 7 שַׁלָּמָה, welches dem די למה entspricht, wie mischna-hebräisches שֶׁמָּא dem دَلْمَا.

6) Im Syr. ist كَم als Präp. ausser in gewissen constanten Verbindungen ziemlich selten geworden und kann so wenig wie حَتَّى (dessen etymo-

Als Conjunction fungiert vor Allem ד, sowohl allein als auch in Abhängigkeit von verschiedenen Präpositionen und nach gewissen Adverbien. Das Nähere darüber folgt in der Syntax. Eine enge Verbindung geht כ mit ד ein in dem Wort כד √/ (§ 84); vgl. noch לד, עלד.

Einige Wörter, welche eigentlich erst durch nachfolgendes ד zu Conjunctionen werden, verlieren zuweilen dies Wörtchen; so steht ein paar mal אמינטול für „weil"; selten אכואת „gleichwie" statt אכואת ד, vgl. noch (על) מן קבאל ד für „weil (wenn)" I, 269 ult. für (על) מן קבאל(דין) I, 244, 1 u. s. w. (Das Nähere in der Syntax).

Schliesslich ist noch zu erwähnen אלמא „bis" aus עַד + לְמָא, dem Gebrauch nach ziemlich = ܥܕܰܡܐ, da es mit ד oder auch לד (wie II, 86, 8 u. s. w.) als Conjunction dient und der Präposition ל die Bedeutung „bis" giebt. Aber auch אלמא allein steht in dieser Bedeutung (s. § 306).

II. Verbum.

1. Flexion des Verbums.

A. Allgemeines.

§ 162. Das Mand. hat den alten Organismus des Verbums im Ganzen und Grossen so ziemlich beibehalten. Manche Formen, wie namentlich die Passiva, von denen z. B. im Biblisch-Aram. noch spärliche Reste vorhanden sind, waren schon im Syr. vollständig verloren. Und wie im Syrischen durch die Lautgesetze manche ursprünglich getrennte Formen gleich werden, mag auch die Orthographie sie noch unterscheiden (vgl. die gleichlautenden ܩܛܠ, ܩܛܠ, ܩܛܠ; ܐܶܩܛܽܠ und ܐܰܩܛܶܠ u. s. w.), so geschieht das auch, und zwar in noch etwas weiterem Umfange, im Mand. Der feine Sinn für die Correspondenz gewisser Formen (z. B. des *i* im Perf. mit dem *a* im Impf. und Impt.) ist dazu verloren gegan-

---

logisches Verhältniss zu עֲדֵי ܥܰܕ übrigens nicht klar ist) Suffixe annehmen. Als Conjunctionen werden ܥܰܕ und ܥܰܕ ܛ ebenso gebraucht wie im Mand. — Im Talm. steht bald אד ohne Relativwort bald עד ד in derselben Bedeutung „während noch", „bis dass".

gen. Die Neigung, im Pl. Femininformen durch männliche zu ersetzen, zeigt sich, wie bei den Pronomina, so auch bei den Verben. Ferner bewirken gewisse Lautregeln wie die Abschleifung der Gutturale und wohl auch die Veränderungen in der Quantität der Vocale eine Annäherung mancher sonst verschiedener Classen von Verben. Aber bei alledem sind überall die alten Grundzüge deutlich zu erkennen; von einer förmlichen Neugestaltung wie im Neusyrischen sind hier noch keine Zeichen zu entdecken.

Von den Verbalstämmen sind Peal, Pael und Afel auch im Mand. reichlich vertreten. Die Verdopplung des mittleren Radicals im Pael wird nach § 68 zuweilen durch ein *n (m)* vor dem einfachen Rad. ersetzt z. B. האמביל „verdarb", האמביב „entbrannte" u. s. w. Im Afel zeigen folgende Verba vorne noch ה: האוליל „jammern" = ܐܝܠܠ vgl. יאליל II, 3, 5; DM 60ᵃ¹; והאנפ(י)קה „und führte ihn hinaus" I, 262, 6 statt ואפקה, wie Z. 8 steht; האנסיק „liess steigen" II, 128, 14 statt des häufigen אסיק; האשטיט „ich verachtete" II, 136, 10 = ܐܫܛܝܬ². Vielleicht waren solche Formen einst in den Schriften noch häufiger und sind durch die Abschreiber verwischt. הַיְמֵן „glauben" ist im Mand. wie im Arab. (هَيْمَنَ) neben dem einheimischen آمَن) wohl als entlehnt anzusehn. Dass der Sprache die Form fremdartig ist, sieht man daraus, dass sie gegen alle Regel den 2. Rad. weit öfter mit *a* als mit *e* vocalisiert; vgl. האימאן I, 54, 1; האימאנובה I, 67 f. (so hier immer B); מהאימאן „gläubig" I, 15, 5, 8 u. s. w.

§ 163.

Wie ein Afel ist gebraucht das pers. أَنْدَاخْتَنْ, أَنْدَازْ „abmessen", vgl. Part. p. מאנדאז II, 84, 10 (wonach II, 13, 11 zu verbessern), wie das Reflexiv מיתאנדרזא DM 55ᵇ, und das Nomen actionis אנדאזהא DM 55ᵃ (§ 109), während der Infinitiv האנדרזא I, 366, 19 noch das

---

1) Wie diese Wörter, so sind auch أَلْ, وَلْوَلَ (mand. I, 229, 15 u. s. w.) auf Zusammensetzung einer Interjection *wai, ai* u. s. w. „wehe" mit der Präp. *l* zurückzuführen, vgl. وَيْلُ aus لِ + وَىْ und griech. οἰμώζω, οἰμωγή aus οἴμοι.

2) Für ܐܫܛܝܬ I Chr. 15, 29 = וַתִּבֶז (Targ. בסרת) ist ܐܫܛܝܬ zu lesen.

ursprüngliche *h* zeigt (das auch im arab. هَنْدَسَ beibehalten)¹. Wie ein Afel ist so noch gebildet לאנדישת „kümmertest dich nicht" DM 9ᵃ (2 mal) von اندش, vgl. אנדאשתא (§ 109).

Schafel haben wir in שרגז „erzürnen, kränken, beleidigen"; שרהב „ausbreiten" (רהב); שרהז (Refl. אשתרהז) etwa „verschwinden" I, 312, 17; 314, 11; 315, 2 (Wurzel?); שעבד „dienstbar machen" (עשתאבאד I, 13, 12); שוזב „befreien"; ששקל = שקל; שאושיק Par. XIV nr. 328 (Bedeutung?). — Safel sind סרהב „beeilen" und סכקל „glätten" II, 13, 12. Bei der Aufführung der Verbalformen werden wir übrigens diese vereinzelten Bildungen ohne Weiteres zu den Quadriliteren stellen; ebenso verfahren wir mit den Verdopplungsstämmen wie קרקל, דנדם ².

§ 164. Von den Reflexivstämmen ist, wie im Syr., der des Afel, das Ettafal, am schwächsten vertreten. Das Ethpeel und das Ethpaal unterscheiden sich bei starken Wurzeln, anders als im Syr., in allen Formen deutlich, da als Vocal des 1. Rad. im Ethpeel nur ִ, nicht א erscheint (vgl. schon § 126).

Das ת der Reflexiven wird natürlich nach gemeinsemitischer Weise einem anlautenden Zischlaut nachgesetzt und bei צ in ט, bei ז in ד verwandelt z. B. עסתאהאף „ward umgestürzt"; עצטבא „ward getauft" u. s. w. Ebenso wenig befremden Assimilierungen wie עדּגאר „häuften sich" von דגר; עטאמֿאם „wurden verstopft"; עתֿריץ „ward aufgerichtet"³ u. s. w.

---

1) Leider kommt kein Impt. vor, an dem wir erst mit einiger Sicherheit erkennen könnten, ob dies Verb der Sprache mehr als Quadrilit. oder als Afel erschienen sei.

2) Wenn die Form עשתארהזאל „er erschrak"; „sie erschraken" (oder so ähnlich) I, 294, 8, 12 richtig ist, so ist das ein fünfradicaliges Verb; doch habe ich an der Richtigkeit in mehr als einer Hinsicht Zweifel.

3) Auch die syr. Grammatiker verlangen den Wegfall des Reflexiv-ת vor sonstigen Dentalen in der Aussprache. Aber die umgekehrte Assimilation des Wurzelanlautes an das ת finden wir vereinzelt im Syr. in der Schrift ausgedrückt: ܐܬܬܣܝ LAGARDE, An. 142. 14 und ܡܬܬܣܡ eb. 143, 24 von ܣܝܡ; ܐܬܬܠܬ eb. 146, 3 von ܬܠܬ; so ist Dion. Telm. 117, 8 die hand-

Aber auch sonst fällt sehr oft, wenn auch lange nicht so überwiegend wie im Talm., das Reflexiv-ת vor dem 1. Rad. weg. Zunächst handelt es sich hier wohl um Assimilierung, aber es ist sehr die Frage, ob die Verdopplung in Fällen wie מיפֿסיק oder gar מיהֿשיב blieb, wie das im talm. איעסק „gab sich Mühe" Gittin 67ᵇ und öfter; איעלמא „sie verbarg sich" Baba m. 85ᵇ; איערב „ist untergegangen" Berach. 2ᵇ; איעתרי „ich bin reich geworden" Pes. 49ᵃ; 113ᵃ u. s. w. gar nicht denkbar ist[1]. Das ת verschwindet im Ethpaal nicht so häufig wie im Ethpeel. Doch haben wir im Ethpaal u. A.: ניבֿאטֿלאן I, 306, 6; 307, 7; 309, 17 (wo aber vielleicht im Peal ניביטלאן zu lesen, wie B an der ersten Stelle hat; vgl. das jedenfalls falsche ניבאטיל I, 307, 6) תיבֿאדֿאש I, 163, 15 (Varr. תיתכ״); מיבֿאדֿושיא I, 40, 17; עבֿאבֿאש II, 82, 22 A (die übrigen עתכ״); מיבֿאלֿאל I, 377, 13; עפֿארקית II, 64, 4 A (die übrigen עתפ״); II, 45 stehn Formen von אתגמר und אגמר durch einander. Ziemlich beliebt ist die Assimilation selbst bei anlautendem ה: עהֿאֿאל, עהאמבאליאן neben מיהֿאֿאל; עתהאֿאל; ניהאמבלאן I, 307, 7 A (BCD ניתה״); עהֿאמֿאם I, 241 ult. (Var. עתהאמבאליא wie I, 309, 7 alle מיהאמבלא); עהֿאמֿאם II, 53, 15; עדֿארזקת DM 22ᵃ (aber DM 23ᵃ מיהארזאק) und so selbst einmal עיואר „ward geblendet = أَغْلِيَ Q. 7, 13 (ohne Var.). Aber daneben עתלאבֿאש I, 173, 7; ניתלאטאטון II, 44, 23; מיתנאגאר I, 229, 11; עתקאֿאם u. s. w.

Im Ethpeel wird das ת erhalten in עתגביל I, 78, 18 A; מיתהשיב I, 35, 22 A; מיתכריך I, 312, 1, 2; מיתמליך I, 71, 13; 296, 23 f.; עתיצבאת I, 72, 22; 303, 10 u. s. w.

Doch ist diese Aussprache wenigstens in den Formen, in welchen der 1. Rad. vocallos ist, seltner; hier wird meistens (nach § 25) ein י nach dem ת eingeschoben, oder aber das ת wird assimilirt. Es sind hier

---

schriftliche Lesart اِثْسَم = اِثْسَم ; ferner so لَا تَذْكُرْ „gedenke nicht" PAYNE-SMITH, Cat. 158; مُسْتَلِّيَة für مُسْتَنِيَة BA S. 113, 16.

1) Dieselbe Erscheinung finden wir im Samar., einzeln in paläst. Targumen u. s. w. Auch im Tigriña verschwindet das *t* des Refl. im Impf. fast stets (PRAETORIUS, Tigriñaspr. 273 ff.).

also drei Möglichkeiten: ܡܶܬ݂ܚܦܶܐ kann sein מיתפחא I, 312, 22 A; מיתיפתא ebend. B; מיפתא I, 158, 3; 300, 8. So עתיקריא, עתקריא „ward gerufen" u. s. w. Mit Einschiebung haben wir so: מיתיבניא; מיתינסיב; עתימלון; מיתילגיט; מיתיכסין; עתיגלון; מיתיבריך u. s. w. Mit Wegfall: מיביא = מִתְּבָעֵי; מיגֿזיל I, 38, 5; ניגֿטיל I, 37, 8; עמֿראר I, 82, 8; מיצֿציב u. s. w. Bei Vocalisation des 1. Rad. im Ethpeel haben wir Assimilation in מיבעיא = מִתְבַּעְיָא; מיהֿידרא I, 147, 23; עהֿידראת II, 38, 19; עמֿיזגאר I, 97, 9; עלֿיסבאת I, 317 ult.[1] u. s. w.

Sogar dem anlautenden Zischlaut wird das ת zuweilen, wenn auch selten, assimiliert[2]. So mehrmals מיסֿמיך; ferner תיסֿאדאר II, 45, 6; מיסֿדאר I, 322, 21; ניצֿליב I, 58, 15; נישֿפיך I, 387, 1 BC; עלֿהית I, 187, 15.

Ein deutliches Zeichen davon, dass auch die Verdopplung des 1. Rad. nach Wegfall des ת vielfach geschwunden ist, liegt in den allerdings sehr seltnen Formen wie מיפסיקינין I, 309, 1 = ܡܶܬ݂ܦܰܣܩܺܝܢ mit Beibehaltung der Vocalisation des Sing. מיפֿסיק (wie nach § 29). So מירשימינין „wir werden gezeichnet" DM 25ᵇ; מיהמיסא I, 262, 17 neben dem Masc. מיהֿמיס; מיסמיכיתון I, 42, 5 = ܡܶܣܬ݁ܰܡܟ݂ܰܬ݁ܽܘܢ wie מיסֿמיך.

Die Reflexiva der Wurzeln prim. א, ע, י erfordern eine besondere Besprechung; s. unten.

§ 165. Die semit. Dialecte unterscheiden sich bekanntlich oft durch den Gebrauch verschiedner Verbalstämme von derselben Wurzel für dieselbe

---

1) Durch diese Assimilation wird die Unterscheidung der Formen oft schwierig, namentlich wenn kleine Varr. in der Vocalisation dazu kommen. So ist z. B. מאיהדריא „sie leuchten" Afel, aber das häufige מיניהדריא wäre eher für ein Ethpeel zu halten u. s. w.

2) Vgl. talm. אזוטר „ward klein" Sanh. 95ᵃ. Im Aeth. wird bei Zischlauten wie bei Dentalen im Impf. regelmässig assimiliert; im Arab. ist dies bei solchen selbst im 5. und 6. Stamme erlaubt, vgl. يَزَّكَّى öfter im Koran; اِصَّيَّفَتْ Diw. Hudh. (cod. Lugd.) fol. 71ᵇ neben تَصَيَّفَتْ in demselben Verse; اِثَّاقَلْتُمْ Sura 9, 38.

Bedeutung. Das zeigt sich auch wieder beim Mand. Namentlich treten da zuweilen die einfachen Stämme für die reflexiven ein z. B. הָאשׁיב „denken"[1] für und neben עתהאשׁאב und עתהשׁיב; גבאל „entstehn" I, 39, 7; 278 ult.; Q. 1, 21 u. s. w. für جَبَلَ; ferner Peal für Pael und Afel z. B. בְּרַךְ für בָּרֵךְ, das im Mand. sehr selten geworden[2]; שְׁכַן und שְׁרָא „Wohnung geben" für אַשְׁכֵּן und אַשְׁרִי u. s. w. Das Nähere gehört natürlich in's Wörterbuch.

Die zur Bildung der einzelnen Verbalformen gebrauchten Prä- und Suffixe sind dieselben wie sonst im Aram., abgesehn von rein lautlichen Veränderungen. Die Präfixe des Imperfects haben (§ 28) immer einen vollen Vocal, auch wo der 1. Rad. selbst vocalisiert ist. Das Präfix der 1. Sg. behält auch im Afel stets seinen besonderen Vocal und unterscheidet sich so deutlich von allen andern Formen, vgl. עיאפריש „ich belehre" mit נאפריש, תאפריש. Ausnahmsweise finden wir solche Aussprachen auch bei andern Präfixen in ניאסיק „wir machen steigen" I, 326, 12, mit Suffix ניאסקה I, 361, 24 wie עיאסיק, sonst נאסיק, נאסכרון ניאסברון „belehren" I, 305, 16; ניאסגיבה „geht darauf" II, 23, 21; und noch mit Suffixen: תעיאהריבה „zerstörest sie" I, 332, 23; תיאהיקה, תעיאה(י)קה „erschreckest sie" I, 314, 2 (= تَهِيقُهَا); תיאנהראך „erleuchtet dich" II, 41, 22; ניאפרישאן „belehret mich" I, 335, 15; ניאסבראך „wir belehren dich" II, 59, 4; ניאולאך „wir bringen dich" unmittelbar neben אולאך (= نَوْصِلُك § 51). Dies sind so ziemlich alle Fälle, doch vgl. noch ein oder zwei Beispiele mit ל. Ganz vereinzelt ist das umgekehrte Verfahren bei der 1. Pers. in אפרישנכון „ich belehre euch" I, 47, 16; דאקנמינכון „dass ich euch aufrichte" I, 175, 9 (Z. 10 ועיאקמינכון); אודיבאך „ich bekenne dich" I, 87, 20.

Präfix der 3. Pers. ist wie im Syr. n. Doch findet sich daneben noch einige Mal l, welches im Talm. ohne Unterschied mit n wechselt[3], da aber häufiger ist als dieses; in לֶהֱוֵא, לֶהֱוֹן, לֶהֱוֹיָן kommt diese sonst nur babylonische Form auch im Bibl.-Aram. vor. Die

---

1) Kommt auch in den Targg. vor.

2) Der Gebrauch des Peals geht wohl aus von dem schon alten Part. בְּרִיךְ (hebr. בָּרוּךְ).

3) Vgl. z. B. Gittin 69ᵃ und ᵇ.

Abschreiber scheinen die Formen nicht immer mehr verstanden zu haben, und so sind sie zum Theil ziemlich entstellt, mitunter selbst nicht mit Gewissheit von solchen mit לא „nicht" zu unterscheiden. Wir wollen hier gleich die sicheren Formen dieser Art alle zusammenstellen; einige von ihnen tragen Objectsuffixe an sich:

לשלום, לעשלום „ist vollendet" II, 118, 5; לעפוק „tritt aus" II, 118, 7 (und so ist zu lesen Z. 6 für לאעפוק; eb. aber das gewöhnliche ניפוק:); לאפריש „lehrt" I, 249, 19; לעקום, ליקום „er stehe, steht" I, 368, 19; II, 106, 20; לעסהיט „breite sich aus" I, 187, 5 (A לסהיט;) לידמיא „gleicht" II, 53, 1; לישתריא „wird aufgelöst" II, 113, 15; לעתיברון „werden geschaffen" I, 13, 3 B (A falsch עתיברון;); ליהויא, לעהויא und mit Encl. ליהוילכון „ist, sei (euch)" I, 180, 21; 184, 14; II, 129, 2, 9, 14; wahrscheinlich ליבאטלה „vereitelt ihn" II, 62, 1; ליפליהונה, ליפליהונאך „dienen ihm, dir" II, 128, 24; 129, 1; 130, 4; לישימטאן „ziehe mich heraus" II, 96, 5, 7 (4 mal oder ursprünglich 5 mal; A zum Theil falsch); לאבטונאן „fesseln mich" II, 130, 17 (von עבט); לעיאדיאך „bringe dich vorüber" II, 89, 6 (in den Parallelstellen S. 89 und 92 נאדריאך = نُعْدِرْبِسْ).

Man sieht, dass diese Formen grade an einigen Stellen etwas häufiger sind z. B. II, 128—130[1]. Wenn nun jetzt ohne Unterschied daneben Formen mit *n* stehn, so ist das vielleicht nicht ursprünglich. Manches *l* dieser Art mag allmählich mit dem geläufigeren *n* vertauscht sein. Da aber *l* und *n* der 3. Pers. als gleichwerthig gelten, so ist es nicht auffällig, dass ein Abschreiber auch wohl einmal umgekehrt *l* für *n* gesetzt hat, ohne genau zu überlegen, ob er dabei nicht das unveränderliche *n* der 1. Pl. antastete. So steht falsch לאגסאר II, 130, 18 für נאגסאר „wir wollen abschneiden"; לעיאדכאר „wir wollen nennen" I, 70, 20[2]. Dass die Orthographie dies etwas obsolete ל gern behandelt wie die Präp. ל, bemerkte ich schon § 11.

---

1) Darum ist auch nicht zulässig, auf das etwas häufigere Vorkommen solcher Bildungen von הוה besonderes Gewicht zu legen.

2) So finde ich ליהוי כולן לעמא חד „wir alle wollen zu einem Volke werden" Sanh. 39ª.

Ausdrücklich hebe ich hervor, dass zwischen diesen Formen mit *n* und *l* durchaus kein Unterschied der Bedeutung besteht, so wenig wie im Talm. Denn wenn auch mehrere der aufgeführten Wörter einen Wunsch oder dgl. ausdrücken, so ist das ja ebensogut möglich bei jeder andern Imperfectform, und andre Formen mit *l* enthalten eine blosse Aussage[1]. Dies *l* darf deshalb nicht mit dem arab. ل verglichen werden; allem Anschein nach sind die Präfixe *l* und *n* im Aram. nur lautliche Spielformen.

Eine besondere Form für die 2. Sg. f. giebt es nicht mehr, mit Ausnahme der einzigen Form תימיתאי moriaris (§ 184); sonst vgl. z. B. תידול „du gebierst" I, 156, 1[2]. Ebenso vertritt im Pl. die Masculinform stets die der 2. f.

Obgleich das Imperfect auch im Mand. noch in ganz lebendigem Gebrauch ist, so breitet sich doch, wie im Syr., der des Part. act. sehr aus. Die Verbindung der Participien mit Subjectsuffixen wird zu einem Tempus, und es kann gar nicht mehr zweifelhaft sein, dass wir die Participien mit und ohne solche Suffixe unter den Verbalformen aufzählen müssen. Vor das Part. tritt unter Umständen ein aus קאם entstandenes קא, קי, welches (nach § 35. 261) mit anlautendem *a* zusammenfliesst in קָא עָיֵל = קאייל; קָא אָתֵין = קאתין I, 283, 7, 22; Par. XI u. s. w.

B. Verben starker Wurzel.

Zu diesen rechnen wir auch solche, welche zwar einen schwachen Rad. haben, aber ihn im gegebenen Falle wie einen starken Consonanten behandeln, z. B. die meisten Formen von פכ׳, sowie die mit anlautendem und mittlerem ה(ח). §167.

Im Peal entspricht bekanntlich im Semit.

1) das Perf. mit *a* dem Impf. und Impt. mit *u* (resp. *i*)
2) „ „ „ *i* „   „   „   „   „ *a* } intransitiv.
3) „ „ „ *u* „   „   „   „   „ *u* }

---

[1] Vgl. im Talmud z. B. אי חקלאה מלכא ליהוי דיקולא מצואריה לא נחית „wenn der Bauer König wird, behält er doch den Fruchtkorb auf dem Nacken" Meg. 7ᵇ und viele andre Beispiele.

[2] Talm. noch לא העבדי Moed. k. 27ᵇ = تَعْبُدِي.

Von diesen Categorien ist die 3. im Aram. fast schon ausgestorben; im Syr. gilt ܡܚܰܨ (ausser in den bei CAST. angeführten Bibelstellen noch Thren. 5, 10 Hex.) für das einzige Beispiel Barh. gr. I, 135 ult. (Impf. ܢܶܡܚܰܨ eb. 136, 15)[1]. Vielleicht gehört aber auch das oben § 107 und § 129 S. 158 erwähnte ܐܶܬܚܡܶܐ hierher. In den Targumen haben wir so חרובת Joel 1, 10; 2, 10; שדוכית Iob 3, 26; שדוכת (öfter) und vielleicht noch einzelne wenige. So giebt es auch im Mand. noch ein paar Formen, die aber alle mehr oder weniger zweifelhaft. Gut bezeugt ist nur בסום „lieblich sein" (Sg. und Pl.) I, 92, 1; Q. 68, 23; Ox. III, 76ª, 77ᵇ; DM 88ª 2 mal (Impf. ניבסום; Impt. בסום). Man könnte aber hier wie in הכום „sie wussten" I, 13, 11 = I, 34, 8 und שכוב „schlief" DM 15ᵇ[2] (2 Codd.); 32ª (wo die bessere Handschrift שאכיב hat) einen rein lautlichen Uebergang des *a* in *u* vor *m* (§ 19) annehmen. Bedenklich ist בטון „ward schwanger" I, 102, 16 neben häufigerem בטין; שפור „sie gefielen sich" I, 177, 2; תקון „war fest" II, 57, 9 (Impf. תיתקון I, 30, 13).

Dem Perf. auf *a* entspricht auch im Mand. *u* im Impf. und Impt. Eine einzelne Form mit *i* wie נישביקלון „er erlasse ihnen" Q. 19, 28 statt der sonst üblichen נישבוק hat keine Autorität.

Die Formen mit *i* im Perfect. wechseln im Mand. zum Theil mit *a*-Formen. So נסיב und נסאב[3] „nehmen"; לגיט und seltner לגאט = ܠܓܰܛ „nehmen"; רהים und רהאם „lieben" u. s. w. Auf vereinzelte derartige Schwankungen darf man aber nicht viel geben, denn grade in solchen Puncten ist die Ueberlieferung schwerlich sehr zuverlässig.

---

1) Wenn der Text richtig, so wird ܡܚܰܨ bei Ephr. II, 13 E durch ܡܚܶܡ erklärt. Das Wort ist wohl ein altes Denominativ von ܩܶܢܦܰܠ = ܩܘܦܕܐ קפוד (dass ܩܘܦܕܐ wirklich „Igel", beweist TYCHSEN's Physiol. cap. X, vgl. Barh. gr. II, 117) aus einer Zeit, wo man noch solche Verben bildete wie أَمَّرَ von أَمِير. Es wäre dann zunächst „igelich, stachelich werden" vgl. קפדן, איקפיד.

2) Gewöhnlich שכיב z. B. I, 18, 20.

3) Syr. ܢܣܰܒ, aber das Impf. ܢܶܣܰܒ, Impt. ܣܰܒ weisen auf ein Perf. mit *e* hin.

— 219 —

„Schon im Syr. und in andern älteren Dialecten steht theilweise ein Perf. mit *i* einem Impf. mit *u* gegenüber (ܢܶܣܰܒ, ܣܶܒ݂ܰܬ݂; ܢܳܡܶܐ, ܢܶܣܰܒ݂, ܢܳܣܒ̣ܝܢ; ܢܶܩܪܶܒ݂, ܩܪܶܒ݂, wozu Barh. gr. I, 116, 3; 117 ult. noch ܢܶܣܰܒ݂, ܣܒ݂ܰܬ݂ fügt); hier ist eine ungebräuchliche Nebenform des Perf.'s auf *a* anzunehmen. Aber im Mand. hat schon die Mehrzahl der Verben auf *i* im Impf. *u*[1]. Man sehe folgende Liste (in die ich einige פ׳נ mit aufgenommen habe):

Perf.	Impf.	Impt.	
דהיל	נידהול[2]	דהול	„fürchten".
פליט	ניפלוט	פלוט	„entkommen".
סגיד	ניסגוד	סגוד	„anbeten" (wie im Syr.).
קריב	ניקרוב	קרוב	„sich nähern" (wie im Syr.)[3].
שכיב	נישכוב	שכוב	„sich legen"[4].
נהית	ניהות	הות	„niedersteigen" (wie im Syr.; vgl. aber die Nebenformen § 178).
נפיש	נינפוש		„zahlreich sein".
בהית	ניבהות[5]		„sich schämen".
בטיל	ניבטול		„nichtig sein".
שלים	נישלום		„vollendet sein"[6].
הליף	ניהלוף		„vorbeigehn" (ܡܠܰܟ).
רהיט, Impt. רהוט „laufen".			

Perfecta mit *i* sind ferner vorauszusetzen bei den Imperfecten ניבשול „kocht" (intrans.); ניגהוך „beugt sich"; ניהרוב „wird wüst"; ניהשוך „wird dunkel"; ניהסוך „wird hinfällig" II, 2, 1; den Imperativen שדוק „schweig" (wie ܫܬܽܘܩ); שדוך „sei ruhig" (was zur Noth

---

1) Neben נילבוש I, 327, 1, לבוש (oft) steht נילבאש I, 377, 23; und sogar נילביש Q. 20, 21; aber im Perf. stets לבאש.

2) Ich reduciere ev. die 1. Sg., 2. Sg., 3. Sg. fem. auf die 3. Sg. masc. (resp. 1. Pl.).

3) Aber I, 229, 6 Nebenform ניקראב.

4) Auch im Syr. ganz vereinzelt ܢܶܫܟܰܒ Aphraates 161, 7 in der besten Hdschr. So im Aeth. *jeskeb* neben *jeskab* (Dillmann S. 147).

5) I, 62, 9 hat B ניבהית (Ethpeel?).

6) II, 113, 15; 118, 5 Var. לישלום נישלים, נישלאם.

aber auch von einem Perf. שְׁדוּךְ kommen könnte, s. S. 218); רהוק „entferne dich". Ueber בטיך, ניבטון s. oben S. 218.

Viel weniger sind der Imperfecta und Imperativa auf *a*, die zu Perfecten auf *i* gehören:

Perf. סהיד¹, Impf. ניסהאד „zeugen"; נסיב, Impf. ניסאב, נינסאב, Impt. סאב neben נסאב, Impf. נינסיב; לגאט, נילגוט לגוט neben לגיט, נילגאט (häufiger).

Perfecta auf *i*, deren Impf. und Impt. wir nicht kennen, sind רטין „murren" I, 63, 19; רקיד „tanzen" I, 116, 2; נגיב „hervorkommen" I, 145, 3; 164, 9 (= نصب § 67); סהיק „hüpfen" I, 191, 14, 15; II, 93, 22 (als Var. סהאק); נהיש „flüstern" I, 390, 20 (= كشّ).

Zu dem im Mand. allein üblichen Perfect רגאז „zürnen" gehört Impf. נירגוז II, 68, 10; aber נירגאז I, 214, 6; DM 11ᵇ ist die ältere Form, vgl. رَجِزَ.

Seltsamerweise finden wir bei einigen Verben, die auf *l* auslauten, im Impt. oder Impf. *a* statt und neben *u*. So תישקאל „du nimmst" Q. 24, 6 neben נישקול II, 129 ult.; 130, 1; סבאל „trag, tragt" neben סבול; Impf. ניסבאל, ניסבול (Perf. סבאל II, 40, 1); ניגבאל „wir bilden" I, 329, 12 (2 mal); so noch im AM öfter נישתאל, aber שתול I, 44, 8 „pflanzen".

Nebenformen zeigen noch ניקנאס II, 1, 23 neben קנוסליא II, 24, 13 (Cod. D קנאסליא) „verhängen".

Vor auslautendem *r* steht im Impf. bei Trans. und Intr. fast stets *a*²;

---

1) Q. 23, 15 סהאד.

2) Imperf. und Impt. der auf Gutturale und auf *r* auslautenden Verba werden im Syr. gewöhnlich falsch beurtheilt. Nach sehr weit ausgedehnten Beobachtungen kann ich Folgendes sagen: bei Weitem die meisten dieser Verben, welche im Impf. wie im Perf. *a* haben, gehören der Classe فَعِلَ, يَفْعَلُ an. Hier ist also grade im Perf. eine Vocalveränderung vorgegangen: denn ein *i* muss nach ausnahmsloser Regel in dieser Stellung *a* werden. Aber von der (trans.) Classe فَعَلَ, يَفْعُلُ hat die grosse Mehrzahl im Impf. bei den Syrern wirklich *u*. Erst das Mand. führt auch hier das *a* bei den Gutturalen stets, bei *r* meistens durch.

vgl. ניתבאר „bricht" II, 119, 3 [1]; בהאר „erwählet" I, 43, 2, aber doch בהור DM 29ᵇ (2 Codd.) [2]; ניבצאר „nimmt ab" I, 324 (mehrmals) [3]. So natürlich die Intransitiven נישהאר „wacht" (öfter) = ܬܡܰܪ؛ Ephr. III, 504 C u. s. w.; נינהאר = ܢܗܕܰܪ؛ ניהדאר „kehrt zurück" = ܢܣܰܪ؛ LAND, Anecd. III, 314, 24; Barh. gr. I, 117, 1; ניכשאר „geräth" I, 92, 14 = ܬܡܰܫ؛ Ephr. III, 391 B; ניטאר „rückt weg" I, 214, 7 = נֶעֲטַר; ניכבאר „wird gross" II, 47, 15 = ܬܚܒܰܨ؛ Aphraates 345 (bei Anführung der Stelle Gen. 1, 28); und so ניפדאר „kämpft" I, 80, 24; 81, 21, ein Wort, dessen etymologischer Zusammenhang mir nicht bekannt ist.

Ein *u* erscheint nur ausnahmsweise noch bei *r* wie in ואצור „und presse" Q. 44, 21 = ܘܐܥܨܘܪ (vgl. z. B. Geop. 85, 4); am ersten vor einem Enclit.: זמורלאן „sing uns" I, 258, 26; זמורליא „sing mir" DM 52ᵃᵇ (syr. ܬܡܰܪ sehr oft); נימצורליא „überbrückt mir" I, 370, 5; נינטורליא „bewahrt mir" I, 370, 6 (syr. ܢܛܰܪ und ܢܛܘܪ, beide häufig, aber letzteres doch häufiger). Vgl. noch die Formen von אמר § 179.

§ 168. Bei dem nicht genügenden Umfang der mand. Literatur und den Schwankungen mancher Formen dürfen wir leider keine Paradigmen abstrahieren, wenn sich das beim starken Verbum auch wohl zur Noth machen liesse. Wir wollen sicher gehn und nur wirklich Vorkommendes aufführen.

§ 169. **Perfect.** *Sg. 3. m. Peal:* נפאק „ging aus"; פראש „verstand" [4]; סגיד „liess"; לגאט und לגיט „nahm"; נסאב und נסיב „nahm"; שבאק „betete an".

Pael: האשיב „dachte"; קאביל „nahm"; פאקיד „befahl"; שאדאר „sandte" — האמביב „entbrannte" (§ 68).

---

1) Syr. ܬܒܰܪ und ܢܬܒܰܪ; Beispiele für Beides Barh. gr. I, 118, 21 und sonst viele.

2) Syr. mit *u*: Ps. 139, 23; Zach. 13, 9 u. s. w.

3) Trans. ܢܨܘܪ Lev. 27, 18 u. s. w.; intr. ܬܨܰܪ؛ Ephr. II, 142 B, aber gewöhnlich auch ܢܨܘܪ Clem. 145, 9 u. s. w.

4) Ich bemerke hier, dass das im Peal, Afel, Ethpeel und Ettafal sehr beliebte פרש „trennen" ungefähr wie בין gebraucht wird; es heisst „verstehen, lernen", im Afel „lehren", aber auch „scheiden" (tr. und intr.), „emanieren".

Afel: אפריש „lehrte"; אדכאר „erinnerte".

Ethpeel: עתינסיב „ward genommen"; עתימלִיךְ „berieth sich"; עגטיל „ward getödtet; עבֿוראר „ward erbittert".

Ethpaal: עתהאשאב „dachte"; עתפאקאד „ward befehligt"; עתפאראק „ward gerettet"; עהֿאיאל „wurde stark" — עתהאנגאר „ward gelähmt".

Ettafal: עתאפראש „ward belehrt", „schied aus"; עתאשפאל „ward erniedrigt"; עתאהדאר „ward zurück gebracht".

Quadril. und Aehnliches: תארמיד „unterrichtete"; שארהיב „breitete aus".

3. *f. Peal:* ביהתאת „sie schämte sich"; שיבקאת; ליגטאת; פירטשאת; ניפקאת.

Pael: האמבלאת — קאבלאת; האשבאת „sie kreiste".

Afel: אדכראת; אנהיראת, אנהאראת „sie erleuchtete" I, 276, 10; vgl. das ähnliche ארמלאת „sie ward Wittwe" DM 35ᵇ, in welchem eigentlich allerdings das א radical ist.

Ethpeel: עפִירשאת „sie emanierte"; עבֿמיזגאת „sie ward gemischt"; עתגיבלאת „sie ward gebildet".

Ethpaal: עתלאבשאת „sie ward bekleidet"; עסתאדראת „sie ward geordnet" — עסתאנדראת „ward erschreckt".

Ettafal: עתאפרישאת.

Quadril. (bloss Reflexivformen): עשתארהיבאת „sie ward ausgebreitet" I, 372, 17 A (B עשתארהאבאת; CD Masculin.); עשתארהיזאת DM 77ᵇ; ושתארהזאת, ועשתארהזאת I, 341, 10 „(und) sie ward erschreckt".

2. *m. und f. Peal:* דהילת „fürchtetest"; נסיבת und נסאבת שבאקת; נפאקת; לגאתת (oft); פליטת „entkamst"; סגידת; נהיחת „stiegst hinab".

Pael: שאדארת; פאריקת; האשיבת.

Afel: אהריבת „zerstörtest"; אנהארת; vgl. לאנדישת „kümmertest dich nicht" von اندیشه (§ 163).

Ethpeel: עתיגבילה, עתהגבילת beides II, 133, 10; עהֿריצת „wurdest aufgerichtet"; עתינטיטת „wurdest betrübt"; עתיבהירת, עתיבהארת „wurdest erwählt".

Ethpaal: עתפאראקת; עשתאלאטת „erhieltest Macht".

Ettafal: עתאאפראשת.

Quadril.: עהֿארזאקת „wurdest gefesselt" DM 22ª[1].

1. Peal: ריהטית; ליגטית; פירשית; ניפקית „ich lief".

Pael: שאלטית „ich gab Macht"; קאבלית; זארזית „machte hurtig" — ראנדדית „rüttelte auf" I, 328, 21 (A ראֿנדדית).

Afel: אפרישית; אכמיכית „ich stützte"; אדכירית, אדכרית; אסבירית, אסברית „ich belehrte".

Ethpeel: עתהידרית, עהֿידרית „ich kehrte zurück"; עתניצבית „ich ward gepflanzt".

Ethpaal: עתהאשבית; עשתאלטית; עתפֿארקית II, 64, 4 (A עפֿֿארקית).

Ettafal: עתאפרישית.

Quadril.: באשקירית, באשקירית „ich fragte nach" II, 112 ult.; 113, 1; שאשקלית „ich erhob"; תארמידרית „ich lehrte".

Pl. 3. m. und *f.* In beiden Geschlechtern ganz wie die 3. Pers. m. Sg.: נפאק, פראש, סגיד, האשיב, פאקיד u. s. w. Vgl. noch die Quadril. עשתארהאב I, 244, 14; עתראוראר̈ „wurden erschüttert" II, 1, 6, 9, 12.

Wie nun aber das Syr. und auch andre Dialecte[2] zur deutlichen Unterscheidung des Pl. noch vollere Formen auf *ûn* und *ên* (resp. ‏ן־ָ‎) haben, so auch das Mand. Für das Masc. ist so noch ון in עתריגלון „werden gefesselt" I, 362, 13 und עשתאדכון „wurden beruhigt" I, 97, 14 (beide ohne Var.). Gewöhnlich tritt aber dafür יון ein: נפאקיון I, 380, 1 (wäre eigentl. Fem.); פראטיון „sperrten auf" I, 247, 13; סליקיון „stiegen" I, 233, 17; DM 22ᵇ; רהיטיון „liefen" I, 366, 8 — קאביליון I, 289, 5; האקיניון „stellten fest" I, 6, 5; פאליגיון „theilten" I, 122, 15 — עתכאנאפיון „versammelten sich" DM 31ᵇ; עכתאכבאריון „werden geschlossen" DM 22ª (einige andere Beispiele folgen bei den Verben von schwachen Wurzeln). — Die entsprechende Femininform auf יאן ist viel seltner: פראשיאן Q.73ᵇ,16; רגאזיאן „zürnten" DM 14ᵇ cod. Weim.; סהאטיאן, סהיטיאן „warfen sich nieder" Ox.III, 97ª·ᵇ; נבאטיאן „kamen hervor" Ox. III, 66ᵇ (Par. XI an den entsprechen-

---

1) באשקארה „fragtest nach" II, 113, 5 ist nicht so gut bezeugt wie der Imperativ.

2) So das Christl.-Palästin. und die Sprache des jerusal. Talmuds, der paläst. Targume und der Rabboth; auch im bab. Talmud finden sich wenigstens Femininformen auf ‏ן־ָ‎, vgl. שמעתא דאיתמרן Erub. 43ª.

den Stellen einmal ebenso, einmal נבאטיא); עדהאמבבאליאן „wurden verdorben" I, 241 ult. (Var. עדהאמבבאליא). — Diese Formen auf יון, יאן können nur als lautliche Spielarten für ון, אן angesehen werden; sie erscheinen ganz entsprechend im Impt.

2. *m. Peal:* נגאדתון; נפאקתון „ihr zoget"; סהידתון „zeugtet".

Pael: האשיבתון; פאקידתון. — *Afel:* (אשכאתון „ihr fandet" siehe § 177)[1].

Ethpeel: עתיגבילתון; עתינצציבתון; עתֿריצתון „ihr seid aufgerichtet". — *Ethpaal:* עתפאזאקתון „ihr seid verzärtelt"; עשתאגאשתון „seid verwirrt".

Das Fem. wird gewöhnlich durch das Masc. vertreten; doch finden sich einige Formen auf תין: נפאלתין „ihr fielet" Q. 52, 18; פאריקתין I, 184, 22; אלבישתין „bekleidetet" I, 184, 21; עתֿאבֿארתין „wurdet gebrochen" Q. 52, 18[2]; עסהאהאפתין „wurdet umgestürzt" Q. 52, 17.

1. m. Von starker Wurzel immer mit נין = $\underset{\text{ٍ}}{\text{ن}}$, nicht mit blossem ן[3].

Peal: נפאקנין; לגאטנין, נסאבנין; נסיבנין; סהידנין; רהימנין „wir liebten".

Pael: האשיבנין; קאריבנין; קאבילנין.

Afel: אלבישנין; אסכילנין „wir sündigten".

Ethpeel: עתיגבילנין; עתינצציבנין; עתֿריצנין.

Ethpaal: עתראדאפנין „wir wurden verfolgt".

Ettafal: עתהאפראשנין.

§ 170. Der Antritt der Enclitica (ב und ל mit Personalsuffixen) bewirkt beim Perf. allerlei Abweichungen, indem derselbe theils ursprünglich auslautende Vocale schützt, theils den Abfall von Consonanten vor den neuantretenden ב und ל bewirkt; auch zeigen sich noch sonst einige Abweichungen in der Vocalisation.

---

1) Von starker Wurzel habe ich keine Form gefunden, denn אפרישתון I, 157, 22 enthält das Suffix der 1. Pers. „ihr habt mich belehrt".

2) Hier erwartete man aber die Masculinform, da ארזיא „Cedern" nicht wohl Fem. sein kann.

3) Talm. fast nur ן z. B. אמרן, הדרן Baba b. 73[b], doch vgl. הוינן fuimus; im Syr. und in den paläst. Dialecten ן: neben נא resp. ן, aber meist seltner.

Die 3. Pl. kann ihr *û* vor den Enclitica behalten: מצארוליא „überbrückten mir" II, 101, 14; נצאבולאך „pflanzten dir" I, 72, 13 (Z. 11 נצאבלאך:); סאכרוליא „schlossen mir" II, 85, 7 (neben דאהיכליא „löschten mir" Z. 8); גאלילוליא „offenbarten mir" I, 267 ult.; עתכארכובה „umringten ihn" Ox. III, 95ª u. s. w. Aber weit häufiger sind auch hier die Formen ohne *û* wie כפארבה „verläugneten ihn" I, 94, 21 u. s. w.

Die 1. und 2. Pl. verlieren vor den Encl. ihr ן; bei jener tritt dann das ursprüngliche א wieder ein, da die Verwandlung desselben in י auf die geschlossne Silbe beschränkt ist: נפאקנאבה „wir sind darin ausgegangen" I, 261, 6; תראצנאלון „wir richteten ihnen auf" I, 247, 3; דראכנאלון „wir traten ihnen" eb.; שאדארנאלון „wir schickten ihnen" Par. XI, 9ª — נצאבתוליא „ihr pflanzet mich" I, 157, 13; שאדארתוליא, שאדיררתוליא „ihr sandtet mir" II, 64, 5.

Die 1. Sg. und die 3. Sg. f. verlieren vor Encl. ihr ת, geben dann aber im Peal stets dem 2. Rad. den ursprünglichen Vocal wieder, so dass die Vocalisation der der 3. Pl. פְּעַלוּ, פְּעַלָא (פְּעַלִי) entspricht. Der Vocal des 2. Rad. schwankt jedoch zuweilen zwischen א und י. Diese Vocalisation ist auch in den Targumen beliebt; im Talm. fällt gewöhnlich (aber durchaus nicht immer) auch das ת ab[1] ohne Rücksicht auf Antritt eines Enclit.; die Vocalisation ist im Talmud in vielen Fällen deutlich, oder doch nach der Analogie zu schliessen, dieselbe wie im Mand. Interessant wäre es, Näheres über die Betonung dieser Formen zu wissen. So haben wir z. B.:

1. Peal: גטאריבה, גטארילה „ich knüpfte ihn, an ihn" I, 90, 18; סלאקיבה, סלאקילאך, סליקיבה „ich stieg" I, 196, 7; 213, 1; II, 8, 21; 94, 3, 7; Ox. III, 31ª; פלאגילה „ich theilte" I, 90 ult. und öfter.

---

1) Formen mit ת: 1. ארגישית „ich regte auf" Sanh. 95ª; כבשית „ich unterwarf" eb.; שמעית Sanh. 110ª ult. — 3. f. עריקת „sie floh" Sabbat. 67ª (in einem älteren Spruche); אזלת Nedarim 66ᵇ; תברת eb. — Formen ohne ת: 1. נפקי Meg. 7ᵇ; שתלי Taanith 23ª; כתיבי „ich schrieb" Baba b. 173ª und viele andre — 3. f. שלחה ליה „sie sandte ihm" Meg. 12ᵇ; בשילה ליה „sie kochte ihm" Nedarim 66ᵇ; אינסיבא „sie ward verheirathet" Baba b. 151ª; איגיירא „sie ward Proselytinn" Meg. 19ᵇ und sehr viele andre.

Pael: הָאקְיֵבה „ich bereitete" I, 91, 6 f. (ohne Vocal des 2. Rad.).

Afel: אפרישילכון „ich belehrte" (oft); אשלימילון „ich übergab" I, 91, 9; אדכרילון, אכרילון I, 180, 9; אהדירילה, אהדִרילה „ich umgab" I, 90, 15 — Refl. ־תיאהריבה „ich erglänzte" I, 103, 2.

3. f. Peal: נפאלאלה, ־פילאלה „sie fiel" I, 85, 5; 340, 8; II, 3, 5; רהישאלה „sie bewegte sich" (רחש) I, 85, 9 f.; עשתהאראהזאליא „ward erschüttert" I, 272, 19. Weitere Beispiele siehe bei den Verben von schwachen Wurzeln.

Ganz vereinzelt ist vor Enclit. sogar das ursprüngliche תי der 1. Pers. bewahrt: אפרישתילכון „ich belehrte euch" I, 224, 22 A (BD אפרישילכון); אנהִירִיתילון, lies אנהִירתילון „ich leuchtete ihnen" I, 361, 1 B (die übrigen אנהִירילון)[1]. Dass dies nicht zufällige Verschreibungen sind, erhellt aus den entsprechenden Formen von לי'.

§ 171. **Imperfect.** *3. Sg. m.* und *1 Pl. Peal:* נישבוק; נילגוט und נִילגאט; נישכוב „wir liegen"; ניסגוד; נישהאר „schläft".

Pael: ניפאריק; ־ישאדאר.

Afel: אפרִיש; ־אדכאר.

Ethpeel: נעגטיל, ־ילגטיל, ניתיגטיל „wird getödtet"; ניתֿרִיץ „wird aufgerichtet", „wir werden aufgerichtet"; ניטנאר „wir werden behütet".

Ethpaal: ניתפאראק; ניתנאסאר „wird behütet"; נישתהאלאם „wir werden vollendet" — ניתהאמבאל „wir werden verdorben"; ניתנאזדאד „wird erschüttert" I, 101, 12; ניתנאגאר „wird geschlagen".

Ettafal: נעהאגזאר; ־תאפראש „wird abgeschnitten".

Quadril.: ניראוריב „macht gross"); נישהארדהאז „wird erschreckt".

3. Sg. f. und *2. Sg. m.* und *f. Peal:* תישבוק; תישכוב; תיבטול „sie wird nichtig"; תירגאז „zürnt"; תישהאר u. s. w.

Pael: תיבאטיל „vereitelst"; תיהאליף „veränderst" — תיהאמביל.

Afel: האגזאר „verurtheilst" (האוזיף „leihest" Q. 58, 14; האשכא „findest")[2].

---

1) תראצתיבה I, 351, 23 B und פתאהתילון DM 88ᵇ sind falsch, da an beiden Stellen die 1. Pers. unstatthaft ist.

2) Füge hinzu תיאשפאל, lies תיאשפיל „sie erniedrigt" AM 88 (nach S. 215).

Ethpeel: תיפֿסיק „wirst abgeschnitten", „sie wird abgeschnitten"; תיהֿקיל ;תיהֿדריץ „stösst an".

Ethpaal: תיתנאטאר; תיתֿאמאר „sie wird vollendet"; תיסֿאדאר „wirst geordnet"; תישתאלאט „erhältst Macht".

Ettafal: תיתאכשאל „musst anstossen".

1. *Sg. Peal:* ענהאר; עסגוד; עשבוד; עפרוש; עשבוק.

Pael: עתאקין „ich stelle fest" DM 84ᵇ; עשאדאר.

Afel: איפֿריש; עיאדכאר; עיאסבאר „ich belehre".

Ethpeel: עפֿסיק; עשתפיל „ich werde gedemüthigt".

Ethpaal: עתפאראק; עגֿאמאר „ich werde vollendet"; עזדאהאר „ich hüte".

Ettafal: עתאפראש.

Quadril.: עקארקיל „ich stürze um".

Die Pluralformen, deren Endungen vocalisch anlauten, haben im Peal meist den Einschub nach § 25.

3. *Pl. masc. Peal:* ניליגטון; נישיתלון „sie pflanzen"; ניסיהדון „zeugen".

Pael: ניקאבלון; ניפאלגון — ניראנדידון „scheuchen auf".

Afel: נאדכרון; נאגזרון.

Ethpeel: ניתריהצון „vertrauen"; ניתֿירצון „werden aufgerichtet".

Ethpaal: ניתפארקון; ניכתאכרון „werden eingeschlossen" — ניתראנדאדון „werden aufgescheucht" Par. XI, 42ᵃ.

Ettafal: ניתאפרישון.

Quadril.: נישארהבון „breiten aus" — נישתאארהזון „werden erschreckt" (ניתראורבון „werden gross").

Eine Nebenform auf יון (vgl. S. 223) zeigt נישתהיניון „werden erhitzt" (ܐ) I, 258, 7 AB (vgl. unten ניפישיון „bleiben" § 184). Die Vocalisation ist hier wie im Sg.

2. *Pl. m. Peal:* תיגיהכון; תיליגטון; תיגיגבון „stehlt"; תיסיהדון „lacht". Ohne Einschiebung תיהכמון „wisst" I, 21, 1 AD (B hat ein unsinniges תיהכמתא); תיזמרון „spielt" I, 20, 4 A (BD תיזימרון wie in der Parallelstelle I, 39, 1).

Pael: תיקאבלון; תיפאארקון.

Afel: האגזרון I, 44, 6.

Ethpeel: תיתכישלון; תיתפיסקון „strauchelt".

Ethpaal: תיתאַגגרון — תיסתאכרון „werdet gehauen".

Ettafal: תיתאפרישון.

3. Pl. f. 1) auf *ân*[1]: נירימזאן „winken" Q. 67, 17 u. s. w.; ניאהטאן „werden Abortus (ܡܣ) haben" öfter in AM; נישתיכנאן „erhalten Wohnung" Par. XI, 47ᵃ; ניתאקאן „werden festgestellt" DM 69ᵃ; ניסתאכראן „werden geschlossen" I, 66, 9; ניבאטלאן „werden nichtig" I, 306, 6; 307, 7 (wenn dafür nicht ניביטלאן im Peal zu lesen).

2) häufiger ist *â: Peal:* נירימזא I, 36, 1[2]; ניסיגדא II, 78, 4; ניגיטלא II, 78, 3.

Pael: ניקאבלא I, 298, 10.

Afel: נארבכא „knieen" Q. 67, 18; נאזברא „erheben" I, 308, 13.

Ethpaal: ניתפארקא I, 19, 20; ניסתאכרא „werden geschlossen" I, 299, 18; Ox. III, 24ᵇ[3].

§ 172. Vor Encl. fällt das ן der Endung ון ab: נישתארהיבובה „werden drin ausgebreitet"; ניזדאהרובה „hüten es"; תישתאתפוליא „gesellt euch zu mir" u. s. w. Im Peal tritt hier wieder eine Veränderung der Vocalverhältnisse ein, indem kein Einschub nach § 25 erfolgt, aber der 2. Rad. den Vocal ִי erhält: נשביקולאך Q. 74ᵇ, 11; נישביקוליך II, 21 ult.; נישקילולה „heben ihm"; נירשימובכון „bezeichnen mit euch"; ניקריבולון „nähern sich ihnen". Andere Beispiele siehe bei den Verben פע׳ und פא׳.

Aehnlich ניתקאימו בשכינאת הייא „werden bewahrt in den Wohnsitzen des Lebens" I, 251, 12[4], wo wenigstens die Präp. ב folgt, wenn auch nicht enclitisch.

---

1) Vgl. דליסתמען מילה Moed. k. 16ᵇ (wo aber RABBINOWICZ ganz anders). Gewöhnlich steht im Talm. dafür die Masculinform.

2) II, 78, 1 (in der Parallelstelle zu Q. 67, 17, wo נירימזאן) haben BD נירימזיא.

3) An der entsprechenden Stelle hat Par. XI תיסתאכרא, was wegen des hebr. תפעלנה und des dialectisch auch im Arab. statt يَفعَلْنَ vorkommenden تَـفـعَـلْنَ Erwähnung verdient, aber doch zu vereinzelt und zu schlecht bezeugt ist, als dass man darauf bauen könnte.

4) Im Talm. wechseln im Impf. Formen auf ון und ו ohne Unterschied.

Imperativ. Bei dem Abfall der vocalischen Endungen und dem §. 173. auch hier zur Geltung gekommenen Wegfall besonderer Formen für den Pl. f. hat der Impt. für beide Geschlechter und Numeri nur eine gebräuchliche Form [1].

Peal: פרוש; שכוב, עשכוב; סגוד; בהאר „erwähle" u. s. w.

Pael: דאבאר; פאריק; האשיב „leitet".

Afel: אדכאר; אלביש; אפריש.

Ethpeel: עתינציב „werde gepflanzt" I, 328, 5; עתירהיץ „vertrauet" I, 42, 4; עתיכפאר „hebe dich weg" (f.) DM 52ᵇ; עסתמיך „stütze dich" II, 21, 2 (f.). Die Vocalisation ist also ganz wie im Perf., anders als im Syr., welches von ܐܶܬܩܛܶܠ den Impt. ܐܶܬܩܛܰܠ bildet.

Ethpaal: עתהאשאב „denket euch" I, 329, 6; עתכאפאר „hebt euch weg" II, 53, 21; עתראהאם „erbarme dich"; עזדאהאר, זדאהאר (§ 34) „hüte dich" I, 312, 11; II, 77, 10 (f.); I, 20, 17 (Pl.) u. s. w. [2] — עתהאמנבאל „lass dich zerstören" II, 4, 9, 21.

Ettafal: עתאאפראש.

Quadril.: תארמיד; קארקיל; באשקאר „suche aus"; סארהיב „beeile" — (עתראוראב I, 70, 7).

Einzeln kommt aber auch hier, wie im Syr. und den meisten Dialecten, eine deutliche Pluralform vor und zwar auf ון in: עתבאהרון „prüfet euch" I, 58, 3 (vielleicht nach falscher Analogie von עתבארון I, 60, 16, welches לי') und, wie beim Perf., auf יון in: אהריביון „verwüstet" DM 5ᵃ; ותראהאמיון „und erbarmt euch" Q. 73ᵇ, 59, 62, 65; עזדאהאריון, זדאהאריון „hütet euch" Par. XIV nr. 4.

Vor Encl. behält der Pl. wieder gern sein ו z. B. סגודולה Ox. III, § 174. 23ᵃ; שביקולה Ox. III, 5ᵇ; אפרישולה II, 2, 12; עזדאהרוליא „hütet euch

---

1) Im Talm. hat der Sg. f. noch י vgl. נהוגי (Var. נהיגי) Moed. k. 16ᵇ; שקולי Meg. 18ᵇ ganz unten; Rosch h. 26ᵇ; הברי Nedarim 66ᵇ; זילי öfter und der Pl. ו: עבודו Bechor. 8ᵇ; כתבו Baba b. 172ᵃ u. s. w. Seltner sind hier Formen mit Umlaut wie אשור, vgl. Luzz. 79.

2) Die Ausdehnung der (2silbigen) Vocalisation ܐܶܬܩܛܶܠ vom Ethpeel auf das Ethpaal ist nicht bloss bei den Ostsyrern nicht anerkannt, sondern auch die alten Dichter wie Ephraim, Isaac, Jacob von Sarug sprechen nach Ausweis des Metrums den Imperativ immer noch ܐܶܬܩܛܰܠ. Es kann daher nicht auffallen, dass das Mand. von jener Erscheinung keine Spur zeigt.

mir" Ox. III, 18ᵇ; DM ziemlich oft; אנטירוליא, אנטרוליא (Var. auch אנטורוליא) „lasst mich warten" II, 74 ult.; 75, 1.

§ 175. **Participia.** *Peal act.:* נאפיק „geht heraus"[1]; לאגיט „nimmt"; האשיב „rechnet"; פאריש „erkennt"; שאלים „geht zu Ende"; באריך „segnet"; דאכאר „gedenkt".

pass.: השיב; פריש „ausgesondert"; בריך.

Pael act.: מבאריך „grüsst"; משאלים; מפאריק; מהאשיב (öfter); משאדאר I, 51, 8.

pass.: משאלאם „ist vollendet"; מבאראך Q. 58, 17; משאדאר II, 2, 8 (wie die Activform).

Afel act.: מאפריש; מאמליך „herrscht" I, 60, 4; מאדכיר, מאדכאר.

pass.: מאפראש; מאמלאך „ist zum König gemacht" I, 6, 9; מאדכאר vgl. מאזדאא „abgemessen" (§ 163).

Ethpeel: מיתהשיב, מיתיהשיב, מיהשיב „wird gerechnet" I, 35, 22; 312, 8 u. s. w.; מיתיבריך; מיתילגיט; מיגטיל „wird getödtet"; מיתׄקיל „stösst an"; מיכפאר „wird verleugnet".

Ethpaal: מיתהאשאב „denkt nach"; מישתאלאם „wird vollendet"; מיתהאמבאל „wird verdorben". — מיתפאראק

Ettafal: מיתאפראש; מיתאאשפאל „erniedrigt sich"; מיתאגזאר „wird angehalten". — Vgl. מיתאזדיזיא (Pl.) DM 55ᵇ (§ 163).

Quadril. act.: מסארסיך „facht an" DM 33ᵃ; מקארקילון „stürzt sie um" I, 104, 10; משארהיב; מסארהיב „beeilt" (מזאוטאר „macht klein" I, 230, 13). — *pass.:* (מראוראב „erhaben"). — *Refl.:* מישתארהאז; מיכארכאס „geht hin und her" (?) DM 41ᵃ; (מישתאוזאב „wird gerettet"; מיתפארפא „erfreut sich" I, 140, 17 = ࣘࣘ).

§ 175 a. Die Participia werden nicht nur als Prädicate der 3. Pers. nach Numerus und Geschlecht flectiert, sondern verbinden sich namentlich auch mit den verkürzten Pronomina der 1. und 2. Person (§ 75); so

---

1) Hier, wo wir die verbale Seite des Part.'s hervorheben, übersetzen wir passender durch eine Verbalform.

entsteht allmählich ein neues Tempus. Fast immer wird in diesen Formen das Fem. durch das Masc. vertreten.

Sg. 1. Peal act.: נאטארנא; פארישנא; לאגיטנא; נאפיקנא.

pass.: לגיטנא „ich halte fest"; נטירנא „ich bin bewahrt"; התימנא „bin versiegelt".

Pael act.: מבאטילנא „vereitle"; מהאבֿינא „liebkose". — *pass.*: מפאקאדנא „habe Befehl".

Afel act.: מאפרישנא; מאנהארנא. — *pass.*: מאכשאלנא „musste straucheln" II, 114, 8.

Ethpeel: מיכשילנא „strauchle"; מירשימנא „werde bezeichnet"; מיסתמיכנא „stütze mich" II, 90, 25, wofür מיסתימיכנא DM 19ᵇ (2 codd.).

Ethpaal: (מיתקאיאמנא Q. 25, 15).

Ettafal: מיתאפראשנא; מיתאגזארנא „werde ausgeschlossen".

Quadril.: (מראוריבֿנא I, 128, 5); מיתֿארמאדנא „werde unterrichtet" DM 34ᵃ f. (mehrmals).

Zuweilen finden sich aber daneben besondere Formen für das Fem.: שאהראנא „ängstige mich" I, 161, 19 (أبهش); לאבשאנא „ziehe an" DM 37ᵇ; יאדלאנא „gebäre" I, 158, 13; (אזלאנא „gehe" II, 99, 14; לאזלאנא „gehe nicht" I, 155, 1; אכלאנא „daure" I, 220, 2; לאכלאנא „esse nicht" DM 37ᵃ; אבדאנא „thue" I, 219, 24) — לגיטאנא „bin genommen" I, 148 ult.; מיתאפרישאנא „lerne" I, 161, 19 [1]; זידאנא ומזאודאנא „ich bin wohl versorgt" II, 15, 16; es spricht die Seele נישימתא fem.; so mag es sich auch mit סאגדאנאלאך ..... אנא Ox. III, 56ᵇ verhalten). An einigen Stellen scheint allerdings so אנא ... auch für's Masculinum zu stehn wie z. B. לאשאקלאנאלה ומיזדאהראנאבה „ich (m.) nehme ihn nicht und behüte ihn" I, 161, 7. Doch ist die Lesart schwerlich richtig. Eher darf man vielleicht Fälle wie מפאקדינאלה אנא „ich befehle ihm" Ox. III, 18ᵃ (aber 22ᵃ zweimal מפאקדאנאלה, wie Par. XI auch dort hat); הארצינאבה „ich richte darin auf" Ox. III, 34ᵃ; (אזלינאלה „ich gehe zu ihr" II, 7, 13, 17, wo aber אזלאנאלה besser beglaubigt); מזארזינאלכון ומאקמינאלכון „ich treibe euch an und richte euch auf" I, 220, 20 (מאולינאליך „ich bringe dich" I, 151, 15) und einige andere für richtig

---

1) Mehr Beispiele bei den לי׳. Vgl. זוטאנא parva sum und מיאנקאנא puella sum Par. XI, 6ᵇ.

halten, da so auch im Talm. z. B. ידענא „ich weiss" R. haschana 26ᵇ; מזבינא „ich verkaufe" Meg. 26ᵃ; אזלינא „ich gehe" ebend. vorkommen. Das י ist wohl als der Anlaut von *ĕnâ* ܐܢܳܐ anzusehn, vgl. die Formen auf *in*•im Neusyr. wie ܟ݁ܳܒܶܡ „ich thue" u. s. w., derengleichen bei den Dichtern auch im Syr. wenigstens bei 'לי erscheinen[1]. Immerhin ist aber zu bedenken, dass diese Formen mit נא nur vor Encl. vorkommen und dass sie ganz und gar wie die der 1. Pl. aussehn, dass sie mithin leicht bloss aus Verwechslung von Seiten der Abschreiber entstanden sein können.

2. *Peal act.:* באתרית; פארשית; לאגטית; ܢܶܚܡܶܬ, ܢܶܚܡܶܬ ܐܢܳܐ = אפקית; באטנית „bist schwanger" (f.).

pass.: בריכית; לגיטית „hast genommen"; שכיבית „liegst".

Pael act.: מהאשבית; מהאקנית „stellst fest".

pass. (lautlich nicht zu unterscheiden): משאלטית „bist bevollmächtigt"; מזארזית „bist angetrieben".

Afel act.: מאסבירית; מאגזרית; מאדכרית , מאדכירית „lehrst"; sogar מאניהרית „leuchtest" Par. XI, 36ᵇ.

Ethpeel: מיסתימכית „stützest dich" DM 23ᵃ, aber מיתריצית DM 38ᵃ.

Ethpaal: מיתכארכית „umringst" II, 132, 8.

Quadril.: מקארקילית , מקארקלית „zerstörst" Q. 53, 9 (מראורבית, מראוריבית act. Q. 57, 31; מראורבית pass. Q. 52, 8).

Vor Encl. erscheint wieder das ursprüngliche *a:* שאבקאתלון „du lässest sie"; באהשאתבה, פארשאתלון „rührst darin" (ܟܣ); מזארזאתלון; מאלבישאתליא „befiehlst ihm, uns"; מפאקדאתלאך, מפאקדאתלד, מאנהיראתלה.

Pl. 1. Peal act.: לאגטינין; ܢܶܚܡܶܢ, ܣܠܶܩܢ = אפקינין; *passiv.:* בריכינין; תריצינין „wir sind aufgerichtet"; רהיצינין „vertrauen".

---

1) S. Z. d. D. M. G. XXV, 365; XXVII, 616 u. s. w. An der letztern Stelle auch einige solcher Formen von anderen Wurzeln, deren Vocalisation zum Theil etwas zweifelhaft bleibt. Entsprechende Femininformen auf *ân* auch von starken Wurzeln s. ebend. Diese Formen werden zuweilen fälschlich hinten mit ܬ geschrieben z. B. ܡܚܰܘܶܝܬ݂ „ich zeige" Knoes, Chrest. 75, 2 (Jac. v. Sarug); ܐܰܚܶܕܬ݁ Isaac I, 82 v. 85 u. s. w.

Pael pass.: מְפָאקְדִינַן משאלטינן; „wir haben Befehl"; מטאנפינען „wir sind verunreinigt" I, 224, 6.

Afel act.: מאנהירינן.

Ethpeel: מירשימינן „wir sind gezeichnet" DM 25ᵇ; מיפסיקינן „wir sind abgeschnitten" I, 309, 1 (§ 164).

Ethpaal: מיתאמרינן „wir kehren um"; מיזדהרינן „wir sind achtsam"; מיתגאליליגן „wir werden offenbart".

Vor Encl. fällt ן ab, aber das ursprüngliche a wird bewahrt: נאסבינאלהּ „wir nehmen es"; שכיניגאבהּ „wir wohnen drin"; משאדרינאלהּ „wir senden ihn" I, 126 ult. (wo AB schlecht משאדראנאלהּ).

2. *Peal act.:* ܠܐܓܛܝܬܘܢ, ܢܶܣܰܒܬܘܢ ܐܳܠܘ݂ = נאפקיתון; שכיניתון; לבישיתון; בריכיתון *pass.:* פארשיתון.

Pael act.: מבאנינתון מזארזיתון; מהאשביתון; „erzeugt". — *pass.:* מזאהריתון; מפאקדיתון „ihr seid gewarnt".

Afel act.: מאנהריתון, מאכשיליתון „macht straucheln"; מאנהריתון.

Ethpaal: מיתראהמיתון „erbarmt euch".

Quadril.: מדאנדמיתון, מדאנדמיתון „ihr steht still" II, 115, 12; 131, 6.

Vor Encl. fällt das ן wieder ab: ראהמיתולין, ראהמיתולהּ „liebet ihn, sie"; סאלקיתובהּ „steiget darin"; משאדריתוליא „sendet mich".

Eine besondere Femininform kommt vor in משאהטיתין „lasset fahren" Q. 52, 19 (מאמליליתין „redet" Q. 52, 21)[1]. Gewöhnlich wird auch hier das Fem. durch das Masc. vertreten.

Infinitive. Wir geben hier eine kurze Uebersicht der Infinitivformen nach den Verbalstämmen, denen sie entsprechen, nachdem wir sie oben je nach ihrer Form beim Nomen aufgeführt haben (§ 110. 122). § 176.

Peal: מילגאט, מיגנטאל; einzeln dafür mit י: מיסמיך II, 41, 23; מיהשיב I, 80, 10, 11 und einige andre, zum Theil mit Varr., welche *a* haben; es ist wohl Verwechslung mit dem häufigeren Part. Ethpeel (bei Assimilierung des ת) u. s. w.

Pael: מפאקודיא; באשובביא — האשטובביא.

---

1) ראקדיתין „ihr hüpfet" Q. 52, 19 ist in "תון zu verändern, da das Subj. masc. ist.

Afel: ארבוכיא; אגזוריא „knieen"; אנהוריא — מאשלומיא „vollenden". — Vom *Ethpeel* finde ich beim Verb starker Wurzel keine Form.

Ethpaal: עתלאבושיא „bekleidet werden" — מישתאדוריא „gesandt werden"; מיתפאסוסיא „zerstört werden" Ox. III, 34ᵃ; מיתיאתוריא „sehr gross sein"; מיכּאדושיא „streiten".

Ettafal ist wohl להאראכוניא „sich zuneigen" (= לעתאארכוניא).

Quadril.: דאנדומיא „still stehn" II, 96, 20[1]; האנדוזיא „messen" I, 366, 19 (ראורוביא) — עכּאארפותיא „gefesselt werden".

Im Ganzen sind die Formen ohne מ häufiger als die mit מ, welche letztere im Talmud ganz fehlen.

C. Verba von Wurzeln tert. Gutt.

§ 177. Die Gestalt, welche diese Verben im Mand. annehmen, erklärt sich vollständig aus den Lautgesetzen. Man beachte, dass nach diesen in den meisten Fällen der 3. Rad. wegfallen muss. Zur Deutlichkeit gebe ich eine Uebersicht der Hauptfälle. Um die Vergleichung zu erleichtern, stelle ich die Fälle tert. ע und tert. ה ח, durch *a* und *b* gesondert, neben einander.

Perf. 3. Sg. m.: a) בזא „spaltete" = ܨܒܐ; שומא „hörte" = ܫܡܥ; עשתמא „ward gehört" b) פתא „öffnete" = ܦܬܚ; דנא „ging auf"; נבא „sprudelte auf" Q. 27, 30 = ܢܒܥ; שאבא „pries"; אשכא „fand"; עתיגא „ward erschüttert"; עשתלא „ward gesandt".

3. Pl. gleichlautend: a) טבא „gingen unter"; עשתמא; עצטבא „wurden getauft" b) פתא; שאבא; אשכא. Dagegen mit יון: שומאיון „hörten" I, 218, 22; 345, 1; עדאיון „wussten" I, 345, 1.

3. Sg. f.: a) שימאת = ܫܡܥܬ; עצטיבאת „sie ward getauft" Ox. III, 108ᵃ b) פיהתאת = ܦܬܚܬ (§ 61); פיהכאת „ward stumpf" = ܦܟܗܬ I, 277, 17; שאבארת = ܫܒܚܬ; עמּיההתאת „sie ward ausgedehnt" = ܐܬܡܬܚܬ I, 266, 6. Vor einem Encl. עשתמיאלאך audita est a te II, 46, 2 (so alle 4 Codd.).

2. Sg.: a) שמית audisti Ox. III, 39ᵃ = Par. XI, 55ᵇ b) פתית Q. 55 ult.; אשכית II, 91, 9 (wenn da nicht מאשכית zu lesen); עשתאבית = ܐܫܬܒܚܬ Q. 53, 27 (§ 17).

---

1) Vgl. שלשולי „herablassen" Moed. k. 25ᵃ.

Vor Encl. bleibt *a:* עצטבאתבה, עצטבאתביא "bist darin (in mir) getauft" I, 57, 4; 129, 10.

1. Sg.: a) שימית; פיגית "ich traf"; ציבית "taufte"; סאבית "sättigte"; אצבית "taufte" b) מישית "ich salbte"; שאבית, שאבהית II, 130, 14; אשלית "ich zog aus"; אשכית; עשתיהלית "ich ward gesandt" II, 25, 15.

Vor Encl. dagegen מתאהיבה "ich dehnte darin aus" II, 115, 7; פתאהיבה "ich öffnete darin" I, 297, 20.

2. Pl.: a) שמאתון b) אשכאתון.

1. Pl.: a) שמאנין; עשתמאנין b) אשכאנין.

Imperfect. In Peal stets auf *a* (§ 167). *Sg.* und *1. Pl.:* a) נישמא "hört"; ניצבא "tauft"; ניבלא "wird geschlagen"; ניסרא "stürzt herab" I, 80, 10[1]; ניזדרא "wird gesät"; עשמא "ich höre"; עשתמא "ich werde gehört" b) נידא "geht auf"; נישאבא "er preist, wir preisen"; נאשכא; נישתכא "rühmt sich"; ניתאשכא "wird gefunden"; תינגא "es tagt"; תאשכא; עמתא "ich strecke aus" (syr. ܐܫܠܡ); עשאבא "ich preise"; עתאנא "ich seufze". — Für ואשכא "und ich finde" Ox. III, 59ᵇ erwartet man (nach S. 215) ועיאשכא.

2. und 3. Pl.: a) נישימון = נישמון, נישמון ܬܫܡܥܘܢ, ܢܫܡܥܘܢ; תישימון b) נישאבוך "preisen"; תיפיהתוך = ܬܫܒܚܘܢ; תישאבון; תאשכון. Vor Encl. ניצבובכון "taufen in euch" I, 309, 22. Formen vom Pl. f. habe ich nicht gefunden.

Imperativ. a) שמא, שומא; צבא "taufe"; עשתמא "werde gehört" (öfter); עצטבא "werde getauft" I, 37, 14 b) פתח "öffnet"; מתא "strecke aus"; שלא "zieh aus"; שאבא "preise, preiset"; סארא "lasst herab"; אשכא "finde, findet".

Participia. *Peal act.:* a) שאמא; יאדא "weiss" b) מאתא "dehnt aus" I, 280, 13; פאתאלה "öffnet ihn" I, 345, 3; 393, 22 (alle Codd.); aber פאהתאלה DM 24ᵃ; und so פאהרא "fliegt"; שאהבא "prangt"; שאהלא "zieht aus" u. s. w. (§ 61. 217).

---

1) Vgl. سَرَحَ "frei gehn, fliessen" (das Verb wird im Peal und Pael meist im Gegensatz zu דאליא oder אסיק gebraucht).

pass.: a) זריא „ist besät"; צביא „getauft"; שמילאך, שמילכון = ܟܶܘ ܡܶܥܒܺܝܢ, ܟܶܗܡ, ܡܥܡܶܝܢ b) פתיא „geöffnet"; דניה, דניא „ist aufgegangen".

Pael act.: מפאתא „öffnet" I, 53, 8; משאבא „preist" I, 2, 6 und öfter. — *pass.*: מפאתא „ist geöffnet" I, 297, 7, 21; משאבא „ist gepriesen" (sehr häufig).

Afel: a) מאשמא „lässt hören"; מאצבא „tauft" b) מאשכא „findet".

Ethpeel: a) מיתפרע „wird bezahlt"; מיצטבא „wird getauft" b) מיתיפתא „wird geöffnet".

Ethpaal: מישתאבא „rühmt sich".

Ettafal: מיתאשכא „wird gefunden".

Mit Personalpronomen:

1. Sg.: a) שאמאנא „ich höre"; יאדאנא „ich weiss"; צביגא „bin getauft" b) פאראנא „fliege"; משאבאנא „ich preise". In שאהבאנא oder, viel besser beglaubigt, שאהאבאנא „ich preise" (Peal) Q. 5 f.; Q. 25; Ox. III, 7ª ff. ist ה oder הא sicher nicht auszusprechen (§ 61).

2. Sg.: a) צאבית „taufst"; יאדית „weisst"; צביית, עצביית „bist getauft" Q. 10, 9 u. s. w.; מאצבית „taufst" b) פאהתית „öffnest"; שליחית „bist gesandt"; משאבית „preisest" I, 208, 10 u. s. w.; „bist gepriesen" I, 1, 20 und oft; מאשכית „findest". Mit Encl. a) צאבאתבה „taufst in ihm"; יאדאתבה „weisst darum" b) משאבאתלון „preisest sie"; מסאראתלון „stürzest sie herab" I, 230, 16, 18.

1. Plur.: a) יאדינין „wir wissen" b) משאבינין „wir preisen"; מאשכינין „wir finden".

2. Pl.: a) שאמיתון „ihr hört"; יאדיתון „wisst"; טאביתון „geht unter" b) פאהתיתין, lies פאהתיתון (da es masc. ist) „öffnet" Q. 52, 19; משאביתון „seid gepriesen" öfter; מאשכיתון „findet".

Infinitive: a) מישמא „hören"; אשמוייא „hören lassen" I, 289, 11 b) מיפתא „öffnen"; שאבוהיא „preisen" (öfter).

§ 177a. Schon manche von diesen Formen unterscheiden sich durch die nach den Lautgesetzen erfolgte Umgestaltung äusserlich nicht von denen aus Wurzeln ל'י. Die Analogie der ל'י ist aber mitunter auch da durchgedrungen, wo die regelrechte Bildung wenigstens etwas anders lauten würde. Nahe liegt es, schon bei Bildungen wie פתיח = ܦܬܺܝܚ, עשתאבית = ܐܶܫܬܰܒܺܝܬ an völligen Uebergang zu den ל'י zu denken;

doch ist das noch sehr zweifelhaft. Aber hierher gehören [1]: אשכינין „wir fanden" Q. 22, 12 und ושתאמינין (sic!) „wir wurden gehört" Q. 22, 13 als Var. zu אשכאניך und ושת(י)מאניך; אשכיתון Q. 68, 15, 16 als Var. zu אשכאתון; שמאיתון I, 255, 19 B[2] (A שמאתון); ferner: טבית, עטבית „ich ging unter" Q. 18, 12, wo nur ein Cod. טיבית = ܛܒܶܬ; = תיצתיבון für ܨܠܰܒ; היצטבוך „sie spaltete" I, 247, 8 für ܨܠܰܒ; בזארת מיצטבינין „wir werden getauft" DM 25ᵇ; נשתמוך für נשתימוך I, 289, 12; נשתמולאך, נשתמולה I, 125, 1; 119, 14. Vergl. ferner einige Formen von ידע: עדית, עדיתון. Bei allen diesen Wörtern ist jedoch der Unterschied nicht gross, und dazu ist die Lesart oft unsicher. Eine ganz neue Gestalt aber nehmen durch Uebergang in die Bildung לי׳ folgende Wörter an:

צבון „tauften" I, 17, 20; עצטבון „wurden getauft" (in der Parallelstelle I, 37, 14 aber צבא, עצטבא); שמון „hörten" I, 177, 1; 282, 8 (wo Var. שומון) für sonstiges שומא; קדון „sprangen" Par. XIV nr. 176 von קדח; עדון „wussten" neben עדא und עדאיון; אשכון „fanden" I, 381, 19 (so alle Codd.); Q. 23, 29 (ein Cod. אשכא); אתנון „legten" Ox. III, 108ᵇ von אתנח; und die Imperative שומון, שמון „höret" I, 21, 6 dicht neben שומא; פתולה „öffnet ihm" I, 212, 19. Und so selbst שאבאי „preise" (fem.) I, 325, 6 (ܫܰܒܰܚ wie ܫܒܰܝ behandelt — vgl. זהאי „hebe dich weg" I, 333, 6 von זוה = זוע § 188).

Aber auch diese Formen sind immer nur vereinzelt, und das Ursprüngliche ist daneben erhalten.

Etwas Anderes ist es, wenn eine ganze Wurzel aus der Classe der tert. ע in die der לי׳ übertritt[3]. So wird im Mand. das Verbum אִשְׁתְּפַע immer zu אִשְׁתְּפִי ganz wie im Talm., und ebenso haben wir Part. מישתאטיא „ist ausgestreckt" I, 134, 11; 136 ult.; מישתאטינא „ich

---

1) Talm. vgl. z. B. פָּסְיָא = פָּסְעָא Baba m. 86ᵇ.

2) Z. 18 hat B sogar einmal שאמאיתון.

3) Umgekehrt führen die Formen עדרא „ich trage" I, 156, 14; דרא „traget" Q. 64, 17; דארא „trägt" Q. 64, 19, 20 (Var. hier mit יא) auf die Wurzel דרע (vgl. besonders noch מידירה „ihn tragen" = *ܡܶܕܪܰܥ); die nahe liegende Ableitung von דְּרָיָא (also „auf den Arm nehmen") bestätigt diese Form als ursprünglich gegenüber dem talm. דרי.

bin ausgestreckt" I, 152 ult. und öfter von שטי = שטח (wovon noch שטיחא „ausgebreitet" I, 194, 1) ¹.

D. Verba פכ'.

§ 178. Von diesen Verben haben wir nur die Formen zu betrachten, bei welchen das נ ev. abfällt, also den Impt. Peal, oder ev. dem 2. Rad. assimiliert wird, also Impf. Peal, das Afel und Ettafal. Bei einigen Verben hält sich aber das נ immer, so z. B. bei נהר: תינהאר, ניניהרון, מאנהאר u. s. w. So auch תינפא „sprüht, loht" (נפח) I, 179, 3; תינגא „tagt" II, 118, 5 und einige andere; darunter selbst נטר ².

Aber auch solche Verben, welche für gewöhnlich assimilieren, lassen doch das n theilweise wieder erscheinen ³. Nur wenige assimilieren stets; diese sehen aber aus wie Formen von ער' oder עי'. So von פק: nur ניפוק, תיפוק, עפוק; ניפקון, תיפקון, und so das nur im Impf. Peal und Infin. vorkommende נתן: ניתין, נתתין; תיתנון (auch נתתא 3. Pl. f. ניתנולה); Aber sonst haben wir vielfach Nebenformen, welche wir in der folgenden Uebersicht unter b stellen wollen.

Impf. *Sg.* und *1. Pl.*: a) ניהות „steigt ab"; עהות „ich steige ab"; עסאב „nimmt"; ניסאב „ich nehme"; ניפיל „fällt". So auch ניסאק, עסאק „steigen"; תיסאק.

---

1) Vgl. سطح, اِحْنَنْطَحَ. Die 1. Pers. Perf. עשתאטיח I, 135, 19 könnte von שטח kommen. Talm. noch אשתטח Baba m. 85ᵇ; vgl. Esther II, S. 228, 29 (LAG.). — Ganz verschieden ist das beliebte סהט „ausbreiten" z. B. סהיט I, 153, 22; 193, 4 u. s. w.; welches = שחט Gen. 40, 11; talm. סחט „quetschen, breit drücken; ausdehnen".

2) D. h. die Formen des Verb. fin. und des Inf.; andre Ableitungen der Wurzel assimilieren z. B. מאטרא „Wache" und das wie ein Adverb gebrauchte אטאר (S. 203).

3) Selbst im Syr. kommen solche Fälle vor, vgl. Barh. gr. I, 119 f. (das dort angeführte ܡܢܗܒ auch bei Jac. Ed. Schol. ed. PHILLIPS 12, 1 neben ܡܗܒ Z. 1); ܢܢܣܒ Clem. 8, 29 (Var. ܢܣܒ) u. s. w. Barh. gr. I, 119, 8 ff. zählt einige syr. Verben auf, welche das n immer behalten — Talm. vgl. מינטר Gittin 68ᵇ; לינטול „er nehme" eb. und natürlich נינקטר „fassen an" Pes. 111ᵃ, dessen n eben erst aus l entstanden (§ 53).

b) נִינְהִית I, 186, 3; Q. 40, 20; נִינְסָאב I, 259, 21; עֶנְפּוּלְבּוּן II, 57, 20 (1 Cod. עֶנְפִילְבּוּן); נִינְצָאב „pflanzt" oft; נִינְצִיבְלָאן I, 239, 18; נִינְטָאר „bewahrt" I, 259, 19, 23; נִינְטוּרְלִיא I, 370, 6. Man beachte das Schwanken der Vocalisation bei diesen Verben, welche das n nicht etwa aus alter Zeit bewahrt, sondern es wiederhergestellt haben. Das a in נִינְצָאב ist wohl durch das ähnlich klingende נִיסָאב bewirkt.

3. und 2. Pl.: a) נִיפְלוּן, תִיפְלוּן, נִיפְלָא I, 386, 16 (3. Pl. f.); תִיסְבּוּן, תִינִיסְבּוּן b) נִיסִיקוּבָה I, 196, 7 נִיסְקוּבָה, נִיסְקָא; תִיסְקוּן, נִיסְקוּן oft und so I, 20, 9; 38, 14 [1].

Inf.: a) מֵיפָאק oft; מֵיתִיך Q. 52, 4 (mit e wie im Impf., aber ein Cod. מֵיתָאן) vgl. מֵיתִילָאן I, 319 ult. b) מֵינְפָאק I, 258, 25 [2]; מֵינְטָאר I, 299, 5; מֵינְהָאר „abfallen" DM 53ᵃ; מֵינְצָאב [3], מֵינְצִיב I, 318, 22; 353, 5; מֵינְגָאד „ziehn". Neben dem häufigen מֵיסָאק steht von סלק auch מֵיסְלָאק I, 324, 17; II, 85, 19 [4].

Im *Afel* haben wir so a) אִיאַפִּיק, אַפְקִית, אַפְקָאה, אַפִּיק (1. Impf.) II, 106, 12 f., מַאְפְּקִית u. s. w.; אֲהִיתִית I, 54, 7 oder אֲהִיתִית I, 90 ult., עִיאֲהִית I, 137, 22, מַאֲהִתִית I, 208, 10 u. s. w.; עִיאַסִיק, אַסִיק I, 328, 14; מַאְסְקִיתוּן u. s. w.; מַאֲזִילָא „ich lasse herabfliessen I, 191, 3; מַאְסְבְיָא Q. 66, 23 = مُصْبِحٌ; מַאבְגָא = مُخَبَّر I, 216, 8 b) אַנְפִּיק II, 97, 7 (Perf.; wenn da nicht im Peal וְאַנְפָאק = וְנְפָאק zu lesen); (Impt. Sg.) DM 89ᵃ (dann הַאַנְפִּיקָה I, 262, 6 vgl. Dan. 5, 2, 3) und so הַאַנְסִיק II, 128, 14 (vgl. Dan. 6, 24); אַנְטָאר „lass warten" DM 41ᵃ.

Das Ettafal מִיתְהַאנְבִּיא „wirkt als Prophet" behält sein *n* schon deshalb bei, weil es ein Denominativ von נְבִיהָא ist.

Im Ganzen muss man sagen, dass die Mehrzahl der Verben das *n* beibehält, dass aber grade einige der gebräuchlichsten die Assimilation stets oder fast stets durchführen.

---

1) Vgl. die Formen mit Objectsuffixen. Einige hierher gehörige Formen sind entstellt z. B. נִינְצִיבוּן I, 89, 23 f. und נִינְצְבוּלָה I, 5, 18, für welches letztere eine Ableitung von נכב „nehmen" stehn müsste.

2) So مُلْحِم LAG. Rel. 133, 12.

3) So مُخْنِبٌ ASSEM. I, 406 (Chron. Edess.).

4) Vgl. das Impf. לִסְלִיק Gittin 67ᵇ.

Im **Impt.** *Peal* lassen das *n* fallen: סאב „nimm" (selten נסיב DM 52ᵃ und נסוב Q. 45, 20)[1]; הורת „steig herab" (נהורת: Q. 7, 19; Ox. III, 3ᵇ, 4ᵇ; DM 5ᵃ; נהית II, 3 ult.; Q. 7, 19 Var.)[2]; פאץ „schüttle dich" oft (selten נפרץ I, 347, 18)[3]; פיל „falle" II, 136, 17 f.[4]. So auch סאק (סיק I, 30, 5)[5].

Sonst immer mit נ: נטאר oder נטור I, 172, 6; 327, 17[6] u. s. w.; נכוס „schlachtet" I, 18, 5; 68, 5[7]; נגור „ziehe" I, 12, 15; 33, 1; 92, 18; 338, 20 (Var. נגיד)[8]; נצאבלון „pflanze ihnen" Ox. III, 84ᵃ, wo Par. XI נצובלון[9]. So natürlich auch נהאר II, 39, 17[10].

Man sieht wieder, dass die Sprache, zum Theil in Uebereinstimmung mit andern Dialecten, die alte Form überall durch die regelmässige zu ersetzen sucht, aber dabei in ein grosses Schwanken rücksichtlich der Vocalisation geräth[11].

---

1) Syr. ܣܒ݂; so talm. סב, doch auch נסיב Pes. 113ᵃ oben, vgl. לנסיב „er nehme" Besa 20ᵃ u. s. w.

2) ܚܘܬ; חות.

3) ܦܨ Barh. gr. I, 119, 22; פוץ Joma 20ᵇ; Nidda 31ᵃ. Das im Mand. beliebte und auch im Syr. häufige ܢܦܨ ist = hebr. נפץ, arab. نَفَضَ. LAGARDE, Prov. S. 82 übersieht, dass neben der Reihe ض ܥ צ auch mehrfach die andre ض ܨ צ hergeht.

4) ܦܠ, vgl. Targ. Jes. 50, 11 פילו.

5) ܣܩ; סק Pes. 112ᵇ.

6) ܢܛܪ und ܢܛܐܪ. Auch targ. scheint Beides zu sein.

7) ܢܟܣ Acta 10, 13; כוס, vgl. BUXT. unter נכס.

8) ܓܪ; BUXT. hat ein talm. Beispiel für גור, aber auch targ. ist נגור, נגיד und so נגוד Gittin 68ᵇ.

9) Die andern Dialecte haben wohl ܨܘܒ ܢܦ݂ܨ: נצוב.

10) ܢܗܪ liest Barh. gr. I, 119, 12 in der Stelle Jes. 60, 1; wohl besser als LEE's ܐܢܗܪ.

11) Von סאק, ניסאק aus bildet sich neben dem beliebten סליק ein neues Perf. סאק I, 280, 23 (aber I, 137, 18; 158, 17 ist סאר, סארית zu lesen von ܣܟܢ, vgl. I, 164, 9, 23; 276, 22).

E. Verba פ״ע und פ״א.

Diese beiden Classen [1] werden im Mand. — abgesehen vom Afel — § 179. fast ganz gleich gebildet, daher man sie am besten parallel zusammenstellt. *Peal*. **Perf**. Der Vocal *a* herrscht beim Anlaut vor, namentlich in offner Silbe.

3. Sg. m. und *3. Pl.*: a) פ״ע: אבאד „that"; אטאף „kehrte um"; אראב „ging unter" b) פ״א: אמאר; אזאל; אשאד „goss"; אכאל. — Mit Encl. אבאדובאך „thaten an dir" DM 22ᵇ. Nebenform des Pl. auf יון: a) אבאדיון I, 67, 15; אבארייון „gingen über" I, 381, ult. b) אמארייון I, 247, 12; אזאליון I, 318, 2.

3. Sg. f.: a) אבדאת I, 225, ult.; עבדאת I, 162, 1 b) אמראת, עמראת; עהכאת; אכלאת; עזלאת, אזלאת „sie lachte" I, 115, 8. — Mit Encl. אמאראלך, אמאראליא, אמאראלה „sie sagte ihm" u. s. w.

2. Sg.: a) אבאדת (mit Negation לאבאדת) b) אמארת; אזאלת; אפאכת.

1. Sg.: a) אבדית, עבדית b) אכלית; אזלית, עזלית, עהכית, אהכית; עמרית. — Mit Encl. אבאדילון I, 125, 2; אמארילה I, 55, 9; 104, 2; אמארילכון I, 26, 3 u. s. w., aber עהיכיבון „ich lachte über sie" II, 62, 14.

2. Pl.: a) אבאדתון b) אמארתון. — Mit Encl. אמארתוליא. — Besondere Femininform אמארתין Q. 11 f.

1. Pl.: a) אבאדנין b) אמארניך. — Mit Encl. אבאדנאלה I, 106, 5, 6; אמארנאלאך I, 78, 5, 9.

Impf. Die Vocalisation des 2. Rad. entspricht meist dem sonst im Aram. Ueblichen. עבד hat gewöhnlich *a*, seltner *e* wie im Syr. und Talm. (איעביד, ניעביד, ליעביד, alle ziemlich häufig im Talm.), oder gar *u*. Bei אזאל ist gewöhnlich *a*, doch auch *e* (vgl. زِيلْ neben زُولْ). Die Präfixe bilden mit anlautendem ע wohl denselben Vocal (*ē*), den sie schon seit viel früherer Zeit mit anlautendem א bewirkt hatten.

---

1) Von Wurzeln פ״א finde ich im Mand. folgende Verba: אזל, אמר, אכל „essen", אכל „einen Raum einnehmen, dauern" (vgl. Buxt. col. 83; ob verwandt mit יכל, כול?), אפך, אשד, אלץ, אסר, אחד, אוד (= אבד), אלף, ferner אתא, אלא „jammern", אסי. Ursprünglich פ״ע ist אחך „lachen" = עחך* = צחק = فحك.

Sg. und *1. Pl.:* a) עביד = أَخْصِـمُ, doch auch עבאד, תיבאד, ניבאד, doch auch עביד I, 165, 11 (D mit א) vgl. עבידבה, עבידלון I, 111, 4; 171, 5; 337, 20; und ניבודלה I, 105, 21, 22; ferner נעטאר „geht weg" I, 214, 17; נעואר, ניואר „erblindet" I, 66, 8; 349, 23; ערוב „ich bürge" II, 65, 14
b) תימאר, נימאר, ניכול, תיכול, עכול; doch auch ניכאל I, 228, 5; עמאר ניזאל oder עזאל, תיזאל, עזאל; doch auch ניזיל Q. 14, 8; Ox. III, 46ᵇ (Par. XI, 57ᵇ an der entsprechenden Stelle ניזאל); עסאר „ich binde"; נישוד „giesst" II, 98, 21.

2. Pl. und *3. Pl.:* a) נירבון, ניבדא, תיבדון, ניבדון I, 357, 21; תירבון „mischen"
b) נידא, נוודון, תיזלון, ניזלון; תימרון, נימרון; תיכלון, ניכלון I, 299, 18 „zu Grunde gehn"; תיפכון „ihr dreht". — Mit Encl. a) ניבידולה II, 2, 2 u. s. w.; תיבידוליא II, 63, 17 (D תיבודוליא)
b) תימירולה נימארולה und seltner נימירוליא; נימירולה II, 61, 10; תימירולון II, 377, 4 ff.; נעסירולה „binden ihn" I, 180, 18¹ (vgl. § 29).

Impt. a) עביד oder אביד oft für beide Numeri; עבאר Ox. III, 84ᵃ (wo Par. XI עביד, während Ox. III, 91ᵃ עביד, wo Par. XI עבאר); dass אבוד DM 5ᵃ; עבוד I, 67, 16 (CD עובוד) nur Plur., ist zufällig². — ואצור „und presse aus" = كِصْرَ Q. 44, 21 (ein Cod. וצור)

b) immer mit Erhaltung des א: אכול, עכול³; אמאר und אמור Q. 37, 26 und öfter in den Gebrauchsanweisungen⁴; עזאל Q. 38 wiederholt in einem Cod. ist schlecht)⁵; אסאר „bindet". Auffallend ist ואהיד „und nimm" II, 78 ult. (Pael?). — Mit Encl. אמארוליא, אמארולה und selbst אמורולה I, 28, 21. Mit der Endung יון: אזיליון DM 23ᵇ.

Part. *act.:* a) אביד; אמאר „wohnt" b) אכיל; לאויד = לָא אָבֵד. Mit Personalpronomen: אזלינין; אכלית; אכילנא; אבדינן.

---

1) So lies auch I, 320, 13 ניסירולה für נאסירולה, da dies nicht wohl Pael oder Afel sein kann.

2) Syr. und Talm. كَصَمَ, كَصَوُ; עביד Bechor. 3ᵃ, עבידו Bechor. 8ᵇ.

3) Syr. اَكُصْ, aber karkaph. Variante Acta 10, 13 وَاَكُصْ Wiseman, 220.

4) Syr. اُكْصُ; talm. אימא und אימור, s. Luzz. 82, vgl. مُرْ.

5) זֶל; זילי, זילו, זיל; und noch ואזילו Bechor. 9ᵃ.

Part. *pass.*: a) עריב; עביד „gemischt" b) עמיר; עסיר.
Inf.: a) מיבאד b) מיכאל; מיזאל; מימאר.

Im *Ethpeel* fällt nicht bloss das א, sondern auch das י überall § 180. da ab, wo es keinen vollen Vocal hat[1], also a) מיתביד, ניתביד, עתביד; מיתקאר „wird entwurzelt" = ܡܬܥܩܪ I, 300, 19 b) מיתמאר, עתמאר; מיתפיך; מיתכיל. Ist der 2. Rad. ein Zischlaut, so wird umgestellt (§ 63): עסתאר „lass dich fangen" II, 75, 21 (Impf. f.); „ich lasse mich fangen" II, 76, 3; יסתאר: I, 12 ult.; עשתיד „ist vergossen" I, 309, 5; 333, 17.

Dagegen bei Vocalisierung des 1. Rad.: a) עתיבדאר I, 295, 3; מיתיבדא Part. f. eb.; עתיקראת „wurde entwurzelt" I, 171, 14; מיתיקריא Part. Pl. DM 58ᵃ b) מיתיכליו Part. Pl. m., מיתיכלאן II, 3, 12 Pl. f.; מיתיסרין I, 253, 12; 88, 17, מיתיסרא I, 119, 23 Pl. f. und auch מיתיסרית „wirst gefangen" DM 9ᵇ.

Im *Afel* gehn die beiden Arten von Verben auseinander. Bei פע׳ fällt der Anlaut einfach nach den Lautgesetzen spurlos weg: מאביד = ܡܥܒܕ; מאבאר = ܡܐܒܪ; מאמידילהון „lassen sie taufen" I, 57, 1; 226, 8, 16 = ܡܥܡܕܝܢ ܠܗܘܢ, vgl. unten die Formen von אֲעֲדִי (§ 192).

Von פא׳ kommen nur wenige Formen vor; in diesen geht, wie sonst im Aram., die Wurzel in פו׳ oder פי׳ über, nämlich mit Suffix אוכילתינכון „ich speiste euch" I, 234, 4 wie von ܐܘܟܠ und manche Formen von אֲיְתִי (siehe unten § 192 und bei den Suffixen). Bei אֲיְתִי tritt aber für *ai* nicht nur in Formen wie אתיאך = ܐܝܬܝܢܝ; „brachte mich" = ܐܝܬܝܢܝ, sondern auch da wo das ת einen vollen Vocal hat z. B. מאתין = ܡܐܬܐ oft (aber längst nicht immer) *a* für *ai* ein, vgl. das im Talm. häufige אתויי „bringen" für איתויי. Hier nähert sich also wieder פא׳ dem פע׳, wie umgekehrt in עיאוריקינכון (Variante

---

1) Beim א ist diese Aussprache auch andern Dialecten nicht fremd, vgl. Formen wie אתסו „wurden geheilt" Hagiga 3. Selbst im Syr. deutet darauf die beliebte Schreibart ܡܬܐܣܝܢ (z. B. CURETON, Spic. 31) neben ܡܬܐܣܝܢ u. s. w. Doch wird in der nestorian. Massora vom Jahre 899 bei WRIGHT, Cat. 103ᵇ ausdrücklich ܡܬܐܣܝܢ mit ausgesprochenem Alef vorgeschrieben.

עיוורקינכון) „ich will euch flüchten" I, 354, 11, 15, 19 von كَنِسَ ein 'פֵע wie 'פא behandelt ist. Eigentlich gehört allerdings auch das wie ein Quadril. behandelte, etwas fremdartige هَمْنِ hierher, als Afel von אמן (s. oben S. 211), vgl. Perf. האימאנוביא, האימיך, האימאן; האימינוביא "glaubten an mich" I, 67, 20; 68, 2; האימינובה I, 233, 19; האימאנובך I, 5, 8, 10; האימאלאבאך „wir glaubten an dich" I, 66, 6; Impf. ניהאימנון I, 289, 12; תיהאימאנובה, תידהאימינובה I, 28, 20; 54, 16; Impt.: האימיך, האימאן I, 21, 7; 213, 25; האימינובה, האימאנובה „glaubt an ihn" I, 67, 6.

Ettafal ist מיתאשידיך „werden vergossen" I, 229, 15; 232, 5; DM 81ᵃ, vgl. עתהאימאלֹיך „wir sind fest" I, 64, 4; Impt. עתהאימאן I, 21, 5.

Vgl. noch das *Eschtafal* עשתאבאר „wurden dienstbar" I, 13, 12 = اَهْتَكَمُوه; נישתאבדון I, 12 ult.; 27, 10.

Das *Pael* und *Ethpaal* lauten von beiden Arten wieder gleich; nach Consonanten fällt der Guttural einfach weg gemäss dem allgemeinen Lautgesetz. Also *Pael:* a) (עיאיאר „ich wecke" I, 341, 16, 17 = أُكْمِن); מאזר „stärkt" I, 9, 9; Ox. III, 101ᵃ = مَكْهَن; מאפיך „verdoppelt" I, 2, 14 ult. = مَكَهَّب, vgl. מאורא مَكَهَّوَ „blind gemacht" I, 180, 7 b) מאליף; מאליך „lehrt" DM 38ᵇ (wofür man eher ייאליך erwartete); מאלפית „du bist gelehrt"; מאהיכנא „ich lache" I, 154, 13; 155, 2 ¹.

Ethpaal: a) עתאראב „ward gemischt" I, 246, 7; עתארוביא Inf. Q. 28, 6; מיתאורֹיא „werden blind" I, 370, 12   b) עתאפאכתון, מיתאפכיא; להאפוכיא Inf. (für "לעת) Q. 54, 12 (ניתאסון I, 315, 16).

Die Wurzeln עבט und עיר nehmen im Ethpaal י zum Anlaut (§ 65). Vgl. עיאואר „wurde geblendet" mit Ausfall des ת (eb.).

F. Verba פו' (und 'פי').

§ 181.   Die wenigen vorkommenden Verba sind alle 'פו (da im Mand. האוליל statt أَكَلَ gesagt wird, s. § 163 vorne)².

Peal **Perf.** *3. Sg. m.* und *3. Pl.:* עתיב „sass"; יביש „ward trocken"; עליף „lernte"; עקאד „brannte" I, 280, 20   (B עקיד); Q. 4, 27; 9, 10;

---

1) Eine 1. Pers. Impf. kommt von 'פא leider nicht vor.
2) Es sind יתב, יבש, ילף, יהב, ידע, ילד (ידל), יקר, יקד, יתר, ימא, ferner noch im Afel ארזן, אושט, אודי, אועי und אובל (אויל), dazu noch das Schafel שוזב.

עדא „wusste, wussten"; עהאב „gab" (oft), aber יאהאבלאן „gab uns" I, 25, 3, was auf eine Aussprache ܝܲܗ݈ܒܼ deutet (s. § 61), die jedoch sonst im Mand. ganz vereinzelt dasteht¹. Für עתאר = ܝܲܕܼܥ I, 75, 21 u. s. w. steht einigemal mit Abfall des Anlauts תאר I, 171, 9 u. s. w.

Besondere Pluralformen auf ־יון: עתיביון DM 30ᵇ; עדאיון I, 345, 1 (neben עדא und עדון S. 237). Vor Encl. hat DM 76ᵃ die schlechtere Hdschr. יאהבולה, die andre יאהבלה „gaben ihm".

3. Sg. f.: יאתבאת (§ 16. 55); יאדלאת „gebar"; יאהבאת, aber עדאת „wusste" I, 81, 11; 100, 4 = ܐܶܡܰܪ CURETON, Spic. 40. — Mit Encl. עתיבאלה „sie setzte sich zu ihr" II, 24, 16; עהאבאלאך I, 165, 18; עהאבאלה eb.

2. Sg.: עתיבת; עהאבת; עדית II, 40, 15 (mit Uebergang in לי § 178).

1. Sg.: עתבית, יאתבית (beide oft); יאהבית und seltner עהבית (beide in einer Reihe I, 210, 3); עדית „wusste" (vgl. ܝܶܕܥܶܬ Apost. apocr. 306, 7). — Mit Encl. עהאבילאך I, 250, 14 u. s. w.

2. Pl.: עדיתון II, 11, 21 und mit dem fragenden מי verbunden מידיתון „wisst ihr?" II, 54, 13 dreimal, wieder nach § 178. — Vor Encl. עהאבתוליא I, 157, 2 — Besondere Femininform עהאבתין I, 184, 22.

1. Pl.: עדאנין; עהאבנין; עתיבנין I, 141, 9; 165 mehrmals (wo D auch עדינין). — Vor Encl. עהאבנאלאך I, 148, 8, 9; עהאבנאלה I, 106, 6 f.

Imperfect und **Imperativ.** Der Unterschied zwischen den Formen ܢܶܬܶܒ, ܢܶܦܿܩ (mit secundärer Verdopplung des 2. Rad., vgl. יֵשֵׁב = יֵנְדַּע), יֵדַע; יֵתֵב (Impt. ܦܿܘܩ, ܬܶܒ) und denen wie ܢܶܠܰܟ݂, ܢܶܥܘܿܠ, in denen das grössere Gewicht der Form durch völligen Uebergang in die Art

---

1) Die zweisilbige Aussprache ܝܲܗ݈ܒܼ ist bei Ephraim neben der einsilbigen im Gebrauch, vgl. BICKELL im Glossar zu den Carm. Nis. s. v.; so Isaac I, 262. 283. Die kurzen Formen sind auch im jerus. Talm. deutlich in יבון „sie gaben" Nazir 5, 5; sogar יַרְבִין e b. vgl. BUXT. Die sonstigen jüdischen Documente aus Palästina vermeiden diese Formen wenigstens in der Orthographie.

der 'פא erreicht wird (Impt. ܣܰܒ݂; ܢܶܬܶܠ), ist im Mand. nicht mehr recht zu erkennen, da wir nicht wissen, welche Vocale lang oder kurz und welche Consonanten doppelt oder einfach sind. Einzeln haben wir heim 2. Rad. schon den Vocal *u*, also mit völligem Verlassen der characteristischen Bildungen dieser Wurzeln[1].

Impf. *Sg.* und *1. Pl.:* עהאב; עתיב, תיתיב, ניתיב „ich gebe" II, 311, 17[2]; ניקאר „wird werth gehalten" I, 390, 15; ניקאד „brennt" I, 320, 6 (wo BC schon ניקוד) und so תידול „gebierst, sie gebiert" I, 156, 1 und öfter in AM, עדול I, 155, 18 u. s. w.

Pl.: ניתבא, ניתבון I, 386, 14; תילפון; ניהבא „sie (f.) geben" I, 368, 18[2]; נידון „wissen".

Impt.: תיב und עתיב, beide oft für beide Numeri; mit besonderer Pluralendung עתיביון I, 171 ult.; האב „gieb, gebt" oft; auch האבלאן „gieb uns" I, 70, 17 B; ועהאבלון „und gieb ihnen" Ox. III, 84ᵃ (wo Par. XI ואהבאלון); sogar עהוב „gieb" oder אהוב DM 38ᵃ. Gewöhnlich steht aber vor Encl. mit ל im Sing. אהבא, הבא z. B. (א)הבאלאן, (א)הבאליא, הבאלה „gieb uns" u. s. w. Eine einigermaassen sichere Erklärung dieser Form weiss ich nicht. Im Pl. vor Encl. noch אהבוליא, הבוליא Q. 13, 13; Par. XI, 40ᵇ. Sonst kommen leider keine Imperative im Peal von diesen Wurzeln vor.

Das **Part.** *act.* ist wie von starker Wurzel: יאהיב; יאתיב, mit Personalpronomen יאהבית, יאהבאתלון, יאהביתון, יאהבינין u. s. w.

Part. *pass:* עדילאך = ܟ݂ܠܶܗ ܬ݂ܰܡܺܝܢ I, 393, 1; עהיבא I, 198, 6, 8 (f.).

Infinitiv: מיתאב I, 210, 9 (Var. מיתיב); מידא.

§ 182. Im *Ethpeel* fällt der 1. Rad. weg, wo er keinen vollen Consonanten hat (ganz wie א und ע): עתהיב; מיתליד[3] u. s. w. Aber, wo er einen Vocal hat, bleibt er, und zwar ist hier wieder *a* statt des sonstigen *e:* עתיאהבאת I, 374, 11, 18, 20; מיתיאדליא I, 46, 21 u. s. w.

Im *Afel* entsteht immer *au*, vgl. z. B. אותיב; מאודילון „erzeugt sie"; אויל = ܐܰܘܺܝܠ, אולאלה = ܐܰܘܟܶܠ I, 381, 6 (§ 51); מאוזיף „leiht"; מאושאט „ist dargereicht" (מאומינא „ich beschwöre"; מאויאתלון

---

1) Vgl. das Christlich-Paläst. Z. d. D. M. G. XXII, 500.
2) Gebräuchlicher ist im Impf. נתן.
3) In diesen Formen ohne Umsetzung gegenüber ידל im Peal und sonst.

„du lässest sie spriessen" Par. XI, 9ᵇ; 39ᵃ = ܐܢܐ ܟܣܡܘ̇ (مُحمْنٰا) u. m. So auch האוליל „jammerte", האולאלאת u. s. w. Der Diphthong wird ausnahmsweise vereinfacht vor einem Suffix in עוהבאן DM 4ᵃ (2 Codd.)[1] unmittelbar neben אוהבאן = ܐܘܗܒܶܗ (und in andrer Weise in ואדון „und bekennet" I, 37, 16 = اُودٖي; vgl. noch einige Formen mit Suffixen).

Im *Ettafal* haben wir, der gewöhnlichen Afelform entsprechend: עתאורדאל „ward geboren" I, 382, 11; עתאודא „ward bekannt gemacht" Q. 34, 10; עתאוזאף „ward hinzugefügt" I, 343, 9; ניתאוזיפון I, 315, 12; מיתאוזאף I, 115, 15.

So auch das *Eschtafal:* תישתאוזבון I, 36, 23 f.; עשתאוזאב „rette dich" (f.) II, 21, 3; מישתאוזאב I, 53, 22.

G. Verba ע'ו und ע'ע.

Diese beiden Arten, welche schon in den älteren Dialecten viel §. 183. Aehnlichkeit mit einander haben, stehn sich im Mand. in den Verbalclassen, in welchen sie von den starken Verben beträchtlich abweichen (Peal, Afel und deren Reflexiven), so nahe, dass man selbst von einigen ziemlich häufigen Verben (z. B. כון oder כנן) nicht sagen kann, zu welcher Art sie gehören. Möglich ist freilich, dass in einigen Fällen die durch die Schrift nicht ausgedrückte Verschiedenheit der Vocalquantität den ursprünglichen Unterschied ausdrückt; doch erscheint das ziemlich zweifelhaft. Beachte namentlich den Ausfall des radicalen ו in manchen Formen z. B. ניקמון „sie stehn", welcher den förmlichen Uebergang zu ע'ע bezeichnet[2]. Wir stellen in der Uebersicht wieder beide Arten unter *a* und *b* neben einander.

---

1) So auch in מונקא „Pfleger" I, 101, 3; 323, 7, 9; 324, 4; 335, 14; II, 11, 10, das man doch wohl (nach Norberg's Vorgang) als Part. act. von ܐܳܗܶܢ (seltnerer Form — Ex. 2, 9 Hex.; Barh. gr. I, 126, 17; Barh. zu Deut. 33, 19 — für أَنۡقُم) anzusehn hat.

2) Ganz wie starke Verba werden behandelt die mit mobilem ו, vgl. שואר „er frohlockte"; נירואז; נירויוזון Ox. III, 59ᵃ; תיריוזון I, 18, 17; רואז „sprang"; שוארת; שואראנא „ich springe"; תארואלון „ihnen wird weit" I, 369, 17 (wo wohl im Peal תירואלון zu lesen = ܟܳܬܶܗ أَوۡسَعَ); מארוילה „geben ihm Raum" DM 33ᵃ = ܟܬܗ مُخۡنَبۡشَ; ניואר, נעואר „wird blind"

§ 184. *Peal.* **Perf.** *3. Sg. m.* und *3. Pl. f.:* a) קאם „stand, standen"; פאש „blieb"; נאד „zitterte"[1]; דאר „wohnte, wohnten"; גאר „trieb Ehebruch"; צאת „hörte" — מית „starb, starben" b) מאך „trat nieder"; פאס „zerstörte"; גאז „schor"; אֽל „trat ein" = ܐܰܠ; האם „ward heiss"[2]. Plur. mit Encl.: a) פאסובה I, 128, 21 (aber קאמבה „standen darin" I, 98, 6; צאארלון „wickelten für sich" Q. 65, 10). — Mit besonderer Pluralendung: קאמיון I, 381, 23 (I, 390, 23 wohl קאימיון zu lesen); פאסיון I, 380, 8; 381, 10, wo beidemal je ein Cod. פאשון hat.

3. Sg.: a) קאמאת; נאדאת; צאתאת b) פאסאת; שאראת „war fest"; ראתאת „zitterte"; האמאת; אלאת (also immer mit *a* nach dem 1. Rad.) — Mit Encl.: a) קאמאלה; קאמאליא; נאדאלה II, 27 ff. b) ראתאלהון II, 1, 5, 9, 19.

2. Sg.: a) דארת; האקת „ängstigtest dich" = ܟܶܐܦܶܬ; לאפת „lehrtest" (von ילך = לוך § 74) b) פאסת; מאכת.

1. Sg.: a) נאמית „ich schlief" DM 42ª (wofür DM 23ª, 24ª נימית); צאתית; גארית; האקית; קאמית b) פאסית; ראזית „ich hatte ein Geheimniss" II, 123, 15[3]; אלירת; מאכירד (wieder mit Vocal *a*). — Mit

---

u. s. w. Diesen reiht sich denn auch אוד „verloren gehn" an, das aus אבד entstanden. Die Correspondenz von רואז, נירואז (mit *a* im Impf., wofür I, 335, 11 allerdings die Varr. נירויז, נירוז:) ist ganz wie im Syr. ܢܶܙܶܠ, ܢܙܰܠ und ܢܙܰܠ, ܢܙܰܠ, in denen ursprünglich wohl das Perf. *i* hatte (so natürlich auch ܢܦܶܣ, ܢܦܰܣ; ܚܳܡܶܣ, ܚܳܡܰܣ, ܣܶܓܶܕ, ܣܓܰܕ; ܛܶܥܶܡ, ܛܥܰܡ und gewiss auch ܢܦܶܣ, ܢܦܰܣ, ursprünglich lauter Formen $\mathit{fa\bar{a}ala}$, $\mathit{yaf\bar{a}alu}$).

1) Dass die Wurzel נוד, nicht נדד, wird bestätigt durch die Form עתנאואד, sowie durch den syr. Sprachgebrauch, nach welchem נדד (wie im Mand. נדיד I, 85, 6) nur „verabscheuen" heisst. Im Hebr. ist allerdings נדד beliebter als נוד.

2) Dass die Wurzel חמם und nicht חום, wird durch die Formen der verwandten Dialecte und Sprachen, sowie besonders durch das Impf. ניהאם und das Ethpaal עהאמאב wahrscheinlich; in die Formation der ע״וּ gehn aber über das Part. pass. הים und das Subst. האומא „Hitze".

3) Die im Syr. beliebten Verben ܢܙܰܠ, ܢܙܶܠ sind so gebildet, als ob das

Encl.: a) באניבה (דאריבה) „ich erkannte durch sie" I, 74, 5, 6; סאמילה
„ich legte ihm" II, 101, 9; 103, 14 (schlechte Var. סימילה) b) כאניִלה
„ich wickelte ihn" I, 84, 3; 90, 18.

Von der *2. Pl.* kommt zufällig keine Form vor.

1. Pl.: a) גארנין I, 65, 4 b) אלנין I, 325, 19 — Mit Encl. מאכנאלון
„wir traten ihnen nieder" I, 247, 3.

Imperf. *Sg.* und *1. Pl.* 1) mit u: a) עקום, תיקום, ניקום; נימות,
עמות; ניפוש „bleibt"; תיהוק „ängstigst dich"; תינוד „bebst"; עסוף „ich
höre auf"; ניבות „übernachtet"; ניצות „hört" b) ניקוש „wird alt" II,
1 ult.; תיקוש II, 2, 16 u. s. w.; נימוך I, 370, 7 (für עמיכלאך II, 107, 13
lies mit der Var. עמוכלאך); עפוס; תירוה „zitterst"; תיהוך „reibst";
עכון „ich wickle" I, 158, 13; ניול = نَـئُـلْ, תעיול oder תויל, עיול
2) mit a: a) נידאַרבה „weilt darin" I, 99, 7; עדאר (öfter), עדאַרבה II,
53 u. s. w. (doch auch עדורבה II, 62, 23; 63, 3)[1] — ניגאר „treibt Ehebruch" I, 65, 5. Beide Verben gehn auf r aus; hier ist nicht etwa ein
langer Vocal anzunehmen (wie in يَرَاجُلْ يَبُوشْ), sondern die Verben sind
in die Categorie עע' herübergezogen, und der wie eine ursprüngliche
Kürze angesehne Vocal u ist dann wie sonst vor r zu a geworden
b) ניהאם „wird heiss" I, 160, 23; תיראג „begehrest" I, 214, 11[2] =
تَصْلَى; תישאר II, 60, 12 (wenn nicht תאשאר im Afel zu lesen).

2. und *3. Pl.:* a) Von den ער' verliert קום den mittleren Vocal
völlig, die andern bis auf ein י ganz wie die עע'; ניקמא, תיקמון, ניקמון;
נימיתון, תימיתון; נינמיתא, ניציתון, תיציתון (wonach I, 36, 1 ניציתא herzustellen); תיגירון „ihr treibt Ehebruch"; כינימון „schlafen" Ox. III,
18ᵃ = Par. XI, 51ᵃ; תיהיקון I, 64, 17, 19 (wo D beidemal תיהיקון); 282,
13; נידינון; נידינון „richten" b) ניגזון „wegspritzen" (oder ähnlich) Q.
13, 24 u. s. w.; תיריגון „begehret" I, 14, 20 — Mit Encl. תיקמוליא —
Eigenthümliche Nebenformen ניפישיון I, 386, 11 ABC (Londd. ניפישון);
נימיתיון II, 44, 6 (wo CD נימיתון).

Fremdwort נוּן für רָזָא (mit Verdopplung) stände. Daneben נַזַן mit Hineinziehung des Vorschlages von נוּן in die Wurzel.

1) Talm. תדור Pes. 113ᵃ oben. So auch Targ.

2) Für תירגאג I, 327, 14 lies תיתגאראר wie Z. 1 oder תיגאראר.

Eine sehr seltsame Form für die 2. Sg. f. ist לאתימיתאי „stirb nicht" I, 161, 6; II, 132, 13 (die Varr. לאמיתאי, לאתימאיתא sind gar nichts werth). Vielleicht ist תימיתיא zu schreiben mit der Endung î wie im Talm. und Hebr.

Impt.: 1) mit *u* a) קום; צות; סב „leget"; מות; לוף „lerne"; דון; הוס „erbarme dich"; תוב „kehre um" — Mit besonderer Pluralendung הוסין Q. 73ᵇ, 58; תוביון eb. b) עול „tritt ein", „tretet ein"; הוף „waschet" (ܣܚܒ) 2) Mit *a:* דאר „wohne, wohnet".

Beim **Part.** *act.* ist die Form der עו׳ auch für die עע׳ maassgebend: a) קאיים; מאיית; באיין „erkennt" II, 64, 15 — flectiert דאירא „sie wohnt"; דאיריא „sie wohnen"; אירין „sie erwachen" I, 290, 12 u. s. w. b) ראיית „zittert"; גאייז „scheert"; מאייך „tritt nieder"; ראייג „begehrt"; אייל „tritt ein", flectiert גאיזא „scheeren" DM 29ᵃ; גאיריא „ziehen" I, 226, 9; אילא „sie tritt ein"; איליא „sie treten ein"[1] — Mit Personalpronomen: a) לאיפית „du lernst"; קאיימיתון קאימיתון, קאיימינן, קאיינמא „du lernst"; לאיטיתון „ihr verflucht"; לאיטיתוללה „ihr verflucht ihn"; דאיריתובה „ihr wohnt in ihm" b) פאיסית „du zerstörst"; האיפית „du wäschest".

Part. *pass.:* a) ציר „abgebildet"; כיל „gemessen"; סים „gelegt". Vgl. ליטית „du bist verflucht", ליטיתין „ihr seid verflucht" b) מכיכלה „ist geebnet ihm" Par. XI, 11ᵇ, flectiert מכיכא II, 107, 5 f; עפיפיא „doppelt übergelegt" I, 210, 13, 23. Wenn daneben בינא „sie ist gebaut" Q. 39, 21 (§ 74); הימלה „ihm wurde heiss" I, 97, 14 steht, so ist da ein Uebergang in עו׳. In כיפא „gebeugt" I, 179, 19 ist eine ganz andere Bildung (mit kurzem *ĭ* § 93).

Inf.: a) מידאן; מיסאף; מיקאם[2]. Das *â* wird aber wie ein ursprünglich kurzes behandelt, die Bildung also wie von עע׳ angesehn, vgl. St. emph. מיקמא I, 121, 22 b) מיפאס; מעיאל = ܡܥܳܠ.

---

1) So talm. עייל, עילי Hagiga 3ᵃ; ähnliche Formen kommen in den Targg. vor. Das Syr. hat nur in der einfachen Form ܥܠ den Uebergang in עו׳, bei der Verlängerung bildet es regelmässig von עע׳ ܟܠܠ, ܟܠܠܬ = עללין oder עללין Dan. 5, 8. Diese Form gehört zum Sg. עלל (so im Sam., im Christl.-Paläst. Z. d. D. M. G. XXII, 503 f. und auch in den Targg.). Letztere Formen entsprechen ganz den hebr. und arab. סובבים, ضالّون.

2) Vgl. מֵיקָם Kidd. 33ᵃ; מידן Jona 87ᵇ; מימת Gittin 68ᵇ u. s. w.

Für das *Afel* ist wieder ע״ע fast durchweg maassgebend; beachte § 185. namentlich die Bewahrung des *a* nach den Präfixen des Impf.'s und der Participien.

Perf. *3. Sg. m.* und *3. Pl.*: a) ארים; אקים „erhob"; אסים „legte, legten" b) אשאר „machte fest" — Mit besonderer Pluralendung אשאריון I, 292, 6 (D אשיריון).

3. Sg. f.: ארימאת Q. 52, 28.

1. Sg.: a) אקמית I, 91, 10; 108, 15, 16; 328, 21; האשטית „ich verschmähte" II, 136, 10 (§ 163), aber ארימית I, 212, 8 u. s. w.; אדיקית „ich schaute" II, 62, 13; אסימית „ich legte" Par. XI, 16ᵃ; 17ᵃ b) אשרית II, 14, 14 u. s. w. — Mit Encl.: אקמיבה DM 65ᵇ.

2. Pl.: אשירתון DM 43ᵇ.

1. Pl.: אשארנין Q. 57, 24.

Impf.: a) נארים; תיארים AM 88 (S. 215); עיארים I, 268, 25; 298, 1; עיאסים I, 30, 4 b) נאשאר I, 101, 7, 9; נאשרון I, 246, 20.

Impt.: a) אסים; אשיג „waschet" b) אשאר (öfter); אכיס „weiset zurecht".

Part. act.: a) מאקים; מארים; מאשיט „verschmäht"; מאניד „erschüttert"; מאסים „legt" b) מאכיס; מאשאר. Flectiert a) מאקמילון „richten sie auf" I, 224, 8; מאנדילה „erschüttern ihn" I, 5, 15; die andern wieder mit *i*: מארימא I, 341, 20; מאסימא, מאסימיא; מאהיקילון „ängstigen sie" b) מאשרין I, 290, 8 — Mit Personalpronomen מאסימא I, 192, 22; מאהיקאתלון „du bringst sie in Noth" DM 59ᵇ = ܡܥܠܡܬ ܐܢܬ ܠܗܘܢ.

Part. pass.: מאראם „erhaben" I, 3 ult.

Inf.: אקומיא; ארומיא; mit *m*: מאצותיא I, 16, 15; 41, 10. Leider sind keine Formen von ע״ע zu finden [1].

Im *Ethpeël* scheiden sich die beiden Arten. Von ע״ו haben wir § 186. ניתליפון Q. 22, 30; עתניהאת „sie ward beruhigt" Q. 33, 4; עתניהית „ich ward beruhigt" I, 96, 24, vgl. מיתיראן DM 30ᵃ = ܡܬܬܢܝܚ (Var. מתאיראן Ethpaal). Das Perf. עתאר I, 190, 11; 218, 15 ist wohl nicht = אִתְעַר zu setzen, sondern das verkürzte *i* ist wieder vor *r* zu *a* geworden [2].

---

[1] Talm. so אַגּוּנֵי ὑπερασπίζειν Sota 21ᵃ. [2] Talm. אתער Gittin 68ᵃ unten. Davon bildet sich dann die secundäre Wurzel אתר s. S. 84.

Dagegen von 'עע wie von starken Wurzeln עתינטיט „ward betrübt" II, 3, 4; עתיגביב „ward gekrümmt" I, 161, 22; עזדמים „ward gezäumt" I, 84, 7; עמׄראר „ward erbittert" (öfter) — *f.* עתגיבׄאת I, 264, 7; 266, 10 = ܐܬܡܰܪ̱ܰܬ݂[1] — 2. *Pers.* עתינטיטת I, 193, 13[2] — Part. מיתפסיס I, 353, 21. Aber I, 307, 11 steht תיתפיס wie von 'עו (nur D עתיפסיס, was vielleicht תיפׄסיס sein soll).

Formen des *Ettafal* habe ich bloss von 'עו; diese sind aber wieder wie von 'עע gebildet: עתאראם (nicht etwa עתרים oder עתאָרים) „erhob sich" I, 280, 24; ניתאראם I, 281 ult.; ניתאצאר „wird gebildet" I, 391 ult. (so auch B gegen Petermann's Angabe). Bei vocalischen Endungen erscheint *i* (wie meistens im Afel): עתאסימאת „sie ward gelegt" I, 158, 5; עתאזיהאת „sie ward verscheucht" I, 174, 8 u. s. w., עתאזיהית I, 180, 11, ניתאזיהון Q. 17, 3[3].

Das *Pael* und *Ethpaal* bilden sich von beiden Arten ganz wie von starken Wurzeln. Die 'עו zeigen in der Mitte dann meist ein verdoppeltes י; nur wenige ein verdoppeltes ו. Vgl. קאיים = קָיֵּם „richtete auf", קאיומיא, מקאימא, מקאיאם, ניקאיים (Inf.); תיטאיבון „ihr bereitet"; משאיילהׄ „salben ihn" I, 54, 14 = ܡܫܰܝܶܠ ܠܗ — *Ethpaal:* עתקאיאם, ניתקאימא, תיתקאימון, ניתקאימון, עתקאיאמתון, עתקאיאמרת, עתקאימארת Par. XI, 41[b][4], מיתקאימיתון; תידׄארֿנון. Mit ו: זאויד „versehet", מזאויד (nach זוארא (ווֹאן̇)); מיתאוׄדריא „werden blind gemacht" I, 370, 12 (auch im Peal mit mobilem ו); נילאושא „werden unrein" (Fremdwort s. S. 49). Auffallend ist זאד וצתנאואד „bebte und erbebte" II, 28 ff.; DM 59ᵃ, wo man eher עתנאיאד erwartet hätte.

Als Pael wird man so wohl ansehen die Formen אירית „ich weckte" I, 328, 20, נאירון I, 308, 12, עיאיאר „ich wecke" I, 341, 17 ff.; מאיאר

---

1) In solchen Fällen wird auch im Syr. oft nur ein Cons. geschrieben z. B. ܡܚܠܰܬ݂ Euseb. Theoph. III, 39 (S. 2, 7) für ܡܚܠܰܠܰܬ݂; ܡܚܠܨܝ̈ Lagarde, An. 21, 15, wo nur ein Cod. ܡܚܠܨܨܝ̈; ܡܚܠܛܝܢ Cureton, Spic. 45, 8 u. a. m.

2) עתנאטטית I, 193, 19 ist Ethpaal.

3) Anders gebildete Formen dieses Verbums s. § 188.

4) Vgl. noch ניתיאירא „erglänzen" und עתיאיודריא (Inf.) Q. 33, 5 von יהר = יור.

(Part. act. und pass.) I, 288, 15 u. s. w. (vgl. אירה „weckte ihn" II, 124, 1, 2, ואירויא „und weckten ihn" II, 11, 17; איארתה „ich weckte ihn" I, 104, 1), obgleich sich diese Wörter auch als Afel erklären liessen[1]. Mit anlautendem י statt des ursprünglichen ע (s. § 65) haben wir im Ethpaal עתיאיאר „werden erweckt".

Das *Pael* und *Ethpaal* von עע׳ bedürfen keiner Besprechung, vgl. § 187. Formen wie מאכיך „demüthiget" I, 20, 20; מגאליל „offenbart"; לאטוטיא „verfluchen" I, 173, 23 (Inf.); עתכאנאן „sei ruhig" I, 114, 15, welche ganz wie von starken Wurzeln gebildet sind. Aber die beiden häufigsten dieser Wörter zeigen doch eigenthümliche Erscheinungen. מאליל „sprechen" geht sonst ganz regelmässig: מאליל, מאלאלאת, עמאליל u. s. w., aber sein Particip. und Infin. bildet es wie eine Afelform von starker Wurzel: מאמליליח „du redest", מאמליליתון „ihr redet"[2] u. s. w. Hier sind wohl zunächst die beiden *m* durch einen Vocal deutlicher auseinander gebracht, und darnach ist der ursprüngliche Vocal des 2. *m* ausgefallen. Freilich steht I, 4, 24; 7, 14 BD der Inf. אמלוליא, aber hier ist mit der Parallelstelle I, 31, 11 מאמלוליא zu lesen, wie an der ersten Stelle auch wirklich einer der von EUTING verglichenen Codd. hat (A hat 7, 14 ganz regelmässig מאלוליא).

ܥܠܠ geht im Pael in die Formation עי׳ über. Zwar könnte man die betreffenden Formen im Mand. auch als Afel erklären, denn איל muss sowohl aus עַיֵל, wie aus אַעֵל werden, aber die talm. Schreibweise עייל spricht doch dafür, dass das Wort ein Pael ist[3]. Vgl. איל; איליבה „ich steckte hinein" II, 88, 2; מאיל; מאלא introducta est DM 40ᵇ; מאילית „führst hinein" (f.) II, 21, 17; מאילילה „führen sie ein" II, 74, 22 (mit Suffixen אילאן „führte mich ein" II, 78, 17; איילתון „führtet mich ein" II, 11, 22; נאילאך „wir führen dich ein" II, 104, 10;

---

1) Syr. ܟܰܠܶܡ und أَكْلَمَ. In den andern Dialecten scheint das Pael nicht üblich zu sein.

2) I, 53, 9 steht מאמליל in causativer Bedeutung „macht reden", wofür I, 29, 11 gar מאליל.

3) Man müsste sonst annehmen, dass im Talm. nach Wegfall des consonantischen Werthes von ע die Schreibweise immer eine etymologisch falsche Ansicht darstellte; man hätte *ajel* gesprochen und dies עייל statt אעיל geschrieben. Das wäre nach dem S. 58 Anm. 2 Gegebnen recht wohl möglich.

נאילונאך „sie führen dich ein" II, 108, 28; נאילינון „führen sie ein" DM 64ᵇ, von welchen die beiden letzteren durchaus das Ansehn von Afel- nicht von Paelformen haben, da man in solchen נייאילאך u. s. w. erwartete).

§ 188. Eine ganz besondere Behandlung verlangen die Verba עו׳, welche als 3. Rad. ein ח(ה) oder ein in ein ח(ה) zu verwandelndes ע haben[1]. Diese werden im Peal und Afel, theilweise auch im Ettafal, so geschrieben, als hätten sie als 2. und 3. Rad. ein ה, richteten sich aber dabei nicht nach der Weise der עע׳, sondern hielten beide ה wie starke Consonanten auseinander; nur folgt das auslautende ה den Lautgesetzen, welche es durchgehends verschwinden machen. Die betreffenden Verba sind נוד „ruhen" nebst Afel und Ettafal; אריד „riechen"; זוע „verscheucht werden" nebst Ettafal.

Peal **Perf.:** נהא I, 276, 21 (Pl.); זהא (Sg. und Pl.) I, 160, 17; II, ו mehrmals (also wie *נְחַח, *זְחַח) — זהאת „wurdest bange" I, 210, 18; 270, 8 (wie *זְחַחְחְ).

Impf.: ניהא I, 19, 23; תיזהא I, 299, 21 und öfter; תיזהון I, 54, 19.

Impt.: נהא Sg. und Pl. I, 304, 10; 282, 1; 344 ult., wofür (mit Vorschlag) ענהא DM 25*; זהא Pl. oft in Q. — **Part.:** נאהא I, 286, 6; AM 33. 38 (= *נָחַח), fem. נאהא AM 65. 86; Pl. זאהין I, 280, 17 (wie *זָחְחִין, *נָחְחָא).

Mit völligem Uebergang zu לי׳ ist hier aber der **Impt. f.** זהאי I, 333, 6 (wie שאבאי § 177).

Afel. **Perf.:** ארהא „roch" I, 64 f.; ארהובה „rochen ihn" I, 65; Ox. III, 87ᵃ — **Impf.:** נארהא „riecht" I, 301, 22, 24 — **Impt.:** אנהא „beruhigt" I, 20, 20 — **Part.:** מארהא I, 284, 8; Pl. מארהין I, 176, 22; 1, 69[2] (vgl. mit Suffixen אנהאנה „wir beruhigten sie" I, 107, 11; אנהויא „beruhiget ihn" I, 39, 7).

Ettafal. **Perfect:** עתאזהא II, 1 mehrmals. Mit Endung ון: עתאזהאת, עתנאהאיון, ענאהאיון I, 345, 1; עתאזהאת „du erschrakst" I, 210, 17, 18;

---

1) Eine Form von זוע wäre מאנעילה, wie Petermann I, 5, 15 lesen will, aber das urkundlich allein beglaubigte (alle Codd. Euting's lesen so) מאנדילה (von נוד) genügt völlig.

2) Diese Formen würden z. B. von קום ganz analog gebildet.

270, 8¹ — **Impf.** תיתאזהא I, 314, 11; 262, 14; ניתאזהא I, 237, 16 — **Impt.** עתאזהא oft im Q.

Die Formen mit vocalischer Endung folgen im Ettafal der Analogie der 'עו (s. § 186).

Obgleich sich nun alle diese Formen mechanisch so, wie sie sind, construieren lassen, so wird es mir doch sehr schwer, zu glauben, dass der sprachliche Vorgang wirklich so gewesen. Ich möchte viel eher glauben, dass das ה hier überall oder fast überall nur orthographisch und dass die wirkliche Aussprache die von vorn herein nach den Laut- und Flexionsregeln zu erwartende war; dass also זהאת, זהא, נהא u. s. w. gesprochen wurden *nâ* (= نَسَ), *zâ* (= أَوِ); *zât* (= أَلَٰت). Zu beachten ist natürlich wieder der Uebergang in 'עע im Impt. Peal נהא *nâ* (für נַד, נַחוּ), im *Afel* נארהא *narrâ* = נַדֵּר und im Ettafal. So betrachtet, haben diese Verben mehr graphische als sprachliche Besonderheit².

H. Verba mit ע oder א als 2. Rad.

Schon den Lautgesetzen nach werden die Formen dieser Verben § 189. im Peal (Afel kommt nicht vor) den 'עו sehr ähnlich; dieser Uebergang wird dann ganz vollzogen. Ich stelle die beiden Arten, deren eine durch שְׁאֵל gebildet wird, wieder unter *a* und *b* zusammen.

Perf.: a) ראם „donnerte" = רְעֵם; טאן „trug"; דאך „erlosch" I, 164, 22 (CD דיך = يَلْ); סאריח feci und visitavi I, 140, 21; 275, 14, 21 (شَهَلَ)³ b) שאל „verlangten" I, 241, 18; שאליח I, 370, 21; 371, 7; Par. XI, 16ᵇ; שאלנין II, 112, 12; Q. 58, 11⁴.

---

1) In der Ausgabe hier wie bei der entsprechenden Form im Peal (זהאת) zum Theil willkürliche Aenderungen.

2) Ich hätte hier auch Verben wie דגמדם „still stehn" u. s. w. behandeln können; ich habe es aber vorgezogen, sie als Quadril. bei denen von starker Wurzel aufzuführen. Ebenda findet man auch Formen von רָוִרב (= רברב), in Klammern eingeschlossen.

3) Von דאך = يَلْ bildet sich דיהכאת I, 83, 18, 19 mit Uebergang in דהך (§ 64). Dafür steht auch דאהכאת.

4) Für שילתאן II, 112, 8 lies שאלתין 2. Pers. pl. f.

Impf.: תישול AM 93 (mit Suffix נישילונה „bitten ihn" I, 184, 15).

Impt.: דוץ „stoss ein" Ox. III, 105ᵇ (דְּעַץ).

Part. act.: a) טאימין; דאיכא; טאינא; flectiert דאיך; טאיין; „schmecken" b) שאייל; flectiert שאיליא, שאילון¹.

Part. pass.: טיך „belastet" DM 56ᵃ u. s. w.; טינא „ich bin belastet" II, 90, 24.

Inf.: a) מיטאם „schmecken" I, 393, 4 (je ein Lond. Cod. מאטאם und מיטים) b) מישאל DM 27ᵇ.

Im *Pael* und *Ethpaal* wird unmittelbar א zu י, welches, ganz wie bei den 'עו, als starker Consonant behandelt wird: שאייל; שאילית „ich fragte"; תישאייל; שאיוליא (Infin.) I, 338, 1; Ox. III, 38ᵃ; עשתאיאל; נישתאילון u. s. w.

I. Verba לי'.

§ 190. Zu beachten ist, dass im Perf. bei den לי' die 3. Pl. fast immer anf ון resp. ו ausgeht und dass bei den Intransitiven im Peal und bei allen andern Verbalclassen keine Spur mehr von ܘ̣ ܪܝ.- (oder mit andrer Orthographie ‏יאו.-) vorhanden²; dagegen ist bei der Femininendung *ath* der entsprechende Unterschied von תָ, und יַת bewahrt. Im Pl. des Perf. schwankt zuweilen איתון', אינין' und יתון', ינין' (wie ähnlich vor Suffixen auch im Sg. 'אית' und 'ית'); doch ist das kaum ursprünglich, sondern es ist dies Schwanken wohl den Abschreibern beizumessen.

Auch im Perf. sind die Pluralformen der 3. Pers. von den Singularformen getrennt. Besondere Formen für die 3. Pl. f. erscheinen auch im Impf. und zwar meistens auf יא, ganz einzeln auch auf *n* ³.

---

1) Vielleicht auch hierher סאייב „wird alt" I, 8, 20 Pl. סאיבין I, 8, 16, vgl. ܫܳܐܒ talm. סאב, jedoch ܫܰܒ݂ܚ, ܡܫܰܒܚܳܐ; שֵׁיבָה; شَابَ.

2) So (nur ohne ן) auch im Talm. vgl. אתחזו „sie machten aus" Meg. 12ᵃ; אידמו Meg. 16ᵃ wie אתו, שדו u. s. w. — איתחמיאו „sie wurden gesehen" Moed. k. 25ᵇ ist grammatisch wie lexicalisch eine paläst. Form.

3) Zu bemerken ist, dass bei diesen Verben besonders oft der Fall eintritt, dass bei Anhängung von Enclitica statt יא bloss י geschrieben wird z. B. ܟܣܺܝܢ ܗܘܰܝ̈ = כסיבה ܟܣܺܝܢ ܗܘܰܝ̈ = תישריבין.

Peal. Perf. Sg. 3. m.: קרא „rief"; הזא „sah"; שתא „trank" DM § 191. 44ᵃ; רוא „war trunken"; הדא „freute sich"; שנא „verschwand"; אתא „kam"; בא „suchte" = ܒܥܳܐ. — Intransitiv: סגא (Var. סגיא, אסגיא) „war viel" I, 239, 1; עמיליא „schwur mir" I, 144, 3, wo D עמאליא, wie sonst öfter עמא z. B. I, 349, 11¹.

3. *f.:* קראת; הזאת; אתאת; אדאת „ging vorüber" = ܓܙܳܬ DM 53ᵇ; באה פה für פאה = ܦܥܳܬ „winselte" I, 212, 16 u. s. w. — Intransitiv: מיטיאה „kam an" I, 86, 22 u. s. w.; כיסיאה „bedeckte sich" II, 91, 20, 21 (wo aber vielleicht עכיסיאת, Ethpeel, zu lesen); מיסיאה „ward fest" I, 268, 14 — Vor Encl. 1) mit blossem Abfall des ת: עמאלה „sie schwur ihm" I, 160, 21² 2) öfter mit Anhängung eines zweiten א an das ת, so dass die Form dem hebr. גָּלְתָה (Pausalaussprache für גָּלְתָה) entspricht: הנאתאלה „es gefiel ihm" I, 146, 8; 323, 17; 135, 5; כראתאלאך I, 207, 5; גלאתאלכון „sie offenbarte euch" I, 255, 4; „es war ihnen leid" I, 106, 9; הטאתאבה „sie sündigte an ihm" I, 91, 21; רמאתאבון „sie warf in sie" I, 300, 14; אתאתאלון „sie kam ihnen" II, 33, 23 (A אתאתלון); אתאתאלאן Ox. III, 82ᵇ.

2. *Pers.:* קריה; הזית; אתית und öfter עתית; אדית I, 269, 18; ביה.

1. *Pers.* (ebenso): קריה; הזית; שתית; אתית und עתית; עדית II, 124, 16; ביה — Mit Encl. 1) mit blossem Abfall des ת: קרילה „ich rief ihn" Ox. III, 7ᵃ; 50ᵃ; קרילון I, 92, 18; רמילה „ich warf ihn" I, 343, 12; הדיבה „ich freute mich seiner" II, 44, 19 2) Mit Herstellung der vollen Endung: קריתילה Ox. III, 49ᵇ; קריתילכון I, 255, 5 ff.; קריאתילון I, 172, 5 (lies קריתילון); הטיתילון „ich sündigte ihnen" I, 60, 6, 7; בניתילכון „ich baute euch" I, 257, 16; שריתיבה „ich wohnte drin" I, 322, 19; הטיתיבכון „ich sündigte an euch" öfter³.

---

1) Auch im Syr. wechseln die transitive und intr. Form bei diesen Wörtern stark. Wir haben da ܡܨܰܚ und ܡܨܰܚ; ܗܕܺܝ und ܚܕܺܝ; ܣܰܪܺܝ (Barh. gr. I, 8, 6 ff.) und ܣܪܺܝ und so manche andre. — Man beachte die transitive Form שתא für ܐܶܫܬܺܝ.

2) Diese Form entspräche etwa der talm. auf אי wie סגאי „sie ging" (Luzzatto 78), welche neben der vollständigen wie חָזָת Megilla 16ᵃ (wofür Rosch h. 26ᵇ חזית) hergeht.

3) Im Talm. wohl kaum Formen auf יה; das Gewöhnliche ist מטאי: אי „ich kam" Meg. 7ᵇ; אתאי Ab. z. 58ᵃ; בעאי Meg. 7ᵇ. Zuweilen aber noch

Selten ohne Veränderung wie עתיתלה „ich kam zu ihm" II, 63, 7.

Plur. 3. m.: לוּן (für לְוֻון) בּוּן ; בוּן ; עֲתוּן und אתון ; שתון ; הזון ; קרון: Formen ohne ן sind vereinzelt: קרו¹ I, 228, 19; 251, 18; 253, 28; רמו I, 261, 7, 22; 265, 21; 266, 17; פרו „waren fruchtbar" I, 293, 6, 13 (Var. פרון); שרו I, 294, 22; צבו „wollten" I, 341, 14, 15 (340 ult. צבון); מצו „konnten" II, 58, 7; בנו „bauten" II, 125 ff. Diese Formen finden sich vorwiegend in einigen Abschnitten, jetzt allerdings gemischt mit anderen auf ון. — Nothwendig ist die Form ohne ן vor Encl.: צבוביא „hatten Wohlgefallen an mir" DM 30ᵇ; קרולה „riefen ihn"; אתוליך „kamen zu dir (f.)" II, 76, 7 u. s. w.

3. f.: עהויא „sahen" I, 212, 13; קניא, עקניא „erwarben" I, 256, 4 = قَلْبَ, شَأْن (gewöhnlich durch das Masc. ersetzt).

2. Pers.: 1) קראיתון DM 74ᵇ; הואיתון I, 392, 18; באיתון II, 119, 3 und öfter   2) seltner: עקריתון, קריתון I, 292, 20; עתיתון I, 340, 1. Vgl. mit Encl. קריתוליא I, 157, 21.

1. Pers. Mit längerer Endung: 1) קראינין I, 235, 10; מטאינין I, 152, 9; הטאינין (oft); סאינען „wir wuschen" DM 29ᵇ (von סְחָא = כְּאָא § 59)   2) מטינין I, 151, 2, 3, was übrigens regelmässige Intransitivform sein könnte; siehe oben מיטיאת.

Mit kürzerer Endung: הטין oft²; מטין DM 70ᵃᵇ; אהין I, 98, 11; בין Q. 23, 12; 41 ult.; סין „wir wuschen" Par. XI, 15ᵃ.

Mit Encl.: 1) הזאיבאלה I,141,12   2) קריבאלה II, 6, 19; קרינאלאך II, 6, 18.

Impf. *3. Sg. m.* und *1. Pl.:* ניבריא; ניתיא; נישתיא; ניהזיא; ניקריא.

3. Sg. f. und *2. Sg.:* תיביא; תיתיא; תירויא; תיהזיא; תיקריא.

---

vollständig wie אתיתי Pes. 110ᵇ oben (2 mal). Häufiger sind solche Formen noch in den Targumen. Das Mand. zeigt, dass das kein Hebraismus ist; zugleich rechtfertigen diese Formen von לב' die § 170 am Ende erwähnten auf תי von starker Wurzel. — Auf einer Verwechslung mit der 1. Pers. von Seiten der Schreiber beruhen Fälle wie רביתבה „du wuchsest darin" I, 323, 16; הויתיבה „du warst darin" eb. (B richtig רביתבה und הויתבה).

1) Nicht zu verwechseln mit der gleichlautenden Form mit latentem Suffix der 3. Sg. f. wie קרו = קְרוּהּ.

2) Oft in den Sündenbekenntnissen beide Formen zusammen הטין והטאינין „wir haben gesündigt und gesündiget".

1. Sg.: עׇקרִיא; עׇהזׅיא; עתיא; עביא ¹.

3. Pl. m.: נידון נעתון, ניתון; ניהזון; ניקרון; transeunt u. s. w. — Vor Encl. ניתובה, נירמובה.

3. Pl. f.: ניבעיאן (A), ניבייאן (B), ניביאן, ניבעייאן I, 386, 11 = ܢܶܚܕܶܐ, ܢܶܚܕܶܐ. So II, 7 ult. allerlei Corruptionen aus ניתיאן = ܢܳܐܬܶܐ.

2. Pl. m.: תימון תישתון; תיהזון; תיקרון „ihr schwört" I, 20, 11; 38, 187; תיבון ². — Mit Encl.: תיקרולׇאן.

Impt. Hier unterscheiden sich die verschiedenen Formen deutlich im Gegensatz zu allen andern Wurzelarten.

Sg. m.: קריא; הזיא; שתיא; בע II, 66, 17 und so וערילׅיא, ורעילׅיא „und weide mir" DM 16ᵃ; 17ᵇ = ܒܥܺܝ ܠܺܝ. — Aber auch hier אתא ³.

Sg. f.: קראי; הזאי; הדאי Par. XI, 14ᵇ mehrmals (auch הדאיבה „freue dich darüber"); אתאי ⁴.

Pl. m.: קרון; הזון; הדון; אתון und עתון; בון; סון „waschet euch" — Einmal והזו II, 114, 18 A (Var. והזון).

Pl. f.: אתיאן II, 92, 13; DM 15ᵇ (syr. ܐܬܶܝܶܝܢ). Sonst dafür das Masculin.

Part. *act.*: באריא; האזיא; אתיא; קאריא.

Mit Personalpronomen *1. Sg.*: באריִנא; האזׅינא; אתינא; קארינא u. s. w. Besondere Femininformen: קאריאנא I, 161, 22 f.; האזיאנא I, 155, 1; שאתיאנא DM 37ᵃ (aber eb. mehrmals האזינאלאך für das Fem.); „ich (f.) komme nicht" II, 100, 5; באיאא = اَنَا I, 151, 14.

2. Sg.: סאיית „wäschest" — Mit Encl.: קאריאתלה האזיאתלה.

1. Pl.: באיינין; האדינין; אתינין — Mit Encl.: קארינאלאך; באיינאלה.

2. Pl.: אתיתובה; קאריתון; האזיתון; באייתון — Mit Encl.: קאריתוליא; באייתולה.

Part. *pass.*: קרי; הזי; כסיא „bedeckt"; שריא „wohnend" (vgl. הזילאך „von dir gesehen" I, 154, 19 u. s. w.).

---

1) Vgl. mit Encl. ניקרילה; תיהדיבה „freuest dich seiner"; עקרילׇאך.
2) תיתון scheint zufällig nicht vorzukommen.
3) Ueber das â hier s. Neusyr. Gramm. S. 244 Anm.
4) Oft steht jetzt dafür das Masc. z. B. I, 381, 2 הזיא für הזאי.

Mit Personalpronomen *1. Sg.:* רמינא „ich bin geworfen"; שרינא „ich wohne"; מצינא „ich kann".

2. Sg. immer von der Nebenform mit *î;* vgl. oben (S. 153): קרעית, קריית I, 72, 3; שרעיית „wohnst" I, 7, 5; מצעיית, מצייית, מצייית „kannst" I, 165, 4; DM 24ᵇ; 27 f.; גנעיית, גנעית „liegst" I, 170, 9 — Mit Encl.: שריאתבה I, 7, 6 ¹.

1. Pl.: שרינין I, 252, 23; רמינין „wir sind geworfen" I, 253, 4 — Mit Encl.: רמינאבה I, 254, 5; קרינאלאך „wir sind von dir gerufen" I, 187, 21 ².

2. Pl. kommt nur mit Encl. vor: קריתוליא „seid von mir gerufen" I, 187, 22; רמיתובה I, 154, 18, 20 ².

Inf. 1) auf ־יא: מיקריא (sehr oft); מיבניא „bauen" I, 268, 2; מידהא „sich freuen" (oft); מיתיא „kommen" (oft); מיביא „suchen" (oft) 2) auf א seltner: מיקרא I, 80, 10; 88, 11; Ox. III, 44ᵇ (in der genau entsprechenden Stelle 14ᵇ מיקריא); מיסא „hassen" II, 45, 19 A (BCD מיסניא); מירבא „zunehmen" II, 90, 23 BCD (hier umgekehrt A מיטפיא); מיטפא „wachsen" I, 8, 19; מידהא „stossen" Q. 23, 22 (وسي); מינמא „schwören" Ox. III, 23ᵇ. Dass dies nicht bloss graphische Nebenformen sind, wird dadurch wahrscheinlich, dass die andern Dialecte diesen Infinitiv theils auf *é*, theils auf *â* bilden, vgl. מִקְרֵא Dan. 5, 8 u. s. w. gegenüber مُخصَن, wie denn auch im Talmud beide Formen neben einander vorkommen: מטעי „irren" Meg. 32ᵃ neben מיגבא u. s. w. (s. Luzz. S. 84).

§ 192. Das *Pael* und *Afel* bilden ihre Formen so gleichartig, dass wir beide Classen am besten neben einander stellen.

Perf. *3. Sg. m.:* 1) אסיא „heilte"; שאניא „versetzte".

2) אסגיא „ging"; אדריא „liess vorübergehn" II, 130, 23 = אַעְדִּי; איתיא „brachte"; אודיא „bekannte"; אומיא „beschwor" (אטפילה „gab ihm hinzu" I, 72, 16; אלויליא „gab mir bei" I, 136, 16).

3. f.: 1) דאליאת „sie hob"; שאניאת; שאריאת „sie fing an"; שאויאת „sie machte".

---

1) רמיתבה „bist hineingeworfen" II, 39, 20 ist gewiss falsch.

2) Diese Formen sind sorgfältig von den theilweise gleich geschriebenen Perfectformen zu unterscheiden.

2) אשליאת „schrie" I, 330, 3; 363, 5; אתיאת „sie brachte" I, 219, 12 [1]; אודיאת „bekannte" I, 276, 20 [2]. Mit Encl. שאויאלה „sie machte ihm" I, 243, 18.

2. *Sg.*: 1) זאכית „gabst Sieg"; שאנית.

2) אסגית; אדית = אַעְדִית I, 160, 20; 166, 6; איתית.

1. *Sg.*: 1) שאנית; מאטית „ich gelangte hin"; שאוית.

2) אסגית; איתית und seltner אתית Ox. III, 12ᵇ 24ᵇ — Mit Encl. 1) Mit Abfall des *t*: שאוילה „ich machte ihn"; איתילאך, איתילון I, 144, 17; 316, 4; אדילה, אדילאך „ich liess ihm, dir vorübergehn" I, 160, 9, 22 2) Mit Herstellung der vollen Endung: האויתילון „ich zeigte ihnen" I, 316, 21; איתיתילון, איתיתילכון I, 17, 21; 316, 5, 9 3) Ohne Veränderung Ox. III, 24ᵃ und sonst איתילכון, wo Par. XI zum Theil איתיתילכון.

3. *Pl. m.*: 1) שאון, שאוון; מאטון; שאנון (§ 9).

2) אסגון; איתון — Ohne ן einzeln: אסגו I, 267, 7; פארו „machten fruchtbar" I, 293, 18 (und so eigentlich Z. 6); איתו II, 101, 11; אודו I, 252 ult.; 253, 2; 261, 5 — Mit Encl.: דאלולה I, 212, 23; איתולה I, 212, 25.

3. *f.*: אסגיא I, 64, 1; II, 100, 3; אודיבון „sie (f.) bekannten sie" = ܐܘܕܝ̈ܢ ܗ̣ܢܝܢ (sonst steht dafür die Masculinform).

2. *Pl.*: שאויתון.

1. *Pl.*: Mit längerer Endung: שאנינין Q. 13, 32 (wo ein Codex שאנין); כאסינין „wir bedeckten" I, 184, 18 — אסגינין I, 140, 6 und gar אסגאינין I, 151, 5.

Mit kürzerer Endung: אסגין II, 120 ult.; אודין Q. 12, 24.

Impf. 3. *Sg. m.* und 1. *Pl.*: 1) נידאליא; נישאויא.

2) נאסגיא; נאדיא „lässt vorübergehn" Q. 12, 32; 13, 20.

3. *Sg. f.* und 2. *Sg.*: תישאניא (תישאוילאך).

1. *Sg.*: 1) עהאויא „ich zeige".

---

1) Ueber das א statt אי siehe oben S. 243.

2) Wenn dafür in der Parallelstelle Par. XI und II, 77, 13 אודאת steht, so ist das Verwechslung mit ܐܘܕܥܬ݂.

2) עיאסגיא; עיאתיא (עיאיתילאך I, 144, 5 u. s. w.; עיאדילאך „ich mache dich hinübergehn" I, 160, 6)[1].

3. *Pl. m.:* 1) נישאון I, 316, 5; נישאנון; נידאלון; ניהאון, ניהאוון I, 299, 10; 384, 23 (§ 9).

2) נאסגון; נאומון.

3. *Pl. f.:* נאסגיא = נַסְגָּין II, 78, 6; Q. 67, 20.

2. *Pl.:* 1) תישאון, תישאנון; תישאוון I, 317, 15.

2) תאסגון — Mit Encl. תישאנוליא; האודובה.

Impt. *Sg. m.:* 1) זאכיא „mache rein" I, 214, 12; האדיא „erfreue" Par. XI, 23ᵃ; שאויא (öfter); (שאויבה I, 93, 23).

2) אסגיא [2].

Sg. f.: אסגאי; איתאי I, 212, 15; DM 41ᵃ, aber DM 27 f. dreimal אתאי.

Pl. 1) דאכון „reiniget"; כאסון „bedeckt"; שאון, שאוון Q. 39 ult.

2) אסגון; אדון = אֲעְדון I, 179, 12; איתון, seltner אתון I, 22 ult.

Part. *act.:* 1) מאסיא = מהאניא; משאויא; מדאכיא = מְאַסֵּי.

2) מארשיא; מאסגיא „leiht"; מאמטיא „bringt hin" I, 217, 12; מאיתיא = مُاتِيْ (fem. מאתיא II, 23, 1 und öfter = مُاتِيَا; Pl. מאתילה = مُاتِينَ حَمه I, 393, 10).

Mit Personalpronomen 1. *Sg.:* 1) מקארינא II, 89 f. 2) מאסגינא — Besondere Femininformen: משאניאנא I, 158, 14; מכאסיאנא II, 96, 3, 4.

2. *Sg.:* 1) משאוית 2) מאסגית — Mit Encl. 1) מזאכיאתלאן Q. 23, 20; משאויאתליא I, 169, 9; מהאויאתלון I, 144, 10 2) מאהויאתלון „zeigst" Ox. III, 77ᵇ; מאנשיאתלה „vergissest ihn" I, 365, 6 ff.; מאתיאתליא DM 41ᵃ.

1. *Pl.:* 1) מסאכינין „wir schauen" 2) מאסגינין — Mit Encl. 1) מכאסינאלה I, 126, 23; משאויאנאלאך DM 49ᵃ 2) מאנשינאלאך I, 136, 22; מאומינאלאך Q. 9ᵇ; DM. 28ᵇ.

---

1) עיאמילאך „ich beschwöre dich" DM 60ᵃ (mehrmals) könnte Pael sein; da diese Verbalclasse aber von ימא nicht üblich, so ist wohl עיאורמילאך zu lesen.

2) Also wie talm. שני „verändere" Taanith 24ᵇ; איתי „bring" (öfter) und die entsprechenden Formen sämmtlicher andern Dialecte, soweit ich sehe, einschliesslich des Neusyr., mit einziger Ausnahme des Syr., welches اِيْتِ, اِيْتَي bildet (eigentlich wohl von tert. א).

2. *Pl.*: מאצטיתון מאיתיתון „ihr verführt" I, 355, 7 (von סְטָא § 48); מאיתיתון
— Mit Encl.: מכאסיתולה I, 254, 19; מהאוויתולוך I, 22, 18.

Part. *pass.*: 1) מכאסאי I, 52, 2; משׁאוראי I, 223, 7 (St. emph. משׁאניא
= מְשַׁנְיָא; Pl. מכאסין, מכאסיא = مَحْسَمٌ, مَحْسَمِ ganz wie vom activen Part.).

2) מאלואי „zur Begleitung gegeben" I, 138, 4; 139, 23 (Pl. מאלוין I, 140, 12).

Mit Personalpronomen: מכאסיתון „ihr seid bedeckt" I, 257, 13 und wohl מדאכית Q. 72, 68. Aeusserlich sind auch diese nicht vom Activ zu unterscheiden.

Inf.: 1) קארויא II, 89 f. mehrmals; דאלויא Q. 13, 8; נאסויא „versuchen" I, 60, 18; 366, 19; אסויא „heilen" Q. 6, 9; 13, 8 — מישׁאנויא I, 214, 26.

2) אסגויא II, 77, 5 — מאסגויא I, 16, 22 und öfter; מאיתויא I, 219, 16[1]. — Die Form מאיתילכון (für מאיתויילכון) „euch zu bringen" Ox. III, 5[b] ist wohl eben so wenig richtig wie מאסגיא I, 53 9, AD für מאסגויא.

Bei den Reflexiven ist ausnahmsweise auch das *Ettafal* durch § 193. das häufige אֶתַּחְזִי „sich zeigen, gesehen werden" gut vertreten[2].

Perf. *3. Sg. m.*: 1) *(Ethpeel)* עתימליא, עתמליא; עתיקריא, עתקריא „ward voll"; עתיכסיא, עתכסיא; עדניא „unterwarf sich" II, 59, 22.

2) *(Ethpaal)* עדאליא „erhob sich" II, 53, 19, 20; עטאשׁיא „verbarg sich" I, 160, 16; עתאסיא „ward geheilt" Q. 59, 9; עשׁתאטיא „streckte sich aus" (öfter); עשׁתאייא „erzählte" I, 240, 2 u. s. w. = اِسْتَأْنَى.

3) *(Ettafal)*: עתאהזיא I, 262, 9 (עתאהזילה II, 391, 16).

3. Sg. f.: 1) עתקיריאת; עתביניאת „sie ward gebaut"; עתמיסיארת „ward fest" (öfter)[3].

2) עשׁתאטיאת II, 24, 11; (ע)הפאריאת „ward fruchtbar" I, 293, 18; עשׁתאויאת I, 116, 4; עשׁתאיאת „erzählte" II, 63, 6, 12.

---

1) Vgl. אתנויי „verabreden" Meg. 12[a]; אמטויי „hinkommen lassen" Ketubh. 100[b]; אשׁויי „gleich machen" Besa 36[a] u. s. w.

2) Dagegen ist das Ethpeel dieses Wortes (talm. אחזי Berach. 28[a]) im Mand. ungebräuchlich.

3) Entstellt עתיאמסיאת Ox. III, 53[b].

3) עתאהזיארת I, 266, 3; עתאסליארת „ward verworfen" I, 313, 11; DM 62ᵇ.

Mit Encl. עתימהיאבה, עתימהיאבה (ganz schlechter Varr. zu geschweigen) „ward geschlagen" Q. 8, 26, wovon höchstens das zweite zulässig sein könnte; עשתאריאלה, עשתריאלה II, 10, 12 (A עשתרילה, vgl. Z. 12).

2. *Sg.*: 1) עתקרית; עתיכסית.

2) עתבארירת „sagtest dich los" II, 72, 3; עשתאוירת II, 4, 9, 21; עשתאיית II, 51, 19.

1. Sg.: 1) עתיקרית, עתקרית; עתיכסית, עתכסית — עתמיניית (Var. עתמאנית, תמאנית) „ich ward gezählt" II, 131, 7 ist trotz מיתמויניית (s. S. 266) schwerlich richtig.

2) עשתאוית; עדאמית „ich glich"; עשתאיית (öfter); עתגאיית „ich erschien prächtig" I, 86, 20 (von גאא).

Mit Encl. עשתאיילון „ich erzählte ihnen" I, 91, 15; עתאהזילה, עתאהזילון „ich erschien ihm, ihnen" I, 103, 3, 4; 82 mehrmals; Ox. III, 42ᵃ.

3. Pl. m.: 1) עתיקרון; עתכסון, עתיכסון; עשתבון „wurden gefangen".

2) עשתאון, עשתאוון Q. 29, 10; עתאפון „wurden geheilt" (עפי) I, 275, 6; עתגאיון Q. 2, 15.

3) עתאהזון DM 23ᵃ. — Ohne *n:* עתכסו I, 271, 9; עתכאסו I, 271, 13 — Vor Encl. עתיכסובה I, 317, 5; עתאהזולאן I, 271, 8 ff.

3. Pl. f.: 1) עתיקריא, עתקריא I, 122, 12; 209, 4; עתימליא, עתמליא I, 64, ult.; 65, 1, 8, 14, 24; עתיבריא „wurden geschaffen" Q. 24, 20.

2) עזדאכׄיא Q. 55, 25; (ע)שתאויא I, 304, 8. Eine vollere Form ist עשתאואואן = اِسْتَوَوْا I, 170 ult.

2. Pl.: 1) עתיקריתון, עתקריתון I, 149, 11 2) עשתאפאיתון (nur ein Cod. פיתון") „wurdet gegossen" von שפי = שפע (§ 177ᵃ) 3) עתאהזאיתון I, 175, 3.

1. Pl.: עתיכסינין I, 325, 19 (C עתיכסאינין wie Par. XI, 11ᵇ ותכסאינין).

Impf. *3. Sg. m.* und *1. Pl.*: 1) ניתיקריא, נעתקריא, ניתקריא; ניתימהיא „wird geschlagen".

2) ניתפאציא „wird befreit"; ניזדאכיא DM 27ᵃ; ניתאסיא „wird geheilt" Q. 13, 21; נישתאיריא „erzählt" (öfter).

3) ניתאהזיא.

3. Sg. f. und *2. Sg.*: תילֹסיא; תיתיכסיא, תיתיקריא, תיתקריא; תישתביא.

1. Sg.: 1) עמֹניא „ich werde gezählt" II, 65, 15; עדֹניא I, 97, 4.

2) עשתאייא „ich erzähle".

3) עתאהזילה „ich erscheine ihm".

3. Pl. m.: 1) לעתיברון I, 13, 3 B (AD falsch ohne ל); ניתימלון; ניתיקרון.

2) ניתאסון; נישתאנון „werden geheilt" — Mit Encl. ניהאסובכון I, 309, 23.; ניתפאצון

2. Pl.: 1) תיתיקרון I, 340, 2 und sonst; dafür ohne ן: תיתקרו, תיתיקרו I, 257, 14 AB.

2) תידֹאמֹון Ox. III, 46ᵇ; תיתאסון I, 317, 19.

3) תיתאהזון.

Impt. *Sg. m.*: 1) עשתריא „löse dich" I, 94, 14; עדֹניא I, 366, 1.

2) עתכאסֹיא I, 212, 6; עדֹאבֹיא II, 46, 5; עטֹאטיא „verbirg dich" I, 160, 16; עשתאייא „erzähle" I, 194, 18 — עשתאיילאן „erzähle uns" I, 157, 4.

3) עתאהזילה „erscheine ihm" II, 39, 13 [1].

Sg. f.: עתיכלאי „werde zurückgehalten" II, 134, 8.

Pl. m.: 1) עתקרון, עתיקרון; עתגלון, עתיגלון „hebt euch weg" I, 353 ult.

2) עתבארון; עתכאסון „sagt euch los" I, 43, 6; עשתאיון „erzählet" I, 125, 7, 8.

Part.: 1) מיתשריא; מיתיקריא, מיתקריא „wird gelöst"; מיתימניא „wird gezählt"; מיביא „wird erfordert" = מִבְעֵי, מִתבְעֵי (מיבילה „ist ihm nöthig" I, 196, 16, 20; Pl. מיבילא I, 341, 19 = מִתבְעִין לִי).

2) מיתגאייא I, 3, 12; מישתאייא; מידֹאמניא; מישתאניא.

3) מיתאהזיא; מיתאנביא „ist Prophet" I, 61, 7; מיתאסליא „wird hässlich" I, 3, 6; מיתארשיא „wird bestochen" I, 215, 6.

(Flectierte Formen: 1) מיתבניא „wird gebaut" = مُتَبْنَىٰ I, 23, 18; 27, 7. 2) מישתאיא „sie erzählt" I, 158, 16 = مُسْتَكْنَىٰ 3) מיתאסליא „sie wird hässlich" I, 313, 7 = מִתהַסלְיָא; Pl. מיתאסלין I, 23, 6).

---

[1] Wieder in Uebereinstimmung mit den andern Dialecten (das Neusyr. fällt aus, da es hier keine Reste vom Reflexiv hat) ausser dem Syr., welches im Ethpaal und Ettafal wieder *â* hat, im Ethpeel schwankt.

Mit Personalpronomen: *1. Sg.* 1) מיסתכינא; מיתיכסינא; מיתיקרינא „ich schaue hin"; מילשינא „ich vergesse".

2) מישתאטינא „ich strecke mich aus"; מישתאיינא „ich erzähle".

2. Sg.: 1) מיתמיניית „du wirst gezählt" II, 73, 7 BC (nur D hat מיתימנית; die Lesart von A מיתמיניאת zeugt für die andre; ebenso dann auch מיתקיריית DM 13ᵇ; also ganz wie von starker Wurzel).

2) מישתאיית „erzählst" I, 211, 1.

3) מיתאחזית Par. XI, 52ᵇ — Mit Encl. מיתאהזיאתלה II, 39, 14.

1. Pl.: מיתיגלינן „wir werden offenbar" I, 54, 9.

Inf.: 1) עתגלויא I, 192, 18; עתיגלויא Q. 54, 5, 8 — מידנויא Ox. III, 9ᵃ.

2) עשתאפויא „gegossen werden" Q. 22, 14; עשתאיויא „erzählen" I, 143, 3 = אִשְׁתַעוֹיֵי (עשתאויא I, 4 ult. BCD; daneben stärkere Corruptionen wie עשתאיא eb. A u. s. w.) — מישתאויא I, 142, 3 (für מישתאיויא; dafür starke Entstellungen wie מאשתאיא DM 19ᵃ in 2 Codd.).

§ 194. Vierlautige Verba, deren 4. Rad. ein י, folgen der Analogie des Pael der ל"י. Wir haben so

Impt. *Pl. f.*: נאמביא „trauert" I, 212, 13¹ (vgl. **Imperf.** mit Suff. נינאמבייה, כינאמביה „wir betrauern ihn" II, 92, 13).

Part. *act.*: מנאכריא „sie entfremdet" (Sg. f.) I, 278, 11 = مُلْحَمٌ; מנאמבין „sie betrauern" I, 212, 11; מנאמבין (Pl. f.) I, 212, 10, 12.

Part. *pass.*: מנאכראי I, 21, 21; Pl. m. מנאכרין I, 321, 1; Pl. f. מנאכריא I, 342 ult.²

Reflexiv: עתאכריתון „ihr seid entfremdet" II, 130, 13; עתאכרון „entfremdet euch" (Impt.) I, 18, 22; מיתאמביא „sie jammern" (Pl. f.) DM 40ᵃ (so 2 Codd.; einer מיתנאביא).

---

1) Dieses Verbum, zu welchem ein Substantiv נומביא „Trauer, Wehmuth" I, 28, 11 u. s. w., gehört (I, 51, 21; 277, 14 dafür מנומביא), sieht aus wie ein Pael mit Verstärkung durch *m* (§ 68). Dazu würde das Nomen actionis נאמבאיאתא II, 20, 4 (Pl.) stimmen. Aber, obwohl sich zur Noth auch eine etymologische Erklärung fände, so habe ich doch einige Bedenken gegen die semit. Abkunft des Wortes.

2) Käme ein Inf. vor, so würde er nach Analogie von כברויי „schwefeln" (s. Buxt.); שרשויי „helfen, Gewinn bringen" Moed. k. 12ᵃ lauten.

Sogar ein 5lautiges Verb auf ־ auslautend hat das Mand.; frei- § 195.
lich lässt sich auch bei diesem der 3. Rad., ein *n* oder *m*, bloss als
Verstärkung des 4. auffassen, aber die Bildung bleibt doch sehr auffallend. Die vorkommenden Formen, alle im Reflexiv, sind Imperf.
ניזדראמביא (ניזדראנביא, ניזדאראמביא) „er wird erschüttert" I, 310, 22;
Part. *Sg. m.*: מיזדראמביא DM 38ᵇ; *Pl. m.*: מיזדראמבין, מיזדראנבין
I, 8, 20; *Pl. f.*: מיזדאראמביא I, 280, 22. Die active Form *זרמבי entspräche arabischen wie اِسۡرَنۡدٰى u. s. w. (oder mit starken Radicalen
اِقۡعَنۡسَسَ, اِحۡرَنۡجَمَ u. s. w. s. Ibn Duraid 227; Ibn Mâlik, Lâmîja 8 f.) [1]

Eine besondere Aufführung verdient das Verbum הְוָא, obwohl des- § 196.
sen einzige Unregelmässigkeit im Mand. darin besteht, dass es vor
dem Vocal *u* (*o*) stets, vor *e* (*i*) oft sein radicales *w* verliert.

Perf. *3. Sg. m.*: הוא — *3. Sg. f.*: הואת, אהואת (mit Encl. הואתאלה,
אהוילכון) 1) (mit Encl. הוית, אהוית :.*1. Sg* — .הוית :.*2. Sg* — (הואתאלון
I, 186, 15 BCD 2) אהויתילכון ebend. A; הויתילה, עהויתילה u. s. w.
öfter) — *3. Pl. m.*: הון (mit Encl. הוליא, הובה u. s. w.) — *3. Pl. f.*:
הע I, 209, 4; 39, 2, 4; 67, 2 und mit vollerer Endung הוען I, 90, 22
AC, wofür B העין liest — *2. Pl.*: הואיתון — *1. Pl.* mit voller Endung
הואינין I, 33, 9; mit kurzer הוין I, 149, 11 A (wo aber die andern
Codd. הויינין, הואינין; B ganz corrupt) [2].

Impf. *3. Sing. m.*: ליהויא, ניהויא לעהויא I, 180, 21 und ניהיא
I, 180, 21 als Var. (vgl. ניהיבה u. s. w.) — *3. Sg. f.* und *2. Sg.*: תיהויא,
תיהיא — *1. Sg.*: עהויא — *3. Pl. m.*: ניהון und zweimal ohne *n* ניהו,
נעהו I, 251, 5, 16 ACD (Z. 15 alle ניהון — vor Encl. ניהולה) —

---

1) Ibn Duraid a. a. O. construirt عَلَوۡتُهُ = اِسۡرَنۡدَيۡتُهُ. Sonst gelten
alle diese Verba als intransitiv, und nach حَرۡجَمۡتُ النعم فاحۡرَنۡجَمَتۡ Ibn
Mâlik, Lâmîja 8 fühlt man sich geneigt, das *n* hier für ein in die Mitte
gedrungenes Präfix zu halten, welches aus der activen Form des Quadril.
ein Reflexiv bildete, wie اِنۡفَعَلَ aus فَعَلَ. Jedenfalls wäre eine weitere
Reflexivform mit *t*, wie wir sie hier im Mand. haben, im Arab. unmöglich.

2) Talm. הוה; הות Rosch h. 26ᵇ und sonst und הואי oft; (2. Pers.
kann ich nicht belegen); הוי, הואי; הוינין Hullin 76ᵃ und öfter.

3. Pl. f.: נעהויאן I, 12, 19 und ליהויא Q. 30, 3 mal; 31, 3 — 2. Pl.: תיהון (vor Encl. תיהוליא). — 1. Pl.: ניהויא, ניהיא.

Impt. Sg. m.: הויא, הוע I, 87, 2, 3 B; DM 6ᵃ; הע I, 87, 2, 3 ACD und so öfter. — Fem. kommt nicht vor — Pl. הון (הולה) u. s. w.

Wo im Verb. fin. Nebenformen mit und ohne ו erscheinen, stehn sie ohne jeden Unterschied der Bedeutung; beiderlei Formen wechseln willkürlich in derselben Handschrift oder stehn als Varr. zu derselben Stelle [1].

Part.: האויא (f. האויא = ܗܳܘܝܳܐ; Pl. m. האוין, האויא = ܗܳܘܶܐ; f. האויא, האויאן = ܗܳܘܝܳܐ). Mit Personalpronomen האוית, האוינא (mit Encl. האויאתלה); האויניך.

Inf.: מיהויא.

Ganz nach der gewöhnlichen Weise der לי׳ geht היא = ܚܝܳܐ „leben". Wir haben so **Perf.**: היא I, 65, 13; היוך I, 175, 5; היאינין I, 64, 3 — **Impt.** wahrscheinlich העריא, הייא, היא I, 241, 19 „sei gegrüsst" = ܚܝܺܝ Prov. 4, 4; Dan. 2, 4; Joh. Eph. 96 [2] — **Impf.**: ניהיא I, 36, 10 u. s. w.; ניהיון I, 269, 6, 7 — **Part.**: האיא oft in AM (f. האיא eb. oft = חָיֵא; Pl. האין I, 8, 19). Vgl. noch die Paelform מהאיא I, 56, 21; 153, 10; Pl. f. מהאיאך II, 31, 3, 5 = מְחַיִין. Von kürzeren Formen, welche durch die auch mögliche Behandlung dieses Verbums als עע׳ verursacht werden (wie ܢܶܒ oder ܢܰܒ݂ܺܝ, letzteres die spätere, karkaphische Form; ייחי u. s. w.) ist hier nirgends eine Spur. Das Afel, welches in anderen Dialecten gleichfalls wie ein עע׳ gebildet wird (אחי ܐܰܚܺܝ) kommt nicht vor; denn das Nomen agentis עשו מאהיאא = ܡܰܚܝܳܢܳܐ ܝܶܫܽܘܥ Ἰησοῦς σωτήρ I, 28, 17 ist ein absichtlich (in höhnischer Weise) entlehnter christlicher Ausdruck.

---

1) Formen mit Ausfall des ו sind in verschiedenen Dialecten gebräuchlich z. B. im Targumischen, Samarit. und im Christl.-Pal. s. Z. d. D. M. G. XXII, 503. Ueber die syr. Formen der Art Barh. gr. I, 107, der (Z. 22) auch ܢܶܗܘܶܐ belegt. Talm. ליהוי und נהי. In den verkürzten Formen sprechen die Dialecte die Präfixe meistens ohne vollen Vocal. Die Syncope des ו vor י ist nur in wenigen Dialecten; so talm. wohl allein ניהוו mit Bewahrung des w.

2) Nicht ܚܰܝ, wie Hoffmann angiebt.

5. Verbum mit Objectsuffixen.

A. Vorbemerkungen.

Die Suffixe des Singulars treten unmittelbar an das Verbum, die § 197. des Plurals setzen im Mand. (wie im Talm.) davor das ני, נ, welches in den paläst. Dialecten auch vor die Singularsuffixe tritt, da aber nur beim Impf. (und Inf.), im Syr. nur bei den selbständig geschriebnen ܐܢܘܢ, ܐܢܝܢ erscheint. Aber die Pluralsuffixe verbinden sich nun auch im Mand. sämmtlich weniger eng mit dem Verbum und bewirken nicht solche Veränderungen wie die kurzen Suffixe des Singulars, vgl. z. B. לגאטינון, בהורינון, die noch ganz wie ܚܣܕܬ ܐܢܘܢ, ܩܛܠ ܐܢܘܢ sind, mit ליגטה, ליגטה "nahm ihn, nimm ihn"; wie jene nun auch בראכינכון "segnete euch" gegenüber בירכאך u. s. w. In den Vocalveränderungen liegt die ganze Schwierigkeit der mit solchen Suffixen versehnen Formen. Denn wenn hier auch im Allgemeinen die gewöhnlichen Regeln der aram. Vocalisation herrschen, so gestaltet sich das Einzelne doch ziemlich mannigfach. Es handelt sich zuweilen um die Beibehaltung von kurzen Vocalen in offnen Silben, namentlich beim Afel und in den Pluralen des Imperfects.

Die 3. Sg. Peal לגאט wird vor Singularsuffixen bei starker Wurzel zu ליגט (nicht לאגט), die 3. Pl. ליגטו, der Impt. Sg. לוגט, Pl. לוגטו; letztere Form erscheint auch bei פֿ' und פֿ' [1]. Die 1. und 2. Sg. sowie die 3. Sg. f. lauten vor Suffixen gleichmässig לגאטה; analog in den andern Verbalclassen. Die 1. Pl. Perf. geht vor Suffixen immer auf blosses נ aus, nicht auf נין. Die Endung תון der 2. Pl. wird oft zu תו. Die Pluralendung ון wird im Impf. vor Suffixen einigemal zu ו, während dagegen wieder selbst im Impt. vor Suffixen ון erscheinen kann.

---

1) Im Imperativ ist der Unterschied der mand. Formen mit Suffixen von den syr. am grössten; vgl. כופרה mit ܦܩܘܕܝܗܝ (westsyr. ܦܩܽܘܕܰܝܗ̱ܝ); סאדרה mit ܫܰܕܰܪܳܝܗ̱ܝ; פאקדה mit ܦܩܽܘܕܰܝܗ̱ܝ; קאבלאן mit ܩܰܒܶܠܳܝܗ̱ܝ und gar נוסבה mit ܣܰܒܳܝܗ̱ܝ, יוהבה mit ܗܰܒܳܝܗ̱ܝ. Im Pl. ist die Aehnlichkeit grösser, vgl. רוהמויא mit ܪܰܚܶܡܘ̈ܗܝ, wofür aber auch ܪܰܚܡܽܘܗ̱ܝ erlaubt wäre (vgl. ܐܦܩܽܘܗ̱ܝ Apost. apocr. 116, 1).

Für die Femininformen im Pl. treten vor Suffixen stets die männlichen ein.

Die anlautenden Vocale der Suffixe fallen nach Vocalen weg. Auslautendes ךְ mit anlautendem יִ giebt bloss ךְ. Starke Zusammenziehungen finden wir besonders bei der 1. Pl. im Perf.

Die Verba ע''וּ stimmen vor Suffixen wieder ganz mit den ע''ע überein. Auch bei letzteren bleibt das א im Perf. Peal. Die Verba ל''י mit Suffixen wird man am besten für sich betrachten. Ganz gesondert nehmen wir zuletzt die Participien und Infinitive mit Objectsuffixen durch.

Wir führen zuerst die Verbalformen ohne Endung auf, dann die mit consonantischen Endungen, dann die auf ו und ךְ.

So gross die Zahl der Beispiele ist, aus der wir auswählen konnten, so sind doch leider manche wichtige Fälle nicht zu belegen. Bei Weitem am zahlreichsten sind natürlich die Formen mit dem Suffix der 3. Sg.

B. Die Verba, welche nicht ל''י, mit Objectsuffixen.

§ 198. *Singular. 1. Person.* 1) Am Verbum ohne Endung: **Perf.** *Peal:* לִיגְטַאן „nahm mich"; בִּירְכַאן „segnete mich"; נִיסְבַאן „nahm mich"; פִּירְשַאן „erkannte mich"; בִּילַאן „verschlang mich" I, 143, 20 = اهكلن (CD בַּאלַאן); צִיבַאן „taufte mich" I, 153, 4; 364, 3 (wofür Q. 63, 19, 20 צְבַאן wie von ל''י); שִׁיהְלַאן „sandte mich" II, 67, 19 = اهسلن (§ 61); בַּאנַאן „erkannte mich" II, 46, 24 (בון); כַּאלָאן „wickelte mich" II, 102, 3 (כן); טַאנַאן „trug mich" (טען); אַסְרַאן und עְכַרַאן „band mich" — *Pael:* שַׁאלְטַאן „gab mir Macht"; פַּארְקַאן „befreite mich"; קָאיְמַאן „richtete mich auf"; אִילַאן „führte mich ein" (§ 187) — *Afel:* אַלְבִּשַׁאן, seltner אַלְבִּישַׁאן „bekleidete mich"; אַפְרִישַׁאן „belehrte mich" (oft); אַגְזְרַאן „schloss mich ab"; אַפְקַאן „führte mich aus"; אַסְקַאן „liess mich steigen"; אַשְׁלַאן „zog mich aus" I, 193, 16 und öfter = اهسلن, wofür II, 123, 9 noch אַשְׁלְהַאן in derselben Reihe mit אַשְׁלַאן; אַשְׁמַאן „liess mich hören"; אַבְרַאן „setzte mich über" Q. 67, 25; II, 78, 10 = اخضن; אוֹתְבַּאן „setzte mich"; אַקְמַאן „richtete mich auf" I, 128, 9 — *Quadril.:* הָארְזְקַאן „fesselte mich" II, 119, 22.

Impf. *Peal*[1]: לישימטאן ;נילינטאן „zieht mich aus" II, 96, 5, 7; תישיבקאן תישיבקאן „lässt mich" II, 116, 25; תישימאן „hörest mich"; תיכלאן „sie frisst mich"; נעדאן „erkennt mich" II, 51 ult. — *Pael*: ניפארקאן ;נעיאתראן „weckt mich" I, 52, 6 (2 mal, § 74); נישאילאן „fragt mich" — *Afel*: נאודאן ;נאסקאן ;נאפקאן ;נאפרישאן „lässt mich wissen" I, 358, 18 u. s. w. = نَعْلِمَن.

Impt. *Peal*: תוקלאן „wäge mich"; בולאן „verschlucke mich" I, 143, 20; צובאן „taufe mich"; שומאן „höre mich"; נושקאן „küsse mich"; נוצבאן „pflanze mich" II, 104, 19 (und so zu lesen II, 24, 4) — *Pael*: פארקאן ;קאבלאן „nimm mich"; האנאנאן „liebkose mich" I, 96, 4 — *Afel:* אגזראן „schneide mich ab"; אצבאן ;אסקאן ;אפקאן „taufe mich"; אבראן (syr. أَكْعِلَن) — *Quadril.*: שאוזבאן (Var. שוזבאן) „befreie mich" DM 33ᵇ.

In den Formen אלפין „lehre mich" I, 161, 23 (A אלפאן); זובנין „verkaufe mich" DM 27 f. (3 mal); דוברין „führe mich" II, 17, 11 BC (die andern דובראן) steht ין für אן, und da hier die Anrede an ein Femininum, so könnte man darin den Rest der alten Femininform (wie أَكْعِلْنِ) sehn; aber wir finden so auch bei der Anrede an's Masculinum שובקין „lass mich" I, 333, 3 (CD שובקאן); תוקלין „wäge mich" Q. 73ᵇ, 40; הושבין „rechne mich" eb. (beidemal Var. mit אן); צובין „taufe mich" DM 34ᵃ; 35ᵇ (Var. צובאן)[2], und so ist die Sache doch sehr zweifelhaft und eher ein bloss lautlicher Uebergang von אן in ין anzunehmen, der ja auch sonst oft genug vorkommt.

2) Am Perf. mit consonantischen Endungen: *3. Sg. f.:* לאכאלתאן „sie hat mich nicht gessen" DM 54ᵇ; צבאתאן „sie taufte mich" I, 152, 19; שילתאן „sie verlangte von mir" II, 124 ff.[3]; גאמארתאן „sie vollendete mich" DM 54ᵇ; אודילתאן „sie brachte mich zur Welt" (als

---

1) Vgl. למנען Kethub. 105ᵇ; לְצַעֲרָן „er quäle mich" Moed. k. 28ᵃ (2 mal).

2) So vom 'לי fem.: האויין „zeige mir" I, 161, 8, 14 (A האויאן); syr. wäre das Masc. سَمِّعْنِ, das Fem. سَمِّعِنِي Gen. 24, 23.

3) Hier mit dem gewöhnlichen Vocalwechsel, nicht mit Uebergang zu 'עו; vgl. dagegen שאלתה „sie verlangte von ihm" I, 115, 24.

Hebamme) DM 38ᵇ; אשיטתאן „sie verführte mich"[1] II, 22, 6; איילתאן „sie führte mich ein" I, 152, 18.

2. *Sg.*[2]: לגאטתאן; שבאקתאן Q. 52, 30; ראהיקתאן „entferntest mich" Q. 52, 30; אסמיכתאן „gabst mir eine Stütze" II, 48, 14. In שאדירתין „du (m.) sandtest mich" I, 338, 4 steht wieder יך für אן.

2. *Pl.*: Mit voller Form: שמאתונאן (CD שמיתונאן § 177ᵃ) „ihr hörtet mich" I, 255, 10. Gewöhnlich mit Zusammenziehung, so dass die Form ganz der suffixlosen gleich sieht: נצאבהתון „pflanztet mich" I, 157, 22; נסאבתון „nahmet mich" II, 97, 5; שאבישתון „bethörtet mich" II, 11, 22; 75, 3; שאדארתון „sandtet mich" I, 157, 22; קאיימתון „richtetet mich auf" I, 240, 5; אפרישתון „belehrtet mich" I, 157, 22; אפיקתון „führtet mich aus" II, 75, 3; אכשילתון „machtet mich straucheln" I, 349, 4 (und so Z. 3 zu lesen)[3].

3) An ו und ון: **Perf.** *Peal*: שיבקון „liessen mich"; פירשון[4]; ריהמון; שימון „hörten mich"; ציבון „tauften mich"; שיהלון „sandten mich"; עודון „gingen mir verloren" I, 96, 25 A (אֲוְדוּן = *אבדוני; die andern Handschriften schlecht); עכרון und אסרון „fesselten mich"; ידעון „kannten mich" II, 46, 22; Ox. III, 31ᵇ (2 mal); זאדרון „statteten mich aus" II, 77, 15 — *Pael*: פאקדון[5] „befahlen mir"; שאדרון „sandten mich"; זאודרון „statteten mich aus"; קאיימון „richteten mich auf"; אילון „führten mich ein" — *Afel*: אלגיטון „liessen mich nehmen"; אפקון; אפרישון; אלבשון; אשלון „zogen mich aus"; אותבון „setzten mich" (DM 4ᵃ haben 2 Codd. עותבון) — *Quadril.*: שארגזון „erzürnten mich" Ox. III, 41ᵇ; 42ᵇ; ראנדידון „scheuchten mich auf" II, 47, 2.

Ein Reflexiv mit dem Suffix haben wir in כתבאדרון („zerstreuten sich in Bezug auf mich") „gingen mir verloren" I, 96, 25.

---

1) אשיט steht öfter für אשטיא „zur Thorheit veranlassen, verführen"; ob die betreffenden Lesarten aber richtig, lasse ich dahin gestellt.

2) Vgl. אדכרתן „hast mich erinnert" Berach. 31ᵃ; אטרחתן „hast mich bemüht" Kidd. 40ᵃ.

3) So wird auch סכינתין „ihr hättet mich in Gefahr gebracht" Kidd. 29ᵇ (Glosse סכנתם אותי) in סַכֵּנְתּוּן zu verbessern sein).

4) Vgl. בירכון Moed. k. 9ᵇ nach Rabbinowicz.

5) Vgl. צערון „schmähten mich" Moed. k. 9ᵇ Rabbinowicz.

Impf.: ניכרונאן „halten mich zurück" II, 58, 7 BC (A נאכרונאן) von אֲכַם; ניטארשונאן; ניפארקונאן „machen mich taub"; נינאטרונאן „bewahren mich"; נישאילונאן „fragen mich"; לאבטונאן „fesseln mich" II, 130, 17. — Aber daneben לאתיפיסקון „schneidet mich nicht ab" Q. 74ᵇ, 31, 33; נאשכבון „lassen mich liegen" II, 58, 8; נאולון „bringen mich" II, 48, 4 (von أَوْصَلَ § 51)¹.

Impt. Hier immer die kurze Form: פוסקון „zerschneidet mich" DM 31ᵇ; דוברון; רוהמון „führet mich"; פארקון; אלבישון.

2. *Person.* 1) Am Verbum ohne Endung: **Perf.** *Peal:* ליגטאך; § 199. בירכאך; פירשאך; שיהלאך „sandte dich"; יאהבאך „gab dich" Ox. III, 103ᵃ (mehrmals)²; עדאך „erkannte dich" I, 11, 17; באנאך „erbaute dich" Q. 37, 26, 27 — *Pael:* פאקדאך; פארקאך. — *Afel:* אלבשאך; אסקאך; אותבאך.

Impf. *Peal:* עליגטאך; נישיבקאך; נִיבִּירכאך; ענִיטראך II, 44, 7; ניציבאך „tauft dich"; עציבאך; ניציהאך „hört dich" I, 274, 15 und öfter (zu dem ר vgl. oben S. 249) — *Pael:* ניפארקאך, עפארקאך; נעיאקראך; ניאקראך „wir verherrlichen dich" I, 4, 18; Q. 53, 24 u. s. w.; נישאבאך, נעשאבאך „wir preisen dich" Q. 53, 24; ניקאימאך; עיאילאך „ich führe dich ein" I, 193, 15 — *Afel:* נאפרשאך DM 3ᵇ; נאלבישאך, נאלבשאך; נאפראך; עיאסקאך; אפרישאך 73ᵇ; dafür ausnahmsweise עיאפרישאך eb.; נעיאסבראך „wir belehren dich" II, 59, 4; II, 44, 5; תיאנהראך II, 41, 22; נעיאולאך „wir führen dich hin" II, 54, 8; עיאותבאך „ich setze dich" Ox. III, 54ᵇ ³; נאניהאך „beruhigt dich" I, 98, 13 — *Quadril.:* תיראנדידאך, נירארבאך „wir erheben dich"; עשאוזבאך „ich befreie dich"; „rüttelt dich auf"⁴.

2) An consonantischen Perfectendungen: *3. Sg. f.:* בראכתאך „sie segnete dich" I, 352, 17.

---

1) Sehr selten so im Syr. Vgl. ܠܣܚܒܗ Apost. apocr. 316. — Aus dem Talm. habe ich leider keine Beispiele für eine der beiden Möglichkeiten zur Hand.

2) Beachte wieder die Bewahrung des *a* bei ר.

3) Ueber die Vocalisation der Präfixe s. oben S. 215.

4) Formen des Imperat. sind hier natürlich nicht statthaft, da ja das Objectsuffix der 2. Pers. so wenig an Verbalformen der 2. stehn kann wie das der 1. Pers. an Verbalformen der 1.

1. Sg.: לבאשתאך „ich zog dich an" II, 97, 14; לאטחאך „ich verfluchte dich" I, 132, 18; DM 60ᵇ; זאמינתאך „ich lud dich ein" I, 190, 15; שאליטתאך „ich gab dir Macht" I, 343, 2, 3; אלבישתאך; אפרישתאך; אשלאהאך „ich zog dich aus" I, 193, 14 B (A אשליתאך; CD Pealformen); אקימתאך II, 55, 13.

1. Pl.: רהימנאך „wir liebten dich" (wie II, 73, 23 aus רהאמנאך A; רהימונאך BCD herzustellen); שאליטנאך; יאקירנאך und beim Reflexiv עדכארנאך „wir gedachten deiner" I, 157, 6 = اِذْكُرْنِ.

3) An ו und וך: **Perf.** *Peal:* שימוך; בירכוך; שיבקוך; ליגטוך „hörten dich"; ציבוך; שיהלוך „sandten dich"; עדוך „kannten dich" I, 5, 7; 11 ult.; גארוך „trieben Ehebruch mit dir" DM 28ᵃ; באבוך „bauten dich" I, 274, 23 — *Pael:* פאקדוך; שאלטוך; באניגוך „erbauten dich" I, 274, 23; שאבוך „priesen dich" — *Afel:* אלבשוך, אלבישוך; אפרישוך; אסקוך; אהיקוך „beängstigten dich" II, 55, 15 (von עוק, הוק S. 71) — Reflexiv: עדיכרוך „setzten dich nicht" II, 61, 22); אותבוך DM 8ᵃ (לאותבוך I, 5, 8 und öfter = اِذْكُرْ Ps. 86, 14. — Ferner mit ûn für û: אילונאך „führten dich ein" II, 116, 13 BD (C אילונאך; A undeutlich).

Impf. *Peal:* נילגיטונאך; (נישבקונאך II, 63, 23 (D נישביקונאך); ניסרונאך „schneiden dich ab"; ניהטיפונאך „rauben dich"; ניפסיקונאך „fesseln dich" I, 299, 20 (C ניסארונאך, D ניסירונאך) — *Pael:* ניפארקונאך; נישאבונאך „preisen dich" — *Afel:* באולונאך „bringen dich" II, 108, 23. — Aber bloss mit ו¹: ניפירשוך „erkennen dich" I, 168, 18; נינידרוך (lies נאנידרוך) „erleuchten dich" II, 128, 3.

Besondere Femininformen sind für das Suff. der 2. Sg. selten: ליגטיך „nahm dich" I, 148, 23; קאימיך „richtete dich auf" Q. 19, 1; נידיבריך „wir führen dich" II, 100, 15, 22; עדבריך „ich führe dich" II, 117, 13; נתניך „wir geben dich" I, 148, 7; עיאלבישיך „ich kleide dich" DM 41ᵃ (2 Codd.); נאבטוניך „fesseln dich" II, 77, 10.

§ 200. *3. Person.* Wir stellen hier die Suffixe der Mascul. und Femin., welche für die Schrift keinen Unterschied bilden, durcheinander. Wir können die Beispiele aus einer übergrossen Anzahl auswählen.

1) Antritt an das Verbum ohne Endung:

---

1) Vgl. ליברכוך „segnen dich" Moed. k. 9ᵃ unten; 9ᵇ oben.

Perf. *Peal:* ליגטה; ניסבה; בירכה; פיתתה „öffnete ihn"; מיהשיה „maass ihn" I, 2, 20 (مسحه); עסרה und אסרה, auch עסריה DM 3ᵃ „band ihn (sie)"; עפכה „drehte ihn"; עבדה „machte ihn"; יאהבה „gab ihn" I, 10, 23 (wieder mit *a*); כאנה „wickelte ihn" I, 101, 22; 102, 9; לאטה „verfluchte sie" — *Pael:* פארקה; פאקדה; סאבה „sättigte ihn" DM 35ᵇ = صبّعه; האורה „machte ihn weiss" I, 218, 10 = شَوَّهَه; סאיכה „begränzte ihn"; האננה, האנאנה „liebkoste sie"; אילה „führte ihn ein" — *Afel:* אפרישה; אלבשיה, אלבשיה, אלבשה „übergab ihn"; אפקה; אסקה; אשמה „liess ihn hören" II, 45, 23; אשכה = אשכחיה Hullin 76ᵇ und öfter; אולה; אותבה „führte ihn hin"; אקמה, aber אסיפה „machte ihn aufhören" I, 83, 4, 8; אשיטה „verachtete ihn" II, 95, 24; אנידה „erschütterte sie" I, 85, 1 f. (B einmal אנדה); אנידה „beruhigte ihn" I, 323, 11; II, 50, 20 — *Quadril.:* שארגזיה „erzürnte ihn" II, 95, 23.

Impf. *Peal.* Die Vocalisation ist durchweg dieselbe wie bei der 3. Pl. ohne Suffix: ניגיטלה, עשיבקה, נישיבקה „wir tödten ihn"; ניפיתתה „öffnet sie", עפיתתה „ich öffne ihn"; יצבה „ich taufe ihn"; עמיניה „ich wehre ihn ab" DM 16ᵇ (mit völligem Uebergang der Wurzel מנע in לי'); ניבדה „wir machen ihn" I, 100, 16, 19; עבדה „ich mache ihn" I, 100, 21; ניקרה „wir rotten ihn aus" I, 361 ult. (كسمه); ניכלה „wir essen ihn", תיכלה „sie isst ihn", עכלה „ich esse ihn"; עסירה (Var. עסרה, עסארה) „ich binde ihn" II, 92, 2; תידלה „du gebierst ihn"; עשירה „ich giesse ihn" I, 344, 22 (אשד); עפיסה „ich zerstöre ihn"; ניטימה „verstopft sie"; ניליטה „verflucht ihn", תיליטה „du verfluchst ihn", „sie verflucht ihn"; ניציתה „er hört ihn" DM 64ᵃ. — Von פנ' a) mit Assimilierung: תיסיבה, תיכבה „nimmst sie" II, 45, 3, 4, עסיבה „ich nehme sie" II, 44 ult. (2 mal) b) Mit Bewahrung des *n*: ניניסבה „nimmt ihn", „wir nehmen ihn" öfter; עניצבה „ich pflanze ihn" I, 100, 9; ניניטרה „bewahrt ihn" I, 236, 2 — *Pael:* ניפארקה; ניכאתרה „wir halten ihn auf"; נעיאבטה „wir fesseln ihn" II, 94, 19; עקאימה „ich richte sie auf"; ניהאיבה „zeigt ihn schuldig"; נאילה (nicht נעיאילה, wie man beim Pael erwartete, s. S. 254) „wir führen ihn ein" — *Afel:* נאלבישיה, נאלבשיה; נאשלמה, נאשלימה „übergiebt ihn"; נאכשלה „wir machen ihn straucheln"; נאגזרה „wir schliessen ihn ab"; עיאסמיכה „ich stütze ihn"; תעיאהריבה, תעיאהרבה „zerstörst sie"; תאודה „sie thut ihm kund" I, 82, 2;

עיאותיבה, עיאותבה „ich setze sie" I, 118, 1 — תאקמה Q. 54, 3; נאעההּ, נאניההּ „erschüttert ihn" I, 90, 16; 110, 12; נאנדה, נאנידה „beruhigt ihn, sie" I, 86, 18; 241, 9; עיאניהיה „ich beruhige ihn" DM 11ᵇ; עדירה „ich führe ihn zurück" II, 15, 12, 14; תיאהיקה, עיאהיקה (Var. תיאהקה, עיאהקה) „du beängstigst sie", „ich beängstige sie" I, 103, 19; 314, 12 — Von פכ׳ mit Assimilation עיאפקה; עיאסקה; נעיאסקה I, 361, 24; mit Bewahrung des n: נאנהרה, נאנהירה und andere Formen von אנחר — Quadril.: עטארטלה „ich schleudre ihn fort"; נירואנדידה „rüttelt ihn auf"; תיבאשקרה „sie untersuche ihn".

Impt. Peal: לוגטה; בורכה; כופרה „streich ihn aus"; שוהלה „zieh ihn aus"; צובה „taufe ihn" DM 35ᵇ; נוסבה „nimm sie" I, 347, 19; עומרד „sage ihn"; עוסרה „binde ihn"; עובדה „mache sie"; יוהבד „gieb ihn" II, 305, 13, 14, 15; הונה „sei ihm freundlich" I, 34, 20; לוטה „verfluche ihn" — Pael: פארקה; סאדרה; קאימה; האבאה „liebkose ihn" — Afel: אניהה; אותבה; אסקה; אפרישה, אפרישיה „beruhige ihn" II, 20, 19 — Quadril.: פארהזייה „pass auf ihn" (oder ähnlich) I, 102, 9.

2) An consonantischen Perfectendungen:

3. Sg. f.[1]: לגאטתה „sie nahm ihn"; בראכתה; נסאבתה; שלאתה „sie zog ihn aus" II, 99, 10; אכאלתה; עדאלתה „sie gebar ihn"; לאטתה „sie verfluchte ihn"; באנתה „sie baute ihn" II, 99, 9; שאלתה „sie forderte von ihm" I, 115, 24; 116, 7 — פאליגתה „sie theilte ihn"; אתארתה „sie weckte ihn" — אנהארתה; אשכאתה „sie fand ihn" — שארגיזתה „sie erzürnte ihn"; סאסקילתה „sie schmückte ihn" II, 99, 9.

2. Sg.[2]: לגאטתה I, 149, 3; נפאקתה „gingst aus ihm heraus"; נסאבתה; לאפתה „lerntest ihn" Q. 56, 3 — פאריקתה; באסימתה „machtest ihn duftend"; שאדירתה, שאדארתה I, 346 mehrmals; סאבאתה „sättigtest ihn" I, 218, 1 — אכפינתה „machtest ihn hungern" eb.; אנהארתה; sehr auffallend und schwerlich richtig לאניהתת „beruhigtest ihn nicht" II, 22, 8, wofür man לאנאהתה oder לאנהאתה erwartete.

---

1) Vgl. תבצתיה Kidd. 39ᵇ; 40ᵃ; שקלתיה Kidd. 13ᵃ; שקלתא „sie nahm sie" Hagiga 5ᵃ oben; אנחתא „sie legte sie" ebend.

2) Vgl. כבשותיה „unterwarfest sie" Gittin 68ᵇ; אסיקתיה eb.

1. Sg.: לגאטתה „ich nahm ihn" I, 118, 12; שבאקתה; נסאבתה; צבאתה „ich taufte ihn"; שמאתה „ich hörte sie" I, 133, 3 (Var. שמיתה, שומאתה, שימיתה; das י ist im Grunde besser bezeugt: Uebergang in לי'); שלאתה „ich zog ihn aus" II, 78, 9; Q. 67, 23; כאנתה „ich wickelte ihn" I, 90, 22; כאפתה „ich beugte ihn" I, 90, 23; פאסתה „ich zerstörte sie" I, 333 mehrmals; זאמתה „ich zäumte ihn"; אפתה „ich wickelte sie" (لكبه) I, 84, 2; לאטתה „ich verfluchte sie" I, 132, 18; באנתה „ich baute sie" Ox. III, 18ᵃ; 22ᵃ; שאלתה „ich forderte von ihm" I, 358, 12 und öfter — פאריקתה I, 23, 15; שאראתה, שאדירתה I, 381, 3; שאבאתה „ich pries ihn" Q. 6, 24 (wo ein Cod. שאביהתה); קאיימתה; זאוירתה „ich stattete ihn aus"; אפרישתה; אנהימתה „ich machte ihn brüllen" I, 91, 1; אסיקתה; אסיבתה „ich liess ihn nehmen"; אחיתתה „ich liess ihn herabsteigen" I, 164, 8; 332, 3; אבארתה „ich führte ihn vorbei" II, 22, 15 = اَجْبَرْتُهٗ; אנידתה; אקימתה; אותיבתה; „erschütterte ihn" I, 90, 17; ארהאתה „ich liess ihn riechen" I, 102, 16 (als wäre es אַרְחֲחתֵה, aber wohl zu sprechen *arrâthê* = אַרְהֲתֵה s. § 188); באשקירתה „ich fragte ihn" I, 358, 11 u. s. w.; פאנדילתה „ich schleuderte ihn" I, 14, 21.

1. Pl.: לגאטננה; תראצננה „wir richteten ihn auf"; שמאנה „wir hörten sie" I, 64, 4; פתאהנה „wir öffneten ihn" I, 141, 10 [1]; אבאדננ „wir machten ihn, sie"; צארנה „wir bildeten sie"; באטילנה „wir vereitelten ihn, sie" [2]; תאקיננה „wir richteten ihn ein"; אסיקננה; אנהאננה „wir beruhigten sie" I, 107, 11 (§ 188).

2. Pl.: רהימתונה „ihr liebtet sie" I, 255, 21; אקימתונה II, 18, 10; aber ohne *n* אסמיכתויא „ihr stütztet sie (sic)" Par. XI, 35ᵇ.

3) An ו und וּן:

Perf. Peal: ליגטויא [3]; תירצויא „richteten ihn auf"; שימויא „hörten ihn" (öfter); שיהלויא „sandten ihn" I, 353, 20; עבדויא „machten ihn" I, 101, 4; II, 44, 10, aber עדויא „kannten ihn" I, 335, 16; טאמויא „verstopften ihn"; לאטויא „verfluchten ihn" — *Pael*: פאקדויא; שאדרויא

---

1) Vgl. פתחנא „wir öffneten sie" Baba b. 74ᵇ.
2) Vgl. קבילניה „wir nahmen ihn" Sanh. 38ᵇ.
3) Talm. זקפוה Baba m. 83ᵇ; תפסוה eb.; קבלוה Baba b. 90ᵇ u. s. w. Für וה steht oft והו, dessen Richtigkeit aber doch sehr fraglich.

I, 143 ult. (wo D שאדרוּנֵהּ); שאבריא „priesen ihn"; אילויא „führten ihn ein" — *Afel:* אלבשויא; אפרישויא; אלגיטויא; אפקויא; אשמויא „liessen ihn hören" I, 114, 22; אותבויא; אולויא „führten ihn herbei"; אנעדויא, אניַדויא „erschütterten ihn" I, 113, 13 ff.; ארהויא „liessen ihn riechen" — *Quadril.:* זארניפויא II, 14 ult. (Bedeutung?) — Reflexiv: עתבאדדויא „verliessen ihn" I, 83, 1 — Aber mit *n*: שאדרונה „sandten ihn" I, 237, 3 und I, 143 ult. D.

Impf. *Peal:* ניליגטונה; תיתירצונה „ihr richtet sie auf"; ניפליהונה, תיפליהונה „dienen, dienet ihm" I, 101, 3; 241, 4; תישמוּנה „höret ihn"; ניניסיבונה „nehmen ihn" I, 311, 4 (wo nur D ניסבונה); ניסירונה, ניסארונה, נעכארונה „fesseln ihn" I, 19, 9; 58, 14; נידינונה „richten ihn" I, 229, 7; תישיטונה „verachtet ihn" I, 39, 13 (wenn es nicht eigentlich Afel sein soll); נישילונה „bitten ihn" I, 184, 14 — *Paël:* נינאטרונה; תישאבונה „preiset ihn"; ניקאימוּנה; תיכּאירונה „schändet sie" I, 227, 6; 226, 23 (كُلِّ) — *Afel:* נאנהירונה, נאנהרונה; תאפקונה; נאלבשונה; נאשכונה „finden ihn"; נאקמונה; נארהונה „lassen ihn riechen" I, 301 ult. — *Quadril.:* ניטארטילונה „werfen ihn fort" II, 8, 4.

Viel seltner ohne *n*[1]: תיריהמויא „liebet ihn" I, 366, 6; ניניגדויא „führen ihn" DM 75ᵇ (2 Codd.); תיפכויא „verdrehet ihn" I, 14, 15 BD; ניסאדדויא „ordnen ihn" I, 132, 20 (C ניכּאדרונה); תישאבהויא „preiset ihn" I, 23, 11 (D תישאבויא).

Impt. *Peal:* לוגטויא; רוּדהמויא „liebt ihn"; סובלויא „tragt ihn"; הותמויא „siegelt ihn"; עוסרויא „bindet ihn" Q. 7, 22; עוברויא „geht darüber" I, 18, 9 (D עברויא); עוקרויא „rottet ihn aus" I, 22 ult. A (BD עקרויא) und so zu lesen עובדויא I, 101, 4 = ܥܒ݂ܶܕ݂ܳܘܗܝ Ex. 12, 14 statt עבדויא. Auffallend ist עוהבויא „gebt ihn" DM 33ᵇ, wofür die andre Hdschr. עהבויא zu haben scheint; dies wäre wohl für הבויא mit blossem Vorschlagvocal, was ganz = ܗܰܒ݂ܳܘܗܝ (ohne Vocal des *a* s. Barh. gr. I, 147, 2); בוזויא „plündert ihn" I, 118, 2; סומויא „legt ihn"

---

1) Vgl. die von HOFFMANN S. 195 mit Unrecht angezweifelten Formen ܢܶܟ݂ܡܳܗ̇, ܢܰܥܡܶܕ݂ܳܗ̇, die durch das schon erwähnte ܢܶܣܚܘܢܶܗ (S. 273) sowie durch ܢܙܝܦܘܢ in einer Note des Pariser karkaph. Codex zum Jerem. bestätigt werden. Talm. so לדחקוה „stossen ihn" Baba m. 84ᵇ oben; ניקרעוה „zerreissen ihn" Baba b. 9ᵃ; נידינוה „richten ihn" Baba b. 34ᵃ, 1 u. s. w.

öfter — *Pael:* קארבויא; :אטרויא; „nähert ihn"; סאבויא „sättiget ihn" I, 15 ult.; 36, 19; האניוויא, האניוויא „liebkoset ihn" I, 39, 14 — *Afel:* אלבשויא; אנפישויא „machet ihn zahlreich"; אשמויא „lasset ihn hören" I, 15, 4; 22, 22; אסקויא; אוטפויא „thuet ihm wohl"; אוקרויא „ehret ihn"; אקמויא I, 22, 20 ff.; אנהויא „beruhiget ihn" I, 39, 7.

Die Endung ויא enthält oft ein Suffix, das weiblich sein sollte; aber die eigentliche Form des Femininsuffixes mit ו ist וה ܣܳܗ, was im Mand. zu blossem ו wird. Diese Form findet sich freilich viel seltner als die andre, aber doch immer noch ziemlich häufig. Wir haben so im Perf. ליגטו „nahmen sie" II, 101, 15; ניכבו DM 30ᵇ; 31ᵃ; כיתבו oder כידבו „schrieben sie" II, 109, 2 und öfter; אפכו „drehten sie" I, 111, 13 A (BC אפכויא, D אפכיא); עבדו „machten sie" Ox. III, 89ᵇ — פאלגו „theilten sie" I, 112, 20; זארזו „machten sie hurtig" II, 108, 22 und öfter; שאדרו „sandten sie" II, 108, 23; 109, 4; Q. 43, 7; קאבלו „nahmen sie" Q. III, 21ᵃ; קאימו „errichteten sie" I, 295, 8; אילו „führten sie ein" Q. 31, 16 — שאילו „fragten sie" II, 95, 17; אלבשו „bekleideten sie" II, 101, 11; אפקו „führten sie aus" II, 98, 2; אקמו „stellten sie" II, 74, 21; אנידו „erschütterten sie" I, 113, 14. So noch im Imperativ שובקו „lasset sie" I, 118, 2 und sogar im Imperfect nach Wegfall des *n:* ניקאבלו „nehmen sie" II, 47, 14; נאנהרו „erleuchten sie" I, 336, 15, vgl. noch die Suffixa an Verben ל'י. In vielen dieser Fälle sind Varr. mit ויא vorhanden.

Plural. 1. Person 1) Am Verbum ohne Endung:

§ 201.

Perfect[1]: פסאקינאן „schnitt uns ab"; רשאמינאן „zeichnete uns"; ענכאלינאן „stellte uns nach" (A ענכילינאן) von ܢܒ݂ܰܠ; צבינאן „taufte uns" Q. 63, 22; אסארינהאן (lies אסארינאן) „fesselte uns" II, 28, 21; שאדרינאן „sandte uns"; אפרישינאן; אנהירינאן.

Impf. *Peal:* תיפסיקינאן Q. 54, 29[2]; ניבריכינאן I, 307, 1 B (zwei Codd. ניבראכינאן, einer ניבורכינאן)[3]; תידנינאן „richtest uns" Q. 23, 21 (wo schlechte Varr.); 54, 28[4] — *Pael:* ניפארקינאן, תיפארקינאן;

---

1) Vgl. עיילינן „führte uns ein" Taanith 23ᵇ.
2) Vgl. ליפרוקינן „er befreie uns" Rosch h. 32ᵇ.
3) נירייהמאן וניבירכאן „liebt uns und segnet uns" II, 58, 18 ist falsch. 4) Man erwartete eher תידיינינאן.

תאלבישינאן, נאלבישינאן, „gesellest uns" Q. 23, 22 — *Afel:* תישאתפינאן;
תאקמינאן; תארמינאן „erhebest uns" Q. 24, 8 (von نَجَا).
Impt.: שמינאן „höre uns" I, 61 ult.[1]; פארקינאן; קאימינאן; שאוזיבינאן,
שאוזבינאן „rette uns" I, 62, 6.

2) An consonantischen Perfectendungen: *3. Sg. f.:* נכאלתינאן „sie hat uns überlistet" II, 128, 21.

2. Sg.: תראצתינאן „richtetest uns auf"; שמיתינאן „hörtest uns" II, 61, 3 (A שמאתינאן); לאפתינאן „lehrtest uns" Q. 28, 2, 3; פאריקתינאן; אדריכתינאן „liessest uns treten"; אפיקתינאן; אשמיתינאן „liessest uns hören"; ראוריבתינאן „machtest uns gross"; אקימתינאן.

3) An ו und ךְ:

Perf.: ראדפונאן (Pael; Var. רודפונאן Peal) „verfolgten uns" Q. 54, 27, 30; האסדונאן „schmähten uns" Q. 54, 27, 30 (ein Cod. an beiden Stellen האסידונאן).

Impf. Hier tritt ן mit נאן (ינאן) zu ונאן zusammen, so dass die Form wenigstens in der Schrift keinen Unterschied von der mit Singularsuffix zeigt: ניפליהונאן „dienen uns" I, 244, 3; נידהיקונאן „beängstigen uns" Q. 57, 26.

§ 202.   *2. Person.* Ich stelle die nicht zahlreichen besonderen Femininformen auf נכין zwischen die Masculinformen, da die Bildung sonst ganz gleich ist.

1) Am Verbum ohne Endung:

Perf.: בראכינכון Par. XI, 22ᵃ; אסקינכון I, 138, 22, wo A besser אסקינכין[2].

Imperf.: עלגיטינכון I, 339, 23, wofür I, 98, 16 לגיטינכון (§ 34); עפאקדינכון,[4] עליפינאכון[3] „ich lehre euch" Q. 56, 14; לעיאפרישינכון I, 68, 3 (dafür I, 47, 16 אפרישינכון) und so עיאפרישינכון „er trenne euch" II, 136, 11; עיאלבישינכון I, 171 ult.; עיאקמינכון und תאברינכון I, 175, 9, 10; עיאפקינכון, עיאפקינאכון Q. 56, 15; אקמינכון „sie führt euch über" Q. 37ᵇ, 14; עשאוזבינכון „ich rette euch" II, 25, 4.

---

1) Q. 57, 23 ist לגוטינאן „nimm uns" verschiedentlich entstellt.
2) Vgl. חַנֶּנְכִי „erbarmte sich eurer (f.)" Pes. 110ᵇ oben (2 mal).
3) Ueber die Formen mit אכון s. oben § 146.
4) Vgl. איבדקינכו „ich erforsche euch" Sanh. 93ᵃ.

2) Nach consonantischen Perfectendungen:

1. Sg. [1]: ראגיגתינכון; שאבישתינכון „ich bethörte euch"; בראכתינכון;
אלבישתינכון „ich machte euch Lust"; אפריקתינכון; פאריקתינכון;
אנהארתינכון; אוכילתינכון „ich gab euch zu essen" I, 234, 4.

1. Pl.: שאבאנכון, Var. שאבינכון „wir priesen euch" I, 313, 11 = DM 62ᵇ.

3) Nach ו und ון:

Eine Perfectform ist wohl לאדכארונכון „erinnerten euch nicht"
II, 106, 2 B (auf diese Lesart deuten auch die Varianten).

Impf. Aus ון oder ו + נכון wird ונכון: ניהישבונכון „rechnen euch"
Q. 37, 9 (Varr. ניהשאביואכין u. s. w. Das Richtige wäre wohl ניהשיבונכין);
נישאילונכין, ניקאימונכין נישאילונאכין, ניקאימונאכין Q. 37, 9; „fragen
euch" Q. 93, 20; 56, 20. Ueberall sind hier schlechte Varr., welche
z. B. für ונכין das ינכון des Sg. setzen.

3. Person. Die Beispiele sind wieder viel zahlreicher als von der § 203.
1. und 2. Person. Wir stellen auch hier die Femininformen zu den
männlichen.

1) Am Verbum ohne Endung: **Perf.** *Peal:* לגאטינון, לגאטינהון
I, 246, 11; שבאקינון; בראכינון; צבינון „taufte sie" I, 29 ult.; 130, 1;
Q. 6, 2, aber באלינון „verschlang sie" I, 83, 7 (2 mal); פאסינון „zerstörte sie" — *Pael:* פארקינון; אלפינון „lehrte sie" — *Afel:* אפרישינון;
אדריכינון „liess sie eintreten"; אוקירינון „ehrte sie" öfter (einmal in
Par. XIᶜ אוקרינון); אסקינון; אשכינון „fand sie" (öfter); אשלינון „zog sie
aus" I, 168, 14; אברינון „brachte sie über" I, 381, 21 f.; = أَخْبَرَ أَنَّ;
אקמינון; אנדינון „erschütterte sie" (öfter) — *Quadril.:* קארקלינון „warf
sie um" I, 341, 22; ראזדידינון „scheuchte sie auf" I, 301, 10 (so die
wahre Lesart).

Impf. *Peal* [2]: ניפתינון; תיבריכינון; עשביקינון „öffnet sie" I, 145, 23;
תיכילינון „isst sie" I, 281, 21; (ניכלינון, ניכאלינון Var.) ניכילינון „sie
isst sie" I, 154 ult.; נילפינון „lehrt sie" (לוף) I, 1, 14 — *Pael:* ניפארקינון,
ניהאלילינון „wäscht sie"; ניתאקנינון „stellt sie fest"; עפארקינון;

---

1) Vgl. חשבתינכו „ich rechnete euch" Berach. 58ᵇ (wo aber RABBINO-
WICZ ganz anders).

2) Vgl. לישלוקינהו „er koche sie" Gittin 68ᵇ unten; נידוקינהו „er
mache sie klein" eb. 70ᵃ.

עשאבינון, עשאבינהון "ich preise sie"; ניגאלילינון "wir offenbaren sie";
Ox. III, 1ᵃ, 2ᵇ und öfter; ניקאימינהון I, 250, 17; נאילינון "führt sie ein"
DM 64ᵇ (wenn es nicht Afel s. § 187); תיהאמבלינון "sie verdirbt sie"
I, 299, 8 — *Afel:* עיאפרישינון, עיאשפלינון; תאפרישינון "ich erniedrige
sie"; עיאותיבינון "ich setze sie" Par. XI, 32ᵇ; נאקמינון I, 184, 18 —
Quadril.: ניקארקלינהון "stürzt sie um" I, 106, 1.

Impt. *Peal:* לגיטינון, לגאטינון Ox. IIIᵇ, 4ᵇ ¹ (weniger gut לגיטינון,
אלגיטינון Q. 72, 2, welche wenigstens zum Theil auf Verwechslung mit
Perf.- und Afelformen beruhen); בריכינון I, 327, 17; בהורינון "prüfe
sie" I, 291, 15 (neben בהאר für den Impt. ohne Suffix Z. 7, syr. ܒܚܢܝܗ);
טארשינין; נאטרינון; פאקדינון — *Pael:* לופינון "lehre sie" I, 304, 7 —
"verklebe sie"; שאגשינען "verwirre sie"; זאודינון "versorge sie" I, 250,
14; אורינין "blende sie" I, 151, 17 — *Afel:* אלבישינון, אלבשינון;
אבדינון "setze sie"; אותיבינון; אסקינון, אסקיתין; אסקינון, אפרישינון
"erschüttere sie" I, 165, 6 — *Quadril.:* שאוזבינין, שוזבינין "befreie sie" Q. 19,
6; 35, 10.

2) An consonantischen Perfectendungen: *3. Sg. f.:* נסאבתינון "sie
nahm sie" I, 354, 21; נכאלתינון "sie überlistete sie"; עראלתינון "sie
gebar sie" I, 94, 18; שאגישתינון "sie verwirrte sie"; תאבירתינון "sie
zerbrach sie"; אהריבתינון "sie zerstörte sie" DM 14ᵃ; אקימתינון "sie
richtete sie auf" DM 35ᵇ.

2. Sg.: נסאבתינון "nahmst sie" I, 346, 15, 16; שבאקתינון; שאדארתינון.

1. Sg. Peal ²: נסאבתינען "ich nahm sie" I, 83, 24; בראכתינון;
אהאדתינון "ich schloss sie" I, 145, 19 A (BCD אהידתינון, was Pael
wäre); אסארתינין "ich band sie"; אמאשתינון "ich tauchte sie" I, 351,
17 (Wurzel עמש = غمس); עהאבתינון "ich gab sie" I, 119, 4;
לאפתינון "ich lehrte sie" I, 361, 4 — *Pael:* טארישתינין "ich verklebte sie";
שאבאתינון "ich offenbarte sie"; פארקידתינון; גאלילתינין, פאקידתינון "ich
pries sie" Q. 6, 25 und öfter (Var. שאביתינון); אוארתינין "ich blendete
sie" I, 145, 8 — *Afel:* אפרישתינון; אנהארתינון; אבהיתתינון "ich beschämte sie" I, 259, 2; אשכאתינון, אסיקתינון; אשכיתינון "ich fand sie"

---

1) Vgl. שקלינהו "nimm sie" Berach 18ᵇ (2 mal).
2) Vgl. שמעתינהו audivi eos Hullin 96ᵃ Z. 1.

I, 80, 18 und öfter [1]; אקימתינון I, 361, 7; אשיטתינון II, 62, 15; 63, 9 (wo AB אשיטינון), אשיטתינען II, 64, 21 „ich verschmähte sie" — *Quadril.:* טארטילתינון „ich warf sie weg" II, 63, 9 (II, 62, 15 dafür falsch ועטארטילתינון); כארכיסתינון „ich machte sie zittern" (?) I, 267, 3.

1. Pl. Die zusammengezogenen Formen באטילנון „wir vereitelten sie" I, 107, 12 (ohne Var.) und פתאהנון „wir öffneten sie" I, 141, 10; 152, 10 (ganz schlechte Varr.) stützen sich gegenseitig; vgl. dazu die Formen bei לִי § 210. Hierher können auch gehören תאקינין „wir ordneten sie" DM 71ᵃ und אסיקנן „wir machten sie steigen" DM 70ᵃ, aber an beiden Stellen passten auch zur Noth die ebenso zu schreibenden Formen ohne Suffix.

3) Nach ו und וּן [2]: **Perf.** *Peal:* שבאקונין, שבאקונען „sie verliessen sie" I, 375, 11; נצאבונון „pflanzten sie"; תראצונון „richteten sie auf"; עהאבונון „gaben sie" Ox. III, 35ᵇ — *Pael:* פאקדונון; זאהרונון „warnten sie"; פאלגונון „theilten sie" — *Afel:* אולונהון „brachten sie" I, 256, 18 (von أَلِفَ § 51); לאודונון „belehrten sie nicht" I, 310, 18 (أَنِفَ أَنُف).

Impf.: נירידפונון „verfolgen sie" I, 246, 13 (besser wohl die Var. תאהליפונון Pael); ניפארקונון I, 107, 21; נינאטרונין Q. 28, 29; נאסקונון, נאסקונהון I, 107, 23; 271, 17; ניראנדידונון „rütteln sie auf" I, 308, 13.

Impt. *Peal:* פרושונון „erkennet sie" I, 24, 14; הותמונין oder התומונין „besiegelt sie" Q. 7, 15, 16, 21; 16, 31 (eines von diesen muss das Richtige sein; die übrigen Varr. sind nichts werth); עוסרונין oder עסרונין „bindet sie" eb. (auch hier werthlose Varr.); סומונין „leget sie" I, 226 ult. — *Pael:* פארקונין Q. 35, 10; נאטרונון Q. 16, 31; אלפונון „lehret sie" — *Afel:* אדריכונון; אפרישונין, אלבשונין Q. 30, 27; אלבישונין „lasst sie treten"; אולונהון „führet sie her" I, 256, 18; אשמונון „lasset sie hören" I, 19, 21.

---

1) Vgl. אשכחתינהו inveni eos Moed. k. 19ᵇ.

2) Bei diesen wird im Talm. oft ינהו für ונהו geschrieben, aber das ist wohl immer falsch. So hat Rabbinowicz קטלונהו „sie tödteten sie" Taanith 21ᵃ, wo die Ausgaben קטלינהו.

C. Die Verba ל"י mit Objectsuffixen.

§ 204. Die mand. Verbalformen von ל"י vor Suffixen weichen, wie die talmudischen, dadurch von den syr. ab, dass sie nach grösserer Aehnlichkeit mit denen von starker Wurzel streben. So wird das Suffix der 3. Sg. beim Perf. nicht an קְרָא gehängt, sondern an קירי, also קירִיהֿ (qerjeh) wie ליגטהֿ, nicht wie קְרָדְהִי ܩܪܳܕܝ; beim Impt. an קוּרִי wie an לוּגט u. s. w.; entsprechend sogar im Pl. קיריויא (qerjûi) wie ליגטויא u. s. w. Freilich kommen daneben noch zum Theil die ursprünglichen kürzeren Formen vor. Denn wie man auch über die Entstehung der schwachen Wurzeln urtheilen mag: dass die Behandlung des 3. Rad. als eines Consonanten in diesen Formen secundär und bloss durch die Analogie des starken Verbums hervorgerufen ist, kann keinem Zweifel unterliegen. Auch im Impf. wird der 3. Rad. consonantisch behandelt, vgl. נישיריאן wie נילוגטאן mit ܬܡܢܶܐ.

Der Unterschied der 1. und 2. Sg. ist im Perf. des Peal auch vor Suffixen fast verloren gegangen, da auch die 1. Pers. gewöhnlich אי vor dem ת hat. Rücksichtlich des אי und י herrscht auch sonst ein wenig Schwanken, entsprechend dem, was wir oben S. 256 bemerkten.

§ 205. *Singular. 1. Person.* 1) Am Verbum ohne Endung: **Perf.** *Peal.* a) kürzere Form: קראן „rief mich" oft = ܩܪܳܢܝ; רמאן „warf mich" öfter; שדאן „warf mich"; שראן, אשראן (§ 24) „gab mir Wohnung"; אנאן „antwortete mir" (öfter) b) längere Form: היזיאן „sah mich" I, 164, 6 und öfter; רימיאן „warf mich" II, 67, 23 und öfter; שיריאן II, 119, 11; סיניאן „hasste mich" DM 9ᵇ und öfter; עניאן „antwortete mir" Ox. III, 7ᵃ [1] — *Pael:* כאסיאן „bedeckte mich"; ראביאן „erzog mich"; שאויאן „machte mich"; האויאן „zeigte mir" — *Afel:* אשקיאן „tränkte mich"; אשריאן „liess mich wohnen" II, 38, 20 f. und öfter; אבריאן „machte mich los" II, 71, 25, 26 und öfter; אתיאן „brachte mich" (oft); אדיאן „führte mich vorüber" II, 73, 2 = ܐܰܥܕܝܰܢܝ; אומיאן „beschwor mich" — *Quadril.:* נאכריאן „entfremdete mich" II, 130, 13; כאלדיאן „bezauberte mich" II, 103, 11.

---

[1]) So Talm. מְחְיָין „schlug mich" Taanith 29ᵃ.

Impf. *Peal:* נישידריאן „löst mich" II, 75, 6; נינאן „antwortet mir" Ox. III, 7ᵇ — *Pael:* נידאליאן „erhebt mich" II, 52, 7; Ox. III, 7ᵇ; תישאויאן „du (f.) machst mich" I, 147, 2; נאסיאן „heilt mich" Ox. III, 7ᵇ — *Afel:* נאדריאן „bringst mich vorüber" II, 48, 9; 89 f.

Impt.: עוניאן „antworte mir" oft — דאליאן „erhebe mich" I, 234, 14; האוריאן I, 163, 9 und sonst „zeige mir" — אהוויאן „zeigte mir" DM 41ᵃ; אתיאן „bringe mich" DM 41ᵃ¹. Neben האוריאן, welches I, 145, 1; 161, 2 auch als Anrede an eine Frau steht, findet sich noch, an ein Fem. gerichtet, האוריין I, 161, 14; 162, 19; dass dies aber schwerlich als eigentliche Femininform anzusehn, erhellt aus den analogen Fällen beim starken Verbum (S. 271).

2) Nach consonantischen Perfectendungen: *3. Sg. f.:* הזאתאן „sie sah mich" I, 145, 9; 174, 17; מטאתאן „kam zu mir"; סנאתאן „hasste mich — האוריתאן „sie zeigte mir" I, 145, 2; 152, 18 (statt dieser Form stände syr. ܣܘܳܝܬܳܢܝ oder nach ostsyr. Aussprache gar ܣܘܳܝܬܳܢܝ mit ausnahmsweiser Bewahrung des *a* ². Dass die mand. Form den Lautgesetzen consequenter folgt, zeigen schon die entsprechenden Formen vom starken Verb wie ܩܰܛܠܰܬܢܝ).

2. Sg.: קראיתאן Q. 52, 29.

2. Pl.: a) כסאיתונאן I, 157, 14 b) קריתון „ihr riefet mich" I, 240, 5; שבאיתון „ihr finget mich" I, 365, 19; רמאיתון I, 365, 20, 21; שדאיתון I, 365, 21, 22; שאויתון „machtet mich" DM 45ᵇ; האויתון „zeigtet mir" II, 66, 9; איתאיתון (CD איתיתון) „brachtet mich" II, 11, 21, Formen, welche wieder von den suffixlosen nicht zu unterscheiden sind (S. 272).

3) An ו und ון: **Perf.** *Peal:* a) קרון „riefen mich" (oft); הזון „sahen mich" Q. 174, 18; רמון II, 43, 21; שדרון II, 60, 8; שרון Ox. III, 51ᵇ; אנון „antworteten mir" II, 120, 8 und öfter; בון „suchten mich" II, 62, 11, 12, alle wieder ganz wie die suffixlosen aussehend; zweck-

---

1) Vgl. אשקיין „tränke mich" Baba m. 60ᵇ; Kidd. 31ᵇ oben (wäre syr. ܐܫܩܝܢܝ).

2) Vgl. z. B. Barh. zu Hiob 33, 4; Jes. 46, 10; WRIGHT, Cat. Facs. XII u. s. w. Doch wird als karkaph. Variante noch ܚܙܳܬܳܢܝ (ganz wie im Mand.) statt ܚܙܳܬܰܢܝ oder ܚܙܳܬܶܢܝ angeführt WISEMAN S. 224.

mässiger daher die längeren Formen: b) קירייון I, 92, 11; 351, 20; היזיון (öfter; an einigen Stellen hat D schlecht היזון I, 164, 22; II, 86, 13, 21); שיביון II, 60, 8; עניון Ox. III, 51ᵇ; sogar בעיון „suchten mich" II, 111, 4 (D ביון) — *Pael:* כאסיון I, 155, 7 und öfter; שאניון „versetzten mich" Ox. III, 51ᵇ; שאויון; האויון — *Afel:* אתיון „brachten mich" I, 116, 22; II, 77, 19; Q. 67, 9; Ox. III, 51ᵇ (לאתיון „brachten mich nicht" I, 244, 7); I, 116, 22 haben CD איתיון¹.

Impf.: Ich finde nur Formen nach Analogie des Perf.'s nämlich ניגשיון „vergessen mich" Ox. III, 18ᵇ und in der entsprechenden Stelle von Par. XI und נימניון „zählen mich" I, 275, 21; 276, 1 (so alle Codd.).

Impt.: *Peal:* הוזיון (so zu lesen für הזיון) „sehet mich" Q. 74ᵇ, 28; שוריון „löset mich" Q. 74ᵇ, 32; קוליון „röstet mich" DM 21ᵇ; עניון „antwortet mir" Q. 62 — *Pael:* כאסיון Q. 74ᵇ, 30.

§ 206. *2. Person.* 1) Am Verbum ohne Endung: **Perf.** *Peal:* a) קראך I, 191, 7; 351, 20 b) היזיאך Q. 52, 11; מיטיאך II, 55, 12 — *Pael:* אסיאך I, 91, 18 und mit besonderer Femininform אסייך Q. 19, 1 — *Afel:* אשריאך II, 61, 15; אתיאך II, 61, 13 f.; אומיאך „beschwor dich" I, 349, 11.

Impf. *Peal:* ניהזיאך, ניהיזיאך „wir sehen dich" Ox. III, 113ᵃ; Par. XI; נינשיאך „er vergisst, wir vergessen dich" I, 66, 7; 349, 22; עניאך „ich antworte dir" I, 370, 17 — *Pael:* עדאמיאך „ich vergleiche dich" II, 108, 5 ff.; עהאויאך I, 114, 17; 161, 3; II, 73, 13² — *Afel:* נאדיאך und לעיאדיאך „führt dich vorüber" II, 89 mehrmals; עיאדיאך „ich führe dich vorüber" II, 107, 10 ff. (von אֲעֲדִי).

2) An consonantischen Perfectendungen: *1. Sg.:* הזאיתאך I, 192, 23, 24 (= הזיתך Hullin 96ᵃ); שאויתאך I, 94, 19; האויתאך I, 119, 12, 13.

1. Pl.: הזאינאך I. 66, 5 und öfter (= חזינך Berach. 58ᵇ); קראינאך; ענשאינאך „wir vergessen dich" I, 157, 5.

---

1) Vgl. אקריון „liessen mich lesen" Berach. 56ᵃ.

2) Vgl. נישוויך Kidd. 70ᵇ oben, das aber eben so gut wie نَفْسِي auszusprechen wäre.

3) An ו und ון: **Perf.** *Peal:* a) קרוך I, 73, 20 und oft b) קירויך DM 38ᵃ; שירויך II, 61, 12; בייך, ביוך „suchten dich" Par. XI, 43ᵃ; DM 81ᵇ — *Pael:* שאויך I, 306, 10 und öfter.

Impf.: a) נירמונאך „werfen dich" I, 299, 21 b) ניניוך „antworten dir" I, 180, 14.

3. Person. 1) Am Verbum ohne Endung: **Perf.** *Peal:* קיריה, § 207. קיריה (קירייא) öfter = קרייה Baba m. 83ᵇ; היזיה Q. 59, 8 = חזייה (oft im Talm.); רימייה, רימיה „warf ihn" — *Pael:* כאסיה, כאסייה Q. 33, 2; I, 239, 11[1] — *Afel:* איתיה, אתיה, אתייה I, 101, 23; Q. 3, 13; 33, 2; אדיה „brachte ihn vorüber" II, 135[2]. — Ein Reflexiv ist wohl עלשיה „vergass ihn" I, 380 ult. (die Varr. ענשיה, ענישה sind kaum richtig).

Impf. *Peal:* אחזייה איחזייה = עהזייה, תיהזיה, ניהזיה Baba k. 117ᵃ; Hullin 95ᵇ[3]; ניבניה „baut sie" I, 329 f.; נישיביה „wir fangen ihn" DM 20ᵇ; ניניה „antwortet ihm" II, 94, 20; ניבעיה „bittet sie" I, 133, 13; עברייה I, 366, 22, 23 — *Pael:* נישאורייה „wir machen sie" II, 62, 15; DM 20ᵇ — *Afel:* טיאתיה „ich bringe ihn" II, 58, 11; DM 16ᵇ.

Impt. *Peal:* הוזיה II, 80, 7; Q. 66, 14 und öfter; מוסיה „verdichte sie" I, 337, 3; בוייא „suche ihn" Ox. III, 93ᵇ; 94ᵃ = Par. XI, 43ᵇ — *Pael:* האויה „zeige ihm"[4] — *Afel:* אשקיה „lass ihn trinken" (öfter im Ox. III); אתיה „bring ihn" I, 102, 8; 135, 12; Ox. III, 93ᵇ; 94ᵃ.

2) An consonantischen Perfectendungen: *3. Sg. Peal:* הזאתה „sie sah ihn"[5]; שראתה „sie löste sie"; אנאתה „sie antwortete ihm" — *Pael:* אסליתה „sie verschmähte ihn" Ox. III, 39ᵇ; האויתה „sie zeigte ihm" I, 162, 20 — *Afel:* אשניתה „sie versetzte ihn" I, 158 ult.[6]. In

---

1) Vgl. שוייה Baba m. 74ᵃ.

2) Vgl. talm. Formen wie אקרייה Baba m. 74ᵃ; אמטייה Sanh. 95ᵃ u. s. w. — אתְיֵיא hat auch das Targ. I Sam. 17, 54, vgl. LAGARDE dazu.

3) Vgl. noch ליתליה Gittin 68ᵇ ganz unten; אירבנייה ebend.; אתניָה Meg. 4ᵃ.

4) Vgl. שויה „mache ihn" Baba b. 172ᵃ.

5) So oft im Talm. חֲזִתֵיה, aber dafür auch הזיתיה Meg. 16ᵃ, wie שדיתיה eb. für שדתיה Gittin 69ᵇ.

6) So auch אייתתיה „sie brachte ihn" Hagiga 6ᵃ oben.

diesen 3 Formen ist wieder dasselbe Lautverhältniss wie in den entsprechenden beim Suffix der 1. Pers. (S. 285 Z. 14).

2. *Sg. Peal:* רמאיתה I, 346, 15 (Var. רמיתה); כלאיתה „hieltest sie zurück" II, 134; שראיתה DM 34ᵇ — *Pael:* אסיתה „heiltest ihn" Q. 41, 10 — *Afel:* אתיתה „brachtest ihn" II, 93, 17.

1. *Sg. Peal:* הזאיתה II, 62, 13, 14 und oft; seltner הזיתה Ox. III, 19"; DM 14ᵇ; רמאיתה I, 118, 21; 333, 13; קלאיתה „ich verbrannte ihn" I, 205, 18; אדאיתה, אדיתה „ich ging an ihr vorüber" I, 180 ff.; II, 28 ff. (= עֲדִיתֵהּ) — *Peal:* אסיתה „ich heilte sie" I, 332, 1; שאויתה I, 118, 22 und öfter; האויתה I, 105, 7 und öfter — *Afel:* אבכיתה „ich machte ihn weinen" I, 91, 1; אהויתה „ich zeigte ihn" (wechselt mit האויתה II, 82); אדיתה „ich machte ihn vorübergehn" II, 92, 9, 15; 93, 3; איתיתה „brachte ihn, sie" I, 135, 11; 150, 13 (vgl. איתיתא, אִיתִיתָהּ Hagiga 4ᵇ; 5ᵃ).

1. *Pl.:* הזאינה oft, wofür DM 25ᵃ הזיניא = חזיניה Bechor. 76ᵇ; קראינה I, 126, 22; שאינה Q. 63, 26; שאוינה I, 158, 5; 244, 2.

2. *Pl.:* a) רמאיתונה I, 349, 4 aber b) שאניתויא Q. 63, 29.

3) An ו und וך: **Perf.** *Peal:* a) קריוא I, 313, 20 Var.; Ox. III, öfter; כסויא Ox. III, 95ᵃ b) קיריויא I, 101, 5 und oft = קריוה Kidd. 70ᵃ unten; היזויא öfter = חזיוה Baba m. 86ᵇ; כיסטריא Ox. III, 108ᵇ; זיכיויא „besiegten ihn" Q. 18, 13 (die Lesart זאכיויא u. s. w. ist falsch); מיטויא I, 242, 21; עניויא „antworteten ihm" Ox. III, 30ᵇ. Die als Varr. vorkommenden Formen קירויא, מיטויא haben keinen Werth — *Pael:* כאסיויא I, 188, 18; 235, 13; שאויויא Ox. III, 95ᵃ; האויויא I, 23, 2 und öfter — *Afel:* Hier sind eigentliche Nebenformen; ausser dem regelrechten אשקויא „tränkten ihn" I, 115, 23 A¹, אתויא, איתויא „brachten ihn" I, 106, 19 A (= אתיוה Ab. z. 17ᵇ; 18ᵇ und אתיוהי Targ. Judic. 1, 7 vgl. LAGARDE dazu) haben wir ohne י: אשקויא I, 115, 23 B; אמטויא DM 41ᵃ (2 Codd.); איתויא II, 73, 20 A und endlich auch mit *n* אתיונה I, 237, 4 (D איתונה).

Impf. *Peal:* ניתלונה ניהזונה, תיהזונה; תישרונה; נימטונה; „hängen ihn" — *Pael:* ניכאסונה; נידאלונה — *Afel:* נאתיונה (sic!) „bringen ihn" Q. 47, 13 (Gebrauchsanweisung).

---

1) Vgl. אמטיוה Baba m. 84ᵇ (auch אמטיוהו) u. s. w.

Impt. *Peal:* הרזויא I, 357, 23 (schlechte Varr.); רומיויא „werft ihn" DM 5ª (2 mal; dafür I, 101, 4 רומיא); בוויא „sucht ihn" II, 59, 2; Par. XI, 42ᵇ — *Pael:* כאסיויא I, 36, 20 und öfter; האויויא I, 44, 4 — *Afel:* Neben אתויא I, 44, 6 AD = אתיוה Gittin 14ᵇ oben wieder ohne ו: אתויא I, 44, 6 B und so אשקויא I, 15 ult. BD (wo A gar אשקויויא); 36, 19; אמטויא I, 44, 3.

Besondere Femininformen nach ו mit latentem ־ִ giebt es auch bei den לי׳ noch einige: **Perf.:** a) קרו „riefen sie" I, 273, 3   b) הזיוו „sahen sie" I, 282, 8; מיטיו „kamen zu ihr" I, 242, 22; תילוו „hängten sie" II, 108, 22 = Q. 42, 23; בניו „bauten sie" I, 329, 16; 334, 15. **Impf.** (ohne ן) תיביניו „ihr baut sie" I, 330, 4.   Fast überall sind hier Varr. mit ויא, so selbst תיבינויויא.

Plural.   *1. Person.* Wenig Beispiele vorhanden. 1) Am Verbum § 208. ohne Endung: **Perf.:** שאויןאך „er machte uns" I, 116, 19 [1].   **Impf.:** ניהזיןאך „sieht uns" I, 135, 13; תישדינאך „wirfst uns" Q. 57, 26; תישאויןאך Q. 30, 11; תיכאסינאך Q. 55, 4; תיהאויןאך Q. 55, 4; Q. 57, 25.   **Impt.:** רמינאך „wirf uns" I, 186, 1 und öfter; הזינאך „sieh uns" I, 61, 14; שרינאך „löse uns" Q. 15, 29 [2]; זאכינאך „mach uns rein" I, 63, 14; אסינאך „heile uns" I, 62, 15, 16 [3].

2) An consonantischen Perfectendungen: מליתינאך „erfülltest uns" Q. 14, 1 (ein Cod. למאיתינאך, soll sein [4]); האויתינאך „zeigtest uns" Q. 14, 2; 27 ult. und öfter.

3) An ו und ןו: **Perf.:** דהוןאך „stiessen uns" Q. 23, 22. **Impf.** mit Zusammenziehung ניהזןאך „sehen uns" I, 257, 23; נישאוןאך (= נישאורןאך § 9) „machen uns" I, 258, 3, welche ebenso aussähen, wenn sie das Suffix der 1. Sg. hätten.

---

1) Vgl. דלינן „erhob uns" Baba b. 73ª.

2) הוזיאך II, 46, 5 (A הזיא) muss bedeuten „sieh uns"; aber die Form ist schwerlich richtig.

3) Vgl. אשקינן „tränke uns" Ab. z. 58ª.

4) Der lange Strich, welcher das ב darstellt, wird nachträglich aufgesetzt, und geräth gelegentlich an die falsche Stelle. — Uebrigens vgl. חזיתינן Baba b. 10ᵇ.

§ 209.   *2. Person.* Noch weniger Beispiele. 1) Am Verbum ohne Endung: **Perf.**: אסינכון „heilte euch" Q. 1, 5 [1]; אתינכון „brachte euch" I, 263, 1. **Impf.**: ערמינכון „ich werfe euch" I, 186, 7; ובנינכון „und ich baue euch" Q. 58, 10; Variantenband S. 223, 6, 8.

2) An consonantischen Perfectendungen: כאסיתינכון „ich bedeckte euch" I, 178, 19 (wo A כאסאיתינכון) I, 280, 23; שאויתינכון „ich machte euch" I, 234, 7; אכגיתינכון „ich liess euch gehn" I, 234, 6, 7. — Es fehlen Beispiele der Stellung nach ון, ו.

§ 210.   *3. Person.* Zahlreichere Beispiele. Wir setzen die Masculin- und Femininformen wieder durch einander.

1) Am Verbum ohne Endung: **Perf.** הזינון „sah sie" I, 162 mehrmals = חזנהו Ketub. 111[b]; 112[a] und sonst [2]; קרינון I, 33, 22 und öfter, מטינהון I, 261, 14; 266, 18 — *Pael:* כאסינון I, 239, 13 und öfter — *Afel:* איתינון „brachte sie" DM 73[a] [3].

Impf.: ניהזינון I, 152, 4; 154, 22; נימטינון I, 386, 5; ורמינון „und ich werfe sie" I, 82, 13 (= וערמי"); נישאנינון „versetzt sie" I, 145, 20 und öfter [4]; נאסגינין „lässt sie gehn" I, 184, 14.

Impt.: הזינון, הזינין II, 68, 18; Q. 41, 17; קרינון Q. 5, 10 [5]; כאסינון I, 250, 15; שאוינין I, 149, 7 [6]; אשקינון „tränke sie" Q. 10, 11 [7].

2) An consonantischen Perfectendungen:

3. Sg. f.: הזאתינון I, 94, 18 und öfter = חזתנהו Rosch. h. 26[b]; מטאתינון I, 261, 23.

2. Sg.: שריתינון I, 346, 16, 17.

1. Sg. Peal: הזאיתינון, aber auch הזיתינון I, 73, 3; 96, 24; 339, 15; DM 77[b] = חזיתינהו Baba b. 73[b] ult.; קראיתינון I, 105, 11, 12; קריתינון DM 66[a]; Par. XI, 32[b] — *Pael:* באליתינון „ich nützte sie ab"

---

1) Vgl. שווינכו „machte euch" Pes. 51[a].
2) Vgl. noch שדינהו „warf sie" Sanh. 39[a]; לוינהו „begleitete sie" Baba k. 116[a]; בננהי „baute sie" (f.) Meg. 4[a] oben.
3) אגלינהו „führte sie in's Exil" Joma 69[b].
4) Vgl. לְסַמְּינהו „blendet sie" Gittin 68[b].
5) Vgl. קלינהו „erhitze sie" Joma 84[a]; מנינהו „zähle sie" Sanh. 39[a] u. s. w.
6) So שוינהי Baba b. 172[a].
7) Vgl. אייתינהו „bring sie" Bechor. 8[b]; Gittin 24[a].

II, 116, 20; שאניתינון I, 145, 19; 158, 1; האוריתינון I, 361, 5 — *Afel*: אסגיתינון „ich machte sie gehn" DM 88ᵇ; אשקיתינון Par. XI, 17ʰ; אומיתינון „ich beschwor sie" I, 103, 16; איתיתינון I, 157, 18.

1. *Pl.*: Ganz entsprechend den oben angeführten Formen פתאהנון und באטילנון (§ 203) haben wir באליגהון „wir nützten sie ab" II, 121, 4; dieselbe Zusammenziehung hat das talm. חזנהו „wir sahen sie" Baba b. 74ᵇ.

3) Nach ו und ון: **Perf.**: קרדינון I, 101 ult. und öfter; מטונון I, 271, 16 [1]; כאסונין Q. 30, 27; אתונון „brachten sie" I, 107, 2; 111, 19, 20; אומונון „beschworen sie" I, 331, 6 (2 mal).

Impf.: נאסטונון „verleiten sie" I, 34, 23 und so zu lesen in der Parallelstelle I, 13 ult. für ניסטונון A und נאסטנון B.

Impt.: הזונין „sehet sie" Q. 9, 21.

D. Participialverbindungen mit Objectsuffixen.

Wie eng die Verbindung des Participiums mit dem Personalpro- § 211. nomen ist, zeigt sich dadurch, dass diese Verbindung wenigstens bei der 1. Sg. zuweilen Objectsuffixe annimmt. Wir haben so לאבישנאך „ich ziehe dich an" II, 133, 1 = أَنْ + ݑ; לאגיטנאך „ich nehme dich" II, 133, 7 [2]; באלאנאך „ich verschlinge dich" I, 143, 14, 20; באיינאך „ich suche dich" I, 72, 5; לגיטנאך „ich halte dich" II, 97, 18; עטרינאך „ich binde dich um" II, 133, 2; מכאסאינאך (sic) „ich bedecke mich mit dir" II, 133, 4 (C מכאסינך); מינשינאך „ich vergesse dich (f.)" DM 38ᵃ (2 mal; der eine Cod. einmal מאנשינאך); und das Fem. באיאנאך „ich (f.) suche dich" I, 156, 17. Mit Suffix der 3. Sg. קארינה „ich nenne ihn" I, 132, 3 und im Pl. מאשקינון „ich tränke sie" DM 14ᵇ = خَمْصُ أَنْ أَنْ; מאיתינון „ich bringe sie" eb. und so טאיבנון „ich bereite sie", wie der eine, und טאיבינון, wie der andre Cod. eb. liest (man erwartete aber das Pael mit מ vorne). Unter diesen Umständen darf man auch die Formen מפארקינון; מאסקינון;

---

1) Talm. חזיוכהו Joma 71ᵇ mit ו.

2) Wollten wir hier nach dem Zusammenhang des Satzes übertragen, so müssten wir sagen: „ich nähme dich", und ähnlich bei einigen der andern Beispiele.

DM 50ᵇ מאהליפינון, מאוקרינון und DM 48ª alle מכאסינון; תארצינון; hierher ziehn und z. B. das letztere als مَسْكَب أَنْا وَنَا "ich lasse sie vorübergehn" erklären; Subject ist nämlich bei allen diesen Wörtern אנא „ich".

E. Infinitive mit Objectsuffixen.

§ 212. Die Verbindung des Inf.'s mit Objectsuffixen findet sich auch sonst im Aram. und im Semit. überhaupt; hier zeigt sich so recht die Verwandtschaft des Inf.'s mit dem Verbum. Die Endung יא fällt vor Suffixen ab.

Sg. 1. Pers.: מיכיבשאן „mich überwältigen" I, 164, 12 [1]; מישיריאן „mich lösen" II, 48, 7; מיהדיזיאן „mich sehn" I, 156, 13; אפוקאן „mich herausbringen" I, 241, 23; אצטוויאן „mich verführen" II, 14, 13 [2]. Da das an nur Objectsuffix ist, so wird man auch in den analogen Verbindungen der 2. und 3. Pers. Objectsuffixe sehn, obgleich der Form nach da auch Possessivsuffixe sein könnten. Dass unsere Auffassung richtig, wird bei einigen Beispielen der 3. Person durch das noch folgende Objectzeichen ל bestätigt; eben dafür sprechen auch die Infinitive mit entschiedenen Objectsuffixen im Pl.

2. Pers.: מיכיבשאך „dich bezwingen" I, 164, 11; בארוכאך; יאקוראך; ראורובאך „dich preisen" u. s. w. alle Q. 53; קאיומאך; שאבודאך;

3. Pers. [3]: מינטרה, מיניטריה „ihn bewahren" II, 55, 3; מידירה „ihn tragen" I, 156, 11 (= מִדְרְעֵה* S. 237, aber nach § 25); מיציבה „ihn taufen" I, 129, 8; מיהדיזיה „sie, ihn sehn" I, 335, 16; Q. 65, 5; Ox. III, 8ᵇ; מישיריה „sie wohnen lassen" II, 48, 5 [4]; כאתורה „ihn erwarten machen" I, 228, 19; נאטורה I, 340, 13 [5] oder מינאטורה I, 340,

---

1) Vgl. Formen wie ܡܚܫܠܟܘܢ I Reg. 18, 9 u. s. w.

2) למיזיבנאי „mich zu kaufen" DM 27 f. (3 mal) mit Possessivsuffix ist kaum richtig.

3) Das Syr. giebt dem Suff. der 3. Sg. am Inf. zuweilen dieselbe Gestalt wie am Impf. z. B. ܠܡܚܒܫܗ Clem. 136, 18; ܠܡܫܬܒܩܘܬܗ ebend. 140, 14, 15; ܠܡܫܬܡܥܘܬܗ Geop. 95, 22; Fem. ܠܡܚܒܫܗ Jes. 37, 33 Hex. Da ist der Ausdruck des Objectverhältnisses ganz deutlich.

4) Vgl. למקרייה Meg. 4ª.

5) Vgl. פיוסה, פיוסיה Joma 87ª unten; Nidda 67ᵇ; פנוייה „ihn wegbringen" Taanith 20ª.

14 (allerlei schlechte Varr.) „ihn bewahren"; אנהורה „ihn erhellen" I, 23, 13; 283, 16; אסיקה „ihn steigen machen" I, 393, 15 [1].

Plural. Von der *1. Pers.* kein Beispiel [2]. Von der *2. Pers.*: מיתריצינכון „euch aufrichten" Ox. III, 5ᵇ; מיקרינכון I, 339, 17; מיתהזינכון „euch sehn" DM 45ᵇ; למאנהירינכון „euch erhellen" Ox. III, 5ᵇ; מיקאימינכון „euch aufrichten" eb. In den letzten beiden Beispielen ist das י nach dem 2. Rad. verschwunden, und da dies auch vor dem Suffix der 3. Pers. immer geschieht, so darf man es wohl nicht aus Schreibfehlern erklären.

3. Pers.: מיכלינהון „sie essen" I, 267, 22 [3]; מיחזינון „sie sehen" DM 80 = מיחזינהו Berach. 6ᵃ; מיתאקנינון „sie feststellen" II, 340, 12; באהתינון „sie beschämen" I, 173, 4; מאלפינון „sie belehren" I, 318, 24; מאנהירינון und מאפרישינון „sie belehren" I, 76, 22, 23; 77, 1; אפרישינון Ox. III, 102ᵇ; 103ᵃ; אסקינעך II, 340, 12 alle ohne י in der Mitte [4]. Und beim Pael und Afel von לי׳ fällt sogar der ganze Schluss der Wörter vor dem Suffix ab: ויירא מישאנינון „sie versetzen" I, 151, 22; מישאוינון „sie machen" I, 171, 4 (beide mit י nach dem מ wie bei den Präfixen des Impf.'s); מאשקינון „sie tränken" I, 318, 24.

6. אית.

Das ursprüngliche Nomen אית [5] „Existenz" hat, wie seine Reflexe mit oder ohne לא auch sonst im Aram., Hebr. und Arab., die Ten- § 213.

---

1) Vgl. אתרייה „ihn bringen" Hullin 139ᵃ.

2) Talm. לאשמועינן „uns hören zu lassen" R. hasch. 8ᵃ (2 mal).

3) Vgl. מימרינהו Meg. 16ᵇ und andre der Art. Auch im Syr. wäre ܐܢܘܢ ܠܡܐܡܪ unbedenklich.

4) Talm. dagegen אזופינהו, זבונינהו, חלופינהי Meg. 26ᵇ; אשלומינהו Berach. 8ᵇ oben; אודועינהו Moed. k. 21ᵇ. Doch מייצינהו „sie ausdrücken" Moed. k. 10ᵇ ohne י.

5) Aus den Formen אִיתַי (biblisch-aram.), אית, איתא אִית אִית resp. לָא אִיתַי, לֵיתָא (Sanh. 97ᵃ und öfter im Talm.; bei Ǧawâlîqî 13, 2 als لَنا citiert), ܠܝܬ لَيْسَ كَما (mit ausnahmsweiser Vertretung des ت durch س) ergiebt sich als semit. Grundform etwa *jiṯai*. (Die positive Form wäre im Arab. nicht أَيْسَ, welches erst secundär aus لَيْسَ zurückgebildet, sondern

denz zum Uebergang in die Categorie des Verbums. Dies zeigt sich theils in der Formation, theils in der syntactischen Verbindung. Jene Tendenz ist eben bedingt durch die Bedeutung des Wortes, welche sich mehr für den verbalen als den nominalen Character eignet.

Das einfache Wort ist עת, עית, mit לא zusammengesetzt לאיית, welches nur vor Encl., dann aber stets, einsilbig und mit der dabei nöthigen Aufhebung des Diphthonges zu לית wird (z. B ליתבה, aber לאית בגאוה, öfter in Parallele I, 64 f.) [1].

Die semit. Sprachen kennen mehrere Arten, das Wort mit pronominalen Elementen zu verbinden; die meisten davon sind auch im Aram. üblich, aber das Mand. gebraucht nur eine. Diese Arten sind

1) die ursprüngliche Verbindung mit Possessivsuffixen (ܐܝܬܝ, ܐܝܬܘ u. s. w.); dies ist die bei weitem üblichste Weise im Syr., im Bibl.-Aram. und in den babyl. Targumen. Im Samar. und theilweise in den jerus. Targumen treten die Suffixe an das blosse אית, לית, so dass die Wörter wie Singulare, nicht wie Plurale aussehn; ganz so in dem seltsamen لَيْسِي Mufaṣṣal 53, 9.

2) Mit selbständigem Personalpronomen wie לית אנא יכיל „ich kann nicht"; sehr beliebt in den spätern palästinensischen Dialecten

---

*) ليس. Der Auslaut ai, welcher in איתא zu â geworden und in لَيْسَ wenigstens noch als ă erhalten ist, zeigt sich übrigens nicht bloss wieder in der Art, wie die Possessivsuffixe angeknüpft werden, איתוֹהִי ܐܝܬܘܗܝ u. s. w., sondern auch in dem Substantiv ܐܝܬܝܐ „Wesen, Princip", welches nichts ist als der Stat. emph. zum Stat. abs. אִיתַי ܐܝܬ, zu dem es sich verhält wie z. B. der St. emph. ܡܚܫܡܢ zu ܡܚܫܡ. — Auch das Mand. bildet ein solches Substantiv, verwendet dazu aber das unflectierte עית, עית ohne alle Endung; dasselbe wird wegen des ת als Fem. gebraucht I, 185, 1, 4, 5, 21 (§ 130 — עתיא Q. 55, 29 ist nicht ܐܝܬܐ, woran man leicht denken könnte, sondern אֲתִיָא „das Kommen"). — Der ursprüngliche Substantivcharacter erhellt noch deutlich aus der beliebten Construction ܐܝܬܘܗܝ ܗܘܐ und ܐܝܬܘܗܝ ܗܘܐ (für und neben ܐܝܬܘܗܝ ܗܘܘ, ܐܝܬܝܗܘܢ ܗܘܘ) und ähnlichen Verbindungen vgl. § 272.

1) Ueber die Form der Suffixe an ב und ל hinter עת und לית siehe § 159.

in den Rabboth, den jerus. Targumen (z. B. לית את מלכא und לית und לית
אנא מלכא Esther II S. 232, 13, 14 Lag.), dem jerusal. Talmud (welcher
zusammengezogene Formen לית אנן, לית אנא = לינן, לינא bildet), dem
Christl.-Paläst. und einzeln auch im babyl. Talmud (z. B. צבי לית הוא
עביד Joma 86ᵇ unten; 87ᵇ oben), im babyl. Targum (z. B. 2 Sam. 7, 18;
1 Reg. 3, 7) und auch im Syr. (ܐܢܐ ܠܟܐ Iob 7, 21; ܥܡܗ ܠܢܐ ܐܢܐ Land,
Anecd. III, 281, 13; ܐܢܐ ܠܘܬ ܐܢܐ ebend. 285, 7; ܐܢܕܝܢ ܬܝܣܛܠܡܬ ܠܐ ebend.
258, 17).

3) Mit Objectsuffixen. So hebr. רְשָׁנוּ, dessen Punctation allerdings
nicht über allem Zweifel erhaben ist, arab. das seltne لَيْسَنِي (Mufaṣṣ.
53, 9), dem gleichsteht لَيْسَ إِيَّاىَ eb. 53, 8; auch wohl das nicht ganz
seltne ܠܗ ܐܢܐ, ܠܢܐ ܐܢܐ z. B. Ps. 73, 5; Jer. 10, 20; Aphraates 274, 6
(lin. 7 ܠܗܘܢ܂); Matth. 2, 19 Cureton (Pesh. ܠܗܘܢ) u. s. w. Die
syr. Construction liesse sich freilich auch zu 2) zählen. Allein üblich
ist aber diese Verbindung im Mand., wie sie auch im Talm. fast ausschliesslich vorkommt. Zu beachten, dass vor Suffixen immer אית׳
geschrieben wird; wahrscheinlich ist dies durch Einfluss der negativen
Form לאית׳ geschehn. Wir haben so:

Sg. 1. איתאן I, 138, 2; 366, 20 — לאיתאן I, 156, 15; 312, 3 =
DM 61ᵇ ¹.

2. איתאך I, 17, 8; 393, 4 — לאיתאך I, 156, 16.

3. איתה oft = איתיה Meg. 19ᵃ und öfter — לאיתה oft = ליתיה
Kerith. 10ᵃ.

Pl. 1. איתינאן I, 109, 4 (A falsch איתינין) = איתינן Pes. 50ᵃ.

2. איתינכון I, 19, 10 = איתינכו Pes. 87ᵇ.

3. איתינהון, איתינון oft = איתנהו Sanh. 113ᵃ unten; Hagiga 12ᵇ
und öfter (vgl. fem. איתנהי Luzz. 88 und ליתנהו Sanh. 113ᵃ;
Hullin 139ᵃ; ליתנהי Luzz. 93) ².

4) Die völlige Hinüberziehung zum Verbum durch Anknüpfung der
Perfectendungen ist im Arab. لَيْسَ, لَسْتَ u. s. w. vollzogen.

---

1) An den letzten beiden (identischen) Stellen ist לאיתין gut bezeugt.

2) Pluralformen kommen bei לאית׳ nicht vor.

Zu erwähnen ist noch die Zusammensetzung mit כא in עכא, אכא und ליכא, לעכא = talm. איכא und ליכא. Das befremdliche א für ע erscheint besonders in מיאכא, מעיאכא und selbst מאכא num existit?; ebenso haben wir ausnahmsweise מעיאתלאיכון num vobis est? II, 57, 13 (2 mal) für מע עתלאיכון eb.[1].

---

1) Vgl. § 272.

DRITTER THEIL.
Syntax.

Vorbemerkungen.

Die mand. Syntax unterscheidet sich in ihren Grundzügen wenig § 214. von der syr., wie wir sie aus rein syr. schreibenden Schriftstellern z. B. Aphraates kennen. Der nach griechischem Muster modelte oder gradezu sklavisch aus dem Griech. übernommene Satzbau mancher syr. Schriftsteller kann hier natürlich nicht in Betracht kommen. Das Mand. bewährt sich eben durch seine Syntax als eine ältere aram. Mundart. In mancher Hinsicht hat es die ursprünglichen Anlagen des Aram. sehr glücklich entwickelt, namentlich in Bezug auf freie Wortstellung, deutlichen Ausdruck der Gedankenübergänge durch zweckmässige Verwendung der Partikeln und angemessene Bei- und Unterordnung der Sätze. Dass die mand. Schriftsteller, deren Werke uns vorliegen, meist sehr untergeordnete Geister gewesen sein dürften, ändert hieran nichts. Vielmehr erkennen wir bei weniger originellen Schriftstellern, wenn sie nur einigermassen fliessend zu schreiben verstehn, um so besser den Gesammtcharacter der Gemeinsprache.

Auf der andern Seite fängt das Mand. aber an, manche feineren Unterschiede zu verlieren. Der durch rein lautliche Gründe, wie im Syr., verursachte Verlust vieler unterscheidenden Formen hat zwar noch nicht das Gefühl für die Bedeutung derselben vernichtet: denn wenn נפאק = נְפַק, נְפַקוּ, נְפַקִי sein kann, so unterscheidet das Mand. doch noch den Plur. beider Geschlechter auch beim Perf. Es kann ja nicht bloss im Nothfall die Nebenformen נפאקיאן, נפאקיון anwenden, wie die Syrer ܢܷܦܩܳܢ, ܢܷܦܩܘܢ sagen können, sondern bei den Verben ל'י unterscheidet es beständig ohne jede Verwechselung קרון von קרא. In diesem Falle mochte schon das Gegenüberstehn der auch lautlich immer getrennten Formen des Impf.'s das Gefühl für die Unterscheidung aufrecht erhalten, aber noch bezeichnender ist, dass das Mand. durch die Form קראי = مِنٓي zeigt, dass es sogar beim Imperativ den lautlich sonst überall verwischten Unterschied des Geschlechts noch fühlte. Selbst von der 3. Pl. f. kommen im Perf. und Impf. bei den לי׳ noch einzelne besondere Formen vor. Aber freilich ist grade die Unterscheidung der Formen für die Geschlechter, wenigstens im Plur., stark im Absterben. Hat doch schon das Hebr. die weibliche Form der 3. Pl. Perf. verloren und lässt im Impf. und bei den Pronomen zuweilen das Masc. für das Fem. eintreten. Aehnliche Erscheinungen zeigen sich schon ziemlich früh in den andern aram. Dialecten; die neusyr. Mundarten ersetzen sogar mehrfach männliche Formen durch weibliche. Die syr. Schriftsprache ist vielleicht nur durch die enge Berührung mit dem Griechischen und die dadurch bedingte schärfere grammatische Schulung vor solcher Nachlässigkeit bewahrt.

Auch der schon im Syr. ausgeartete Gebrauch der Status des Nomens hat sich im Mand. noch etwas weiter von seiner ursprünglichen Feinheit entfernt, und in gleicher Weise bemerken wir noch sonst hie und da Entartungen oder Ansätze zu syntactischen Neubildungen. Aber trotz alledem kann das Mand. durch seine, von fremden Einflüssen fast ganz freie[1], Syntax Anspruch darauf machen, als Repräsentant einer wichtigen Entwicklungsstufe des Aram. und des Semitischen überhaupt zu gelten.

I. Von den Redetheilen.

§ 215. In diesem Abschnitt betrachten wir die Bedeutung der einzelnen Wortclassen oder grammatischen Categorien, sowie solcher Wortgruppen, welche noch keinen vollständigen Satz bilden. Wir beginnen wieder mit dem Nomen und gehn dann zum Verbum über. Im Einzelnen werden wir aber zweckmässig in manchen Stücken von der Anordnung der Wortclassen abweichen, welche wir in der Formenlehre beobachtet haben.

---

[1] Einige, wie es scheint, aus dem Persischen stammende Erscheinungen theilt das Mand. mit den übrigen aram. Dialecten.

1. Nomen.

Geschlecht.

Wie alle semit. Sprachen hat auch das Mand. nur zwei gramma- §215a. tische Geschlechter. Der Gegensatz von Sachen und Personen ist allein in מא und מאן „was?" und „wer?" auch formell deutlich zum Ausdruck gebracht; beide Wörter werden aber als Masculina behandelt. Bei den eigentlichen Substantiven ist für eine Sprache, welche darauf die natürlichen Geschlechter überträgt, auch kein besonderes Bedürfniss eines Neutrums; dagegen wäre ein solches erwünscht beim substantivisch gebrauchten Adjectiv. Es kann störend sein, wenn man an der Form nicht erkennt, ob man ein Wort als „der Gute" resp. „die Gute" oder als „das Gute, das Gut" auffassen muss. Das Mand. setzt nämlich in diesem Fall zuweilen das Masc. z. B. אפריש נהורא מן השוכא אפריש טאבא מן בישא „er schied das Licht von der Finsterniss, schied das Gute vom Bösen" Q. 53, 2; טובה למאן דאביד טאב ואי ואי למאן דאביד ביש. „Heil dem, der Gutes thut, Wehe, Wehe dem, der Böses thut" DM 54ᵇ und so öfter טאב, טאבא und ביש, בישא [1]; so auch האליא „Süsses" und מארירא „Bittres" I, 176, 16, 17. Aber viel beliebter ist hier doch das Fem. z. B. טאבתא „das Gute" I, 106, 5; 107, 8; 111, 4 (zum Theil gradezu mit Var. טאבותא); קאדמאיתא und באתראיתא „das Erste", „das Letzte" I, 278, 14, 15 (בקאדמאיתא „zuerst" I, 278, 3, wozu הום „darauf" den Gegensatz bildet); כולהין שאפיראתא omnia pulchra I, 217, 4. So haben sich denn von Alters her durch eine Femininendung aus dem Adjectiv manche Neutral- und Abstractformen gebildet (z. B. die Abstracta auf ית im Hebr.; das abstracte فَعِيلة u. s. w.). Auch beim Pronomen ist so האזא dieses; ferner vgl. ניביא דנאפשא וכאבירא עלאך „wir suchen das, was dir viel (f. st. abs.) und gross ist" II, 66, 17; אכאנדית דעתיתא לאהואת „noch war nicht das, das zukünftig war" I, 294, 23.

---

1) So im Hebr. טוֹב und רַע Gen. 3, wo Pesh. (auch nach Aphraates 234, 4; 419, 12) ܛܒܬܐ und ܒܝܫܬܐ hat, aber auch syr. so ܛܒ und ܒܝܫ Aphraates 170, 13; 338, 4 (ganz ähnlich wie in der mand. Stelle ܠܛܒܗܘܢ ܒܝܫ ܡܢ ܛܒ, nur dass ܦܪܫ da heisst „er unterscheide").

Hiermit steht in Verbindung die Anwendung des Femin. für das Verbum impersonale und die Auffassung von gewissen Ausdrücken wie מינדאם als Feminina (s. § 256. 277).

Status absolutus und emphaticus.

§ 216. Die alte Bezeichnung des determinierten Nomens durch den suffigierten Artikel (status emphaticus) hat sich nur im Westaramäischen (Bibl.-Aram.; Christl.-Paläst.; Talm. jerus.; Samarit.; im Allgemeinen auch in den Targumen; ferner im Palmyr.) in ihrer eigentlichen Bedeutung erhalten. Das Syr. und Talm. gebrauchen den Stat. emph. so häufig, dass er aufhört ein unterscheidendes Zeichen der Determination zu sein[1]. Ebenso ist es im Mand. Die Hauptregel ist hier wie im Syr.: Substantiv und attributives Adjectiv stehn überwiegend im Stat. emph., jedoch das prädicative Adj. im St. absolutus.

Allerdings kommen nun aber auch im Mand. noch beim Substantiv einige Fälle des St. abs. vor, welche in letzter Instanz grösstentheils in dessen ursprünglicher Bedeutung wurzeln, ohne dass jedoch die Sprache davon ein deutliches Gefühl hätte.

1) Bei Eigennamen, welche an sich determiniert sind und keiner besonderen Determination bedürfen, und so bei einigen wenigen wie Eigennamen gebrauchten Wörtern, nämlich שאמיש „die Sonne" (wie die Eigennamen der andern Planeten נירינ, ביל u. s. w.)[2] neben שאמשא; נהור und השוך „das Licht" und „die Finsterniss" (als Principien), aber häufiger נהורא und השוכא; עמרום „die Himmelshöhe, der Himmel" (eigentlich ein Fremdwort s. § 110 Anmerk.) neben מרומא[3]; so auch

---

1) Dass dem Syr. durchaus das Gefühl abhanden gekommen, dass der Stat. emph. die Determination bedeute, sieht man u. A. daraus, dass sehr wörtliche Uebersetzungen den griech. Artikel durch das besondere Wort ܗܘ u. s. w. wiedergeben, welches an sich viel stärkere demonstrative Bedeutung hat. Wirklich ist aber in einigen neusyr. Dialecten so ein neuer präpositiver Artikel aus ܗܘ u. s. w. entstanden.

2) סירא „der Mond" ist stets im St. emph. als Appellativ; der Eigenname dieses Gestirnes als Planet ist סין.

3) Aehnlich ܫܡܝܐ „der Himmel" Cyrillonas (Z. d. D. M. G. XXVII) I, 90; Isaac in ZINGERLE's Chrest. S. 398, 26.

גארגול גיהראת „die Himmelssphäre (syr. ܓܝܓܠܐ) verdunkelt sich" DM 15ᵃ. Aehnlich ist auch wohl מאי „das Wasser" aufzufassen, das nicht selten = מיא steht z. B. I, 89, 7; hier ist vielleicht der Gegensatz zu dem fremden, als Eigennamen betrachteten תיביל „Erde" von Einfluss (so natürlich auch die Höllennamen עשיול, גוהנאם, welche durchaus Eigennamen).

2) Für nicht determinierte Substantiva kommt der St. absol. etwa so häufig vor wie im Syr. So namentlich in distributiver Wiederholung in festen Redensarten [1] wie זאן זאן „von allerlei Art" I, 268, 16, 17; 378, 6; צבו צבו „etwas Gewisses" I, 116, 23; דמו דמו „allerlei Gestalten" I, 105, 3; בדמו דמו „in allerlei Gestalt" I, 279, 19; בדגור דגור „haufenweise" I, 106, 18; מאלכיא דאתאר אתאר „die Könige von allerlei Ländern" I, 6, 13; באתאר אתאר „an allerlei Orten" I, 50, 19; 385, 20; יום ביום „Tag für Tag" I, 138, 14 u. s. w.; שנא בשנא „Jahr für Jahr" I, 273, 10; למדין מדין; במדין מדין „Stadt für Stadt" I, 29, 21; II, 75, 13; לבוש על לבוש „Kleid über Kleid" I, 274, 4 (noch einige weiter unten S. 303). Aber daneben auch der St. emph. z. B. יאהרא ביאהרא „Monat für Monat" I, 273, 11; דינא דיומא ביומא „tägliche Gebühr" I, 388, 13; מן מדינתא למדינתא ומן מאתא למאתא „von Stadt zu Stadt und von Ort zu Ort" I, 388, 8; אתרא על אתרא I, 50, 21 u. a. m. — Jenen Redensarten schliessen sich an Fälle wie זיק ניזיל וזיק ניתיא „ein Wind geht und ein andrer kommt" Ox. III, 46ᵃ = Par. XI, 75ᵇ; מן זבאן ועדאן לאלאם; מן סמאל ליאמין „von links nach rechts" I, 214, 25 „von aller Zeit an bis in Ewigkeit" I, 7, 3; vgl. beide Status unmittelbar zusammen in האשתא מאטיא זבאן ועדאן ומאטיא עדאנא וזיבנא „jetzt kommt Zeit und Augenblick" u. s. w. II, 76, 15.

Ferner oft bei כול „jeder"[2]: מן כול זאן „von aller Art" I, 380, 14 und öfter; לכול אתאר „nach jedem Ort" I, 4, 6. Sonst aber כול תארמידא

---

1) Vgl. ܚܘܠܡܢܐ ܠܚܡܐ ܝܠܚܡܐ ܘܠܒܘܫܐ ܠܒܫܐ Mart. I, 185, 11; ܘܢܦܫܐ ܠܢܦܫ Hebr. 9, 10; הדסא הדסא „Glied für Glied" Apost. apocr. 178, 7 und öfter; ܚܠܝܡ ܚܠܝܡ Acta 10, 46: ܠܒܝܬ ܡܢ ܒܝܬ „von Haus zu Haus" Mart. I, 182, 15. Und so manches Aehnliche.

2) So sehr oft im Syr. wie auch nach ܐܢܫ, ܐܚܪܢ und Zahlwörtern.

„jeder Priester" I, 223, 16 u. s. w. und gern unmittelbar zusammen כול יום כול יומא „jeden, jeglichen Tag" I, 230, 11 und oft.

So auch zuweilen bei einer Negation האזילה ליאמא דלאראב ולאששא ולאמאבארתא „sie sehen das Meer ohne Schiff (ܓܳܫܳܐ ארבא), Floss (ܐܰܡܳܐ) und Furth" I, 382, 3, wo wieder beide Status neben einander (nur B hat auch לאשאש im St. abs.); על עביד ועל מאבאד רוהצאנא באלמא ליתליא „ich habe kein Vertrauen in der Welt auf etwas Gemachtes und Bewirktes" I, 367, 12 (aber עביד und מאבאד auch sonst so); מינדאם שאפיר לאבאד „machte nichts Schönes" I, 111, 9; ליתלאיהון יום דביש „sie haben keinen bösen Tag" I, 9, 11[1]; בבירייא עליצא לאתאסגון „geht nicht in einer engen Strasse" (§ 128) Q. 56, 18.

So sagt man auch stets פלאן „ein Gewisser" = ܦܠܢ aber doch, entsprechend der Abneigung gegen den Gebrauch der Femininformen im St. abs., פלאניתא (wo das Syr. ܦܠܳܢܺܝܬܳܐ, mit ausnahmsweiser Beibehaltung des th im St. abs., hat) z. B. פלאן בר פלאניתא „NN. Sohn der NN." Par. XI, 46ᵃ (mehrmals). So auch עניש „ein Mensch", „Einer" (mit und ohne Negation); ähnlich צבו „Etwas" I, 45, 20; 96, 11[2].

Weiter steht dann auch sonst noch der St. abs. bei manchen indeterminierten Substantiven und substantivisch gebrauchten Adjectiven (relativ eher etwas häufiger als im Syr.) z. B. דין „ein Urtheil" II, 26, 16 (I, 229, 7 in einer ähnlichen Stelle דינא); עצבא בסאר „Färbung von Fleisch" I, 92, 22; 211, 8; הריג לאקו האכים לביש „gerieben zur Beängstigung, schlau zum Bösen" I, 186, 12 und so öfter טאב und ביש; גבאר כשיט „ein wahrhafter Mann" I, 275, 18; II, 79, 17, 20; אתאר זאדיק „ein gerechter Ort" II, 123, 24; אתאר כסיא „ein verborgner (allerdings bestimmter, aber zur Erhöhung des Eindrucks unbestimmt gelassner) Ort" I, 73, 22; 101, 20 und öfter u. s. w. Besonders so in gewissen Zusammensetzungen mit Präpositionen[3]: ברמאש „Abends" II, 101, 4; Ox. III, 48ᵃᵇ; בפום „mündlich" II, 75, 15; בשלאם „in Frieden" I, 191,

---

1) Vgl. ܕܠܐ ܟܠܝܢ ἀκωλύτως Acta 28, 31; ܕܠܐ ܪܫܝܢ 1 Cor. 1, 8; ܕܠܐ ܣܟܠܝܢ Hebr. 9, 28; ܒܠܐ ܚܝܠܐ Hebr. 7, 18; ܘܡܛܠ ܕܠܐ ܚܛܐ Hebr. 11, 12 und manches Aehnliche.

2) So ܨܒܘ LAGARDE, Anal. 175, 8 und öfter.

3) Vgl. ܒܪܡܫܐ Matth. 5, 3; 22, 43; ܒܦܘܡܗ und manches Aehnliche.

15 und öfter; בטאבו "in Güte" I, 274, 10 und öfter (I, 104, 15, 16 parallel damit בטאבותא); בזאכו "in Reinheit" I, 284, 21; לטאב עדײכרוך "gedachten deiner zum Guten" DM 18ᵇ [1]; על אתאר "auf der Stelle" II, 94, 22 und öfter; בדאליל עתיב "sass in Bedrängniss" II, 91, 23, 24; בקאליל נאפקאן "gehn schnell vorüber" I, 156, 15; מן קדים "von Alters her"; מן ריש "wiederum" [2] I, 95, 4; "zuerst" II, 86, 11, 12; מן ריש בריש "von einem Ende zum andern" "gänzlich" sehr oft; תיסאק לריש "es wird zu Ende gebracht" Q. 10, 10; 63, 20 und activ אסיק לריש "vollenden" I, 18, 11 und öfter [3]; בנפיש "ausgedehnt, viel" (oft) und נפיש בנפיש I, 237, 15, welches wie יאתיר ביאתיר "in grossem Masse" I, 237, 16 und das eben genannte מן ריש בריש eigentlich zu den oben S. 301 genannten Fällen gehört; לאלאם "in Ewigkeit" [4] u. s. w.

In Fällen wie אילאתא בדבאר "Hindinnen auf dem Felde" I, 174, 14, 21 (I, 287, 16 בדיברא); גוניאן רמא באלמא "warf Tadel in die Welt" I, 359, 12 und so גוניאן I, 277, 8; דוכתא דזיו "Ort des Glanzes" Q. 3,

---

1) Vgl. schon das דכיר לטב auf den Sinai-Inschriften.

2) Talm. מריש Luzz. 95; syr. ܡܢ ܪܝܫ, ܡܪܝܫܐ (neusyr. ܡܪܝܙܐ).

3) Vgl. syr. ܡܢ ܣܘܦ ܠܣܘܦ "von einem Ende zum andern", "völlig" Susanna v. 55; 59; Mart. I, 71, 12; II, 289, 23; ܣܘܦ ܣܘܦ "zu gleichen Theilen durch einander" Geop. 83, 23; 89, 17; 90, 16; 92, 26. Dies entspricht dem pers. سَراسَر, سَر بَسَر, und daher möchte auch diese Redensart kommen, ebenso wie סליק בריש, אסיק לריש (syr. z. B. Jes. 54, 17; Deut. 29, 9; in jüd. Schriften beliebt) aus بسم آمدن, بسم شدن, بسم, resp. رسيدن, بسم بردن, بسم آوردن سم entstanden sein wird. Den pers. Redensarten liegt die Bedeutung "Spitze, Rand, Gränze" für سم zu Grunde. Da diese dem ריש eigentlich fremd ist, so hat sich das Aram. die verbale Redensart durch Ersetzung des zu "Haupt" besser passenden סליק "steigen" für das blosse "hinkommen" (آمدن u. s. w.) heimischer gemacht. Aehnlich jenem מן ריש בריש ist ܠܒܐ ܒܠܒܐ = ܠܒܠܒ, לָבָלֵב, לֵב בְּלֵב; aber vgl. schon hebr. פה לפה, מפה לפה.

4) Der St. emph. ܥܠܡܐ ist auch im Syr. fast nur für "Welt" gebräuchlich, dagegen: ܠܥܠܡܐ "in Ewigkeit" und so denn selbst ܥܠܡܐ "die Ewigkeit" Clem. 16, 6.

16 (sonst זייוא); בית ציהיון „Wüste" I, 180, 21 (= ܚܽܪܒܳܐ ܀ Deut. 8, 15; בי צחוונא Targ. eb.); דאריא ראבות זמאר „Häuser der Musikmeisterschaft" (= Häuser der Unzucht) I, 274, 16 (und oft) kann man immerhin den St. abs. noch als Ausdruck ursprünglicher Indetermination auffassen, aber die Sprache hat doch das Gefühl davon verloren. So bildet sie von מארגוש „Unruhe" gar keinen Stat. emph. mehr[1]. Und דבאר behandelt sie ganz wie ein determiniertes Wort mit Hinzufügung eines Adjectivs im Stat. emph. und Voraussetzung des Personalpronomens, פוק מינה מן דבאר צאדיא „geh aus dem Felde heraus" I, 119, 11 (בדבאר צאדיא auch I, 382, 1); so nun auch אריבלה לטאבו בביש „er mischt das Gute mit Bösem" I, 112, 14[2] und gar גבאר (Cod. האיזין) מנא האזין „woher ist dieser fremde Mann?" Ox. III, 52[b] und עצטרון כאסיא נוכראיא I, 372, 7. So wird das beliebte האסיר ובציר „mangelhaft und unvollständig"[3] (z.B. דלא האויא מינה ה׳ ור׳ „von dem nichts Mangelhaftes ist") nicht bloss in Fällen wie ומיתמילכיא על ה׳ ור׳ „und berathen sich über Mangelhaftes" I, 74, 14; ומאן נאפקינאן מן ה׳ ור׳ „und wer führt uns aus mangelhafter Welt heraus" I, 73, 14, sondern selbst in פאלגירא לכולה ה׳ ור׳ „theilten das ganze Mangelhafte" I, 112, 20[4] gebraucht. So steht auch in einzelnen seltnen Fällen das Adj. im St. emph. beim indeterminierten Substantiv im Stat. abs. s. Z. 8 ff. Etwas Anderes ist

---

1) Vgl. syr. Wörter wie ܩܰܕܺܝܫܳܐ, die keinen St. emph. haben, wenn sie auch determiniert sind. Viel weiter gehn darin spätere nestor. Dichter im ܚܰܠܳܒܳܐ ܢܣܺܝܒ u. s. w., welche nach Erforderniss des Reims und Metrums, gegen die alten Sprachgesetze, den St. abs. für den emph. setzen und z. B. ܓܰܒ ܚܶܙܶܡ, ܪܳܚܶܡ ܚܰܠܳܒܳܐ sagen.

2) Wir sahen schon mehrfach, dass die Sprache das Verhältniss der Endungen ו und יתא zu einander nicht mehr recht erkennt und die Wörter auf ו als selbständige Classe aufzufassen beginnt. So mag auch בדמו האנאתה ד׳ „in der Gestalt, welche" I, 278, 10 die richtige Lesart sein, obgleich es nahe liegt, hier eine Ersetzung von בדמותא durch das viel häufigere בדמו Seitens der Abschreiber anzunehmen.

3) Im Gegensatz zu der Vollkommenheit der obersten Lichtwesen und ihrer ersten Schöpfungen.

4) Für להאסיר I, 11, 16, 17 ist aber mit A להאסירא zu lesen. — Für אתון דשגיריא „erhitzte Oefen" II, 26, 13 lies אתוניא שגיריא.

es bei einer Aufzählung mehrerer attributiver Adjective in Fällen[1] wie
דזאן האזאזבאן זריז הליץ מליך רוגזא „des Zan Hazazban, hurtig, tapfer,
Zorneskönig" I, 181, 17; 208, 14; גאברא פתולא תאנגארא גטיר הליץ
מזאראז קאיימבד „der ehelose Mann, der Kaufmann, gewaltsam, tapfer,
hurtig, steht darin" I, 273, 14; hier stehn die Attribute loser und bilden eine Art selbständigen Satz[2].

Wie im Syr. tritt endlich die Endung des Stat. emph. nicht an einige Fremdwörter; so die schon genannten עשיול, תיביל, aber auch איאר = أيْن ἀήρ, im Mand. „Aether" (oft); בילור (syr. ܒܝܠܘܪ) = βήρυλλος I, 9, 21; אפסוס = pers. أَفْسُوس „Scherz" I, 213 ult.; אואר = pers. آوَار „Verwüstung" I, 385, 7; באואר = pers. بَاوَر „Glauben" I, 278, 21; קאלאזאר = pers. كَارْزَار „Kampf" I, 386, 19 (syr. ܩܪܒܐ, von BA durch ܡܨܕܢܐ, الفارس, البطل erklärt)[3]; האנשימאן (und Varr.) „Versammlung" = pers. أَنْجُمَن, im Pâzand noch hangaman (syr. ܗܢܓܡܐ unbelegt) I, 390, 13; 392, 17 u. s. w.

Im Plural kommt der St. abs. bei Substantiven fast nie vor. Denn wenn auch beim Masc. die 3 Status, besonders wegen des beliebten Abfalls des ן, in der Schrift nicht zu unterscheiden sind, so spricht doch das Fehlen von Formen mit ן dafür, dass der St. abs. hier wirklich äusserst selten geworden. Sichere Fälle sind ל תושביהאן „Lobpreisungen seien (oder eigentlich „sind") dem" Q. 55, 19 ff.; אליהין I, 185, 15, wofür Ox. III, 27[b], 28[a] gar אליהוך (lies beidemal אלאהין) „Götter" und מאריואן „Herren" (§ 132) I, 185, 16; 222, 19, welche beiden aber in der Bedeutung des St. emph. stehn. ולאמאנדאזבה כודכין

---

1) Aehnlich ist der Fall im Arab., wenn bei einer längeren Reihe von Attributen aus einem Casus obl. in den Nominativ übergegangen wird mit loserer Anfügung.

2) Aehnlich ויאקיר (wohl zu lesen שביה) שליה מליך (er ist) „ein preiswürdiger, herrlicher König" I, 6, 10. Und so wohl auch das kurze פתאהיל זיו הסיר ונהור פסיק „Petahil, glanzmangelnd, lichtverloren" I, 194, 9; 204, 16; 209, 23.

3) Das Wort ist erkannt durch LAGARDE, Beitr. zur baktr. Lexicogr. 41, 30 und PERLES, Etym. Studien 113.

„und nicht sind darin Wegsteine abgemessen" (über den Sg. des Prädicats s. § 263) II, 84, 10 ist bloss durch cod. A bezeugt, wie denn II, 13, 11 alle Codd. in der entsprechenden Stelle כודכיא haben.

§ 217. Nothwendig ist nun aber wie im Syr. der St. abs. beim prädicativen Adjectiv. Vgl. Sg. דנפיש האילה „dessen Kraft gross ist" I, 1, 23; ראם הו „er ist hoch" I, 3, 23; לאיית דראב מינה „nicht ist (Einer), der grösser als er" I, 5, 11; כסויאיהון לאהאשוך „ihr Gewand ist nicht finster" I, 8, 17; .... קאשיש הדא עותרא מן „ein Uthra ist älter als ..." Q. 1, 17 — *Sg. f.* עתיתא שורבתא ד׳ „bestimmt ist das Geschlecht, dass es" II, 63 ult.; בותא דנאפשא וכאבירא „ein Gebet, welches gewaltig und gross ist" II, 13, 18; ולאו מן האכא נציבא ניצובתאך „und nicht ist deine Pflanzung von hier gepflanzt" II, 80, 1 — *Pl. m.* קאיאמין הייא בשכינאתון „das Leben ist beständig in seinen Wohnsitzen" (oft); עסירין תריץ הייא זאכין כיפה „das Leben ist siegreich" (oft); עסירא דיאמא „gebunden sind die beiden Meeresufer" Q. 8, 4 — *Pl. f.* והתימא האלין נישמאתא „gebunden und versiegelt sind diese Seelen" Q. 16, 9; כאסיאתא לקודאמאיכון מגאלאלא „das Verborgene ist vor euch offenbar" II, 3, 20; עמיצאן אינאידהון „geschlossen sind ihre Augen" DM 53ᵃ und so zahlreiche andre Beispiele; vgl. unten die Behandlung der Participien § 260 ff. Wenn nun beim Attribut des Pl. m. im unterschiedslosen Wechsel die Endung יא für und neben ין vorkommt, so ist das auch für den St. abs., nicht für den emph. zu halten.

Als Ausnahmen von dieser Regel sind kaum zu betrachten: מאן מן קאדמאיא ומראוראב quis quo est prior et major? I, 193, 5; מאן דקודאם הייא זאכאיא הו „der vor dem Leben rein ist" I, 275, 13; עניש זאכאיא קודאמאך „wer ist vor dir rein?" Q. 54, 17, vgl. גבאר נוכראיא קודאמאך לאיית „Niemand ist rein vor dir" Q. 16, 1 (und „ein fremder Mann" I, 81, 14); denn es scheint wirklich, dass die Adj. auf *âi* keine besondere Form für den St. abs. haben, oder aber dass bei ihnen eine ungenaue Orthographie die Unterschiede verwischt. Nicht hierher gehören ferner die Fälle, in denen פאהרא = فَهْرٰ steht u. s. w. (§ 61. 177), da es sich hier wieder um etwas Orthographisches handelt. Dagegen kommen allerdings einige Sätze vor, in denen entschieden ein prädicatives Adj. die Form des St. emph. trägt: לאו לדמא דאמיא נישימתא דהאימא בפאגרא ומיסתאכרא לאו לטאלא דאמיא נישינמתא

דנאפלא בפיריא ואודא לאו לזיקא דאמיא נישימתא דנאפקא בטוריא
ומיסתהאכרא "nicht dem Blute gleicht die Seele, welches heiss ist im Körper und (dann) gehemmt wird, nicht dem Thau gleicht die Seele, welcher auf die Früchte fällt und verschwindet, nicht dem Winde gl. die Seele, welcher in den Bergen einherfährt und dann gehemmt wird" DM 40ᵇ (2 Codd.)[1]; תאקנא ומיניהרא רקיהא "das Firmament ist klar und glänzend" I, 31, 20; ואתרא על אתרא נאפלא "und ein Land fällt über das andre her"[2] I, 50, 21; גאברא דשאפירא "der Mann, welcher schön ist" I, 142, 15. Doch liegt wenigstens bei einigen dieser Beispiele der Verdacht einer Textverderbniss sehr nahe; sehen wir doch, wie an gewissen Stellen einzelne Handschriften in solchen Fällen schon den emph. setzen, wo andre noch den abs. haben z. B. I, 288, 9 zweimal קאשישא statt קאשישא, wonach I, 78, 1; 288, 9 zu verbessern; so haben I, 390, 3 nur noch 2 Londoner Codd. אכיל. .... עברא "die Uferseite .... dauert" für אכלא der andern; einen ähnlichen Fall bietet II, 45, 19 ריהאירהון זאפרא "ihr Geruch ist stinkend", wo in A noch זאפור. In dem seltsamen ... יאתיב .... האזין נישמא דמאנו דהאיזין בנינא ומבאנאנא "wessen Seele ist diese, die so fest gebaut, die ..... da sitzt" II, 114 (zwei mal) zeigt sich wohl nicht so sehr ein Schwanken des Status wie des Geschlechtes, denn נישמא wird sonst als Masc. gebraucht, wechselt aber viel mit נישימתא ab. Gewiss unrichtig ist דשאפירא דמותה ונאהירתא "dessen Gestalt schön und glänzend ist" I, 142, 5 (für נאהירא).

In בהירא אנא "ich bin der Erprobte" I, 275, 10; טאבא הו "er ist der Gute" I, 3, 9, 10; האיא הו "er ist der Lebendige" I, 3, 8 hat der St. emph. natürlich eine besondere Bedeutung[3]. In שאקארתא אנאת "du bist eine Lügerinn" II, 117, 12 ist das Prädicat nicht mehr ein

---

1) Sehr gezwungen wäre die syntactisch allerdings mögliche Beziehung der Relativsätze auf נישימתא "die heiss wäre", "dass sie heiss wäre" u. s. w.

2) Oder ist hier אהרא schon weiblich gebraucht (S. 170)?.

3) Allerdings gebraucht das Syr. grade bei Personalpronomen oft den St. emph. des prädicativen Adj.s vgl. z. B. Joh. 1, 3, 10, 11; 9, 40; 13, 17; Matth. 7, 11 (auch Cureton); 12, 34 (ebenso); Luc. 11, 13 (ebenso); Gen. 42, 11, 19; Luc. 12, 12 Cureton; 18, 9 Cureton; Luc. 22, 25; ܐܢܒ Aphraates 168 u. s. w.

Adj., sondern ein Subst. und kann deshalb als Fem. hier kaum im St. abs. stehn; denn, wie wir sahen, hat das weibliche Substantiv den St. abs. fast ganz verloren (§ 168).

Auch bei הוא „sein" steht das prädicative Adj. gewöhnlich im St. abs. z. B. האויא שאפיר כול מינדאם „Alles ist schön" I, 392, 4; דהוא כתיב וציר „welcher geschrieben und gemalt war" I, 144, 7; ניהויא שאנאי זיואיכון מן זיויא „euer Glanz ist wundersamer als der Glanz...." I, 178 ult. u. s. w. Dies ist auch im ältern Syr. das Uebliche; aber wie im Syr. doch wohl bei ܗܘ und noch öfter bei ܐܝܬ der St. emph. eintritt, so geschieht das ein paar mal auch im Mand.: אלמא כאדאבא האויא „die Welt ist trügerisch" I, 387, 10; לאתיהויא מרידא „sei nicht widerspänstig" I, 214, 6; זאכאיא עהויא „ich bin rein" (was sich freilich auch nach S. 306 erklärte). Aehnlich ודהאיאבא לואתאיהון לאתתקריא „und schuldig wirst du bei ihnen nicht genannt" II, 62, 23, wo auch im Syr. ܚܝܒ stehn würde.

Trotz der wirklichen und scheinbaren Ausnahmen bleibt die Hauptregel, dass das prädicative Adjectiv im St. abs. steht, nach Ausweis zahlloser Beispiele für das Mand. in voller Kraft.

Genitivausdruck.

§ 218. Der altsemitische Ausdruck des Genitivverhältnisses durch den Status constructus ist auch im Mand. noch vorhanden, und zwar, soweit er überhaupt vorkommt, ganz in seiner Reinheit. Der Umfang des Gebrauchs des St. constr. geht ungefähr soweit wie im Syr. Beispiele: אתאר נהור „der Ort des Lichts" (oft); כימצאאת אלמיא „das Ende der Welten" I, 378, 12; מאמבוהיא מיא עלאיא „die Sprudel des obern Wassers" I, 380, 16; מאת בישיא „die Stadt der Bösen" DM 62ᵇ; ראז רויתא „das Mysterium der Trunkenheit" I, 111 ult.; בשניא פילאטוס „in den Jahren des Pilatus" I, 53, 5; ריש ארבימא וארבין וארביא שכינאתא „das Haupt der 444 Wohnsitze" I, 129, 1; קאל נומביא „die Klagestimme" I, 6, 19; בגו פאגרא „im Innern des Körpers" II, 76, 2; 77, 2 (aber parallel damit beidemal בגאוה דהיכלא); מליך יאמא „der König des Meeres" I, 174, 18; 175, 1; על באב שומיא „zum Thore des Himmels" I, 208, 15; צוביאן מאראיכון „der Wille eures Herrn" I, 21, 8 (unmittelbar neben צוביאנה דסאטאנא „der Wille des Satans" I, 21, 8);

כול רוח סיטיא עובאדיא עדא „die Werke unsrer Hand" I, 173, 19; מאריא אלמא כולה „jeder Geist der Verlockung" I, 177, 20; ‎ „die Herren (= فَيْ) der ganzen Welt" I, 385, 14; ברא‎ת גוברי‎א אנא זאדיקי‎א „ich bin die Tochter der gerechten Männer" II, 133 ult. (darauf בראתאיון דגוברי‎א (בראתאיון דגוברי‎א); בריש מאלכיא כולהון „an der Spitze aller Könige" I, 382, 16; בית הדא ארדבא „der Inhalt eines Ardab" I, 392, 78; ראהמות מארה „die Liebe zu seinem Herrn" I, 16, 10; שום אבא וברא ורוהא דקודשא „der Name des Vaters, des Sohnes und des h. Geistes" I, 226, 9; מיניאן שניא ויאהריא ויומיא „die Zahl der Jahre, Monate und Tage" I, 267, 13 u. s. w. Sogar ריש בריש לבית „nach jeder Richtung hin" I, 72, 15 (wo der St. cstr. vor einem adverbialen Ausdruck steht).

In einigen Fällen sind St. cstr. und Gen. so eng zusammengefügt, dass eine Umschreibung mit ד kaum denkbar wäre; dahin gehören z. B. ציפאר גאדפא „der Vogel"; טופאניא מיא „Wasserfluth, Sündfluth", Ausdrücke wie בילדבאבא „Feind"; בילדינא „Gegner vor Gericht" ganz zu geschweigen.

Eine weitläufige Umschreibung liegt auch fern bei den Verbindungen mit Abstract- und Stoffnamen wie געואת עקארא „herrliches Prangen" I, 71, 3; עלאן זיוא „glänzender Baum" Q. 3, 5; אנאן זיוא „glänzende Wolke" I, 304, 1; כליליא בוסמא „duftende Kränze" I, 234, 4; כליל פירצא וזאניותא „der Kranz der Liederlichkeit und Hurerei" I, 209, 5 (neben I, 225, 12 'כליליא דפ' וז); ליביא האדוא „frohe Herzen" I, 370, 13; גופניא האדוא „fröhliche Weinstöcke" I, 381, 17, 18, 21; כינאר שיהא „die Harfe der Unzucht" I, 187, 18; הוכמאת שרארא „die wahre Weisheit" I, 20, 8 und öfter; עצטוניא שרארא „feste Säulen" II, 85, 12; עיות מאלכותא „königliche Gewalt" (S. 139) I, 178, 3[1] — קאמאר זאהבא „der goldne Gürtel" II, 122, 14 und so כיתון פאגריא „das Körperkleid" (d. i. der Körper selbst) II, 80, 17 u. s. w. wie auch כיתון זמא וביסרא „das Kleid aus Fleisch und Blut" II, 26, 12. Doch ist hier wohl überall die Umschreibung mit ד, aber ohne Personalsuffixe zulässig (§ 221).

---

1) Ist die Lesart מיא הייא וראוזיא „das lebendige und frohlockende Wasser" II, 318, 24 richtig, so ist in מיא הייא und ähnlichen Verbindungen הייא nicht Genitiv, was an sich am nächsten läge (als = مَحْتُ شَيْ), sondern Adjectiv (= مُحْتَمْ سِمْتُ); für die adjectivische Auffassung spricht auch die Stellung מיא אנאתון הייא „ihr seid das lebendige Wasser" Q. 22, 8.

Ferner haben wir auch im Mand. die Anknüpfung eines Substantivs an seinen Plural zur Bezeichnung des höchsten Grades: מליך מאלכיא (der alte officielle Titel) I, 384, 11; 390, 14; מאריא מאריואן „höchster Herr" (§ 134) I, 185, 16; 222, 19; אלאהא אליהין „der höchste Gott" (§ 60) I, 185, 15; לאלאם אלמיא „in alle Ewigkeit" und לדאר דאריא „in alle Geschlechter" (beide oft).

Selten steht das Gattungswort vor dem Eigennamen im St. cstr. wie z. B. טור כארמלא „der Karmelberg" I, 96, 21 u. s. w. (gewöhnlich ist hier das Appositionsverhältniss).

Auch die alte Verbindung des Participiums mit seinem Object durch den St. cstr. ist noch im Mand. vorhanden. Wenigstens liegt es weit näher, hier überall die Genitivverbindung zu sehen (welche ja auch bei Pronominalsuffixen wie in יאדאך „die dich kennen" u. s. w. deutlich ist) als ein hartes Objectverhältniss. So שאביק האטאייא ניהויליא „ein Sündenerlasser[1] werde mir zu Theil" (oft); נאסיב שודא „Bestechung nehmend" I, 258, 16; מאדריך דירכא „der den Weg treten lässt" I, 357, 3; מסאדאר סידריא „der die Reihen ordnet" Ox. III, 95°; ראהמיא שומה „die seinen Namen lieben" I, 188, 22 (= ﻣﺤﺒﻮ ﺍﺳﻤﻪ); ראמזיא רימזיא „welche Winke geben" I, 66, 1 u. s. w.

Das erste Glied der Kette wird auch wohl durch ein Adjectiv gebildet, welches zum zweiten Gliede in verschiedenen logischen Beziehungen stehn kann. Vgl. זוט אהה וקאשיש אבאהאתה „der Kleinste neben seinen Brüdern und der Aelteste neben seinen Vätern" I, 191, 12; Q. 25, 12[2]; יארדנא ראב כולהון יארדניא „der grösste von allen Jordanen" I, 234, 18 (wo man allerdings wie auch in ähnlichen Verbindungen ראב gradezu als „Herr" auffassen kann); גביליא ביסרא וזמא „aus Fleisch und Blut Gebildete" I, 23, 5; 44, 13; צבעייא מיא „im Wasser Getaufte"

---

1) Nicht, wie man leicht übersetzen könnte „Sündenerlass"; es ist an ein persönliches Wesen zu denken, ganz im Einklang mit den religiösen Vorstellungen der Mandäer überhaupt.

2) Also ganz wie man im Arab. sagt ﻫﻮ ﺍﻛﺒﺮُ ﺍﺧﻮﺍﻧِﻪ, was freilich, wenn man die gewöhnliche Bedeutung solcher Constructionen annimmt, einen Widersinn ergiebt und daher von Mubarrad im Kâmil 772, 1, von Harîrî in der Durra und von anderen Grammatikern getadelt wird.

I, 285, 18; 286, 19; סבידיא הוכומתא „die Weisheitskundigen" II, 83, 24; יאתיר אלמיא I, 285, 4; II, 26, 10 wohl noch „hervorragend von (in) den Welten", aber נפיש עותריא ויאתיר שליהיא I, 6, 12 „zahlreich an Uthra's, hervorragend an Gesandten" d. h. „dessen Engel zahlreich, dessen Gesandte hervorragend sind" (oder „der durch seine Gesandten hervorragend ist"); מאכיך ליבא „demüthig von Herzen" „demüthigen Herzens" I, 366, 12; ליאקיד זיוא „den, dessen Glanz brennt" I, 335, 10; ראב זיוא „von grossem Glanz"; רורביא עקארא „von grosser Herrlichkeit" I, 21, 3; בהיר זידקא Pl. בהיריא זידקא „von erprobter Gerechtigkeit" regelmässiges Beiwort der zur Seligkeit Gelangenden[1]. — Anders ist wieder בקאליל סיגיא „mit Raschem von Gang" d. h. „mit raschem Gange" I, 9, 13; 151, 4 u. s. w.

Eine Verirrung des Sprachtriebes ist aber die Verwendung dieser Construction zu einer attributiven Zusammensetzung in היואת נוקובתא „das weibliche Thier" I, 74, 15; 75, 19 und sonst (da dieser Ausdruck öfter vorkommt, so ist an einen Textfehler nicht zu denken)[2].

Wenn man von der Anfügung der Possessivsuffixe an ein schon im Genitiv stehendes Nomen absieht, so ist die Häufung zweier Genitive, deren einer vom andern abhängt, sehr selten. Beispiele sind בדאריא ראבות

---

[1] Man könnte es allenfalls auch auffassen: „erwählt zur Gerechtigkeit" „erwählt dazu, gerechtfertigt zu werden". Aber dagegen spricht wohl schon das Synonym בהיריא כושטא I, 299, 14, da כושטא schwerlich „die Rechtfertigung" heissen kann. Allerdings ist בהיריא schlechtweg, wie die Frommen oft heissen, ursprünglich = ἐκλεκτοί des N. T. בחר heisst eben auch im Mand. 1) „prüfen" 2) „erprobt finden", „als gut auswählen". Vgl. z. B. I, 213, 12; 299, 13; 360 ult. Syr. ܚܣܢ ist durchweg „prüfen", ܚܣܝܢ aber „erprobt, trefflich".

[2] Bei Fällen wie אשת בעלת אוב 1 Sam. 28, 7 und gar חכמת ודעת Jes. 33, 6 und öfter ist sehr die Frage, ob da ein wirklicher St. cstr. und nicht vielmehr eine alterthümliche Form des St. abs. Eher lässt sich mit dem mand. Beispiel vergleichen בתולת בת ציון, obgleich doch das unter der בת ציון verstandene Collectivum wieder einen Unterschied begründet. Solche Fälle, in denen die St. cstr. im Hebr. nur durch die Punctation, nicht durch den Consonantentext beglaubigt, haben keine Autorität. Was Philippi, St. constr. S. 59 ff. giebt, bedarf der Sichtung; die aram. Beispiele sind zum Theil blosse Fehler.

זמאר "in den Wohnungen der Musikmeisterschaft" I, 274, 16; 299, 19; על צאואר כומריא זאביא ואדידיא "auf den Hals der Opfer- (نَصَمْ) und Fest- (لَّخَمْ) Priester" I, 174, 9.

Sehr selten ist im Mand. die im Syr. recht beliebte Stellung des Stat. constr. vor einer Präposition. Ein sichres Beispiel ist לקאשיש בבינאנא "dem im Bau Alten" I, 205, 1, 21; 206, 18, und so lässt sich sehr wohl auffassen: "ich bin der falsche Messias" הריג לאקו האכים לביש "gerieben für die Noth, schlau zum Bösen" I, 186, 12.

Die Trennung des St. cstr. von seinem Genitiv ist auch im Mand. nur ganz vereinzelt[1]. So einmal durch das Streben, in parallelen Sätzen Abwechslung der Wortstellung anzubringen: בראת גובריא אנא זאדיקיא בראתאיון דגובריא מהאימניא בראת אנא זאדיקיא "ich bin die Tochter der gerechten Männer, die Tochter der gläubigen Männer, die Tochter bin ich der Gerechten" II, 134, 1; ferner צוריך הו זיוא "das Aufstrahlen ist er des Glanzes" Q. 31, 9, wo die Kette durch ein ganz kleines Wort gesprengt ist.

§ 219. Bei einigen Femininen finden wir die Form des St. cstr. durch die des St. abs. ersetzt. Es liegt nahe, hier bloss eine lautliche Veränderung (Abfall des ת) zu sehen; da aber meistens von demselben Worte und immer in analogen Fällen die gewöhnliche Form des St. cstr. vorkommt, so ist diese Annahme nicht unbedenklich. Dazu wäre auch jener, nur theilweise eingetretne, lautliche Verfall kaum denkbar ohne eine Verdunklung des Gefühles für die Unterschiede der Formen; wir haben demnach ein Recht, diese Fälle hier aufzuzählen: דמו פאגריא "Körpergestalt" I, 103, 18; דמו זמא "wie Blut" I, 298, 5; כול דמו היוא בישא "jede Gestalt (Art) bösen Gethiers" I, 123, 11; דמו תוקנא ("Gestalt von Gradheit" "irgend etwas, das wie Gradheit aussähe") "irgend Grades" II, 67, 23 und so wohl auch כול דמו סאינא "jede Art von Hässlichem" I, 117, 5; 376, 9; II, 92, 9; לדמו מיא "zu einer Art Wasser" II, 119, 18; דמו שאמיש eb. Z. 19; דמו סירא Z. 20; ferner oft in בדמו, באדמו mit folgendem Genitiv = instar (aber auch דמות הייא "Gestalt

---

1) Vgl. PHILIPPI Stat. constr. 15 f. und meine Ausführung Gött. Gel. Anz. 1871, 7. Juni 882 f., wo ich Beispiele aus dem Syr. gebe. Im neueren Arabisch scheint Derartiges mehr vorzukommen.

des Lebens" öfter; und selbst בדמות דמותא דנהורא „gleich der Lichtgestalt" I, 223, 1) — פאלגו יאהרא „ein halber Monat" I, 219, 21; פאלגו פארסא „½ Parasange" II, 99, 18, 19; 100, 11 — בטאבו רביא „durch die Güte der Herren" I, 32, 22 (aber לטאבות רביא I, 131, 21, wie sonst überhaupt ות im St. cstr. gar nicht selten ist)[1] — מנא השוכא „Antheil der Finsterniss" I, 38, 22; II, 41, 17; מנא נורא „Antheil des Feuers" II, 41, 18; מנא באתאיכון „Antheil eurer Häuser" II, 71, 5; מנא רוחא ומנא משיחא „Antheil der Rûhâ und Christi" I, 228, 8 (aber למנאת רביא „den Antheil der Herren" Q. 68, 29) — רימא עשירול „Höllengewürm" II, 99, 12; 132, 23 (noch als Fem. construiert) und endlich היוא כאכא („Zahngethier" = שֵׁן חַיַּת) „reissendes Gethier" I, 123, 19, 20, welches Wort, wie auch sonst das neugebildete היוא, männlich gebraucht wird (vgl. Z. 21 und 22).

Nach dem ganzen Entwicklungsgange der aram. Sprache ist es § 220. nicht auffällig, dass der Stat. cstr. vor einem Genitiv im Stat. emph. nicht mehr nothwendig die Determination bedeutet. So haben wir בר יאהוטאייא „ein Judenkind" I, 226, 1; בית כאביצא דבאזירא „ein Kafiz ($\varkappa\alpha\pi i\vartheta\eta$ تفيص) Saamen" I, 387, 2. Doch ist so Etwas im Mand. selten.

So lebendig demnach der Gebrauch des St. cstr. noch ist, so ist § 221. doch die Umschreibung durch das relative ד bei Weitem häufiger. Hier kann nun das erste Glied im St. abs. stehn; doch ist das sehr selten, und fast nur bei Wörtern, die gar nicht im St. emph. vorkommen: דעצבא (עזבא) דנהורא ליתבה „worin keine Färbung (ܨܒܥ) von Licht ist" I, 32, 23; 338, 4; לעביד ולמאבאד דבניא אנאשיא „über Thaten und Wirkungen der Menschen" I, 263, 18 (die beiden Wörter immer im Stat. abs.); גוניאך דבירייאתא „Schmähung von Seiten der Geschöpfe" I, 277, 8 (das Wort kommt nicht im St. emph. vor)[2]. Da das erste Glied durch

---

1) Joma 86ᵃ unten und 87ᵇ oben steht צבו נפשיה (2 mal) und צבו ביתיה „eigner Wille" und „Wille seines Hauses" (so führt auch LEVY die Stelle an); also auch hier ו für ות im St. constr.

2) Im Syr. haben wir Stat. abs. vor dem ܕ des Genitivs z. B. in ܟܠ ܗܓܡܘܢܘܬܐ „jedes militärische (Römer-)Amt" Didasc. 75, 6; ܟܠ ܡܕܝܢܬܐ ܕܐܣܝܪܝܢ Euseb., Mart. Pal. 19; ܗܓܡܘܢܘܬܐ Barh., Hist. eccl. 213, 9 (überall mit ܟܠ).

das zweite fast immer determiniert wird, so liegt auch die Anwendung dieses Status hier ziemlich fern. Gewöhnlich steht vor dem Genitiv mit ד ֗ also wie im Syr. der St. emph., oder aber das erste Glied hat noch das Possessivsuffix des zweiten an sich. Durch die unglückliche graphische Aehnlichkeit des א und ה ist uns hier die Unterscheidung beider Arten sehr erschwert; Gewissheit haben wir nur, wo das zweite Glied ein Pl. oder das erste ein Pl. masc. ist. Im Allgemeinen findet zwischen beiden Arten kein Bedeutungsunterschied Statt, wie auch die Bedeutung der Construction mit dem Stat. cstr. wesentlich dieselbe ist. Es macht keinen Unterschied, ob da steht בשומא דהייא, בשום הייא oder בשומאיהון ֗דהייא „im Namen des Lebens" (Letzteres ist jedoch das Gebräuchlichste). Aber die Eigenschaft hat hier auch im Mand. die Anwendung der Possessivsuffixe, dass sie beide Glieder ausdrücklich determiniert, während sich freilich auch sonst die Genitivverbindung meistens auf determinierte Nomina beschränkt.

In Fällen wie אבוהון ֗דיאהוטאייא „der Vater der Juden" I, 381, 17; עשו רישאיהון ֗דכראצטיאניא „Jesus, das Haupt der Christen" I, 382, 11, 12; מישכאיון ֗דאנאשיא „die Haut (Sg.) der Menschen" I, 387, 15; בשנאיהון ֗דהאנאתון מאלכיא „in den Jahren jener Könige" I, 387, 10, 13 (vgl. בשניא פיליאטוס „in den Jahren des Pilatus" I, 53, 5) könnte ja das 1. Glied ebenso gut ohne Suffix im St. emph. oder, soweit derselbe überhaupt zu bilden ist (was von אבא sicher nicht und von מישכא schwerlich geschieht), im Stat. constr. ohne ד ֗ stehn, wie umgekehrt für מאטארתא ֗דכאלביא „die Wache der Hunde" I, 180, 7; ארקא ֗דמיצראייא „das Aegyptenland" I, 381, 17, 21; דאורא ֗דבישיא „die Wohnung der Bösen" I, 278, 20 auch die beiden andern Constructionen möglich wären, abgesehen davon dass ארקא keinen Stat. cstr. hat; דור בישיא kommt wirklich mehrmals vor.

Aber nicht wohl denkbar wäre die Anwendung der Pronominalsuffixe in ארדיכליא הינון ֗דכולהין בישואתא „sie sind Baumeister aller Uebel" I, 279, 15; עומאניא הינון ֗דכולהין סאריאתא „sie sind Künstler in allem Hässlichen" I, 279, 17; wenigstens wäre dann der Sinn: „sie sind die (bestimmten) B." u. s. w. Ebenso ist die Anwendung der Pronominalsuffixe unstatthaft bei der Verbindung mit einem Abstract oder Stoffwort nach S. 309. So hat I, 181 ult. B מאניא ֗דנהאשא gleich gut für מאניא נהאשא „die ehernen Gefässe" (was PETERMANN allerdings nicht hätte zu ändern brauchen); unmöglich wäre hier aber מאנה דנ'. So haben wir עוצריא דזיוא „die Glanzschätze" I, 181 u. s. w. wie אנאן זיוא „die Glanzwolke" (oft); כלילא דפירצא וזאניותא „die Kränze der Liederlichkeit und Hurerei" I, 225, 12 (neben כליל פ' וז I, 209, 5); תאוריא[1] דפיטרא „die Mastochsen" II, 103, 3; DM 30ᵇ; משיהא דכאדבא „der falsche Christus" (öfter); ארקא תיתאיתא דנהאשא „die untre, eherne Erde" I, 127, 3; שוריא דדאהבא „die goldnen Mauern" I, 159, 11; שוריא האניך דפארזלא „jene eisernen Mauern" I, 159, 9; טורא רבא דביסרא „der grosse Fleischberg" I, 126, 8 und öfter; ähnlich אדאם דפאגריא „der körperliche Adam" (oft כיתון פאגריא). Auch bei einer Maassangabe wie בית כאביצא דבאזירא „ein Kafiz Saamen" I, 387, 2 wäre das Possessivsuffix unmöglich, und ebenso bei Adjectivverbindungen wie גביליא ביסרא וזמא „aus Fleisch und Blut Gebildete" I, 23, 5; 44, 13; מאכיך ליבא „demüthigen Herzens" I, 366, 12 und den andern auf S. 310 f. von jenem Beispiel an, welche überhaupt nicht durch ד aufzulösen wären.

Zusammensetzung mehrerer Genitivausdrücke haben wir z. B. in אמא דבית עסראייל „das Volk des Hauses Israels" I, 120, 15; בניא שורבא דהייא „Söhne des Geschlechtes des Lebens" I, 342, 10.

Die Zusammensetzung eines Eigennamens mit seinem Gattungswort ist auch mit ד sehr selten; es findet sich einigemal ארקא דתיביל „die Tebel- (תֵּבֵל) Erde", aber häufiger ist ארקא תיביל, wie überhaupt in solchen Fällen die appositionelle Construction vorherrscht.

§ 222. Der Ausdruck des Genitivverhältnisses durch ד erlaubt eine freiere Stellung der beiden Glieder, wenn auch die unmittelbare Nachsetzung des Genitivs hinter das durch ihn Bestimmte bei Weitem am häufigsten ist. Schon in den oben gegebnen Beispielen hatten wir einige Fälle davon, dass z. B. ein Adjectiv zwischen beide Glieder tritt. Das geht nun aber weiter; namentlich ist die Abänderung oder gar die Umstellung der gewöhnlichen Ordnung bei der parallelen Wiederholung beliebt. Vgl. בר אתרא אנא דנהורא filius terrae ego sum lucis d. i. ego

---

1) Man möchte פיטמא lesen, aber an beiden Stellen ist die Lesart gleichlautend.

sum filius terrae lucis I, 249, 12; ברה הו דאבאתור filius est Abathuri II, 55 ult.; זיוא דהיביל זיוא דנא זיוא דנא דהיביל זיוא „der Glanz Hibil-Zîwâ's ging auf" u. s. w. I, 306 ult.; לעטורא דפתאהיל שרא עטורא שרא דפתאהיל „er löste die Banden Petahil's" u. s. w. I, 349, 20; כד בזאינא דבישיא מיתלאבשיא בזאינא מיתלאבשיא דבישיא „indem sie sich mit der Rüstung der Bösen bekleiden" u. s. w. I, 74 ult.; ונצבית דרביא ניצובתא דרביא ניצבית „und ich pflanzte der Grossen Pflanzung, pflanzte die Pflanzung der Grossen" I, 360, 22 (ganz ähnlich I, 318, 22); ותירצית דהייא ניצובתא „und ich richtete des Lebens Pflanzung auf" I, 328, 19 und ähnlich öfter.

Der durch ܕ bezeichnete Genitiv ist überhaupt so selbständig, dass er nicht in engerer Verbindung mit einem durch ihn bestimmten Nomen zu stehn braucht. Wie ich sagen kann domus mea est Sempronii, so auch לבושאך וכסוייאך וכלילאך דפתאהיל הו „dein Kleid, dein Gewand, deine Krone gehören dem Petahil" I, 393, 14; אינאי דעתגאלאל מן אתרא דנהורא דעצטונא הי „meine Augen, die vom Orte des Lichtes aus aufgethan waren, wurden dem Rumpf („der Säule" = „Körper") zu Theil" (= ܗܣܛ) II, 39, 3 und so mehrmals II, 39, wechselnd mit לעצטונא. Etwas anders לבושאי לאהוא דפאגריא „meine Kleidung war nicht körperlich" DM 63ᵇ; עופאניא דליליא ניהון דעומאמיא „die Räder (??) der Nacht sollen solche des Tages werden" I, 189, 22 — אבאתור הוא דמוזאניא „Abathur ward der (Mann) der Wage" I, 348, 21; ודמוזאניא לאמיתיקרינא „und der mit der Wage will ich nicht heissen" DM 83ᵇ und so sonst vom Abathur דמוזאניא, ganz wie man arab. ذُو المِيزَان sagen könnte.

Anders ist es in ומאייל ומאפיק האנדאמה ועתלה דגובריא וענשיא „und zieht ein und streckt hervor sein Glied, und er hat ein weibliches und männliches (Glied)" I, 280, 13 und in ריש ארבימא וארבין וארביא שכינאתא בארבאג עותרא שומה דהו אזאזיעיל שומה ודתלאתמא ושיתין ושית שכינאתא אנאן נצאב קארילה „das Haupt der 444 Wohnsitze heisst Barbag Uthra, der (auch) Azaziel heisst, und (das Haupt) der 366 Wohnsitze nennt man Anan Neṣab" I, 129, 1. In dem ersten Beispiel ist aus האנדאמה vor dem Genitiv zu ergänzen האנדאמא, im zweiten רישא aus ריש.

Beiordnung.

Das attributive Adjectiv folgt seinem Substantiv in Geschlecht und § 223.
Numerus und steht je nachdem im St. abs. und St. emph. Der St. abs.
ist aber selten wie in גבר כשיט "ein gerechter Mann"; אתאר כסיא "ein
verborgner Ort" öfter[1]; בירריא עליצא "eine enge Strasse" Q. 56, 18
(§ 128). Die Ausnahme גבאר נוכראיא "ein fremder Mann" I, 81, 14;
Ox. III, 52ᵇ ist wohl nur scheinbar; siehe das oben S. 306 über die
Adjective auf *âi* Bemerkte. Eine andre Ausnahme עניש בישא "irgend
ein Böser" I, 43, 22 hätte in einem syrisch ܐܢܫ ܒܝܫܐ sein vollständi-
ges Gegenstück; ܐܢܫ עניש gelten nicht mehr als volle Substantiva, und
das Adjectiv steht nun substantivisch in dem für Substantiva zunächst
liegenden Status, dem emph.[2] Aber einige Adjectiva haben überhaupt
die Fähigkeit verloren, besondere Formen für das Fem. im St. emph.
zu bilden, und setzen dafür den St. abs. Namentlich geschieht dies
beim Part. act. im Peal[3]. So oft עשאתא אכלא und נורא אכלא "das
fressende Feuer" (aber immer עשאתא עכילתא); תיביל אודא "die unter-
gehende Tebel" I, 324, 24; גונדא נאפלא "das sinkende Heer" I, 82, 10,
11; 282, 8; 344, 12 und öfter[4]; ferner שכינתאך נאפשא "dein weiter
Wohnsitz" II, 44, 3; תושביהתא שאניא ומנאכריא "der wundersame und

---

1) So איגר רם "ein hohes Dach" Hagiga 5ᵇ nach Rabbinowicz statt
איגרא רם der Ausgaben.

2) Barh. gr. I, 60, 5 ff. hat nur oberflächlich zugesehen, wenn er
schlechtweg bemerkt, der St. abs. und emph. könnten ohne Unterschied im
Attributivverhältniss zusammentreten. — Ein ganz eigner Fall ist דיואנאן
כאפשאתא "zahlreiche Dîwâne" Q. 51, 15 in einer alten Unterschrift; ich
vermuthe fast, dass das erste Wort hier ein pers. Pl. ist. ديوانها für ديوانان
wäre am Ende nicht auffallender als سخنان "Worte".

3) Dass die Beispiele nicht zahlreicher, kommt daher, dass die Participien attributiv nicht viel gebraucht werden. Ausser dem Substantiv
מארתא "Herrinn" findet sich aber kein sichrer Fall der Form פָּעֲלְתָא, denn
die Lesart דמותא נאהארתא II, 69, 7 steht nicht fest und könnte auch
פָּעֶלְתָא sein (am nächsten liegt nach dem sonstigen Sprachgebrauche נאהירתא
zu lesen).

4) Es ist jedoch nicht positiv nachzuweisen, dass גונדא auch im Mand.
stets weiblich.

fremdartige Lobpreis" II, 43, 10 [1] und so דמותא שאניא I, 325, 15; 326, 4 und בותא תאקנא „ordentliches Gebet" II, 46, 8, obgleich bei diesen auch der sonst zu constatierende männliche Gebrauch zur Erklärung herangezogen werden könnte; ferner בישׁותא נאפשא „viel Uebel" I, 29, 22; 381, 20; טאבותא נאפשא „viel Güte" I, 36, 17; AM 48 und so auch נישׁמאתא נאפשא „viele Seelen" I, 229, 20; 303, 1 (aber auch שניא נאפשׁאתא „viele Jahre" I, 165, 10; öfter im AM); סומבילתא ראמא „eine hohe Leiter" Par. XI, 16[b] (2 mal); קאשׁתא ראמא („der hohe Bogen") „der Regenbogen" AM 264 ff. (ראמתא, אראמתא ist Substantiv: „Höhe"). In מיניּלתא כשׁיטא „wahrhaftes Wort" II, 91, 12 liegt vielleicht bloss eine kürzere Orthogr. vor statt כשׁיטתא.

Sonst herrscht aber auch bei den Participien volle Congruenz, vgl. z. B. דמותא מנאטארתא „die wohl bewahrte Gestalt" I, 303, 13; עורהא מכיכתא „der geebnete Weg" II, 52, 13; ענגירתא מהאתאמתא „ein versiegelter Brief" II, 108, 20 und öfter, Pl. ענגיראתא מהאתאאמאתא II, 7 ult.; אנאנא כאסיתא „die verborgene Wolke" Q. 25 (wo noch andre Wörter mit כאסיתא;) ארקא נאהירתא „die glänzende Erde" I, 281, 14; שׁותא נוכראיתא „fremde Rede" II, 20 ult.; תיראתא משׁאלמאתא „vollkommne (?) Gewissen" I, 5, 8; עספיא מהאימנאתא „gläubige Lippen" I, 5, 10; באואתא כאסיאתא „verborgene Gebete" Q. 35, 1; עבידאתא סאינאתא „hässliche Thaten" DM 32[a] und öfter; מיניליא שׁאפיראתא „schöne Worte" I, 389, 11; נאפשׁאתא האיאבאתא „schuldige Seelen" I, 187, 10 u. s. w.

§ 224. Das attributive Adjectiv steht gewöhnlich an der alten Stelle nach dem Substantiv. Aber noch häufiger als im Syr. wird diese Ordnung umgekehrt, wodurch entweder ein grösserer Nachdruck für das Adj. oder bloss eine Abwechslung der Wortfolge in den parallelen Sätzen bewirkt wird. So נאפשׁא עקארא „viel Ehre" I, 224, 3; נישׁמאתא נאפשׁא „viele Seelen" I, 303, 1 [2]; דאכיא רושומא „das reine Zeichen" oft (aber

---

1) Hier liegt es freilich nah, durch Einschiebung von ד nach תושבידתא die Adjectiva prädicativ zu machen.

2) Ganz so steht das Adj. ܣܓܝ im Syr. und in andern Dialecten gern voran, z. B. ܣܓܝ ܐܝܩܪ̈ܐ Land, Anecd. II, 22, 4 v. u. (andre Beisp. ebend. 326, 2; Sachau, Ined. 1, 7 u. s. w); סגיין נחמן „viele Tröstungen" Gen. 45, 28 Targ. Jerus. I; סגיין טבן „viele Güter" ebd.; ähnlich Jerus. II ebd. — קאליא „wenig" in קאליא אנאשיא „wenig Menschen" I, 386, 19; 391, 14 ist vielleicht Adverb.

weise der Pl. als Apposition zu seinem Sg. steht. So auch גופנא אנא גפאן הייא „ich bin der Weinstock des Lebens" I, 65, 21.

Eine weniger genaue Deckung der Apposition und des dadurch Bestimmten ist schon in ... ד לאדרוגיא שגיראתא דוכתא „erhitzte Oefen, den Ort ..." I, 111, 7 und gar in Fällen wie היוא בירא זאן זאן „Wild, Gethier, allerlei Art" I, 378, 6 (wo wir lieber sagen „von allerlei Art", wie es auch im Mand. heissen kann ליליאתא דגאוניא גאוניא וזנע זנע „Liliths von allerlei Farben und Arten" I, 99, 10); היואניאתא ביריאתא ונוניא וציפאר גאדפא כול שורבא זאכרא ונוקבתא „Wild, Vieh, Fische und kleine Vögel, jedes Geschlecht, (je) ein Männchen und ein Weibchen" I, 12, 19 (wofür I, 33, 6 in der Parallelstelle bequemer מן כול ש׳ דאיינלון לנישמאתא כול עניש כד „von jedem Geschlecht je" u. s. w.); עובאדיא עדה „er richtet die Seelen, einen jeden nach den Werken seiner Hand" I, 14, 13; (ganz ähnlich I, 35, 13) u. s. w. Wir haben hier schon eine förmliche Substitution, welche noch deutlicher wird, wo sie auch auf die Form des Prädicats Einfluss hat in Verbindungen wie שומאיהון דתלאתא לבושיא דזיוא ונהורא ועקארא האד האד מאפראש על דוכתה „die Namen der drei Glanz-, Licht- und Ehrenkleider, ein jeder ist an seiner Stelle geordnet" DM 2ᵇ; וראבאייא האד להאברה נאפיל „und die Araber, einer fällt über den andern her" I, 385, 6 (= بعضهم على بعض) u. s. w. Vgl. § 276ᵃ. 298).

Auch Personalpronomina können eine Apposition nach sich haben, nicht bloss in Fällen wie אנא שליהא קאדמאיא אמארנא „ich, der erste Gesandte, sage" I, 46, 20, sondern auch in solchen wie עדא מאסימא עלאי דיליא היביל זיוא „legt die Hand auf mich, den Hibil Zîwâ" I, 135, 23; בדמותא דילאן שליהיא „in unsrer, der Gesandten, Gestalt" I, 47, 15; וניהויא שאנאי נהוראיכון מן נהוריא עניש כד עובארדה ואגרה „und euer Licht wird verschieden sein von den Lichtern, eines jeden nach seinen Werken und seinem Lohn" I, 179, 1; והאד האד בהארתינון „und Einen, Einen, wählte ich sie aus" d. h. „einen jeden Einzelnen" I, 360 ult.[1]; und so noch Aehnliches. Bei einer Sprache, welche die Casus nicht deutlich unterscheidet, wird man jedenfalls gut thun, in

---

1) Vgl. לכנה שבנה אשה לבית אמה Ruth 1, 8, wo die Apposition zu dem im Verbum liegenden Subject gehört.

solchen Fällen den etwas losen Begriff der Apposition anzuwenden, statt die Eintheilung nach den Regeln der arab. Grammatik zu treffen [1], zumal einige der aufgezählten Fälle im Arab. unmöglich wären [2]. So nehme ich in מיטיריא מנאתה שיתיך ותמאניא אלפיא שניא „ihm kamen als sein Theil 68000 Jahre" I, 379, 3 מנאתה als eine Apposition zu der folgenden Zahlbestimmung.

Stoffwörter habe ich im Mand. nicht in Apposition gefunden; auch das Syr. kennt die harte Construction wie הַמִּזְבֵּחַ הַנְּחֹשֶׁת السِوارُ الذَهَبُ „das Armband, das Gold" „der Altar, das Erz" für „das goldne Armband", „der eherne Altar" nicht mehr, und setzt dafür die bequemere Genitivverbindung, welche ja auch dem Arab. und Hebr. wohl bekannt ist. Auch die appositionelle Construction der Maassangaben, welche im Syr. noch recht beliebt ist [3], finde ich nicht; doch ist zu bemerken, dass in der mand. Literatur für solche Constructionen wenig Gelegenheit ist. In בית כאביצא דבאזירא „ein Kafiz Saamen" I, 387, 2 haben wir die Genitivverbindung, die jedenfalls dem Mand. hier am nächsten liegt.

Wie lose übrigens die Apposition sein kann, zeigt sich darin, dass bei ihr sogar die Präpositionen wiederholt werden dürfen z. B. שאבא לאבויא אדאכאס זיוא למאנא דמינה עתינציב „er pries seinen Vater Adakas Zîwâ, den Geist, von dem er gezeugt war" I, 104, 67 und besonders bei den Personalpronomen ומידנילוא על היביל „und demüthigt sich mir,

---

1) Im Arab. wäre z. B. der letzte Fall als Ḥâl zu betrachten, da ich nicht bloss اخْتَرْتُهم واحدًا واحدًا sondern auch اخْتِيرُوا واحدًا واحدًا (passivisch) sagen kann.

2) Ich darf nicht sagen عليَّ حسنٍ „über mich, den Ḥasan", wenn auch بهِ زيدٍ erlaubt wird Mufaṣṣal 49.

3) Oft z. B. in den Geop., nur dass da die Maassangaben lieber hinter dem Gemessenen stehen. Vgl. auch Verbindungen wie ܡܠܐ ܙܘܢ ܚܒܙܐ „eine Spanne voll Staub" Aphraates 154, 5 und Aehnliches. Neusyr. Verbindungen der Art s. Neusyr. Gramm. S. 272. (Im Arab. würde das Gemessne hier im Accus. des تمييز, nicht als تابع angefügt, wenn nicht etwa die Genitivverbindung vorgezogen würde, soweit dieselbe statthaft ist).

dem Hibil" I, 168, 22; לכון אמארנא לשאלמאניא "euch sage ich, den Friedlichen" I, 58, 22; דשאדארתלאן שרארא לראהמאך [1] „der du uns, die dich lieben, Festigkeit geschickt hast" I, 66, 17; ומשאיילון להדא הדא „und fragt sie, je einen" I, 98, 9. Hierher gehört die beliebte Wiederholung von Präpositionen mit dem Pronomen der 3. Person § 231. 270.

Construction von כול.

כול kann für sich selbständig stehn[2] z. B. כול אבאד „Alles that § 226. er" I, 269, 2; והוון כול בארקא „und alle (Pflanzen) waren auf Erden" I, 268, 18; וכול מינאידהון דמאיית „und jeder von ihnen, der stirbt" I, 223, 7 AB, während in dem nicht seltnen כול ד „jeder, der", „Alles, was" ein Genitivverhältniss ist, wie es an jener Stelle auch nach den Lesarten von C und D Statt findet. Direct im Stat. cstr. vor einem Subst. im Sg. heisst כול „jeder": כול זאן „jede Art" I, 380, 14; כול זבאן „jede Zeit" I, 388, 9; כול יום, כול יומא „jeden Tag" (oft); כול האד „ein Jeder" I, 339, 11; כול עניש „jedermann" (oft), auch כול כול עניש I, 356, 23 u. s. w.

Vor dem Pl. bedeutet es „alle": כול הומריא „alle Amuletgeister" I, 230, 3; כול אטשיא ובאזרוניא „alle Früchte und Sämereien" I, 339, 10; כול ענשיא „alle Frauen" I, 230 ult. u. s. w. So auch כול ד „jeder, der", „jedes, das", „alle, die".

Beim Pl. ist aber viel häufiger כול mit Personalsuffix (im Appositionsverhältniss), nach- oder vorstehend: אלמיא כולהון „alle Welten" (d. i. „alle Menschen") I, 283, 17 und כולהון אלמיא I, 280, 7; יאהוטאייא כולהון „alle Juden" I, 381 ult.; אנאשיא כולהון „alle Menschen" I, 390,

---

1) Var. דשאדארתלון nach § 231.
2) Nicht gebräuchlich ist im Mand. der St. emph. ܟܠܐ „das Ganze", „Alles", „das All" Ephr. I, 9ᵉ; carm. Nis. 11, 46; 48, 110; Assem. II, 159 u. s. w.; vgl. G. Hoffmann, Glossar. zu Arist. Hermen. s. v. — Dan. 2, 40; 4, 9, 25; Esra 5, 7; auch im Christl.-Paläst. (Z. d. D. M. G. XXII, 472) und in den Targumen, vgl. hebräisch הַכֹּל. — Im Syrischen ist das nackte ܟܠ sehr selten; ܟܠ ܗܢܐ = τὸ σύμπαν Lagarde, Anecd. 138 ult.; 147, 7 und öfter in dieser Schrift ist der specielle Sprachgebrauch eines Uebersetzers.

18; באביא דקראת רוחא "alle Wachen" II, 92, 10; מאטאראתא כולהין "alle Thore (Secten), welche Rûhâ (in's Leben) rief" I, 120, 2; כולהון לישאניא "alle Zungen" I, 230, 5; כולהון עותריא "alle Uthra's" I, 393, 5; כולהון יומאן "all unsre Tage" I, 66, 7; כולהין נישמאתא "alle Seelen" I, 394, 2, 9; כולהין עדיא "alle Hände" Q. 23, 17 u. s. w.

Mit dem Suffix der 3. Sg. bedeutet כול "ganz"; auch so kann es vor und nach dem Subst. stehn: אלמא כולה "die ganze Welt" I, 380, 18 u. s. w. und כולה אלמא I, 386, 7, 8; תיביל כולה "die ganze Erde" I, 381, 16 u. s. w.; שיטיא דשאטיא משיחא כולה "die ganze Thorheit, die Christus begeht" I, 111, 13; כולה פלאנגא "die ganze Phalanx" I, 387, 7; כולה שורבתה "sein ganzes Geschlecht" I, 381, 17 u. s. w. So auch באיתא האזין דילאן הו כולה "dies Haus ist ganz unser" I, 80, 25. Wenn in der Bedeutung „ganz" einmal das blosse כול steht, so ist das wohl ein Fehler z. B. בכול אלמא "in der ganzen Welt" I, 385, 10, wo die Londoner Codd. 'א בכולה, wie alle I, 386, 3, 7, 8 lesen; לכול האיותון "ihr ganzes Leben" I, 9, 13. Völlig allein steht כולה דתיביל „das Ganze der Erde", „die ganze Erde" Q. 1, 18.

Nach dem Gesagten bedeutet auch ohne Substantiv כולה "er, sie, es ganz"; כולהין, כולהון, כולאן כולאיאן "wir alle"; כולאיכון "ihr alle"; „sie alle". Vereinzelt steht so מן כולהון ד "von Allen, welche" II, 51, 14, wofür gewöhnlicher wäre מן כול ד.

Aus einer Construction wie דכולה שיגשא .... מליא "der ganz von Verwirrung .... erfüllt ist" I, 278, 3, wo כולה als Apposition zum Relativ resp. zum Subj. des Satzes steht, entwickelt sich nun weiter die beliebte Construction, die wir z. B. in folgenden Beispielen finden: דכולה זיוא דכולה נהורא דכולה תוקנא דכולה הייא וש׳ "welcher ganz Glanz, ganz Licht, ganz Ordnung, ganz Leben ist" u. s. w. I, 2, 16; עלאנא רבא דכולה אסואאתא "der grosse Baum, der aus lauter Heilmitteln besteht" I, 189, 15; לאתרא דכולה הייא "der Ort, der lauter Leben ist" Ox. III, 43ᵇ; גופנא דכולה הייא "der Weinstock, der lauter Leben ist" I, 71, 2; 189, 4 (vgl. גפאן הייא I, 66, 21); אתרא דכולה מאלכואאתא "der Ort von lauter Königreichen" I, 2, 11, 16, 24; אתרא דכולה סאהריא "der Ort von lauter Dämonen" I, 71, 9; דאורא תאקנא דכולה עותריא "der feste Aufenthalt von lauter Uthra's" I, 249, 12. Aber in dem Satz האטאייא דכולה אנין אבדיא Q. 23, 19 (wo nur ein Cod. דכולהון)

oder אַיִן האטאייא דכולה אבדיא Q. 54, 18 „wir sind die Knechte aller Sünden"[1] lässt sich doch nicht verkennen, dass כולה starr geworden und auch vor dem Pl. steht, zu dem es als Apposition gehört. So liegt es nahe, auch die obigen Sätze grösstentheils so aufzufassen und z. B. zu übersetzen: „der grosse Baum aller Heilmittel" u. s. w.

Anreihung.

§ 227. Ein nominaler Satztheil kann auch durch die Anreihung (عَطْف) mehrerer Nomina gebildet werden. Die Verbindung wird zunächst durch ו „und" ausgedrückt z. B. כלילייא דפירצא וזאניותא „die Kränze der Liederlichkeit und Hurerei" I, 225, 12; מן קולאלייא ופירדונייא ושושלאתא „aus Schlingen, Strafen und Ketten" I, 225, 21 u. s. w. Doch wird bei der Anreihung von mehr als zwei Nomina das ו vor den mittleren Gliedern auch wohl weggelassen[2]. So besonders bei dreigliedrigen Reihen wie in פיריא עמביא ועלאנייא „Früchte, Trauben und Bäume" I, 378, 6; 389, 17 (wo die Londd. ועמביא); בהירבא נורא ועשאתא „mit Schwert, Feuer und Brand" I, 230, 11; II, 27 ult.; 28, 1 (theilweise Varr. ונורא); בכיתא עליתא ואשכיתא „Weinen, Jammern und Klagen" I, 183, 9; מליך רוגזא תוקפא והבילא „der König des Zornes, der Gewalt und des Verderbens" I, 208, 14; כולהון אממייא תאומייא ולישאנייא „alle Völker, Geschlechter und Zungen" I, 229, 19; 232, 10 (wo B ותאומייא); 233, 21 (ganz wie Dan. 3, 31; 5, 19); הוון מיכיא ניחיא ומכיכיא „seid sanft, freundlich und demüthig" I, 38, 12 und so noch viele andre Beispiele. Aber daneben z. B. בזמארא וכינארא ואמבובא „mit Gesang und Cither und Flöte" I, 176, 21; דליתהלה כעלא ומינייאנא וסאיאכתא לזיוה ולנהורה ולעקארה „dessen Glanz und Licht und Ehre nicht Maass und Zahl und Ende haben" I, 2, 15 (wo also 2 Beispiele in einem). Bei einer mehrgliedrigen Reihe steht das ו wohl immer mehr als einmal[3], denn die Aufzählung von Infinitiven לשאבודיא לישקורייא לראורובייא לבארוכייא „zu

---

1) So in einer Unterschrift אבדא דכולה האטאייא Ox. III, 60ᵇ.
2) Aehnlich im Hebr. und sonst im Aram. z. B. כל עממיא אמיא ולשניא Dan. 3, 31; 5, 19; שדרך מישך ועבד נגו Dan. passim u. s. w. In der Pesh. steht dafür zum Theil schon beim 2. Glied ܘ. Im Arab. wäre die Weglassung ganz ungewöhnlich.
3) I, 280, 15 ff. ist nach den Varr. zu verbessern.

loben, zu verherrlichen, zu erheben, zu preisen" Q. 58—60 ohne jedes ו in erhobner Rede ist ganz eigenartig. Wir haben hier übrigens mancherlei Abwechslungen z. B. in מאנא סאדא הלאצא ומצאריא ופכארא ונגאדא „das Instrument, der Fussblock, die Marter, das Torquieren und das Fesseln und das Foltern" I, 230, 19; 233, 9, 14; היואניאתא ביריאתא ונוניא וציפאר גאדפא „Wild, Vieh und Fische und Vögel" I, 12, 19 (wo B וביריאתא ועקארא); הידרא זיוא ונהורא ועקארא „Herrlichkeit, Glanz und Licht und Ehre" Q. 59, 6. Beliebt ist aber auch hier besonders die Weglassung des ו vor dem 2. Gliede (vgl. auch I, 27 ult.). Aber in solchen Reihen ist noch manche Abwechslung möglich, vgl. z. B. I, 10, 8. In längeren Verbindungen der Art giebt es leicht allerlei verschiedne Lesarten hinsichtlich der Setzung und Weglassung des ו, vgl. z. B. Q. 13, 8; 14, 11. Dass auch bei mehreren Gliedern das ו immer wiederholt werden kann, zeigt z. B. ריהאניא ובאזרוניא ופיקוניא וערצאניא וסימאניא „Duftpflanzen und Sämereien und Blumen und Blätter und Heilkräuter" I, 378, 8, vgl. I, 33, 16; 387, 19; 389, 6.

Wenn sich mehrere attributive Adjective auf ein Substantiv beziehn, so ist das Nächstliegende die Weglassung des ו überhaupt (wie im Arab.). So in den Anfängen der Stücke בשומאיהון דהייא רביא נוכראייא יאתיריא ד...... „im Namen des grossen, fremdartigen (ἄγνωστος), erhabenen Lebens, welches ....."; טארטבונא טאבא דאכיא דנהורא „die gute, reine Licht-Binde" II, 7, 1; יא אדאם גאברא קאדמאיא הארא[א]שא סאכלא טרושא טמורא „o Adam, erster Mann, Stummer, Thörichter, Tauber, Verstopfter" II, 2, 14, 21. Aber auch אנאשיא (oder גובריא) כשיטיא ומהאימניא „wahrhaftige und gläubige Leute" („Männer") oft; הייא רביא ועלאייא „das grosse und höchste Leben" II, 27 ff.; אנאשיא כשיריא ומהאימניא ושאפיריא ושאלמאניא „rechtschaffne und gläubige und gute und friedliche Leute" II, 8, 21; דשורבתא האיתא ערתא נאהירתא תאקונתא וראואזתא „des lebendigen, glänzenden, strahlenden, soliden und prangenden Geschlechts" I, 285, 8 (wofür I, 286, 22 ש׳ האיתא ערתא וראואזתא ותאקונתא ונאהירתא); אבאתור אתיקא ראמא כאסיא ונטירא „Abathur der Alte, hoch verborgen und wohlbewahrt" I, 181, 8 und öfter, wo אתיקא, das regelmässige Epitheton des Abathur, enger mit dem Namen zusammenhängt, während die andern 3 Attribute nach der eben besprochnen Weise dreigliedriger Reihen verbunden sind. Bei der langen Aufzählung göttlicher Attribute I, 1 f. beginnt immer je eine Reihe ohne ו, deren einzelne Glieder unter sich durch ו verbunden sind.

In allen diesen Dingen kommt es natürlich darauf an, ob die einzelnen Glieder nach der Natur der Sache oder nach der Auffassung des Redenden in einem engeren begrifflichen Verhältniss zu einander stehn oder nicht; sehr ungleichartige Glieder können die ausdrückliche Verknüpfung durch ו nicht entbehren.

Die engere oder losere Verbindung zeigt sich auch darin, ob ein auf alle bezügliches Regens nur einmal gesetzt wird, so dass die verknüpften Worte ganz wie eines behandelt werden, oder ob es wiederholt wird. So z. B. שאביק האטאייא והאוביא „ein Erlasser der Sünden und Verschuldigungen" I, 17, 3; 35, 16; עדא דכיואן ורוהא ומשיהא באטלא וטובא שיבריאהיא „die Hand Saturn's und der Rûhâ und des nichtigen Christus und der 7 Planeten" I, 223, 12 und so gewöhnlich beim Genitivzeichen ד; aber doch zuweilen Wiederholung, besonders wo ein Glied länger ist wie in נישמאתא דגובריא כשיטיא ומהאימניא ודענשיא שאלמאניאתא „die Seelen der wahrhaften und gläubigen Männer und der friedlichen Weiber" I, 119, 21, sowie selbstverständlich in על האילה דילה ודכולהון אלמה „auf seiner Kraft und der aller seiner Welten" I, 2, 21. Eine Präp. wird bei der Anreihung oft nur einmal gesetzt wie in מן קולאליא ופירוניא ושושלאתא „aus den Schlingen und Strafen und Ketten" I, 225, 21; עתיב לזיפא והוכומתא „sie sassen da zu Täuschung und Schlauheit" I, 174, 5; ד ... מן קודאם זיוא דמאנדא דהייא וזיוא ותוקנא „vor dem Glanz des M. d. H. und dem Glanz und der Klarheit des....." II, 1, 15, 20 u. s. w. Aber die Präpos. wird auch oft wiederholt z. B. ועל עותריא ועל יארדניא ועל שכינאתא „und über die Uthra's und über die Jordane und über die Wohnsitze" I, 278, 6. Oder auch beide Constructionen werden gemischt wie in וניהזינון למאנא ודמותה ולניטובתא „und wir wollen sehn den Geist und sein Abbild und die Nitufta" I, 152, 4; vgl. noch I, 17, 16 ff.; Q. 16, 17 ff. Uebrigens kann, wie grade dies Beispiel zeigt, die Präp. selbst bei Weglassung des ו wiederholt werden; vgl. noch רגיז בקאלא במינילתא בתיהא בנישמא וש׳ „zürnt mit der Stimme, mit dem Worte, mit dem Hauch, mit der Seele, mit...." (folgen noch viele Glieder) I, 280, 15.

In allen diesen Dingen hat das Mand. grosse Freiheit, reichlich so sehr wie das Deutsche.

Die Geschlossenheit der durch ו verbundenen Glieder zeigt sich namentlich in negativen Ausdrücken wie in כאונא וניאהוא לאניהוילון „Ruh und Frieden sollen sie nicht haben" I, 387, 13; לאניהוילכון רוהצאנא על מאלכיא ושאליטאניא ומארדיא דהאזין אלמא „habt kein Vertrauen auf die Könige und Gewalthaber und die Widerspänstigen dieser Welt" I, 17, 6, aber die Fortsetzung dieses Satzes ולא על האילא וזאינא ותאכתושא וכינפא דכאנפיא ושיביא דשאבין באלמא האזין ולא על דאהבא ולא על כאספא „noch auf Macht, Rüstung, Streit, Beute, die man sammelt, und Gefangene, die man macht, noch auf Gold, noch auf Silber" zeigt, wie wenig sich hier die Sprache an feste Regeln bindet, da grade das Gleichartige „Gold und Silber" getrennt wird. Die Wiederholung der Negation und Zersprengung der Glieder ist im Mand. (wie im Arab.) das Gewöhnliche[1].

Was hier von der eigentlichen Anreihung gesagt ist, wird mehr oder weniger auch von der Verbindung mit עו „oder" passen; doch sind die Beispiele davon wenig zahlreich. Uebrigens zeigt die Verknüpfung der flectierten Verben, also ganzer Sätze, manche Analogien zu dem hier Gegebnen (§ 291 ff.).

§ 228. In's Bereich der Anreihung gehört noch die distributive Doppelsetzung z. B. מאלכא מאלכא „jeder einzelne König" I, 382, 14; 385, 14; כול שכינתא שכינתא „jeder einzelne Wohnsitz" I, 136, 14; דגאוניא גאוניא וזניא זנע „von allerlei Farben und Arten" I, 279, 7 und ähnlich oft; בדגור דגור „haufenweise"; במנא מנא „Theil für Theil" u. s. w. (s. S. 301). Vgl. § 241 [2].

---

1) Ein Beispiel der Zusammenfassung ist فما بَكَت عليهم السماء والارض Sura 44, 28. Für's Syr. leugnet Barh. gr. I, 63, 20 die Richtigkeit von Constructionen wie ܣܡܐ ܕܐܟܠ ܛ ܘܐܟܠ ܡ wo es ܛ ܘܐܟܠ heissen müsste.

2) Nicht in die Grammatik gehört die rein rhetorische Wiederholung, welche jeden Redetheil treffen kann (vgl. z. B. מן להיל להיל קאירמנא „jenseits, jenseits steh' ich" I, 372 mehrmals); daher müssen die arab.

Pronomen.

Die selbständigen Personalpronomen der 1. und 2. Pers. werden § 229. sehr oft beim Verbum gesetzt, auch wo kein sehr starker Nachdruck bezweckt wird. So z. B. אנא עהאבילאך „ich habe dir gegeben" I, 230, 12; דאנא בירת עבידלה „was ich wollte, thue ich ihm" II, 92, 1; אנא בסיפראי האדתיא האגינא „ich lese in meinen neuen Büchern" I, 205, 3 (in demselben Satz 205, 23 und 206, 20 ohne אנא); עמארללכון אנא „ich will's euch sagen" II, 88, 10; ואנין ניזאל ונירתאוזאף „und wir werden gehn und uns anfügen" I, 173, 16; אנין כד קראינאך על מאהו קראינאך „und da wir dich gerufen, wozu haben wir dich gerufen?" I, 72, 2; יא נישמא אנאת לאתרא דנהורא סאלקית „o Seele, du steigst zum Lichtorte auf" II, 26, 22; אנאת עתראוראב „erhebe du dich" I, 71, 3; הון אנאתון אהיא דכושטא „seid ihr wahrhafte Brüder" I, 18, 11 und so öfter beim Imperativ. So auch beim Participium mit Subjectsuffixen: תום בריכית אנאת נאפשא אנא לכון קארינא „ferner rufe ich euch" I, 67, 15; משאבירת אנאת מאלכא דנהורא „gesegnet bist du, Seele" II, 93, 15; „gepriesen bist du, Lichtkönig" I, 66, 17 u. s. w. Im reinen Nominalsatz werden diese Personalpronomina als Subject oft wiederholt (§ 273).

Die blosse Hervorhebung irgend eines Redetheils durch ein nach- § 230. gesetztes הו, welche im Syr. beliebt ist[1], findet sich nur selten im Mand. Wir treffen es nach einem andern Pronomen in האזין הו גאברא מאן הו ..... „wer ist dieser Mann?" I, 185, 17; ... האזין הו גאברא לאדכאר „dieser Mann erwähnte nicht ..." I, 185, 19; לאו אנא הו לבושא דנורא לביש „ich habe kein Kleid von Feuer an" I, 52, 18; אמינטול דילכון הו השוכא ונהורא מכאדשיא מן הדאדיא „weil um euretwillen Licht und Finsterniss mit einander streiten" I, 221, 1. Hierher

---

Grammatiker ihr تأكيد صريح, obwohl sie es beim Nomen aufführen, doch auch auf's Verbum ausdehnen.

1) Z. B. ܗܘ ܗܕܐ ܟܬܒܬܐ Prov. 1, 16; ܗܘ Neh. 13, 26; „wenn du lernen willst" Cureton, Spic. 1, 15; auch oft bei Aphraates, bei dem das Schwanken der Codd. hinsichtlich des Setzens und Weglassens zeigt, dass es ein entbehrliches Wörtchen ist (s. 37 paen.; 50 paen.).

gehört aber auch die Verstärkung von מא und מאן zu מאנו und ferner das nachdrückliche לאו „nicht" aus לאהו.

Ueber das als Copula dienende הינון, הו s. § 273.

§ 231. Sehr gewöhnlich ist die Hervorhebung eines abhängigen determinierten Nomens durch ein besonderes Personalsuffix und zwar

1) beim Genitiv s. § 221;

2) bei Präpositionen und zwar

a) ganz wie bei der Genitivverbindung mit Anknüpfung durch ־ֹ: מינאיהון הון מינה דפארא „sie waren mit dem Pharao" I, 382, 4; דאבאהאתא „von den Vätern" I, 136 ult. und so oft bei מן; עלה דפלאנגא „auf die Phalanx" I, 382, 8; עלה דהאנאתה באבא „über jenes Thor" I, 145, 20 und öfter bei על; לואתה דנו „bei Noah" I, 52, 20; לואתאיהון דבניא שלאמא „bei den Söhnen des Friedens" I, 126, 1; עלאוה דכולה אלמא „über der ganzen Welt" Q. 65, 28; עלאואיהון דהאנאתון באביא „über jenen Thoren" I, 150, 22; קודאמה דאבא „vor dem Vater" I, 101, 17; לקודאמאיון דכולהון אנאשיא „vor allen Menschen" I, 223, 5; מן קודאמה דיבראתה אבאתראיון „vor ihrer Tochter weg" I, 149, 2; לאבאתרה דהאנאתה מאלכא דיאהוטאייא „hinter den Juden" I, 382, 7; „hinter jenem König" I, 382, 19 u. s. w. Ganz vereinzelt so bei ב: מא דבה דפאגרא „was im Körper ist" Q. 29, 31. Bei ל scheint diese Verbindung nicht vorzukommen[1].

b) Mit Wiederholung der Präpos. bei ב, ל und מן[2] und zwar zunächst mit Voranstellung des Suffixes עתקרילה קאלא לנו „dem Noah

---

[1] Bei ܒ und ܠ auch wohl kaum im Syr. Sonst vgl. ܡܢܗܘܢ ܪܒܨܐ Mart. I, 100, 2; ܘܢܦܩ ܡܢܗܘܢ Mart. I, 79, 4; ܡܢܗܘܢ Aphraates 413, 2; ܡܢܗܘܢ ܟܠܢܫ Mart. II, 315 unten; ܡܢܗܘܢ Aphr. 472, 6; ܟܠܗܘܢ ܒܣܡܗ Mart. I, 55, 16; ܒܣܡܗ Mart. I, 158 unten und so manches Andre. Besonders hat sich diese Construction wie beim Subst. im Neusyr. ausgedehnt, wo aus ܕ ܥܠ an der Präp. ein regelmässiges Suffix *it* entstanden ist.

[2] Im Syr. werden so ausser ܒ, ܠ, ܡܢ auch ܥܠ (Barh. gr. I, 57, 26 f.), ܥܡ und wohl noch andre Präpositionen construiert. על so im Talm. ליטי עלוה .... אמאן ד Berach. 29ᵇ (Rabbinowicz hat keine Var.) wie schon בה בדניאל Dan. 5, 12; vgl. noch עלוהי על ארתחששתא Esra 4, 11.

ward eine Stimme zugerufen" I, 380, 9; ליתלון סאכא לדאוראיהון "ihre Wohnungen haben kein Ende" I, 278, 21; ... ד האסלה לנהורא ("Verschonung dem Lichte, dass es ....") "Gott behüte, dass das Licht ..." I, 301, 6 (vgl. ... האסלינון לבהיריא זידקא "bewahre, dass die von erprobter Gerechtigkeit ...." I, 223, 12; ואמרילה מאלכיא למליך מאלכיא "und die Könige sagen zum König der Könige" I, 390, 21; בה ביומא האנאתה "an jenem Tage" I, 293, 2[1]; קאריבה באלמא "ruft in der Welt" I, 57, 16; אבדיבה בישותא באלמא "machen Schlimmes in der Welt" I, 231, 6; מינה מן דבאר צאדיא "aus der öden Wüste" I, 179, 11; מינאיהון מן אבדיא "von den Sklaven" I, 23, 23 u. s. w. In ואילה לכול מאן ד "wehe einem jeden, der" I, 18, 19 ist כול מאן als determiniert anzusehn (wie sonst האד u. s. w. siehe § 270). Wenn nun I, 257, 17 בהא שכינתא האזא ראבתיא "in diesem grossen Wohnsitz" steht, so hätte das zwar Analogieen in den ältern Dialecten (בֵּה זִמְנָא mehrmals im Dan.; בה שעתא in den Targg.)[2], aber es ist doch gewiss zu lesen בהא בשכינתא oder bloss בשכ" s. Z. 19.

Mit Nachsetzung des Suffix haben wir[3] שלאמא לנביהיא לאתיתנולהון "gebt den Propheten keinen Gruss" I, 223, 14; צאותא לאדאם ניהוילה "und Adam wird Gesellschaft haben" I, 13, 1; 33, 10; ובמאנדא דהייא סאיפיבה "und am M. d. H. haben sie keinen Theil mehr" I, 229, 21; בעשניאיהון .... בישותא לאהאויבון "in ihren Jahren wird kein Uebel sein" I, 391, 18; מן אמא .... מינה "von dem Volke" I, 46, 12; יאהוטאייא .... כולהון אמאמיא מינאיהון נאפקיא "von den Juden .... gehn alle Völker aus" I, 224, 14 u. s. w. Zweierlei zusammen in תיביל רמיבה רמיבה תיגרא בתיביל תיגרא "Streit ist auf die Erde geworfen" II, 82, 22.

Wo es sich um mehrere Glieder handelt, kann das voranstehende Personalsuffix im Sg. bleiben in Fällen wie קרילה קאלא שאניא לאדאם ולהאוא "ruf dem Adam und der Eva eine wundersame Stimme zu" I,

---

1) So lies בא בשיתא "in dem Augenblick" I, 168, 8 für באר ב'.

2) Auch im Neusyr. finde ich jetzt Spuren dieser Verbindung.

3) Vgl. z. B. ܢܗܘܐ ܠܗܘܢ ܡܚܟܬܢܐ Mart. II, 312, 13; ܠܗ ܟܪܢ .... ܡܛܠ ܕܐܝܬ ܠܗܘܢ ܚܘܠܡܢܐ Aphraates 112, 9, 15; ܗܘܘ ܠܗܘܢ ܠܥܒܕܐ eb. 138, 15.

אפרישלה מאדא לאדאם ולהאוא זאוה ולשורבאתה ;34, 14 „lehre die Kunde den Adam, die Eva seine Frau und seine Abkömmlinge" I, 34, 22, aber auch im Pl. wie in ועהאבלון זיוא לשאמיש ותוקנא לסירא וציהמא לכוכביא „und er gab Glanz der Sonne, Klarheit dem Mond, Schimmer den Sternen" I, 33, 23.

Auch wo die Präp. nur ein Personalpronomen regiert, kann sie durch ein Gleiches mit derselben Präpos. aufgenommen werden: לאך דבה ראויבה מסאכיאלאך אינאי „auf dich schaut mein Auge" II, 101, 21; אלמיא בה אלמיא ראויבה „durch welchen die Leute trunken werden" I, 112, 3.

ב wird in diesem Verhältniss auch wohl durch das deutlichere בגו ersetzt: ובעשומיא עצטאראר בגאוה כוכביא „und am Himmel, daran wurden die Sterne gebildet" I, 286, 14; ניסקון .... בהאזא מאסיקתא וניתון בגאוה כולהון נאצוראייא „durch dieses Aufsteigen .... dadurch werden aufsteigen und kommen alle Naṣoräer" I, 213, 1. Umgekehrt wird בגו durch ב aufgenommen in דהו בגואיהון מיתנאטארבון „durch die er bewahrt wird" I, 314, 7.

§ 232. Eine merkwürdige Selbständigkeit gewinnt das Personalpronomen mit ל nach ו in ואנא ולה עתיב „und ich sitze mit ihm zusammen" I, 155, 19 und ניבון אנא ולאיך: „wir wollen merken, ich und du" I, 325, 4 [1].

§ 233. Als selbständiges Possessivpronomen hat das Mand., in Uebereinstimmung mit dem Syr. und andern Dialecten und verschieden vom Talm. [2], die Zusammensetzung די + ל mit den entsprechenden Personal-

---

[1] Ganz ähnlich ist die jüngere arab. Construction خرجتُ هي واِيّاهُ; اكلتُ انا واِيّاها u. s. w. (beliebt z. B. in 1001 Nacht). Vergleichen lässt sich auch die Verbindung von و mit dem Accus., wenn es = مع ist.

[2] דיל׳ haben das Syr., Bibl.-Aram., das babyl. Targum und das Mand.; דיד׳ (d. i. די + יד) der babyl. Talm., der jerus. Talm., das Samar. und (in der entsprechenden lautlichen Umformung) das Neusyr. In den jerus. Targumen kommt Beides vor. Einzeln findet sich aber auch im Babyl. Talm. דיל׳ z. B. דילי Nedarim 50ᵃ; דיליה Baba b. 33ᵇ (3 mal), und ein einziges Mal in der Unterschrift von Ox. III umgekehrt לדידה ולשיתלה וש׳ „ihn und seine Kinder" u. s. w. Die beiden Bildungen wechseln also in denselben oder in ganz nah verwandten Dialecten; im Allgemeinen ziehn die alterthümlicheren aber דיל׳ vor.

suffixen. Ganz selbständig wird das Wort gebraucht in Fällen wie
מינדאם דלאו דילכון הו „Etwas, das nicht euer ist" I, 14, 21; 36, 3;
173, 21; מינדאם דלאו דילאך „Etwas, das nicht dein ist" I, 214, 11;
באיתא האזין דילאן הו כולה „dies ganze Haus ist unser" I, 80, 25;
האילא כד דילכון לאהואלון „eine Kraft wie die eurige hatten sie
nicht" I, 234, 1 (vgl. I, 243, 2); עכא אלמא דנפיש מן דילאך „es giebt
eine Welt, welche ausgedehnter als deine ist" I, 82, 4; ניהויא דילאן
הייא אשכא דילון הייא ודילאך „er wird unser und dein sein" I, 70, 19;
באיתא בדילכון מישתביק דילון אשכא „das Leben fand die Seinigen" (oft);
„das Haus wird im Eurigen gelassen" II, 41, 5; בלאו דילאך „um das,
was nicht dein ist" I, 214, 3 [1].

Als deutlicherer Ausdruck für das Possessivum steht דיל׳ ferner
statt des einfachen Suffixes oder tritt zur Verstärkung noch hinter dasselbe: a) פיהתא ומאמבוגא דיליא גאברא נוכראיא „mein, des fremden
Mannes Pehta und Sprudel" [2] I, 224, 1; כורסיא דיליא האמנו „welches
ist mein Thron" I, 211, 12; בזיוא דילאן „in unserem Glanz" I, 126,
22; טוהמא ושארשא דילכון „euer Geschlecht und eure Herkunft" I, 42,
6; בעוהרא האזא דילאן „auf diesem unserm Weg" I, 252, 21; בשכינתא
דילאן „in unserem Wohnsitz" II, 40, 18; בדמותא דילאן שליהיא „in
unsrer, der Gesandten, Gestalt" I, 47, 15 [3]. Sogar בדמו דיליא גאברא
נוכראיא „in meiner, des fremden Mannes, Gestalt" I, 223, 24; אנאת דמו
דילאן „du bist unser Abbild" I, 173, 15, worauf folgt: ואנין דמותאך
דילאך „und wir sind dein Abbild". Verstärkt wird bei dieser Construction noch in באתרא (בזיוא) רבא דילהון דנאפשאיהון „in ihrem
eignen grossen Glanz (Ort)" II, 1, 22; 6, 22.

---

1) Vgl. ܠܢ ܢܬܠ ܙܒܢܗ݁ ܕܝܠܗ „lasst uns der Zeit das ihr Gebührende
geben" (die nöthige Rücksicht auf sie nehmen) Jovianus-Roman fol. 57ᵃ;
ܘܕܝܠܗ ܐܬܐ ܐܠܐ ܕܝܠܗ ܠܐ ܩܒܠܘܗܝ εἰς τὰ ἴδια ἦλθε καὶ οἱ ἴδιοι αὐτὸν οὐ
παρέλαβον Joh. 1, 11; ܕܝܠܗ ܐܣܬܠܝ „dass seines (= ܩܘܪܒܢܗ „sein Opfer")
verworfen war" Aphraates 61, 2 und so oft im Syr. So im Talm. דידי
עדיפא מדידך „meine ist besser als deine" Luzz. S. 72.

2) Brot und Trank im mand. Abendmahl.

3) Vgl. בזילותא דידך „durch deine Erniedrigung" Meg. 28ᵃ und so
öfter im Talm.

b) Das Gewöhnliche ist die Verstärkung des Pronominalsuffixes durch nachgesetztes דיל׳: על שום דיליא „auf meinen Namen" (= ܕܝܠܝ) I, 245, 12, 13; שומיאן דילאן „unser Name" II, 23, 3; האילאיכון „eure Kraft" I, 234, 1; לבושאן דילאן „unser Gewand" I, 47, 20; דילכון „euer Ort" I, 58, 1; דמותאי דיליא „meine Gestalt" II, 44, 7 und so sehr oft[1].

So werden auch oft Präpositionen mit Suffixen verstärkt z. B. לכון דילכון „euch" I, 178, 13; מינה דילה „von ihm" I, 223, 23; 224, 24 (auch im Relativsatz דמינה דילה, „von welchem eben" Q. 2, 12); עלה דילה „für sich selbst" II, 134, 20; עלאואיכון דילכון „auf euch" I, 176, 4 u. s. w.[2]

Nun steht aber דיל׳ auch nicht selten für das Suffix selbst unmittelbar hinter der Präp. Abgesehen davon, dass eine semit. Präp. stets im St. cstr. zu denken, würde diese Construction der beim Subst. unter a angeführten entsprechen; der Zusammenhang muss nun entscheiden, ob z. B. מן דילאך „von dem (der) Deinigen", „von den Deinigen" oder bloss „von dir" = מינאך bedeutet. So z. B. אבאתאר דיליא „nach mir" I, 261, 3; ביניא דיליא לאבאתור „zwischen mir und Abathur" I, 340, 8; אמינטול דילכון „um euretwillen" I, 221, 14; אמינטול דילון „um ihretwillen" I, 111, 2; דאביא מן דילה „die dicker als er ist" I, 84, 6; בדילה פאהליא „ich will mit ihm kämpfen" I, 281, 3; לדיליא עפדאר „mir dienen sie" I, 81, 23; על דילאך שאדרינאן „sandte uns zu dir" II, 6, 14; ולדילאן לאדאמין „und gleichen uns nicht" I, 47, 17; und so sehr oft לדיל׳ für einfaches ל, auch als Objectbezeichnung. Es kann dann hinterher ל mit Suffix oder das einfache Objectsuffix noch zur Verstärkung nachfolgen z. B. לדיליא האיזין אמרילא „mir sagen sie so" I, 155 ult.; אנין לדילאך קראינאך „wir riefen dich" I, 132, 5; דאנין על דילאך שאויוך לדילאך ניהזיאך „dass wir dich sehen" Ox. III, 113ᵃ; לדיליא שיהלון דאואר „machten dich zum Richter" (pers. داور) DM 20ᵃ;

1) Bekanntlich auch im Syr. sehr beliebte Construction.

2) Auch dies ist im Syr. beliebt; eine besondere Verstärkung haben wir in ܘܐܝܬܝܢܝ ܠܝ ܐܢܐ ܬܠܝܬܝܐ „und brachte mich, mich, die Tertia" Apost. apocr. 319, 13, wo die 1. Person 4fach ausgedrückt ist; nicht ganz so weitläufig ist ܡܢ ܣܡ ܒܠܝ ܠܡܫܡܫܬܗ Aphraates 181, 5.

„sandten mich" I, 111, 3; דאנין לדילה קראינה „den wir gerufen haben" I, 156, 22 [1]. So kann für das oben angegbne ניהויא דילאן „ist unser" u. s. w. auch ohne Unterschied stehn לדילאן z. B. לדילון האורן „sind ihre" I, 229, 21 (A דילון); 232, 12; vgl. ותיביל כולה לדילכון שאויתה „und die ganze Erde habe ich für euch (euer) gemacht" I, 233, 20. So kann nun zu ל mit Suffix noch לדיל׳ treten, wie blosses דיל׳ z. B. האזינאלאך לדילאך „du lässest uns" II, 24, 22; שאבקאתלאן לדילאן „ich sehe dich" DM 37$^{a\,b}$; ולדילויא מינשיאתליא „und mich vergissest du (f.)" DM eb.; ולדיליא היביל זיוא עהאבליא עהאבליא לדיליא זיוא „und mir, dem Hibil, gab er Glanz" u. s. w. Ox. III, 102^b; ניהוויליא לדיליא in den Gebeten vor den einzelnen Abschnitten; ähnlich so beim Objectsuffix in וליפליהונאן לדילאן „und dienen uns" I, 244, 3 [2].

So steht דיל׳ auch nach dem einer Präpos. ähnlichen כד wie das einfache Personalpronomen ד כד דיליא לאית ד „wie ich ist keiner, der...." I, 137, 7; דראב כד דילה „der gross war wie er" I, 165, 1; והוית כד דילהון „und ich ward wie sie" I, 136, 7 [3].

Noch ein weiterer Schritt ist dann die Verstärkung des Subjectpronomens durch דיל׳ in (פלאניתא פת פלאן) ואנא דיליא „und ich, NN, Tochter des NN" Q. 2, 7.

Wie deutlich aber doch im Ganzen noch das in דיל׳ liegende Genitivverhältniss gefühlt wird, ergiebt sich aus der Fortsetzung des Wortes durch ד in בהאילאך דילאך וד ... וד ... וד „durch unsre und des .... und der .... und des .... Kraft" I, 126, 19; על האילה דילה ודכולהון אלמה „auf seiner und all seiner Welten Kraft" I, 2, 21. Und

---

1) So wird דיד׳ im Talm. oft gebraucht z. B. בהדי דידי „mit mir" Baba m. 85^b; בין דידיה לדידה Berach. 48^a; לדידי חשדן „mich beschuldigten sie" Moed. k. 18^b; לדידהו לא אמר להו לדידן אמר לך „zu ihm hat er nicht gesprochen, zu uns hat er gesprochen" Sanh. 93^a; לדידי קאימא לי שעתא „mir ist die Stunde günstig" Baba b. 12^b; לדידי חזי לי הורמין „ich habe Ahriman gesehen" Baba b. 73^a und so oft לדידי חזי לי u. s. w.

2) Vgl. שדיוה ליה לדידיה „sie warfen ihn" Sanh. 39^a.

3) Damit vergleiche ܢܫܒܘܩ ܥܠܡܐ ܒܠܥܕ ܡܢܢ „lasst uns die Welt ohne uns lassen" Aphraates 106, 2, wo die Unmöglichkeit, עַם direct mit dem Personalpronomen zu verbinden, diese Construction bewirkt haben wird, die sonst bei Präpositionen im Syr. kaum vorkommt.

so wird auch דּ einmal in der Apposition nach דיל' wiederholt in ודילה דנוכראיא "und die des Fremden" I, 258, 21.

§ 234. Das Reflexivpronomen wird, soweit nicht die blossen Personalpronomen genügen, durch נאפשא ausgedrückt. So z. B. פאריקת נאפשאך „du hast dich selbst gerettet" II, 73, 23; נישמא זאריז נאפשאך „Seele, mache dich selbst hurtig" II, 84, 8; לאבאדת על נאפשיך „was du für dich selbst gethan hast" II, 100, 22; בצוביאן נאפשאיהון „mit ihrem eignen Willen" II, 101, 1 (parallel mit dem gleichbedeutenden, aber weniger nachdrücklichen אבאהאתאך דנאפשאך בצוביאאך II, 100 ult.); „deine eignen Väter" I, 163, 14 und noch stärker בזיוא רבא דילהון דנאפשאיהון, s. S. 333.

Die aram. Dialecte lieben bekanntlich einen reflexiven, die Bedeutung nicht abändernden Zusatz mit ל, namentlich bei Verben der Bewegung. Im Mand. ist derselbe aber sehr selten wie in אתאלאך „komm" II, 7, 17; קומלאך „steh auf" II, 106, 21, 22; Q. 66, 24; fem. קומליך DM 42ᵇ ¹.

§ 235. Demonstrativpronomen. Das Personalpronomen der 3. Person steht adjectivisch in דהינון עבילוא „jener (eben genannten) Asketen" (ٱ۔) I, 56, 2; לקודאמאיהון דהינון מאניא יאקיריא „vor jenen (genannten) erhabenen Geistern" I, 135, 13; עלאואיהון דהינון באביא „über den Thoren" I, 151, 8 (wofür I, 150, 22 על' דהאנאתון באביא; בהינון אלמיא דהוית בגאואיהון „in jenen Welten, in denen du gewesen bist" I, 153, 9; פארצופאיהון דהינון מאניא יאקיריא „die Antlitze jener (bekannten) herrlichen Geister" I, 135, 4; דמותאיהון דהינון גובריא זאדיקיא „die Gestalt jener gerechten Männer" Q. 1, 32 ² u. s. w. Man sieht aus diesen Beispielen, dass hier neben einfacher Rückbeziehung (ἀναφορά), welche dem Pron. der 3. Pers. am angemessensten ist, doch auch die eigentliche Demonstrativbedeutung (δεῖξις, resp. πρώτη γνῶσις) vorkommt. Wie in den obigen Beispielen dürfen wir das Pronomen nun auch wohl in הינון מאלאכיא I, 23, 14; הינון רביא I, 78, 21 u. s. w.; הו מאלכא ראנא דעקארא I, 71, 10; והו עותרא I, 94, 7 u. s. w.; הע רוהא

---

1) Für לאקאמלה I, 6, 8 ist mit den meisten Codd. zu lesen לאקימלה (§ 263).

2) Vgl. הוא צלמא Dan. 2, 32; די מלכיא אנון Dan. 2, 44.

I, 17, 3; 36, 15 (in ähnlicher Verbindung sonst האהו oder האך) adjectivisch fassen, aber man kann hier doch auch eine losere Verbindung annehmen: „sie, die Engel"; „sie, die Herren"; „sie, die Rûhâ"; „er, der Uthra"; „er, der hohe König der Ehren". Vgl. noch שאיליא הינון נישמאתא האיאבאתא מותא „sie, die schuldigen Seelen, verlangen nach dem Tode" I, 187, 10. Hier spricht gegen die Uebersetzung „jene sch. Seelen" die Verschiedenheit des Geschlechts, dafür die Var. האניך (CD). Entscheidend ist keiner dieser Gründe, da ja in solchen Fällen die Congruenz der Geschlechter nicht immer eingehalten wird. Aber immerhin ist der adjectivische Gebrauch des Personalpronomens im Sg. sehr unsicher: für ולהע in ולהע תיביל כולה „und jene ganze Erde" I, 232 ult. ist vielleicht ולהאהע zu lesen, und האזין הו גאברא muss man nach § 230 erklären.

Zwischen האהו, האך, האנאתה ist zwar kein durchgreifender Unterschied der Bedeutung, doch hat im Ganzen האהו mehr demonstrative Kraft als die beiden anderen und האך wieder mehr als האנאתה. So kommt es, dass האהו am seltensten bloss anaphorisch oder correlativ steht, האך bald rein demonstrativ, bald correlativ und anaphorisch, האנאתה ganz überwiegend in letzterer Bedeutung verwandt wird. Aber wie nicht leicht in einer Sprache die Unterscheidung des anaphorischen und demonstrativen Gebrauchs streng durchgeführt wird[1], so geschieht das auch durchaus nicht im Mand. Dazu lässt sich an manchen Stellen nicht unterscheiden, ob wir eine blosse ἀναφορά oder eine wiederholte scharfe Hinweisung (mit Ignorierung der früheren Erwähnung) haben, ferner, ob ein solches Wort vor einem Relativsatz ein ganz abgeblasstes Correlativ („derjenige, welcher"; „der, welcher") oder noch ein wirkliches Demonstrativ („jener, welcher") ist. Die δεῖξις im strengsten Sinn, der Hinweis auf etwas wirklich vor Augen Liegendes, kommt natürlich auch in Schriften wie den mandäischen verhältnissmässig selten vor.

§ 236.

Substantivisch oder doch ohne attributive Verbindung mit einem Substantiv werden diese drei Wörter nur selten gebraucht und fast

---

1) Nicht einmal im Griech. Vgl. über diese Unterscheidungen die anregenden Untersuchungen von WINDISCH über das Relativpronomen im Indoeurop. (in CURTIUS Studien II).

nur vor Relativsätzen; für alle andern Fälle genügt ja das Pronomen der dritten Pers. So על האהו ד׳ „an den, welcher" I, 157, 18; בליבה דהאהו דקאיים „im Herzen dessen, welcher steht" I, 280, 10; מן האך דיאתיר „von dem, was übrig ist" I, 87, 20; אכואת האך דהאקנית „wie das, was ich zurecht gemacht habe" I, 158, 9; שאלמאניא האניך הינון ד׳ „die Friedfertigen sind die, welche" I, 218, 21; האנאתיא ד׳ (sic) „der, welcher" Par. XIV nr. 126; האנאתון דהאיזין אבדיא „die, welche so thun" I, 220, 14 — האנאתה תיתיא „die komme" DM 39ª; האנאתה הו „das ist euer Reisevorrath" II, 129, 15; האנאתה הו ד׳ זואדאיכון „der ist's, welcher" II, 5, 6; האיזין האריא האנאתון כד זאן שושמא „dann werden dieselben wie Sesam sein" DM 87ª.

Als Adjective stehn die Wörter bald vor, bald hinter dem Substantiv[1]. Beispiele: 1) a] האהו מאלכא „jener König" I, 4, 16; 5, 13; 279 ult.; האהו גאברא קאדמאיא ד׳ „jener erste Mann, der" Q. 1, 11; בהאהע ארקא דאיאר היוארתיא „auf jener weissen Aether-Erde" I, 9, 15; לואתה דהאהו אבוך מארא דראבותא „bei jenem deinem Vater, dem Herrn der Grösse" I, 68, 9; להאהע דמותא „jene (genannte) Gestalt" I, 281 ult.; 282, 1; האהו מארא דראבותא „jener (eben genannte) Herr der Grösse" Q. 1, 28 b] לאלמא האהו דבישיא „jene Welt der Bösen" II, 4, 1 und öfter 2) a] להאך מאנא „jenem (bekannten) Geist" I, 69, 8; להאך דוכתא „an jenen (fernen) Ort" I, 75, 6 u. s. w.; האך אלמא „jene (andre) Welt" I, 92, 18; 185, 14 (= האנאתה אלמא I, 184, 17); האך יארדנא „jener Jordan da" I, 134, 11; האך ניטופתא ראבתיא „jene grosse Nitufta" Q. 25, 5; האניך אליף אליף עותריא „jene tausendmal tausend Uthra's" Q. 54, 23; האניך כולהון שכינאתא „all jene Wohnsitze" Q. 5, 15; 34, 20 und so viele Q. 15 und sonst mit Hinweisung auf die verschiedenen, wie vor Augen stehenden, Lichtmächte (oft mit Relativsätzen dahinter) — בשניא דהאך מאלכא „in den Jahren des Königs" I, 392, 3 (wofür sonst in diesem Stück האנאתה);

---

1) Im Arab. herrscht bekanntlich die Voranstellung der Demonstrativa, welche, der starken Bedeutung entsprechend, wohl auch das Ursprüngliche gewesen ist. Im Hebr. ist nach der sonstigen Art der Adjectiva, denen sie ja durch Hinzufügung des Artikels gleich gemacht werden (was auf dem Mesasteine noch unterbleibt), die Nachsetzung durchaus Regel. Das Aram. schwankt zwischen beiden Stellungen.

האך ריהא „der Geruch" (auf den eben hingewiesen war) I, 283, 12; לאלמא האך „jener (eben genannte) Hagel" I, 283, 10   b] האך בארדא באלמא האנאתון יאדיתון „jene (andre) Welt, die ihr kennt" I, 155, 10; האך ד „in jener Welt, welche" I, 157, 5; אלמיא האניך דנהורא „jene (fernen) Lichtwelten" I, 163, 14; שוריא האניך דפארזלא „jene Eisen-mauern" I, 159, 9; מיא סיאויא האניך ד „jenes schwarze Wasser, das" I, 86, 16 — מארגאניתא האך ד „jene (genannte) Perle, die" I, 165, 17; יאהוטאייא האניך ד „die (genannten) Juden, welche" I, 46, 11. Getrennt מן שובא לבושיא ניסבית האניך ד „ich nahm eines von jenen 7 Kleidern, welche" I, 169, 7   3) a] האנאתה הו דמיבילה להאנאתה אלמא „der (genannte) ist's, der für jene (andre) Welt nöthig ist" II, 5, 6; האנאתה זיוא „jener (andre) Glanz" I, 10, 22 (Gegensatz zu האזין); האנאתון מיא „jenes (eben genannte) Wasser" I, 87, 18; Q. 1, 21; מן האנאתה דמא „von dem Blute" I, 224, 12; אדאיתה להאנאתה מאטארתא „ich ging bei der Wache vorbei" II, 28 ff.; בהאנאתה מאפיקתא „in dem Ausgang" I, 26, 19; 27, 1; בה בהאנאתה פירא „in der Frucht" I, 69, 4; האנאתון מאלכיא „die Könige" I, 387 mehrmals; בהאנאתה דארא באתראיא „in der, der letzten Generation" I, 29 ult. und viele andere   b] אלמא האנאתה „jene (andre) Welt" I, 71, 21; עלאנא האנאתה ביהראם „jener (bekannte) Baum Behram" Q. 59, 8; בדארא האנאתה „in der Generation" I, 29, 4; מן שכינתא האנאתה ד „in dem Kleide" II, 59, 11, 21; בלבושא האנאתה „von dem Wohnsitz, welcher" I, 12, 7; 32, 19; דעותריא האנאתון „der Uthra's" I, 293, 1.

Im Ganzen ist der Vorantritt häufiger, namentlich bei האהו und האנאתה, dessen Pl. ich nur ein einziges mal nachgesetzt finde.

§ 237. Ueber דה (דא?), welches nur in der Doppelsetzung דה ודה „das und das" gebraucht wird, s. § 80. Der Pl. עלין wird substantivisch gebraucht in עלין ד eae quae I, 253, 15 und adjectivisch: גובריא (תלאתא) עלין (עותריא) „diese (drei) Männer" („Uthra's") (welche schon genannt sind) I, 251 ff.; 286, 22; נישמאתא עלין דסהיד „diese Seelen, welche zeugten" I, 260, 6; עובאדיא עלין „diese Werke" Q. 30, 17. Die Zahl der Beispiele ist gering; das Wort ist offenbar selten geworden.

האזין (fem. האזא, Pl. האלין) ist das gewöhnliche Demonstrativ zur Bezeichnung des in der Nähe oder vor Augen Befindlichen oder doch

Gedachten. Es kann sich sowohl auf das eben Vorausgegangene wie auf das Nachfolgende beziehn. הָאזָא, הָאזִין stehn oft substantivisch hic, haec (hoc); so auch הָאִלֵּין hi und vor dem Relativ einfach correlativisch ii qui II, 30, 20; 35, 8; 105, 16, 17; eae quae II, 31, 3 u. s. w. Aehnlich ferner הָאזִין הוּ רָאזָא „dies (Folgendes) ist das Mysterium" I, 68, 19 und in dieser Weise oft im Anfang eines Abschnittes; הָאזִין הוּ שׁוּתָא קַאדמָאִיתָא „dies (was vorangegangen) ist die erste Rede" I, 26, 6. Vgl. noch כַּד הָאזָא אֲמַארלִיא „als sie mir dies (Vorhergegangene) gesagt hatten" I, 74, 1 und öfter; כַּד הָאזָא שִׁימָאת „als sie dies (Gesagte) gehört hatte" I, 104, 20 u. s. w.

Als attributives Adjectiv tritt das Wort bald vor, bald nach: הָאזִין הָאזָא אַרקָא בְּאַהִירתָא und הָאזִין אָלמָא „diese Welt" (beide häufig); „diese leuchtende Erde" (welche ich, wenn auch in der Ferne, vor mir sehe) I, 281, 14; dicht daneben הָאזִין דָאוּרָא דְּהַשׁוּכָא „dieser Aufenthalt von Finsterniss" (in welchem ich wohne) I, 281, 12; בְּהָאזָא תֵיבֵיל „auf dieser Tebel hier" II, 61, 20; הָאזָא מַטָארתָא „diese Wache" (oft); הָאזִין צַאומָא „dies (eben beschriebne) Fasten" I, 16, 23; הָאִלֵּין נִשׁמָאתָא „diese Seelen hier" I, 66, 8; הָאִלֵּין כּוּלהוּן עוּבָאדיָא „all diese (aufgezählten) Werke" I, 286, 19; בְּהָאִלֵּין פוּגדָאמִיָא כָּאסִייָא „in diesen (vorangegangenen) Worten" Q. 26, 19; הָאִלֵּין עֲבִידָאתָא „diese (genannten) Creaturen" II, 56, 5 u. s. w. — בַּר מַאלכִּיָּא הָאזִין „dieser Königssohn hier" I, 212, 17; עַל אַתרָאך הָאזִין „zu diesem deinem Ort" I, 168, 17[1]; מַאטָארָאתָא הָאִלֵּין „diese Engel, welche" I, 45, 9; מַאלָאכִיָא הָאִלֵּין ד „diese Wachen" Q. 35, 11; שׁוּמָאהָאת הָאִלֵּין כָּאסִיָאתָא sowohl „folgende geheime Namen" Q. 7, 27 als auch „diese (genannten) geheimen Namen" Q. 13, 1; טָאבָאוָאתָא הָאִלֵּין „die genannten guten Werke" I, 286, 20. Ungewöhnlich ist die Trennung des vorangestellten Wortes durch ein Verbum bei der parallelen Wiederholung in: אַמִינטוּלָאתִיך נִשִׁימתָא [2]הָאזִין רְקִיעתָא שְׁתִינגִיד [2]הָאזִין עֲתִינגִיד רְקִידָא .... אַמִינטוּלָאתִיך נִשִׁימתָא הָאזָא מִיָאבָאשׁתָא הוָאת הָאזָא הוָאת מִיָאבָאשׁתָא „um deinetwillen, o Seele, ward dieses Firmament ausgespannt u. s. w., um deinetwillen, o Seele, entstand dieses trockne Land" u. s. w. II, 76, 8.

---

1) Hier u. A. müsste auch im Arab. das Demonstrativ nachstehn.
2) Alle Codd. beidemal הָאזִין, welches aber schon nach הָאזָא sicher zu corrigieren ist.

Ueber האדין, האדא; האי; האדינו; האינו ist das Genügende bereits § 81 gesagt.

Die Verstärkung eines האזין durch הו sahen wir § 230 in dem Beispiel האזין הו גאברא „dieser Mann da" I, 185, 17, 19; ähnlich vielleicht האלין הינון מיא הייא אתיך „dieses Lebenswasser kommt" DM 2ᵃ, wo ich aber doch die Richtigkeit der Lesart bezweifle. Sonst kennt das Mand. nicht die im Syr. beliebte schwerfällige Zusammenstellung von Demonstrativen, wie es ja von manchen lästigen Worthäufungen frei ist, die in sonstigen aram. Dialecten vorkommen.

Fragepronomen. Zwischen מאן und מאנו ist kein Unterschied § 238. im Gebrauch, vgl. II, 71, 22 ff.: מאנו רמאן — מאן אתיאן „wer brachte mich? wer warf mich?" und so oft in diesen Abschnitten wechselnd. Das Wort ist durchaus persönlich, auch in מאנו שומה I, 128, 23, 24; מאנו שומאך I, 235, 18 ff., wofür wir allerdings „was" oder „wie ist sein (dein) Name?" sagen. Wenn ja der Name der Person selbst gleichgesetzt wird — und das geschieht auch z. B. in שמי יוסף „mein Name ist Josef"[1] —, so darf ich auch die Frage nach ihm wie auf eine Person richten[2]. Das gilt auch von מאנו שומה לנהורא „wie heisst das Licht?" I, 5, 5, da das Licht als persönliches Wesen aufgefasst wird. Ebenso werden „die Berge" in מאן הינון טוריא ד׳ „wer sind die Berge, die?" II, 1, 5 wie Personen betrachtet.

מאן ist ausschliesslich substantivisch und tritt also nie adjectivisch zu einem Subst. Es kann aber wohl in Abhängigkeit stehn wie in ובר מאן אנא „und wessen Sohn ich sei" Ox. III, 31ᵇ; על שום מאן „auf wessen Namen?" I, 184 ult.; האזא מאטארתא דמאן הע ולמאן נאטרא „wessen ist diese Wache und wen bewacht sie?" I, 181, 18 und so oft nach Präpositionen.

מא ist seltner als מאהו[3]. Es steht noch regelmässig in Fällen wie למאליא האזין דאורא „wozu ist mir diese Wohnung?" I, 281, 12;

---

1) Anders ist es in mihi nomen est Sempronio.

2) So heisst es denn ja auch sonst im Semit. מַן אנון שמהת; מִי שְׁמוֹ; גבריא Esra 5, 4; ܡܢܘ; äth. manû semka DILLMANN S. 403. Aber im Arab. nur ما اسمك.

3) So ist auch im Talm. מא stark eingeschränkt durch מאי, im Syr.

למאליא ד֯ „wozu soll ich?" I, 96 ult.; II, 65, 14 ff.; למאליך ד֯ I, 116, 11 ff.; למאלאך ד֯ I, 109, 5 oder auch ohne ל: מאלאך ד֯ II, 70, 20 (vgl. ܡܢ ܟܚܡ Gen. 21, 17). Ferner mit dem Relativ מא ד֯ „das, was", „was" (§ 239) und in der Bedeutung „wie?" „wozu?" ומא מאכא לתאקיפא תיתנון „und was liefert ihr den Niedrigen dem Starken aus?" I, 66, 22; aber auch dafür steht schon viel häufiger מאהו z. B. מאהו פאיישנא „was bleibe ich?" I, 391, 4; מאהו גניעית... ומאהו שכיבית „was lagerst du dich? ... und was liegst du?" I, 170, 9 und so oft.

Sehen wir von Zusammensetzungen wie אלמא, כמא u. s. w. ab, so ist mit dem Gesagten der Gebrauch von מא erschöpft; in allen anderen Fällen steht מאהו.

מאהו setzt sich auch mit Substantiven zusammen in der Bedeutung „was für?" z. B. מאהו סימאכא „was für eine Stütze?" II, 63, 3; מאהו עובאדיא אבאדת „was für eine Kraft?" II, 63, 2; האילא „was für Werke hast du gethan?" II, 103, 1[1] und getrennt מאהו נאסיקלאך שומא „was geben wir dir für einen Namen?" DM 38ᵇ[2].

In Genitivverhältniss finde ich מא oder מאהו nicht; das mag aber Zufall sein. Mit einer Präp. steht מאהו in על מאהו דאמית „welcher Sache gleichest du?" I, 182, 17 u. s. w.

מאנו ד֯ und מאהו ד֯ sind nicht selten auch quis est qui?, quid est, quod?, so dass הו darin die Copula ist (§ 273); nicht zu ver-

---

ܡܢ verhältnissmässig selten neben ܡܢܘ, ܡܢ, ܡܢܘ, wie auch im Aethiop. *mî* neben *ment*.

1) Vgl. מהו רבותא Esther II, c. 3, 3 im Anfang und talm. מאי טיבותא עבדינך Rosch h. 20ᵃ. Alt- und Neusyrisches, sowie Hebräisches der Art s. neusyr. Gramm. S. 279. Auch äthiop. *ment rây* „welches Gesicht?" Dillm. S. 404. Nur das Arab. kann *mâ* nicht so verwenden.

2) So מה נעשה יקר וגדולה Esth. 6, 3 (und wörtlich so in beiden Targumen). Aehnlich wird ܐܢܘ wohl von seinem Subst. getrennt: ܡܢ ܐܢܘ ܕܝܪܐ „und von welchem Kloster bist du?" Land, Anecd. II, 141 paenult.; ܡܢ ܐܢܘܢ ܠܗܝܢ Apost. apocr. 244. — Ich bemerke zu der im Text angeführten Stelle beiläufig, dass אסיק zuweilen auch ohne שומא „benennen" heisst.

wechseln mit der relativen Verbindung quisquis, quicunque. Für מאהו ד steht מוד Par. XI, 20ᵇ, 22ᵇ.

„Welcher?" ist das seltne האמנו. S. die Beispiele S. 94..

Relativpronomen. Das blosse ד kann ohne Correlativ „der- § 239. jenige, welcher", „die, welche", „wer" heissen [1] (wie ja auch דילון „die Ihrigen" u. s. w. sein kann), und so in Abhängigkeit von einem Regens treten. Wir haben in der Weise דבהאימאנותא לאמיתמאכאך בהירבא וסיפא מיגטיל „wer durch den Glauben nicht gedemüthigt wird, der wird mit Schwert und Säbel getödtet" I, 39, 10; דאביד עבידאתון לבית הייא לא מיתכשאר „wer ihre Thaten thut, wird nicht tüchtig zum Hause des Lebens" I, 224, 17; לעכא דמארהא „nicht ist einer, der riecht" I, 284, 8; דניכיסיה „wer es verbirgt" I, 236, 2 (vorher ד מאן) und so öfter — לאתיסאב רבותא על דראב מינאך „erhebe dich nicht über den, welcher grösser als du ist" I, 214, 13; לדקאימיא „denen, welche stehn" (öfter); im Genitiv: על שום דעתיגליא „auf den Namen dessen, der sich offenbarte" I, 192, 17; על שום דאתא ועל שום דאתיא ועל שום דמיהויא מיבילה „auf den Namen dessen, der gekommen ist, und auf den Namen dessen, der da kommt, und auf den Namen dessen, der sein wird" (דִמְהֲוֵי מִתְבְּעֵי לֵהּ) I, 196, 15.

„Dasjenige, welches", „was" [2] kann auch bloss ד heissen, aber, wie es scheint, nicht als Subject. Sonst: ועמשיא דפאקדה [3] „und vergass, was er ihm befohlen hatte" I, 380 ult.; לאהזאיתון דעהזיא אינאי ולאשמאתון דעודנאי שומעא „ihr habt nicht gesehen, was meine Augen sahen, und nicht gehört, was meine Ohren hörten" I, 212, 13; ודלא האזיא אמאר ודלאשאמא מישתאיא „und was er nicht sieht, sagt er, und was er nicht hört, erzählt er" II, 19, 10; nach Präpositionen: על דהואת „über das, was war" I, 205, 4; 206, 21; על דעתליא „zu dem, was ich habe" I, 91, 17; ומן דעתלאיכון אוטיף עלה „und von dem, was ihr habt,

---

1) Das kommt auch im Syr. vor, aber verhältnissmässig selten.

2) Wieder im Syr. selten. So Sanh. 39ᵃ: דאיכא בפומיך לא ידעת דאיכא ברקיעא ידעת „was in deinem Munde ist, weisst du nicht, was im Himmel ist, weisst du" (spöttisch wie Ps.-Callisth. I, 14 τὰ ἐπὶ γῆς μὴ ἐπιστάμενος τὰ ἐν οὐρανῷ ἐκζητεῖς).

3) Besser bezeugt allerdings ועמשיה.

thut ihm wohl" I, 36, 11; ופארקאן מן דסניא „und rettete uns von dem, was hässlich ist" I, 364, 12.

So כול ד׳ quisquis: כול דאבויא ועמה מאיתילה „jeden, dem Vater und Mutter sterben" I, 226, 24; וכול דדאריכבון מיתיקליא „und wer hinein tritt, verbrennt sich" I, 284, 8 (Z. 7 דשאתיא מינאידהון „wer von ihnen trinkt" ohne כול); fem.: כול דשימאת קאלאי „jede, welche meine Stimme gehört hat" DM 15ᵇ; quidquid: כול דבאיית עביד „was du nur wünschest, thue" I, 171, 20.

Aber nicht selten, wenn auch lange nicht so oft wie im Syr., tritt doch entweder ein Demonstrativ oder ein Frageword (oder מינדאם) als Correlativ vor ד׳ [1]. Am seltensten ist der erste Fall. Zu bemerken ist, dass wenigstens der Pl. האלין einfach als Correlativ gebraucht werden kann ohne speciellen Hinweis auf das ganz in der Nähe Befindliche [2]. So האלין דקאם בהאימאנותא סאלקין „diejenigen, welche im Glauben standen, fahren auf" I, 218, 17; האלין דשאתין „die, welche trinken" I, 220, 9; האלין דיאתביא „die, welche sitzen" I, 220, 18; האלין למזאבנא האלבאיין „die (Frauen), welche ihre Milch verkaufen" II, 31, 8; ואי ליגון להאלין ד׳ „wehe ihnen, denen, welche ..." I, 218, 17; und so auch neben einem Substantiv ד׳ האלין נאצוראייא „die Nasoräer, welche ..." I, 220, 8; האלין נישמאתא ד׳ „die Seelen, welche ...." I, 256, 2 (aber האזין ד׳ „dieser, welcher ..." I, 164, 1). Beispiele für האנאתון ד׳, האנאתה ד׳; האניך ד׳[3], האך ד׳, האהו ד׳ hatten wir § 235. — Vereinzelt ist der Fall הו דקרינון „er, welcher sie hervorrief" I, 122, 4.

Ferner werden auch im Mand. die Fragewörter מא, מאן mit dem Relativ zusammengesetzt: מאן ד׳ „wer da" „Einer, der" I, 33, 8 und oft; auch als Object und in sonstiger Abhängigkeit: מאן ד׳ הזאיתון

---

1) An der sehr verschiednen Art, wie in solchen Fällen die semit. Sprachen verfahren, ist zu erkennen, dass sich die Construction der Relativsätze, wenigstens wo sie nicht einfach als Attribut eines genannten Substantivs stehn, erst nach der Trennung dieser Sprachen in jeder einzelnen besonders ausgebildet hat.

2) So im Christl.-Paläst. (Z. d. D. M. G. XXII, 510). Im Syr. ist das übliche Correlativ ܗܘ, ܗܢܘ.

3) S. הנך ד׳ „die (Feigen), welche" Hagiga 5ᵃ.

"habt ihr einen gesehn, der ..." I, 17, 23 f.; כול מאן ד "ein jeder, welcher" I, 37, 18 und öfter (wechselnd mit ד מאן oder auch blossem ד I, 284 und sonst); אבאתאר מאן דגאטיל̄ה "hinter Einem, den er tödtet" I, 391, 3 — nach מא und מאהו: מא דמיהויא באיריא ומא דהואת "was da gewesen ist und was sein wird" I, 278, 15; על מא דבגואוירדהון "über das, was in ihnen ist" I, 282, 22; במא דאבויא פאקדה "nach dem, was sein Vater ihm befohlen hatte" I, 268, 2 (und so öfter במא ד); לאקאימיא על ועביד מאהו דבאיית "und thu, was du willst" I, 154, 6; כול מוד מאהו ד "bleiben nicht bei dem, was ..." I, 283, 23. In כול מוד = מאהו ד "Alles, was er hat" Par. XI, 22ᵇ ist das ד nach מוד pleonastisch (aber wohl nur durch orthographisches Ungeschick, nicht für die Aussprache) noch einmal gesetzt. Auffallender ist dagegen die Weglassung des ד nach מאן כול in כול מאן מן שורבא רבא דהייא "jeder, der zu dem grossen Geschlecht des Lebens gehört" I, 230, 21; 232, 16 und nach dem einfachen מאן in דילאך "מאן בעוצראך ובליבבאך שרא בעוצראיון ובליבבאיון דבנאך נישרילון "wer dir im Sinne und am Herzen lag, wird auch deinen Söhnen im Sinne und am Herzen liegen" I, 193, 21.

מא ד, מאן ד מינדאם heisst eigentlich „Etwas, das". Aber wie ד unter Umständen auf determinierte Personen und Sachen gehn können[1], so wird auch מינדאם wie ما nicht selten für ganz bestimmte Sachen „das, welches" gebraucht. Beispiele: לאיית האתאם מינדאם דהאשוך „nicht ist da Etwas, das finster wäre" I, 283, 14; על כול מינדאם ד „über Alles, was" I, 224, 20 (parallel על כול צבו ד); עו מינדאם הו ד „wenn das Etwas ist, was ..." I, 281, 19 — ובכא על נפשה על מינדאם דאבאד „und weinte über sich wegen dessen, was er gethan hatte" I, 103, 5; לאיאדין מינדאם דנימארלון „verstehen nicht das, was er ihnen sagt" I, 392, 19 und so öfter. So auch als Apposition zu etwas Deter-

---

1) Selbst im Arab., welches zwischen اَلَّذِى und dem relativen مَا, مَن deutlich unterscheidet (زَيْدٌ الَّذِى ضَرَبَ „Zaid, welcher schlug" oder الَّذِى ضَرَبَ „derjenige, welcher schlug" gegenüber dem indeterminierten مَن ضَرَبَ „Einer, der schlug" = رَجُلٌ ضَرَبَ „ein Mann, welcher schlug") ist der Unterschied practisch oft von keinem Werthe.

אפכו לטאבותא מינדאם דאבאד מארה דאלמא אפכונון לראזיא minierten: דקאדמאייא אבאד תריציא מינדאם „sie verdrehten die Gutthat, das, was der Herr der Welt gemacht, sie verdrehten die graden Mysterien, das, was die Ersten gemacht" I, 111, 13. Vgl. אפיכלון למאלאליא למינדאם דקאדמאייא אבאד „er verdreht die Worte, das, was die Ersten gemacht" I, 120, 10, wo ל die Auffassung des מינדאם als eines Determinierten deutlich macht; noch klarer ist das in מע הזאיתון עו שמילכון האזין ד מינדאם „habt ihr gesehen oder gehört dieses, was ..." I, 392, 18 [1].

Die im Syr. und sonst im Aram. so beliebte Häufung von Fragewörtern und Demonstrativen als Correlativen ist dem Mand. wieder ganz fremd [2].

Zahlwörter.

§ 240. Die Cardinalzahlen können auch substantivisch für sich allein stehn: האד oder הדא „Einer" (oft); אלפא אגילה „Tausend antworten ihm" I, 6 ult.; אליף אליף ורובאן רובאן מדאבריללה „tausend mal Tausend und zehntausend mal Zehntausend führen ihn" II, 7, 3.

Die Cardinalzahlen stehn gewöhnlich vor dem Gezählten, doch auch nicht selten dahinter[3]: הדא יומא „ein Tag" I, 381, 22; בהדא מאמלא I, 24, 13 oder באהד מאמלא I, 24, 1 „in einer Rede"; ליהדא דוכתא „an einen Ort" I, 390, 1; תרין מאלאכיא „die beiden Engel" I, 13, 22; תרין דראיאי „meine beiden Arme" I, 205, 3, 23; 206, 20; שובא שיביאהיא „die 7 Planeten" (oft); שובא מנאואתא „7 Theile" I, 379, 2; אסרא ותרין תריסאר מאלואשיא „die 12 Thierkreiszeichen" (oft), wofür מאלואשיא I, 263, 8; 267, 7; ארבין ותרין לילואאתא „42 Nächte" I, 280,

---

1) Ganz so הנו عندما , Cureton, Spic. 1, 7; Aphraates 74, 7; 133, 11 und öfter bei ihm; Euseb. Martyr. Paläst. 36, 18; Assem. I, 46 (Vita Ephraemi); selbst هاܠ عندما , haec, quae Aphraates 200, 12 (vgl. noch § 270) — Im Mand. so noch sonst האזין מינדא I, 392, 20 „diese Sache" (die Form ohne ם § 150).

2) Im Talm. nicht selten האי מאן ד „der, welcher", im Syr. ܗܿܘ ܕ, ܗܿܘ ܕ, vgl. z. B. Lev. 15, 11 ; ܗܿܘ ܕ; v. 8 ; ܗܿܘ ܕ; v. 12 bloss ܕ in demselben Satze, ganz gleichwerthig.

3) Beides ist bekanntlich auch im Syr. üblich.

15; שיתיך ושאבא בנאתא "67 Töchter" I, 181, 2; מא שניא "100 Jahre"; תריסאר אלפיא שניא "12000 האנאתין אליף שניא "jene 1000 Jahre"; Jahre" I, 379, 12; תמאניניא אלפיא רוּבאן עותריא "8,000,000,000 Engel" I, 293, 2, 4 u. s. w. — הדא יומא I, 57, 18 [1]; שניא תלאת "3 Jahre" I, 57, 18; יאהריא האמשא "5 Monat" I, 379, 4; שניא תלאתין "30 Jahr" I, 58, 2; שניא אלפא "1000 Jahr" I, 49, 3 u. s. w. Selten ist allerdings die Nachstellung des Zahlworts; bei ganz grossen Zahlen kommt sie wohl nicht vor. Zur Abwechslung der Stellung im Parallelismus tritt auch wohl ein Wort zwischen die Zahl und das Gezählte: דשובא רישאואתא עתלה שובא עתלה רישאואתא "welcher 7 Köpfe hat" u. s. w. II, 85, 2; מן שובא שיביאהיא סבאל מן שובא סבאל שיביאהיא "ertragen von den 7 Planeten" u. s. w. Par. XI, 35ᵇ; ביהדא שכינתא נאהריא ביהדא נאהריא שכינתא "leuchten in einem Wohnsitz" u. s. w. II, 49, 3 [2].

Nur als Textverderbniss ist es in der älteren Literatur anzusehn, wenn bei den Zahlen von 3—19 die Geschlechter nicht zu einander stimmen; das geschieht auch fast nur bei den leicht zu verwechselnden Formen שובא, שאבא; ארבא, ארביא. Aber in den späteren Stücken, wie z. B. in den Gebrauchsanweisungen im Qol., finden wir Derartiges öfter z. B. תלאתא באואתא "3 Gebete" Q. 6, 31 (aber Var. תלאת) u. s. w., und da mögen die Fehler manchmal von den Verfassern herrühren.

Die Zahlen von 2 an haben den Pl. neben sich; doch finden wir ausnahmsweise den Sg. in שובא דמו "7 Gestalten" I, 94, 17; DM 77ᵇ; תריסאר דמואתא "12 Gestalten" I, 123, 8 (aber תריסאר דמו I, 95, 14; האמיש דמואתא "5 Gestalten" I, 97, 17); ferner אליף אליף מישקאל איניא "1000 mal 1000 Erhebungen der Augen" I, 194 ult.; רובאן רובאן טאיותא "10000 mal 10000 Götzen" I, 208, 6, 18; 209, 9, 17.

Bei den zusammengesetzten Zahlen, deren letzter Theil eins ist, herrscht Unsicherheit in dieser Hinsicht; doch ist wohl der Sg. das

---

1) האד scheint nicht mit Nachsetzung vorzukommen. Im Talm. זימנא חדא "einstmals" (oft); יומא חד Sanh. 95ᵃ; עמא חד Sanh. 39ᵃ.

2) Im Syr. steht oft ܗܘܐ zwischen der Zahl und dem Gezählten z. B. ܗܘܐ ... ܫܢܝܢ "x Jahre war er alt" (oft im A. T.). Noch stärker ist ܬܠܬ ܓܝܪ ܣܢܝܩܢ ܚܕ̈ܕܐ "denn 3 Dinge sind nöthig" Sachau, Ined. 107, 4.

Ueblichere[1]: (שידתא) שיתא והדא בשובין "in 71 Jahren" I, 389, 23 neben שיתין בשוביך והדא שניא I, 387, 9 (wo nur eine Lond. שיתא); ותמאניא אלפיא שמא והאמישמא ושובין והדא שידתא "68571 Jahre" I, 379, 3; שיתין והדא דודא "61 Töpfe" I, 317, 20, unmittelbar neben בשיתין והדא ענגירתא "61 Schläge" I, 317, 19; שיתין והדא מיהיאתא "in 61 Briefen" I, 321, 14; אסרא והדא יאהרא "11 Monate" I, 380, 19 (aber natürlich ליהדיסאר יאהריא Z. 20); der Pl. noch in סרין והדא בנהֿ "seine 21 Söhne" DM 6ª.

Während sich im Mand., wie im Aram. überhaupt, bei den niederen Zahlen die früheren Unterschiede der Construction, welche im Arab. und Hebr. erscheinen, ganz verwischt haben, wird אלפא noch durchaus substantivisch gebraucht. Man sagt also singularisch האזין אלפא באתראיא "dieses spätere Tausend" I, 384, 15, 16 (wo die Lond. Codd. falsch באתראייא haben, s. § 121 Anm.) und öfter הדא אלפא "ein Tausend". Wo das Wort im St. emph. steht, wird die Genitivverbindung durch דֿ ausgedrückt: אלפא דזיבניא "1000 mal" I, 386, 17; אלפא דשניא I, 381, 15 und oft, wie auch הדא אלפא דשניא "1000 Jahre" I, 123, 5; 379, 18 (wo nur die Londoner Handschriften das דֿ weglassen). Steht die Form ohne א, so ist sie St. cstr. wie in אליף שניא I, 218, 7, und so im Pl. ארבימא אלפיא = اَلْفٌ wie in תרין אלפיא שניא "2000 Jahre" I, 57, 2[2]; ותמאנאן אלפיא שניא "480000 Jahre" I, 378, 12 und ähnlich viele Beispiele. In der Construction שניא אלפא I, 49, 3 ist ein Appositionsverhältniss (wie ursprünglich auch in יומיא ארבא I, 379, 4 u. s. w.).

§ 241. Durch Doppelsetzung der Cardinalzahlen werden Distributivausdrücke (§ 228) gebildet: מן כול זאן תרין תרין "von jeder Art je zwei" I, 380, 14; דמאסגין תרין תרין "welche paarweise gehn" I, 65, 5.

§ 242. Die Ordinalzahlen werden oft durch die Cardinalzahlen ersetzt. So z. B. ביומא הדא "am ersten Tage" I, 96, 12; בתלאתא יומיא "am 3. Tage" Z. 13; בארבא יומיא "am 4. Tage" Z. 14 (aber dazwischen בתיניאנא "am zweiten" Z. 13); לתלאתא זיבניא "zum 3. Male" I, 71, 6. Nothwendig ist die Vertretung durch die Cardinalzahlen natürlich bei

---

1) Vgl. ܚܡܫܬܐ ܒܫܢܗܝܢ ܣܡ ܣܘܐ Aphraates 56.
2) Vgl. תריסר אלפי גברי Megilla 29ª und Aehnliches.

den Zahlen, welche keine eignen Ordinalien besitzen; so z. B. בשאבימא ותשין שניא "im 790sten Jahre" I, 384, 20 u. s. w.

Die Zahlenausdrücke für das Vielfache werden am deutlichsten § 243. durch vorgesetztes להאד, על האד gebildet: תרין (על האד) האויא להאד "wird doppelt so gross" I, 95, 10; Q. 64, 2; DM 4ᵃ; עהאיאל ליבה על האד תרין "sein Herz ward doppelt so stark" I, 95, 8; על האד שובא "7fach" I, 187, 9; דהאויא זיוה על האד ארבין ותרין בדיורבא "dessen Glanz 42mal so stark ist als der des Jorba" (eigentlich „an dem des J. [gemessen]") I, 272, 17; על האד רובאן כד דילה "10000mal so viel als er" I, 167, 1 ¹. Doch steht so auch die einfache Zahl: דתשימא ותשין אלפיא רובאן נאהור נהורה מן נהורה דשאמיש ותשימא ותשין אלפיא רובאן תאקון תוקנה מן תוקנה דסירא "dessen Licht 9,900,000,000mal leuchtender als das der Sonne und dessen Klarheit 9,900,000,000mal klarer als die des Mondes ist" II, 7, 1.

„Mal" (zeitlich) wird durch זיבנא resp. זיבני mit der betreffenden Zahl ausgedrückt: תלאתא זיבניא "3mal" I, 385, 9; אלפא דזיבניא "1000mal" I, 386, 17; הדא זיבנא "einmal" I, 385, 9.

Durch doppeltes חַד bildet sich die Form ﻫﺪﻳﻦ, mand. הדאדיא ² § 244. „einander". Dies Wort wird auch im Mand. ganz wie ein Substantiv

---

1) Vgl. targumisch על חד תרין Gen. 43, 1 (Onk. und Jerus.); Zach. 9, 12; על חד תלת מאה וארבעין ותלתה Jud. 5, 31. — Syr. ﺣﺪ mit der Zahl mit oder ohne ܒ: ܚܕ ܒ Ex. 22, 7; ܚܕ ܒ Ex. 22, 4; ܚܡܫܐ τὸ ἐπίπεμπτον LAGARDE, Rel. 57, 15; ܚܕ ܠܬܠܬܐ τριπλασίως αὐτοῦ Sir. 43, 4. So חד שבעה Dan. 3, 19. — Neusyrisch ähnlich (Neusyr. Gr. S. 282).

2) Während die andern semit. Sprachen „einander" nur ziemlich weitläufig ausdrücken können (abgesehen von der jüngeren arab. Construction mit einmaligem بعض z. B. مع بعضهم „mit einander"), hat das Aram. ein Wort für diesen Begriff geschaffen, welches den indoeuropäischen wie anjônjam, ἄλληλοι, یکدیگر, einander entspricht und ganz ähnlich construiert wird. Es liegt sehr nahe, hier einen indoeurop. Einfluss zu vermuthen, welcher die Zusammenschweissung des ursprünglich getrennten חד—חד (vergl. auch im Hebr. אחד—אחד Ezech. 33, 30; Iob 41, 8; arab. احد—احد z. B. Belâdhorî 303 ult.) zu einem Worte veranlasste, das dann, als auf Mehrere bezüglich, in den Pl. trat. Da aber ﻫﺪﻳﻦ in allen

construiert. Es steht als Object, im Genitivverhältniss und nach Präpositionen: הדאדיא גאזריא ‎„beschneiden einander" I, 224, 10; למיא אכליא הדאדיא ‎„den Wassern, die einander fressen" I, 337, 20, 22 (Genitivverbindung); באנפיא דהדאדיא ‎(„im Antlitz von einander") „einander im Antlitz" I, 389, 11 [1]; ניהזיא אנפיא דהדאדיא ‎„wir wollen einander in's Antlitz sehn" I, 390, 23; קאלא דהדאדיא שאמיעין ואנפיא דהדאדיא לאהאזין ‎„ihre Stimme hören sie gegenseitig, aber ihr Gesicht sehen sie gegenseitig nicht" I, 340, 9: קומאת הדאדיא קאימיא ומשא הדאדיא נאסביא ‎„sie stehen einer wie der andere und nehmen dasselbe Maass (?) ein" II, 110, 3 u. s. w. — לואת הדאדיא ‎„bei einander" I, 223, 4 u. s. w.; מן הדאדיא ‎„von einander" I, 386, 1 u. s. w.; „mit einander" I, 388, 5 u. s. w.; אבאתאר הדאדיא ‎„hinter einander" I, 388, 23; 389, 12; ביהדאדיא ‎„in einander" (öfter) und so mit anderen Präpositionen. Dem ähnlich nun selbst כד הדאדיא ‎„einander gleich" I, 100, 2; 123, 15; 379, 2 [2].

Ob aber דיאתביא הדאדיא ‎„welche zusammen sitzen" II, 117, 8 richtig ist?

Uebrigens hat auch das Mand. noch die alten weitläufigen Weisen zur Bezeichnung von „einander". Es gebraucht sowohl doppeltes האד oder הדא z. B. הדא מן הדא שאנאי ‎„einer ist wunderbarer als der andre" I, 10, 7; האד מן האד שפיל ‎„einer ist niedriger als der andre" I, 293, 21, als auch האד (הדא) mit האברה ‎„sein Genoss" z. B. לאמאסכיליא

---

aram. Mundarten üblich ist und da die Ausstossung des einen ה auf eine gewisse Abnutzung der Form durch langen Gebrauch hinweist, so kann das Wort nicht wohl erst in der Periode griechischen Einflusses entstanden sein. Man müsste also an ein iranisches Vorbild denken, welches sich jedoch nicht urkundlich nachweisen lässt; denn, wie mir JUSTI mittheilt, findet man in den älteren iran. Schriften keinen genauen Repräsentanten des späteren يكديكر.

1) Die Genitivconstructionen liessen sich wörtlicher übersetzen durch's griech. ἀλλήλων.

2) Ganz so כי הדדי ‎„einander gleich" Berach. 54[b]; Kidd. 75[a] (כי aus כדי). Auch syrisch finde ich bei BA nr. 3557 das entsprechende ܐܢܘܢ ܗܕܕܐ ‎„sind einander gleich", „bedeuten dasselbe". — Mit Präp. (מהדדי, בהדי הדדי, אהדדי u. s. w.) im Talm. und Syr. beliebt.

האד בהאברה "nicht sündigen sie an einander" I, 8, 9 (parallel ולאהאטין ביהדאריא); vgl. I, 385, 6 [1].

Adverbialausdruck.

Auch im Mand. werden mancherlei Adverbialausdrücke durch die § 245. nackten Nomina ohne Hülfe einer Präp. ausgedrückt. Zunächst kommen hier Angaben hinsichtlich des Ortes und der Zeit (ظرف) in Betracht. Bei Ortswörtern ist diese Erscheinung auf das Wort בית (im Stat. cstr.) beschränkt: בית היא "im Hause des Lebens"; בית קובריא "im Grabe" DM 38^b; בית מאכסיא "am Orte der Zöllner" I, 19, 15, und so steht בית auch bei der Bewegung: בית היא אתית "ich kam zum Hause des Lebens" I, 72, 21; בית ארביאהא מאן רמאן מאן רמאן בית "wer warf mich in's Haus des Vierten?" II, 42, 20; לאתישדון ארביאהא בנאיכון בית מאריא "werft eure Kinder nicht in's Haus des Herren" I, 22, 8; 43, 9, zu welchen Beispielen zu bemerken, dass die betreffenden Verben der Bewegung sonst durchaus nicht etwa, wie im Arab., als Transitiva ihr Ziel im Objectsverhältniss zu sich nehmen können; bei andern Substantiven wäre hier eine Präp. unvermeidlich. Sehr beliebt ist aber die nackte Hinstellung der Nomina bei Zeitangaben und zwar verschiedner Art: יומאי („meinen Tag") „heute" I, 190, 16 u. s. w.; ליליא ועומאמא "bei Nacht und bei Tag" I, 263, 23; כול זבאן „jedes Mal" I, 232, 24; תלאתא זבניא ביומא וליליא הדא זיבנא „3 mal bei Tag und Nachts 1 mal" I, 385, 9, (4 solche Angaben, von denen nur eine durch ב gekennzeichnet ist); האנאתה עדאנא והאנאתה שיתא „zu der Zeit und der Stunde" I, 188, 8; יומא ד „am Tage, da" oft; כול יום und כול יומא „jeden Tag" (oft); פאניא „gestern Abend" II, 111, 17 (= فانى „Abend"); יומא קאדמאיא דיאהרא תארתין שאייא ופאלגא „am 1. Tage des Monats 2½ Stunden lang" I, 386, 10; אסרא והדא יאהרא „11 Monate lang" I, 380, 19; מא שניא „100 Jahr lang" I, 382, 19 und ähnlich oft (aber auch במא וסרין שניא „120 Jahre lang" I, 180, 15);

---

1) Die letztere Weise, bei der die Anschaulichkeit des Ausdrucks immer schon etwas abgeschwächt ist gegenüber dem hebr. איש — אחיו; איש — רעהו, findet sich auch im Syr. neben der Anwendung des doppelten ܥܡ. So z. B. ܥܡ ܚܕ ܠܚܕ und ܚܕ ܠܚܕ ܥܡ Apost. apocr. 247, 6, 7.

שניא הוית על שניא ודאריא הוית על דאריא „Jahre war ich da auf Jahre und Generationen auf Generationen" I, 138, 10 und so auch im Relativsatz: ואנא ... שניא הוית על שניא דאהאי הון „und ich ... war Jahre lang über die Jahre, die meine Brüder waren" I, 265, 3 [1]; ferner auch אכמאר רמינאן בפאגראיאן יומיא תלאתא „wirf uns wieder in unseren Leib für 3 Tage" I, 186, 1 und ebenso Z. 7.

Solche Zeitbezeichnungen beim Infinitiv siehe § 268. Uebrigens liesse sich noch mancherlei aus dem Bereich der Partikeln hieher ziehn.

Maassausdrücke werden ohne Präpositionen gebraucht in Fällen wie אליך אלפיך פארסיא ראהיקיא מן הדאדיא „1000 mal 1000 Parasangen von einander entfernt" I, 8, 12; קאטיסטיא הייא קאדמאריא מן הייא תיניאניא שיתא אלפיא רובאן שניא „das 1. Leben ist 60,000,000 Jahre älter als das 2. Leben" Q. 1, 14 (Q. 1 noch mehr solche Angaben); קיבאצרא עצבא הדא „wird einen Zoll kleiner" II, 9, 17. — Vgl. noch unten § 270 gegen Ende.

§ 246. Die Zustandswörter (حَال) spielen im Aram. lange nicht die Rolle wie im Arab.; gewöhnlich gebraucht man hier deutlichere Ausdrücke als das nackte Nomen, welches ja nicht wie im Arab. durch eine Casusendung zu unterscheiden wäre. Doch gehört hierher יאנוק מאפיקתאי הואת „während ich noch jung, war mein Ausgang" II, 98, 11 (wo im Arab. كَانَ مَخْرَجِي صَغِيرًا wohl zu hart wäre [2] für كَانَ مَخْرَجِي), wonach auch יאנוק שילמאן כילאי „da ich noch jung war, ging mir mein Maass zu Ende" eb. zu fassen. So darf man nehmen תריץ ברישאי מינאי לבית הייא סאלקית „so steigst du, auf meinem Kopf auf-

---

1) Im Arab. findet zuweilen eine förmliche Verwechslung des Objects- und ظرف - Verhältnisses Statt, vergl. فَلْيَضُمْهُ Sur. 2, 181; ferner وَلَيْلَةٍ وَيَوْمٍ شَهِدْنَاهُ سُلَيْمًا Abû Nuwâs (AHLWARDT) III, 1 und بِتُّهَا أَسْقَاهَا Mufaṣṣal 26 für شهدنا به , اسقى بها وعامرًا.

2) Die Uebersetzung mit Voranstellung des Ḥâl صَغِيرًا كَانَ مَخْرَجِي wäre hier aus mehreren Gründen unerlaubt.

gepflanzt, mit mir auf zum Hause des Lebens" II, 97, 16[1] und פארואנקא דנהורא שאדרון „als Boten des Lichtes sandten sie mich" II, 93, 5. Auch von den Qualitätsadverbien liesse sich Einiges hierher ziehn. Bei den Adjectiven hat auch das Mand. hier einen formellen Unterschied der Zustandswörter von der Apposition, da sie im Stat. abs. stehn.

Die Stellung eines zu einem Adjectiv gehörigen Adverbs ist vor demselben, aber nicht nothwendig unmittelbar: כמא נאפשא עוהרא „wie lang ist der Weg!" I, 42, 22; כמא ניהיר ומכיכית יאואר כמא אנאת משאריאנא וש׳ „wie freundlich und leutselig bist du, Jawar, wie bist du ordnend..!" Ox. III, 94^b; כמא הוא שאפיר פאגראי „wie war schön mein Leib!" II, 14, 23; דהאיזין שאפיריא זנה האיזין זנה שאפיריא „dessen Art so schön ist" u. s. w. I, 369, 11; דהאיזין ריהה באסים האיזין באסים ריהה „dessen Duft so lieblich ist..." Ox. III, 76^b; דהאיזין הליא והאיזין באסים „der so süss und so lieblich ist" I, 351, 12. § 247.

Präpositionen.

על; ל. Die Form על kann in allen Fällen für ל stehn: ואמראליך § 248. על ליליאתא „und sie sagt den Lilith's" II, 92, 13 (להיביל אמרילה „sie sagen dem Hibil" Z. 5); ואסגון למיא תאהמיא על מיא תאהמיא אסגון „und gingen zum trüben Wasser" I, 73, 8 (wie על neben ל oft bei Verben der Bewegung); אפכיא האליא על מארירא „verkehren Süsses in Bittres" I, 177, 16; ומינאיהון האוין לנכיסתא ומינאיהון לרוכבא ומינאיהון על׳ מיכאל׳ „und von ihnen sind einige zum Schlachten, andre zum Reiten, andre zum Essen" I, 124, 21 (auch in dieser Anwendung selten על).

Selbst als Objectzeichen steht zuweilen, aber in Anbetracht der zahllosen Fälle von ל doch verhältnissmässig selten, על; am meisten geschieht das, wenn ו folgt, wo allerdings das bloss Graphische des Unterschiedes erst recht unverkennbar ist, vgl. אתייה על זאינא „brachte

---

1) Vgl. ܣܡ ܒܝ ܥܡܗܢ ܐܠܟܡ „einer aber war lahm geboren" Mart. II, 29, 11. Durchweg gebraucht aber das Syr. sonst ܒ in solchen Fällen. Hebr. so ויצא המן שמח וטוב לב Esther 5, 9 (und so wörtlich in beiden Targumen) und ähnlich öfter.

die Waffe" DM 4ᵇ; עַל סִיפְרָאךְ קְלִיא „deine Bücher verbrenne" I, 212, 3; עַל פּוּמֵהּ פִּיתְחָהּ „seinen Mund öffnete er" II, 10, 13 und viele Beispiele s. § 270. לָא עֶדוֹן עֲלַאי I, 276, 12 (keine Var. in den vielen Codd.) ist aber wohl aufzufassen als ܥ ܡܶܕܶܡ ܕܺܝܠܝ „sie wussten (nach § 177ᵃ gebildet) nichts über mich (von mir)", nicht ܥܠܰܝ, da עֲלַאי schwerlich gradezu = לִיא sein kann¹.

Weit seltner steht ל für ursprüngliches עַל: אַפְרִישָׁן לְקַאדְמָאיָא וְעַל רַבָּא „er belehrte mich über die Ersten und über den Herrn" I, 303, 20; אַפְרִישִׁינוּן עַל פִּירָא רַבָּא עֲלָאיָא וְלִישְׁכִינָאתָא „er belehrte sie über die grosse, höchste Frucht und über die Wohnsitze" I, 304, 18 (hier ist auch ein Unterschied in der Aussprache deutlich); עִתְהַאשָּׁאַב לְמַיָּא הַאֲמִירָא „er dachte nach über das trübe Wasser" I, 93, 15; אַמָּארִילוֹן לְדָה וְדָה „ich sprach ihnen über dies und das" I, 75, 5 (sonst עַל אַמַּאר z. B. I, 4, 22; 93 ult. u. s. w.; ebenso wie אַפְרִישׁ עַל „belehren über", עִתְהַאשָּׁאַב עַל „nachdenken über" u. s. w.). — Ferner לְדִיהְטִין „weil wir gesündigt haben" I, 63, 23 für das gewöhnliche עַל דְּהָטִין I, 61 ff.; לְמָאן „wegen wessen?" I, 174 unten (neben לְמָאן „wem?" eb.) wie sonst עַל מָאהוּ „wozu?" I, 72, 2; 164, 14. Auch local: לְבַאב אַלְמַוָּיא קָאיֵים קוּשְׁטָא „am Thor der Welten steht die Wahrheit" DM 1ᵃ (2 Codd.), aber DM 2 dieselbe Redensart mit עַל בָּאב; הָאַד לְהַאבְרָה נָאפִיל „einer fällt über den andern her" I, 385, 6; דְּשָׁרְיָא לְפוּמַאיְהוּן „der sich auf ihrem Munde niederlässt" Q. 4, 3 (ein Cod. „עַל פּוּ); יֶשְׁתַּפּוּךְ לְאַרְקָא „ergossen sich auf die Erde" I, 69, 21; וְאַנִיחָה לְלִיבַּאי לְסַאמְכֵהּ „und stellte mein Herz auf seinen Ruhepunct" („beruhigte es") I, 323, 11. In allen diesen Fällen ist עַל weit häufiger. Ebenso ist לְמֵיזָלַאיְכוּן „in eurem Gehn" I, 179, 3 vereinzelt neben עַל מֵיתְבַּאיְכוּן „in eurem Sitzen" eb. und vielen gleichartigen I, 179 oben und sonst. Wie häufig nun auch der Wechsel von עַל und ל ist, so lässt sich doch nicht verkennen, dass עַל für ursprüngliches עַל und im Ganzen auch ל für ursprüngliches ל am beliebtesten sind². Ueber אַל s. § 158 im Anfang.

---

1) So ist auch וַאי עֲלַאי „wehe über mich" II, 92, 1 = ܣܳܐ ܠܺܝ zu nehmen (so Jer. 50, 27 ܣܳܐ ܠܗܘܢ), wenn auch daneben וַאֲיָלָהּ u. s. w. = ܣܳܐ ܠܗ beliebter ist.

2) Wie mand. *el* ziemlich oft statt *l'*, aber *l'* nur selten statt *el*, so

Wir können hier natürlich so wenig bei diesen beiden wie bei den andern Präpositionen die einzelnen Anwendungen besonders durchgehn, zumal hier das Mand. nicht viele besondre Eigenthümlichkeiten zeigt. Wir wollen nur einige wenige bemerkenswerthe Anwendungen kurz hervorheben. על, ל¹ „wegen" hatten wir in על מאהו und למאן. Zur Bezeichnung eines Zeitpunctes oder auch einer allgemeinen Ortsbestimmung steht ל in לאליף שניא „in 1000 Jahren" I, 211, 7; „nach 1000 Jahren" I, 158, 23; והאיזאך ליאהריא טובא במהיתא מאהילה „und dann nach 7 Monaten schlagen sie sie" I, 227, 10; לידהיסאר יאהריא „nach 12 Monaten"; ליומא דסוף „am Tage des Endes" I, 223, 22 u. s. w.; לתלאתא זיבניא „zum 3. Mal" I, 71, 16² — ליאמינה und לסמאלה „zu seiner Rechten", „zu seiner Linken" I, 236, 16 und öfter; תיהויא לגו תיביל „bist im Innern der Erde" I, 326 ult.

ל (על) steht auch im Mand. zur Bezeichnung des logischen Subjects beim Passiv. So namentlich beim Partic. passiv. s. § 263; sonst vgl. דלעדאן מיגטיל „welcher von unsrer Hand getödtet wird" DM 39ᵃ; וכושטא ניתיקריא על דיאדריא „und Wahrheit wird er genannt von denen, die kundig sind" II, 2, 5; לאנישתביא ליבאיכון על זמארא דסאטאנא

---

steht hebr. ʿal (dem mand. el etymologisch entspricht) nicht ganz selten für ʾel (welches im Aram. verloren und durch l' vertreten wird), während das Umgekehrte in guten Texten sehr selten ist. Die lautliche Aehnlichkeit der 3 Präpositionen war aber eine wahre Calamität, welche sich nur im Arab. durchaus nicht merkbar macht.

1) Syr. ܡܐܬ ܒܟܦܢܐ „stirbt vor Hunger" Jer. 38, 9 (hebr. מפני); ܡܐܬ ܒܨܗܝܐ „stirbst vor Durst" Aphraates 74, 12; بجنبك „wegen deines Frostes" eb. Z. 13.

2) Vgl. ܠܬܠܬܐ ܝܘܡܝܢ „am 3. Tage" im syr. Credo; ܠܝܘܡܐ ܐܚܪܢܐ „am andern Tage aber" Clem. 98, 16; ܠܝܘܡܗ „am folgenden (Tage)" Clem. 155, 6 und öfter. — Talm. oft לצפרא „am Morgen" und לאורתא „am Abend". — Im Arab. vgl. اقم الصلوة لدلوك الشمس Sura 17, 80; واذكره لكل غروب شمس in dem bekannten Verse der Chansâ (in diesen Fällen aber von regelmässig wiederkehrenden Zeitpuncten); ferner in den Datumsangaben لثلاث خلون u. s. w.

23*

„nicht lasse sich euer Herz von der Satansmusik gefangen nehmen" I, 20, 14; 39, 1 [1].

§ 249. Bei der starken Vermischung von עַל und לְ ist es nicht zu verwundern, dass עלאויא nicht bloss „über" „oberhalb" mit starker Hervorhebung der localen Anschauung (etwa wie فَوْقَ) bedeutet z. B. in הייא ... דעלאויא כולהון עובאדיא „das Leben ..., das über allen Werken steht" (oft); קאם עלאויא פומה „er stand über seinem Munde" I, 191, 15 (Gegensatz אתותיא Z. 16) u. s. w., sondern auch vielfach als deutlichere Bezeichnung gradezu für עַל eintritt. So מאהיך עלאוריון „lacht über sie" I, 153, 21; לאתיגיהבון עלאואיהון „lachet nicht über sie" I, 44, 13 (aber מאהיכנא עלה „ich lache über sie" I, 155, 2); עלאואי(ה)ון באכיא „weint über sie" I, 170, 18; 171, 11 (aber עלאי באכין I, 212, 9); עלאואיהון לאתיתכאראש „gegen sie kämpfe nicht" I, 163, 15 (aber Z. 19 das Verbum zweimal mit עַל); אגזאר עלאואיכון „euch haben verurtheilt" II, 106, 1 (aber אגזאר עלה 105 ult. und so oft); עמיר עלאואיהון de iis dictum est I, 384, 19 (עמיר עלה I, 386, 24); אדכאר עלאן und אדכאר עלאואיאן „erwähne uns" wechselnd II, 29 ff.; שאלטית עלאואיהון נאטריא „ich bestellte Wächter über sie" I, 130, 5 (aber שאליטא על כול צבו I, 2, 2); עתירהיצנין ... עלאואיכון „auf euch haben wir uns verlassen" I, 176, 4 (aber רוהצאנא על I, 17, 6 u. s. w.); כול דעלאואיכון סניא „Alles, was euch unlieb ist" I, 21, 3; ביסמאת עלאואיהון „es gefiel ihnen" I, 292, 6 (aber ביסמאה עלה I, 70, 20); עלאואיכון שאפיר „euch wohlgefallend" I, 40, 1; אוזפון עתאוזפית על מאניא „sie fügten mich zu ihnen; ich ward zu den Geistern hinzugefügt" II, 111, 4; עקארא עלאואיכון נישריא „Herrlichkeit kommt auf euch herab" I, 48, 2 (aber מן צאותא דיליא תישריא עלה „von meiner Ordnung komme etwas auf sie herab" I, 236, 3 und so öfter) u. s. w. So wird עלאויא sogar durch עַל fortgesetzt in אבויא פאקדה עלאואיהון על אדאם והאוא „sein Vater gab ihm Befehle über Adam und Eva" I, 268 ult.; לאתיניסבון ראבותא עלאואיהון על שאליטיא „erhebt euch nicht stolz über die Machthaber" I, 38, 14; und umge-

---

1) Ausser bei den eigentlichen Passivparticipien ist dieser Gebrauch aber nach altsemit. Weise sehr selten. מן, das so die Syrer noch lieber als לְ gebrauchen, ist dem Mand. hier fremd.

kehrt הָאכואת דעל אהאך הירבא ונורא רמו עלאואיהון „so wie sie über deine Brüder Schwert und Feuer warfen" I, 206, 14; in allen drei Beispielen ist diese Erscheinung aber vielleicht erst durch einen kleinen Textfehler entstanden.

Zu merken ist noch נאפששאיהון פיהכאת עלאואיהון „ihre Seele ist ihnen (zum Schaden) stumpf geworden" I, 277, 17 und עלאוה̄ „darum, zu dem Zweck" I, 17, 5.

מן „von" ist formell nicht von מן „mit" zu unterscheiden. Letz- § 250. teres erscheint z. B. in der Construction mit נְצָא „streiten" z. B. מינאך נאצין „streiten mit dir" I, 154 ult.; oft mit אִתְכַּתַּש und mit den Wörtern des Sprechens z. B. עשתאיא מינה̄ „ich unterhalte mich mit ihm" I, 140, 23; עממאליל מן שדום „ich spreche mit Šedom" I, 141, 20; ferner דמינאי אתון „welche mit mir kamen" I, 140, 24; אסגיא מיניאן ליארדנא „geh mit uns zum Jordan" Q. 11 f. (mehrmals) u. s. w.

מן „von" wird auch im Mand. partitiv gebraucht, nicht bloss in der Weise wie in לאהון מן לבושיא דהאזין אלמא „gehörten nicht zu den Kleidern dieser Welt" I, 5, 15; לאתיהון מינאיהון „gehöret nicht zu ihnen" I, 23, 23 u. s. w., sondern es bildet auch partitive Ausdrücke, welche an der Stelle des Subjects oder Objects stehen können, vgl. מן מינילתאך דילאך לאתיהויא עלה̄ „von deinem Worte wird Nichts über ihm sein" I, 80, 8 und so מך מינילאי דיליה לאהואת עלה̄ I, 84, 18; מן בירכתא דטאביא תיהויא עלאואיכון „vom Segen der Guten komme Etwas über euch" I, 108, 23; מן בירכתאן תעיול עלאך „von unserm Segen gehe Etwas ein in dich" I, 115, 13; תישריא עלאך מן דמותא „von der Gestalt komme Etwas über dich" Q. 1, 31 und so oft מן ...... תישריא על...; ומן מאלאכיא דנורא ... נישתאבדון „und von den Feuerengeln sollen einige sich unterwerfen" I, 33, 8; מינאיכון נירמון פירציא „Einige von euch mögen Liederlichkeit werfen" I, 361, 17; מן זיוה̄ פראס עלאי ומן נהורה̄ עהאבליא „von seinem Glanz breitete er Etwas über mich und von seinem Lichte gab er mir" I, 128, 10; מן האנאתה̄ זמא ראמיבה „von jenem Blute werfen sie hinein" I, 224, 12; דמינאיכון דילכון מאכשליא „welche Einige von euch zu Fall bringen" I, 179, 18; מן שובא לבושיא ... רמית למיא „von den 7 Kleidern ... warf ich eines in's Wasser" I, 337, 16; 338, 10; לאתיבדון מן עבידאהון „thuet nicht Thaten wie ihre" I, 46, 2; מהאימין מן יאהוטאיא „bekehrt Juden" I, 29, 12; 53, 10; מאן

אלבישאן מן זיואיהון · ומן נהוראיהון מאן כאסיאן „wer bekleidete mich doch (mit Etwas) von ihrem Glanz, bedeckte mich (mit Etwas) von ihrem Licht" (2. Obj.) I, 371, 4; ובראכינון מן בירכתה „und segnete sie (mit Etwas) von seinem Segen" I, 131, 12 (wo der Partitivausdruck an Stelle des allgemeinen Objects [Inf. abs.] steht). Aehnlich noch Manches; aber so weit wie das Syr., welches vor ein solches ܡܢ noch eine weitere Präp. stellen kann, geht das Mand. nicht.

Ferner wird מן auch im Mand. zum Ausdruck des Comparativverhältnisses gebraucht, wobei es nicht durch eine Bezeichnung beim Adjectiv selbst (wie oft יותר im Späthebr., ܝܬܝܪ im Syr., טפי im Talm.) unterstützt wird. So z. B. ודמותאיהון סאינא מן ליליא „und ihre Gestalt ist hässlicher als die Nacht" I, 227, 20; דמינאי דיליא יאקיר וגאביר הו „der herrlicher und stärker als ich ist" I, 230, 6; דנאגדיא כופנא מן היויא צאהין מן שושמאנא „welche mehr Hunger leiden („ziehen") als eine Schlange, mehr dursten als eine Ameise" I, 223, 15; קאנאהרא מן קאנדיליא „sie leuchtet mehr als Lampen" Par. XI, 23ª. In einem Fall wie קאלא דעותריא קאשיש מן בישיא רורביא „die Stimme der Uthra's ist älter als die der grossen Bösen" I, 78, 4 würde man im Syr. gewöhnlich deutlicher sagen ܡܢ ܕܒܝ̈ܫܐ [1].

Fälle, in denen an die Angabe des Anfangs mit מן die des Zieles durch ו geknüpft ist, wie מן יום ואלמא לאלאם אלמיא „von heute („meinem Tage") bis in alle Ewigkeit" I, 12, 2; מן טופאניא מיא ולהאכא „von der Sündfluth an bis hierher" I, 380, 20; מן האכא ולאקאמה „von hier an weiter" I, 380, 20 haben im Syr. und Hebr. manche Analogie [2].

---

1) Doch vgl. Fälle wie ܝܬܝܪ ܡܢ ܣܝ̈ܡܬܐ ܐܬܠܐܐ ܒܣܦܪ̈ܐ „gieb dir mehr Mühe um Bücher als um Schätze" Cureton, Spic. 45 paen.; ܥܠܝܗܘܢ ܝܬܝܪ ܚܕܝܢ ܡܢ ܥܠܝܟ „über sie freuen sie sich mehr als über dich" Apost. apocr. 246 paen. (für ܡܢ ܕܣܝ̈ܡܬܐ, ܡܢ ܕܥܠ ܡܢ). Im Hebr. sind solche Constructionen ganz gewöhnlich.

2) Vgl. ܡܢ ܥܒܪܐ ܕܦܪܬ ܘܠܡܕܢܚܐ „östlich vom Euphrat" Cureton, Spic. 15; ܡܢ ܐܕܡ ܘܠܡܛܐ „von Adam an" Aphraates 496, 5; ܡܢ ܫܠܝ̈ܚܐ ܘܠܡܛܐ „seit der Zeit der Apostel" eb. 417; ܡܢܗ ܘܠܡܛܐ und ܡܢܗ ܘܠܗܠ „diesseits" und „jenseits von ihm" Ephr. III, 136 B; ܡܢܗ ... ܘܠܗܠ

§ 251. Die Zusammensetzungen von אהוריא, אתותיא, קודאם mit מן und ל oder על bedeuten zum Theil die Richtung „hin nach" und „her von" der durch jene Präpositionen ausgedrückten Stelle. So לקודאם אבאהאתאי סיליקית "ich stieg hinauf vor meine Väter" I, 156, 18; ... על קודאם מאנא "steig hinab unter mich" I, 142, 8; הות לאתותאי דיליא מאייל "bringt hinein vor den Geist" DM 2ᵇ; הדארת לעוהוראך "wandtest dich nach hinten" I, 174, 20 vgl. Z. 13; ד... אלויון מן קודאמאיהון "welche sie mir beigegeben hatten aus der Stellung vor ihnen" I, 140, 14; קאמאת נפאק מן קודאמה "sie stand auf aus seiner Gegenwart weg" I, 166, 8; קאלא מן קודאם מאלכא "eine Stimme ging aus vom König her" I, 282, 11; אתא .... מן אתותיא כורסיא "er kam aus der Gegend unter dem Thron" I, 195, 20, vgl. I, 283, 22 und einiges Aehnliche. Aber viel häufiger verliert hier und bei ähnlichen Wörtern ל (welches ja nach S. 355 einfach den Aufenthalt an einem Orte bedeuten kann) und auch מן ganz seine Kraft¹. So z. B. לקודאם אדאב "vor dem Adam" I, 12, 22; 33, 8; 34, 9. לקודאמאן תריץ "vor uns aufgerichtet" I, 72, 9; דמאנהריא דמאנהרין לקודאמאיהון "welche vor ihnen leuchten" I, 128, 20 (Z. 22 על אהותה לאבאתתרה "nach ihm (regiert ...)" I, 382 ff.; קודאמה); "unter dem Weinstock Josmir דיוסמיר גופנא תריסאר אלפיא עותריא יאתביא sitzen 12000 Engel" DM 2ᵃ (und ebenso gleich darauf) — אתיא מן קודאם נעזאל זיוא מן קודאמאיהון "kommt vor der Sündfluth" I, 140, 20; טופאניא מיא "Glanz geht vor ihnen her" I, 19, 18; וניתיא נהורא מן אבאתראיהין "und Licht kommt hinter ihnen" ebend.; ניתיא זיואך מן אקאמאך וניתקאיאב נהוראך מן אבאתראך "dein Glanz kommt vor dir her² und dein Licht

---

„unterhalb seiner." Ephr. III, 164 F und öfter. Im Hebr. מִן ... וְעַד; מִן..., וָהֵפֶה; מִן ... וְהָלְאָה.

1) Dass מן seine Kraft als Ausgangspunct einer Richtung bei einem sonstigen Ortsadverbium oder einer Präposition verliert, ist im Hebr. (מתחת „unter". u. s. w.), Aram. und Arab. (قَبْلُ = مِن قَبْلُ u. s. w.) eine ganz gewöhnliche Erscheinung, die auch in sehr vielen anderen Sprachen manche Analogien hat.

2) Vgl. לימות מקמה "er sterbe vor ihr" und תימות מקמיה "sie sterbe vor ihm" Moed. k. 18ᵇ.

ist beständig hinter dir" II, 40, 1 (so מן קודאם ד antequam I, 53, 1; 57, 10 u. s. w.); ניהויא מן אבאתראך „wir wollen hinter dir sein" I, 117, 18; 341, 13; מן אבאתאר שורבאי „nach dem Šurbai" (zeitlich) I, 26, 22 und oft ähnlich; דמן עלאואן איתה „der über uns ist" I, 150, 6; מן צהורה דמאנא עקארא „hinter dem Geiste ist Herrlichkeit" Q. 3, 15; und so selbst ניהתית מן אתותיא אלמא האזין „ich stieg unter diese Welt hinab" I, 138, 5 [1]. Dies letzte Beispiel zeigt am besten, dass מן wie ל hier ganz ihre Bedeutung verloren haben und dass keine künstlichen Interpretationen zulässig sind, welche sich allerdings bei einigen der Beispiele anwenden liessen, um den Vorsätzen ihre eigentliche Bedeutung zu bewahren. Ja man muss bezweifeln, ob nicht auch wenigstens ל in manchen der Fälle, in denen es noch bedeutsam zu sein scheint, im Grunde schon bedeutungslos geworden; denn jene Wörter stehen auch ohne ל und מן nicht nur für die Ruhe wie in קאם קודאמה „er stand vór ihm" I, 101, 17; אקאמאי „vor mir" II, 83, 9 (Gegensatz מן אבאתאר, während II, 100, 9 beide מן haben); נביהיא כולהון ניקום ... נביהא „nach allen Propheten wird ein Prophet .... aufstehn" I, 61, 3; אהוריא תארמידיא עתיא באתראיכון „ich folge euch" I, 188, 2; „hinter den Priestern" (stehen) I, 285, 12, 24; 287, 23; עניט אתותה לעכא „Niemand ist unter ihm" I, 141, 8 u. s. w., sondern sie können auch die Richtung nach der betreffenden Lage bedeuten: תושביהתאי סאלקא ... קודאם מאנא „mein Preisen steigt hinauf zum Geist" I, 140, 18 und so I, 152, 10; 197, 12 u. s. w.; מאיתין קודאמה „bringen vor ihn" I, 148, 9; עזיל קודאם אבוך „geh hin vor deinen Vater" I, 197, 5; נהות אתותיא האפיקיא מיא „fällt unter dich" I, 216, 11; אתותאך באפלא „lasst uns unter die Wasserbäche steigen" I, 70, 16, lauter Beispiele, zu denen wir eben ganz analoge mit ל hatten.

In ähnlicher Weise steht ל und מן noch bei einigen Adverbien, ohne die Bedeutung wesentlich zu modificieren: so לבאר „draussen" (vergl. באר מן „ausser" Q. 25, 4); לבאר מן „ausserhalb", doch auch „aus .... heraus" I, 226, 25; לתיח „unten"; עלעל, לעל „oberhalb" u. a. m. Siehe oben die Adverbien (§ 160).

So auch מן יאמינון und מן סמאלון „zu ihrer Rechten" und „zu

---

1) Ganz wie בנטעם מקדם „als sie nach Osten zogen" Gen. 11, 2.

ihrer Linken" I, 19, 19 wie sonst ליאמינון und לסמאלון [1] sowie מן קדים „früher".

§ 252. Die Präp. ב hat auch im Mand. zunächst locale und dann instrumentale Bedeutung. Für beide bedarf es keiner Belege. Ein Ausfluss der letzteren ist die des Preises, und daraus entwickelt sich die Bedeutung der Gleichwerthigkeit oder der Vertauschung wie in יאהבין תרין דיניא בהאד „sie geben zwei Urtheile für eines" („sprechen verschiedenartig") DM 54ᵇ. Aehnlich במאליא עהישבה „ich werde es als voll rechnen" I, 221, 1.

Für das locale ב steht oft genauer בגו. Eigenthümlich ist nun aber, dass dieses auch für das instrumentale eintritt, vgl. מינדאם דאנא אבדאנא דאלמיא כולהון בגאוה מישתבין „Etwas, das ich thue, wodurch alle Leute gefangen werden" I, 219, 24; מיא הייא דבגאואיהון ראוזיא כולהון אלמיא „das lebendige Wasser, durch welches alle Welten prangen" I, 218 ult.; באואתא כאסיאתא דשיביאהיא ושורבאתון בגאואיהון מיתראגלא „geheime Gebete, vermittelst derer die Planeten und ihre Geschlechter gefesselt werden" I, 316, 11. So sonst = ב in אומיה בהאד שומא רבא דמאלכא דנהורא לדילאך בגאוה אומיאך „beschwöre ihn bei dem einen grossen Namen, bei dem dich der König des Lichts beschworen hat" I, 349, 10; דמאואתא דהארטיא דהינון בגאואיהון מהאימניא „Zaubergestalten, an die sie glauben" I, 56, 10; בגאוה דעוראיתא לאמאודין „bekennen die Thora nicht" DM 63ᵇ. So wird denn ב gradezu durch בגו aufgenommen oder umgekehrt בגו durch ב in .. בהאזא מאסיקתא ... ניסקון וניתון בגאוה I, 213, 1 u. s. w.; s. die Beispiele § 231 am Ende.

In לגאט בענשיא „er nahm in die Frauen hinein", „heirathete" (öfter); עיאותבה בענשיא „ich nehme sie zur Frau" I, 118, 1 ist das ב ursprünglich ganz local. So wird aber nun auch gebraucht לגאט בסאהדיא „zu Zeugen nehmen" I, 288 ult.; 289, 1 ff.; und נאפשאיהון לגאט בהאיאביא „erkannten sich als überführt (überwunden)" II, 63, 12; dann auch צאבלה האוא בזאויא „er pflanzte ihm Eva als Gattinn" (eigentlich „in die Gattinnen", obgleich er noch keine andre hat) I,

---

1) Vgl. معه معهما u. s. w., wie denn überhaupt alle diese Fälle massenhafte Analogien in semit. und nichtsemit. Sprachen haben.

286, 16 und עלאואיהון ניהויא בסאהדיא „ist über ihnen Zeuge" Q. 11 f. und öfter. So haben wir nun auch אנא עהויתילה באהיד עדא „ich war ihm Helfer" [1] I, 318, 15; דהאויילון ... באהיד עדא „welche ihm Helfer sind" I, 322, 13 und öfter mit Subjecten im Sg. und Pl.; das Auffallende ist, dass אהיד hier stets im Sg. bleibt (vgl. § 280).

§ 253.   Wenn ביניא und בית „zwischen" nicht ein Nomen nach sich haben (wie z. B. ביניא עותריא „unter den Uthra's" u. s. w.), sondern zwei, so ist von den mancherlei Constructionen, die hier im Semit. und speciell im Aram. möglich sind [2], bei Substantiven und ähnlichen Wörtern nur die üblich, welche vor das 2. Glied ל ohne ו setzt [3]; so ביניא מאי למאי oder בית מאי למאי „zwischen Wasser und Wasser" I, 191, 16; 204, 22; 284, 19 und öfter (vgl. zum Sinn und zur Construction: ביני תהומא תחאה לתהומא עילאה Taanith 25ᵇ oder hebr. בין מים העליונים למים התחתונים Hagiga 15ᵃ); ביניא נהורא להשוכא „zwischen Licht und Finsterniss" I, 137, 10; ביניא הדא להדא „zwischen Einem und dem Andern" I, 9, 19. Beim Personalpronomen haben wir dagegen ל vor beiden Gliedern und ו dazwischen: ביניא לי ולאך „zwischen mir und dir" II, 60, 1 [4].

---

1) „Handhalter". Das Wort ist wohl Uebersetzung von دست گیر „Helfer" (von VULLERS aus dem Šâhnâme belegt).

2) Allein im Syr. kann ich (abgesehen von kleineren Unterschieden) 6 ganz verschiedene Arten belegen, je nachdem ܠ gar nicht oder vor einem oder vor beiden Gliedern mit oder ohne ܘ steht oder aber ܒܝܬ wiederholt wird. Im Hebr. zeigt gleich Gen. 1 den Wechsel von בֵּין מַיִם לָמָיִם v. 6 und ובין המים... בין המים v. 7. Im Arab. ist das Uebliche bloss بين... و, nur bei Personalsuffixen بين .. وبين; Harîrî, Durra 20 ff. verbietet die Wiederholung bei Substantiven, aber sein Commentator giebt einen Beleg dafür. Eine besondere Feinheit liegt in بيْنَ ـفٍ ـفٍ Amraalqais Muall. v. 1.

3) Diese Construction ist auch bei ܒܝܬ, ܒܝܢܬ sehr beliebt; ebenso beim hebr. בין.

4) Vgl. ܒܝܢܝ ܠܟ ܘܠܗ Ephr. I, 101; ܒܝܢܝ ܠܟ ܘܠܗ 2 Macc. 6, 21 und so oft; das 2. Glied kann bei dieser Construction auch ein Subst. sein z. B. ܒܝܢܝ ܠܟ ܘܠܐܠܗܐ „zwischen ihm und Gott" Ephr. I, 170 u. s. w. (Vgl. noch die Abänderung ܒܝܢܬ ܐܘ ܠܗ Jac. Sarug. in Z. d. D. M. G. XXV, 339 v. 348).

In der Zusammensetzung mit ביניא u. s. w. hat מן noch seine volle Bedeutung: מן ביניא מאלאכיא "mitten aus den Engeln heraus" I, 54, 10; מן ביאתאיכון "aus eurer Mitte" I, 19, 11; 37, 21; מן אביניא אטירפיא "mitten aus dem Laube heraus" I, 4, 7; 5, 23.

Beispiele von כואת, אכואת haben wir in מאן ניהויא דכואתאך "wer § 254. ist dir gleich" I, 88, 4 (Var. דאכואתאך und אכואתאך ohne ד); לאיית דכואתה "nicht ist Einer, der ihm gleich" I, 303, 5; אלמא ניהוי האכואת (א)כואתה "die Welt sei ihr gleich" I, 259, 21; האכואת בניא שלאמא "wie die Söhne des Friedens" I, 239 ult. (CD הא אכואת) u. s. w. Das Verglichene braucht dem, womit es verglichen wird, nicht ganz parallel zu stehn (ähnlich wie beim comparativen מן)[1] z. B. עכומיא הינון וסניעיא דמותאינון אכואת דאיריא "sie sind schwarz und ihre Gestalt ist hässlich wie die von Dämonen" I, 284, 11 (die Vergleichung geht wohl auf Schwärze und Hässlichkeit zugleich); ועל מישכאינון נאשטיא האנאתון מאלכיא אכואת טאביא ואראדיא "und die Haut der Menschen ziehn jene Könige ab wie die der Gazellen und Wildesel" I, 387, 15; דנינהארולה אנפה אכואת האוא זאוה דאדאם "dessen Antlitz leuchtet wie das der Eva, Adam's Gattinn" II, 26, 1; עד ליתבאך האילא אכואת בהיר זידקא "wenn du keine Kraft hast wie die Eines von erprobter Gerechtigkeit" I, 213, 14; "der Nordwind kommt von den Schneebergen .... אכואת עניש דקאים (und das ist) wie die Lage eines Menschen, der steht" u. s. w. I, 283, 11; אכואת מאלכא דארקא דמשאדאר "das ist, wie wenn ein Erdenkönig sendet ..." I, 283, 15[2] u. s. w.

אכואת wird direct mit דְמָא "ähnlich sein, gleichen" verbunden[3]: דדאמין אכואת דנאפשא האניניא "sie gleichen Drachen" I, 139, 10; מאלאכיא דנהורא מדאמין "welche sich den Lichtengeln gleich machen" I, 58, 10. Eine doppelte Construction ist nun aber דאכואת לדיליא דאמיא "welcher mir gleicht" II, 96, 16. Daraus bildet sich nun das

---

1) So oft bei hebr. כ und arab. ك z. B. اَلَّا مَا خَلَقْكُمْ وَلَا بَعْثُكُمْ اِلَّا كَنَفْسٍ وَاحِدَةٍ Sura 30, 27.

2) Es ist, wie wenn auf die beliebte Frage למי הדבר דומה die Antwort erfolgt לְמֶלֶךְ בשר ודם וג׳.

3) S. unten die Construction dieses Verbums mit כד und איאך (§ 297 gegen Ende und § 306).

seltsame אכואת דאמית לגאברא „du gleichest einem Manne" I, 180, 15; אכואת דאמיא ארקא תיביל על יורבא „die Tebel-Erde gleicht dem Jorba" I, 221, 20, wo אכואת ganz selbständig geworden ist[1]. Da das Wort hier nicht mehr als Präp. zu betrachten, indem ja ל die Präp. bildet (welches auch sonst oft bei diesem Verbum steht), so liegt hierin keine Ausnahme von dem im Mand. streng durchgeführten Gesetz, dass die Präp. stets unmittelbar vor ihrem Regierten stehn muss.

2. Verbum.

Person und Geschlecht.

§ 255. Beim Verbum fin. braucht natürlich das Subject nicht ausgedrückt zu sein; wie weit das bei der 1. und 2. Person dennoch geschieht, sahen wir oben § 229. Aber auch die allmählich zu reinen Verbalformen werdenden Participien brauchen bei der 3. Pers. keine besondere Bezeichnung des Subjects, wenn sich dieses entweder als das unbestimmte „sie", „man" oder als bestimmtes nach dem Zusammenhange von selbst versteht. So z. B. . . שאילין טובה למאן „man preist selig den . ." I, 387, 18; דבאהראן מאלכא קארילה „den man König Bahran nennt" I, 382, 21; לא זאכסיא ענביסתא קודאמה „nicht schlachtet man ein Opfer vor ihm" I, 6, 17 und so oft[2] — סאגיא ראהיש שאייק פאהרא „er geht, regt sich, kriecht, fliegt" u. s. w. I, 280, 3; כד האזא אמארילה קאם קודאמאי וסגידליא ומידניליא „als ich ihm dies sagte, stand er vor mir auf, fiel vor mir nieder und unterwirft sich mir" I, 168, 22 (wo also das Subj. beim Part. nicht mehr bezeichnet ist als beim

---

1) Für אכואת דהאזין I, 239, 18 ist wohl mit CD richtiger אכואתה דהאזין zu lesen.

2) So schon im bibl. Aram. לך טרדין „man jagt dich" Dan. 4, 22 und ähnlich öfter. Besonders beliebt ist diese Redeweise in der juristischen Kürze des Mischnahebräisch. — Die Nichtbezeichnung des Subjects bei einer Nominalbildung, welche die 3. Pers. einer Verbalform bildet, hat übrigens im Ursemitischen wie in anderen Sprachen (selbst noch im Sanscr. vgl. *bôdhitâ* „er wird wissen") viele Analogien. Das Arab., welches am Particip und Infinitiv im Ganzen viel weniger die verbale Seite entwickelt, hat solche Constructionen nicht.

Perf.); דשכינבין „in denen er wohnt" I, 3, 21; דאזילבה „auf welchem er gehen könnte" I, 282, 3; ואמרא „und sie sagt" II, 25, 10 (vorher ein andres Subj.); יהאבלון . . . ואמריא „er gab's ihnen . . . und sie sagen" II, 25, 23; אמינטול מיקריא קריא ומפאקודיא מפאקאד ושאדוריא משאדאר ושודא לאנאסיב „denn gerufen ist er, beauftragt ist er, gesandt ist er, und Bestechung nimmt er nicht" II, 2, 7[1].

Hat das Verbum kein persönlich aufzufassendes Subject (ist es ein Verb. impersonale), so gebraucht man im Mand. gewöhnlich die Feminform, welche ja auch sonst das Neutrum ausdrückt (§ 215ª). Ziemlich selten ist dieser Fall bei Naturereignissen wie עמאת תיהשוך ועמאת תינגיא „wann wird es dunkel? und wann wird es hell?" II, 118, 4; הישכאת וניהגאת „es ward dunkel und hell" II, 118, 9[2]. Häufiger bei Gemüthserregungen: לאתיהוקלאך „nicht sei dir bange." DM 19ᵇ, vgl. die zwiefache Construction in לאיקיא דאיקאלון „den Bangen, denen es bange wird" I, 369, 4; כמא כאריאליא על תארמידיא (לבניא) „wie ist mir traurig (eigentlich „kurz") um die Priester" („um die Söhne") DM 85ªᵇ; כאריאלכון על .. „es ist euch traurig um ..." I, 19, 11[3]; תארואלון „ihnen wird weit" I, 369, 4 ff.; II, 105, 2 (תירואלון zu lesen?)[4]; אכצאת וכאריאליא „mir ist angst und weh" DM 64ᵇ; אכצאליא so noch I, 72, § 256.

---

1) Vgl. לא כהלין „sie können nicht" Dan. 5, 15.

2) So ܚܫܟܬ Joh. 6, 17 (auch Cureton); Ephr. II, 362 F; Mart. I, 256, 15 (vgl. selbst ܨܦܪܐ ܗܘܬ ܠܡܚܫܟ Luc. 24, 29 Cureton — aber auch m. ܚܫܟ Aphraates 248, 3); ܢܓܗܬ, ܢܓܗܐ, ܬܓܗ Ruth 3, 14, 16; Clem. 40, 8 u. s. w.

3) So ܬܥܩܘܢ ܠܟ Iob 36, 19; ܥܩܬ ܠܗ Gen. 27, 45; Lev. 20, 23 und oft (auch ܐܬܥܩܬ ܠܗ Apost. apocr. 259, 16 und öfter); construiert mit ܒ, ܡܢ ܩܕܡ, ܡܢ, ܡܛܠ, vgl. aber ܥܩܬ ܢܦܫܢ ܒ Num. 21, 5, was am Ende den Ursprung dieser und ähnlicher Constructionen anzeigt. — ܟܪܝܬ ܠܗ, ܟܪܝܐ ܠܗ (mit ܠ) ist sehr häufig (ganz vereinzelt ܬܟܪܐ „du bist traurig" Wright, Cat. 614ᵇ unten). Im Syr. giebt es noch manche ähnliche Constructionen z. B. ܪܓܬ ܠܗ oder ܐܬܪܓܬ (mit ܠ „nach" oder ܕ „dass" construiert); ܢܚܬ ܠܗ ܡܢ u. s. w.

4) Im Syr. kenne ich nur das männliche ܢܪܘܚ ܠܗ Iob 32, 20 (Text יִרְוַח לִי) und sonst.

5 und oft (eigentlich „es sticht mich" § 42); הלאצאלה „es war ihr wehe" (beim Gebären) I, 95, 13; 158, 20; ביסמאת עלה „es gefiel ihm" I, 70, 20; על רביא ביסמאת „den Herren gefiel es" I, 70, 21; ביסמארת עלאוארהון „es gefiel ihnen" I, 292, 6 und so öfter. Entsprechend auch עד היניאלכון „wenn es euch gefällt" Par. XI oft (vergl. היניאלאך ושאפיראלאך „es gefällt und behagt dir" II, 12, 16); ferner ועל הייא לאעתכישראה „und dem Leben war es nicht recht" I, 70, 21. Weiter so עמארלאך כד דהוארת „ich sage dir, wie es war" DM 2ᵃ und öfter; ומך קודאם עמרית ולאהואת „ich sagte es, und es war nicht" I, 96, 24; האזא לאהוארת אמינטול „und vor diesem war es nicht" I, 392, 20; לאמיטיאת בעדאידהון „denn es war ihnen nicht möglich" („kam ihnen in die Hand")[1]; היך אמרין מקאימא „wenn sie sagen, ist es fest" I, 237, 29 u. s. w.

Wenn nun bei einem solchen Verbum ein ganzer Satz mit ד „dass" oder ein Inf. steht, welche das Subj. zu bilden scheinen, so sind diese doch nicht eigentlich als weiblich gefasste Subjecte anzusehn, sondern nur als Epexegesen des impersonalen Subjects oder als lose Anhänge, etwa wie im Deutschen: es ist schön, dass. So z. B. לאמיטיאלאן דניסאייך „es war uns nicht möglich (mit Weglassung von בעדאן), dass wir definierten" I, 11, 14; לאמיטיאת בעדאידהון מיקריא ארקא „es war ihnen nicht möglich, eine Erde hervorzurufen" I, 297, 10 (wonach in ולאמאטיא בעדאיון דניתפאצון „es ist ihnen nicht möglich sich zu befreien" I, 232, 5 zu sprechen מְטָיָא)[2]. Vgl. hierzu § 277.

Seltner ist im Mand. in allen solchen Fällen das Masc.: אלמא לעהרופליך על ד[3] „warum betrübst du dich (sticht es dich مزّ) über"

---

1) Vgl. ܫܡܐ ܥܡܕ ܐܥܠ ܕܐܦ̄ܢܩܣܘܣ ܠܐܡܕܣܡ Apost. apocr. 222, 4.

2) Vgl. ... ܕ ܠܗ ܓܕܫ „es geschieht ihm, dass." oft; ܛܒ ܠܐ ܗܘܐ ܠܝ ܠܡܥܪܩ „es gefiel mir, nicht zu fliehen" Barh. Hist. eccl. 93, 6; ܕ ܐܬܓܠܝ „es ward offenbar, dass" eb. 251, 12; ܐܬܚܫܒ ܥܠܘܗܝ ܗܘܐ ܕ... „es ist beschlossen über ihn ... dass" Aphraates 53, 13; ܗܘܐ ܓܝܪ ܒܪܥܝܢܗܘܢ ܕ „denn nach ihrer Ansicht war es abgemacht, dass" Mart. II, 333 unten; ܐܬܬܚܡ ܕܢܗܘܐ ܫܠܡܐ „es ward festgestellt, dass Friede sein sollte" Joh. Eph. 363 und Aehnliches.

3) So lies.

II, 90 ult.; מימאר כד דהוא „zu sagen, wie es war" I, 76, 15 (aber Z. 19; 22 u. s. w. הואת wie sonst); קריא כד דכתיב „lies wie es geschrieben steht" Q. 7, 21 und so oft in den Gebrauchsanweisungen; עמיר עלה „darüber ist gesagt, ein Ausspruch ergangen" öfter im Königsbuch. Hierher gehört die beliebte Construction mit dem Part. pass. und ל: הזיליא mihi visum est „ich habe gesehen" (§ 263). Ferner so vor Relativsätzen mit ד „dass" und Infinitiven wie כתיבלון ד, כתיבלה ד „ihm", „ihnen ist geschrieben, dass" I, 27, 1; 49, 2; עתיתלה למיזאל „ihm ist bestimmt zu gehn" I, 126, 7 u. s. w. Vgl. noch לאהוא כד דלאהון ולאהויא כד דלאהאוין „es war nicht (= es war keine Zeit), da sie nicht waren, und ist nicht, da sie nicht sind" I, 285, 20 (ganz so, nur mit dem Sg. הוא und האויא I, 2, 8); ähnlich כמא דנימארלאך הוא כד דלאהון עותריא „dass er dir sage, wie lange es währte, dass keine Uthra's waren" I, 77, 20. Anders wieder in דמן קדים הואלון והאשתא ליתלון (oder bloss וליתלאיהון) „welchen früher (Etwas) war und jetzt nicht mehr ist" I, 369, 5; II, 88, 17; ואילה למאן דהאוילה „wehe dem, der hat" I, 357, 18; טובה למאן דהואלה וטאיב מינה „Heil dem, der (Etwas) hatte und davon bereitete" DM 54ᵇ[1].

Tempora und Modi.

Bei der Besprechung der Tempora und Modi sind die Fälle, in § 257. denen Participien als Prädicat stehn, durchaus mit zu behandeln, da sie ganz wie das Verb. fin. gebraucht werden. Im Allgemeinen steht das Mand. in der Verwendung der Verbalformen noch ganz auf dem altaram. Standpunct; denn, wenn hier die Participien stark für die alten Tempusformen eintreten, so geschieht das auch schon im Syr., und das Mand. ist doch weit davon entfernt, das Perf. und Imperf. völlig aufzugeben, wie das im Neusyr. eingetreten ist.

Perfectum. Der Gebrauch des Perf.'s als erzählendes Tempus § 258. und als Ausdruck der vollendeten Handlung stimmt völlig mit dem

---

1) Vgl. کم از نیستی دیگری شد هلاك مرا هست „wenn Andre aus Unvermögen umkommen, ich habe (Etwas)" Sâdî, Gulistân VII gegen Ende.

sonst im Aram. Ueblichen überein. Beispiele für die erstere Anwendung findet man fast auf jeder Seite; für die andere möge genügen למאלאן דעתיבנין „warum haben wir gesessen?" II, 23, 3; דקאריא ולאביד דאמיא לפארדיספאנא דכלילא לנאפשה לאגדאל „wer liest und nicht handelt, gleicht einem Gärtner, der sich selbst keinen Kranz geflochten hat" I, 218, 16; auf derselben Seite noch mehr Beispiele.

So kann, wo das Verbum des Hauptsatzes (in der Erzählung) im Perf. steht, auch nach ד' מן קודאם und אד das Perf. stehn, vorausgesetzt natürlich, dass das im Nebensatz Gesagte noch in die Vergangenheit fällt: עשתאלאטבה נאפליא כד' מן קודאם דעתינגיד רקיהא „und die Gesunkenen erhielten Macht darüber, wie bevor das Firmament ausgespannt war" I, 98, 19; אדמטינן „bis wir kamen" I, 151, 2. In diesen Fällen wäre aber das Impf. oder Part. gewöhnlicher.

Eingeschränkt wird der Gebrauch des Perf.'s auf seinem eigentlichen Gebiet durch das Part. pass. (§ 262 f.) und das Part. act. als Praes. histor. (§ 260).

Als Perf. futuri dient dies Tempus in Fällen wie כד' האנאתה זיבנא מטא quum illud tempus venerit I, 386, 19; והאיזאך שאילין טובה למאן דהואלה מיהויא ברא „und dann (in Zukunft) ruft man Heil über den Mann, der einen Sohn gehabt hat (habuerit)" I, 387, 18; וארקיא אמרא דינא מן נאן דאשתאדבה זמא „und die Erde spricht ein Urtheil über den, der Blut auf sie gegossen hat (haben wird)" II, 17, 6 und ähnlich öfter. So erklärt sich auch wohl die Redensart: דתאקיל תאקילה ושאלים אסיק בהייא אסמכויא „wen er wiegt, wiegt und wer vollwichtig ist, den hat man (sofort) hinauf gehoben und auf's Leben gebettet" II, 37, 10 und öfter; es ist damit die höchste Gewissheit ausgedrückt, während doch das Ganze noch in der Zukunft liegt.

In hypothetischen Sätzen steht das Perf. in Fällen wie עו אנא לאנמרית עלה לאהוירת אנא מן רורביא „wenn ich es ihm nicht gesagt hätte, gehörte ich nicht zu den Grossen" I, 76, 17; עו דלאו אנא לאבאניתה ליאנקא „wäre ich nicht, so hätte sie den Knaben nicht geboren" I, 245, 3 u. s. w. Siehe die Bedingungssätze § 313. So nun auch עתית שיביא דמן אכואה „als käme ich aus der Gefangenschaft" II, 113, 13; כד' דלאהון „als existierten sie nicht" I, 120, 1; והואת (והאויא) כד' דלאהואת „und sie war (ist), als wäre sie nicht gewesen"

II, 172, 2; דלאעשתאוירת כד דלאהויתה ועתהאמבאכל מורת "stirb, als wärest du nicht gewesen, und geh zu Grunde, als wärest du nicht gemacht" II, 4, 8; 20 u. s. w.

Mit diesem hypothetischen Gebrauch ist wohl verwandt der in Wunschsätzen mit מאן, wo die Erreichung des Wunsches nicht recht erwartet wird: מאן עהאבליא "wer gäbe mir doch" („o dass mir Einer gäbe") I, 370, 22, 23 [1]; מאן פיהתח „o dass Einer ihn öffnete" I, 370 ult.; מאן אסקאן „o dass mich Einer hinaufführte" I, 371, 2 und mehr Beispiele I, 371 [2].

Wie in anderen Dialecten lieben gewisse Verba, namentlich solche, die eine geistige oder Gemüthsthätigkeit bezeichnen, das Perf. als Ausdruck des jetzt vorhandenen Resultats, eines abgeschlossnen Vorgangs. So kann ich zwar sagen יאדאנא oder עדא „ich weiss", doch auch עדית novi. Aber natürlich lässt sich von einem solchen Perf. kein weiteres bilden und עדאנין ist I, 65 mehrmals bald „wir wissen" bald „wir wussten".

So wird nun auch הוא oft als γέγονε = ἔστι gebraucht, besonders mit der Negation, ein Sprachgebrauch, der auch dem Syr. durchaus nicht fremd[3], im Mand. aber um so natürlicher ist, als da הוא

---

1) So oft in Pesh. ܡܢ ܝܗܒ ܠܝ für מִי יִתֵּן; vgl. noch ܐܒܐ ܣܒ ܡܢܘ ܗܘ ܕܝܗܒ ܠܟ Apost. apocr. 286.

2) Einen ganz anderen Ursprung hat das Perf. wohl in Wunschsätzen der Art wie ܗܘܐ ܠܟܬܒܐ oder den arab. Precativsätzen wie رحمه الله: hier wird die Erfüllung des Wunsches als so sicher dargestellt, dass sie in die Form eines Factums gekleidet wird. Erst durch arabischen Einfluss ist wohl diese Construction in's spätere Mand. gekommen in dem regelmässigen Fluche über die Muslime in den Unterschriften: „im Jahre x der Aera, דקאבילאון אראבאייא אראב אלמא עלאואיהון ובאטלה מאנדא דהייא לרוגזאיהון" „welche einrichteten die Araber, untergehe (beachte das Wortspiel) die Welt über ihnen und möge M. d. H. ihren Zorn zu nichte machen" (mit allerlei kleinen Varr.).

3) Selbst كان heisst oft „ist" (manche Beispiele im Koran). So äth. halawa DILLMANN S. 136; auch in jalan „ist nicht" des Tigriña liegt ein Perf. In allen diesen Fällen haben wir in dem Perf. den Rest einer ursprünglicheren Bedeutung zu sehen aus einer Zeit, in welcher noch nicht

noch sehr oft „er ist entstanden, geworden" heisst; diese Bedeutung ist in keinem mir bekannten Dialect noch so lebendig. Wir haben so האשתא דרוחצאנאי על הייא הוא „jetzt, da mein Vertrauen auf das Leben ist" II, 99, 2; על שומיא האזא דקרו בניא אנאשיא שומיא ולאהואת שומיא „diesen Himmel, den die Menschen Himmel genannt haben, ohne dass er ein Himmel ist" I, 273, 2 (wo sich freilich auch „war" übersetzen liesse, nämlich für die Zeit des Benennens); צום צאומא רבא דלאו מן מיכלא ומאשקיא דאלמא הוא „haltet das grosse Fasten, das nicht (ein Fasten) vom Essen und Trinken der Welt ist" I, 16, 13; גאברא לאהוא מינאן ולאהואת שותה מן שותאיכון „der Mann gehört nicht zu uns, und seine Rede gehört nicht zu eurer Rede" I, 258, 19; אנא לאהוית נאסיב שודא „ich bin keiner, der Bestechung nimmt" I, 258, 16 u. s. w. Ueberall könnte hier aber das deutlichere Part. stehn.

§ 259. Das Imperfect wird fast in der ganzen Ausdehnung seines Gebrauchs vielfach durch das Part. act. ersetzt, aber nirgends verdrängt. Besonderheiten hat es in seinem Gebrauch gegenüber den andern Dialecten kaum.

Es steht als reiner Gegensatz zum Perf. in Fällen wie („früher habe ich euch gesagt") תוב עמארלכון „nun sage ich euch weiter" I, 278, 7 u. s. w. Für die wirkliche Zukunft steht es z. B. in ניגאליל על כאדבא „er wird die Lüge aufdecken" I, 58, 9 (unmittelbar hinter dem Part. מאסגיא „er geht" = „wird gehn"); ניכארבה למשיהא „er wird Christum Lügen strafen" I, 58, 13; אבאתאר נביהיא כולהון נביהא מן ארקא ניקום „nach allen Propheten wird ein Prophet von der Erde aufstehn" I, 61, 3. Dem letzteren Satze folgen Participien und dann wieder Imperf. So wechselt in der Apocalypse I, 384 ff. immer das Part. mit dem Impf., zum Theil in denselben Sätzen.

Das Impf. bezeichnet auch die fortwährende Gegenwart, das immer Dauernde oder regelmässig Wiederkehrende; es steht so in allgemeinen Sätzen wie כול דזאהבא וכאספא ... נירהום ועלאוה גאטלא ניגטול נאפיל .. „jeder, der Gold und Silber und ... liebt und darum einen Mord begeht, fällt" (hier Part.; nur B. ניפיל, das Imperf.) I, 17, 4

---

das abstracte „Sein", sondern das „Werden", „hingestellt werden" u. s. w. bezeichnet ward.

(ähnlich I, 37, 8); ... כול מאן דבראהמות מארה פאגרה לגיטלא נאשלים נעסאק „jeder der aus Liebe zu seinem Herrn seinen Leib dem Umbringen ausliefert ... wird aufsteigen" I, 37, 6; ומותא ניתיקריא באלמא וכושטא ניתיקריא על דיאדיא „und Tod wird er genannt in der Welt und Wahrheit wird er genannt von den Wissenden" II, 2, 4.

Als eine Art Praes. historicum stehn die Verben des Sprechens, besonders אמר und מִלֵּל, in der Erzählung oft im Impf. wie auch im Part. So תימאליל תימארלה נאמרוס עמה דאלמא תיקארקלינון למאראואתא „da sagte, sprach Namrus, die Mutter der Welt, verfluchte die Herren" u. s. w. I, 341, 11; תימאר ותאורדה „sie sagte und belehrte ihn" I, 82, 2; רוהא לבנה תימאר „Rûhâ sagte ihren Söhnen" I, 330, 7. Dieser Sprachgebrauch, der sich eben auf solche Wörter beschränkt, ist mit dem syr. ܐܡܪ݁, ܐܡܪܝܢ (λέγει im NT)[1] in der Erzählung zusammenzustellen. Wird eine Rede wörtlich angeführt, so wird das Ganze so lebendig, dass uns auch der Act des Redens wie noch nicht vollendet vorgestellt wird. Hiermit ist nun zusammenzustellen das beliebte: מאליל I, מאלאלית דעמארלה II, 99, 20; 100, 12; מאלאלאת דתימארלון דנימאר; 325, 15; 328, 11 und ohne ד: מאלאלאת תימארלון II, 99, 20; 100, 3 „er sagte, dass (indem) er sprach" u. s. w. So nahe es läge, hier einen Rest vom Gebrauch des Impf.'s im Zustandsatze zu sehn (wie تكلّم يقول), so schliesst die Beschränkung auf dies eine Wort, welches, wie wir sahen, auch sonst in der Erzählung im Impf. stehen kann, diese Erklärung aus. Seltsam ist nun aber, dass bei dieser Redensart zuweilen das Verbum des Hauptsatzes ganz wegfällt und דנימאר allein genügen muss: ולרוהא דקודשא דנימארלה „und der R. d. Q. sagte er" I, 330, 9, 17; 331, 11; וקיהדאת ולבנה שובא דתימארלון „sie schrie und sagte ihren 7 Söhnen" I, 330, 3; רביא בפומאיהון דאכיא לה לבהירא דאכיא דנימירדלה „die Herren sagten mit ihrem reinen Munde dem reinen Erprobten" Ox. III, 89ᵃ = Par. XI. In diesen Sätzen ist eine wirkliche Ellipse.

Das Impf. bedeutet auch im Mand. oft einen Wunsch, eine Aufforderung u. s. w.: תושביהתאך תישריא עלאן „deine Herrlichkeit komme

---

[1] Vgl. noch Aehnliches im Bibl.-Aram. (s. § 260) sowie auch äthiop. *jebê* (SCHRADER, de ling. Aeth. 98).

über uns" I, 62, 10; האטאיאי נישביקוליא „meine Sünden mögen sie mir erlassen" II, 22, 5; נעיול ונידחזיא „lasst uns eintreten und sehn" I, 165, 22; לאניצליא „möchten wir nicht fallen" I, 62, 21; ferner wird das Verbot immer mit לא und der 2. Pers. Impf. ausgedrückt. Dagegen ist diese Form bei der Bitte ohne לא sehr vereinzelt, nämlich in der Formel האטאיאן (והאובאן) תישבוקלאן „unsere Sünden (und Verschuldigungen) mögest du uns vergeben" I, 61, 15; 63 ult.; 255, 4 u. s. w. und in אנאת מאנדא דהייא תיפארקינאך „du, M. d. H., mögest uns erlösen" I, 254, 4, wofür man sonst den Impt. setzt; man fühlt sich daher fast versucht, das Impf. hier als Ausdruck der subjectiven Gewissheit der Erhörung anzusehn „du wirst uns sicherlich vergeben" u. s. w., so dass dann auch das Part. Statt hätte, welches im Mand. die optative Bedeutung des Impf.'s noch nicht angenommen hat.

Ausdrücklich bemerke ich hier, dass die kürzeren Nebenformen des Impf.'s wie z. B. נידויא = נידויא und die, welche das Objectsuffix an ך nicht an ון hängen wie z. B. ניניוך „sie erhören dich", nicht etwa eine besondere Optativ- oder Subjunctivbedeutung haben; denn wenn sie auch selbstverständlich in dieser gebraucht werden können (wie לאתירידהמויא „liebt ihn nicht" I, 366, 6) so stehn sie doch auch für die reine Aussage z. B. ניניוך „sie erhören dich" I, 180, 14, wie anderseits sehr oft auch die längeren Formen optativisch sind (z. B. לאתישרונה „löset ihn nicht" I, 16 ult.).

Das Impf. ist endlich die gebräuchlichste Form für die abhängigen Sätze, und zwar auch nach dem Perf. Vgl. עתית ... דאקמינכון „ich bin gekommen ... dass ich euch aufrichte" I, 175, 9; בית דעמארלון „ich wünschte, dass ich ihnen sagte" I, 77, 6; אתא פתאהיל ואמארלון דניבדא ... „Petahil kam und sagte ihnen, dass sie thun sollten" I, 100, 15; ואולאלה לנו דנעדא „und sie brachte es dem Noah, dass er wüsste" I, 381, 6; לאשכא באבא דנעיול בגאוה „er fand kein Thor, um dadurch einzutreten" I, 282, 2; לאהוא יאדא דנעדאן „da war kein Wissender, der mich gekannt hätte" II, 51 ult. (parallel ולא הוא דמאסבאארביא „und Keiner, der Kunde über mich gehabt hätte" Partic.); פוק ... אדלא תיקוש „geh heraus ..., ehe du alt wirst" II, 4, 5 und so öfter; מן קודאם דלרביא אנא עמארלון הינון רביא אמארליא „ehe ich den Herren (Etwas) hätte sagen können, sagten sie's mir" I, 78, 21;

מן קודאם דֿאנאת תיהויא אנא ¹ נאפשאי ביהשית "ehe du da warst, habe ich selbst untersucht" I, 161, 9; על דֿפתאהיל נשיקלה לאדאם אנא תראצתינון "bevor Petahil den Adam hätte nehmen können, richtete ich sie auf" I, 102, 14² u. s. w. Ferner so ליתליא אדיאורא ניהא דניתיא "ich habe keinen Helfer, der käme" I, 335, 15; לאמצעין דניסקון "sie können nicht kommen" I, 282, 5; לאשאבקילון רוהא ומשיהא דניהֿדובה "die Rûhâ und Christus lassen es ihnen nicht zu, dass sie sich darüber freuen" I, 227, 24; לאתיסיגדון לסאטאנא ולפאתיכריא דהינון אבדאיכון ניהון "verehret nicht den Satan und die Götzen, damit sie eure Diener werden" I, 35, 9 und so sehr viele andre Beispiele.

Bei dem Impf. nach האב "gieb" in Fällen wie האב נירמיבה "gieb, dass wir in ihn werfen" "lass uns in ihn werfen" I, 101, 13; האב לאלמא דבישיא נישאדרה "erlaube, dass wir ihn zur Welt der Bösen senden" I, 132, 2; ואהבאלה להאוא זאואך תישאוילאך לבושא "und erlaube der Eva, deiner Gemahlinn, dass sie dir ein Kleid mache" I, 132, 2 u. a. m. kann man eine Parataxe des Impt.'s und Impf.'s annehmen, welcher letztere dann optativisch wäre, während allerdings in האב דעמיהיה "erlaube, dass ich ihn schlage" I, 344, 21 deutliche Hypotaxe ist; diese ist auch, obgleich kein ד dabei steht, anzunehmen in ליכא דֿמצֿיא בהאילה נישאנינון "nicht ist einer, der sie zu versetzen vermag" I, 159, 15. Das Impf. ist in allen diesen Sätzen ganz regelrecht.

Participium activum. Das Part. act., für die 1. und 2. Pers. § 260. in engere Verbindung mit den Personalpronomen, ist seit früher Zeit auf dem Wege, das Impf. zu ersetzen. Als Nominalbildung bezeichnet es zunächst einen Zustand, eine Dauer — אנא פָּעֵל "ich bin thuend" steht ja ganz gleich einem אנא שפיר "ich bin schön" — und kann

---

1) So ist wohl für נאפשא zu lesen.

2) Vgl. ܥܕܡܐ ܕܢܗܘܐ ܪܕܘܦܝܐ "ehe die Verfolgung war" Mart. I, 234, 25; ܡܚܝ ܥܕܡܐ ܕܢܬܝܠܕ ܢܘܚ ... ܡܝܬ ܝܪܕ "Jared starb, ehe Noah geboren ward" Aphraates 476 ult.; ... ܥܕܡܐ ܕܚܡܥܬ ἐζυμώθη Luc. 13, 22 Cureton (Pesh. Perf. nach dem Griech.); so oft bei ܥܕ und auch bei ܥܕ "bis". Im Hebr. und Arab. ist das Impf. in diesen und ähnlichen Fällen noch üblicher.

so besonders zum Ausdruck für die Gegenwart dienen; aber diese Verbindung wird nie ein wirkliches Präsens, sondern umfasst allmählich das Gebiet des Impf.'s, bis es dieses im Neusyr. ganz ausschliesst.

Das Part. act. steht zunächst für die Dauer in der Gegenwart, also in allgemeinen Sätzen wie in כול מאן דיאהיב נאסיב „jeder, der giebt, nimmt" I, 16, 1; מרידא דאמיא לעלואיא דנאפיל בדופשא ומאסליילה „der Widerspänstige gleicht der Aloe, die in den Honig fällt und ihn verdirbt" I, 216, 14; עד מאמלילית מן האכימא טאבא זאראבאך עובאדיא טאביא „wenn du mit dem guten Weisen redest, säet er in dich gute Werke" I, 217, 14 und so durchgehends in den Johannessprüchen; לאיית דיאדאלון ופאריישלון „nicht ist Einer, der sie kennt und versteht" I, 5, 2 (aber Z. 6 לאיית דניקירידה ולאיית דניקום „nicht ist Einer, der ihn riefe und der stände") u. s. w.

So steht das Part. auch in Nebensätzen zum Ausdruck eines Zustandes selbst bei der Vergangenheit; dies entspricht noch ganz dem Ursprünglichen, denn hier wäre jedes Adjectiv statthaft. So אשכאחה והזאיתה לרודא לעורבא דיאתיב „sie fand den Raben sitzend" I, 381, 3 [1]; אשכאתינון לבוריא דיאתבא „und ich sah die Rûhâ sitzen" I, 154, 11; כד יאתביא (לבישיא) „und ich fand die Unholde (die Bösen), wie sie sassen" I, 81, 15; 102, 24 u. s. w. vgl. ושבאקינון כד שכיביא „und er verliess sie liegend" I, 15, 5.

Daran reihen sich Fälle wie על דקאיימנא באתאר כסיא באריח „während ich stand an einem verborgenen Ort, erglänzte ich" I, 74, 5 (ganz so I, 74, 9); על דקאיים ביארדנא ... מאליל „während er im Jordan stand, sprach er" I, 130, 3 [2]. Die Vergleichung von בהאנאתה אלמא דאריח אליף רובאן שניא וליכא די עדא עלאי דאנא האכא איתאן „in jener Welt blieb ich 10,000,000 Jahre, ohne dass einer von mir wusste, dass ich da war" I, 138, 1 zeigt, dass sich auch hier das Part. noch nicht von der Weise der Nominalbildungen entfernt.

---

1) Vgl. ܣܐܢ ܚܙܳܐ ܠܠܶܘܺܝ ܒܰܪ ܚܰܠܦܰܝ Marc. 2, 14. Im Arab. stände hier ein Zustandsausdruck, Part. oder Impf., im Aeth. *enza* mit dem Impf.

2) Vgl. talm. אדמצליינא „während ich betete" Baba b. 74ᵃ und so oft עד mit dem Partic. in der Erzählung. Im Syr. so z. B. ܠܡ ܗܘܐ ܡܫܬܝ ... ܢܫܐ Gen. 29, 9.

Sehr gern steht es nun aber auch in der Erzählung als Praes. histor. zur Fortsetzung des Perf.'s, so dass dieses immer dafür eintreten kann. So z. B. פתאהתה והאגינאבה „ich öffnete es und las darin" I, 206, 2, 23; סגידליא ומידנילליא „er verehrte mich und unterwarf sich mir" I, 95, 5; שובין רובאן שאבימא ושוביך אלפיא מיצראייא הון מינה דפארא והאזילה ליאמא ... והאיזאך האזילה ... והאיזאך ניהתאר̈ „70 Myriaden 770,000 Aegypter waren mit dem Pharao und sahen das Meer .... und da sahen sie ... und da kam es herab ... I, 382, 3; עסתאהאך .... נפאל ולאספאהתיא אינאיהון ולאמאשכין דניהזון „sie wurden niedergestürzt .... fielen und öffneten ihre Augen nicht und konnten nicht sehen" I, 173, 11; כד האזא שימאת רוהא עדה לרישה שאדיא „als Rûhâ dies hörte, warf sie ihre Hände auf den Kopf" I, 85, 19 u. s. w. Besonders so wieder bei אמר z. B. קאמית ואמארנאלון „ich stand auf und sagte ihnen" I, 75, 4; שאילית ואמריליא „ich fragte, und da sagten sie mir" I, 181, 19; 182, 13; II, 29, 5 und öfter; תנאר̈ עדהאילאת ואמרא „zum 2. Male fasste sie Kraft und sprach" I, 95, 3 [1]. Dem Ursprung nach ist diese Construction mit der hebr. des Impf.'s mit dem ו conv. zusammenzustellen, welche ja auch eigentlich eine an die vorige angeknüpfte Thatsache, als wäre sie noch unvollendet, vor Augen hinstellt; im Mand. kann aber auch eine Erzählung mit einem solchen Partic. beginnen I, 204, 22 ff.

Wie als lebendiger Ausdruck für die Vergangenheit kann nun das Part. act. auch für die Zukunft stehn; es wechselt dann ohne Unterschied mit dem Impf. So z. B. אנאת סאלקית לאתראך אזליר והאוא זואך אבאתראך תיסאק סאלקא כולה שורבתאך אבאתראך אתיא והאיזאך סאיפיא דאריא כולהון וש' „du steigst auf, gehst an deinen Ort, und Eva, deine Gattinn, wird nach dir aufsteigen; aufsteigt dein ganzes Geschlecht, folgt dir und dann hören alle Generationen auf" u. s. w. II, 16, 20; שאויא לאדאם דפאגריא דמינה בהיריא ניהון מינה האוין בהיריא

---

1) Ganz so קָרְבוּ וְאָמְרִין Dan. 6, 13 und öfter עֲנוֹ וְאָמְרִין im Dan. (wonach auch mehrfach עֲנָה ... וְאָמַר zu lesen sein wird). Ferner אמינא ליה „ich sagte ihm"͏ Baba b. 74ᵃ zwischen lauter Perfecten. Aber im Talmud. ist dies Partic. in lebendiger Erzählung neben dem Perf. überhaupt sehr beliebt.

וסאלקיא האזילה לאתאר נהור „mache den körperlichen Adam, von dem Erprobte entstehn werden; von ihm entstehn Erprobte und steigen auf und sehen den Ort des Lichts" I, 337, 4, wo sich Part. und Impf. in parallelen Sätzen gleich stehn. So haben wir in der Apocalypse I, 385 ff. abwechselnd Part. und Impf., jenes aber häufiger. Sogar im graden Gegensatz zum Perf. finden wir das Partic. so in לאהוא כד דלאהוא ולאהאויא כד דלא האויא „es war nicht eine Zeit, da er nicht war, und ist nicht, da er nicht ist" I, 2, 8; 284, 16; wo „ist" nur als „sein wird" zu verstehen[1]. Man sieht eben, dass ein Gegensatz von Präsens und Futurum im Mand. so wenig existiert wie etwa im Hebr.

Das Particip. activ. steht nun auch in Sätzen mit אד „bis": אדמיתינצציבלאך פיריא אדמיתינצציבלאך אדיאוריא אנארד לע שאבאי „bis von uns Früchte gepflanzt werden, bis von uns Helfer gepflanzt werden, preise du mich" I, 325, 5[2] — ד אלמא „bis": sie setzten ihn gefangen אלמא דתיביל באטלא „bis die Erde vernichtet wird" I, 340, 6; סובלויא לרידפא דאלמא דכילאיכון שאלימלכון „traget die Verfolgung der Welt, bis euch euer Maass voll ist" I, 20, 18 und so oft (wechselnd mit dem Impf. vgl. z. B. I, 27, 11 = 50, 11)[3] — עדילמא „dass nicht etwa": שיתלאי עדילמא נאימיא ושאכביא „dass nicht etwa meine Kinder schlafen und da liegen" Ox. III, 18ᵃᵇ; 22ᵇ; עדילמא כריכתא דמיא האזיך; עדילמא דאהלאך מינה „dass sie nicht etwa den Strudel des Meeres

---

1) So דחיי טפי או דחיינא „ist, was ich gelebt habe, mehr oder was ich noch leben werde?" Taanith 25ᵃ. Auch im Syr. steht das Part. z. B. im apocalyptischen Ton oft für und neben dem Impf. von der reinen Zukunft.

2) Vgl. ܘܗܢܐ ܡܬܚܡܠܐ ܕܡ ܡܠܐܚܠܢܫ ܚܐܟܠ ܡܪܝ ܫܡܫܝ ܢܦܩ ܠܗ ܡܢ ܥܠܡܐ „während dieser Einschliessung wird Mâr Šimšai, ehe noch die Thür geöffnet wird, die Welt verlassen" Mart. II, 366, 29; und so nicht selten nach ܥܕ. So auch im Talm. mit עד ד.

3) Vgl. ܢܗܘܘܢ ܒܚܪܡܐ ܥܕܡܐ ܕܬܝܒܝܢ „sie sollen im Bann sein, bis sie sich bekehren" Barh., Hist. eccl. 285; ܦܩܕ ܕܢܐܬܐ ܐܢܘܢ ... ܘܢܫܢܩ ܐܢܘܢ ܥܕܡܐ ܕܡܘܕܝܢ ܟܠ ܡܕܡ „er befahl, dass er sie schnell brächte und sie peinigte, bis sie Alles gestünden" Mart. I, 150 Mitte.

sehen, dass sie sich nicht etwa davor fürchten" DM 14[b] [1]; — עטאך „vielleicht": עטאך מינציבלאן עותריא „vielleicht werden von uns Uthra's erzeugt" I, 325, 7.

So steht denn dies Part. auch sogar in Absichts- und ähnlichen Sätzen nach verschiednen Verbalformen im Hauptsatz: ולאשאבקילוך דהאזילון „und lassen sie sie nicht sehn" I, 226, 4; ואמארלוך דראמין מיא „und befahl ihnen Wasser zu giessen" Q. 44, 6; ושתון דשאביק ..... האטאייא והאוביא האוילכון „und trinkt, dass euch ein Vergeber der Sünden und Verschuldigungen zu Theil werde" I, 17, 22; עזיל דלאבאלאנאך „geh, dass ich dich nicht verschlinge" (§ 211) I, 143, 17; לאתיליגטון זאוא פת בישיא דלאכלאלכון נורא „nehmt nicht zur Frau eine Tochter Böser, dass euch nicht Feuer fresse" DM 30[a]; עתילכון דמאנהריתון „ich gebe euch, dass ihr leuchtet" I, 172, 1. Nach dem Perf.: ושאניתינון לכולהון סוכריא דלואת הדאדיא לאזליא „und ich veränderte alle Riegel, dass sie nicht zu einander gingen" I, 158, 1; ולאשכא באבא דנעיולבה ולאעודרא דאזילבה ולאמאסקאנא דניסוקבה „und nicht fand er ein Thor, dadurch einzutreten, noch einen Weg, darauf zu gehn, noch einen Aufstieg, darauf emporzusteigen" I, 182, 2 (wo wieder Impf. und Part. durcheinander stehn); אנין האשאבתא מינה אתאלאן דכד האויא אביד [2] מארגוש מינאן „uns kam von ihm der Gedanke, dass er, wenn er geboren wäre, Streit mit uns machen würde" I, 157, 19 u. s. w.[3].

---

1) Vgl. דילמא חָזֵי „dass er nicht etwa sehe" Joma 84[a] — ܕܠܡܐ ܠܐ̈ܢܫ ܐܡܪ ܐܢܬ Matth. 8, 4 Cureton; ܚܙܝ ܕܠܡܐ ܠܐ̈ܢܫ ܐܡܪ ܐܢܬ ebend. Pesh.; so auch Matth. 17, 9 Cureton.

2) So lies mit C statt אבאר.

3) Alles das ist nicht nur im Talmud (wie אשתבע לי דלא מגלית „schwöre mir, dass du nicht offenbaren willst" Joma 74[a]; אפשר דתברי צִיבורא לבייהו דאתי מיטרא „es ist möglich, dass die Gemeinde zerknirscht werde, dass Regen komme" Taanith 25[a]), sondern auch im Syr. nachzuweisen. Zu dem, was ich Neusyr. Gramm. S. 291 Anm. 2 gegeben habe, lässt sich noch Manches hinzufügen z. B. ܡܛܠ ܕܝܕ̈ܥܝܢ ܗܘܘ ܕܩܛܠ ܠܗ ܡܙܕܝ „weil sie wussten, dass Mazdai ihn tödten würde" Apostol. apocr. 327, 3; ܠܚܕܐ ... ܫܠܡܘ ܕܟܠ ܚܕ ܡܢܗܘܢ ܫܬܐ ܐܠ̈ܦܝܢ ܢܛܘ̈ܪܐ ܢܩܝܡ „kam überein, dass jeder 6000 Wächter aufstellte" Dion. Telm. 58, 16; ܟܠܗ ܗܘ ܕܡܩܝܡ ܠܢ ܒܝܘܡܐ ܐܚܪܝܐ ܘܡܚܐ ܠܢ „er wird uns auferstehn machen

Vgl. noch עו עטטלא דזיוא ונהורא הוית דלאבישנאך „wenn du ein Gewand von Glanz und Licht wärest, dass ich dich anzöge" (§ 211) II, 133, 1; ferner ohne ד: הזיא למאראך מאנשיאתלה: „siehe du möchtest deinen Herrn vergessen" (d. i. „dass du .... nicht vergessest") I, 365, 8, 9, 10, und so selbst כד לאיאדאנא „(es ist) als wüsste ich nicht" I, 62, 4.

Wir haben hier nun schon stark den Uebergang zu der Weise, das Part. optativisch zu verwenden. Doch bezweifle ich, ob man berechtigt ist, die wenigen Fälle, die eine solche Auffassung nahe legen, gradezu so anzusehn. So wenig man aus ܡܣܟܝܢܢ προςδοκῶμεν „sollen wir erwarten?" Matth. 11, 3 (auch CURETON) oder ܠܡܢ ܢܡܘܬ „warum soll er sterben?" I Sam. 20, 32 einen solchen Sprachgebrauch für das Syr. annehmen darf, so wenig können wir das für das Mand. aus מן מאהו דאהילנא „wovor soll ich mich fürchten?" I, 157, 13; לא דאהלית „fürchte dich nicht" I, 161, 14; האזינין „wir wollen sehen" I, 165 ult.; ודמוזאניא לאמיתיקרינא „der mit der Wage will ich nicht heissen" DM 83ᵇ. Wir müssen alle diese Sätze wohl mehr als einfache Aussagen oder Fragen fassen; dort: „erwarten wir?" „wird er sterben?", hier: „fürchte ich mich?" „wir werden sehn", „ich heisse". Am schwierigsten ist allerdings לאדאהלית, das wir wohl als eine sehr starke Beruhigung zu nehmen haben: „du fürchtest dich nicht" = „du brauchst dich nicht zu fürchten". Ständen diese Beispiele nicht vereinzelt, so würde ich mich weniger davor scheuen, hier schon die neusyrische Sprachweise anzuerkennen; auf alle Fälle sehen wir hier aber, wie diese entstanden ist.

---

zum neuen Leben und uns erneuern" Mart. I, 90, 25 (wo das Impf. viel gewöhnlicher wäre) u. s. w. So auch עתיד דקאים מניה Esther II, 2, 5 (LAGARDE S. 240, 25). — Etwas anders ist wohl das Part. nach Imperativen aufzufassen wie ܐܦܩܘܗ̇ ܘܬܐܬܐ „lasst sie heraus, dass sie komme" („lasst sie heraus: so kommt sie") Apost. apocr. 155 ult.; ܐܘ ܫܒܘܩ ܘܢܐܙܠ „oder lasst ihn gehn" Mart. II, 283; ܦܩܘܕ ܘܢܥܒܪ ܣܝܦܐ „gebeut, dass das Schwert vorübergehe" Cyrillonas IV, 642 (Z. d. D. M. G. XXVII), vgl. v. 650, und so öfter noch ܐܙܠ (Luc. 9, 59); ܣܠܩܘ (Matth. 8, 23); ܐܙܠܝ (Geop. 12, 3); ܗܘܐ (oft in Geop.).

Zur deutlicheren Bezeichnung des Zustandes oder der Gegenwart § 261. kann vor das Part. act. ein aus קָאֵם, קָאֵי entstandenes קא oder קי treten; doch ist dies im Mand. ungleich seltner als im Talm.[1]. Vergl. האלין כארסאואתא קאנאטריא לנישמאתא "diese Throne bewahrt man für die Seelen" I, 211, 6; בר מאלכיא לאו בהאונא קאמישתאייא „der Königssohn redet nicht mit Verstand" I, 212, 17 (A קימישתאייא); ושומא דהייא קאדאכריא "und sprechen den Namen des Lebens aus" DM 87ᵃ und hier öfter קאדאכריא; קימיתאפרישא "sie lernt" II, 9, 17; קיבאצרא „sie wird kleiner" II, 9, 17, 18 (beides als Praes. histor. zwischen Perfecten); קאתיא „er kommt" Par. XI, 19ᵃ; קאייל und אייל „er tritt ein" abwechselnd Par. XI, 11ᵃ; 12ᵇ; מוד קאהאזאת (lies קאהאזית) „was siehst du?" Par. XI, 20ᵇ; קאמארואנא „ich verschaffe Raum" (كَمْ أَسِنُ) Par. XI, 23ᵃ u. s. w. Etwas häufiger ist diese Verbindung in Par. XI; ziemlich gebräuchlich scheint sie erst im Neumandäischen geworden zu sein; das Glossar giebt bei jedem Verbum eine Form mit גא d. i. קא.

Participium passivum. Dieses hat im Aram. eine ähnliche § 262. Bedeutungsverwandtschaft mit dem Perf.[2] wie das act. Part. mit dem Impf.; das passive Partic. verdrängt denn auch im Neusyr. das Perf. gänzlich. Vgl. עלא עתמאל עלא פאינא ארזא מן גינתאי עקיר ואשוהא קפיל מן בונכה „aber gestern, aber gestern Abend ist eine Ceder aus meinem Garten ausgerissen, eine Fichte[3] aus ihrer Stelle" II, 111, 16,

---

1) Ueber die Etymologie s. LUZZATTO S. 64. Im Neusyr. lautet das entsprechende Wort ܩܐ; eine Form ܩܐ, welche dieser entsprechen wird, führt Barh. I, 206, 13 f. als tadelnswerthe Eigenthümlichkeit der Ostsyrer an (ܩܐ ܐܝܠ); dass er dieses aus ܗܐ entstanden meint, hat für uns keine Bedeutung. — Zu vergleichen ist das vulgärarab. عَمّ, عمّال vor dem Imperf. (FLEISCHER, Gloss. Hab. 7) und Aehnliches.

2) Schon im Hebr. ist dies nicht so deutlich; im Arab. aber bezieht sich das Part. pass. überhaupt nicht sehr viel häufiger auf die Vergangenheit als das active; مفعول ist öfter durch ܡܚܕܬ zu übersetzen als durch ܡܕܢܬ.

3) אשוהא ist ein Baum, der auch im Talm. mit der Ceder zusammengestellt wird. Ueber בונכא (= pers. بُنَه) vgl. LAGARDE in Gött. gel. Anz. 1871 Stück 28 S. 1103 f.

wo für עקיר und קפיל auch עתקאר und עתקפיל stehn könnten; עמיר עלואירהון „es ist gesagt über sie" I, 384, 19 (= עתמאר, wogegen ניתמאר = מיתמאר wäre); מאן הואלה ברא וגניב „welcher (Frau) war ein Sohn und ist gestohlen?" DM 39ᵃ; אמינטול מיקריא קריא ומפאקודריא מפאקאד ושאדוריא משאדאר ושודא לאנאסיב „denn er ist gerufen, beauftragt, gesandt und nimmt keine Bestechung" II, 2, 7; דלביש „mit welchem er bekleidet ist" I, 5, 19; דשכינביך „in welchen er wohnt" I, 3, 21; דשריביך „welche in ihnen wohnen" I, 3, 22; דבגאוה שריך „in welchem sie wohnen" I, 7, 16; כד שכיניתון „während ihr wohnt" I, 252, 16; זיוא לבישיתון ונהורא מכאסיתון „mit Glanz seid ihr bekleidet, mit Licht angethan" I, 257, 13.

Die Participien der letzten Beispiele drücken das Resultat einer früheren Thätigkeit aus und nehmen für unsere Anschauung in derselben Weise Präsensbedeutung an wie z. B. das Perf. עדא „er weiss" (S. 369). So ist es auch bei den Participien dieser Art, welche in die transitive Bedeutung übergehn (was in gewisser Hinsicht schon von לביש und מכאסאי gilt, eigentlich Passivparticipien von doppelt transitiven Verben). Wir können deren im Mand. nur wenige nachweisen [1]. So לגיט („genommen habend") „haltend" (wie ܠܒܣ, ܠܩܡ, أسم) z. B. גיליא מיא בעדאי כארכושתא לגיטא „eine Klapper hält sie" I, 187, 23; לגיטנא „die Meereswellen halte ich in meinen Händen" II, 83, 9 (Z. 17 לאגיטנא* „ich nehme") und so öfter; דריא = *דְּרִיעַ „tragend" (wie لْحم) in לנישמא דענגירתא דריא „der Seele, die einen Brief trägt" Q. 42, 26; נגיד „ziehend" (= لبم Euseb., Mart. Pal. 22, 1; Apost. apocr.

---

1) Im Syr. kenne ich so von diesen Partt. mit direct transit. Construction ܢܣܒ „nehmend"; ܠܒܣ „fassend"; ܠܚܡ „tragend" (eigentlich „belastet mit"); أسم „haltend" (אחז Cant. 3, 8); ܣܚܪ, ܚܢܝ „umringend" („umgeben um"); ܪܚܡ „fortschleppend"; ܚܛܦ „fortreissend"; ܠܒܡ „fortziehend"; ܩܢܐ „besitzend" (Hoffmann S. 374 hat einiges Ungehörige). Etwas anders steht es mit ܫܩܠ „tragend"; ܣܗܡ ܠܗ, ܐܗܡ ܠܗ „drohend". Deutlich hat hier zuweilen ein Verb bei einem andern mit verwandter Bedeutung diese Form herbeigeführt. Durchaus zu trennen sind hiervon die intransitiven Wörter der Form فَعِيل wie ܡܠܝܬ; أَنِت u. s. w. — Sehr ähnlich ist das Verhältniss der activen zu der passiven Bedeutung in äthiop. Participien der Form gebûr (Dillmann S. 182 f.).

329, 2) in מאלאכיא תריסאר ונגידילה „und 12 Engel ziehen es" I, 273 16, 23 (wofür I, 272, 11; 312, 20 das active Part. נאגדילה); wie im Syr.[1] kann aber נגיד auch passiv „gezogen" heissen I, 321, 22.

Wie das act. Part. können diese passiven, welche das Resultat einer früheren Handlung angeben, auch in hypothetischen Sätzen der Art stehn wie in עו גאואזא דזיוא ונהורא הוית דלגיטנאך „wenn du ein Stock von Glanz und Licht wärest, dass ich dich hielte" (§ 211) II, 97, 18 und עו הימיאנא דזיוא ונהורא הוית דעסירנאך „wenn du ein Gürtel von Glanz und Licht wärest, dass ich dich umthäte" II, 133, 2; עו טארטאבונא דזיוא ונהורא הוית דמכאסאינאך „wenn du ein Kopftuch von Glanz und Licht wärest, dass ich mich mit dir bekleidete" II, 133, 3. In den beiden letzten Fällen haben wir Participien von doppelt transitiven Verben.

Die Verbindung dieses Participiums mit den Subjectsuffixen scheint etwas loser zu sein als die des activen; daher brauchen jene bei mehreren passiven Participien nicht wiederholt zu werden, so z. B. משאבית ובריך „gepriesen bist du und gesegnet" I, 1, 20 (aber auch בריכיר ומשאבית I, 7, 3); activ könnte es wohl nur heissen משאבית ובארכית[2].

Sätze wie die eben angeführten oder משאבא מארא (öfter); בריך שומאיכון I, 125, 13; ליטית אלאהא I, 173 ult. sind natürlich nicht nach unserer Ausdrucksweise als Wunschsätze zu nehmen, sondern es sind, wie in allen ähnlichen Fällen in den semit. Sprachen, Aussagen „gepriesen ist mein Herr" „gesegnet ist euer Name" „verflucht bist du, Gott". Uebrigens ist anzuerkennen, dass in solchen aus alter Zeit überkommenen Formeln die Beziehung des Partic. passiv. auf die Vergangenheit noch nicht liegt; wir dürften eben sowohl übersetzen: „gepriesen wird (beständig) mein Herr" u. s. w.

§ 263. Unmittelbar mit ל und einem Personalsuffix verbunden, umschreibt das passive Part. besonders des Peal nicht ganz selten das Perfect, aber nur das wirkliche Perf. (ev. als Plusq. wiederzugeben), nicht das

---

1) I Reg. 7, 9 u. s. w.

2) Im Syr. finde ich allerdings auch ܡܚܠܛܝܢ ܐܢܘܢ ܘܡܦܠܓܝܢ Mart. I, 77 ganz unten; ܚܒܝܫܝܢ ܐܢܘܢ ܘܢܛܝܪܝܢ ܘܡܦܠܚܝܢ ܘܡܫܬܢܩܝܢ ܐܢܘܢ Aphraates 382; ܣܝܡ ܐܢܘܢ ܘܡܬܚܫܒܝܢ Mart. I, 32, 24 u. s. w.

erzählende Tempus. Diese auch dem Syr. und Talm.[1] wohl bekannte Bildung ist im Neusyr. das gewöhnliche Perf. geworden, und zwar da besonders als Erzählungsform. So z. B. מע הזאיתון ושמילכון האזין מינדאם דהוא „habt ihr gesehen oder gehört (ܡܥܝܢ ܠܟܘܢ, „ist von euch gehört") dieses, was war?" I, 392, 18; הזיליא „ich sah sie" I, 154, 20 (= ܣܒܝ ܠܝ); האויתאן דלאהזיליא „sie zeigte mir, was ich nicht gesehen hatte" I, 152, 18; דשביקילה „welche er verliess" I, 60, 18 (= ܕܫܒܩܗ); שמילאך עלאך ד׳ „hast du gehört, dass" II, 105, 23; בשכינאתון .. דשכינאלה לאב „in ihren Wohnsitzen, welche mein Vater bewohnt hatte" I, 364, 8; בצורביאנא דבישיא לאעבידליא „nach dem Willen der Bösen habe ich nicht gehandelt" II, 103, 3; לאגירליא גאורא „ich habe keinen Ehebruch begangen" II, 103, 3; כנישליא וזליהליא „ich habe gefegt und gespült" II, 84, 19; היפליא וסריקליא „ich habe gewaschen und gekämmt" II, 84, 20; אנארא מידא עדילאך „weisst du?" (= ܝܕܥܬ ܠܟ) I, 392 ult.; האם טאבא דלאהימלה ורגאז טאבא דלארגיזלה „es wurde hitzig der Gute, der nie hitzig geworden war, und zornig der Gute, der nie zornig geworden" I, 197, 3; על טיפלא דאתוארא לאדריכליא „auf den Saum eines Weibes habe ich nie getreten" II, 5, 15; לאקימלה ביומא דזיהוא „und nicht hat er je an einem Tage des Schreckens gestanden" I, 6, 23 u. s. w. Man sieht aus den letzten Beispielen, dass diese Bildung von intransitiven Verben ebenso gut gemacht wird wie von transitiven[2].

---

1) Beispiele bei Luzz. S. 85. Wie im Mand. und Syr. (s. z. B. Neusyr. Gramm. 219 Anm.) ist diese Bildung auch im Talm. grade von הוא und שמע besonders beliebt.

2) Ganz so קים לי „von mir ist gestanden, ich habe gestanden" Ab. z. in fine und öfter. Im Syr. finde ich sogar ܠܐ ܗܘܐ ܠܢ ܕܡܣܡܒ ܠܟܐ „wir haben mit den Römern keinen verrätherischen Verkehr gehabt" (eigentlich „es ist von uns mit den R. nicht in List gewesen"; der obere Punct von ܗܘܐ ist zu streichen) Mart. I, 152, 9; ܗܘܐ ܠܟ ܠܒܢܐ „du bist ein Ziegelmacher gewesen" Anton. Rhetor (cod. Mus. Brit. Bl. 37ᵇ nach einer mir von Lagarde geschenkten Abschrift); ܗܘܐ ܠܗܘܢ ܠܒܢܝܢܫܐ ܣܝ ܐܚܝܢܘܬܐ „ist den Menschen irgend die Verwandtschaft mit einander gewesen" Lagarde Rel. 144, 14 (Jac. Ed.). Das ist ganz wie im Neusyrischen.

Die Verbindung beider Theile ist so eng, dass sogar die grammatische Congruenz zuweilen vernachlässigt und der Sg. m. des Partic. bleibt, wenn auch das grammatische Subject (logische Object) im Fem. oder Pl. steht; freilich wird diese, auch dem Syr. nicht fremde, im Neusyr. sehr gewöhnliche [1] Erscheinung durch die Neigung der Sprache begünstigt, auch sonst das passive Prädicat nicht zu flectieren (§ 281). So לאעבידליא הארשיא ולאמצירליא בפאגרא נישימתא „nicht habe ich Zaubereien getrieben noch eine Seele im Körper gequält" II, 103, 6; ואף סאהדותא דכאדבא לאמסאהאדליא לאעפיכליא מיצריא ולאמשאנאיליא כודכיא „und auch falsch Zeugniss ist von mir nicht geredet; nicht habe ich Gränzen verrückt noch Marksteine versetzt" II, 103, 8; לא עבידליא בישותא „ich habe keine Bosheit begangen" II, 103, 4.

Zusammensetzungen mit הוא. Das active Part. mit הוא ist § 264. wie in den andern aram. Dialecten ein beliebter genauerer Ausdruck für die Dauer, Wiederholung, das Pflegen in der Vergangenheit. Das Part. kann dabei noch קא vor sich erhalten. So z. B. דהוא קאייק quia timebat I, 168, 15; כאוילא הוא קאפיא ואזלא arca natabat et ibat I, 380, 19; אשכאתה לעורבא דיאתיב ... ומן אשלאנדא הוא קאכיל „sie fand den Raben sitzend und wie er von einer Leiche frass" I, 381, 4; דיליא הוא קאדאכריא me nominabant DM 87ª; הוא יאדע „sciebat" I, 162, 15. Man sieht, dass הוא, welches nur die Zeitsphäre angeben soll, hier unflectiert bleibt. Seltner wird es flectiert wie in כד בכאנא הואת יאתבא „als sie in der Basis sass" DM 17ᵇ; 18ª (mehrmals) [2].

---

1) Für's Neusyr. siehe meine Gramm. S. 318. Für's Altsyr. ܡܫܡܫܢܐ ܘܣܥܘܪ̈ܐ ܚܙܐ ܐܢܝܢ „Diaconen und Visitatoren hat sie gesehen" LAGARDE, Anal. 131, 9; ܠܐ ܚܟܝܡ ܗܘ Jac. Edess. in Z. d. D. M. G. XXIV, 269, 23; ܠܚܒܝܒܝ ܐܝܬ ܠܗ ܣܥܘܪ̈ܐ ܠܗ .. ܗܘ eb. Z. 25; ܡܨܥܢ ܓܝܪ ܐܚܡܝܢ ders. in WRIGHT's Cat. 28ª unt. — Talm.: מאן דשמיע ליה מילתא „wer etwas gehört hat" Berach. 5ᵇ (so RABBINOWICZ für שמיע עלי).

2) Etwas anders ist es, wo das Part. im Stat. constr. steht wie in אנא הוית באניא ביניאנא ... אנא הוית משארהיב שורבתא „ich war ein Erbauer des Gebäudes ..., ich war ein Ausbreiter des Geschlechts" I, 244, 23 (folgt לאהוית נאסיב שודא ולאמכאדיב שותא; אנא הוית רישא) „nie nahm ich Bestechung, noch leugnete ich die Rede ..." I, 258, 16.

Uebrigens bleibt הוא in solchen Fällen doch meist weg z. B. כד קאיים I, 189, 11 (wo auch כד קאיים הוא richtig wäre), oder es steht das Perf. mit blosser Betonung des Moments der Vergangenheit.

So tritt nun auch das Part. pass. in eine Verbindung mit dem unflectierten הוא[1], welche wir meist als Plusquamperf. übersetzen müssen, da ja jenes Part. selbst durchgängig perfectisch ist (§ 262). Dies Part. kann dann noch Subjectsuffixe annehmen. So דהוא כתיב וציר עלה שום השוכא „worauf der Name der Finsterniss geschrieben und gemalt war" I, 144, 7; אנאת הוא נציבא ניצובתאך „deine Pflanzung war gepflanzt" I, 73, 18; דהוא כסעיא „welche verborgen war" I, 144, 6; 172, 14; דיואן דהוא כתיבא „ein Diwan (fem.), der geschrieben war" Q. 51, 4 (alte Unterschrift); עבידאתא דהוא מתאקנאן „die Werke, welche wohl in Ordnung waren" DM 8[b]; אנא הוא כסיא oder bloss הוא כסינא „ich war verborgen" I, 138, 3; 139, 20; 143, 2 und öfter. Hypothetisch: לאהוא מצינין „wir wären nicht gewachsen gewesen" I, 158, 6; עו הוא מצעיית „wenn du im Stande wärest" I, 164, 13. Ganz so steht selbst bei einem Adjectiv הוא האכימית „du warest weise" DM 8[a 2], während ich die im Talm. nicht seltne Verbindung des Part. act. mit Subjectsuffixen und הוא[3] im Mand. nicht gefunden habe.

Doppelt wird das Subject bezeichnet in על אנפאי הוית רמינא „ich lag (jacebam) auf meinem Antlitz" I, 128, 7.

In דלא הוא הזילה „der nicht von ihm gesehen war" „den er nicht gesehen hatte" I, 144, 8 ist auch die § 263 besprochne Verbindung noch durch הוא verstärkt, ohne dass dabei irgend eine auffallende Erscheinung hervorträte.

---

1) Vgl. גולגלתא דהוא קא שָׁדְיָא „ein Schädel, der da lag" Sanh. 104[a] (wo das קא auffällig ist).

2) So הוה שבענא „ich war satt" Megilla 7[b].

3) כי הוה זימנא חדא הוה אזילנא „einmal ging ich" (ibam) sehr oft; אזלינין „als wir gingen" Berach. 23[a] ganz unten; אנא הוה קיימנא stabam Taanith 24[b] und öfter; לא הוה בעינא non (hoc) poscebam Sanh. 94[b]; אילאו דהוה מקרבא ספינתא הוה טבעינן „wäre das Schiff nicht herangekommen, so wären wir untergegangen" Baba b. 73[b]; אילו הוה ידעת „wenn du (masc. und fem.) gewusst hättest" Nedarim 21[b]; 22[a]; הוה מִקַּלֵּינַן „so wären wir verbrannt" Baba b. 73[a] und so öfter hypothetisch im Vorder- und Nachsatz.

Blosse Weitläufigkeiten sind dagegen Fälle wie כד הו האויא יאדאלוך
„da er sie kennt" (= kennen wird) I, 155, 21 und עד האויא עניש נאפיק
מן פאגרה „wenn ein Mensch seinen Körper verlässt" Par. XIV nr. 159 [1]
u. s. w., wo האויא ohne den geringsten Schaden fehlen könnte —
נירויא אמאר ודאיך דינאיכון „er wird sagen und euer Urtheil fällen"
I, 256 ult.; ודמותה לעהויא דאמיא להיביל „und seine Gestalt wird dem
H. gleichen" I, 266, 22; ולאניהויא אמרית „und nicht mögest du sagen"
„nicht sage" I, 262, 14; וניהויא אמריתון „ihr werdet sagen" I, 252, 17;
ואנאתון ניהויא [2] מיתקאימיתון „und ihr werdet bestehen" I, 252, 13.
Man sieht, dass dies ניהויא nicht flectiert wird [3].

Im Par. XIV finden sich noch zuweilen Fälle wie עד האויא עניש
ניכתה כאלבא „wenn einen Menschen ein Hund gebissen hat," nr. 151.

Dagegen fehlt die im Syr. so beliebte Zusammensetzung des Perf.'s
mit הוא im Mand. ganz [4].

Uebrigens sind alle die zuletzt behandelten weitläufigen Verbindungen mit הוא sehr selten.

§ 265. Ueber den Gebrauch des Imperativs ist gar nichts Besonderes
zu berichten. Er folgt durchaus den allgemeinen aram. Regeln und
darf namentlich nicht mit der Negation verbunden werden.

§ 266. Im Ganzen unterscheidet sich nach dem, was wir gesehen, das
Mand. in der Verwendung der Tempora und Modi wenig von den sonst
bekannten älteren aram. Dialecten. Wir finden nur wenig Ansätze zu
Neubildungen und genaueren Unterscheidungen, und diese haben, wie
so ziemlich alle ähnlichen im Aram., Arab. und Aethiopischen, keinen
rechten Erfolg, da sie sich entweder mehr oder weniger mit den älteren Categorien decken, oder aber, wo genauere Unterscheidungen

---

1) So ܡܢ ܢܗܘܐ ܐܢܫ ܡܫܒܩ Ex. 1, 16.

2) Das י ist zu streichen.

3) In dem so gebildeten ܢܗܘܐ ܕܢܟܣ σφαγιάσωμεν Apost. apocr. 115 ist ܢܗܘܐ aber als 1. Pl. anzusehn.

4) I, 73 ult. ist כד פאקיד רורביא הוא zu übersetzen: „wie die Grossen befohlen hatten, geschah es" und nicht etwa הוא mit פאקיד = syr. ܦܩܡ ܗܘܘ zu verbinden.

bezweckt werden, durch Mangel an Consequenz in der Durchführung das Ziel nicht erreichen.

Infinitiv.

§ 267. Der Inf. nimmt, sowohl wo er das Object als wo er das Subject vertritt, gern ל vor sich. Natürlich kann aber ein Wort mit ל nicht wirklich von Haus aus Subject sein, so wenig wie ein deutscher Inf. mit „zu" oder ein alt-indoeurop. Casus eines Abstracts, der als Infin. verwandt wird[1]. Das ל bezeichnet hier vielmehr zunächst den Hinweis auf, das Streben nach Etwas; freilich hat sich dann sein Gebrauch weiter ausgedehnt und somit seine Bedeutung abgeschwächt. Wir haben so mit ל: עתיתלה למיזאל „es ist ihm bestimmt zu gehn" I, 126, 7; עתיתלאך לעתיגלוייא „es ist dir bestimmt, offenbart zu werden" Q. 54, 5; לאכתיבלאך למיבאד קראבא „dir ist nicht vorgeschrieben, Krieg zu machen" DM 8ᵃ — ferner beim Objectverhältniss und bei der Zweckangabe, wo die Bedeutung des ל noch klarer ist: לאמצרא נפשה לפארוקיא „er kann sich nicht selbst retten" I, 26, 5; לאמשאלטיא למיכאל „sie haben keine Macht zu essen" I, 227, 22; דמפאקדיא לאנהורה „welche Befehl haben, ihn zu erleuchten" I, 283, 16; באריא לאנהורה „zu erleuchten wäre" I, 283, 14 („verlangt, ihn zu erleuchten"); האזן מינדא כתיב למיהויא „diese Sache ist geschrieben zu sein" I, 392, 20; האריך סידראיהון הוא למיפאך למיכאל „ihre Reihe musste sich umkehren" I, 173, 9; מיבאיהון עתביריאת למיכלינהון „einige von ihnen wurden geschaffen, sie zu essen" („dass man sie esse") I, 267, 22; אתיא ... לאפוקאן „er kommt ..., um mich hinauszuführen" I, 241, 23 und so sehr oft ל mit dem Inf. „um zu".

Aber das ל kann auch in allen diesen Fällen wegbleiben. Kaum möglich wäre es in עד מיזאל ומיתיא הוא „wenn Gehen und Kommen

---

1) Zu beachten ist, dass das Aeth. die Inf., welche das Subj. vertreten, als Accusative aufzufassen pflegt Dillmann S. 356 f. Bloss das Arab., welches den Inf. nur als echtes Nomen ausgebildet hat, führt consequent die Nominalconstruction auch in Bezug auf die Casus durch. Wenn ich die betreffenden Angaben in Jolly's lehrreichem Buche: „Gesch. des Inf.'s im Indog." recht verstehe, so muss der Gebrauch des Inf.'s im Keltischen mit dem im Arab. viel Aehnlichkeit haben.

wäre" DM 38ᵃ; aber wir haben auch ותהיב לאשואליא אוקוריא רבא "und den Schülern ward gegeben, den Lehrer zu ehren" Q. 2, 16 — לדיליא לאבאיית מיהיזיאך באיינא מיזאל "ich wünsche zu gehn" II, 88, 23; "du verlangst mich nicht zu sehn" I, 156, 12; דמידהוא באיא "was sein wird" I, 205, 5; 206, 1, 22; 278, 16; ואסבוריא לאבאייתון "und braucht keine Belehrung" (passiv) II, 3, 20; 5, 10 und so oft bei דאהילנא ¹; בעא; מהאשיב מיקריא "ich fürchte mich, zu gehn" II, 88, 24; מיזאל "denkt zu rufen" I, 394, 7; דלאמצעיך מיכאדושיא "welche nicht kämpfen können" I, 40, 17; עשתאלטית מימאר "ich erhielt Gewalt zu reden" I, 76, 15; שאמאר מיזאל "ging weiter" I, 193, 9; 114, 22 u. s. w. Sogar eine nach Vollendung des Satzes hinzugefügte Angabe des Zweckes kann durch den blossen Inf. ohne ל ausgedrückt werden; גאברא דאבריא שאדרה מיבניא שומיא וארקא "ein Mann, den sein Vater sandte, um Himmel und Erde zu bauen" I, 268, 1; ושאריא על צואאר כומריא זאביא ... ואדידיא מיכאל מן ביסראיהון . . . ומישתיא מן דמאיון "lassen sich nieder auf den Hals von Opfer- und Festpriestern, von ihrem Fleische ... zu essen, von ihrem Blute zu trinken" I, 174, 9; שאדרון מינטאר דארא וראנדודיא "sie sandten mich, das Geschlecht zu bewachen und aufzurütteln ..." I, 299, 5; שאלתה דירכיא מכיכיא מיסאק מיהיזיה לאהאר נהור "ich bat ihn um ebne Wege, aufzusteigen und zu sehn den Ort des Lichts" I, 358, 13 u. s. w. Sogar neben einem Satz mit ד: שאדרון דעתיא עבידבה טאבתא טאבתא מיבידבה . . . "sandten mich ... dass ich käme und Gutes drin thäte, Gutes darin zu thun" I, 111, 3 (lies מיבאדבה) und neben einem Inf. mit ל: שאדרויא לפארואנקא על אדאם מישיריה ולאפוקה מן פאגרא "sandten den Boten zum Adam, ihn zu lösen und um ihn aus dem Körper zu holen" II, 9, 7. Aber ל ist in diesem Verhältnisse doch viel häufiger.

Ein solcher Inf. mit ל vertritt nach ד in einzelnen Fällen gradezu das Verb. fin.: ושאדרון לאלמא האזין דכולה מאודאלא לאסייא "und sandten mich in diese Welt, um alle Geburt zu heilen" Q. 13, 7 ² und

---

1) Dasselbe umschreibt oft gradezu das Futurum wie pers. خواه mit dem Inf.

2) Ganz so ܡܚܒܣ ܐܠܗܐ ܙܥܝ ܗܠܝ ܠܐܦ ܠܟܡܗܘܢ Luc. 3, 8 CURETON; ܥܨܒܐ ... ܒܟܐ ܠܗܢ ܠܚܙ ܠܐܟܡܗܘܢ ܥܙܒܐ ܠܟܡܗܘܢ Ps.-Callisth. in ROEDIGER's Chrest. (2. Aufl.) 114, 5 und so 115, 9.

sogar כַּד לָאהוָא דְּאָנָא לְמִיקְרִינְכוּן „da es nicht war, dass ich euch riefe" I, 339, 17 und so ohne לְ: בָּאסִים דְּמִילְגָאט זָאוָא וְיָאקִיר דְּמִיהְוִילִיא בְּנִיא „lieblich ist's, ein Weib zu nehmen, und herrlich, dass mir Kinder wären" DM 36ᵇ ¹.

Der Inf. kann auch sonst direct nach Präpositionen stehn z. B. צוּם אִינָאיכוּן מִן מִירְמָאז „legt euren Augen Fasten auf vom Blinzeln" I, 16, 13; נְפִישׁ זִיוָאךְ מִן מִיחְזִיא, קָאם מִן מִיחְזִיא „hörte auf zu sehn" DM 19ᵃ; מֵימָאר בְּמִימְרִיא וְיָאתִיר וְכָאבִיר נְהוּרָא מִן מְמָלוּלְיָא וְעַשְׁתָּאיְיָא „zu ausgedehnt ist dein Glanz, um es mit Worten zu sagen, zu stark und gross das Licht, davon zu reden und zu berichten" I, 4, 23 ². Vgl. noch אַדִינְקִיָא מִיכָאל „ohne (§ 158 am Ende, Anm.) Maass" (כּוֹל) II, 118, 24 (parallel mit אַדִינְקִיָא מִינְיָאנָא „ohne Zahl)".

§ 268. Ein merkwürdiger Gebrauch ist der des Inf.'s ohne Präp. in der Zeitbedeutung: „als er that" u. s. w. (als ظرف § 245)³. Besonders beliebt ist diese Construction bei Verben, die eine Bewegung bedeuten. Vgl. מָאטוּרֵיהּ בְּאַבָּא דְּבֵית הַיֵּא יָותְרִיא נָאפְקִיָא אָלָאנְפָה „als er zum Thor des Lebenshauses gelangt, kommen die Uthra's ihm entgegen" II, 80, 21 (vgl. 81, 2); מִיתִיהּ דְּאָדָאם מִן בֵּית הַיֵּא אָדִיק שִׁיבְיָאהְיָא הִיזְוִייָא „als

---

1) Das דְּ stellt diese Sätze den Verbalsätzen gleich, daher denn auch das Subject hinzugefügt wird. Sonst vgl. לְבִלְתִּי הַכּוֹת אוֹתוֹ כָּל מֹצְאוֹ Gen. 4, 15; לָנוּס שָׁמָּה רוֹצֵחַ Deut. 4, 42 und danach im Targ. (während Pesh. hier die geläufigere Construction hat); ähnlich Esther 9, 22; ܚܣܡܝ̈ܢ, ܠܡܐܡܪܐ ܒܗܘܢ ܠܝܘܐܝܪ 2 Par. 4, 6 (gegen den Grundtext); ܫܡܫܐ ܡܬܠܘ ܐܡܬܝ ܣܡ Targ. Eccl. 2, 8. Im Arab. gilt der Inf. dem Verb. fin. gleich in Fällen wie نَفَى الدِّرْهَمُ تَنْقَادُ الصَّيَارِيفِ Ibn ʿAqîl 212 und ähnlichen, wo das Nomen als Subject im Nominativ steht.

2) Syr. stände in diesen Fällen ܡܢ ܕ݁ܿ.

3) Vgl. كان ذلك; آتيك طلوعَ الشمسِ Sura 52, 49; إدبارَ النجومِ خُفوقَ النَّجْم u. s. w.; s. Mufaṣṣal 26, 2, aber bei diesen Beispielen handelt es sich wieder nur um periodisch wiederkehrende Ereignisse. Nicht hiermit zusammenzustellen ist die ähnliche Erscheinung im Neusyr., bei der aber aus rein lautlichen Gründen ein ܒ weggefallen ist (neusyr. Gramm. 329); eher der blosse Inf. nach ܝ݇ܗܘܐ (حالًا) und ܗ݈ܘܐ = ܐ݇ܢܐ, ܗ݈ܘ ebend. S. 331.

Adam aus dem Lebenshause kam, schauten die Planeten und sahen ihn" II, 68 ult.; מאטויאי בית טאביא סיגדית „als ich zum Hause der Guten kam, verehrte ich" I, 92, 8; מיתיאיהון דמיא הייא מן בית הייא בכאריותא ותיניהתא הון „als das lebendige Wasser aus dem Lebenshause kam, war es in Betrübniss und Jammern" I, 308, 4 und so oft מיפאק שאפתא ברמאש מעיאל האבשאבא לטאב זידקא; מאטויריא und מיתיא בכאנפאי ניסבית „da der Sabbat-Abend ausging, der Sonntag zum Guten eintrat, nahm ich Almosen in meine Arme" II, 101, 4; מיפאק דראבשיא „wenn die Strahlen herauskommen" DM 40ᵇ [1]; מישקאל אינה מישתארהזיא טוריא „hebt er seine Augen, so erzittern die Berge" I, 280, 21; עשתאפורייא מיא לתיביל נישתהפיל בישא מן קודאם טאבא מיפאל מיא לארקא נישתביקלון האטאיון „wenn sich das Wasser auf die Tebel ergiesst, wird der Böse vor dem Guten gedemüthigt; wenn das Wasser auf die Erde fällt, werden ihre Sünden erlassen" Q. 22, 14 (kurz vorher Z. 9 ähnlich); מיהזיא דהיויון שובא נאפשאיהון בהאיאביא לגאט „als mich die Sieben sahen, erklärten sie sich für besiegt" II, 124, 15.

Wo ein Inf. gradezu für das Verb. fin. zu stehn scheint, haben § 269. wir in Wirklichkeit einen Nominalsatz z. B. אסגירת לואת אבאהאתאי מיזלאי „ich ging, zu meinen Vätern (ist, war) mein Gehn" I, 352, 15; ולואת מיזלאי קאם אבאתור „vor Abathur (war) mein Gehn" I, 336 ult.; לאלמיא דנהורא מיזלאי „und zu Liluch ging er" DM 23ᵇ; לילוך מיזלה „zu den Lichtwelten gehe ich" I, 363, 5 und so oft מיזלאי und מיזלה; sonst nur מיתיאיון ... ולואת אבא „und zum Vater ... kamen sie" DM 38ᵇ. Wenn hier meistens der Inf. wie ein Perf. zu übersetzen ist, während der Nominalsatz doch zunächst dem Präsens entspricht, so ist das aus der im Mand. beliebten Lebendigkeit der Erzählung zu erklären, welche das Vergangene gern dem Hörer wie vor Augen stellt (s. § 259. 260) [2].

---

1) מקאריא תארנאולא „beim Hahnenschrei" eb. ist in מיקריא ת' zu ändern. — دَرَفْش דראפשא ist im Mand. „Kreuz", besonders das Strahlenkreuz vom himmlischen Licht, welches dem Gestirn nach mand. Lehre Helligkeit giebt; denn die Gestirne sind an sich als Sprösslinge der Finsterniss dunkel.

2) Ueber den Inf. absol. (مفعول مطلق) s. § 271.

Rection des Verbums[1].

§ 270. Das Mand. hat so wenig wie sonst das Nordsemitische einen durchgreifenden, deutlichen Ausdruck für das Objectverhältniss gewonnen. Nur beim Personalpronomen hat das Aram. klare Formen für das Object, das es aber doch nicht selten mit der nicht so scharfen, weil auch für andere Zwecke dienenden, Ausdrucksweise durch ל vertauscht[2].

Das ל (על) des Objects, gewöhnlich mit Vorausschickung oder auch Nachsetzung des entsprechenden Objectsuffixes oder eines ל mit Possessivsuffix unmittelbar am Verbum[3], ist sehr beliebt, aber nur beim determinierten Nomen. Vgl. am Verb. fin.: והיזיו לדמותה „und sie sahen (= חֶזְוֵהּ) seine Gestalt" I, 282, 8; תאבארתינון למאטאראתון

---

1) Zu bemerken ist, dass im Mand. oft das Object zu fehlen scheint, wo es aber im Grunde nicht nöthig ist, indem entweder zwei Verba dasselbe Object haben, dessen einmalige Setzung genügt (§ 292; so auch אשכיה כאפנא סאבית „fand ich einen Hungernden, sättigte ich" [„einen Hungernden" resp. „ihn"] II, 103, 13), oder aber das Object von selbst deutlich ist, wie wenn z. B. gelegentlich אמאר steht, wo wir „er sagte es" übersetzen müssen; wir brauchen da oft nur ein andres Verbum zu wählen z. B. „sprach", um den vermeintlichen Mangel nicht mehr zu empfinden.

2) Die andere Objectspräposition יָת, welche in den palästinischen Dialecten nicht selten ist (vgl. Barh. zu Gen. 1, 1; im Samar. und im jerusal. Talm. ist sie oft mit dem Verbum zusammengewachsen z. B. חֲזָתֵהּ „er sah ihn" aus חֲזָא יָתֵהּ), welche im Palmyr. (Z. d. D. M. G. XXIV, 90) und einzeln noch im Talm. (z. B. יתי Berach. 54ᵇ; יתך Baba m. 85ᵃ und öfter in Nedarim) vorkommt, während sie im Syr. kein rechtes Leben mehr hat, ist im Mandäischen verschwunden. Uebrigens gebrauchen sie die meisten der genannten Dialecte nur mit Pronominalsuffixen. Andere Anwendungen dieses ית gehören nicht hierher.

3) Ganz ähnlich verfährt gern das Aeth. (DILLMANN S. 395), welches sich überhaupt in der Bezeichnung des Objects überraschend ähnlich wie das Aram. entwickelt hat; für eine Sprache, welche eine deutliche Accusativendung hat, allerdings kein grosser Ruhm. Das Arab. braucht ل da zur Umschreibung des Objectverhältnisses, wo dessen directer Ausdruck unbequem wäre z. B. bei Participien und Infinitiven; nur sehr selten geschieht dies beim Verb. fin. Vgl. Mubarrad's Kâmil S. 487 f.

„ich zerbrach ihre Wachen" II, 92, 10; ואפקה נו לעורבא „und Noah liess den Raben hinaus" I, 380, 22; והאיזאך לעורבא לאטה וליאונא בירכה (Var. ועל יאונא) „und da verfluchte er den Raben und segnete die Taube" I, 381, 7; אלמיא [1] דניכלינון לכולהון „dass er alle Welten auffrässe" I, 281, 21; עקאימה לעמאיכון „ich will eure Mutter aufrichten" II, 25, 12; לגאברא במנאתה נימטונה „werden dem Manne zu Theil werden" I, 386, 20 [2]; נישאילונה מאריא באיתא למותא „die Herren des Hauses werden den Tod bitten" II, 8, 3; הוזיה לזיואך „sieh deinen Glanz" II, 68, 12; והזינון לרורביא „und sieh die Grossen" II, 68, 18 u. s. w. Part.: ועל מישכאיון דאנאשיא נאשטילה (Londd. ולמ״) der Menschen ziehn sie ab" I, 387, 14; ולאנאשיא משאיילון „und die Menschen fragt er" I, 392, 17; ולדאיאניא מבארילון „die Richter entfernt er" I, 387, 6 u. s. w. Am Inf. so: לבאהתינון לכולהון אלמיא „alle Welten zu beschämen" I, 173, 4.

Mit der 1. und 2. Pers.: לאך דילאך מן כיסיא קרולאך לדילאך קרוך מן כיסיא „dich riefen sie aus dem Verborgenen" I, 306, 9; לכון דילכון לע לבראיון אלאך שאדרון מאלבישנאלכון „euch bekleide ich" I, 178, 14; „mich, ihren Sohn, sandten sie zu dir" I, 294, 16.

Viel seltner ist das blosse ל als Objectzeichen ohne Begleitung eines Personalpronomens, wie z. B. על סיפראך קליא „deine Bücher verbrenne" I, 212, 3; אפריש ליושאמין „belehre den Jošamin" I, 342, 20 (wo aber mit CD besser אפרישה oder אפרישיא = אפרישיה mit B zu lesen); ולמאן נאטרא „wen bewahrt sie?" I, 181, 18 und öfter; לכון קארינא ומאפרישנא „euch rufe ich und belehre ich" I, 278, 1; על דיליא מקאריתין „mich ruft ihr" I, 254, 18 (aber Z. 7 על דיליא מקארליא „mich rufen sie").

Häufig genügt dagegen der Objectausdruck durch das Objectsuffix ohne dass auch bei dem vorhergehenden Substantiv ל stände[3]. So תיביל

---

1) So lies für אלמה.

2) מאטיא, מטא ist transitiv.

3) Wird das vorangestellte Subst. als Obj. mit ל bezeichnet und dann noch einmal durch ein Suffix aufgenommen, so ist es wie in زيدًا ضربتهُ, steht es absolut voran, so ist es wie in زيدٌ ضربتهُ. Vgl. § 275.

כולה לדילכון שאויתה „die ganze Tebel habe ich euer gemacht" I, 233, 20; כולהון אמאמיא ... גראבתינון „alle Völker... habe ich geplündert" I, 233, 21; סיפראך קלינון „deine Bücher verbrenne" I, 211, 16 (wofür I, 212, 3 נורא ומיא ושאמיש וסירא משאבילון; על סיפראך קליא) „sie preisen das Feuer, das Wasser, die Sonne und den Mond" I, 228, 14; עלואנון דמיתיא משאיילון „er fragt die Geister der Todten" I, 392, 20; וכולהון לישאניא דאלמא יאדאלון „und alle Sprachen der Welt kennt er" I, 280, 5.

Das ל steht nie bei einem Indeterminierten. Die Fälle להאד מימאסכינילה ולהאד מיאתרילה „Einen machen sie arm und Einen reich" I, 264, 1; ומשאיילון להדא הדא „und fragt jeden Einzelnen" I, 98, 9 geben dagegen so wenig einen Einwand wie selbst das genannte למאן על כול מינדאם דמאיתיתון נאטרא „wen bewahrt sie?" I, 181, 18 und האכיל במיא ואכול „Alles, was ihr bringt, waschet mit Wasser und esset" I, 224, 20. Das Mand. fasst eben, in Uebereinstimmung mit andern semit. Dialecten[1], diese Wörter als determinierte (vergl. noch ואי לה לכול מאן ד „wehe jedem, der" I, 18, 19). Dass grade in האד eine eigenthümliche Determination liegt, ist ja unverkennbar. In solchen Sachen kommt viel auf die besondere Auffassung jeder Sprache an: sagen wir doch selbst ohne Determination „alle Völker" gegenüber dem logischeren πάντα τὰ ἔθνη, כל העמים anderer Sprachen. Und so wird da gradezu gesagt תושביהאן להאהו האד שומא רבא „Preis jenem

---

1) Vgl. קח אתך את אחד מהנערים; Jud. 17, 15 וימלא את יד אחד מבניו; 1 Sam. 9, 3; לא הרעתי את אחד מהם Num. 16, 15, in welchen Beispielen freilich auch durch die Verbindung mit מן eine Art Determination gegeben wird; לבקש את פרעש אחד 1 Sam. 26, 20 ist zu emendieren — Syr. ܣܡ Mart. I, 12, 21; ... ܢܐܣܒ, Ephr. II, 26 A; ܣܡ Acta 7, 2 und so oft ܣܡ als Object, wie selbst ܐܢܫ, ܐܢܫ aliquem, aliquos nicht selten ist, vgl. Aphraates 219, 2; Zingerle, mon. syr. I, 102, 12 (ܐܢܫ ܠܚܕ), wo also die Determination noch stärker ausgedrückt wie auch Wright, Catal. 696ᵃ); Joh. 5, 21 (auch bei Cureton); Joh. 18, 31 und so öfter. Ferner vgl. ܐܨܡܚ Gen. 45, 1; ܠܚܕܐ ܡܢ 1 Petr. 2, 17 (ähnlich ויקבצו את כל נערה Esther 2, 3); und endlich ܐܡܪ ܠܚܕ ܡܢܗܘܢ Aphraates 46, 7.

einen grossen Namen" Q. 55, 21 und האזין מינדאם „diese Sache" I, 392, 18 [1], wo die Determination ganz deutlich ausgedrückt ist.

Beim nicht determinierten Nomen fehlt jedes Zeichen des Objects. Vgl. ומסותא מינה נסיב „und er nahm Verdichtung davon" I, 338, 17; נוניא ביאמא קריא וציפאר גאדפא ברקידא „ruf Fische im Meere hervor und Gevögel am Firmament" I, 337, 8; ותיגרא לאראמיך „und Streit erregen sie nicht" I, 391, 19; וגזאר טוריא ושאויא נוניא ביאמאמיא וש' „und schnitt Berge ab und machte Fische in den Meeren" u. s. w. I, 378, 5 u. s. w.

Aber auch beim determinierten Nomen fehlt oft jedes Zeichen des Objectverhältnisses [2]. So z. B. ואבאד אדם גאברא ואבאדלה האוא זאוה „und machte Adam, den Mann, und machte ihm Eva, seine Gattinn" I, 378, 10; ושומא ד׳עשו דאכריא „und sprechen den Namen Jesu aus" I, 223 ult.; נישאבון מאראיהון דכולהון אלמיא „sie preisen den Herrn aller Welten" I, 14, 1 (aber in der Parallelstelle נישאבון למאלכא ראמא I, 34 ult.); שומאיכון הייא לאדכארנין דנהורא מאראיהון דכולהון אלמיא „euren Namen, o Leben, haben wir nicht ausgesprochen" I, 175, 6; וראזא דנהורא מותא עדאנין „den Tod haben wir gekannt" I, 176, 3; מאן גלא „und wer hat das Geheimniss des Lichtes offenbart?" DM 3ᵃ; וספאר דוכראנאך במיא טמוש „und dein Gedenkbuch tauche in's Wasser" I, 211, 17 (neben סיפראך קלינון); 212, 4 (neben על סיפראך קליא); שומאי בתיביל ותושביחתאי בכולהתאי אלמיא (עובאדיא) „breitet aus meinen Namen auf der Tebel und meinen Preis in allen Welten (Werken)" I, 178, 20; 179, 7; טאבותאי לגאט ("nahm meine Güte an")[3] „dankte mir" I, 17, 19 und so immer in dieser Redensart u. s. w.

Das ל fehlt besonders oft, wenn das Object ein reflexives Possessivsuffix (aller drei Personen) an sich hat z. B. מאתא קומתה ומזאוטאר נאפשה „er dehnt seine Statur aus und macht sich klein" I, 280, 13;

---

1) Ganz so ܫܡܐ ܣܓܝ ܪܒܐ ܠܗܢܐ Martyr. II, 283, 32; ܗܕܐ ܚܡܕ ... 2 Petr. 2, 19 (über ܚܡܕ ܗܢ s. § 239).

2) So auch oft im Syr. Vgl. z. B. Aphraates S. 60, 8 ff., wo unter ganz gleichem Verhältniss das ܠ bald steht, bald nicht.

3) Syr. ܩܒܠ ܛܝܒܘܬܐ.

הזא נאפשיה והזא דמותה „er sah sich selbst und sah seine Gestalt" I, 378, 9 (und so wohl immer das reflexive נאפשא); פאהתא פומאידהון „sie öffnen ihren Mund" I, 174, 16; ומאייל ומאפיק האנדאמה „zieht sein Glied ein und streckt es heraus" I, 280, 13; עדאיון באנפאיון שאיפיא „streichen sich die Hände in's Gesicht" I, 224, 10; פיהתית אינאי וארימית גביניאי „ich öffnete meine Augen und erhob meine Stirn" I, 212, 18; ובנאיון רושומה אפאך „verdrehte sein Zeichen" I, 230, 2; 232, 18; גאטליא „und tödten ihre Söhne" I, 226, 14; אשניא דמותאך „verändere deine Gestalt" I, 173, 16; האב שומאך ורושומאך „gieb deinen Namen und dein Zeichen" II, 26. 23; והזיא אבוך „und sieh deinen Vater" I, 235, 14; אכיס ראהמאיכוך בתוקנא „tadelt eure Freunde aufrichtig" I, 40, 19 u. s. w.

Mit und ohne ל stehen Objecte beisammen in שיבקו לעשאתא האיתא ואזאל עשאתא עכילתא רהים רידהמו לעשאתא עכילתא „sie verliessen das lebendige Feuer und gingen hin, liebten das fressende Feuer, liebten das fressende Feuer" I, 73, 9. Aber in וגאזלין ברא מן עמה וגאברא מן ענתה ולאבא מן בנה „und rauben den Sohn von seiner Mutter, den Mann von seiner Frau, den Vater von seinem Sohn" I, 232, 3 ist das ל vor אבא doch wohl zu tilgen.

Das ל fehlt beim Object fast immer, wenn ein dativisches oder das Ziel bezeichnendes ל im selben Satze steht z. B. איתאיליא האלין סיפראי „bring mir diese meine Bücher" I, 212, 15; פתוליא באבא דבית הייא „öffnet mir das Thor des Lebenshauses" I, 212, 22 (vgl. Z. 23); ומאתנילה כלילא דפתאהיל ברישה „und legen ihm die Krone Petahil's auf das Haupt" I, 393, 12; כול מאן דהאזא דמותא לבניא אנאשיא ניגאליל „jeder, der diese Gestalt den Menschen offenbart" I, 235 ult.; vgl. עהבית סירא להושבאן אלמיא ויאהבית שאמיש לשאמושיא על בנאת אנאשא „ich gab den Mond zur Rechnung für die Welt und gab die Sonne, den Menschen zu dienen" (Wortspiel) I, 210, 3 u. s. w. Sehr selten sind Fälle wie ומאשלימלה לתרין עותריא „und übergiebt ihn 2 Engeln" Q. 31, 11, 13[1], während natürlich in דלדיבנאיהון דאבארלהון „welche er

---

1) Syr. ist das häufiger; vgl. z. B. ܣܗܕ ܬܘܒ ܡܢ ܚܟܡܬܐ Aphraates 22, 16; ܩܛܠ, ܚܟܡ ܠܡܢ; ... ܠܟܠ Acta 3, 20 und sogar

nach ihren Hürden treibt" (Part. Peal) I, 177, 21 die beiden ל unvermeidlich sind, wenn das Object überhaupt ausgedrückt werden soll.

Fälle, in denen das nachgesetzte Object ohne ל steht, aber durch das Suffix angedeutet wird[1], kommen im Mand. nicht vor.

Bei doppelte transitiven Verben ist das zweite Object, ob determiniert oder nicht, wohl stets ohne ל[2]. Beispiele von der Construction mit doppelt transitiven Verben: אלבשאן לבושא דזיוא וכסויא כאסיאן „zog mir an ein Glanzkleid, that mir an ein Glanzgewand" I, 336, 24 und so oft mit אַלְבֵּשׁ und כַּסִי; אבארתה האפיקיא מיא „ich liess sie über die Wasserbäche gehn" (אַעְבְּרְתַהּ) II, 22, 15; שאלתה רקודא קומתה „seine Statur verlangte von ihm Tanz" I, 115, 24; נישמאת שילתאן היא „meine Seele verlangte von mir Leben" (öfter); אהויתה כליל עשאתא האיתא „ich zeigte ihm die Krone von lebendigem Feuer" I, 82, 22; עהאויאך דמותה דמאנא „ich zeige dir die Gestalt des Geistes" I, 134, 1; מאן האויאן מיא סאריא „wer hat mir das stinkende Wasser gezeigt" I, 323, 3 (und so mehr mit חַוִי); אלפונון בותא ותושביהתא „sie lehrten sie Gebet und Lobpreis" I, 43, 20; אשלה לבושא דביסרא ודמא „liess ihn ausziehn (אַשְׁלְחֵהּ) das Kleid von Fleisch und Blut" I, 193, 7; ובנאתוך רושומא דהייא לאמאלגיטילון „und lassen ihre Söhne nicht das Lebenszeichen nehmen" I, 285, 15; 288, 4; אשמונון לאנאשיא דראשיא „lasst die Menschen Lieder hören" I, 37, 21; מאטארתא דשובא נאדיאך „wird dich an der Wache der Sieben vorbeiführen" II, 89, 21 (und öfter) (אַעְדִי) u. s. w. Hierher kann man auch zählen Fälle wie אבדא משאוילה בר האריא „den Knecht machen sie zum Freien" I, 264, 2; שאויתה מארתה לכולה אלמא „ich machte sie zur Herrinn der ganzen Welt" I, 108, 14; דהייא קיריריא הייא תיניאניא „welchen das Leben das 2. Leben nannte" I, 69 ult. und so öfter mit שַׁוִּי und קְרָא.

ܩܪܐ ܐܢܘܢ ܠܒܪܢܫܐ ܕܢܐ ܠܘܬܐܝܢ ܠܒܪܢܫܐ Acta 13, 2, wo das ܠ dreifache Bedeutung hat.

1) Syr. z. B. ܢܣܚܬ ܐܓܢܐ ܕܚܝܢ Gen. 12, 7; 15, 8; 24, 7; ܐܢܘܢ Luc. 22, 51 auch bei Cureton, bei dem diese Construction ziemlich beliebt ist, vgl. z. B. Luc. 8, 12; 12, 41; 13, 20; 23, 5, 14; 24, 9. Sehr häufig ist sie im Neusyr.

2) Syr. dagegen auch z. B. ܢܩܒܠܘܢ ܢܦܫܐ ܛܒܬܐ Aphraates 22, 10.

Die Passiva der doppelt transitiven Verba können einfach transitiv bleiben; doch geschieht das in Wirklichkeit nur bei einigen wenigen, und auch die, welche so gebraucht werden, wählen doch gern eine bequemere Construction. Mit diesen Passiven stellen wir einige Verba verwandter Bedeutung zusammen, welche, ursprünglich intransitiv, wie in andern semit. Sprachen, auch im Mand. oft transitiv gebraucht werden wie לבש „bekleidet sein mit", מלא „angefüllt sein mit" u. s. w. [1]. Vgl. so זיוא לבישיתון ונהורא מכאסיתון „mit Glanz seid ihr bekleidet, mit Licht angethan" I, 257, 13; לבוש היוארא ועתכאסון היוארא „zieht Weisses an, kleidet euch in Weisses" I, 47, 22; נורא לביש ונורא מכאסאי „in Feuer gekleidet, mit Feuer angethan" I, 47, 22; מכאסאילה לזיוא „mit dem Glanz angethan" I, 53, 3 (wo das Objectverhältniss ganz klar); [2] קאשישא לבאש זאינא וזוטא קראבא עתלאבאש „der Aeltere zog die Rüstung an, der Jüngere bekleidete sich mit Krieg" DM 5ᵇ (sonst עתלאבאש mit ב I, 94, 10; 95, 5; 96, 1); וליבה הוכומתא עתמליא „und sein Herz war mit Weisheit erfüllt" I, 65, 2; כולהון זיוא ותוקנא מליך „sie alle sind voll Glanz und Klarheit" I, 32, 12; כארסאיון האלבא לאמלארת „ihr Bauch ward nicht voll Milch" DM 15ᵇ und so oft מְלֵא und אִתְמְלִי (aber auch כולהון בתושביהתא מליך „sie alle sind voll Preis" I, 31, 8, 18 vgl. I, 65, 1); בטון מוקרא „wurde voll („schwanger mit") Mark" I, 102, 16; (aber זריא בכובא ואטאטא „mit Dornen und Disteln besät" I, 12, 10).

In einem ähnlichen Verhältniss steht בית דינא מיהאיאב „ist des Gerichtshauses schuldig" I, 35, 23; בית דינא מיתהאיביתון „ihr seid des Ger. schuldig" I, 22, 18 und דשאויאליא דאריא ואלמיא „welche mir die Generationen und Welten werth ist" (aufwiegt) I, 367, 14, obgleich man diesen Fall vielleicht besser zu § 245 rechnen könnte [3].

---

1) Wir nehmen keine Rücksicht darauf, dass die Araber in Fällen wie امتلأَ الاناءُ ماءً nicht ein مفعول به, sondern ein تمييز annehmen; hat das für's Arab. seinen Grund, so ist dasselbe doch nicht maassgebend für's Mand., wie die Beispiele zum Theil zeigen werden.

2) Die beiden Codd. קאשיש.

3) So in Mischna und Targ. קטלא חַיָּב; syr. ܣܢܺܝܩ ܣܠܺܝ ܚܳܣܶܡ Jos. 2, 19 u. s. w. (aber ܡܚܰܣܶܡ mit ܠ Matth. 5, 21 ff.); ܣܢܺܝܩ wohl immer mit ܠ.

In einigen Fällen hat das Mand. die Transitivconstruction noch weiter ausgedehnt als die verwandten Dialecte, ohne sich jedoch von deren Analogie zu entfernen. Nicht nur wird אִתְדְּכַר wie auch im Syr. transitiv gebraucht z. B. עדיכרוך "sie gedachten deiner" I, 5, 8 u. s. w., sondern wir finden auch כילאי שילמאך "mein Ende ist mir voll", "ist an mich gelangt" II, 98, 11; שילמה II, 131, 4 und so öfter; עדרון "gingen mir verloren", "verliessen mich" I, 96 ult. (von אֲבַד = אֲבַר); עתבאדרון "zerstreuten sich mir", "verliessen mich" I, 96 ult.; עתבאדרויא "verliessen ihn" I, 83, 1 [1].

Das absolute Object, der Inf. abs. (مفعول مطلق)[2] ist auch im § 271. Mand. sehr beliebt. Meistens steht dasselbe vor dem Verbum z. B. מיקאם קאימיא "sie stehn" I, 209, 9; שאיוליא משאיליליה "sie fragen ihn" II, 83, 13; מיצאב מאן ניצבאך "wer hat mich gepflanzt?" II, 83, 13; מיפתחא פתאליא באבא "er öffnete mir das Thor" II, 105, 13;

---

1) Von einer dativischen Bedeutung ist beim Objectsuffix im Mand. so wenig die Rede wie im Syr. trotz dem, was HOFFMANN S. 315 vorbringt. ܝܗܒܬܢܝ Jos. 15, 19 ist wörtliche Uebersetzung von נתתני und soll bedeuten "du gabst mich". Auch im Hebr. sind die für diese Erscheinung angeführten Beispiele anders zu erklären; zum Theil sind es verderbte Lesarten. Im Aeth. ist dies allerdings üblich, s. DILLMANN S. 273, der sich dadurch nicht hätte verführen lassen sollen, die Erscheinung auch auf die andern Sprachen auszudehnen; es passt dies zu der Erschlaffung der alten Syntax, die sich auch sonst im Geez zeigt. Ferner geschieht dies nach SCHRADER Z. der D. M. G. XXVI, 299 f. im Assyrischen. Ueber die Objectconstruction bei אית s. § 272.

2) Die kleine Schrift von A. RIEDER "Die Verbindung des Inf. abs. mit dem Verbum desselben Stammes im Hebr." (Leipzig 1872), dankenswerth wegen der vollständigen Aufzählung der Stellen im A. T., verkennt völlig das Objectverhältniss und legt auf den Gegensatz der Stellung des Inf.'s vor oder nach dem Verbum zu grosses Gewicht. — Bemerkenswerth ist, dass diese dem Deutschen und, so viel ich weiss, auch dem Lateinischen sehr fremdartige Construction im Griechischen ihr Analogon hat vgl. z. B. ἑάλω δὲ καὶ ἀδελφὴ τοῦ Μιθριδάτου, Νύσσα, σωτήριον ἅλωσιν Plutarch, Lucullus XVIII, vgl. KUEHNER § 410, 2; CURTIUS, gr. Schulgr. § 400 und 401 Anm. 2, wo freilich einiges Andersartige daneben; doch wird diese Construction im Griech. wohl nur angewandt, um eine Eigenschaft der Handlung anzugeben oder besonderen Nachdrucks wegen.

לאו מידכאר דכידית מיריאי „denkst du nicht daran, o Maria?" DM 44ᵇ; מיקריא קריא ומפאקודיא מפאקאד „weisst du?" I, 392 ult.¹; מידא עדילאך ושאדוריא משאדאר „gerufen, beauftragt und gesandt ist er" II, 2, 7; אנאת מיסמיך סמיכית ומקאיומיא מקאימית ומזארוזיא מזארזית „du bist gestützt, befestigt und hurtig gemacht" Ox. III, 90ᵃ; מידא יאדיתון „ihr wisst und euch ist offenbart" II, 3, 19; אינאך ומיגליא גליליכון „deine Augen sind aufgethan" Ox. III, 88ᵇ = Par. XI, 34ᵇ u. s. w. Sogar מיסניא סאיניא דמותאיון „ihre Gestalt ist hässlich" II, 45, 19, wo der ursprüngliche Participcharacter von סְנֵא „gehasst" wieder hervortritt.

Seltner ist die Nachsetzung wie in למאן דהואלה מיהויא ברא „wer einen Sohn hat" I, 387, 18; דשאיפיא מישאף על כארסאתון „welche auf ihren Bäuchen kriechen" I, 279, 19 (aber דמיפרא פאהריא „welche fliegen" Z. 21); (Var. מיסמך) ניסימכאך מיסמאך „stützt dich" II, 41, 23; ומיתכארפתיא ככארפותיא „und werden gefesselt" I, 203, 18; 204, 7; באנין באנוניא „zeuget Kinder" I, 21 ult. u. s. w.². In den meisten Fällen dient in beiden Stellungen dieser Infin. zur Hervorhebung des Verbums; jedoch ist diese zum Theil nur schwach.

Der Inf. abs. kann auch im Mand. einen Genitiv nach sich haben oder sonst näher bestimmt sein. So z. B. עתארוביא האמרא במיא ניתאראב כושטאך וזידקאך והאימאנותאך בכולהון ראהמיא שומאך „wie sich Wein mit Wasser mischt („ein Mischen des Weins mit dem Wasser") mischt sich deine Wahrheit, deine Gerechtigkeit und dein Glaube mit Allen, so deinen Namen lieben" Q. 28, 6³; עתיאורידא מיא הריא מן

---

1) Vgl. מידע ידיע ד „bekannt ist, dass" Baba b. 58ᵃ.

2) Vgl. דמצלו אצלויי Berach. 34ᵇ; דחזא מחזי ושמע משמע Berach. 59ᵇ — ܗܣܡ ܩܛܠ ܐܢܐ ܠܐ ܠܗ ܣܒܪܬ; ܐܢܐ ܥܒܕܬ ܠܝ ܥܒܕܐ Mart. II, 271, 6; ܬܘܒ ܣܒܪܝ ܠܐ ܥܠ ܡܣܝܓܒܠܢܘܬܐ Cureton, Spic. 2, 13; ܡܥܠܝ Mart. II, 316 ult.; ܥܝܢܘܗܝ ܐܦ ܐܢܗܘ ܕܦܬܚ Cur., Anc. doc. 59, 20 (mit starkem Nachdruck; vgl. noch 3 Beispiele bei Barh. gr. I, 81, 21 f.). Im Ganzen ist aber die Nachsetzung im Aram. fast so selten wie im Arab. die Voransetzung; das Hebr. hat bekanntlich beide Stellungen und benutzt sie zu kleinen Modificationen der Bedeutung.

3) Also ganz wie im Arabischen (اِخْتِلَاطَ خَمْرٍ بِمَاءٍ), während im

בירה הייא ניתיאירא האלין נישמאתא "wie das lebendige Wasser vom Hause des Lebens erglänzt (?), sollen diese Seelen erglänzen" Q. 35, 5; ואנין ניזילבה מיזלאירהון דאנאשיא כשיטיא "und wir gehen darin als wahrhafte Menschen" („das Gehn der wahrhaften Menschen") Q. 55, 5; כול מירבא ראבין „ganz wachsen sie" I, 8, 19. In diesen Beispielen dient der Inf., um an das Verbum eine genauere Characterisierung desselben zu knüpfen.

Sehr gern steht nun aber auch im Mand. wie in den verwandten Sprachen für den Inf. abs. ein anderes Abstractum[1]. Dass es sich hier genau um dasselbe Verhältniss wie beim Inf. handelt, ergiebt sich daraus, dass neben diesem allgemeinen Object noch ein specielles stehn kann, sowie dass sich diese Construction auch bei Intransitiven und Passiven findet. So z. B. דגאיריא גאורא „welche Ehebruch begehn" I, 22, 3; סגידליא סיגודתא „er verehrte mich" I, 115, 2; גוהא גנא „er machte eine Erschütterung" DM 2ᵇ; 3ᵃ und passiv עתיגנא גוהא „eine Erschütterung wurde gemacht" I, 160, 14; מיא מסורהא לאמכון „das Wasser verdichtete sich nicht" I, 337, 12 ff. und passivisch: עתמיסיאת ארקא מסורתא הדא „die Erde verdichtete sich einmal" I, 169, 15; צאימיא מאירתא מותא צאומא דאולא „halten ein frevelhaftes Fasten" II, 35, 8 [2]; תיניאנא „sie stirbt den zweiten Tod" oft [3] und תימות תרין מותיא „sie stirbt zweimal" I, 300, 2; וארבא עפיא אפתה „und vierfach wickelte ich ihn ein" I, 167, 6; אנהימתה נהימתא דענטיא „ich machte ihn ein Weibergeheul hervorbringen" I, 91, 1; سَلَّمْتُهُ تَسْلِيمًا = שלאמא שאלימתה „ich grüsste ihn" I, 141 ult.; 142, 14; שלאמא שאלמון „sie grüssten mich" II, 88, 7; לאטתה לוטתא בישתא לגאברא „sie fluchte dem Manne böse" Q. 38, 20; טאנאן טונא דאכיא „trug mich rein" II, 68, 6; ...דינא

Syr. eine solche Construction kaum vorkommt; doch vgl. ܡܚܣܕ ܣܚܕܐ ܢܠܐܡܕ Jer. 22, 19 in wörtlicher Uebersetzung aus dem Hebr.

1) Hier lässt sich Einiges auch im Deutschen wörtlich wiedergeben.

2) Vgl. ܨܡ, ܨܡܐ ܐܦ ܪܥܡܐ Aphraates 46, 9; צמת אסתר תלתא צומין Esther II c. 5, 1 vornan; und so öfter im Syr. und sonst.

3) Ganz so ܡܬܐ ܠܡܬ Aphraates 152, 2; מותא תנינא לא ימות Onk. Deut. 33, 6 (wo Targ. Jerus. mit ב construiert).

לא מילכאן מילכא דמהאימניא נידינונה „richten ihn" I, 229, 7 u. s. w.[1]; ניתימהיא „gab mir nicht das Versprechen der Gläubigen" II, 49, 24; מהיתא בגו מהיתא „erhält Schlag auf Schlag" I, 229, 4 (so I, 300 ult.); מיצטבא האמשין מאצבותיאתא „wird 50fach getauft" Par. XIV nr. 122 u. s. w.[2]

Das allgemeine Object kann nun auch durch das Relativpronomen ersetzt werden, welches sich auf ein solches Abstract bezieht. So z. B. האטאייא דהאטטיא אבדא „die Sünden, welche der Knecht begeht" I, 22, 9; כיסיא דאנאתון כסאיתונאן „die Verborgenheit, mit der ihr mich verborgen habt" I, 157, 13; מן האוקא דהאק ומן זיויתתא דזהא „von der Angst, die er empfand und von dem Schrecken, den er erlitt" I, 160, 16; ריהטא דריהטית „den Lauf, den ich machte" II, 116, 19 u. s. w.[3]

---

1) (דן) דון יתהה דינין בישין Esther II S. 263, 9 (Lag.); Esther I, c. 2, 10 (S. 206, 4 Lag.).

2) Diesen Beispielen lassen sich aus den verwandten Sprachen ausser den schon gegebnen zahlreiche an die Seite stellen vgl. z. B. ܠܚܕ ܣܡ ܗܘ ܡܢ ܟܣܦܝ ܩܠܝܠܐ; ܚܟܡܬܐ ܢܐܠܦܝ ܗܢܘ ܐܘ ܣܟܠܘܬܐ ܐܘ ܟܗܢܐ Mart. I, 246, 9; ܡܘܬܐ ܡܙܡܢܐ ܡܚܡܕܐ ܐܢܐ ܠܚܡ Mart. I, 250 unten; ܥܠܝܡܐ ܐܢܐ Mart. I, 253, 28; ܟܠܒܐ ... ܟܐܒܐ ܟܐܒܐ Jovianus-Roman fol. 86[b]; sogar ܡܣܟܢ ܗܘ ܗܢܐ ܓܒܪܐ ܒܟܘܪܗܢܐ ܕܟܘܕܢܘܬܐ „dieser Mann leidet an der Krankheit der Maulthiere" Sachau, Ined. 46, 20 u. s. w. — וַיְנַגַּע יי אֶת פַּרְעֹה נְגָעִים גְּדֹלִים Gen. 12, 17; קְבוּרַת חֲמוֹר יִקָּבֵר Jer. 22, 19 (wörtlich so Pesh., wie wir eben sahen; das Targ. umschreibt); וַיִּרַע אֶל יוֹנָה רָעָה גְדוֹלָה Jona 4, 1 u. s. w. — Aethiopisches s. bei Dillmann § 175ª. — Im Arab. ist der Uebergang von dem Infinitiv zum „starren" Nomen so allmählich, dass man gar nicht wüsste, wo man hier eine Trennung machen sollte, ob man z. B. in فَأُعَذِّبُهُمْ عَذَابًا شَدِيدًا Sura 3, 49 einen Inf. oder ein Abstractum annehmen muss. Im Arab. tritt hier zuweilen ein Wort von anderer Wurzel ein z. B. فَسَلِّمُوا طَاعَنْتَهُ ... قِتَالَ آمْرِئٍ Hamâsa 379 u. s. w. Sur. 24, 61; عَلَى أَنْفُسِكُمْ تَحِيَّةً So im Hebr. הִתְגָּרָה מִלְחָמָה Deut. 2, 9, 24.

3) So ܥܠܝ ܡܚܣܢܐ ܗܘ ܝܢܐ Aphraates 6, 3; ܘܢܐ ܗܘ ܡܢ ܐܘܠܨܢܐ ܒܠܐܚܢܢܐ ܕܣܝܒܪ ܡܚܣܢܐ „von jener Ausstreckung, die er ohne Erbarmen erduldete" Mart. I, 190, 2 — וּמוֹשַׁב בְּנֵי יִשְׂרָאֵל אֲשֶׁר יָשְׁבוּ Ex. 12, 10 (so Pesh. und

In ähnlicher Weise tritt nun aber selbst ein Concretum ein in זאמתה זמאמא דגומליא „ich legte ihm einen Kameelzaum an" I, 103, 9; 118, 9 [1].

אִית.

עִת (עית) und seine Negation לאיית (§ 213) bezeichnen zunächst § 272. das Vorhandensein, resp. Nichtvorhandensein. Ist in diesem Falle das Subject ein Subst. oder ein dasselbe vertretender Relativsatz, so erhält עת oder לאיית gewöhnlich kein Pronominalsuffix. So z. B. דליגריא עו (הין) באפשיא עתלון „denen viele Füsse sind" I, 279, 21; עתבאך האילא und עו ליתבאך האילא „wenn in dir Kraft ist" I, 173, 16; 213, 11; „wenn in dir keine Kraft ist" I, 213, 14; ועתלה דגוברי ועגשיא „und er hat männliche und weibliche (Glieder)" I, 280, 14; כולהין נישמאתא דעית בתיביל „alle Seelen, die auf der Tebel existieren" I, 283, 5; ועית מינאיהון הראשיא „und es giebt unter ihnen stumme" I, 279, 9; ועית מינאיהון דמיפרא פאהריא „es giebt unter ihnen solche, die fliegen" I, 279, 20; כד איית דמותון באלמא „so wie ihre Gestalt in der Welt existiert" I, 99, 12; אסותא ליתלה „es giebt keine Heilung für ihn" I, 229, 3; לאיית האתאם מינדאם ד' „nicht existiert dort Etwas, das .." I, 283, 11; לאיית אלאהא ד' „es giebt keinen Gott, der ..." I, 230, 6; 233, 12; האבראי במאלכיא לאיית „nicht existiert meines Gleichen unter den Königen" I, 207, 21; דראב וגאביר מינאי לאיית „Einen, der grösser und gewaltiger als ich wäre, giebt es nicht" I, 185, 15 u. s. w. Viel seltner wird in solchem Falle das Subject noch durch ein Pronominalsuffix aufgenommen wie in שראראך והאילאן לאיתה „unsre Festigkeit und Kraft ist nicht (mehr) vorhanden" I, 149, 23, und so kann man auch wohl Fälle hierher rechnen wie והינון אלמיא דנהורא באסכיא דנאפשיא ואלמיא איתינהון „und jene Lichtwelten existieren an vielen Enden" I, 9, 16; דנהורא מינאי איתינון „und die Lichtwelten sind mit mir" I, 138, 12 u. s. w.

את הלחץ אשר מצרים Ex. 16, 8; תלנתיכם אשר אתם מלינים עלי (Targ.); לחצים אתם Ex. 3, 9 u. s. w. — Aethiopisches bei DILLMANN a. a. O.

1) Vgl. ܡܚܣܘܗܝ ܬܠܳܬ ܙܰܒ݂ܢܺܝܢ ܒ݂ܡܶܢܓ݁ܕܶܐ „schlugen ihn dreimal mit Peitschen" Barh. hist. eccl. 325, 2; فَأَضْرِبْ كَاتِبَكَ سَوْطًا, wie Omar schreibt (Belâdhorî 346, 3) und oft im Arab. mit Zahlwörtern vor سوط (s. Mufassal 16 u. s. w.).

Ohne Substantiv so auch mit der 2. und 3. Person: הָאֵימָן בְּמַאלְכָּא דִּנְהוֹרָא דְּאִיתֵהּ „Glaube an den Lichtkönig, dass er existiert" I, 213, 25; כְּמָא דְּאִיתִינְכוּן בְּאַלְמָא „so lange ihr euch in der Welt befindet" I, 19, 10; דְּאנָא הָאכָא אִיתָאן „dass ich hier war" I, 138, 2; בְּלִיבָּא דְּמַאנוּ אִיתָאן וְעַל מַאנוּ שְׁרִינָאלֵהּ עַל עוּצְרָה „in wessen Herz ich bin und wem ich im Geiste wohne" I, 366, 20; כַּד אנָא לוָאתִיךְ לָאִיתָאן „während ich nicht bei dir bin" I, 156, 15; כַּד לוָאתָאי לָאִיתָאךְ „während du nicht bei mir bist" I, 156, 16; אִיתָאךְ מִן יוֹמָא קַדְמָאיָא וּמְקַאִימִית לְאַלָאבּ אַלְמַיָא „du existierst vom ersten Tage an und bestehst in alle Ewigkeit" I, 7, 8 u. s. w.

Zur nachdrücklicheren Betonung der Existenz dient die Zusammensetzung mit עכּא, ליכּא, כּא: z. B. דְּעכָּא וְדְהָאוְיִן וּמִתְיָאדְלִיָּא „welche existieren und sind und geboren werden" I, 48, 23; מֵעיָאכָּא דְּ num est, qui? (s. § 213); לְעכָּא דְּ non est, qui I, 284, 8 u. s. w.; נָאצְבָּא לֵיכָּא „ein Erzeuger ist nicht bei mir" II, 55, 8; דְּתוּקְנָא בִּגָאוַהּ לֵעכָּא לוָאתָאי „in welchem keine Ordnung existiert" I, 32, 22 u. s. w.

Neben einer adverbialen Bestimmung verliert nun aber עת und לאית oft sehr an Kraft, wie schon einige der aufgeführten Beispiele zeigen. In Fällen wie לֵיהּ אִיתִינְכוּן „wo sind sie?" I, 150, 5; דְּלוָאתָאי אִיתִינְכוּן „welche bei mir sind" I, 151, 10 könnte man das letzte Wort ohne wesentliche Bedeutungsveränderung durch הִינוּן ersetzen, im letzteren Beispiel auch ganz weglassen, obgleich an anderen Stellen der Parallelismus zeigt, dass der Begriff „existieren" noch gefühlt wird. Allmählich geht nun aber auch dies Wort ganz zur blossen Copula über. So schon, wie wieder aus dem Parallelismus erhellt, in דְּלָאו בְּתִיבִיל אִיתִינוּן וְלָאו בְּרְקִיהָא הִינוּן „welche nicht auf der Tebel und nicht am Firmament sind" I, 284, 13; und noch deutlicher in בְּדְמוּ דְמוּ אִיתִינְהוּן „sie sind in allerlei Gestalt" I, 279, 19; בְּדְמוּ מַארְגָּאנְיָאתָא אִיתִינוּךְ „sie sind gleich Perlen" I, 10, 22; בְּרִיךְ דְּעֶתְלַד לְאַנְיָא אַבָּא וְעַתְלָה לְפִירָא מוּנְקָא „gepriesen der, welcher dem Armen ein Vater, der Frucht ein Pfleger ist" Ox. III, 54ᵇ; מַיָא בְּיָארְדְּנָא ¹ זָאכָאיָיא קוּדָאמָאךְ לָאיְית „das Wasser im Jordan ist vor dir nicht rein" Q. 23, 18; 54, 20; וְכִיָאנָה בִּישָׁא אִיתֵהּ „und seine Natur ist böse" I, 155, 15 (mit Suffix). Diese Fälle liessen

---

1) Viel besser bezeugt ist hier זָאכָאיָא (!).

sich zur Noth alle mit einigem Zwange wegerklären, aber schon die Analogie der verwandten Dialecte und Sprachen[1] stützt die einfache Auffassung. Allerdings ist aber diese Abschwächung des Begriffes im Mand. noch sehr selten.

Wie nun aber עת und לאיית mit Objectsuffixen gebraucht werden, so kann sogar das logische Subject dieser Wörter mit ל versehen werden, als wäre es Object[2]. So deutlich כד לאיתאן לדיליא „wenn ich nicht da bin" I, 312, 2 = DM 61ᵇ und דלדיליא איתאן בגאוה „in dessen Mitte ich bin" II, 3, 9, 12; דוכתא דאיתינון למיא אפריא הינון דוכתא דאיתינון להאנאתון מיא „den Ort, da jene Staubwasser sind, den Ort, da jene Wasser sind" I, 141, 6; ועדא ליא איתינון לבאביא דהשוכא „und ich will wissen, wo die Thore der Finsterniss sind" I, 155, 14; דתיביל תימיאיית איתה להאהב ארקא דהשוכא מן ארקא „von der Tebel-Erde südlich ist jene Erde der Finsterniss" I, 278, 9; ואיתה להשוכא בכיאנא בישא „und die Finsterniss ist in böser Natur" I, 278, 13; ואיתה על נירינ בעמברא ואיתה לסירא בתליתהאייא „und Mars steht im Widder und der Mond steht in den Dritten" AM 176. Ueberall ist hier das Suffix durch ל aufgenommen wie beim Verbum; es ist daher durchaus nicht nöthig, diese Erscheinung aus tieferen Gründen zu erklären und mit äusserlich ähnlichen aber doch verschiedenartigen in anderen Dialecten zusammenzuhalten[3].

---

1) Die Abschwächung des syr. ܐܝܬ zur blossen Copula bedarf keines Belegs. Im Talm. so עביד הוא לית Joma 86ᵇ; 87ᵃ; im Bibl.-Aram. z. B. האיתיך כהל Dan. 2, 27; ולא איתיכון פלחין ולא סגדין Dan. 3, 14 u. s. w. So schon oft im Hebr. z. B. אם ישך נא מצליח Gen. 24, 42; אם ישכם עשים Gen. 24, 49 u. s. w. (und die Negation כי אינך משיע Jud. 12, 3; איננו פתח Jud. 3, 25 u. s. w.). — Dass ليس sowohl dem „vollständigen" wie dem „unvollständigen" كان gegenübersteht, ist bekannt.

2) Ganz ähnlich die von BA. nr. 650 für alt und roh erklärte Redensart فلان هو كذا وكذا = ܐܡܠܝ ܚܒܝܠ für ܐܡܠܝ ܚܒܝܠ, bei der aber doch, da das Pronominalsuffix hier possessiv ist, das ל dativisch aufzufassen sein wird.

3) Ziemlich nahe liegt allerdings die Zusammenstellung mit איכא למאן דאמר „es existiert Einer, der sagt" „Einige sagen" Gittin 50ᵃ oben und das entsprechende עדין יש לזה בעולם „dieser existiert noch" Sabbat 34ᵃ, auf

עַד u. s. w. gehen zunächst auf die Gegenwart; doch müssen sie event. auch für andere Zeitsphären gelten, vgl. בהאנאתה אלמא דארית אליף רובאן שניא וליכא דעדא עלאי דאנא האכא איתאן „in jener Welt verweilte ich 10,000,000 Jahre, und nicht war da einer, der über mich wusste, dass ich hier war" I, 138, 1, wo aber auch wohl das Part. האריא stehn könnte; ואנפישויא לזיואי על דעתליא „und vergrösserten meinen Glanz über den, der mir war" I, 91, 17. Die in solchen Fällen im Syr. übliche Zusammensetzung mit ܗܘܐ fehlt im Mand.; nur finde ich einmal עית יומא ניהויא ד „ein Tag wird sein" I, 140, 23,

welche beiden Stellen Luzzatto 88 aufmerksam macht; doch ist auch hier das ל wohl dativisch, und יֵש, אִית in seiner ursprünglichen Nominalkraft. — Ganz anders verhält es sich mit dem syr. ܐܝܬ ܠܗ = ἔχω, welches zuweilen, doch nur in Uebersetzungen aus dem Griech., das Besessene durch ܠ als Object bezeichnet s. Matth. 26, 11; Joh. 12, 8 (beide Stellen kommen leider nicht in Cureton's Fragmenten vor); G. Hoffmann, Hermen. Aristot. 35, 11; zuweilen bei Cyrill ed. Payne-Smith u. s. w. — ferner mit dem äthiop. *bôtu*, *bô* resp. *albô* „es ist in ihm" „es ist nicht in ihm" = „er hat" mit dem Accus. s. Dillmann § 176ᵇ, vgl. im Tigriña Praetorius S. 321 f. — Selbst im Arab. bin ich geneigt, in Versen wie وما إن كان لي إذْذاك سَرْجا „und nicht hatte ich da einen Sattel" (Reimwort) cod. Lugd. 588 f. 58ᵇ; وما لي

يا عَفْراءُ إلّا ثمانيا Z. der D. M. G. XIX, 311 und selbst dem berufenen وهل في البريّة إلّا حبيثا Z. d. D. M. G. XVI, 747 den Accusativ durch den im Zusammenhang liegenden Begriff des „Habens" zu erklären. Doch will ich nicht verschweigen, dass mir Fleischer eine Reihe von Versen nachgewiesen hat, in welchen das Reimwort statt *u* oder *i* ein grammatisch sonst unstatthaftes *â* erhalten hat. Ich hebe daraus hervor Jâqût 3, 258, 21; 4, 470, 18; 1034, 9. Trotz alle dem verlohnte es sich vielleicht, nachzuspüren, ob sich für diese Erscheinung im Arab. nicht noch weitere Belege finden liessen; freilich werden wir diese immer nur durch Reimworte constatieren können, da nur bei diesen der Endvocal fest steht. Von einem ausgelassenen Verbalbegriff ist auch der Accus. in لا رجلَ في الدار u. s. w. abhängig (der Mangel des Tanwîn nach dem *lâ* ist ganz wie nach dem Artikel). Ich wiederhole aber, dass dies Alles mit jener mand. Construction nichts zu thun hat.

was man lieber = ܐܝܬ ܗܘܐ¹ erklären als in 2 Sätze „es ist (einst) ein Tag; es wird sein, dass" trennen wird. Dass das Mand. diese Zusammensetzungen sonst nicht hat, dass es auch עד u. s. w. nicht gern als blosse Flickworte verwendet, hängt damit zusammen, dass es grammatischer Weitläufigkeit weit weniger hold ist als das Syr.

Ueberhaupt ist zu bemerken, dass, abgesehen von den kurzen Redensarten mit ליתבה u. s. w. (vgl. z. B. das beliebte דנפיש וסאכא ליתבה „der ausgedehnt und endlos ist"), עד und seine Zusammensetzungen im Mand. weit seltner sind als im Syr. Im ganzen Königsbuch (I, 378—394) kommen sie nur 2- oder 3mal vor.

II. Vom Satz.
1. Vom einfachen Satz.
A. Der einfache Satz im Allgemeinen.

Die Theile des Satzes.

Die Grundbestandtheile des Satzes, Subject und Prädicat, verhalten sich im Mand. fast ganz zu einander wie sonst in den aram. Dialecten. In diesen tritt, wie ja grossentheils schon im Hebräischen, der Gegensatz von Nominal- und Verbalsatz durchaus nicht mit der Schärfe hervor wie im Arab.². Dieser Gegensatz schwindet in den jüngeren Dialecten immer mehr, schon weil sie in stets weiterem Umfange deutliche Nominalformen für das alte Verb. fin. eintreten lassen. Ein durchgreifender Unterschied ist jedoch noch für das Mand., dass nur der Nominalsatz eine Copula haben kann. Aber die Copula als solche ist nicht sehr häufig. Das Mand. hat hier den altsemit. Character besser gewahrt als das Syr., welches (unter griech. oder auch pers. Einfluss?) die Copula nicht gern ohne besonderen Grund fehlen lässt.

§ 273.

Sehr selten sinkt אִית im Mand. zur blossen Copula herab (§ 272). Viel häufiger dient als solche das selbständige Pronomen der 3. Pers.³.

---

1) Vgl. z. B. I Macc. 4, 61; Clemens 18, 32; Z. d. D. M. G. XXIV, 268, 6 (Jacob Ed.) u. s. w.

2) Uebrigens ist dieser Gegensatz von den arab. Grammatikern auch noch schärfer zugespitzt, als er sich in der Sprache selbst geltend macht.

3) Nicht als Copula ist das Verbum הוא zu betrachten, wenn es auch

Dasselbe ist ursprünglich Nichts als eine nachdrückliche Aufnahme des Subjects, eigentlich eine Apposition, vgl. Fälle wie פתאהיל הו ניצבה „Petahil, der hat sie gepflanzt" I, 267, 19. In אלמיא דהשוכא בשאפאלא הינון „die Welten der Finsterniss sind im Tiefland" I, 283, 18 ist das הינון nicht viel anders als das לון in לאהאוילון כילא ואנאשיא „und die Menschen haben kein Maass" I, 392, 9, in עלואנון דמיתיא משאיילון „die Geister der Todten fragt er" I, 392, 20 oder in שלאמא לנביהיא לאתיתנולהון „gebt den Propheten keinen Gruss" I, 223, 14.

Diese Copula ist am seltensten bei einfach adjectivischem Prädicat, welches ja schon durch den St. abs. gekennzeichnet ist, etwas häufiger, wenn das Prädicat ein Substantivausdruck oder eine adverbiale Bestimmung ist. Uebrigens sieht man auch hier oft, dass die Copula dem Satztheil, hinter dem sie steht, Nachdruck geben soll[1]. Erwünscht ist sie in etwas langen Sätzen zur deutlicheren Bezeichnung des Verhältnisses von Subj. und Präd. Beispiele: שראריא דילאן האזין תאגא הו „unsre Festigkeit ist diese Krone" I, 161, 5; ארקא מיא סיאויא הע „die Erde ist schwarzes Wasser" I, 268, 5; מאלכא דנהורא (האיאסא) תאיאבא ומראהמאנא הו שאביק האטאייא והאוביא הו „der Lichtkönig ist der Barmherzige, (Vergebende), Erbarmer, ist der Erlasser der Sünden und Verschuldungen" I, 17, 2; 35, 15; עית עלאיתא שומיא הע ועית תיתאיתא ארקא הע „das obere Wesen ist der Himmel, das untere Wesen ist die Erde" I, 185, 4; ... האד הו בישא ד' „Einer ist der Böse, welcher" I, 13, 13; 34, 10; עו נישימתא האד הע „wenn die Seele nur Einer ist" (oft in den Gebrauchsanweisungen im Q.); האד הו מאלכא דנהורא „Einer ist der Lichtkönig" I, 5, 10; אנאשיא באלמא קאליא הינון „die Menschen sind wenig in der Welt" I, 386, 17; מאן דבשאפאלא איתינון עכומיא הינון „die sich in der Niederung befinden, sind schwarz" I, 284, 10; ליא הינון חייא דמך לאקאדמיא ליא הו כושטא וש' „wo ist das Leben, das

---

oft ohne grossen Unterschied fehlen und stehn kann: so dürfte es in ואתית על עור אנא ועותריא דמינאי „und ich kam zum Ur, ich und die Uthra's, die mit mir" I, 164, 4 auch heissen דמינאי הון, aber dann wäre die Zeit im Nebensatz genau angegeben, („die mit mir waren").

1) Aber in עו באיתא הו „wenn er ein Haus ist" I, 281, 16 und ähnlichen ist הו natürlich Subject.

ohne Ursprung? wo ist die Wahrheit?" u. s. w. I, 205, 13; ליא הע מהיתא „wo ist der Schlag?" I, 205, 16 und so immer in den Fragen I, 205 ff.; כא הו כושטא „hier ist die Wahrheit" II, 28, 10 und so immer II, 28 ff.; לאו זיוא דילון הו „der Glanz ist nicht ihr eigner" I, 283, 17; האזא מאטארתא דמאן הו „wessen ist diese Wache?" I, 181, 18 u. s. w.

Ziemlich oft steht die Copula unmittelbar nach einem als Subject dienenden Demonstrativ- oder Fragepronomen: האזין הו נהורא דהייא „dies ist das Lebenslicht" I, 175, 7; האזין הו ראזא וסידרא „dies ist das Geheimniss und das Buch" I, 222, 10 (und oft ähnlich); האזא הע אפראשתא וגאלאלתא „dies ist die Belehrung und Offenbarung" I, 282, 19; האלין הינון פוגדאמיא דיוהאנא „dies sind die Worte Johanna's" I, 188 ult.; מאן הינון טוריא ד.. „wer sind die Berge, die..?" II, 1, 5; בראריא מאן הו וגאוריא מאן הו „wer ist, der..?" I, 109, 10; מאן הו ד „wer ist der Aeussere? und wer ist der Innere?" I, 201, 23 (und so zusammengezogen מאנו oft „wer ist?"). So steht nun diese Copula auch besonders gern hinter einem als Subj. dienenden Pron. der 1. und 2. Pers. wie in אנא הו ברא דאלאהא „ich bin der Sohn Gottes" I, 52, 15; אנא הו הייא אנא הו דינאנוכת „ich bin Dinanucht" I, 204 ff.; אנא הו כושטא וש׳ „ich bin das Leben, ich bin die Wahrheit" u. s. w. I, 207, 15 und so immer I, 207 ff., obgleich ein weibliches Wesen (die Rûhâ) redet; אנאת הו מאלכא דעותריא „du bist der König der Uthra's" I, 71, 17; אלאהא גאבארא אנא הו עשו משיהא „ich bin Jesus Christus" I, 185, 6; אנא הו „ich bin der starke Gott" I, 230, 20; 233, 10[1]. Aber in keinem dieser Fälle ist die Copula absolut nothwendig. Vgl. ואלמיא דנהורא נפישיא „und die Lichtwelten sind ausgedehnt" I, 278, 19; מאן מך מאן קאשיש „wer ist älter als ein andrer?" I, 358, 20; ארקאיהון מיא סיאויא וראהמאירהון השוכא האשכא „ihre Erde ist schwarzes Wasser, ihr Freund finstre Finsterniss" I, 278, 22; אמינטול דהאך דמותא דהזא בראומא והו בעורמקא „weil jene Gestalt, die er sah, in der Höhe und er in der Tiefe war" I, 282, 3; יאמאמיא וזיביא קודאמה „Meere und Ströme sind vor ihm" II, 98, 21; עלאיא מאן ותיתאיא מאן „wer

---

1) Vgl. ܣܠܝ ܐܠܗ ܟܠܕ ܐܟܝܢ ܟܣܡ Aphraates 331, 15; ܝܐܟܠܐ eb. Z. 4 u. 15 dicht neben ܣܠܝ ܣܠܝ ܟܠܕ ܐܟܝܢ Z. 5.

ist der Obere? und wer ist der Untere?" I, 201, 11; דעקבה מיא ושירשה כאנא דנישמאתא "dessen Fuss Wasser und dessen Wurzel die Basis der Seelen ist" II, 37, 19; עותריא דתאם "die Uthra's, die dort sind" I, 323, 13; עותריא אהאי דמינאי "die Uthra's, meine Brüder, die mit mir waren" I, 164, 4; על מא דבון "über das, was in ihnen ist" I, 278, 7 u. s. w.

Bei der 1. und 2. Pers. wird zwar, wie wir sahen, die Copula auch zuweilen durch הו ausgedrückt, aber auch die andre Weise, sie durch Wiederholung des Pron. auszudrücken, ist im Mand. bekannt. Es sind hier mehrere Fälle möglich 1) mit einfachem suffigiertem Personalpronomen; so überwiegend bei Partic. wie נאפיקנא "ich gehe aus" = ܐܢܐ ܢܦܩ u. s. w. und zuweilen bei Adjectiven wie האכימירת ובאסימירת "du bist weise und lieblich" I, 274, 17 u. s. w. (mehr Beispiele § 75). 2) Mit einfachem selbständigem Pronomen, mag dasselbe vor- oder nachstehn, vgl. שליהא אנא דנהורא "ich bin der Gesandte des Lichts" I, 64, 20, 23; שליהא אנא כושטאנא "ich bin der wahrhafte Gesandte" I, 64, 21; אבדיא אנין דהאטאייא "wir sind die Knechte der Sünde" I, 63, 15; 24, 2; אנאת דמו דילאן ואנין דמותאך דילאך "du bist unser Ebenbild und wir sind dein Ebenbild" I, 173, 15; אנאתון גאבאריא ואנין מכיכיא "ihr seid Helden und wir sind Schwächlinge" II, 27 ff.; אנאתון הייא אבאהאתאי אנאתון נאפשיא ולאהאסריתון רורביא אנאתון ולאו זוטיתון "ihr, o Leben, meine Väter, seid ausgedehnt und nicht mangelhaft, ihr seid gross und nicht klein" I, 292, 1, in welchem Beispiele mehrere Arten des Ausdrucks beisammen stehn. Selten so bei einem Part. wie אנא מן קודאם סאכליא לאמראהאק "ich bin von den Thoren nicht entfernt" I, 218, 3 [1]. 3) Mit doppeltem Personalpronomen; das 2te bildet hier die Copula. Dasselbe ist beim Part. und Adj. suffigiert, sonst selbständig z. B. אנאת ... סאלקית "du ... steigst" II, 26, 22; אנא ... האגינא "ich lese" I, 205, 3 u. s. w. (§ 229); אנא ראבנא "ich bin gross" DM 9ᵇ — אנא בר רביא אנא "ich bin der Sohn der Herren" I, 94, 5;

---

1) Vgl. ܐܢܐ ܚܟܡ, ܚܟܡ ܐܢܐ Matth. 23, 24 Cureton (Pesh. ܚܟܡܢܐ); ܟܗ ܢܦܩܬ ܐܢܐ, ܐܢܐ ܢܦܩܬ Joh. 4, 33 Cureton (Pesh. ܐܢܐ). — In palästin. Dialecten ist diese Stellung sehr üblich s. Z. d. D. M. G. XXII, 512 f.

אנין לואתאך אנין „wir sind bei dir" I, 72, 8, 10; אנין אבדיא אנין „wir sind Knechte" I, 63, 16 u. s. w.

Eine besondere Häufung wäre in לאו אנא הו לבושא דנורא לבישנא „ich bin nicht mit einem feurigen Gewande bekleidet" I, 52, 18, aber hier ist vielleicht לביש richtiger, da das in D fehlende נא auch in B durchstrichen ist; dann gehörte der Fall einfach zu den obigen.

Einen eigenthümlichen Gegensatz zur Setzung einer besonderen § 274. Copula bildet die allerdings sehr seltne Weglassung des Subjects im reinen Nominalsatz. Den Uebergang hierzu haben wir allerdings schon in den verbal gebrauchten Participien (§ 255) wie אמאר „er sagt", אמריא „sie sagen"; daran schliesst sich dann eine ähnliche Behandlung der Adjective, zunächst in Verbindung mit Participien wie in לאהאטין ביהדאדיא ויאקירין על¹ ארקיהאיהון ודאמין.. „sie sündigen nicht gegen einander und (sie sind) herrlich in ihren Firmamenten und gleichen..." I, 8, 9; dann aber auch והארבה באלמא האזין לאנפיש ולאראב כד אלמיא דהייא רביא „und er schaute (نَمِ صحا) auf diese Welt; nicht (war sie) ausgedehnt noch gross wie die Welten des grossen Lebens" I, 297, 16. Natürlich ist so Etwas nur statthaft, wo über das Subj. kein Zweifel sein kann; übrigens findet sich Aehnliches in den verwandten Sprachen² und im Grunde wohl auch in allen übrigen.

Die Voranstellung absoluter Nomina, welche nachher durch § 275. ein Personalpronomen aufgenommen und in ihre richtige Satzverbindung gebracht werden (wie زَيْدٌ مَرَرْتُ بِأَبِيهِ, زَيْدٌ ضَرَبْتُ أَبَاهُ, زَيْدٌ قَامَ أَبُوهُ, زَيْدٌ أَبُوهُ قَائِمٌ) ist auch im Mand. äusserst häufig. Schon die genannten Sätze wie אנא לכון קארינא „ich, euch rufe — ich" I, 67, 15 und selbst אנא עהאבילאך „ich, dir gab — ich" I, 230, 12 liessen sich hierher ziehn. Ferner haben wir dies Verhältniss z. B. in ודיאתבין באודאניא דאהילון „und, die in Wüsten wohnen, die stösst er weg" (نبذ) I, 391,

---

1) So ist wahrscheinlich für ארקאהאירהון zu lesen.
2) Vgl. z. B. ܩܛܝܠܝܢ ܟܬܒܬ ܠܟ ܘܫܪܝܪ ܪܓܝܡܝܢ ܪܫܝܡ ܠܟ ܘܡܗܝܡܢ „die getödtet sind, habe ich dir geschrieben, und (das ist) wahr; die gesteinigt sind, dir verzeichnet und (das ist) zuverlässig" Mart. I, 120, 9. So bei Angaben von Lesarten ܘܫܪܝܪ „und (das ist) richtig".

9; ומדינתא טאבותא האויאלה[1] „und der Stadt wird Gutes zu Theil" I, 391, 10; ואנאשיא כילא לאהאוילון „und den Menschen ist kein Maass" I, 392, 9; איאר סתאנא אתיא בגאוה בארדא ורוגזא „im Nordwind kommt Hagel und Zorn" I, 283, 6; ופתאהיל ליבה בכיתא עתמליא „und Petahil's Herz wurde voll Weinens" I, 306, 20; ושכינאתון בוטלאנא ליתלון „und ihre Wohnsitze haben keine Vergänglichkeit" I, 9, 4; האלין מאנהיראניאתא ד׳ ... לאו זיוא דילון הו „diesen Leuchtkörpern, welche ..., gehört der Glanz nicht selbst" I, 283, 16; כול תארמידא ד׳ ... רוגזא ... משואראי עלה „auf jeden Priester, der ..., ist Zorn ... gelegt" I, 223, 16; כול מאן ד׳ ... בעצטלה „in eines jeden, der ..., Gewand" II, 98, 20 u. s. w. So bei Personalpronomen: הו ליבה סאהיק „sein Herz hüpft" I, 153, 11; אנא דמותאי הע „meine Gestalt ist das" I, 173, 17; אנא קראך „mich hat er gerufen" I, 34, 13; 46, 13; אנין דמשאבינין מאראן האטאיאן „wir, die wir preisen, Herr, unsre Sünden und Schulden vergieb uns" I, 66, 16; והאובאן תישבוקלאן אנאת מאנדא דהייא מיביסמאת עלאך „gefiel es dir, o M. d. H.?" I, 71, 6; אנאתון עובאדאיכון וש׳ „eure Thaten" u. s. w. II, 27, 11 (und öfter); ואף אנאתון לאתהויולכון ראגאגתא „und auch ihr möget kein Gelüste haben" I, 229, 8; על האהו דאנין האשאבתא מינה אתאלאן „an den, von dem uns der Gedanke kam" I, 157, 18 u. s. w. Diese Beispiele mit den Personalpronomen, die durchaus nicht in Abhängigkeit stehn können, berechtigten uns wohl, hier auch in einer im Ganzen casuslosen Sprache von einem Nominativus absolutus zu sprechen, mindestens von einem Casus rectus absolutus (vgl. § 270 S. 391).

Congruenz der Satztheile.

§ 276.   Wir haben schon viele Belege für die Erscheinung gehabt, dass sich die Masculinformen im Mand. auf Kosten der Femininformen ausbreiten. Namentlich geschieht dies bei den Pronomen (mit Ausnahme der 3. Sg.) und beim Verbum im Pl. Auch da, wo noch besondere Femininformen vorhanden sind, werden sie immer mehr verdrängt und unter gewissen Umständen, wie vor Suffixen und vor Enclitica, ganz ausgeschlossen (z. B. נינהרולאך אינאך „dir leuchten deine Augen" Ox.

---

1) So die Londd. Die anderen האוילה ohne Congruenz des Geschlechts.

III, 21ª; 74ª). Nun ist hier aber schwierig festzustellen, wie weit die in unsern Texten herrschende Ersetzung weiblicher Formen durch männliche schon in deren ursprünglicher Gestalt vorhanden war. Ganz fehlte diese Erscheinung sicher nicht, dahin geht eben der Zug der aram. Dialecte seit alter Zeit; aber dass sie auf engere Gränzen eingeschränkt war, erhellt aus manchen Zeichen. Namentlich haben die besseren Handschriften die Incongruenz seltner als die schlechteren. So waren z. B. I, 19, 14 ff. bei נישמאתא die Femininformen ursprünglich gewiss durchgeführt, während jetzt einige Ausnahmen sind; die schlechste der 3 Handschriften (C fehlt) hat hier noch öfter das Masculin z. B. מאהיקילון Z. 14 für מאהיקיליך der andern. Und wenn wir I, 391, 19 auch in allen 8 Codd. בישותא האויבון finden, so ist das doch durchaus nicht mit Sicherheit als ursprüngliche Lesart anzusehn; haben doch I, 391, 10 die 4 Pariser Handschriften טאבותא האוילה, während hier die 4 Londoner noch richtig האויאלה lesen. Aehnlich mag es bei den zahlreichen האזיך für האזא (z. B. בריכא האזין דמותאך „gepriesen (f.) ist diese (m.) deine Gestalt" Ox. III, 13ª; מן האזין שותא קאדמאיתא „von dieser ersten Rede" I, 58, 26), ה(ון) für ה(ין) u. s. w. sein. Wir haben also keine Sicherheit für die Ursprünglichkeit der Formen in Sätzen wie מאראיהון דזאכאואתא כולהיך „Herr aller Reinheiten" Ox. III, 84ᵇ, aber ebenso in Par. XI; כולהון עבידאתא מיניך האויאך „alle Werke sind von dir" Ox. III, 72ᵇ, neben כולהיך עבידאתאך Ox. III, 80ᵇ, wo Par. XI wieder כולהון giebt; האדיא וראוזיא שכינאר בריכיא „die Wohnsitze der Gesegneten freuen sich und frohlocken" Ox. III, 73ᵇ, auch in Par. XI; vgl. die Construction ענשיא „Frauen" mit שאדילה „werfen ihn", נאסבילה „nehmen ihn" u. s. w. I, 390, 6 und vieles Andre. Jedenfalls zeigt bei einigen dieser Beispiele die Uebereinstimmung zwischen Par. XI und Ox. III, dass die Incongruenz ziemlich alt ist und schon in dem Par. XI entsprechenden Texte stand, aus welchem Ox. III (die älteste datierte mand. Handschrift) ausgezogen ist. Auch dürfen wir nicht verkennen, dass eine einzelne Handschrift gelegentlich willkürlich die Congruenz wieder herstellt: wenn z. B. I, 393, 10 nur A פאגראיין bietet, sieben Handschriften (darunter die mit A nächst verwandte B) פאגראיהון, פאגראיון, so ist letzteres als fest bezeugte Lesart zu betrachten, während immerhin der Schreiber von A ohne urkundliches Zeugniss die ursprüngliche Lesart wieder hergestellt haben mag.

In den späteren Texten ist das Gefühl für das Entsprechen des grammatischen Geschlechts viel · mehr geschwunden. Wenn in den Gebrauchsanweisungen des Q. sehr oft האזין für האזן und im AM wiederholt שניא דקשילה „die Jahre, welche ihm gefährlich („hart") sind" steht, wenn ferner in solchen Texten bei den Zahlwörtern die falsche Geschlechtsform gebraucht wird, so mag das schon von den Verfassern selbst herrühren.

Constructionen ad sensum sind im Ganzen im Mand. nicht häufig, jedenfalls nicht bloss seltner als im Hebr. und gar im Arab., sondern auch als in den anderen aram. Dialecten. Es verdient dies besondere Beachtung, da hierin eine zu Gunsten der grammatischen Conformität zur Geltung gelangte Abweichung von der sonstigen Richtung der semit. Sprachen liegt. Collectiva in Sg.form werden sehr selten als Plurale[1] construiert wie in ציפאר גאדפיא דבשומיא פאהריא תרין תריך ולאבאטליא „die Vögel, welche am Himmel zu zweien fliegen und nicht zu Grunde gehn" I, 67, 6 (wo der Pl. wohl durch תרין תרין bewirkt wird)[2]; דכאנא דנישמאתא בגאוה מיתגאטליא „durch welchen der Grundstamm (die Gemeinschaft) der Seelen getödtet wird" I, 231, 23. Der beliebte Ausdruck כאנא דכ״ wird sonst als Sg. construiert. Nahe liegt der Ersatz des Sg. durch den Pl. in מן אמא דיאהוטאריא כולהון . . . מינאריהון נפאק „von dem Volk der Juden, davon (§ 231) sind alle ... ausgegangen" I, 24, 1. Natürlich wird aber כולהון und sonst כול mit einem Pl. stets als Pl. behandelt.

מאן wird zwar meistens als Sg. m. construiert, aber wo es einen Pl. oder ein Fem. vertritt, kann es auch demgemäss construiert werden. So מאן דבשאפאלא איתינון עכומיא הינון „die, welche im Tiefland wohnen, sind schwarz" I, 284, 10 (dicht dabei כול מאן ד als Sg.); מאן מן ליליאתא שריא „welche von den Lilith's wohnt?" DM 6ª (2 mal);

---

1) Im Talm. vgl. z. B. נפול כולי עלמא אאנפיידהו Meg. 22ª. Im Syr. ist eine solche Construction sehr beliebt z. B. ܣܥܘ ܥܡܕܘܢܐ ܬܘܒ ܣܠܩ LAND, Anecd. II, 55; ܣܠܩܘܢ ܣܗܕܐ ܡܫܬܡܠܝܢ ܣܗܕ ܓܒܪܐ ܒܗܘܢ Aphraates 231, 14 u. s. w. So עמא מסאבא קיימין לקיבליה Esther II S. 234, 7 LAG.

2) Uebrigens kommt auch der Pl. ציפריא vor II, 99, 13 u. s. w.

מאן נידראת נידריא ושאלמארה עלה "welche Frau hat Gelübde gethan und es ihm erfüllt?" DM 39ᵃ¹.

In folgenden Fällen ist ein leicht erklärliches Schwanken der Numeri: וראבאייא האד להאברה נאפיל "und die Araber fallen über einander her" I, 385, 6; שומאיהון דתלאתא לבושיא האד האד מאפראש "die Namen der 3 Kleider ... sind einzeln erklärt" DM 2ᵇ²; ובעדאיהון דנאפשאיהוך האד להאברה גאטילה "und mit ihren eignen Händen werden sie einander tödten" I, 390, 1; ניסקון האד מן אלפא וניסקון תרין מן רובאן "sie werden aufsteigen, Einer von Tausend, sie werden aufsteigen, Zwei von Zehntausend" I, 307, 11 (vgl. § 225. 298).

Die Pluralconstruction כיתון כוכביא סדיקיא kann ich nicht für ursprünglich halten, obwohl die Uebereinstimmung von II, 82, 9 und Q. 68, 2 dieser Lesart ein hohes Alter sichert; denn für eine Zusammensetzung wie ריש מאשכניא (§ 151) kann doch eine so lose Verbindung wie „Gewänder der Sterne" nicht gehalten werden; ich denke, ursprünglich stand da כיתונון כוכביא "die Gewänder der Sterne sind zerrissen".

Die Neigung der Sprache, das Fem. zum Ausdruck des Neutrums § 277. zu gebrauchen, macht sich auch darin geltend, dass מינדאם ד "das, was"; מאהו ד; מא ד; כול ד "Alles, was"; ד "das, was" weiblich construiert werden können. So מינדאם דבית לאהואת "was ich wünschte,

---

1) Vgl. ‏مَن‎ ‏سَمِعَ‎ Assem. I, 357 (Simeon von Beth Aršam); ‏سمع‎ ‏من أحد و أحد‎ ebend. — Arab. ‏ومنهم من يستمعون إليك‎ Sura 10, 43; ‏من تَقْنُتْ منكنّ‎ Sura 33, 31 nach der Lesart Einiger (gewöhnliche Lesart ‏يقنت‎). Ueber diesen Fall s. Sîbawaih in de Sacy's Anthol. gramm. 112 f.; Mubarrad's Kâmil 210; Ibn ʿAqîl 42 u. s. w. Das Gewöhnliche ist auch im Arab. der Singularis.

2) Anders ‏ܗܘܡ ܡܚܡܕܡ ܡܩܕܡ ܐܚܬܝ ܡܢ ܣܡ ܣܡ‎ Aphraates 188; (vgl. Cureton, Spic. 18, 9; 17, 19, 26); ‏ܘܣܠܕܐ ܒܙܘܡܐ ܣܚܢܐ ܠܗܒܡ‎ ‏ܚܠܒ ܠܣܡ ܠܚܣܡ ܣܡ ܢܚܣܡ ܣܡ ܡܢ ܣܡ ܚܘ‎ eb. 200, 15 und gar das seltsame ‏ܣܡ ܐܡܢ‎ una ex mit dem Pl., wofür ich Z. der D. M. G. XXV, 637 f. Belege gegeben habe. — Im Arab. haben wir in einem ähnlichen Fall den Sg. ‏المؤمنون كلٌّ آمن‎ Sura 2, 285; so auch im Aethiop. s. Dillmann S. 395. (Vgl. οὐδ᾽ ἄλκιμον ἦτορ ἔχοντες πρόσσω πᾶς πέτεται Ilias 16, 264).

ist nicht geschehen" I, 94, 20; מִינְדַּעַם דְּבָעְיָא תִּיפּוּק מִינַּאי „was sie wünschen, geht mir fort" I, 297, 1; בִּסְמָאת עַלָאוִיהוֹן דְּרַבִּיָא מִינְדַּעַם ד׳ „es gefiel den Herren, was ..." Ox. III, 84ᵇ = Par. XI, 28ᵇ [1]; כּוּל דְּהָוֵי עַלָוַאי תִּיהֱוֵא „Alles, was geschieht, kommt über mich" I, 164, 20; כּוּל דְּהַאֲשִׁיב תִּיקְנַאת „Alles, was er dachte, kam zu Stande" I, 297, 17; כּוּל דְּעַבְדִית תִּיקְנַאת „Alles, was ich gethan habe, ist zu Stande gekommen" I, 101, 18; מַאהוּ דְּעֲלַאי הֲוָאת „was über mich gekommen ist" I, 162, 5 [2]; מַא דַאֲמַרְתְּ מְקַיְימָא „was du gesagt hast, ist fest" I, 235, 4; מַא דַּהֲוָאת וּמַא דְּמִיהֱוֵא [3] בָּאיָא „was gewesen ist und was sein wird" I, 278, 15; עַל דַּהֲוָאת וְעַל דְּהָוֵי וְעַל דְּמִיהֱוֵא בָּאיָא [3] „was da gewesen ist, ist und sein wird" I, 205, 4; 206, 1, 21; 196, 19 (wo für בָּאיָא steht מִיבִילָה = לֵהּ מִתְבְּעֵי); דַּאֲבַדְנָן עַסְתַּאדְרַאת „was wir gethan haben, ist in Ordnung" I, 152, 2. Zu bemerken ist, dass in einigen dieser Sätze Verben sind, welche an sich gern als Ausdruck des Unpersönlichen im Fem. stehn (§ 256).

Aber auch hier ist das Masc. erlaubt, namentlich wo das Präd. kein Verbum ist. Vgl. דְּסַנְיָא und מִינְדַּעַם דְּסַנְיָא „Etwas, das hässlich ist" II, 90, 21, 23; מִינְדַּעַם דְּשַׁפִּיר „etwas Schönes" II, 29, 11 und immer in solchen kurzen Ausdrücken: כְּמָא שַׁפִּיר דַּחֲזִית וּכְמָא סַנְיָא מִינְדַּעַם דְּהַאֲוִיתוּן „wie schön ist, was ich gesehn, und wie hässlich, was ihr mir gezeigt habt" II, 66, 8; שַׁפִּיר דַּאֲמַרְתּוּן אֲמַאר תּוֹלִיא „schön ist, was ihr mir gesagt habt" I, 268, 12; לָא הוּא דְּבָאיְנָא וְלָא הוּא דְּנִישְׁמָאת בָּאיָא „das ist nicht, was ich wünsche, und nicht, was meine Seele wünscht" II, 125 ff.

Nicht zu verwechseln ist dieser Fall mit dem, in welchem ein Satz mit ד׳ „dass" als Fem. construiert zu sein scheint (§ 256).

§ 278. Ein Partitivausdruck mit מִן wird fast immer in dem Geschlechte construiert, welches das betreffende Nomen hat; also מִן זִיוָהּ וּמִן נְהוֹרָהּ ד׳ ... וּמִן רַוְחוּהְ דְּחַיֵּא נִישְׁרֵיא עֲלָן „von dem Glanze und Lichte des ... und von dem Frieden des Lebens komme über uns" Q. 41, 22, aber

---

1) Vgl. ܗܳܠܶܝܢ ܕܰܗܘܰܝ̈ ܒܰܪ ܐ̱ܢܳܫܳܐ ܥܰܠ Barh. gr. I, 11, 24 (ebend. ein Beispiel von der gewöhnlichen Construction ܥܰܠ ܕܰܗܘܳܐ).

2) Vgl. מַאי תִּיהֱוֵי עֲלָן „was wird über uns kommen?" Hagiga 5ᵇ.

3) Wenn die Lesarten richtig, so ist hier zuletzt das Masc. eingetreten.

מן צאותאי דיליא תישריא עלך "von meiner Schönheit komme über sie" I, 236, 3; מן מיניל‍תאך לאתיהויא עלה "von deinem Worte wird Nichts auf ihn kommen" I, 80, 8; מן בירכתאן תעיול עלאך "von unserem Segen komme über dich" I, 115, 13 und so öfter mit .. מן תישריא עלי .. Dass das Fem. hier sehr überwiegt, kommt daher, dass die in dieser Verbindung gebräuchlichen Abstracta weiblich sind[1]. — Doch daneben מן שפיתון דהאנאתון מיא .. ניהויא למישיתיאך "vom Erguss jener Gewässer ... soll dir Etwas zum Trunk dienen" I, 87, 18.

§ 279. Zwei oder mehr Nomina, welche durch ו an einander gereiht sind, werden auch im Mand. verschiedenartig behandelt. Entweder werden die Glieder, wenn wenigstens eines (und zwar das hervorragende) im Sing. steht, als Einheit zusammengefasst, oder sie werden als Mehrheit betrachtet; über das Geschlecht entscheidet die grössere Nähe in der Wortstellung oder aber die grössere Bedeutung eines Gliedes. Wir haben so den Sg. in וסינא קינא ופלוגיא בליבאיכון לאניהויא "und Hass, Eifer und Zweifel sei nicht in eurem Herzen" I, 16, 17; תיליטה שומיא וארקא "die verflucht der Himmel und die Erde" DM 29ᵇ; אתיויא מיזאל ומיתיא הוא "wäre ein Gehen und Kommen" DM 38ᵃ; לדאהבא וכאספא דבה ראויבה אלמיא "sie brachten Gold und Silber, wodurch die Leute berauscht werden" I, 112, 3; סילקאת בכיתא ושכיתא ודנותא דשיתיל "aufstieg das Weinen, Klagen und die Demüthigung Schithil's" II, 7, 13; הירבא ונורא עניסבאר "Schwert und Feuer wurde weggenommen" I, 271, 11 u. s. w. Hier sind überall die zusammengereihten Glieder gleichen Geschlechts und stehen sich begrifflich sehr nahe. Das begrifflich Ueberwiegende bewirkt die Construction im Sg. in יארדנא ותרין כיפה ניהויא עלאויאן בסאהדריא "der Jordan mit sei-

---

[1] Grammatisch steht dem gleich ما تَسْبِقُ مِنْ أُمَّةٍ Sura 15, 5; وما حَمَلَتْ من ناقة فوق ظهرها أَبَرَّ (أَشَدَّ) Sur. 6, 59; ما تَسْقُطُ مِن وَرَقَةٍ Ibn Hišâm 830, 12 = Diw. Hudh. nr. 127 v. 4 und Ibn Hišâm 964, 9. Aber im Arab. liegt diese Feminconstruction deshalb weit näher, weil من hier seine ursprüngliche Bedeutung ganz verloren hat und nur noch etwa mit „irgend ein" zu übersetzen ist. Aehnlich ist es mit der Feminconstruction von من قرية und von كم من und كائن من mit folgendem Fem.

nen beiden Ufern soll über uns Zeuge sein" Q. 12, 11; דבנאלה פתאהיל ושובא שיביאהיא "welchen Petahil mit den 7 Planeten baute" II, 9, 10 (worauf dann aber im Pl. fortgefahren wird); פתאהיל הו ומלאכיא דעמיה אסגיא "Petahil, er und die Engel, die mit ihm waren, ging" I, 268, 6. Auffallend ist ... ד אגראך ועובאדראך וזידקאך וטאבותאך מאטרא נאדיאך (לעיאדיאך) "dein Lohn, deine Thaten, deine Gerechtigkeit und dein gutes Handeln werden dich bei der Wache des ... vorbei bringen" II, 89 f. mehrmals, wo man den Pl. erwartete. Der Pl. ist überwiegend, wo die einzelnen Glieder persönliche oder persönlich gedachte Wesen sind; steht da der Sg., wie in den eben gegebenen Beispielen, so wird eine Person ganz über die anderen hervorgehoben. Den Pl. haben wir z. B. in ובירכתא וטאבותא וראבותא דמאלכא ראמא דנהורא פאריאן ולאמיסתאיכאן "und der Segen, die Güte, die Herrschermacht des hohen Lichtkönigs mehren sich und werden nicht beschränkt" I, 4 ult., wo alle Glieder weiblich sind. Bei der Differenz des Geschlechtes entscheidet entweder das Hervorragendere oder das näher Stehende, vgl. כול דאבויא ועמה מאיתילה "jeder, dem Vater und Mutter sterben" I, 226, 24; וניהזינון למאנא ודמותה וניטובתא "wir wollen sie sehn, den Geist, sein Ebenbild und die Nitufta" I, 152, 4; מאנא הו ודמותה לואתאיון תירצון "der Geist, er und sein Ebenbild, richteten mich auf" I, 156, 19; אדאם ובנה ושורבתה ניהזונה "Adam und seine Söhne und seine Abkommenschaft werden ihn sehn" I, 108 ult.; ניהון גאברא וענתא "ein Mann und eine Frau sollen sein" I, 12, 21; כולהין מדיניאתא ובית אלאהיא דאהנא "alle Städte (das bedeutsamere Wort) und Gotteshäuser werden blühen (نَبَتْ)" I, 392, 4; כוכביא ומאזאלאתא נאתריא "Sterne und Himmelszeichen fallen nieder" I, 203, 12 — וזיביא נאהליא וראנאניאתא מישתאפיאן "und Ströme, Bäche und Quellen ergiessen sich" II, 88, 14; כולהין בירא ויאמאמיא יאבשיא "alle Brunnen und Meere trocknen ein" II, 16, 23 (wo vorne nach dem voranstehenden Femin. weiblich, hinten nach dem nachstehenden Masc. männlich construiert ist). Das Masc. überwiegt übrigens auch sonst zuweilen das Femin. wie z. B. in כאדבא ובישותא האויבון "Lug und Uebel ist in ihnen" I, 389, 6; זאינא ובישותא האוילון "Schaden (pers. زيان) und Uebel ist ihnen" I, 389, 16, in welchen beiden Fällen האוי wohl als Sg. anzusehn ist, da die beiden Glieder eng zusammen gehören. Wie verschiedene Auffassungen hier möglich sind, zeigt das Beispiel רוהא ושובא בנה הון הואת רוהא ושובא בנה „Rûhâ und ihre 7 Söhne entstanden, es entstand Rûhâ und ihre 7 Söhne" I, 339, 13, wo zuerst das näher stehende בנה Numerus und Geschlecht bestimmt, dann das näher stehende und gewichtigere רוהא. Das Erstere ist aber das Gewöhnlichere, da es sich um Personen handelt[1].

Bei Aneinanderreihung mehrerer grammatischer Personen überwiegt die 2. über die 3., die 1. über die 2. Ist die 1. oder 2. im Sg., so wird die Gruppe meist singularisch construiert[2]. Vgl. אנא וגונדאי וגאבאראי עקום ועזדאהארבאך „ich mit meinem Heer und meinen Helden will aufstehen und auf dich passen" Par. XI 13ᵃ, 13ᵇ; אנא ורוהא עם לואת הדאדיא שאבישתינכון[3] „ich mit Rûhâ meiner Mutter in Gemeinschaft habe euch bethört" I, 233, 22; אנא ותרין עותריא אהאי עקריא „ich mit den beiden Uthra's, meinen Brüdern, rufe" I, 50, 5; עקריא אנא שליהא דהייא ותרין מאלאכיא דמינאי „ich rufe, ich, der Gesandte des Lebens, und die beiden Engel, die mit mir sind" I, 27, 5 und so oft . . . . אנא; הוילה צאותא אנאת ותרין מאלאכיא „sei ihm Genosse, du und die beiden Engel" I, 13, 22; 34, 21; ליטית אלאהא ורוהא „verflucht bist du Gott und Rûhâ" I, 173 ult.; כד שאכביא אנאת וזאואך „während du schläfst bei deiner Frau" Q. 74 oben, wo noch mehr solche Sätze; האיזאך פתאהיל ואנאת מאנא ביהדא שכינתא יאקדיה „dann wird Petahil und du, o Geist, in einem Wohnsitz glühen" II, 56, 8, wo die 2. Pers. im Präd. auffallend. Der Pl. steht in אנא ועותריא אהאי באטילנה „ich und die Uthra's, meine Brüder, wir vernichteten sie" I, 107, 7; אנא ועותריא

---

1) Barh. gr. I, 15 stellt für das Syr. die Regel auf, dass eine Reihe von Femininen und Masculinen als Masc. construiert werden müsse, aber I, 63 behauptet er, dass das Voranstehende entscheide; für Beides bringt er Belege, von denen die des ersten Falles das Präd. nachstehend, die des zweiten es voranstehend haben. Ob diese Regeln durchgehen, bezweifle ich; dafür spricht allerdings grade der Wechsel in dem II, 15 ult. angeführten Beispiel لم ڡم نحم .ﺻﻤﺰا (so lies) بلسم الم ڡم ڡنصم الم.

2) Vgl. كنتُ اغسل انا والنبيّ صلعم من إناء واحد Buchârî 5, 9 mehrmals.

3) So lies mit BD.

אהאי אבאדנה „ich und die Uthra's, meine Brüder, wir machten sie" I, 106, 4; אנא ואלמיא ודאריא דעמיבאי האדינין ודארשינך „ich und die Welten und Generationen, die mit mir sind, wir freuen uns und singen" I, 145, 14 — עוניון יארדנא ותרין כיפה „erhört mich o Jordan und seine beiden Ufer" Q. 63, 2; אף אנאת אדאם וזאואך ובנאך .... עתבארון „und du o Adam und deine Frau und deine Söhne .... haltet euch frei" I, 60, 14. In allen diesen Dingen ist, wie man sieht, sehr viel Spielraum für verschiedene Auffassungen und Ausdrucksweisen.

§ 280. Wohl mehr eine Eigenthümlichkeit des Stils der mand. Schriftsteller als des Dialectes selbst ist es, Personen im Sg. und Plur. mit הוא und einem dativischen ל durch gewisse Abstracta und weiter selbst Concreta im Sg. zu bezeichnen, vgl. תריסאר הולאך רידפא „die Zwölf waren dir Verfolgung" d. i. „Verfolger" I, 324, 6; Q. 66, 32 und so רידפא I, 229, 16; 232, 6; רידפא והאמבאגא האוילה „sie sind ihm Verfolgung und ein Gegner" I, 229, 1; הוילה צאותא „sei ihm Genossenschaft" I, 13, 22; הינון האוילא צאותא „sie sind mir Genossenschaft" I, 141, 19 und so oft; ניהוילה פולהאנא „wir wollen ihm Dienst (Diener) sein" I, 33, 19; 12, 20 (wo פולהאנא); מאן הואלאך פירקא „wer war dir Erlösung (ein Erlöser)?" I, 362, 17; לאהאוילון פירקא „sind ihnen nicht Erlösung" I, 17, 14 u. s. w., wonach ולעשיקא הולה פארואנקא „und dem Bedrückten seid ein Befreier" I, 15, 16[1]; הון סימאכא ואדיאורא להדאדיא „seid einander Stütze und Helfer" I, 20, 19[2]; ניהוילאך אדיאורא „wir sind dir ein Helfer" I, 98, 12 und so öfter;

---

1) פארואנקא („Bote") spielt im Mand. oft in die Bedeutung von פָּרוֹקָא hinüber.

2) Das ziemlich beliebte Wort אדיאורא ist wohl sicher mit dem pers. jâvar = jâr „Freund, Helfer" nah verwandt, welches im mand. Namen יאואר זיוא erscheint. Dieses Wort hat eine ältere Nebenform ajâr (s. WEST, Glossar zum Minochired; vgl. kurd. iârî, neusyr. hiârî) und so noch vollständig das Abstract איאבארא ajâbarî im Huzw. s. HAUG's Glossar. Wie nun im Huzw. advâǧ als Nebenform von âvâǧ اَوَاج, admâr neben âmâr „Zahl" erscheint (HAUG, Glossar 49; 46), so hat es auch wohl eine Form adjâvar gegeben, deren St. emph. eben אדיאורא ist. Allerdings müsste man dann annehmen, dass das erste a in ajâr eigentlich â ist; es wäre ein Wechsel der Präp. â mit adhi.

דהיימון ניהויילאך נאטריא „welche dir ein Hüter sind" I, 314, 14; אנין
ניהויילאך נאטריא „wir sind dir ein Hüter" I, 314 ult. und so öfter;
הוליא סאהדא „seid mir ein Zeuge" Q. 9, 3. Aehnlich היא עדילמא
רביא גיוטא עלאי „dass nicht etwa das grosse Leben Zorn (§ 108) über
mich wäre" II, 6, 21 und so öfter על גיוטא. Aehnlich באהיד .. דהאויילון
עדא „welche ihm ... ein Helfer sind" I, 322, 13 u. s. w. s. § 252
am Ende.

Nun giebt es aber im Mand. noch einige bestimmte Fälle, in § 281.
denen das Verbum nicht nach Geschlecht und Zahl flectiert wird. So
bleibt הוא sehr oft unverändert. Zunächst geschieht dies in Verbindung
mit Participien (§ 264); ferner vgl. כמא הוא[1] האכימיא ושאפיריא צאיאריא
„wie waren die Bildner weise und schön!" II, 14, 24; דהוא ארקא ושומיא
באתאיכון „welche, Himmel und Erde, eure Häuser waren." I, 254 ult.;
דהוא שאנין מן קלידיא כולהון „welche verschieden von allen Schlüsseln
waren" I, 145, 13; כול כינתא כינתא אלפא דשניא הוא „jede einzelne
Hülle war 1000 Jahr lang" (nahm 1000 Jahr in Anspruch) I, 158 ult.;
מן יומא האנאתה ... ואלמא ד ... מא אלפיא שניא הוא ... „von jenem
Tage .., bis dass ..., waren 100000 Jahr" I, 142, 9; ופיריא רורביא
(הואליא) לאהואלה „und grosse Früchte hatte er (ich) nicht" II, 5, 5,
16; 6, 12; הואלה תריסאר בניא „er hatte 12 Söhne" I, 170, 17; לאהואלה
בניא „er hatte keine Söhne" II, 13 ult. Bei den letzten 3 Beispielen
könnte man daran denken, dass הוא ל als „haben" aufgefasst und so
das scheinbare Subject Object wäre[2]; doch scheint diese Erklärung
angesichts der übrigen Fälle nicht nothwendig[3]. Uebrigens könnte in
allen diesen Sätzen die dem Subj. entsprechende Form von הוא stehn,
und sie ist in den meisten Fällen sogar gebräuchlicher.

---

1) Besser bezeugt sind האכימא und צאיריא.

2) Vgl. das oben § 272 Bemerkte. Dieselbe Construction הוה ליה
מילתא בהדי.. „er hatte eine Sache mit NN" Joma 87ª mehrmals; und
selbst היה לי ובני בית Eccl. 2, 7.

3) Vgl. die Construction von *alô* (= äthiop. *halô*, *halawa*) im Tigriña
mit dem Pl. (PRAETORIUS S. 320). Das beliebte ܐܝܬ ܗܘ beim Pl. (die Beispiele bei HOFFMANN S. 377 wären noch bedeutend zu vermehren) erklärt
sich vielleicht besser aus der ursprünglichen Bedeutung von ܐܝܬ als einem
Nomen im Sg.

Aber auch sonst bleibt das verbale Präd., wenn es voransteht, zuweilen nach altsemit. Weise starr im Sg. m. So einigemal (aber seltner als das Perf. הוא) das Impf. ניהויא, vergl. (ausser dem § 264 angeführten אמריתון ניהויא u. s. w.) ניהויא יומיא ויאהריא „es mögen entstehen Tage und Monate" I, 219, 13; ניהויא האפיקיא מיא „es entstehen Wasserbäche" I, 295, 15 [1]; ניהויא מגאדלא קארנאיכון „eure Stirnlocken („Hörner") seien geflochten" I, 257, 13. — Ferner vereinzelt so מיטיאן כאריותא „Kummer traf mich" DM 20ᵃ (im Ox. fehlt die Stelle), wo kaum ein männlicher Gebrauch von כאריותא nach § 130 anzunehmen wäre); ניקום גוברייא מזארדזיא „hurtige Männer stehn auf" I, 246, 3; ניתיבליך שאבוניא באיניך וניהשיכליך איניך ברישיך „mögen dir Splitter im Auge sitzen, dir die Augen im Kopfe finster werden" I, 181, 12; ניסאק זאכותא „aufsteigen wird das Verdienst" II, 59, 19 [2]; ניניאטראך נאטריא דאכייא „behüten werden dich reine Hüter" II, 59, 18; נישתקיל מינאיהון באואתא „genommen werden von ihnen Gebete" I, 319 ult. (aber I, 320, 1 נישתיקלון מינאידהון סידריא „Bücher werden von ihnen genommen"); נעתיאיאר בניא אנאשא „die Menschen werden erweckt" I, 261, 16; עשתרילה באינה דימיהתא „im Auge löste sich ihm (ihr) eine Thräne" II, 10, 12; 12, 20, aber an der ersten Stelle ist das Feminin עשתריאלה besser bezeugt. So haben für פאייש האמשין „es bleiben 50 (Jahre)" I, 390, 10 A und die Londoner Codd. פאישא und für פאיישלה תשא אלפיא שניא „es bleiben ihm 9000 Jahre" I, 379, 8 die Londoner פאישילה (wie I, 380, 8 in solcher Verbindung der Pl. steht) [3]. Besonders finden wir aber diese Incongruenz bei passiven und reflexiven Par-

---

1) Ganz wie יְהִי מְאֹרֹת Gen. 1, 14.

2) Die Beispiele mit diesen 3 Wörtern „aufstehn, sitzen, steigen" stützen sich gegenseitig, während sich z. B. bei dem folgenden leicht ein kleines Versehen (die Entstellung eines ursprünglichen ניניאטרונאך) vermuthen liesse.

3) Was Hoffmann S. 353 von ähnlichen Constructionen hat, ist alles hinfällig. Dagegen gehört wohl hierher das im Talm. häufige נח נפשיה und חלש דעתיה, ferner מילתא (oder ביה) איתרע ליה „ihm begegnete (von ארע) Etwas" Berach. 46ᵇ; Moed. k. 18ᵃ, 26ᵃ, aber auch איתרעא Moed. k. 21ᵃ. Ob auf פומין תרין שא דיתברי לבר Jerus. Berach. 1, 5 Verlass ist, weiss ich nicht.

ticipien. Wir hatten dies oben bei der Construction des Passivparticips mit ל (§ 263); ferner so סימלה כולהון דמאואתא „ihm sind alle Gestalten gegeben" I, 280, 1; סימלה תאגיא רורביא „grosse Kronen sind für ihn hingelegt" I, 4, 4; גליל̈ה כאסיאתא „ihm ist das Verborgene offenbar" I, 25, 19; 28 ult.; דכתיבלה בניא ובנאתא „dem (im Schicksalsbuch) Söhne und Töchter bestimmt sind" I, 43, 10; תריץ ברישאיהון כלילֽיא „aufgerichtet sind auf ihrem Haupte die Kronen" Q. 63, 15; לאפריטבון פורטתא „nicht ist in ihnen eine Lücke gerissen" II, 13, 8 (II, 107, 14 ist die Lesart פריט weniger gut beglaubigt); .. האליך ... מאבאטבה „darin sind die ... gefesselt" I, 181, 20 und öfter; לאמאסתבארביא כולהון אלמיא „nicht kennen mich alle Welten" II, 46, 22; לאכילבה פארסיא ולאמאנדאזבה כודכיא „nicht sind darauf Parasangen abgemessen, nicht Wegsteine abgetheilt" II, 84, 10, vgl. II, 13, 10 (aber II, 84, 10 שביקיבה מאטאראייא „gelassen sind darauf Wächter"); מיתנאפאש שורבתא „das Geschlecht breitet sich aus" I, 378, 10; אדמיתנציבלאן פיריא אדמיתינציבלאן אדיאוריא „bis uns Früchte gepflanzt, bis uns Helfer gepflanzt werden" I, 325, 5; מינ̈ציבלאן עותריא „uns werden Uthra's gepflanzt" I, 325, 7. Bei dem starken Ueberwiegen der passivischen Beispiele fragt es sich, ob wir hier nicht einen Rest der uralten, im Hebr. deutlich hervortretenden Redeweise haben, wonach das logische Object beim Passiv auch grammatisch als Object bezeichnet werden kann [1]. Doch macht etwas bedenklich, dass dies im Mand. auch mit dem Passiv nur bei Nachsetzung des Substantivs geschieht, also wie in den Fällen des Activs.

---

1) Im Arab. muss man wohl hierher zählen لِيَجْزِىَ قَوْمًا بِمَا كَانُوا يَكْسِبُونَ Sura 45, 13, wie Einige lesen (gewöhnliche Lesart لِيَجْزِىَ); den Vers فَلَوْ وَلَدَتْ فَقِيرَةٌ جِرْوَ كَلْبٍ لَسُبَّ لِذٰلِكَ الجِرْوِ الكِلابا Cod. Lugd. 588 S. 28; أُنِخْتُ لِي مِنَ العِدَا نَذِيرَا Šarḥ šuḏūr addahab (Bulaqer Druck) S. 61; مَا دَامَ مَغْنِيًّا بِذِكْرِ قَلْبَهُ (Reim auf رَبَّهُ) Qatar-annadâ (Bulaqer Druck) S. 64. — Unter dem Einfluss neusyrischer Bildungen ist eine solche Construction in neuerer Zeit im Syr. wieder aufgekommen; vergl. ausser dem Neusyr. Gramm. S. 318 Anm. Angeführten noch ܟ̣ܠܡܕܡ ܗܢܐ ROSEN, Catal. 4ᵇ oben; ܟ̣ܠܡܕܡ ܐܪܙܝܢ WRIGHT, Cat. 1179ᵃ, 1.

Mit Nachsetzung eines passiven Verbums haben wir allerdings so נישתכין ... כול נישמאתא דנאפקא „alle Seelen, die ausgehn .., erhalten Wohnung" I, 364, 18, aber hier hat vielleicht eine Verderbniss Statt gefunden (für נישתיכנאך oder allenfalls נישתיכנון). Ganz eigen sind jedoch die Fälle: דאניך האשאבתא מינה אתאלאן „von dem uns ein Gedanke gekommen war" I, 157, 19; מיניλאת שראρא דאתאלאך מיניλאת שראρא אתא לטאביא „das wahre Wort, welches dir gekommen ist, das wahre Wort ist den Guten gekommen" II, 91, 11; ענגירתא לאופא וזאכותא אתאλה (אתאλיא) „ein Brief, Lehre und Reinheit ist ihr (mir) gekommen" Q. 32, 18; 36, 7. Die Sätze stützen sich gegenseitig vollständig; an einen bloss lautlichen Abfall des femininen ה, wie er vor den Encl. möglich wäre, ist wegen אתא לטאביא nicht wohl zu denken; es bleibt also Nichts übrig, als anzuerkennen, dass אתא wenigstens vor ל wie הוא unverändert bleiben kann.

Es bedarf wohl kaum besonderer Erwähnung, dass in allen Fällen dieses § auch die Congruenz erlaubt, ja dass sie in den meisten weitaus beliebter ist. Jedenfalls haben wir aber hier mehrfach Reste sehr alten Sprachgebrauchs, der dem Syr. ganz abhanden gekommen ist.

Wortstellung.

§ 282.   Es handelt sich hier hauptsächlich um die Stellung der Hauptglieder des Satzes zu einander; über die Stellung der Wörter, welche zusammen nur ein einzelnes Satzglied bilden, wie des attributiven Adjectivs zu seinem Substantiv, des Zahlwortes zum Gezählten u. s. w. ist oben an den betreffenden Stellen gesprochen.

Die Haupttheile des Satzes haben kaum in einer semit. Sprache eine so freie Stellung zu einander wie im Mand. Manche Abweichung von der gewöhnlichen Wortstellung, welche in den verwandten Sprachen auch möglich ist und einzeln vorkommt, ist im Mand. sehr häufig und hat da nichts Gesuchtes [1]. Natürlich wird auch im Mand. durch

---

1) Jedenfalls scheint mir das Mand. und fast auch das Syr. reichlich so viel Freiheit in der Wortstellung zu haben wie das in dieser Hinsicht so gerühmte Aethiopische. Wie weit diese Freiheit für eine Sprache ohne Casus und mit stark abgeschliffnen Endungen ein Vortheil, ist freilich eine **ganz andre Frage.**

die besondere Art der Wortfolge oft ein bestimmter rhetorischer Effect erzielt; aber vielfach giebt die eine oder die andere Art keinerlei Modification des Sinnes. Die Freiheit der Wortstellung zeigt sich namentlich in der beliebten Umkehr der Wortfolge in den parallelen Reihen, und wenn dabei auch Manches aus der besonderen Manier des mand. Kirchenstils zu erklären sein mag, so wäre diese doch gar nicht möglich, wenn die Sprache nicht selbst solche Freiheit liebte. Dazu lassen sich die meisten im Parallelismus vorkommenden Wortstellungen auch ausserhalb desselben nachweisen. Aber dabei verliert das Mand. auch in dieser Hinsicht nie seinen echt semit. Character.

Der Gegensatz von Nominal- und Verbalsätzen ist, wie wir sahen, im Mand. kaum mehr fühlbar und macht sich also auch in der Wortstellung nur noch wenig merklich [1].

Das Subject steht selbst bei verbalem Präd. am liebsten voran, § 283. resp. steht es vor dem bedeutsamsten Worte des Präd.'s. Die Voranstellung des Verbums findet sich noch am häufigsten beim Perf. Aus der grossen Menge von Beispielen für alle Fälle gebe ich einige.

Beim Verb. fin. 1) beim Perf. Mit Voranstellung des Subject's: והאיזאך אלמא במיא עתינסיב „und da ward die Welt durch Wasser weggenommen" I, 380, 18; ומיא יאמא קאמירך „und das Meerwasser stand auf" I, 381, 23; מאלכא מא שניא באלמא לאהוא „100 Jahr lang war kein König in der Welt" I, 382, 19; כילא לשובא מנאואתא עתפאלאג כד הדאריא „ein Maass wurde den 7 Theilen zugetheilt gleichmässig" I, 379, 1; דניהותא הואת „dass Ruhe geworden war" I, 380, 23; והאיזאך אלמא לארבימא שניא בעוראשלאם עסר בר מיריאם לאעתאודאל „und da wurde erst nach 400 Jahren Jesus, Mariae Sohn, in Jerusalem geboren" I, 382, 9; אדאם נפאק מן פאגרה אדאם מן פאגרה נפאק „Adam verliess seinen Körper" u. s. w. II, 91, 19 (vgl. II, 92, 17); והאיזאך ארבין ותריץ יומיא וארבין לילאואתא מאמבודיהיא מיא עלאייא מן שומיא ומאמבודיהיא מיא תיתאייא מן ארקא אתון „und da kamen 42 Tage und 42 Nächte die Sprudel des oberen Wassers vom Himmel und die Sprudel des unteren

---

[1] Im Syr. lässt sich wenigstens noch eine Vorliebe für die Voranstellung des Verb. fin. im einfach erzählenden Stil beobachten, aber nur eine Vorliebe, keineswegs eine ganz überwiegende Gewohnheit.

Wassers aus der Erde" I, 380, 15. — Mit Nachsetzung: והאיזאך
עתהיבלה כילא ומיניאנא לאלמא "und da ward der Welt Maass und Zahl
gegeben" I, 378, 11; מן יומא דעתינציב אדאם אלמא דעתינסיב אלמא "vom
Tage, da Adam gepflanzt war, bis dass die Welt fortgenommen ward"
I, 379, 19; ואזאל עורבא "und der Rabe ging" I, 380 ult.; והאיזאך
עתאודאל עשו "und da wurde Jesus geboren" I, 382, 11; מע הואת ניהותא
"ob Ruhe geworden" I, 380, 23; 381, 2 u. s. w. — Beides neben einander:
וליהדאסאר יאהריא הואת ניהותא וכאוילא על טוריא דקאדרון ניהתאת
„und nach 11 Monaten war Ruhe, und die Arche liess sich nieder auf
die Berge von Qardûn" I, 380, 20; לאהזאיתון דעהזיא אינאי ולאשמאתון
דעודנאי שומא "nicht habt ihr gesehn, was gesehen (= شمع) meine
Augen, und nicht gehört, was meine Ohren gehört haben" I, 212, 13;
בליבאן שראלאן כושטא בליבאן כושטא שראלאן "in unser Herz liess sich
Wahrheit nieder" u. s. w. I, 64, 4; נהית אלאהא מן מרום ונסיב דמותא
דמאלאכיא ומאלאכיא עתלאבאש בסאהריא "der Gott stieg nieder vom
Himmel und nahm die Gestalt der Engel an, die Engel aber kleideten
sich in (die Gestalt von) Dämonen" I, 173, 6 (wo durch die Umstellung, welche „die Engel" zweimal zusammenbringt, eine starke Hervorhebung bewirkt wird) u. s. w. 2) Beim Impf. mit Voranstellung:
מיא ניביצרון "das Wasser wird abnehmen" I, 385, 1; וכאונא וניאהא
לאניהוילון דעדא "Ruh und Frieden werden sie nicht haben" I, 387, 13;
דכיואן ורוהא ומשיהא ושובא שיביאהריא תישתאלאט עלאואיהון "über
welche die Hand Saturns, der Rûhâ, Christi und der 7 Planeten Gewalt hat" I, 223, 12; ובאביל ארקא האמשין שניא קודאם ארקא גאוכאי
בהורבא תיקום "und das Land Babel wird 50 Jahr vor dem Lande Gaukai in Verödung liegen" I, 387, 1 u. s. w. — Mit Nachsetzung: ניהון
מיא הייא "das lebendige Wasser möge kommen" I, 13, 2; ברידא דמיא
הייא נירואז כולה אלמא "durch den Duft des lebendigen Wassers soll
prangen die ganze Erde" I, 13, 3; נהון גאברא וענתא וניהויא שומאיהון
אראם והאוא "es entstehen ein Mann und eine Frau, und ihr Name sei
Adam und Eva" I, 12, 21 [1] u. s. w. — Beides haben wir in תיהויא נורא
תיסתהיט בכולה אלמא ואלמא האנאתה נינהאר בעדאך דילאך "es entstehe

---

1) Vgl. noch allerlei Beispiele mit Voranstehn des Impf. (im Passiv)
§ 281.

das Feuer, breite sich aus über die ganze Welt, und jene Welt leuchte durch deine Hand" I, 13, 4. Vergleiche noch וכד אלמא בשאבימא ותשין ותמאניא שניא ניקום „und wenn die Welt im Jahre 798 steht" I, 386, 2 mit וכד בתמאנימא ותארתין שניא ניקום אלמא „und wenn die Welt im Jahre 802 steht" I, 386, 12 u. s. w.

Beim Part. Mit Voranstellung des Subj.'s: הדא לאטאפיא והדא תריסאר לאבאצאר „keiner ist grösser und keiner geringer" I, 379, 2; מאלואשיא אכליא לואת שובא שיביאהיא „die 12 Thierkreiszeichen dauern neben den 7 Planeten" I, 379, 6; ונישמאתא דבישיא דאודיבון להדאדיא קארין „und die Seelen der Bösen, welche sie bekannten, rufen einander" I, 203, 17; מן שומיא מיטרא לאהאויא וארקא בזיבנה פיריא לאמאפקא „vom Himmel ist Regen, und die Erde bringt zu seiner Zeit keine Früchte hervor" I, 388, 6; ומאריא על אבדא לאמשאלאט „und der Herr hat keine Gewalt über den Sklaven" I, 387, 15. Und so die weitaus überwiegende Zahl der Beispiele mit Participien; doch auch mit Nachsetzung: ובליליא אזלין גאנאביא „und Nachts gehn Diebe" I, 388, 14; מן כילא דביל מישתריא לויאתין „der Leviathan wird gelöst" I, 393, 20; לאגניא תריסאר מאלואשיא „von dem Maasse Jupiter's nehmen die 12 Zodiacalzeichen" I, 379, 8; ועל מישכאיהון דאנאשיא נאשטילה האנאתון מאלכיא „und den Menschen ziehn jene Könige die Haut ab" I, 387, 15; וקאיים¹ שיריו במאלכותא „und Šêrôe tritt die Regierung an" I, 384, 13² u. s. w. Beides haben wir z. B. in דבאטלאן טאבאואתה ומהאשאבאתה לאשאלמאך „dessen Vorzüge zu nichte und dessen Gedanken nicht vollendet werden" I, 12, 13; כולהון מהאשאבאתה באטלאן באטלאן מהאשאבאתה כולהון „alle seine Gedanken werden zu nichte" u. s. w. I, 282, 15; מישקאל אינה מישתארהזיא טוריא ובליהשיא דספידהאתה פאקאתא מיזדאראמביא „hebt er seine Augen, so erzittern die Berge, und durch seiner Lippen Flüstern erbeben die Flächen" I, 280, 21 u. s. w. Sogar zwischen die Theile des Subj.'s wird ein solches Part. gestellt in אכואת גובריא בהיריא לאבשיא גובריא לאבשיא בהיריא כשיטיא ומהאימניא „wie erprobte Männer sie anlegen, Männer sie anlegen, erprobte, wahrhafte und gläubige" II, 88, 1.

---

1) Richtiger wäre wohl שיריו, wie man syrisch ܫܺܪܝܽܘ schreibt.
2) Beispiele für die Voranstellung von Participien s. noch § 281.

Die Stellung von עה u. s. w. erhellt aus den Beispielen § 272, vgl. noch נהורא דליתבה השוכא האיא הו דמותא ליתבה „das Licht, in dem keine Finsterniss, der Lebendige ist er, an dem kein Tod ist" I, 3, 8 (im Folgenden mehrere Sätze mit nachgesetztem ליתבה).

Auch im rein nominalen Satz überwiegt natürlich die Voranstellung des Subj.'s, vgl. הו זוט ופוגדאמה רורביא „er ist klein, und seine Worte sind gross" I, 205, 5; אנארת דמו דילאן ואנין דמותאך דילאך „du bist unser Ebenbild, und wir sind dein Ebenbild" I, 173, 15; אנאשיא באלמא האזין קאליא הינון „die Menschen sind wenig in der Welt" I, 386, 17; ארקאיהון זיוא לאו דילאן הו „dieser Glanz ist nicht unser" I, 231, 13; מיא סיאויא וראומאיהון השוכא האשכא „ihre Erde ist schwarzes Wasser, ihre Höhe finstre Finsterniss" I, 278, 22 — אמינטול האך דמותא דהזא בראומא והו בעומקא „weil jene Gestalt, die er sah, in der Höhe und er in der Tiefe war" I, 282, 3; אכאנדית יארדנא רבא דהייא ושילמאי וניזבאי האכא הינון „noch sind der grosse Jordan des Lebens und Schilmai und Nidbai hier" I, 221, 19 u. s. w. Doch auch mit Nachsetzung des Subjects z. B. in ראב הו שולטאן נאפשאך מן מאלכיא דאתאר נהור „grösser ist deine Eigenmacht als die der Könige des Lichtortes" I, 7, 4; פיש ואמוק דאורא דבישיא „weit und tief ist der Wohnsitz der Bösen" I, 278, 20; אמינטול נוכראייא הינון מן הדאדיא בכולהון סאכיא „denn sie sind fremd einander an allen Enden" I, 278, 12 u. s. w. Beides zusammen in דזיוה נפיש מן מימאר בפומא דביסרא וזמא ונהורה כאביר מן מאלוליא ביספיהאתא תאקון זיוה ונאהור נהורה על כולהון אלמיא וש' „dessen Glanz zu weit, um mit einem Munde von Fleisch und Blut davon zu reden, dessen Licht zu gross, um mit Lippen davon zu sprechen; fest ist sein Glanz und leuchtend sein Licht über alle Welten" u. s. w. I, 7, 13.

Beispiele davon, dass das Subject mitten in die Theile des Präd.'s hineingestellt wird, sind noch מאנא אנא דהייא רביא „ein Geist bin ich vom grossen Leben" (sehr oft); אבדיא אנין דהאטאייא „Knechte sind wir der Sünden" I, 63, 15; שליהא אנא דנהורא „der Gesandte bin ich des Lichts" I, 64, 20, 23; שליהא אנא כושטאנא „der Gesandte bin ich, der wahrhaftige" I, 64, 21; רבאיהון אנאת דגאנזיבריא „du bist der Herr der Schatzmeister" I, 342, 19.

In so ziemlich allen diesen Fällen wäre auch eine andere Stellung des Subj.'s grammatisch zulässig.

Das Object steht wohl häufiger nach dem Regierenden, aber doch § 284. auch sehr oft vor demselben. Vergl. ואכאלתה לכולה אלמא „und sie frass die ganze Welt" I, 380, 3; פאהתיא פומאיהון „sie öffnen ihren Mund" I, 174, 16; פתא פומאיהון „öffneten ihren Mund" I, 175, 5 u. s. w. Siehe zahlreiche Beispiele oben § 270. Ebenda findet man auch Beispiele der umgekehrten Stellung, zu denen ich noch hinzufüge וארדיא לאבשיא ועוארדיא מכאסין „mit Rosen bleiden sie sich, mit Rosen bedecken sie sich" I, 225, 11; דכולה שיגשא וטעיא מליא „welcher ganz voll ist von Verwirrung und Irrthum" I, 278, 3; ותיגרא לאראמין וקיניאנא לאבאיין ועכילתא יאתיר לאכלין „und erregen keinen Streit, streben nicht nach Besitz und essen nicht zu viel Speise" I, 391, 19; וקאדמאיתא ובאתראיתא יאדא „und das Erste und Letzte weiss er" I, 278, 21; שומאיכון הייא לאדכארנין ודאהאלתאיכון דילכון לאעדאנין „euren Namen, Leben, sprachen wir nicht aus, und eure Furcht kannten wir nicht" I, 175, 6 u. s. w. Beides: עתמליא ליבה בכיתא ליבה „sein Herz wurde voll Weinens" I, 306, 20; דכיביא ומומיא מאסביא כיביא מאסביא מומיא „welche Schmerzen und Makel zufügen, Schmerzen zufügen und Makel" II, 78, 22 (wo an der 2. Stelle das Verbum zwischen die beiden Glieder des Object's tritt); ושאבקיא קאלא דהייא וקאלא דהשוכא ראהמיא סאנען צאותא דהייא וראהמין צאותא דהשוכא „und verlassen die Stimme des Lebens und die Stimme der Finsterniss lieben, hassen die Genossenschaft des Lebens und lieben die Genossenschaft der Finsterniss" I, 288, 14; יושאמין גלא ראזא דרביא ותיגרא בנהורא רמא היביל אנדינון לשכינאתא וגוהא בסיניאוריס גנא גוהא גנא בסיניאוריס „Jošamin offenbarte das Geheimniss der Herren und Streit erregte er im Licht; Hibil liess beben die Wohnsitze und Erschütterung machte er in Sinjawis, Erschütterung in Sinjawis machte er" DM 3ᵇ u. s. w. Die Hineinstellung des Verbums in die Theile des Objects haben wir noch in קאלא דבר גינאייא שימית קאלא שימית דבר גינאייא „die Stimme des Gärtners (eigentlich „Sohnes der Gärtner") hörte ich, die Stimme hörte ich des Gärtners" II, 111, 11. Auch der Inf. als Obj. kann vor- und nachstehn wie in עו מיכאל באיא עו מישתיא באיא „wenn sie (f.) zu essen (zu trinken) wünschen" DM 25ᵃᵇ; מיהויא באייא „sein soll, sein wird" (öfter); aber שאמאר מיזאל „fuhr fort zu gehen" I, 193, 9; דלא מצעין מיכאדרושיא „welche nicht streiten können" I, 40, 17 u. s. w. S. § 267, wo auch Beispiele mit ל.

Das Object des Infinitives selbst kann nach altaram. Weise[1] auch vor dem Inf. mit oder ohne ל stehn und selbst durch mehrere Wörter davon getrennt sein. So לאמצרא נאפשה לאפוקיא „nicht kann er sich selbst herausbringen" I, 26, 5; עכאמאר תיגאר[2] למישריא „kehre ich wieder, meinen Streit zu lösen" II, 43, 23 und sogar מאמלא הדא באיינא מישתאיריא מינאך „ein Wort wünsche ich zu reden mit dir" I, 142, 3 und öfter; ומארגוש באלמא דילכון באייא מיבאד „und Unruhe in eurer Welt wird er erregen" I, 142, 6[3]. Natürlich kann aber das Object auch hier nachstehn z. B. למיהיזיה לדמותה „seine Gestalt zu sehn" Q. 25, 30; לשאבוהיא ליאקוריא לראורוביא לבארוכיא ליוכאבאר זיוא „zu preisen, zu verherrlichen, zu erhöhen, zu loben den Jochabar Ziwâ" Q. 59, 1 und viele solche Beispiele Q. 57—59 und sonst.

§ 285. Die Stellung der Adverbien und adverbialen Bestimmungen ist äusserst frei und lässt sich gar nicht in Regeln fassen. Grade hier ist die Hauptgelegenheit zum Wechsel der Wortstellung im Parallelismus. Wenn wir nun haben כול יומא בצאומא יאתביא כול יומא יאתביא בצאומא „jeden Tag sitzen sie im Fasten" I, 120, 3 mit zwei verschiedenen Stellungen, so könnte es ebensogut noch heissen: 3) יאתביא כ׳ י׳ בצ׳; 4) בצ׳ יאתביא כ׳ י׳; 5) בצ׳ כ׳ י׳ יאתביא; 6) כ׳ י׳ יאתביא בצ׳, nur dass in 3 und 4 das in die Mitte gestellte כול יומא weniger stark hervorgehoben wäre. Die adverbiale Bestimmung kann sehr wohl vor dem sie regierenden Verbum oder vor dem Nomen stehn, zu dem sie gehört. Vgl. דעל רוגזא בתיביל משאלטיא „welche über den Zorn auf der Tebel Gewalt haben" I, 121, 15; דברושומא דהייא רשימיא ובמאצבותא דאכיתא מאצביא „welche mit dem Zeichen des Lebens gezeichnet und mit der reinen Taufe getauft sind" I, 196, 8; מינה דפאגראי אכליך מינה „von meinem Leibe fressen sie" u. s. w. II, 11, 5; האכא אכליך דפאגראי לאבאינא למיהויא „hier wünsche ich nicht zu sein" I, 192, 23, in wel-

---

1) S. neusyr. Gramm. S. 372 Anm.

2) So lies für למישתריא.

3) Die in der Trennung des Objects von dem nachgestellten Inf. deutliche starke Rectionskraft bildet wieder einen grossen Gegensatz zur fast rein nominalen Natur des arab. Inf.'s. Seltsam ist, wie genau sich grade diese auffallende Wortstellung im Deutschen wiedergeben lässt; wenn man will, bis auf Setzung und Weglassung des „zu" = ל.

chem Beispiele sich wieder die Fähigkeit des Inf.'s zeigt, weit getrennte Worte festzuhalten, vgl. אסגית למיתיא באלמא אסגית באלמא למיתיא „ich ging zu kommen in die Welt, ging in die Welt zu kommen" II, 46, 20. Die Trennung eines Nomens von einer dazu gehörigen adverbialen Bestimmung zeigt z. B. בר שיביא קירדיון בלאמאתא „sie nannten mich einen heimathlosen Gefangen" II, 96, 1.

Partikeln, deren eigentlicher Platz an der 2. Stelle des Satzes wäre, wie ܓܝܪ, ܠܡ, ܕܝܢ, ܡܢ[1] u. s. w.; Talm. נמי; hebr. אפו giebt es im Mand. so wenig wie im Arab. Das anknüpfende תום steht gewöhnlich voran, kann allerdings auch unter Umständen an die 2. Stelle treten wie in אנא תום אנהירתינון „ich erleuchtete sie darauf" I, 318, 14 (wo aber 2 Codd. תום אנא) und אנא תום האזא הע „ich bin wieder da" I, 161, 19; so natürlich הין תום דסניא האזיתון „wenn ihr ferner, was hässlich ist, sehet" II, 90, 22 und ולאו תום „aber nicht damals"; ferner in וגוברא ועגשיא דמן האך ראזא אכליא תום רואהא ואסותא ליתלון „und Männer und Weiber, die von jenem Sacrament essen, haben dann (wenn sie gegessen haben) keine Ruhe und Heilung mehr" I, 231, 15 (ebenso am Anfang der Apodosis eines Bedingungssatzes I, 39, 15). Im Uebrigen stehn die satzverknüpfenden Partikeln durchweg an der Spitze ihrer Sätze; für das Einzelne vergl. die Lehre von den Relativ- und Bedingungssätzen. Ueber die Stellung der Negation s. § 286 [2].

B. Besondere Arten von Sätzen.

Negativsätze.

Die einfache Negation לא steht durchgehends vor dem Verbum[3]; § 286. die Verneinung des Verbums als des eigentlichen Prädicats verneint ja

---

1) Im Syr. ist diese Construction unter griech. Einfluss ausgedehnt. Vgl. für das Christl.-Paläst. Z. d. D. M. G. XXII, 489 f.

2) Ueber die Stellung der sehr verschiedenartigen Fragewörter siehe § 289. 312.

3) Auch im Syr. ist die eigentliche Stellung von ܠܐ vor dem Verbum. — Ebenso steht לא im Hebr. fast stets direct vor dem Verbum (Ausnahme Ps. 49, 18; Num. 16, 15, in welchem letzteren Falle eben ein Wort stark hervorgehoben werden soll). Auch arab. لا nimmt gewöhnlich diese Stelle ein, und durchgehends äthiop. ኢ (DILLMANN § 197ª).

den ganzen Satz. Wo das Präd. nominal oder wo ein einzelnes Wort oder ein einzelner Redetheil verneint werden soll, steht לאו und zwar unmittelbar vor dem zu verneinenden Worte[1]. Natürlich kommt hier viel auf die subjective Auffassung des Redenden an. Vgl. בזאינא דלאהוא מן פארזלא "mit einer Rüstung, die nicht von Eisen ist" I, 25, 20 mit האויתה דלאו הואת[2] I, 48, 8 und בזאינא דלאו מן פארזלא הוא האויתה דלאהואת הוא "ich zeigte ihm, dass es nicht Eva war" u. s. w. I, 117, 2—3. Und in אנאתון נאפשיא ולאהאסריתון רורביא אנאתון ולאו זוטיתון "ihr seid zahlreich und nicht mangelhaft, gross seid ihr und nicht klein" I, 292, 1 ist der Gegensatz des schon ganz als Verbalform betrachteten Part.'s und des reinen Adj.'s durch die verschiedene Negation ausgedrückt. Vgl. ferner ליארדנא אסגית לאו באלהודאי "zum Jordan ging ich, nicht allein" Q. 7, 6; עִנתא דלאו מן נהורא הואת "eine Frau, die nicht vom Lichte war" I, 58, 12; עבידאתיך לאו מינדאם היניך "deine Thaten sind Nichts" I, 158, 16 u. s. w. Vor dem Verbum steht לאו nur im Fragesatz (§ 288); sonst äusserst selten wie in באלמא האזין דהינון לאו קרו "in dieser Welt, welche sie nicht hervorgerufen haben" I, 253, 8 und לאו :יסבויא כולה זאינא II, 114, 24, das ich nicht sicher verstehe.

לא vor einem andern Worte als dem Verbum findet sich nun aber doch in gewissen Fällen nämlich 1) in בלא (wie בלאמאתא "ohne Heimath" II, 96, 2; בלאשנאי "nicht in meinen [rechten] Jahren"; eigentlich "in meinen Nicht-Jahren" II, 7, 22); דלא "ohne" z. B. דלאמאברא[3] "ohne Furth" II, 95, 24; (doch דלאו טאבו הוך "sie waren ohne Heil"

---

1) Ebenso im Talm. לאו s. LUZZATTO S. 72. Im Syr. steht in solchem Fall entweder ܠܐ oder lieber ܗܘܐ ܠܐ (es giebt Bücher, welche ܠܐ ganz vermeiden, wie z. B. Aphraates; Didasc. Apost.; Euseb., Mart. Pal., oder es nur selten gebrauchen wie die Geschichte des Simeon Styl.). Ausnahmsweise steht allerdings auch im Syr. ܠܐ wohl in einem Nominalsatze z. B. Gen. 2, 18, oder im Verbalsatze vor einem Nomen (Aphraates 156, 14; Matth. 7, 29 und sonst einzeln). — Das Aethiop. gebraucht ungefähr wie לאו *akkô* (aus *al + kôna* = ܗܘܐ ܠܐ?) — Im Arab. muss man hier oft Constructionen mit غير anwenden.

2) So lies mit BD.

3) So lies für דלאמארא.

I, 333, 23); in מן לאקאדמיא „ohne Vorgänger" (öfter); und in einigen Zusammensetzungen wie לאטאביא „Unholde"; לאמינדאם „Nichts" II, 44, 4 (doch לאו מינדאם I, 158, 16).

2) Bei der Anreihung eines Negativausdruckes; selten nur, wenn vorher ein affirmativer steht, wie in בא ראהמיא רורביא ולאאזוטיא „er sprach ein grosses Gebet um Gnade, und kein kleines" II, 6, 23; רבא מהיתא ולאאזוטא „gross ist der Schlag und nicht klein" Q. 64, 16; ebenso רבא ולאאזוטא II, 7, 7. Aber fast regelmässig geschieht es bei der Anreihung eines Negativausdruckes an den andern[1] z. B. לאו בצוביאן רביא אתית לאתית בצוביאן רביא ולאבצוביאן עותריא דתאם „nicht bist du nach dem Willen der Herren gekommen, nicht bist du gekommen nach dem Willen der Herren, und nicht nach dem Willen der Uthra's dort" I, 323, 13; ... לאניהויולכון רוהצאנא על ... ולאעל ... ולאעל „nicht habet Vertrauen auf ... und nicht auf ... und nicht auf ..." I, 17, 6; ... לאנישתאבא טורא בהאילה ולאגאבארא ... ולא ... „nicht wird der Berg ob seiner Stärke gepriesen, noch der Held ... noch ... noch ..." Q. 57, 18; לאקארביא קראבא מן הדאריא ואף לאבשיביא מישתהבין „nicht führen sie Krieg mit einander und werden auch nicht gefangen genommen" I, 8 ult.; לדילאן ליתלאן אבא ולאלפיראן מונקא „wir haben keinen Vater, unsre Früchte keinen Pfleger" Ox. III, 54ᵇ[2] und so auch in der parallelen Wiederholung דלאהואלה אבא לאבא הואלה „der keinen Vater hatte" II, 96, 2 (wo man allerdings לאו אבא erwartete). Bei solchen Anreihungen kann nun auch schon das 1. negative Glied לא haben, wo sonst לאו stehn würde; vgl. לאבשום אלאהא ולאבשום רוהא ולא .. ולא ... „nicht im Namen des Gottes und nicht im Namen der Rûhâ und nicht ... und nicht ..." Q. 13, 17; לאנהורא מיתמניא בהשוכא ולאמיתהיבלון שראראלהאטיא „nicht wird das Licht zur Finsterniss gerechnet, noch wird den Sündern Festigkeit gegeben" II, 53, 22; אבדא קרון דלאמארא עתלה ולאמארתא „sie nannten mich einen Knecht, der keinen Herrn hätte und keine Herrinn" II, 95, 22;

---

1) Aehnlich wie غير und ما gern durch das einfache لا fortgesetzt werden.

2) Aber doch לאו בדאהבא ולאו בכאספא שיביא תיפארקון „nicht mit Gold und nicht mit Silber befreiet Gefangene" I, 36, 22.

לאכאלדאיא הוית ולאכאצומא ולאנביהא „ich war kein Chaldäer noch Zauberer noch Prophet" II, 131, 8; לאסיגיא עיתלון לאבדה ולאשאיא עתלון לכולהון קיריה לאניהיא ולאשדיכיא „nicht haben seine Knechte Gang (?), noch Glanz alle von ihm Hervorgerufenen, nicht (sind sie) sanft noch still" II, 65, 9: לאמן מאכסיא דאהלא לאמן עפיכיא מאלאכיא „nicht vor den Zöllnern fürchtet sie sich, noch vor den Umgekehrten der Engel" II, 107, 23. Aehnlich ist es wohl in einem Satze, in dem die 2. Negation durch או „oder" ersetzt wird: אנא ¹ לאמהארא שנא בעדאי או מיא בראהאטאי עתאאכאריון „nicht ist das Maass (?) in meinen Händen weggerückt oder das Wasser in meinen Rinnen gehemmt worden" II, 111, 15. Ferner vergleiche folgende Fälle: לאדאהבאיון ולאכאסספאיון לאקאיימלון „weder ihr Gold, noch ihr Silber bleibt ihnen bestehen" I, 17, 12; לאדאהבא ולאכאספא לאהאויא זאדיא דעודרא „weder Gold noch Silber ist Reisevorrath" II, 129, 10; לאמן טאביא ולאמן בישיא ליכא דאזאל והדאר „weder von den Guten noch von den Bösen ist einer gegangen und wiedergekehrt" DM 18ᵇ. Aus diesen letzten Beispielen, die noch zu vermehren wären, sieht man, dass die Negation, die sich auf mehrere Glieder bezieht, bei den einzelnen Gliedern und dann noch beim ganzen Satz stehn kann ². Aber man kann auch, wie die vorhergehenden Beispiele zeigen, mit der einfacheren und logischeren Weise auskommen, bloss die Glieder einzeln zu negieren; auch können engzusammengehörige Nomina als Einheit zusammengefasst werden und nur eine Negation erhalten z. B. כאנא וניאהא לאניהויהלון „Ruhe und Frieden haben sie nicht" I, 387, 13 ³.

---

1) Codd. למהארא, was gradezu in לאו מהארא zu verändern bedenklich wäre.

2) Ganz so ܥܰܠ ܗܘܳܐ ܚ ܟܳܬܘܽܣܝܺܡܳܐ ܕ ܡܚܰܫܒܳܐ ܕ ܚܰܣܢܳܐ, Mart. II, 281, 23; ܚܰܫܺܝܦܳܐ ܕ ܚܣܰܢܬܳܐ ܕ ܚܫܺܝܠܳܐ, ܚܦܺܝܛܳܐ ܕ ܣܠܺܝ Mart. I, 186, 8 und so öfter im Syr., ferner לֵית אֲנָא חָכְמָא (חכימא so lies für) לֹא עַמִּי וְלֹא תוֹלְדוֹתִי Esther II, c. 2, 18. Auch in der Mischna zuweilen so z. B. Berach. 9, 5.

3) Ueber die Verknüpfung negativer Sätze s. noch § 291. — Die Vertauschung von לאו mit לא in לאבשוליא ומינילאתא ניציבתא דהייא מיליגטא

Hier haben wir noch ein paar schwierige Fälle mit Negativaus- § 287.
drücken zu betrachten, die allerdings schon in's Gebiet des Relativsatzes
hinübergreifen. Wenn wir finden עכא דליתלה סאכא ‏„es existiert Einer,
der kein Ende hat" Q. 1, 19, so werden wir ליכא (לעכא) דסאכא ליתלה
oder ליכא דליתלה סאכא I, 94, 23; 95, 21; 100, 7; 293, 7; 294, 24;
295, 3; 296, 13 zunächst auffassen als „es giebt keinen Unendlichen".
Der Satz bezieht sich aber immer auf einen Bestimmten, dem (im
Gegensatz zu den Wesen der Lichtwelt) die Unendlichkeit abgesprochen
wird. Man darf aber doch nicht meinen, ליכא sei hier bloss zur Bedeutung der Copula mit der Negation herabgesunken, so dass man übersetzen
müsste: „er ist nicht Einer, welcher unendlich wäre" (resp. wo vor
dem Ganzen noch ד steht: „welcher nicht Einer ist, der unendlich wäre");
sondern man muss es adverbial fassen „da ist nicht Einer, der u. s. w."
resp. „wo nicht Einer ist, der u. s. w.". Dies erhellt aus כול מאן
דהאזא דמותא לבניא אנאשיא ניגאליאל דלאשיריא ולעכא (וליעכא) דסאכא
ליתלה לנהורא לאניהזיא I, 235 ult., wo es ja sonst heissen müsste ליתלון.
Also hat man diesen ganzen Satz wiederzugeben: „jeder, der diese
Gestalt den Menschen offenbart, die nicht strebsam sind und wo (bei
denen) Keiner ist, der unendlich wäre, wird das Licht nicht sehen."
So ist auch der Satz aufzufassen „das Wasser ist älter als die Finsterniss": ליכא דסאכא ליתלה וליתלה מיניאנגא דנימארלאך כמא הוא כד
(ד)לאהון עותריא „da ist kein Unendlicher, Zahlloser, dass er dir sagen
könnte, wie lange es dauerte, dass die Uthra's noch nicht existierten"
I, 77, 18 [1].

Ferner sind zu betrachten gewisse Verbindungen mit לָא אֶשְׁכַּח
„fand nicht", „konnte nicht". Ganz regelrecht heisst es ולאנישכא
דנימאר „und wir können nicht sagen" I, 11, 11 und כולהון לעשכא
לאקומה (לאקמה) „sie alle konnten ihn nicht (= ‎ܠܐ ܐܫܟܚ‎) aufrichten"

Ox. III, 47ᵃ ᵇ (auch Par. XI) ist fraglich. Der ganze Satz erweckt Bedenken, da es ja שולאתא und מיניליא heissen müsste.

1) Wenn I, 229, 4 die Lesart (ד) ליכא (לעכא) דליתלה סאכא richtig
ist, so heisst es da, dass die Strafe der Gottlosen nicht unendlich sein werde;
ich möchte aber eher eine kleine Entstellung des Textes annehmen, als diese
Auffassung für richtig zu halten oder als, um ihr zu entgehen, die Worte
ungrammatisch zu erklären.

I, 101, 15. Aber seltsam ist dies starr gewordene לעשכא mit Aufgabe der Person- und Zeitverschiedenheit in der Bedeutung „unmöglich" neben der Negation in לעשכא לאזלין (לאזליא) „sie können nicht gehn" („es ist nicht möglich, sie gehn nicht") I, 388, 10 (7 Codd.); ליִשכא לאביד „er kann nicht machen" I, 391, 23 (ebenso). Ohne weitere Negation aber לעשכא מצינאן בהאילאיהון „wir sind ihnen nicht gewachsen" I, 271, 14. Aber mit der Stelle לאיית [1] דלעשכא פאסקילה למיא „Keiner kann das Wasser abhalten" I, 283, 20 ist schon deshalb Nichts zu machen, weil sowohl der Pl. פאסקי wie der Sg. לה, der doch auf מיא gehn muss, zeigen, dass die Worte ziemlich entstellt sind; aller Wahrscheinlichkeit steht aber darin נישכא = לעשכא (§ 166) „er kann" „er könnte."

In den 3 Stellen היניִלא לעשכא דמצִיא דניסאייך „aber da ist Keiner, der begränzen kann" I, 11, 15; אלמא דעתיתלה למיהויא לעשכא [2] דניבאטלה „die Welt, die ihm sein wird, wird Niemand vernichten" I, 365, 24 und על אלמא דעתיתלה לעשכא [3] דליבאטלה (ebenso) II, 61, 24 ist aber לעשכא entweder in לאשכיא = לָא שְׁכִיחַ zu verwandeln non inventus est (qui) oder in לעכא non est (qui).

Fragesätze.

§ 288.   Zur Bezeichnung von Fragen „ob überhaupt" (Fragen nach dem Prädicat selbst) giebt es ein besonderes Wort מע, מיא (S. 209), welches immer unmittelbar vor dem Prädicat oder dessen hauptsächlichstem Wort und fast stets an der Spitze des Satzes steht: מיהזאיתון „habt ihr gesehen?" I, 186, 6; מיביסמאת עלאך „gefiel es dir?" I, 71, 6; מע עתלאיכון מאנא אכואה מיליגטיך „hat er dich genommen?" I, 148, 23; עמיא כאשרא דיליא „habt ihr einen Geist wie meinen?" II, 57, 13; דמותאיכון „ist eure Gestalt richtig?" II, 57, 14 (und dort noch mehr Sätze mit מע, עמיא); מעיאכא דראב מינאי „giebt es Einen, der grösser

---

1) So nur A. Dagegen B דְּלֶעְכָּא; C דְּלֶעְשְׁנָא; D דְּלֶעְשְׁאַנָּא; Alles dies führt aber paläographisch sicher auf die Lesart von A als die relativ ursprüngliche.

2) So wieder A; B hat לֶעְשְׁנָא; C עשנא; D עשכא.

3) A לֶאעשכא.

als ich wäre?" I, 281, 1 und so oft, aber mit Nachsetzung בית פאגרא[1] הייא מעיאכא "giebt's einen Körper im Hause des Lebens?" II, 12, 13.

Doch viel häufiger ist es ganz der Betonung überlassen, das Frageverhältniss anzudeuten. Fälle wie אנא הוית האמבאגא "war ich ein Widersacher?" II, 22, 19; הייא הינון[2] שידהלוך עו אנאת מן נאפשאך הוית "hat dich das Leben gesandt, oder bist du von selbst entstanden?" II, 121, 7 werden nur durch den Zusammenhang als Fragen bezeichnet; an sich würde man sie eher als affirmativ nehmen.

Die fragende Verneinung zeichnet sich durch die Anwendung von לאו statt לא auch vor dem Verbum aus[3]: לאו אנא בר רביא "bin ich nicht der Sohn der Herren?" II, 123, 6; לאו מן קודאם דניהון עותריא אנאת הוא נציבא ניצובתאך "war deine Pflanzung nicht gemacht, bevor die Uthra's waren?" I, 73, 18 (in welchen Fällen auch im Affirmativsatz לאו stehn müsste); לאו אמארת "hast du nicht gesagt?" I, 162, 4; 230, 19; 233, 9; לאו אמארילאך "habe ich dir nicht gesagt?" DM 8ᵃ; לאו מכאנפיא "versammeln sie sich nicht?" II, 12, 4; לאו מידא יאדיתון "wisset ihr nicht?" I, 369, 23; לאו מימאר[4] אמארילאך "hab' ich dir nicht gesagt?" I, 326, 1. Mit מע zusammen so לאו מידיתון "wisst ihr nicht?" II, 54, 12, 13 (3 mal = מיא עדיתון); לאו[5] מעיאתין "kommen sie nicht?" II, 12, 3.

Die speciellen Fragewörter (Pronomina und Adverbien), welche § 289. nicht nach dem Präd., sondern nach einem andern Haupt- oder Nebentheil des Satzes fragen, stehn zwar zunächst an der Spitze des Satzes, aber sehr gern treten sie auch weiter nach hinten, theils zur blossen Abwechslung, theils zur Erreichung grösseren Effects, nur dürfen sie nicht nach dem Verbum oder der Copula stehn[6], während sie im Nominalsatz sonst wohl das letzte Wort bilden können.

---

1) Dies Wort ist nach Z. 23 hinzuzufügen.
2) So lies für שידהלון.
3) Vgl. לאו אזל אבוך לקפודקיא "ist dein Vater nicht nach Cappadocien gegangen?" Berach. 56ᵇ; לאו אמרי לכון "hab' ich euch nicht gesagt?" Berach. 60ᵇ ganz unten (Var. האריני דאמרי).
4) So lies für אמארלאך.
5) Codd. מעיאתין.
6) Ganz so im Neusyr.

Eine ganze Reihe der verschiedenartigsten Fragen (mit מאן „wer?", האיזין „wie?", ליא „wo?", בהאמנו „in welchem?"), in denen das Fragewort immer voransteht, haben wir I, 362, 14—23 (I, 363, 4 aber nachgesetzt)[1]. Fernere Beispiele für Beides: מן בית היי׳א מאן אתיאן מאן אתיאן מן בית היי׳א „wer hat mich aus dem Hause des Lebens gebracht?" II, 61, 6; ובירת בילדבאביא מאן אותבאן מאן אותבאן בית ב׳ „und wer setzte mich in's Haus der Feinde?" II, 61, 8; ובאתרא דמותא מאנו רמאן מאנו רמאן באתרא דמותא „und wer hat mich an den Ort des Todes geworfen?" II, 71, 24 (und ähnlich oft in diesen Abschnitten); מאן גלא ראזא דרביא ותיגרא בנהורא מאן רמא „wer offenbarte das Geheimniss der Herren? und wer erregte Streit im Licht?" DM 3ᵃ (und ähnlich manche in den beiden ersten Stücken von DM); והאזין זיוא דמאנו והאזין נהורא דמאנו „und wessen ist dieser Glanz? und wessen ist dies Licht?" I, 131, 7; האזא מאטארתא דמאן הע ולמאן נאטרא „wessen Wache ist diese? und wen bewacht sie?" I, 181, 18 (und öfter); selbst האזין בינתא דמאנו האזין בינתא דמאנו „wessen ist dies Gebäude?" Par. XI, 8ᵃ; und sogar האזין מאן הו עותרא ד׳ „wer ist dieser Uthra, den ..." I, 129, 10; ferner עלאיא מאן ותיתאיא מאן „wer ist der Obere und wer der Untere?" I, 210, 11, wofür Z. 23 עלאיא מאן הו ותיתאיא לבושיא דאלבישתין וכסוייא דכאסיתין ופרוקיא דפאריקתין. Sogar מאן הו וזידקא וטאבותא דעהאבתין על שום מאן „auf wessen Namen waren die Kleider, die ihr anziehn liesset, die Gewänder, mit denen ihr bekleidet, die Auslösungen, die ihr ausführtet, das Almosen und die Wohlthat, die ihr gabt?" I, 184, 21 u. s. w. — לאבאתור למאהו דאיאנא שאורויא ועל מאהו הוסראנא באלמא קירויא „warum machten sie den Abathur zum Richter, und wozu riefen sie Mangelhaftigkeit in der Welt hervor?" DM 3ᵃ; אנא מאהו הטיתילה „was hab' ich an ihm verbrochen?" I, 337, 21; מאהו דיליא על דילכון „was hab' ich mit euch zu thun?" II, 97, 6; האשתא לדיליא למאהו באיתון „warum habt ihr mich jetzt gesucht?" II, 18, 9; אלמא דקרית למאהו דאמירא „wem gleicht die Welt, die du hervorgerufen hast?" I, 338, 2; עבידאתכון מאהו „was sind deine Thaten?" I, 171, 19; מאהו עבידלון „was soll ich ihnen thun?" I, 337, 19. In מאהו אבאדת „was hast du gethan?" I, 148, 20 u. s. w.; מן מאהו

---

1) Manche Beispiele für beide Stellungen s. auch § 238.

דאהילנא ‍‏!‏„wovor fürchte ich mich?" I, 157, 13 wäre keine andre Wortstellung möglich, weil sonst das Fragewort hinter das Verbum träte — השוכא הוא האיזין הוא האיזין השוכא „wie ist die Finsterniss entstanden?" I, 78, 17; עורבא דשאדארתה קודאמאך אכא הו „wo ist der Rabe, den ich vor dir geschickt habe?" I, 381, 3; כא הינון הייא דריהמית „wo ist das Leben, das ich geliebt habe?" II, 28 f. (wo mehrere andre mit voranstehendem כא); ליא הינון הייא דהון מן לאקאדמיא „wo ist das Leben, das ohne Vorgänger ist?" I, 205 ff. (wo noch viele andre mit voranstehendem ליא); ולכליא האויא בית מיזלאך „und wohin ist dein Gang gerichtet?" I, 362, 15; רבא זאדיקא ליא אסגיא „wohin ist der Grosse, Gerechte gegangen?" I, 237, 1; אבאהאתאי אליא הינון „wo sind meine Väter?" I, 151, 14; לעמאר יומא יהויא דעדול „wann wird der Tag sein, da ich gebären werde?" I, 155, 18; עמאר בשיביא טיביוך „wann haben sie mich gefangen genommen?" II, 65, 7; כמא נאפשיא גאבאריא האלין „wie zahlreich sind diese Helden!" I, 139, 20; כמא הוא שאפיר פאגראי „wie war mein Körper schön!" II, 14, 23; כמא עיאפיקלאך „wie Viele soll ich dir herausnehmen aus Tausenden? wie Viele soll ich dir herausnehmen aus Myriaden?" II, 105, 11; 106, 12; כמא תיהויא שותא דאב „wie wird die Rede meines Vaters sein?" II, 39, 10; מיהדיא כמא האדינא מיהדיא כמא האדיא לבאב „wie freue ich mich! wie freut sich mein Herz!" II, 89, 1 und öfter u. s. w. Im Ganzen überwiegt bei den fragenden Adverbien die Voranstellung mehr als bei den Pronomen.

Beliebt ist der etwas weitläufige Ausdruck mit einem Relativsatz wie מאהו דבאיית quid est, quod quaeris? I, 147, 9, wo das ד auch fehlen könnte (vgl. מאהו הזית „was hast du gesehen?" I, 236, 13, wo B מאהו דהזית). So noch האזין גאברא דנהית מן רקיהא דנהישלאך על עודנאך מאהו דאמארלאך „dieser Mann, der vom Firmament herabgekommen ist, der dir in's Ohr geflüstert hat, was ist's, was er dir gesagt hat?" I, 390, 19; מאן דניתיא ומאן דנימארליא מאן נאודאן ומאך נאפרישאן „wer ist's, der kommt, und wer ist's, der mir sagt? wer belehrt mich und wer unterrichtet mich?" I, 358, 17, wo beide Ausdrucksweisen unterschiedslos neben einander (B aber מאן דנאודאך und מאן הו דניהיבה צאותא צאותא מאן יהיבה (מאן דנאפרישאן; ferner עלמאהו דאבאדתוך להאזין „wer wird Ordnung darin sein?" I, 109, 10;

אלמא עלמאהו ‏ֿדפאקידתון לשורבאתא מן בינאתאיכון „wozu ist's, dass ihr diese Welt gemacht habt? wozu, dass ihr mich aus eurer Mitte beauftragt habt über die Geschlechter?" II, 18, 6. Hierher gehört auch מאהו ד֯ = מוד s. § 85 [1].

Das Mand. kann zwei Fragewörter in einem Satz zusammenstellen wie in מאן קודאמה֯ [2] מאן הו מאן קאטיש מן מאן ומאן καὶ τίς τίνος πρεσβύτερος; τίς πρὸ τίνος ἐστί; I, 358, 20; מאן מן מאן קאדמאיא ומראוראב „und wer ist früher als ein Andrer und erhabner?" I, 193, 5 (eigentlich indirecte Frage) [3].

Natürlich können auch im Mand. Fragesätze ausrufenden gleich stehn. Fälle von כמא „wie sehr?" „wie sehr!" = „sehr!" sahen wir schon; vgl. עודהרא דכמא נאפשיא „der Weg, der sehr (wie!) weit ist" I, 142, 22; ומן אינה הוא כסינא כמא שניא „und seinen Augen war ich viele Jahre verborgen" I, 143, 2 [4].

2. Verbindung mehrer Sätze.

§ 290. Im Ganzen bleibt das Mand. darin dem semit. Character getreu, dass es sich meist in kurzen Sätzen bewegt; und wenn auch ziemlich

---

1) Alles dies hat in den anderen aram. Dialecten hinreichende Analogien. Im Arab. entsprechen Fälle wie مَن ذا الَّذي, aber nicht, wie man oft glaubt, die mit blossem مَن ذا, ما ذا, da das ذا hier demonstrativ ist (s. Gött. Gel. Anz. 1868 Stück 29 S. 1139 f.).

2) Einfacher würde die Construction durch die Aenderung קודאם sein; nach der Textlesart steht מאן absolut voran.

3) Im Syr. kenne ich nur Beispiele von indirecten Fragen, zu welchen übrigens auch das erste mand. Beispiel zur Noth gerechnet werden könnte. Vgl. ܐܘ ܢܕܥ، ܕܐܝܢܐ ܡܕܡ ܘܐܝܢܐ ܥܠܬܐ ܘܐܝܕܐ ܐܘܡܢܘܬܐ Geop. 2, 15; ܠܡܐ ܐܝܢܐ ܐܝܢܐ ܘܐܝܢܐ ܡܕܝܢܬܐ ܘܐܝܕܐ ܫܡܝ ܡܙܩܐ Sachau, Incd. 48, 10 (beide wörtlich aus dem Griech.); ܘܡܬܚܫܒܝܢ ܠܐܚܪܢܐ ܕܐܝܠܝܢ ܐܢܘܢ ܘܟܡܐ ܡܣܠܝܢ ܘܟܡܐ ܣܢܝܐܝܢ ܘܟܡܐ ܡܨܥܪܝܢ ܘܐܢܘܢ Land, Anecd. II, 159 unten, wo wir nur übersetzen können: „dass ein solcher ... einen solchen ..." statt „was für ein ... was für einen ...". Beispiele, die dem letzteren ähnlich, finde ich nicht selten. Im Arabischen wäre eine solche Construction wohl unmöglich.

4) Ueber indirecte Fragen s. § 312.

lange Perioden vorkommen, so herrscht doch in diesen mehr Parataxis als Hypotaxis der einzelnen Sätze, und sind die Perioden daher durchweg leicht zu überschauen. Die Grundzüge des Periodenbau's sind durchweg einfach.

A. Copulativsätze.

Während die Aneinanderreihung nominaler Ausdrücke ihre Zusammenfassung zu einer Einheit im Satze bedeutet, constituiert die Aneinanderreihung zweier Verba nothwendig zwei Sätze, da in einem Satz nur je ein Verb, als Synthesis von Subj. und Präd., stehn kann. Aber wie wohl in allen Sprachen der Welt kürzt die Praxis der Rede hier Manches ab, und braucht man bei aneinandergeknüpften Sätzen nicht alle Redetheile, welche in gleicher Weise den einzelnen angehören, zwei oder mehrmals zu setzen. Es wäre überflüssig, hier für alle Fälle Belege zu geben, z. B. für den, wo mehrere Verba dasselbe Subject haben u. s. w. Doch vgl. den Fall ריש נאטריא דארבימא וארבין שכינאתא מאנו שומה ודתלאתמא ושיתין ושית שכינאתא מאנו שומה "wie heisst das Haupt der Wächter der 440 Wohnsitze, und wie heisst (das Haupt der Wächter) der 366 Wohnsitze?" I, 128, 22. Eigenthümlicher ist es schon, wenn das Object im 2. Satz auch nicht einmal durch ein Suffix repräsentiert wird wie in אביד סומבילתא ודראמיא מן ארקא ואלמא לשומיא "eine Treppe macht er und wirft er von der Erde bis zum Himmel" I, 54, 2; נסיב כלילא דזיוא ונהורא ועקארא ובריישאי תראצליא "er nahm eine Krone von Glanz, Licht und Herrlichkeit und setzte (sie) mir auf's Haupt" Q. I, 29 und Aehnliches öfter. Selbst das Verbum des zweiten Satzes kann fehlen, wenn es mit dem des ersten identisch ist wie in האב זיוא לשאמיש ותוקנא לסירא וצאהאמתא לכולהון כוכביא "gieb Glanz der Sonne, Klarheit dem Monde und Strahlen allen Sternen" I, 12, 16; ותישאוזבון מן השוכא לנהורא ומן בישא לטאבא "und errettet (ihn) von der Finsterniss zum Licht, vom Bösen zum Guten u. s. w." (folgt noch eine Reihe von .. ל .. מן) I, 36 ult. Dass in diesen Beispielen mehrere unvollständige Sätze verbunden sind, folgt daraus, dass in den einzelnen Gliedern je mehrere Redetheile (Object und adverbiale Bestimmung; zwei adverbiale Bestimmungen) verschieden sind. So wird selbst die Negation an der 2. Stelle ausgelassen in לאתישבוק צאותא רהימתא

§ 291.

ותירהום צאותא דאבדיא „nicht verlasse die geliebte Genossenschaft und (nicht) liebe die Genossenschaft der Verlorengehenden" I, 327, 3 (unmittelbar dahinter noch ein solches Beispiel); לאתישמון בישותא ותיבדוך „höret und thut keine Bosheit" I, 41, 11 (wo auch das Object gemeinschaftlich)[1]. In אבא על ברה ועמא על ברתה לאמשאלטיא „der Vater hat über seinen Sohn, die Mutter über ihre Tochter keine Gewalt" I, 387, 14 ist das Prädicat, damit es sich auf die beiden Subjecte beziehen kann, in den Plural gesetzt (es folgt dann ומארא על עבדה לאמשאלאט „und der Herr hat über seinen Sklaven keine Gewalt"). Eine Wiederholung bei der Anknüpfung von Negativsätzen ohne Wiederholung des Verbums haben wir in ... לאמיסתהאיאך שומה בפומאן ולאכיניאנה בית ספיהאתאן „nicht wird sein Name durch unsern Mund begränzt, noch seine Benennung zwischen unsern Lippen" I, 6, 1; [2] לאמסירליא אבדא ביאד מארה ולאמתא בעדא דמארתה „nicht hab' ich den Sklaven in die Hände seines Herrn, noch die Magd in die Hände ihrer Herrinn überliefert" II, 103, 7. Eine andre Weise mit Wiederholung der Negation und noch einmaliger Setzung für den ganzen Satz hatten wir oben S. 432 [3].

Wie bei ו, so sind auch bei anderen anfügenden Conjunctionen wie תום „ferner", או „oder", הינילא „aber" (eigentlich Conditionalwort s. S. 208) mancherlei Ellipsen möglich. Bei dem seltneren Gebrauch derselben sind natürlich die Beispiele nicht so zahlreich. Doch vergleiche מאן דביאנקותא האטיא תום לאהאטיא ותאייב „wer in seiner Jugend sündigt, dann nicht mehr sündigt und sich bekehrt" u. s. w. I, 16 ult.;

---

1) Vgl. ܐܣܠ̈ܐ ܣܠܒܕܝܘ ܡܣܠ ܘ Mart. I, 75, 26. So erlaubt Barh. gr. I, 63, 21 ܗܣܡܠ ܕܘ ܘܠܝܢ ܘ wie ܘܣܠܒܕܘ ܘܠܝܢ ܘ.

2) So lies für לאמסארליא.

3) Hier liessen sich noch erwähnen Fälle, wo mehrere Sätze von הין „wenn", אמינטול ד „weil" u. s. w. abhängig sind (z. B. הין לאשאמא ולאסאהיד „wenn er nicht hört und nicht zeugt" I, 15, 7; אמינטול דכול דמיתליד מאית „weil Alles, was geboren wird, stirbt, und וכול דבעדיא מיתביד מיתהאמבאל Alles, was mit Händen gemacht, vernichtet wird" I, 21, 14 u. s. w.); doch haben wir im Grunde hier die Zusammenfassung mehrerer (je aus einem vollen Satze bestehender) Glieder zu einem und Unterwerfung unter eine **einzige Conjunction.**

כול מאן דניתיב על צינוניא עו רישה נאתנא עלאואירון „jeder, der sich auf gefärbtes Zeug setzt oder darauf seinen Kopf legt" I, 229, 6; מאן נישאבאך ומאן זיראורבאך ומאן ניבירכאך ומאן נעיאקראך עו נעשאבאך בתושבידהתאך „wer preist dich, und wer erhebt dich, und wer lobt dich, und wer ehrt dich oder preist dich mit deinem (dem deiner würdigen) Preise?" I, 4, 17 (das letzte Wort gehört zu allen Sätzen); עו פאגרא סאריא נישאבאך עו לישאנא באטלא „oder soll ein stinkender Leib dich preisen oder eine nichtige Zunge?" I, 11, 11; אנא לאמהארא שנא בעדאי עו מיא בראהאטאי עסתאכאריון „nicht ging fort das Maass(?) in meinen Händen oder wurde das Wasser in meinen Rinnen gehemmt" II, 111, 15; לאתית בצוביאן רביא ולאבצוביאן עותריא דתאם הינילא בצוביאן תרין עותריא „nicht bin ich gekommen nach dem Willen der Herren, noch nach dem Willen der Uthra's dort, sondern nach dem Willen der beiden Uthra's" I, 323, 13.

Sehr oft fehlt nun aber im Mand. jede Verbindung auch zwischen § 292. den Sätzen, indem die enge Zusammenstellung die begriffliche Verknüpfung genügend bezeichnet[1]. Dieser Zusammenhang wird so gefühlt, dass auch hier fast dieselben Ellipsen von Wörtern vorkommen, die für beide Sätze gelten. In Fällen wie דבכושטא מאסגין ליארדנא לאו בשום אלאהותא ומשיהא „welche in der Wahrheit zum Jordan gehn, nicht im Namen der Gottheit und Christi" Q. 60, 2; אנא על נהורא מיתכאראשנא לאו על השוכא „ich ringe nach dem Licht, nicht nach der Finsterniss" I, 163, 19 könnte man noch mit der arab. Fiction eines „verknüpfenden *nicht*" auszukommen suchen, aber die grosse Beliebtheit des Asyndeton im Mand. steht auch so fest. Vgl. zunächst Fälle wie אהכיא סאהקיא גאייא ומיתפאראפיא „sie lachen, hüpfen, frohlocken und jubeln" II, 8, 18, wo erst das 4te ein „und" hat, während sie doch dem Sinne nach gleichmässig verbunden sind (vergl. oben beim Nomen § 227); ähnlich Q. 14, 6; 30, 1 u. s. w. Etwas anders בון ואשכא דאן

---

1) Die asyndetische Construction ist namentlich in lebendiger Erzählung auch im Talm. beliebt; sie greift ferner in gewissen neueren Dialecten wie im Neusyr. (Gramm. S. 373 f.) und im Tigriña (PRAETORIUS S. 350 f.) stark um sich. Das Arab. und Hebr. zeigen aber, dass dies nicht ursprünglich semitisch ist.

רזכון אמאר ושתמא "sie suchten und fanden, hatten einen Rechtsstreit[1] und gewannen ihn, sprachen und wurden gehört" Q. 4, 28, wo je 2 näher zu einander gehörende Verben durch „und" verbunden sind. So nun auch עסתאהאף על אנפאירון נפאל עסתאהאן נפאל על אנפאירון "sie stürzten um und fielen auf ihr Antlitz" u. s. w. I, 117, 15; ואתא לאבאתור עהאבלה "und kam zum Abathur und gab ihm" I, 338, 18; סאלקיא האזילה לאתאר נהור "steigen auf und sehen den Ort des Lichts" (sehr oft); אסגיא עזיל βάσκ᾽ ἴθι I, 12, 6; קום נעזאל ניהזינון "auf, lasst uns gehn und sie sehn" I, 154, 22 (und oft mit קום); עזיל הזיא „geh und sieh" I, 380, 23; 381, 9 (und oft mit אזאל)[2] u. s. w.

Besonders hervorzuheben ist aber die sehr häufige asyndetische Zusammenstellung zweier Verben, deren eines dem andern einen Nebenbegriff hinzufügt oder die sich gegenseitig verstärken. Das Object oder die adverbiale Bestimmung beider wird nur beim zweiten ausgedrückt[3].

---

1) דין "einen Process führen" auch CURETON, Spic. 19, 22 f. Im Mand. öfter.

2) Vgl. ܢܓܕ ܢܣܒ Mart. I, 122, 23 und öfter mit ܢܣܒ; ܐܙܠ ܀ ܣܒܪ ܚܬܘܢ Jerem. 2, 13 (auch bei Aphraates 403, 5) für hebr. חצב; CURETON, Spic. 1, 1; אתא יהב Esra 5, 16; אלה מאניא שׂא אזל המו אחת Esra 5, 6. Aehnliches auch im Hebr.

3) Auch im Syr. sind solche Verbindungen überaus beliebt. Besonders so ܩܡ und ܩܘܡ sowie bei Passiven auch ܐܬܬܩܝܡ, für welche Construction ich Duzende von Beispielen geben könnte „zuvorthun" z. B. ܢܩܕܘܡ Geop. 112, 19; ܕܝܢ ܐܒܝܬ ܐܢܬ Sap. 18, 10; ܐܩܕܡܬ Clem. 33, 8, 10; ܐܩܕܡ ܩܡ eb. Z. 33 u. s. w.; ferner ܢܣܒ ܐܣܓܝ „liebte viel" Ephr. in WRIGHT's Cat. 689ᵃ; vergl. Joh. 15, 4; SACHAU, Ined. 1, 23 u. s. w.; ܢܣܓܐ ܕܢܫܡܥ „lasst uns ferner hören" LAGARDE, Anal. 127, 28; vgl. noch eb. 15, 18; WRIGHT, Catal. 735ᵇ; LAGARDE, Rel. 48, 5, 6; ܗܦܟ ἀντέγραψεν 3 Esra 2, 21; ܗܦܟ ܐܬܐ „kam zurück" Clem. 88, 18; ܬܘܒ ܡܩܛܥܬ „du schneidest sie später ab" Geop. 40, 9; ܡܚܟܡܬܢܝ μακροτομεῖν δεῖ Geop. 42, 14; ܐܟܠܠܬܢܝ ܐܣܝܪ ܒܚܟܡܬܐ „krönte mich ringsum mit Schlauheit" Anton. Rhetor bei WRIGHT, Cat. 614ᵇ; ܢܚܬ ܝܬܒ „setzte sich herunter" Clem. 48, 16; ܬܘܒ ܫܝܦ ܒܢܐ „baute wieder auf" LAND, Anecd. III, 246, 14 vergl. III, 177, 27 u. s. w. Vergl. ferner ܢܣܒܬ ܠܒܫܬ ܡܐܢܝ ܐܒܠܐ „sie nahm Trauerkleider und zog sie an" Jac.

So z. B. ד̌אנא עהדאר בפאגראיכון ערמינכון „dass ich euch wieder in euren Körper werfe" I, 186, 7; אהדאר אקמוויא „sie richteten ihn wieder auf" I, 22, 20 ff.; ועהדאר בעמה̄ אילויא „und brachten ihn wieder in seine Mutter hinein" I, 186, 6 (vgl. II, 7, 20); אכמאר רמינאך[1] „wirf

Sarug., Thamar 280 und viel Aehnliches bei ihm; ܕܟܬܒܘ ܫܕܪܘ ܠܗ „welchen sie ihm schrieben und schickten" Wright, Cat. 750[b]; ܫܕܪ ܐܦܩܗ „er schickte hin und liess ihn herausgehn" Apost. apocr. 191, 8; ܕܫܕܪ ܐܝܬܝ „welche er durch Gesandte holen liess" Joh. Eph. 328; ܫܕܪ ܩܪܐ ܠܗ „liess durch Gesandte rufen" Barh., Hist. eccl. 153; ܡܢ ܡܕܢܚܐ ܒܝܬܢ، ܙܘܕܘ ܐܒܗ̈ܝ ܫܕܪܘܢܝ „vom Orient, meiner Heimath, sandten mich meine Eltern mit Reisekost" eb. 274, 11 (in dem alten gnostischen Liede); ܐܩܝܡܘ ܙܩܦܘܗܝ „hoben ihn auf und kreuzigten ihn" Aphraates 222, 7; ܣܡܝ ܫܕܝܗ ܡܢܟ „stich es aus und wirf es von dir" Aphraates 262, 11 (die Stelle Matth. 5, 29, wo unsere Ausgaben ܚܨܝܗ ܘܫܕܝܗ); ܦܣܘܩ ܫܕܝܗ Matth. 5, 30 (auch Cureton, bei dem überhaupt noch mehr Beispiele dieser Construction als in Pesh. z. B. Matth. 5, 1; Luc. 24, 43); ܫܡܛܘܗ̇ ܐܦܩܘ ܠܠܫܢܗ „reisst ihm die Zunge aus" Mart. I, 35, 30 und so zahllose andre. — Im Hebr. vergl. a) Fälle wie תשוב תחיינו Ps. 71, 20; מהרו שכחו Ps. 106, 17 u. s. w. b) תמו נכרתו Jos. 3, 16; השחיתו התעיבו עלילה Ps. 14, 1; רצץ עזב דלים Hiob 20, 19; שנאתי מאסתי חגיכם Amos 5, 21; נסע יצא Jer. 4, 7 u. s. w. Die Fälle unter b) haben aber einen besonderen Nachdruck, während diese Construction im Aram. ganz abgegriffen ist. — Aus dem Aethiop. Aehnliches bei Dillmann S. 352 u. 354, aus dem Tigriña bei Praet. S. 315 f. — Dem Arab. ist diese Construction wenig sympathisch; doch gehören hierher die Fälle, in denen neben امسى u. s. w. das Perfect steht wie in أَمْسَى اهلها آحْتَمَلُوا „ihre Familie ist früh abgereist" Nâbigha (Ahlwardt) 5, 6; امسى . . . آنْصَرَمَا eb. 23, 1; أَمْسَتْ . . . صَرَمَتْ Hâdira (Engelmann) S. 13 ult.; أَصْبَحْتُ أَعْدَدْتُ Hamâsa 353 v. 3; باتت الليل لم تَنَمْ Ibn Hišâm 529. Noch genauer entspricht jenem aram. Gebrauch Einiges in jüngeren arab. Schriften z. B. die in 1001 Nacht öfter vorkommende Verwendung von ارسل mit unmittelbar darauf folgendem Verb z. B. فَأَرْسَلَ أَعْلَمَنِي Bd. IV, 148 (ed. 2 Bulaq); فَأَرْسَلَ أَحْضَرَهَا IV, 399.

1) כמר „umwenden, zurückbringen" u. s. w. (im Afel und Ethpaal

uns wieder" I, 186, 1; אכמאר בבישותא רמון אכמאר רמון בבישותא "warfen wieder in Uebel" I, 112, 16; עתכאמאר בילה̄ מן ריש "verschluckte ihn wieder" II, 7, 18; (א)תנא שכיב "schlief zum 2. Mal" I, 245, 4; תנארת עהאילארת "machte sich zum 2. Mal stark" I, 95, 3; האלירת עהאבליא "gab mir zum 3. Mal" I, 358, 9; קאדים קום "steh früh auf" I, 197, 9; דקאדמין שאתין "welche früh Morgens trinken" I, 176, 20 [1]; קאדים דנא האשיך אראב "ging Morgens auf, Abends unter" Q. 11, 23; Par. XI, 15ª; האשיך דנא קאדים אראב "ging Abends auf, Morgens unter" Q. 11, 31; Par. XI, 15ᵇ; והאיזאך אל שרון בעוראשלאם "und da gingen sie nach Jerusalem hinein und liessen sich da nieder" I, 382, 1; שאמאר שיבקה "hat ihn ganz verlassen" I, 96, 6; נישאמאר נישיבקה "wir wollen ihn ganz verlassen" I, 109, 9 (und so öfter); אסיק אקמויא "hoben ihn hinauf" I, 208, 2 und öfter (auch mit andern Personen); ואייל̈ שדון "warfen mich hinein" II, 14, 7; גינזאיון בירת כיסוייא "brachten ihn in ihr Schatzhaus und bargen ihn da" II, 62, 6; איתית שריתיבה̄ טאבתא "ich brachte Gutes und legte es hinein" I, 322, 19; ואיתון טאבא באתרה שתול "und bringt einen Guten und pflanzt ihn an seiner Statt" I, 22, 24; 44, 7; ושאבשאת איילתה̄ "bethörte ihn und führte ihn ein" I, 115, 17; שאביש אהאי אפקון "meine Brüder bethörten mich und führten mich ein" II, 14, 6; אטאד רמובון הארכתא "gossen Verdrehung hinein" I, 111, 21; מאן שאדאר לתיביל̈ אשריאך "wer sandte dich zur Tebel und liess dich da wohnen?" II, 61, 14; דאבאר להאכא שאדראן "der mich hierher führte und mich hier wohnen liess" II, 43, 5 [2]. Mit Inf. so לאגזוריא לואתאיון מישיבקאן "mich abzuschneiden und bei ihnen zu lassen" II, 43, 5.

---

gebräuchlich) findet sich noch im Neusyr. ܬܒܥ (Paelform) „zurücktreiben, wegjagen". Sonst ist es mir unbekannt.

1) Aus Jes. 5, 11, wo in der Pesh., wie gewöhnlich, השכים durch ܩܕܡ wiedergegeben. Doch wird, so viel ich sehe, dies Wort in dieser Bedeutung nicht asyndetisch construiert; ebensowenig ܐܣܦ 2 Par. 36, 15 (קדם und השיך so talmudisch, targ. u. s. w. s. LEVY); auch nicht ܬܢܐ und ܬܠܬ, welche beide ziemlich häufig „zum 1." und „zum 2. Mal thun" heissen (z. B. Geop. 3, 13, 14).

2) Vgl. ܐܣܦ ܬܢܐ Mart. II, 283, 26.

Sehr selten ist dagegen im Mand., falls ein Verb bloss eine Modification des andern ausdrücken soll, die Anknüpfung mit ו z. B. תום דניסאייך ונימאר ;¹11 ,71 ,I "dann sagte er zum 2. Mal„ (א)חנא ואמארלה על האילאך דילאך "dass wir über deine Kraft vollständig sprechen" I, 11, 14.

Zu den asyndetischen Sätzen kann man noch die rhetorische Wiederholung rechnen, zumal in derselben oft aus der einen Reihe wichtige Wörter der anderen zu ergänzen sind z. B. יאהיא דאריש בלילויא יודאנא בראמשיא דלליליא "Jahja predigt in den Nächten, Johanna (predigt) an den Abenden der Nächte" oft in DM; doch ist dieser Gebrauch eben ein rhetorischer, nicht eigentlich in die Grammatik gehöriger.

Ein wirkliches ו des Zustandes (وَاوُ الحَال) wie im Hebr. und Arab. § 293. giebt es im Mand. und wohl überhaupt im Aram. nicht mehr. Doch wird allerdings das ו zuweilen gebraucht, um lose ein Verbum anzuknüpfen, welches zu einer ganzen Periode gehört und doch nicht genau in demselben syntactischen Verhältniss steht wie das Verb, an welches angeknüpft wird. Durchgehends bedeutet der angeknüpfte Satz aber nicht ein Gleichzeitiges, sondern ein Folgendes, so dass wir das „und" mit „so dass" „um ferner" u. s. w. wiedergeben müssen. So למאן הזית והפאכת "wen hast du gesehen und bist umgekehrt?" d. i. „wen hast du gesehen, und wegen wessen Anblick bist du dann umgekehrt?" oder „wen hast du gesehen, dass du darauf umgekehrt bist?" I, 151, 1; 174, 19; Qol. 52, 16 (und so die folgenden Sätze); מאהו הזית ודהילת "was hast du gesehn, dass du dich fürchtetest?" II, 55, 11; והזיא עותריא מאהו דאבדיא ועל מאהו מיתהאשביא ואמריא אלמא ניביד "und sieh, was die Uthra's machen und worüber sie denken, dass sie sagen: wir wollen eine Welt machen" I, 71, 4; הימיאנא דהאזילה רביא ומישתאהדהזיא "ein Gürtel, bei dessen Anblick die Herren erzittern" DM 15ª; כול מאן דאזיל לואת זאמארתא וזירא דכאדבא ומינה באטנא וסאמטא שאקלא ואזלא בקיקלא שאדילה והאפרא בירא וקאבראלה ומיהידרא

---

1) Vgl. ܠܐ ܬܐܟܘܠ ܣܓܝ "iss nicht zu viel" LAGARDE, Anal. 20, 5; ܗܘܝ ܚܒܝܒܐ ܫܦܝܪܐ βραδέως φίλος γίνου ebend. 171, 28 und so noch Anderes im Syr. — Vgl. ferner die Construction von קְדַם "Morgens thun" mit ו (s. LEVY s. v.) u. s. w.

בעקבה דאישאלה ואינה דיאלדא האזילה לעמא ועמא ליאלדא לאהאזיאלה
wenn יאלדא מאירת בקיקליא ועמא באכיאלה בגנוב גנוב [1] מישתאיאל",
irgend Einer zu einer Sängerinn (Hure) geht und falschen Saamen säet
und sie von ihm schwanger wird und eine Arznei (Abortiv) nimmt
und hingeht (und) ihn (den Fötus) in den Dreck wirft und eine Grube
gräbt und ihn verscharrt und sich umdreht (und) ihn mit ihren Fersen
zutritt und das Auge des Kindes die Mutter sieht, die Mutter aber
das Kind nicht sieht, das Kind stirbt und die Mutter ihn ganz ver-
stohlen (?) beweint, so wird er (peinlich) gefragt" DM 32^b (eigentlich
„jeder der .. und .. und ..." u. s. w. mit mehrfachem Subjectswechsel);
צוביאן מאן ניבאד ומן פאגראי נאפקאן ונעיאסגיבה בעוהרא „wer wird
meinen Willen thun und mich aus meinem Körper herausführen, dass
wir gehen auf dem Wege ...?" II, 23, 20[2]. In einem Satz wie
יא גאברא דלהייא קאריא והייא נינויך I, 180, 13 kann man trotz des
Wechsels der Person eine reine Relativverbindung annehmen: „o Mann,
der das Leben anruft und den das Leben erhört!" (s. § 301).

Ausdrücklich hebe ich hervor, dass ו nicht wie im Syr. (nach dem
griech. καί) „auch" heissen kann, so wie dass es, wie überhaupt im
originalen Aram., nicht (nach hebr. Weise) die Apodosis beginnen darf.

§ 294. Die Aneihung von Sätzen mit או „oder" geschieht auch bei Fragen: גאברא באטין מן קודאם ענתא או ענתא באטנא מן קודאם גאברא
„wird der Mann schwanger vor der Frau, oder wird die Frau vor dem
Mann schwanger?" I, 201, 24; הייא היוך שידלוך או אנאת מן נאפשאך
עתית „hat das Leben dich geschickt, oder bist du aus eignem Antrieb
gekommen?" II, 121, 7; מיאכא ... מיאכא ist ... oder ist ..? I, 80, 23;
187, 2; dafür auch או מי in מיאכא דגאביר ... או מיאכא דגאביר מינאי
מינאי „ist Einer, der stärker als ich wäre ...? oder ist Einer, der
stärker als ich?" I, 81, 19 (wenn da nicht או עכא zu lesen ist „so
Einer ist, der ..."). Natürlich können solche Fragen aber auch unver-

---

1) So lies (auch nach dem Folgenden) für מישתאיל der beiden Codd.
2) Vgl. ܐܡܘ ܐܟܐܢ ܡܢܠ ܥܟܨܡ Luc. 3, 10 Cureton; ܡܚܠ ܢܟܨܝ ܚܠܨܐ
ܨܪܝܗܐ ܐܨܚܠܡܣܐ ܚܐܡܟܝ܆ ܗܢܘ „welche Ursache veranlasste, dass der h. Epi-
phanias diese Rede machte?" Wright, Cat. 801^b. — يا بُؤسَ لِلْحَرْبِ الَّتِي
وَضَعَتْ أَراهِطًا فَاسْتَرَاحُوا (citiert von Ibn Hišâm zu Bânat Su'âd S. 175).

bunden mit oder ohne מע hinter einander stehn; es ist daher nicht zu entscheiden, ob das II, 57, 14 f. vorkommende עמיא = מיא ist oder = עו מיא. Zwei affirmative Sätze, zwischen denen die Wahl gelassen wird, können beide עו vor sich haben: עו מיראק אראק עו עתיכסויי עתכסו „entweder sind sie geflohen oder haben sich verborgen" I, 271, 8; עו נאסיקלאך ... עו נאסיקלה „entweder lassen wir ihn hinaufgehn ... oder dich" DM 38ᵇ.

Eine Anknüpfung mit הינילא (§ 292) haben wir noch in עו דעמארלאך נישמא ¹ תישימה הינילא לאתישאניא מימראי „wenn du, was ich dir sage, o Seele, hörst, aber nicht mein Wort veränderst" II, 107, 7.

B. Relativsätze.

Ich fasse hier den Begriff „Relativsatz" wieder in weiterem Sinne, § 295. indem ich auch die Fälle hierher ziehe, in welchen das Relativwort — immer דּ — unserm „dass" entspricht. Das Aram. ist eben in der gleichmässigen Bezeichnung des ganzen Relativverhältnisses sehr consequent. Nur wäre es freilich zu wünschen, dass neben der Gemeinsamkeit auch die Verschiedenheit der einzelnen Fälle oft noch deutlicher bezeichnet werden könnte.

Attributive Relativsätze.

Für den attributiven Relativsatz — Relativsatz im engeren Sinne — § 296. arab. الصلة والموصول und الصفة (wenn diese ein Satz ist) — gelten die gemeinsemitischen Regeln. Ist das דּ auch ursprünglich ein volles Demonstrativ und nicht bloss eine Relativpartikel, so hat sich doch seine Bedeutung längst so abgeschwächt, dass es in sehr vielen Fällen nur als Zeichen der Relation überhaupt dient, deren genauere Bestimmung durch ein weiteres rückweisendes Personalpronomen (عائد) gegeben werden muss[2]. Als ein solches ist auch die Bezeichnung des Sub-

---

1) So lies für תישימאן.

2) Dasselbe geschieht ja mit dem noch weit massiveren الّذى, mit مَن und ما, wenn sie relativ gebraucht werden, und gewöhnlich auch mit dem pers. كه.

jects aufzufassen in Sätzen wie זאוה ד֗הי֗ אהאתה̇ „seine Gattinn, welche seine Schwester ist" I, 116, 4 (= زَوْجُهُ ٱلَّتِي هِيَ أُخْتُهُ); עבילייא ועבילאתא דהינון טאבין ביאמא רבא דסוף וקארין לנאפששאיון טובאניא וטובאניאתא ומטאביא נישמאתהון בהאבארא גאהיא „Asketen (أَخٌ) und Asketinnen, welche versinken in's grosse Meer des Endes und sich selbst ‚selige Männer' und ‚selige Frauen' nennen und ihre Seelen in heulendes Dunkel versenken"[1] I, 226, 16; יארדניא דהינון שאנין ומיניהריא „die Jordane, welche wunderbar und leuchtend sind" I, 278, 6; אלמיא דהשוכא ... דהינון סאניא ומדאהליא ודמותאיהון לאכאשרא „die Welten der Finsterniss ..., welche hässlich und Furcht erregend sind und deren Gestalt nicht in Ordnung ist" I, 278 7; באדויא ... ד֗הו נטיר בהוכומתה וכסיא ולאמגאלאל „der Schöpfer ..., der in seiner Weisheit verborgen, geheim und nicht offenbart ist" I, 2 ult. u. s. w. Man könnte hier das הו u. s. w. als blosse Copula ansehn (was freilich in letzter Instanz nach dem S. 406 Gesagten auf dasselbe heraus käme) wie in מינדאם דלאו דילכון הו „Etwas, was nicht euer ist" I, 14, 21; 16, 23; זאוא דלאו דילכון ה֗ע „eine Gattinn, die nicht die eure ist" I, 16, 20; 41, 17 (neben באביא דלאו דילכון „Thore, die nicht eure sind" I,16, 15 ohne das entsprechende הינון); שאמיש דהאד מיניאיהון הו „die Sonne, welche eine von ihnen ist" I, 33, 2 u. s. w. Aber in dem Satz ד֗היִנון טאביא „welche versinken" ist ja das Präd. als verbal zu bezeichnen und also eine Copula nicht statthaft. Die Verstärkung des Relativs durch ein unmittelbar dahinter stehendes Personalpronomen kann so eintreten, dass auch dieses (wie im Grunde das Relativpronomen selbst) als absolutes Nomen dient und selbst erst durch das rückweisende Pronomen aufgenommen wird. So z. B. טורא רבא דביסרא דהו גירמיא ליתבה „der grosse Fleischberg, in welchem keine Knochen sind" I, 142 ult.; כבאר רבא דהו כבאר זיוא שומה „der grosse Kebar, dessen Name Kebar Zîwâ ist" I, 70 ult. und so öfter דהו ... שומה z. B. I, 23, 17; 235, 17, 25; 236, 4.

Diese genauere Bezeichnung des Subj.'s durch das Personalpronomen steht zwar ziemlich oft im Nominalsatz, fehlt aber noch öfter,

---

1) Beachte die höhnische Ableitung des ܢܛܘܒܐ von ܛܒܐ. Ueber „das grosse Meer des Endes" s. oben S. 150 Anm. 1.

und im Verbalsatz steht sie selten. Auch die genauere Bezeichnung des Objects fehlt im Mand. häufiger, als sie steht. Wir haben hier mit rückweisendem Pronomen: סיניא ריגלאי דבאליתינון „die Stiefel meiner Füsse, die ich verbraucht habe" II, 116, 20; לאתירידהמויא למינינא דהיזויא ורידהמויא אלמיא „liebet nicht das Geld, welches die Menschen gesehn und geliebt haben" I, 366, 6; מן הוסראנא דהינון עבדויא מן נאפשאיהון „von dem Schaden, welchen sie aus eignem Antrieb angerichtet haben" I, 73, 15; ארקא דבנאלה פתאהיל ושובא שיביאהיא „die Erde, welche Petahil und die 7 Planeten gebaut haben" II, 9, 5; דבגאואי דיליא צאבאתלה „den du in mir taufst" I, 129, 11 u. s. w. Aber ohne Rückweisung: האך דמותא דהזא „jene Gestalt, die er sah" I, 282, 3; ליגטתא קאדמאיתא דלגאט כיואן „der erste Griff, den Saturn machte" I, 222, 14 (so oft דלגאט 'ל); דהאזיא אינאיכון „welchen eure Augen sehn" I, 177, 3 u. s. w. Der Satz לאתימרון מינדאם דלאיאדיתולה ולאגליללכון „saget Nichts, was ihr nicht wisst und was euch nicht klar ist" I, 48, 5 steht wörtlich so I, 25, 18, nur ohne rückweisendes Pronomen (nämlich דלאיאדיתון).

Dies Pron. fehlt wohl immer bei doppelt transitiven Verben[1] oder solchen, die ein dativisches ל bei sich haben z. B. במא דהייא אשמון „in dem, was das Leben mich hören liess" I, 91, 14; ואליפתה מא דהייא פאקדרון „und ich lehrte ihn, was das Leben mir befohlen hatte" I, 103, 22; דעפאקדינכון „was ich euch befehle" I, 18, 14 und so öfter ד mit האזין הו ראזא וסידרא וקארקאלתא דשובא כוכביא דגאלילון ואפרישלון פַקד מאנדא דהייא ועהאבלון להיביל ושיתיל ואנוש „dies ist das Mysterium, die Schrift und der Umsturz der 7 Sterne, welche M. d. H. offenbarte, lehrte und gab dem Hibil, Schithil und Anôš" I, 222, 10; כורסיאך דזיוא דהייא תראצלאך „dein Glanzthron, den das Leben dir aufgerichtet hat" II, 11, 9; קאלא והאילא דמשאדריתוליא „die Stimme und die Kraft, welche ihr mir schickt" II, 114, 8. Sogar קאריאנא דכד ... הארשיא

---

1) Vgl. Sura 14, 27; بِمَا عَلَّمْتَنَا إِنِّي كَفَرْتُ بِمَا أَشْرَكْتُمُونِ مِن قَبْلُ Sura 2, 30 u. s. w. So passivisch Sura 16, 52; يُومُكُمُ الَّذِي مَا يُؤْمَرُونَ Sura 17, 35. Sura 21, 103; مَثَلُ الْجَنَّةِ الَّتِي وُعِدَ الْمُتَّقُونَ كُنتُم تُوعَدُونَ

ארקא פאשרא incantationes quas quum lego (fem.) terra liquescit I, 161, 22[1].

Sehr stark wird dagegen das Object bezeichnet in ... ברא רהימא דאניך לדילה קראינה „geliebter Sohn ..., den wir hervorgerufen haben" I, 156, 21.

§ 297. Nothwendig muss die Rückweisung stehn beim Genitivverhältniss oder bei einer Präp. z. B. דגאורה מיא אופה עותריא ואלואתה פאסימכיא דנהורא „dessen Inneres Wasser, dessen Laub Uthra's, dessen Ranken strahlende Lichter sind" Q. 26, 7; יארדנא דמיא דהייא דמינה זאכותא ניסבית „der Jordan des lebendigen Wassers, aus dem ich Reinheit genommen habe" II, 116, 17 und zahllose andre. Das vor dem den Genitiv bezeichnenden Pronomen stehende Wort kann noch selbst in den Genitiv treten oder von einer Präp. regiert werden z. B. דהאויא סומכא דסיפתא דפומה מא וארבין וארבא אלפיא פארסיא („dessen Mundes-Lippen-Dicke 144000 Parasangen ist") „an dem die Lippe seines Mundes eine Dicke von 144000 Parasangen hat" I, 393, 21 (wo gar 3 Genitive hinter einander stehn) — מאנדא דהייא דעל שומה אסגית ליארדנא „M. d. H., auf dessen Namen ich zum Jordan gegangen bin" II, 116, 16 und ähnlich oft.

Wie nun aber bei einigen Ort- und Zeitausdrücken die Präp. fehlen kann (§ 245), so genügt auch in einem Relativsatz, welcher als Attribut eines solchen steht, oft das blosse ד ohne Rückweisung durch ein Pron., und die Sprache dehnt die adverbiale Anwendung des ד noch etwas weiter aus. So haben wir יומא ד „am Tage, da" I, 22, 8; 43, 11 u. s. w.; מן יומא ד „vom Tage an, da" „seitdem" I, 66, 4, 5; 140, 6; אלמא ליומא ד „bis zum Tage, an dem" I, 40, 23; פאישא[2] האמשין (שניא) ד עברא דגאוכאי דאהנא „es bleiben 50 (Jahre), welche, (während welcher) die Uferseite von Gaukai blüht" I, 390, 10; כול זבאן ד „alle Zeit, dass" I, 221, 13; 260, 24 (und oft); זיבנא ד „in der Zeit, da" II, 129, 8, 13 — באתרא ד „am Orte, wo" I, 108, 20; 278,

---

1) Vgl. (für مُلاقِيهِ oder لَهُ مُلاقٍ) أَبَا‏لموت الَّذى لا بدَّ أَتَى مُلاقٍ citiert bei Ibn Hišâm, šarḥ šuḏûr aḏḏahab 115 und öfter.

2) Oder פאייש (§ 281).

21; לאתרא דֿ "zu dem Orte, wo" I, 80, 15; דוכתא (דורביא) לבית רביא (רביא) דיאתביא רורביא "zum Hause der Herren, der Stelle, wo die Grossen sitzen" I, 77, 1 und so öfter דוכתא דֿ z. B. I, 92, 6; 94, 2; 104, 4; 330, 1 [1].

Für das rückweisende Pron. mit der Präp. steht bei דוכתא דֿ und אתרא דֿ auch wohl das entsprechende Ortsadverbium: אנא אסגית לבית רורביא דיאתביא רביא דוכתא דטאביא האתאם שרין "ich ging zum Hause der Grossen, dem Orte, wo die Herren sitzen, dem Orte, allwo die Guten wohnen" I, 77, 3 und דוכתא דיאתביא רביא אתרא דֿטאביא האתאם שרין I, 371, 15 (so auch DM 20ª) [2].

---

1) Das Alles hat genaue Analogien in den verwandten Dialecten und Sprachen. Vgl. ܒܐܬܪܐ ܕ Gen. 2, 17; ܐܠܗܐ ܓܝܪ ܘܪܕܦܝܢ ܠܗܘܢ ܠܐܝܠܝܢ Aphraates 232, 14; ܗܕܐ ܗܘܬ ܒܗ ܘܚܙܐ ܐܠܟܣܐ ܘܪܕܦ ܠܗܘܢ eb. 222, 16; ܟܪ ܕܐܝܟܐ ܕܢܦܩ ܡܢ ܟܕܘܢܗ Mart. I, 47 unten und viel Aehnliches; ferner sehr oft ܘܗܘܐ ܕ, ― Mart. I, 159, 32; ܘܚܙܐ ܗܘ ܐܬܪܐ ܕ Apost. apocr. 330, 17; ܘܕܘܟܬܐ Apost. apocr. 264, 15. Aber in dem beliebten אתר דֿ (אֲתַר ד) ܕܐܝܟܐ Num. 22, 24 Jerus. I) „an dem Orte, wo" und in ܒܙܒܢ ܕ „zu der Zeit, da" haben wir einen St. cstr.; vgl. מְקוֹם אשר Gen. 39, 20 u. s. w. (so öfter in der Mischna). Daneben jedoch ganz wie ܘܗܘܐ ܕ auch באתרא דֿ "an dem Orte, wo" Baba m. 84ᵇ (wie בשעתא דֿ Jerusal. Berach. 1, 5). Hebr. so עד יום אשר בִּמְקוֹם צר אשר אין דרך Num. 22, 26 u. s. w., während in עד היום Jer. 38, 28 wieder Stat. cstr. ist (da es sonst עד היום hiesse). — Das Arab. zieht bei solchen Zeitausdrücken die Genitivconstruction سَاعَةَ, يَوْمَ mit dem im Genitiv stehenden Satz vor; bei Ortswörtern, sowie bei determinierten Zeitausdrücken muss es die regelrechte Ausdrucksweise anwenden. Doch vgl. Fälle wie وَاتَّقُوا يَوْمًا لَا يَجْزِي نَفْسٌ عَنْ نَفْسٍ شَيْئًا Sura 2, 45; vgl. 2, 117; 31, 32 und عَلَى سَاعَةٍ لَوْ اَنَّ فِى الْقَوْمِ حَاتِمًا * عَلَى جُودِهِ ضَنَّتْ بِهِ نَفْسُ حَاتِمْ Farazdaq in Mubarrad's Kâmil 133 (und oft citiert, zum Theil mit Var. حَالَةَ für سَاعَةَ). Im Arab., wo das Relativverhältniss überhaupt oft wenig deutlich zum Ausdruck gelangt, sind solche Constructionen nicht sehr zweckmässig, während sie im Aram., welches stets das Relativwort setzt, eine bequeme Kürze der Rede geben.

2) Vgl. ܒܕܘܟܬܐ ܕܝܬܒܝܢ ܒܗ ܡܠܟܐ Aphraates 243, 2. Talm.

Aber erlaubt ist auch die regelmässige Construction: הארויא אתרא דיאתביבה̈ „sie zeigten ihm den Ort, an dem sie sitzen" I, 371, 13; dieselbe ist auch bei den Zeitausdrücken zulässig.

Aber ein anderer Fall ist wohl in עזאל לדוכתא דמשאדריתוליא „ich gehe nach dem Orte, wohin ihr mich schickt" I, 137, 3 und in עהזיה̈ ... להאנאתה̈ אתרא דוכתא דקריא ומזאמנא נישמאתכון „ich sehe ... jenen Ort, die Stelle, wohin eure Seelen gerufen und bestellt sind" Ox. III, 56[a], ferner בדאורא דדאיריא האטיא „in dem Wohnsitz, da die Sünder wohnen" II, 122, 22 und בעודהרא דנישמאתא אזלא „auf dem Wege, auf dem die Seelen gehn" II, 80, 14; 81, 11. Hier scheint nämlich die Rückweisung mit der Präp. zu fehlen, weil dieselbe Präp. schon vor dem Substantiv steht, dessen Attribut der Relativsatz bildet, und die einmalige Setzung für genügend erachtet wird[1]. Aber dieser Fall

---

אתר ד .. תמן s. Luzz. 95. Hebr. (שמה) המקום אשר שם z. B. Joel 4, 7; Ruth 1, 7.

1) So im Syr. ܐܬܪ ܕܐܙܠ ܐܢܬ Matth. 8, 19 (auch Cureton); ܐܬܪܐ ܕܟܠܗܘܢ ܠܗ ܠܥܘܡܪܐ ܐܙܠ Mart. I, 137, 22 und so öfter mit ܐܬܪܐ, ܐܬܪ und ܐܙܠ; ܒܟܠ ܐܦܝ̈ܗ̇ ܕܬܗܦܟܝܗ̇ ܚܙܘܐ ܫܦܝܪܐ ܐܝܬ ܠܗ̇ „welche nach allen ihren Richtungen, wohin du sie drehst, einen schönen Anblick hat" Aphraates 442, 6 (ein Cod. ܒܗܝܢ für ܐܦܝ̈ܗ̇); ܒܗ̇ ܕܡܘܬܐ ܕܒܗ̇ ܥܠ ܠܘܬܗܘܢ „in der Gestalt, in welcher er zu ihnen einging" Mart. II, 330 unten; ܠܡܚܕܐ ܒܐܝܠܝܢ ܕܝܐܐ ܠܡܚܕܝܘ ܘܠܡܬܟܪܝܘ ܒܐܝܠܝܢ ܕܙܕܩ ܠܡܬܐܒܠܘ „sich zu freuen über die, über welche es sich ziemt sich zu freuen, und sich zu betrüben über die, über welche es gerecht ist zu trauern" Lagarde, An. 7, 25, und sogar ܥܠ ܡܕܡ ܕܥܕܪ ܠܗܘܢ ܘܣܢܝܩܝܢ „über Etwas, dass ihnen hilft und dessen sie bedürftig sind" (= ܣܢܝܩܝܢ ܠܗܘܢ) Lagarde, An. 172, 6; ܒܟܠ ܒܝܫܬܐ ܕܬܘܫܛ ܐܝܕܐ „in allem Uebel, in das du die Hand streckst" Isaac I, 132 v. 117; ܕܢܗܘܘܢ ܦܩܝܕܝܢ ܒܗ̇ܝ ܕܐܝܠܗܘܢ Cureton, Spic. 21, 1 u. s. w. Einige der Ausdrücke, welche wir oben S. 451 hatten, liessen sich hierher ziehn, wie denn diese Construction meist auf auf Ortswörter und Aehnliches beschränkt ist. So auch wohl ܒܡܫܘܚܬܐ ܕ „in dem Maasse, wie" Lagarde, An. 19, 10; 27, 26. Vgl. במידה שאדם מודד מודדין לו Sanh. 100[a] unten. Hebr. so noch אל אשר „dahin, wohin" Ruth 1, 16; על כל אשר „überall hin, wohin" Jer. 1, 7; באשר „da, wo" Ruth 1, 17. — Arab. فُجْ بالذى انت بائجٌ und فصلّى للّذى صلّت قريش Ibn ʿAqîl 47; Qatar-annadâ S. 38.

ist selten; sonst steht auch bei gleichen Präpositionen die regelmässige Rückweisung.

In derselben Weise wie diese aber nach אתרא יומא, u. s. w. fehlen kann, fehlt sie immer nach gewissen Adverbien. So ד האשתא „jetzt, da" I, 65 mehrmals[1] und vielleicht auch להאד ד und להדא ד I, 284, 3, 4 in einer gewiss nicht intacten Stelle „so sehr, wie" „je mehr". Fragende Adverbien, welche so construiert, hat das Mand. im Gegensatz zu den andern Dialecten[2] nur einige wenige, nämlich עמאת ד oder כול עמאת ד „wann" „so oft" öfter; כמא ד „wie" in כמא דמיא אזלין עזיל אנאת „wie das Wasser geht, geh du" I, 192, 3; כמא דראיתינכון באלמא האטאירכון נאפשיא „so lange ihr auf der Welt seid, sind eure Sünden viel" I, 19, 10; כמא דאנאת הויתבה ודארתבה שובא האמבאגאך הון „so lange du darin warest und wohntest, waren die Sieben deine Widersacher" I, 324, 4; כמא דדארא באצאר בישותא כאברא „je mehr die Generation abnimmt, wächst das Uebel" I, 284, 19 und öfter u. s. w. Dafür auch בכמא in בכמא דמסאכיאנאלה לנאצבאי „so lange ich meinem Erzeuger entgegensehe" II, 96, 3. Einige Mal fehlt nach כמא das Relativwort, so dass es allein relativ sein muss: כמא דאריר בגאוה לאהואבה האסיר ובציר „so lange ich darin wohnte, war darin nicht Mangelhaftes und Fehlendes" I, 51, 1; אכמא קאלא דהייא בתיביל איתה ריטנא דהיביל זיוא שאמאנא „so lange die Stimme des Lebens auf der Tebel ist, höre ich das Murmeln des Hibil Zîwâ" I, 221, 10. Eigentlich gehörte hierher auch אלמא ד (s. § 306 am Ende). Ferner איאך „wie", das im Mand. immer ohne ד steht, aber nur in unvollständigen Relativsätzen ohne Verbum, meist mit einer adverbialen Bestimmung: ומאראם על כולהון איאך שומיא מן טוריא[3] „und erhaben über Alle wie

---

1) So talmud. השתא ד z. B. Meg. 2ᵇ; Pes. 110ᵇ oben, wie auch oft האידנא ד und selbst עד האידנא ד „bis jetzt, wo" Kethubhot 70ᵇ; syr. sehr oft ܗܡܐ ܂ z. B. 1 Macc. 15, 34; Aphraates 98, 7; ܡܣܒܢܐ ܂ CURETON, Anc. doc. 46, wie auch ܚܣܡܐ ܂, ܟܙ ܂ ܐܓܠܗ ܂, ܡܣܒܢܗ ܂, ܡܣܒܢܐ ܂ und ܚܣܡܐ ܂ „sobald als" beliebt sind. So selbst ܡܢ ܥܒܣܡ ܂ CURETON a. a. O. „ehemals, da" (hier nicht „früher als").

2) Vgl. ܐܢܒܠ ܂ (talm. היכא ד); ܐܡܘ ܂; ܐܡܣ ܂ (= היכי ד) u. s. w.

3) So die meisten Codd.

der Himmel (ist höher) als die Berge" I, 3 ult.; מיניליא דהאכימא לטאכלא מיא בגר דנורא גומריא איאך "die Worte des Weisen sind für den Thoren wie Feuerkohlen im Wasser" I, 217, 24 (und so I, 217 viele ganz von demselben Bau); לאיית שומא איאך שומה "nicht ist ein Name wie sein Name (ist)" I, 5, 5 und so auch דאמין איאך זאפא לאינא "sie gleichen dem Verhältniss der Wimper zum Auge" (passen so gut zu einander wie die Wimper zum Auge) I, 8, 10[1].

So nun auch das einzelne Beispiel מא דאמארילון מימרא קאם "als ich ihnen eine Rede hielt, standen sie auf" I, 235, 3 (wie syr. ؟ قٰم)[2].

§ 298. Auch die folgenden Fälle liessen sich bequem auffassen, als wäre in ihnen eine Präpos. mit der Rückbeziehung nämlich מיניאיהון ausgelassen. Aber dies wäre gegen alle Analogie. Hier ist nämlich eine Apposition oder vielmehr eine Substitution eingetreten. Wie man sagt ואראבאייא האד להאברה נאפיל "die Araber, einer fällt über den anderen her" I, 385, 6, ohne dass man hier ein „von ihnen" ergänzen dürfte (s. § 225. 276ᵃ), so wird auch das ein Pluralsubject darstellende ד dadurch ersetzt, dass man es in zwei Hälften zerlegt, deren eine als Subj. construiert wird. So haben wir denn שאריא אטשיא ובאהזרוניא דכול האד שאנאי מן האברה "mache Früchte und Saaten, welche von einander verschieden sind" I, 337, 9; וכסוייא כאסוייא דהאד האד שאנאי מן האברה "und bedeckte ihn mit Gewändern, die je von einander ver-

---

1) Vgl. unten S. 464 das über כד „wie" Gesagte.

2) Dagegen ist in מא דבית (מא דבית דלרביא עמאר רביא אמארליא דעשתאיילון רביא טאבותאי לגאט (was ich den Herren zu sagen wünschte, das sagten sie mir.) „was ich ihnen zu erzählen wünschte: (dafür) dankten sie mir" I, 92, 8 ein Anacoluth anzunehmen, nicht ein adverbialer Gebrauch von מא ד. Eher ginge dies in כול דאבידנא סכולתא ליתליא „was ich auch thue (هم كَ سازم), ich habe keine Schuld" I, 365, 10; DM 79ᵇ, obgleich auch hier die andre Auffassung näher liegt. So auch in כול מינדאם דעתלאיכין אוטפויא „Alles, was ihr habt: thut ihm wohl" I, 15, 7; wofür aber in der Parallelstelle I, 36, 11 bequemer מן כול מ' „von Allem" u. s. w. Dagegen ist I, 101, 18 welches ähnlich aussieht, דמותאי zum folgenden Satz zu ziehn und zu übersetzen: „Alles, was ich gemacht habe, ist fertig; (aber) sein und dein Ebenbild ist nicht fertig". Mit den obigen Sätzen vergleiche ܡܟܠܗܘܢ ܘܐܢܬܘܢ ܐܚܣܢܘܢ ܟܠ ܐܝܟܐ ܕܨܒܝܬܘܢ ܚܣܝܢܐܝܬ ܠܢܦܫܟܘܢ Aphraates 20.

schieden waren" I, 136, 2 (fast ebenso I, 136, 5; II, 59, 1); ויאדלאר
האמיט (תריסאר) דמאואתא דהדא להאברה לאדאמיא und gebar 5 (12)
Gestalten, die einander nicht glichen" I, 95, 14; 96, 17; עותריא דהאד
האד האויא שומאיהון בית היא תריך האויא כיניאנון "die Uthra's,
deren Namen je einzeln im Hause des Lebens, deren Benennung zu
zweien ist" Q. 60, 17. So nun auch משאבין האניך כולהין שכינאתא
דכיסיא דכול שכינתא שכינתא¹ יאתביבה אליף אליף עותריא "gepriesen
sind alle jene Wohnsitze, in denen, in jedem einzelnen Wohnsitz
1000 mal 1000 Uthra's sitzen" u. s. w. Q. 34, 20, und הון מינה אליף
אליף פיריא דלאסאכא ורובאן רובאן שכינאתא דליתלאיין מיניאנא דהואבה
בהאד האד פירא אליף פיריא דלאסאכא ורובאן רובאן שכינאתא
מיניאנא דליתלאיין "von ihr entstanden 1000 mal 1000 Früchte ohne
Ende und 10000 mal 10000 Wohnsitze ohne Zahl, von denen in jeder
Frucht 1000 mal 1000 Früchte ohne Ende waren und 10000 mal 10000
Wohnsitze ohne Zahl" I, 69, 4. Hier steht בה בהאד האד פירא als
deutlicherer Ausdruck für בהון².

§ 299. Die Rückweisung durch ein Pron. kann auch im Mand. unter Umständen erst in einem weiteren relativen Satz erfolgen: גאיותא דלאיית
שופרא דראמילה "ein Prangen, dem gleichende Schönheit nicht existiert"
I, 3, 18; שומיא כאסייא דליכא דניטאנינון מן דוכתאיון "geheime Namen,
welche Niemand von ihrer Stelle entfernt" I, 145, 20; עלאנא דתושביהתא
דכול מאן לארהאבה היא "der Baum des Lobpreises, den riechend Jedermann aufgelebt ist" I, 65, 13; היזיה לאדוגא דנורא דכול דהאזילה
מאית וכול דמיתכאראכבה מיתיקליא "er sah den Feuerofen, bei dessen
Anblick jeder stirbt, den umfangend jeder sich versengt" I, 117, 10³
u. s. w. Die Rückweisung fehlt beim Objectverhältniss auch hier in

---

1) So lies für דיאתביבה.

2) Ganz so ܠܚܫܐ ܥܝܨܢܐ ... ܣܡܕܢܐܝܬ ܒܣܡ ܚܣܢ ܡܚܣܢܗ ܠܘܢ ܪܡܬܢ CURETON, Spic. 21, 3; האיכא תלתא דכל חד וחד מסייע לה Hullin 76ᵇ und ܐܬܝ ܒܝ ܐܢܐ ܒܗܫܐ ܗܘ ܕܚܣܐ ܟܕ ܣܪܓܐ ܐܠܦܙܢܬ ܫܥܕܘܢܐܝܬ Mart. I, 157 ult.

3) Vgl. z. B. ההוא חסידא דהוה רגיל אליהו דהוה משתעי בהדיה "jener Fromme, mit dem Elias zu reden pflegte" Baba b. 7ᵇ; أَصَبْنَا الَّذِينَ لَمْ نَرِدْ أَنْ نُصِيبَهُمْ Diw. Hudh. nr. 103, 4 und vieles Andre.

מא דבית דלרביא עמאר „was ich den Herren zu sagen wünschte" I, 92, 8; מא דבית דעשהאיילון „was ich ihnen zu erzählen wünschte" I, 92, 9. Statt einer solchen etwas entfernten Rückweisung tritt ausnahmsweise das Subst., dessen Attribut der Relativsatz bildet, selbst wieder ein in ומהאוריאליא אינא הדא דליכא דיאדא מיניאיהון דילהון סאכא דהאנאתה אינא כמא לבאר מן דיליא „und sie zeigt mir eine Quelle, von welcher Quelle Niemand von ihnen ausser mir wusste, wie weit ihr Ende wäre" I, 149, 16, wo aber doch in האנאתה eine Rückweisung liegt[1].

Auch kann die Rückweisung erst in einem angereihten Satz stehn: דאתיא אריא (דיבא) ודאראלה „welche der Löwe (Wolf), wenn er kommt, fortträgt" DM 16ᵃᵇ (wo noch mehrere ähnliche)[2].

§ 300. Kurze adverbiale Bestimmungen, welche zu einem Substantiv gehören, werden am liebsten in einen Relativsatz gebracht. So z. B. אבון דברישאיאן „unser Vater, der an unsrer Spitze ist" Q. 12, 16; בעסוריא דלאלאב „in ewigen Banden" DM 3ᵇ; הו (היא) ומלאכיא דמינה „er (sie) und die Engel mit ihm (ihr)" I, 268, 6, 9; זידקא דבכאפאיאן „das Almosen in unseren Händen" Q. 12, 15. Seltner ist die härtere directe Verbindung wie in הייא לאלאם „ewiges Leben" I, 31 ult.; 32, 22; זיוא בנפיש „reichlicher Glanz" DM 4ᵇ (parallel: נהורא דיאתיר); נוניא ביאמא „die Fische im Meer" I, 68, 4.

§ 301. Bezieht sich ein Relativsatz auf die 1. oder 2. Person, so kann in der Rückweisung die betreffende Person beibehalten werden oder es kann die 3. Pers. eintreten. Im Mand. ist Ersteres viel häufiger als im Syr., doch schwankt der Sprachgebrauch stark, namentlich bei der

---

1) Im Arab. sogar سُعادُ الَّتي أَضناكَ حُبُّ سُعادا „Su'âd, deren Liebe (= حُبُّها) dich elend machte" Ibn Hišâm, šarḥ šuḏûr aḏḏahab (ed. Bulaq) 53.

2) Vgl. ܪܒܥܡ ܗܘ ܐܦܢܝ ܗܘܐ ܡܠܠܟܐ ܡܢ ܩܕܡ „worüber Bileam früher geredet hatte" Euseb. de Stella 16; ܗܘ ܡܢܦܬܚ ܗܘܐ ܕܝܢ ܗܘܐ ܠܗ ܘܒܥܐ ὅ τὸ τυχὸν ἀνδράποδον ποιήσειεν LAGARDE, An. 150, 22 (die gewöhnliche Construction ist nämlich ܘܗܘܐ ܕ „es begab sich, dass", wie auch ܘܡܢ ܢܦܠ neben ܗܘܐ ܡܢ ܢܦܠ zulässig ist). — Hebr. אשר פצתה הארץ את פיה ותבלעם Deut. 11, 6. — Arab. مِنْ هَؤُلاءِ النَّفَرِ الَّذينَ تُوُفِّيَ رَسولُ اللهِ صلعم وهو عنهم راضٍ Buchârî 23, 96 (wo allerdings ein Zustandsatz ist).

2. Pers. Wir haben so טובאיכון בהיריא זידקא דמיתגאדאלֿכון קארנאיכון בְרישאיכון „Heil euch, ihr von erprobter Gerechtigkeit, denen die Stirnlocken auf den Häuptern geflochten sind" I, 178, 9; אנאת דֿאלבשוך „du, den sie bekleidet haben" I, 354, 4 (hier so unmittelbar nach אנאת wäre die 3. Pers. wohl unmöglich); משאבית אנאת מאלכא דנהורא דשאדארתלאך שראראֿ לראהמאך „gepriesen bist du, Lichtkönig, der du uns, deinen Dienern, Festigkeit gesandt hast" I, 66, 17; אתא בשלאם יאלדא זוטא דמן עתמאל ליארדנא זאמינתאך „komm in Frieden, kleiner Knabe, den ich von gestern her zum Jordan bestellt habe" I, 190, 14; פת האריא דבדור בישיא אמתא קרוך „du Freie, die man in der Wohnung der Bösen eine Magd hiess" II, 98, 1; 133, 19 und ähnliche Stellen (II, 81, 20 Var. קרו mit Suffix der 3. Pers.); משאבית מאנא דֿאוקארתהֿ ונטארתהֿ „gepriesen seist du, o Geist, der du ihn geehrt und bewahrt hast" II, 51, 16. — Dagegen mit der 3. Pers. ganz überwiegend beim Vocativ mit und ohne יא: (יא) כשיליא דעתאכשאל „o ihr Gefallnen, die da fielen" I, 186, 4, 10; תיב עותרא תמימא דמינדאם בתיביל לאעדא „setz dich, einfältiger Uthra, der Nichts auf der Tebel weiss" II, 92, 22; יא דֿאזליא בשוקיא תיביל וכיפא וגאהנא קומתאידהון „o ihr, die ihr in den Strassen der Tebel geht und deren Gestalt sich bückt und niederbeugt" I, 179, 18: יא דינאנוכת סאכלא דֿלאהוא האכימא „o Dinanucht, du Thor, der du nicht weise bist" I, 211 ult.; אמארנאלכון דֿהאזין „ich sage euch, die ihr seht" I, 55, 1. Bei יא דֿ „o ihr, die ihr" wohl immer die 3. Pers.[1].

Bei der 1. Pers. ist die Congruenz fast ausnahmelos. So z. B. כד אתית אנא שליהא דנהורא מאלכא דמן נהורא אסגית לכא „als ich kam,

---

1) Einige syr. Beispiele der Congruenz bei der 2. Pers. s. bei HOFFMANN S. 325; vgl. ferner ܐܘ ܫܠܡ ܒܟ ܚܨܢܝ ܐܢܐ ܡܠܐܟܗ ܐܢܬ ܕܫܡܥܬ ܠܡܪܝ Apost. apocr. 213, 10. Das Gewöhnliche beim Vocativ ist aber die 3. Pers. im Relativsatz; so auf derselben Seite Apost. apocr. 213 mehrere Beispiele (ebenso in der Apposition z. B. ܠܚܡܐ ܐܚܙܢܐ ܡܬܚܙܝܢ ܫܠܡܬܐ ܡܢ ܠܥܙܢܝ ܥܡ ܗܕܢܝ Apost. ap. 243, 18 u. s. w.). — Hebr. mit Congruenz vgl. Jes. 41, 8 f.; Eccl. 10, 16, 17 (אשריך ארץ שמלכך בן חורים), welche Fälle ebenso in der Pesh. — Arab. würde ein Relativsatz, der direct an انتم, انت hinge, wohl die 2. Pers. zeigen; ich habe leider keine Beispiele zur Hand. Aber in der Anrede يا ايّها الذين آمنوا u. s. w.

ich, der Gesandte des Lichts, der König, der vom Licht hierher kam"
I, 64, 10; אנין דקראיתינאן „wir, die du gerufen hast" I, 353, 19; אנין
דמשאבינן „wir, die wir preisen" I, 66, 16; לבאר מן דיליא דגליליא
ופרישליא „ausser mir, dem offenbar und erkannt ist" I, 149, 17; אנין
דליתלאן „wir, die wir nicht haben" I, 354, 6 u. s. w. Doch בדמותא
דילאן שליהיא תלאתא דאסגון „in unsrer, der Gesandten des Lichts,
Gestalt, die da gingen" I, 47, 15 (wo aber vielleicht אסגין zu lesen)¹.

Ganz überwiegend ist grade die Congruenz da, wo sich der Relativsatz auf das nominale Prädicat der 1. oder 2. Person bezieht z. B.
אנא הו (אלאהא) ברה דאלאהא דאב להאכא שאדראן „ich bin (Gott), der
Sohn Gottes, den sein Vater (wörtlich ‚mein Vater') hierher gesandt
hat" I, 52, 15; 28, 24; אנא הו שליהא דאכיא דמאלכא דנהורא בשומאי
היביל זיוא קראן „ich bin der reine Gesandte, den der König des Lichts
mit Namen (‚mit meinem Namen') Hibil Ziwâ genannt hat" I, 32, 17
und so öfter (vgl. I, 56, 13; 64, 20); אנאת הו גאברא דעל שומאך אצבית
מאצבותא „du bist der Mann, auf dessen Namen ich getauft habe"
I, 192, 15; אנאת הו דיאדית בלילביא ופארשית בעוצריא ולילביא „du bist
der, welcher die Herzen kennt, die Sinne und Herzen versteht" I, 193
ult.; נהורא אנאת דכאבירייא דאסגית עתיתלה לאלמא „du bist das Licht
der Grossen, das da ging und in die Welt kam" I, 274, 23; אנאת הו
דסאכא ובוטלאנא ליתלאך „du bist der, welcher nicht Ende und Vernichtung hat" Q. 54, 5 u. s. w.². Doch auch שליהיא אנא כושטאנא

---

1) Vgl. אנין דאית לן תרין יומי Taanith. 4ᵇ unten.

2) Vgl. אנת הוא דשתלתיה „du bist der, so ihn gepflanzt hat" Taanith
23ᵃ — ܐܢܐ ܠܐ ܢܦܩ ܐܢܐ ܐܢܐ ܒܣܬܪ ܠܣܥܐ Dion. Telm. 57, 9; ܐܢܐ
ܐܦ ܣܘ ܕܦܨܐ ܠܚܕ ܣܘ ܣܣܓܕܢ ܐܢܐ ܗܘ ܕܐܠܣܕܗ ܘܕܘܣܟܐ ܡܬܐܘ ܘܐܫܠܡܝ Jac. Sarug.,
Tamar v. 31 f.; ܐܢܒܘ ܒܚܣܝܢ ܗܘ ܐܢܐ Apost. apocr. 222 ult.; ܐܢܐ
ܕܐܚܣܝܐ ܨܒܝ ܣܣܒܬܣ ܗܢܘ Matth. 3, 17 Cureton (wo Pesh. ܗܘ hat);
vgl. noch Cureton Spic. 10, 20 — Hebr. אני יוסף אחיכם אשר מכרתם אתי
Gen. 45, 4; הלוא אנכי אתנך אשר רכבת עלי Num. 22, 30 (beide so auch
in Pesh.) — Auch aus dem Arab. habe ich zahlreiche Beispiele sowohl
mit determiniertem wie mit indeterminiertem Relativsatz, vergl. نحن الذين
بايعنا محمّدًا „wir sind diejenigen, welche dem M. gehuldigt haben" Buchârî
56, 33 (wofür 56, 34 نحن الذين بايعوا محمّدًا); Muslim لعلّى اكون الّذى انجو

דכארבא ליתבה „ich bin der wahrhafte Gesandte, in dem keine Lüge ist" I, 64, 21 (und so mehrmals I, 64 f.); אנא הו חייא דמן נפשאיהון „ich bin das Leben, das aus sich selbst entstanden ist" I, 238, 25; אנא הו דמן אלאהא הוא „ich bin der, welcher aus Gott ist" I, 52, 14 (unmittelbar neben der Construction mit Congruenz) — יומא אנאת „du bist der Tag der Freude, an dem keine Trauer und Todtenklage ist" I, 274, 19; אינא אנאת דבהירויא זדקא „du bist das Auge derer von erprobter Gerechtigkeit, welches jeden Tag zum Leben schaut" I, 274 ult. In כלילא דזאכואתא דתריצית ברישאיהון אנאת „du bist die Krone der Verdienste, die auf ihrem Haupte steht" I, 274, 20 haben die beiden Texte in

وما انا (ed. Dihli) II, 680; Hamâsa 257; نحن الذين لا يروّع جارُنا بالنِكسِ الدنيّ ولا الّذى* اذا صدّ عنّى ذو المودّة أحْرَبُ Hamâsa 147; انا الّذى سَمَّتنىَ امّى حَيْدَرَة (oft angeführter Vers 'Alî's); sogar لَسْنَا انتَ آدم الّذى اغويتَ الناس Ibn Hišâm 682 — نُقاتِلُ بالذين ... Muslim II, 573; انتَ آدم الّذى خَلَقَك eb. (und daselbst noch mehr Aehnliches). So noch in 1001 Nacht انا صاحب الدنانيم الّذى جِئتَ وتوضّأت (2. Aufl. Bulaq I, 143 oben) — وإنّا لقومٌ لا نَرى Hamâsa 51; وإنّى إنّى امرؤ لا Abul'aswad in Cod. Lips. DC 33, fol. 44ᵃ; امرؤٌ عندى لِسانانِ عندى وكنتُ امرأً لا أسْمَعُ الدهرَ Hamâsa 191 und so öfter; تَجِدُ الرجالُ عداوتى (نحن) عَرَبٌ استنبطنا ونبطٌ استعربنا Masudi I, 218; سُبّةٌ Hamâsa 87; اراكم قومـًا لم أرَ مثلَنا ... خَليلَيْن لا نَرجو لِقاءً Hamâsa 551; vgl. تجهلون Sura 11, 3. Und so noch viele Beispiele. Fremdartig klang aber doch diese Construction, und Tibrîzî führt (Hamâsa 51 und 147) harte Worte der Grammatiker über sie an, welche freilich jenen Belegen gegenüber nicht zu rechtfertigen sind. Man begreift allerdings, dass Fälle mit dem Suffix der 1. Pers. am meisten Anstoss erregten. — Eine Abwechslung in demselben Satze haben wir in der Tradition ان تكون الّذى تذهب مآثرة قومك على يديه Azraqî 185, 11. — Zu vergleichen sind übrigens noch فإنّى سَمْحٌ مخالقتى Antara Muall. 35; Hamâsa 117; أبِتَ مرزيّاً عليك (AHLWARDT nr. 21 v. 41) und ähnliche Fälle.

Par. XI דתריצלון, also ohne Congruenz. Sogar bei Voranstellung des Relativsatzes haben wir so mit Congruenz דאנארת מינאן מאן זאכילאן מאן מהאייבלאן ודאנארת מזאכיאתלאן „(wir) mit denen du bist, wer besiegt uns? und (wir), denen du Sieg giebst, wer macht uns zu Schanden?" Q. 23, 20.

§ 302. Die Voranstellung des attributiven Relativsatzes vor den, als dessen Attribut er dient, ist übrigens selten. Doch vgl. noch ואיתיליא דיאייא עצטלא¹ (ואלבשוך) „und brachte mir (und zogen dir an) ein Gewand, welches schön war" II, 78, 9; Q. 67, 23; 68, 4; Ox. III, 21ᵇ; ונטור דשאנין עצטליא „und bewahre wunderbare Kleider" Ox. III, 85ᵇ = Par. XI, 30ᵃ; לאנשית דשאנאי יארדנא „nicht hab' ich den wunderbaren Jordan vergessen" DM 26ᵇ; שאלית דרבא שולתא „ich verlangte ein grosses Verlangen" I, 370, 21; סאגדא דרבא סיגודתא „verbeugt sich verehrend gar sehr" I, 148, 21 und dieselbe Redensart mit andern Formen von סגד z. B. סגידליא ד'ר' ס' „verbeugte sich vor mir" u. s. w. (öfter). Das sind aber, mit Hinzurechnung des letzten Satzes in § 302, auch wohl alle Fälle dieser Voranstellung.

§ 303. Nur sehr selten kommen noch attributive Relativsätze ohne das Relativwort ד vor. So in גאברא ראם שומה ועניתא רוד שומה „ein Mann, dessen Namen Ram, eine Frau, deren Namen Rud war" I, 379, 23; מאלכא הורינא קאיים סארקיד בר וארזיגאר שומה „ein andrer König steht auf, dessen Name Sarqid bar Warzigar ist" I, 391, 16 und so öfter mit שומה²; selbst עותרא טאבא באסים שומה אנאת פאקדה „du guter

---

1) Allerlei orthographische Varr. S. oben S. 6.

2) Ganz so איש היד בארץ עוץ איוב שמו Iob 1, 1 und wörtlich so Pesh. Das Vorkommen dieser Construction im Mand. sichert die Originalität derselben im Syr., welche ich in der neusyr. Grammatik S. 359 nicht anerkennen wollte. Uebrigens vgl. die neu- und altaram. Beispiele an jener Stelle. — Die Nichtsetzung des Relativwortes ist übrigens nicht als Neuerung zu betrachten, sondern vielmehr als Rest sehr alten Sprachgebrauchs, der eben die Relation nicht durch ein besonderes Wort bezeichnete. Im Hebr. ist dieser Fall noch häufiger, besonders aber im Arab., welches jedoch die Setzung und Nichtsetzung an bestimmte Regeln knüpft. Mancherlei Analogien aus dem Indoeurop. giebt die lehrreiche Abhandlung von J. JOLLY „Ueber die einfachste Form der Hypotaxis im Indogermanischen".

Uthra mit lieblichem Namen befiehl du ihm" II, 92, 6 (wo allerdings vielleicht באסים שומא „lieblich [stat. cstr.] von Namen" steht); ferner so גטאר כאוילא במאשיהתא ¹ עורכה תלאתמא אמיא ופותיא האמשין אמיא וראומה תלאתין אמיא „er zimmerte die Arche nach Maass, deren Länge 300, deren Breite 50 und deren Höhe 30 Ellen waren" I, 380, 12; מאהוזא הדא דעוראשלאם מאתא קארילה שיתין פארסיא ² פותיא „eine Stadt, die man den Ort Jerusalem nennt, deren Weite 60 Parasangen war" I, 381, 14 ³.

Eine eigenthümliche kurze Construction ist die, welche einen No- § 304. minalsatz ohne weiteres Zeichen der Relation in der Bedeutung eines attributiven Relativsatzes einer Präp. unterwirft, als wäre er ein einfaches Nomen. Wir haben sie nur in שאבא להייא רורביא וליאקיר ותריץ כיניאנה „pries das grosse Leben und den, dessen Benennung herrlich und aufrecht ist" I, 212 ⁴.

Conjunctionelle Relativsätze.

דּ als reine Conjunction ist das Zeichen der Zusammenfassung § 305. eines ganzen Satzes an Stelle eines einzigen Redetheils. Ein solcher Relativsatz kann als Subj. und Obj. dienen, kann im Genitivverhältniss und in Abhängigkeit von einer Präp. stehn. Im Mand. wird die Stellung eines derartigen Satzes nicht durch ein Correlativ verdeutlicht, wie so oft im Syr., weder durch ein pronominales (wie ܗܘ ܕ „das, dass") noch ein substantivisches. Nur in ו(ע)שתאיילה מינדראם דרידפון כולהון אלמיא „und ich werde ihm erzählen (oder ‚ich habe ihm erzählt') den Umstand, dass mich alle Menschen verfolgten" Ox. III, 41ᵇ; 42ᵃ (auch Par. XI). Das wäre im Syr. (oder ܐܘ̇ܕܥܝܘܗܝ ܠܗ) ܐܘܕܥܟ ܠܗ ܟܠܗܘܢ܃ ܕܪܕܦܘܢܝ ܒܢܝ̈ܐܢܫܐ.

---

1) Dies Wort fehlt in den Pariser Codd. Var. ist עורכא und ראומא, während פותיא alle haben; doch kann ja, da כאוילא weiblich, auch א das Possessivsuffix bedeuten (§ 62).   2) Var. פותין (!). S. 162.

3) Aehnlich in beiden Esthertargumen cap. 7, 9.

4) Vgl. לששבצר שמה Esra 5, 14 und das mehrfach auf palmyr. Steinen vorkommende לבריך שמה לעלם. Weiter ausgebildet ist diese Construction im Neusyr., s. Grammat. S. 358 ff. Im Arab. sind ganz ähnliche Constructionen gar nicht selten.

Als Subj. dient ein solcher Satz z. B. in מהאואי עלה דקאלא ניהויא על אנאשיא „gezeigt ist über ihn, dass eine Stimme über den Menschen sein wird" I, 386, 5; סניקלאך דהאוילאך ברא „dir ist nöthig, dass du einen Sohn habest" DM 38ᵇ; וניהויא דאמריא בישיא „und es wird geschehen, dass die Bösen sagen" I, 266, 22; עו הוא דשיבקון רביא „wenn es wäre, dass die Herren mich verlassen hätten" II, 111, 3 u. s. w. Als Object[1] in דאהילנא דעמאר דלאנאפיקנא „ich fürchte mich, zu sagen, dass ich nicht ausgehn will" II, 6, 20 (doppelter Fall); וניהויא דיאדין עותריא דאנאת ראביה מן כולהון עותריא „und es wird geschehen, dass die Uthra's wissen, dass du grösser bist als alle Uthra's" Ox. III, 77ᵇ, 99ᵇ (wo zuerst wieder ein Subjectverhältniss); ומן גאוה לאבאייא דניפוק „und aus seinem Innern wünscht er nicht herauszugehn" II, 3, 22 und והדא דאהילנא דעמאר קודאם מאנדא דהייא „und Eines scheue ich mich vor dem M. d. H. zu sagen" I, 206, 11, wo das Regierende mitten in den Objectsatz hineingesetzt ist, wie in פומאי דבאריך להייא אמריא דכארבא נימאר os meum, quod vitam celebrat, dicunt mendacium esse dicturum II, 78, 2 und so mehrere II, 78, und dabei sogar ein Uebergang in die directe Rede in ליבאי דמליא כושטא אמריא דמן דילאך נאכשלה „mein Herz, welches voll von der Wahrheit ist, sie behaupten, wir wollen es mit unserm (nicht ‚mit ihrem') zu Fall bringen" II, 77 ult. = Q. 67, 14.

Ein Genitivverhältniss ist im Mand. bei nicht attributiven Relativsätzen sehr selten; es kommt nur bei einigen mehr adverbialen Ausdrücken vor wie in על ריש ד „am Haupt davon, dass" „sobald" II, 86, 13[2] und ziemlich häufig כד זאן ד „wie die Art davon, dass" „wie" (s. S. 451 Anm.) = syr. ܐܝܟ ܕ, aber auch ܐܝܟ ܡܐ ܕ (was zu § 297 gehört).

Die Umschreibung des Genitivverhältnisses durch ein anderes ד ist nicht wohl möglich, da das Mand. ja kein Correlativ anwendet und zwei ד, abgesehen von כד ד, nicht unmittelbar zusammenstossen dürfen (während ܕܕ im Syr. gar nicht selten ist).

---

1) Im Hebr. wird dies Objectverhältniss zuweilen gradezu durch אשר את verdeutlicht.

2) Anders in על שום דעתיגליליא „auf den Namen dessen, der mir offenbart ist" I, 192, 17 u. s. w.; hier ist ein attributiver Relativsatz.

Aber oft wird auch im Mand. ein ganzer Satz von einer Präpos. § 306. abhängig gemacht, indem nach derselben das conjunctionelle Relativwort tritt. Die wichtigste dieser Verbindungen ist כד d. i. die sonst im Mand. nicht mehr vorkommende Präp. כ mit ד, entsprechend syr. ݣ, talm. כי u. s. w. Das Wort ist bald temporell, wobei es eine conditionale[1] oder causale Nebenbedeutung bekommen kann, bald vergleichend. Für jene Bedeutungen führe ich aus sehr vielen nur wenige Belege an: כד ניקום, כד קאיים „indem er aufsteht" oft I, 384 ff.; כדארקין מינה שורבאתא „wenn Geschlechter vor ihm fliehen" I, 280, 11; כד האיזין „als er sie hinüber gebracht hatte" I, 381, 21, 22; כד אמארילון „als ich so zu ihnen gesprochen hatte" I, 76, 10 und so sehr oft „als" in der Erzählung u. s. w.; כד אנא הוית מן רביא „da ich zu den Herren gehörte" I, 76, 18 u. s. w. Einen unvollkommnen Satz haben wir nach diesem כד in סאכלא כד יאתיר „der Thor, während (er) vollständig" d. i. „wenn der Thor vollständig thöricht ist" I, 217, 1, 4, 8; האכימא כד משאלאם „wenn der Weise ein vollkommner (Weise) ist" I, 217, 6 u. s. w. Diesem temporalen כד wird nur selten noch ein weiteres ד angehängt z. B. כד דבעא „sobald er suchte" I, 85, 9; כד דטמאש עדה „als er seine Hand eintauchte" I, 94 ult.; כד דאמאר „als er sagte" I, 84, 20, 22; לאהוא כד דלאהוא „es war nicht, als er noch nicht war" d. h. nunquam non fuit[2]. Dieser letztere Satz auch mit andern Formen von הוא wie הון u. s. w. ist so häufig, dass an einen irrthümlichen Zusatz des ד nicht zu denken ist, der bei den andern Beispielen leicht möglich wäre.

Dagegen hat כד „wie"[3], wenn ein ganzer Satz folgt, fast stets noch ein weiteres ד nach sich. Selten sind Sätze wie וכד הזית „und wie ich gesehen hatte" I, 75, 5 (wo A auch כד דהזיר hat). Sonst vgl. „ich erzählte" כד דהזית, כד דהואת „wie ich's gesehen" „wie es

---

1) Die temporelle Bedeutung der Präp. כ ist im Hebr. vor dem Inf. ganz deutlich.

2) Es liegt nahe, den Satz mit כד ד hier gradezu als Subj. zu הוא aufzufassen, aber richtiger ist es, הוא hier als impersonell zu nehmen.

3) Beachte, dass im Syr. ݣ nie vergleichend ist; wohl aber ist talm. כי sehr häufig „wie".

war" I, 153, 11; 332, 12 und öfter ähnlich; כְּד דָאבאל כְּד דָאבאר אבדילה. אכלילון "wie er gethan hat, thut man ihm, wie sie gegessen, isst man sie" I, 187, 8 u. s. w.

Sehr beliebt ist nun aber כְּד mit einem unvollkommnen Satz, indem das Verbum oder der sonstige Haupttheil des Prädicats, durch die entsprechenden Wörter des Hauptsatzes genügend vertreten, nicht im Relativsatz zu stehn braucht, wie wir es oben bei איאך hatten. So טוריא ראקדיא כְּד איליא "Berge hüpfen wie Hirsche (hüpfen)" I, 174, 11; ניתראוראב כְּד רורבאניא "er soll gross sein wie die Grossen" I, 303, 6; אליפתינון כְּד רבא לאשואליא "ich lehrte sie wie der Lehrer den Schüler" I, 108, 22; ועשתאלאטבה נאפליא כְּד מן קודאם דעתינגיד רקיהא "und die Fallenden erhielten Macht über ihn, wie (sie Macht gehabt über ihn), bevor das Firmament ausgespannt war" I, 99, 18; דאיינלון לנישמאתא כול עניש כְּד עובאדיא עדה "und richtet die Seelen, jeden Menschen, wie die Werke seiner Hände (sind)" d. i. "gemäss den Werken seiner Hände" I, 14, 13 und ähnlich öfter z. B. I, 253 ult.; 254 ult. u. s. w. So wird nun כְּד auch gradezu, wechselnd mit der Präp. ל, mit דמָא "ähnlich sein" "gleichen" construirt[1] z. B. דאמיא כְּד האיתא ("sie ist ähnlich, wie ein Thier [ist]") "sie gleicht einem Thier" II, 14, 2 (Z. 3 dann ודאמיא לארבא זיקיא "und sie gleicht den 4 Winden") u. s. w. So auch דדאמיא שותה כְּד עותריא "dessen Rede der der Uthra's gleicht" II, 52, 1[2] und מאך כְּד דיליא דאמיא "wer gleicht

---

1) Aehnlich so mit כואת (§ 254) und איאך (§ 297 S. 454, 5 ff.), welches letztere aber in dem einen vorhandenen Beispiel noch mehr als wirkliche Conjunction auftritt. Im Syr., wo das vergleichende כְּד ganz durch ܐܝܟ ܕ oder im unvollständigen Satz ܐܝܟ vertreten wird, haben wir so ܘܢܗܘܐ ... ܐܝܟ ܠܡܣܒܐ ܙܒܢܐ Mart. I, 190, 34 ܣܗܡܐ ܐܝܟ ܚܒܠܐ Mart. II, 270, 10; ܙܒܢܐ. und ܢܣܒܣܝܢ ܐܝܟ ܠܟܠܐ ܙܒܢܐ und noch im K'thâbhâ d'Wardâ ܐܝܟ ܕܓܠܐ (PAYNE-SMITH hat kein Beispiel dieses Gebrauchs von ܐܝܟ). So talm. דמיין עיניה כתרי סיהרי "seine Augen glichen zwei Monden" Baba b. 74^b und so öfter דמא und אידמי mit כ (wofür vielleicht überall כי zu schreiben?) — Hebr. vgl. ואתמשל כעפר ואפר Iob 30, 19 (wörtlich so in Pesh. ܐܬܡܬܠܬ ܐܝܟ ܩܛܡܐ).

2) Diese Incongruenz auch bei der Präp. ל: ודמותה לעהויא דאמיא לחיביל ושיתיל "und seine Gestalt gleicht dem Hibil und Schithil" d. i. "der des H. und Sch." I, 266, 22.

mir" DM 12ᵇ (wo auch wohl כד אנא möglich wäre). Sogar unmittelbar zusammen stehn die beiden Constructionen in לאתיד̄אמון לנביהיא ד̄שיקרא וכד̄ דאיאניא ד̄כאדבא „gleichet nicht den Lügenpropheten und den falschen Richtern" I, 66, 23.

Oft schliesst sich nun an כד eng das Wort זאן mit folgendem Genitiv „wie ist die Art von" = اَمِر ۟, أَمِر ۟, resp. اِسْلٍ ۟ : כד זאן אלמא האזין „nach Art dieser Welt" I, 394, 7; כד זאן רבוחון „ihrem Hochmuth gemäss" I, 179, 24 und so oft. Vor einem ganzen Satz: כד זאן דאבדיא „so wie sie thun" I, 231, 15; כד זאן דלאהון „als ob sie nicht gewesen wären" I, 164, 22.

Vor כד kann noch מן treten; s. I, 271, 11, bei welcher schwerlich unverdorbnen Stelle ich aber nicht sicher verstehe, ob es durch „mehr als" (zusammen mit dem vorhergehenden נפיש ואסגיא) oder durch „seitdem" zu übersetzen ist wie das syr. مُذ.

Eine spätere Stelle Q. 46, 23 setzt כד noch mit dem pers. ۀ zusammen zu האם כד „zugleich damit, dass" = هَمچُون.

Ferner haben wir als Präposition mit conjunctionellem Relativwort: אכואת ד̄ „sowie" z. B. I, 25, 22, 23, wofür einzeln bloss כואת z. B. עקריא קיריאתא ו(ע)שאויא בניא אכואת היא ליא קרון „ich will Geschöpfe hervorrufen und Söhne machen, wie das Leben mich hervorgerufen hat" I, 296, 6; אכואת גוברא בהיריא לאבשיא „wie (ihn) die erprobten Männer anlegen" II, 88, 1. Vor אכואת ד̄ tritt sogar noch על in על אכואת משאדראנאלאך ד̄עבידאתאד דילאך נישיפרא „dazu sende ich dich, dass deine Werke schön werden" II, 57, 4, wo אכואת wieder von seinem Regierten durch ein andres Wort getrennt und kaum recht als Präp. anzusehn ist (§ 254); es ist eine Verbindung ähnlich wie talm. כי היכי ד, syr. اَیك ۟.

אמינטול ד̄ „weil" oft; dafür einigemal ohne ד̄ bloss אמינטול z. B. אמינטול על דיליך עותריא נהא „weil auf dir die Uthra's ruhten" I, 276, 21 und auch in dem Text in Par. XI; so ferner I, 38, 8; 229, 9; 278, 11 (Var. mit ד̄). Zuweilen steht noch mit weiterer Präp. ד̄ על אמינטול I, 309, 16; 311, 22 u. s. w.

על ד̄, לד̄ „weil" I, 63, 23 u. s. w. „während" in Abwechslung mit אד = مَ. Dies beruht übrigens, wie wir sahen, auf einer Verwechslung ursprünglich ganz verschiedner Wörter. Beispiele s. § 160.

מן דְ "seitdem" = ؟ مٰـ I, 163, 1.

מן קודאם דְ "bevor" I, 53, 1 und oft.

אבאתאר דְ "nachdem" I, 116, 3 u. s. w.

בית דְ ... בית דְ ... "dazwischen dass ... und dass" II, 102, 4, 5; Q. 37 ult.

מן קבאל דְ („von wegen, dass") „dieweil" I, 244, 1; 247, 3 u. s. w. Unmittelbar vor einem eingeschobnen Bedingungssatz fällt das דְ nach dem durch על verstärkten Ausdruck weg in ושבאקתה על מן קבאל הין דהאזין זיוא לאשיבקית עלה ונסאבתה מינה אכואת דמן אהה כולהון ניסבית כבאר אלמא האזין בטיל והוא כולה השוכא אלמא לכימצאת אלמיא „und ich liess es, weil, wenn ich diesen Glanz ihm nicht gelassen und ihn von ihm genommen hätte, wie ich ihn von allen seinen Brüdern genommen hatte, diese Welt schon vernichtet und ganz zur Finsterniss geworden wäre bis zum Ende der Welten" I, 267 ult. (dies mag zugleich als Beispiel einer ziemlich verwickelten Periode dienen). Hier liegt freilich der Gedanke nahe, dass ursprünglich על מן קבאל דְ הין האזיך geschrieben war, wie gewiss I, 257, 1 דְ מן קבאל für קבאל מן דְ zu schreiben. Dieser weitläufige Ausdruck, welcher im Mand. sehr vereinzelt ist, hat übrigens im Aram. viele Analoga, vergleiche מִן בִּגְלַל דְ; מן לגלל ד u. s. w. (Z. d. D. M. G. XXII, 488)[1].

אלמא לדְ „bis zu dem, dass" „bis" II, 86, 8 u. s. w. Das gewöhnlichere (und ursprünglichere) אלמא דְ, vergl. ؟ كَمْعَا, gehört eigentlich nicht hierher, sondern in § 297, da אלמא keine Präp. ist. Fälle wie ואלמא ארקא „und bis zur Erde" I, 11, 6 können als unvollständige Relativsätze aufgefasst werden „bis dass die Erde (ist)", oder man hat darin einfach eine lautliche Verkürzung von אלמא ל zu sehn; so noch I, 301, 9; 337, 13, 14; 338, 7 ff. (wo aber fast durchweg Varr. mit אלמא ל).

So wären natürlich auch noch andere derartige Verbindungen mit Präpositionen denkbar und zulässig.

Die einzige relative Conjunction — ausser den Conditionalpartikeln — welche das Relativ דְ nie bei sich hat, ist אד = لْ „während", „so

---

[1] Die behagliche Breite, mit welcher viele Sprachen die Begründung einleiten, ist psychologisch merkwürdig. Man denke an unser „sintemal und alldieweil", ital. con cio fosse cosa che u. A. m.

lange noch" „bis dass", in welcher Bedeutung auch אד לא = ܥܰܕ steht (s. § 259 f.).

Die directe Unterordnung eines Satzes ohne Relativzeichen als Object ist im Mand. sehr selten[1]. Doch haben wir so מא דבית לרביא עמאר „was ich den Herren zu sagen wünschte" I, 92, 8 (unmittelbar neben מא דבית דעשתאיילון „was ich ihnen zu erzählen wünschte"); דליכא דמציא בהאילא נישאנינון „welche Niemand versetzen kann" I, 159, 15 (wäre syr. ܒܐܝܟܐ ܕܡܨܐ [?] ܢܫܢܐ ܐܢܫ); מן האלין כולהון שומיא דאנאתון אמריתוך אנא לאבאיאנא מאסקילה שומא הדא הינעלא באיאנא מאסקילה שומא יאהיא יוהאנא „von allen diesen Namen, welche ihr sagt, wünsche ich (fem.; Elisabeth spricht) nicht dass man ihm einen einzigen gebe, sondern ich wünsche, man gebe ihm zum Namen Jahja Johanna" DM 38ᵇ. § 307.

Das blosse ד steht nicht selten in solcher Bedeutung, welche genauer durch (ein vorhergehendes Adverb oder) eine Präp. bezeichnet würde; man begnügt sich hier mit dem Ausdruck der blossen Relation, da der Zusammenhang das specielle logische Verhältniss hinreichend kennzeichnet. So heisst ד § 308.

1) „damit" und „so dass"[2] ואולאלה לנו דנערא „und brachte (es) dem Noah, dass er wisse" I, 381, 6; עתית למישכאך לואתאיכון דאקמינכון

---

[1] Im Syr. ist sie etwas häufiger; sehr beliebt im Neusyr. Auch im Arab. kommt viel Derartiges vor, besonders aber im Aeth., welches dann zweckmässig den Subjunctiv anwendet.

[2] Abgesehen von dem einen Fall mit ד ... אכואת על S. 465 kommen im Mand. Ausdrücke nach Art von ܐܝܟ ܕ, أمّا ܕ, talm. כִּי הֵיכִי דְ; בדיל ד oder לבדיל ד (Z. d. D. M. G. XXII, 488) für „damit" u. s. w. nicht vor, so wenig wie die Sprache Correlativa beim attributiven Relativ liebt. Sie hat hier wieder den Vorzug der Kürze, der nur selten auf Kosten der Deutlichkeit erlangt wird; haben doch auch jene syr. und talm. Ausdrücke zum Theil verschiedene Bedeutungen (כי היכי ד ist z. B. „damit" Sota 12ᵃ; Gittin 68ᵃᵇ u. s. w., aber auch „so wie" Gittin 69ᵃ; Sanh. 96ᵇ; Sabbat 66ᵇ und oft). Dazu kommt, dass auch die andern aram. Dialecte oft das einfache די, ד in jener Bedeutung gebrauchen; bei Aphraates kommt z. B., wenn ich genau beobachtet habe, أمّا „damit" nicht vor, sondern es heisst immer bloss ܕ. — Auch im Hebr. steht so zuweilen bloss אשר, aber gewöhn-

"ich bin gekommen, um bei euch zu wohnen, damit ich euch aufrichte" I, 175, 9; כאסיא נאפשה מינאיהרון דלאניהזונה „er verbirgt sich vor ihnen, damit sie ihn nicht sehen" I, 280, 10 u. s. w. — אנא מאהו הטיתילה לאב אבאתור דדאבאר להאכא שאדראן „was hab' ich an meinem Vater Abathur verbrochen, dass er mich hierher geschleppt und gesandt hat" I, 337, 21; ליגטאך דהומארתא דהאלצאי עתיבראת „er fasste mich, dass mir mein Rückgrat zerbrochen ist" I, 164, 17; מיהזאיתון יאנקא דאנא עהדאר ד׳... „habt ihr je einen Knaben gesehn, der ..., dass ich umkehren sollte?" I, 186, 7; לאשיבקאך דאהבאי וכאספאי ד׳עבאד עובאדיא „nicht erlaubte mir mein Gold und Silber, dass ich Thaten thäte" II, 131, 22 u. s. w.; 2) „darum, dass", „weil"[1], wofür bei genauerer Betonung der Causalität aber אמינטול ד׳ steht. Der kurze Ausdruck jedoch immer in Fällen wie ואי ואי ד׳ „wehe, wehe (darüber), dass" I, 175, 18; ואי עלאן ד׳ „wehe uns, dass" I, 173, 18; ferner so האקית ומיטיאן זיהוא דליכא לואתאי נאצבאי „ich ängstigte mich und Schrecken traf mich, dass mein Erzeuger nicht bei mir war" II, 55, 8; לאלמיא דנהורא לאסאליק דהוא האייק לאתימרוך מינדאם ד׳לאיאדיתון „zu den Lichtwelten steigt er nicht auf, da er sich ängstigte" I, 168, 15; ולאגליליכון דלאיית עניש ד׳ .. „sagt Nichts, was ihr nicht wisst und was euch nicht klar ist, da Niemand ist, der ..." I, 25, 18; „verehrt den Satan u. s. w. nicht" דמאן דסאגיד לסאטאנא נאפיל בנורא „da, wer den Satan verehrt, in's Feuer sinkt" I, 14, 10 u. s. w.

Hierher zähle ich nun auch Fälle wie אכצאה וכראתאליא דדארית בגאוה דהאזין אלמא „es schmerzte und betrübte mich, dass ich in dieser Welt weilte" II, 113, 19, denn wenn auf den ersten Blick der Relativsatz hier das Subj. zu vertreten scheint, so sind die beiden Verben des Hauptsatzes doch schon an sich vollständig, und dazu werden sie sonst mit der Präp. על construiert z. B. כאריאלכון על I, 19, 11.

Aehnlich noch האסלאך ד׳ u. s. w. („Verschonung dir, ihnen u. s. w. [davor], dass") „Gott bewahre, dass" I, 130, 21 und öfter[2].

---

lich doch ein bestimmterer Ausdruck oder das bloss als Conjunction vorkommende Relativwort כי.

1) Auch so wird ܕ oft neben den längeren Ausdrücken gebraucht; ebenso أنْ, pers. کہ (welches auch „damit" heissen kann). 2) Eine lose

Ganz allgemein drückt eine Abhängigkeit das Relativwort aus bei § 309. der Anführung directer Rede z. B. in ואמריא דנידיהלון מינאך „und sagen: ‚sie sollen sich vor uns fürchten'" I, 47, 4 und so nicht ganz selten, aber doch weit häufiger ohne dies Zeichen[1]. Hier und da bestehen in dieser Hinsicht Varianten z. B. I, 208, 7, wo CD das ד̇ weglassen. Die Anwendung des ד̇ erleichtert den Uebergang aus der directen in die indirecte Rede wie in יא דאמריא דלהייא אנין והייא לואתאיכון הינון „o die ihr sagt: ‚dem Leben gehören wir an' und das Leben sei bei euch" I, 176, 14.

In anderer Weise bezeichnet ד̇ eine Abhängigkeit bei der indirecten Frage s. § 312.

Gemeinsame Regeln für beide Arten.

Werden mehrere Relativsätze an einander gereiht, so braucht ד̇ § 310. nicht wiederholt zu werden z. B. in דעצטלא דזיוא אלבשאך וטארטבונא טאבא דאכיא דנהורא כאסיאך „welcher mir ein Glanzgewand anzog und (welcher) mich mit einer guten, reinen Lichtbinde bekleidete" I, 193, 18; אמינטול דכול דמיתיליד מאית וכול דבעדיא מיתביד מיתהאממבאל „weil Alles, was geboren wird, stirbt und weil Alles, was mit Händen gemacht, vernichtet wird" I, 21, 14 u. s. w., vgl. § 291. In דעכא ודהאויץ ומיתיאדליא „welche sind und welche entstehen und geboren werden" I, 48, 23 wird durch die Setzung und Weglassung des ד̇ der nähere Zusammenhang des 3. mit dem 2. Glied gegenüber dem ersten ausgedrückt, und ähnlich in ähnlichen Fällen. Das ד̇ kann unter Umständen selbst dann beim 2. Relativsatz fehlen, wenn dasselbe in verschiedenem grammatischen Verhältnisse steht wie z. B. דלאיאדיתון ולאגליללכון „was ihr nicht wisst und was euch nicht offenbart ist" I, 25, 18; דנפיש וסאכא ליתלה „welcher ausgedehnt ist und welchem kein Ende ist" (sehr oft);

Verknüpfung durch das Relativwort ist in einigen der § 287 angeführten Sätze.

1) Ganz so ?, hebr. כי, arab. أنْ (griech. ὅτι), deren Weglassung vor der oratio directa auch häufiger ist als ihre Setzung. Im Neusyr. wird, wie erst durch die von MERX herausgegebnen Texte ans Licht tritt, so qat (= qâ d' eigentlich „dazu, dass", dann „dass") auch gern vor der oratio directa gebraucht.

דְּנִפְעַשׁ הָאִילָה וְסָאכָא לִיתֵלֵה „dessen Kraft ausgedehnt und der unendlich ist" I, 1, 23 und so noch öfter. Doch geht das wohl nur, wo der Zusammenhang deutlich und der Inhalt der Relativsätze verwandt ist.

§ 311. Die eigentliche Stelle des דְּ ist vor seinem Satz. Doch finden wir, namentlich in gehobner Rede, zuweilen Ausnahmen davon. So steht der zu einem Relativsatz gehörende Inf. abs. ziemlich häufig vor דְּ z. B. עתכאנאף דְּשִׁימוּן מִישְׁמַע שׁוּבָא „die Sieben, die mich hörten, versammelten sich" I, 339, 17; עסתּאהאף דְּהִיזְיוּךְ מִיהְזֵא כּוּלְהוּן „sie alle, die mich sahen, wurden umgestürzt" I, 117, 15; רוּחָא מִישְׁמַע דְּשִׁימָאת אתָאת „die Rûḥâ, die hörte, kam" I, 339, 18 u. s. w. Ferner הָאזָא. דְּסָאבְלִיָא וְדָארִיָא „die dieses tragen und erdulden" II, 79, 20; וְלָאעְנַשִׁית מָארַאי דְּפַאקְדַאן „und nicht vergass ich, was mein Herr mir befohlen hatte" I, 369, 18, und sogar רמא על כול דְּהַאשִׁיבְנִין „und was wir über Alles erdacht hatten" I, 110, 15 u. s. w. Bei conjunctionellem דְּ: לְמַאלְיָא דְּלִיבְשִׁית תּוּתְבָּאי לְמַאלְיָא דְּלִיבְשִׁית „wozu dient es mir, dass ich mein Obergewand angelegt habe?" u. s. w. I, 97, 1; עו בָּאיְיתוּךְ דְּעֲהְוַיָא רִישָׁאיְכוּן וְרוּחָא בָּאיְיתוּן דְּעִיאַהְתַבָה בְּעַנְשִׁיָא „wenn ihr wünscht, dass ich euer Haupt sein soll, und wünscht, dass ich die Rûḥâ zur Frau nehme" I, 117 ult.; עַל אַתְרַאי כְּדְּ קָאיְימְנָא „während ich an meinem Orte stehe" I, 323, 5 und öfter. In den meisten Fällen wird durch diese ungewöhnliche Construction eine starke Hervorhebung des vor דְּ Stehenden erreicht.

C. Indirecte Fragesätze.

§ 312. Indirecte Fragen unterscheiden sich in ihrer inneren Construction gar nicht von directen, und das logische Band zwischen ihnen und dem sie Regierenden wird, wenn nicht eine in oratio obliqua nothwendige Verschiebung der grammatischen Personen eintritt, in der Mehrzahl der Fälle nicht durch besondere Sprachmittel ausgedrückt. Von einer Inversion kann um so weniger die Rede sein, als das Fragewort auch in der directen Frage nicht an der Spitze des Satzes zu stehn braucht. Bei der Frage nach dem Präd. selbst steht in indirecter Frage nothwendig מֵע; freilich ist in einem Satz wie הֲזַיָא מֵע הֲוַאת נִיהוּתָא בְּאַלְמָא „sieh, ob Ruhe in der Welt eingetreten ist" I, 380, 23; 381, 2 gar nicht sicher zu sagen, dass dies eine indirecte Frage, da sich der Satz auch fassen liesse: „sieh: ist Ruhe geworden?"

Eigenthümlich ist eine Doppelfrage, deren erstes Glied wie eine Behauptung durch ד ausgedrückt ist: מאן נימארליא דהאד הוא מאלכא עו עתרין "wer sagt mir, ob ein König war oder zwei (Könige waren)" DM 17ᵇ; dies entspricht ganz dem pers. كه mit folgendem يا bei solchen Fragen und ist wohl dem Pers. nachgebildet.

Zu den indirecten Fragen gehören im Grunde aber auch die Sätze mit עדילמא "ob etwa", "dass nicht etwa", in welchen durch das די die Verbindung der Sätze ausgedrückt wird (S. 209). So z. B. הזיא עדילמא לפתאהיל לאיטאתלה "sieh zu, dass du nicht etwa den Petahil verfluchest" II, 55, 21 und öfter; הזיא עדילמא "ich fürchte mich, zu sagen: ich will meinen Körper nicht verlassen" עדילמא הייא רביא גיוטא עלאי "dass nicht etwa das grosse Leben zürne auf mich" II, 6, 21. Dafür auch הזון עדילמא דתיגירון גאורא הזון עדילמא דגונבא תיגנבון ד עדילמא in "sehet zu, dass ihr nicht ehebrechet, sehet zu, dass ihr nicht stehlet" DM 55ᵃ, aber dicht dahinter הזון עדילמא תיבדון האהרשיא "sehet zu, dass ihr nicht Zaubereien treibt" DM 55ᵇ[1]. Steht nun עדילמא im Anfang eines Satzes, wie in עתית מן בית טאביא עדילמא בקילומא עתית עדילמא בקילומא "ich bin gekommen aus dem Hause der Guten: ob ich etwa in die Verwesung gekommen bin?" Ox. III, 25ᵇ u. s. w., so ist das eigentlich eine Anknüpfung an etwas Ausgelassenes; haben wir doch bei diesem "ob" noch entschieden das Bewusstsein einer Ellipse.

Während nun bei עדילמא das Relativ ganz fest mit dem übrigen Theil des Wortes verwachsen ist und sich seine Relativbedeutung verwischt hat, ist bei sonstigen Fragewörtern, die nach einem einzelnen Redetheil fragen (also bei allen ausser מע) die Setzung oder Weglassung des ד erlaubt; letztere ist aber häufiger[2]. Beispiele: a) mit ד:

---

1) In derselben Bedeutung auch ohne עדילמא, vgl. הזיא האטית בהאטאיון "sieh, du begehst ihre Sünden" II, 73, 7 = "sieh, dass du nicht ihre Sünden begehest"; so Z. 6 und mehrmals DM 79ᵇ.

2) Die auch in den andern aram. Dialecten beliebte Construction, dem Fragewort in indirecter Frage noch das Relativwort voranzuschicken, möchte ich aus dem Pers. ableiten, da sie sonst im Semit. keine Analogie hat. Vgl. Fälle wie ندانی که من در اقالیم غربت * چرا روزگاری بکردم درنگی Gulistân, Vorrede.

לאיאדיתון עותריא אהאי דּשיביאהיא מאהו דּמיתהאשביא „ihr wisset nicht, Uthra's, meine Brüder, was die Planeten denken" I, 105, 15; הזיא „sieh, M. d. H., מאנדא דהייא דעותריא דנהורא על מאהו מיתמליך ליבאיון worüber das Herz der Licht-Uthra's sich beräth" I, 71, 12; עשאילה דּעותהרא כמא האריא „ich frage ihn, wie lang der Weg ist" DM 18ᵇ; עמאר דמנא השוכא הוא מנא הוא השוכא „ich sage, woher die Finsterniss entstanden ist" I, 75, 10; נישאילה דמנא אתא „fragen wir ihn, woher er gekommen" II, 124 ult.; 125, 9; לאנידרון דמנא הוית „wissen nicht, woher ich bin" II, 75, 9; ועל מיא עמארלאך דמנא עשתפון ומנא הון „und über das Wasser sage ich, woher es sich ergossen hat und woher es entstanden ist" I, 267, 22; לאנידרון ... דהאילא מן באיתא האיזין עתינסיב „wissen nicht ..., wie die Kraft dem Hause genommen ist" I, 347, 20 u. s. w.

b) ohne דּ: הו לאעדא מאהו דּאמארילהּ „er wusste nicht, was ich ihm sagte" I, 147, 6; והזיא עותריא מאהו דּאבדיא ועל מאהו מיתהאשביא „und sieh, was die Uthra's thun und worüber sie sinnen, indem sie dann sprechen (§ 293)" I, 71, 4; הזית מאנדא דהייא עותריא מאהו דּאבדיא מאהו דּאבדיא עותריא „hast du gesehen, M. d. H., was die Uthra's thun?" I, 72 ult.; לאיאדריא למאן מיתכאדשיא „wissen nicht, mit wem sie kämpfen" II, 124, 9; והע עלאי לאיאדא מאן אנא „und sie weiss über mich nicht, wer ich bin" I, 155, 13; ועל נורא עמארלאך מן כינתא דמאנו הואת ומאנו גאברא דנוצבה „und über das Feuer sage ich dir, aus wessen Einhüllung es ist und wer der Mann, der es gepflanzt" I, 267, 18; מיהזיא בליבא דמאנו איתאן „zu sehen, in wessen Herz ich bin" I, 366, 19; דנימארלאך כמא הוא כדּ דלאהון עותריא „dass er dir sage, wie lange es war, dass keine Uthra's waren" I, 77, 20; לאעדאנין מן האכא ¹ הוין „wir wissen nicht, woher wir sind" I, 355, 9; לאעתאודא עמאת הוא „nicht ist bekannt (ܠܐܝܕܥ), wann er entstanden ist" I, 77, 15 (dafür ולאעתאודא דּעמאת הוא Q. 34, 10); ומאהוינאליך ליא איתינון „und ich zeige dir, wo sie sind" I, 151, 15; על מאהו בא מידא יושאמין קאלא „warum suchte Jošamin zu wissen, wie die Stimme des Lebens genommen ist" I, 348, 1 (aber unmittelbar dahinter על מאהו בא מידא היביל זיוא דּגינזא דהייא האיזין עתיכסיא „warum suchte

---

1) So lies für הואן.

Hibil Zîwâ zu wissen, wie der Schatz des Lebens verborgen worden"
I, 348, 2); על רקיהיא האלין מנא הון „über diese Firmamente, woher
sie sind" I, 198, 15 und so viele mit מנא I, 198 ff. u. s. w.

Das Regierende kann mitten in den Fragesatz hineintreten, vgl.
בכולהון יאדא אלמיא מאהו דהאויא „er weiss, was in allen Welten ist"
I, 280, 7; ועל אתותיא יוסמיר גופנא אמארוליא כמא אלפיא עותריא יאתבין
„und sagt mir, wie viel Uthra's unter dem Weinstock Josmir sitzen"
DM 1ᵇ (und so viele in den beiden ersten Stücken von DM).

Vertritt die indirecte Frage durchweg das Object des Verbums,
von welchem sie abhängt (ev. beim Passiv das Subj.), so haben wir in
Fällen wie וניהיזיה דמנא הוא („und wir sehen ihn, woher er ist")
„und wir sehen, woher er ist" I, 80, 24 eine Substitution des schon
ausgesprochnen Objects durch einen ganzen Satz, welcher doch von
demselben Verbum abhängt. Hierher liesse sich ziehn שראגיא דאזלין
אקאמאי לאיאדאנא אלמאן קאנאטריא lucernas, quae eunt ante me,
nescio, quem custodiant DM 25ᵇ. Doch liegt es näher, hier
שראגיא als absolutes Nomen anzusehn und wieder die Hineinstellung
des regierenden Verbs in den Satz anzunehmen lucernae, quem
custodiant = quem lucernae custodiant, nescio.

Die gegebnen Beispiele mögen übrigens zeigen, dass auch bei der
indirecten Frage die Wortstellung so frei wie bei der directen ist.

D. Bedingungssätze.

Der Unterschied der als möglich dargestellten Bedingungen (arab. § 313.
mit إِنْ) und der als unmöglich dargestellten (arab. mit لَوْ) wird im
Mand. nicht durch verschiedene Conditionalpartikeln bezeichnet, da die
beiden Wörter הין und das häufigere עו vollkommen gleichbedeutend
sind; soweit jener Unterschied überhaupt ausgedrückt wird, dienen dazu
die verschiedenen Tempora des Verbums[1].

---

1) Das Aram. besitzt noch eine Partikel, die sich in der Bedeutung ungefähr mit dem griech. ἄν deckt und dem Satze eine hypothetische Färbung
giebt. Es ist dies das nur noch in den Targumen vorkommende פון, das
zuweilen sehr fein gebraucht wird z. B. Jer. 12, 5 ומן פון דאחזיך „und
(erst recht) wäre das von da an, dass ich dir zeige". In den jerus. Tar-

עו oder הין mit dem Impf., Part. oder einem Nominalsatz bedeutet meist eine für möglich gehaltene Bedingung. Beispiele: עו דעממארלכון בהיראי תישמון עו דעפאקדינכון תיבדון עתילכון מן זיואי "wenn ihr, was ich euch sage, meine Erprobten, hört, wenn ihr, was ich euch befehle, thut: so gebe ich euch von meinem Glanze" I, 18, 14; עו נעשאבאך בתושביהתאך תושביהתאך סאיאכתא ליתלה "wenn wir dich mit deiner Lobpreisung preisen, so hat deine Lobpreisung (doch) keine Begränzung" I, 4, 18; הין פומאן כד יאמא ניהויא ולישאנאן כד טוריא גזיריא דבגאוה וספיהאתאן כד תרין כיפה לאמאטיאלאן דניסאייך וכנימאר על האילאך דילאך "wenn (auch) unser Mund wie ein Meer ist, und unsre Zunge wie steile Berge darin, und unsre Lippen wie seine beiden Ufer, so ist es uns doch nicht möglich, deine Kraft vollständig auszusprechen" I, 11, 12; הין לאמאהויתולון ולאמאלפיתולון בית דינא מיתהאיביתון עו מאלפיתולון ולאיאלפין בהאטאייא דנאפשאיון נישתאילון "wenn ihr es ihnen nicht zeigt und sie nicht belehrt, werdet ihr des Gerichtshofes schuldig; wenn ihr sie belehrt und sie nicht lernen, werden sie wegen ihrer eignen Sünden befragt" I, 22, 17; הין עדאי מאסימנא עלאך מן פאגראך נאפקית "wenn ich meine Hand auf dich lege, verlässest du deinen Körper" I, 192, 22; הין מיתאפרישיא וסאהדיא ... שאביק האטאייא ניהוילון "wenn sie lernen und zeugen ...., wird ihnen ein Sündenvergeber zu Theil" I, 290, 3 (und auf derselben Seite mehrere gleich gebaute Sätze mit עו und הין); עו אנאת שאכבית לואתאי האויא האילאך על האד תרין "wenn du bei mir schläfst, wird deine Kraft doppelt" I, 95, 9 neben עו תישכוב לואתאי אינאך האויא כד דהאוין "wenn du bei mir schläfst (Imperfect), so wird dein Auge, wie sie sind" I, 96, 7; עו נאפקיתון פוק ... "wollt ihr weggehn ..., so geht weg" I, 109, 13; עו באייתולה וראהמיתולה אשמויא "wenn ihr ihn sucht und liebt, so lasst ihn hören" I, 15, 3; הין אליץ עלאואיכון ואזליתון לואתה לאתאודובה "wenn er euch

---

gumen ist der Gebrauch des Wortes unsicher geworden, indem man z. B. כזעיר פון, welches ursprünglich nur hypothetisch gebraucht wird, "beinahe (wäre u. s. w.)" auch in affirmativen Sätzen anwendet. Leider hat das Aram. den Gebrauch dieser Partikel nicht weiter entwickelt. Dieselbe ist übrigens identisch mit dem hebr. פֶּן "es möchte etwa", was, furchtsam ausgesprochen, leicht in die Bedeutung "dass nicht, damit nicht" übergeht; das Vocalverhältniss ist wie in אחון = אַתֶּם u. s. w.

drängt und ihr zu ihm geht, so bekennet ihn (doch) nicht" I, 52, 6; עד יאהביתון ביאמינאיכון ליסמאלאיכון לאתימרון "wenn ihr mit eurer Rechten gebt, so sagt es nicht eurer Linken" I, 15, 17 — היך עתבאך האילא אשניא דמותאך "wenn Kraft in dir ist, so verändre deine Gestalt" I, 173, 16; עד עתבאך הוע האילא בהיר זידקא "wenn Kraft in dir ist, so sei Einer von erprobter Gerechtigkeit" I, 213, 11; עד ליתבאך האילא אכואת בהיר זידקא הוע נאצוראיא דכושטא "ist in dir nicht Kraft wie in Einem von erprobter Gerechtigkeit, so sei (wenigstens) ein wahrhafter Naṣoräer" I, 213, 14 — עד לבושא הו עליבשה "wenn er ein Kleid ist, will ich ihn anziehn" I, 281, 16 und so mehrere I, 281; עד דאויא אנאתון עתיכסון ולאתיתאהזון "wenn ihr Dämonen seid, so versteckt euch und zeigt euch nicht" I, 354, 1; עד האלין עובאדאך נישמא נעתון סאהדאך "wenn das deine Thaten sind, o Seele, so sollen deine Zeugen kommen" II, 103, 18; עד האיזין עובאדאיכון בישיא שאפיר דאמיא זואדאיכון "wenn so eure Thaten sind, ihr Bösen, so sieht euer Reisevorrath schön aus!" II, 100, 4 u. s. w.

Aber auch das Perf. kann hier stehn, wenn die Bedingung einfach in die Vergangenheit gesetzt wird. So עד טפית ולאבצארת[1] מאהו האזין "bist du grösser und nicht kleiner geworden, was ist dann dieses?" II, 50, 18; עד הו נאצבא הואלה הו הואלה קאריא עד[2] שכיב אתרה בותא עד עכשיל תושביהתא אתארתה "wenn er ihn erzeugt, er ihn hervorgerufen hat, so weckte ihn, falls er schlief, Gebet, falls er strauchelte, Lobpreis" II, 52, 10 u. s. w. Diese Sätze wären an sich ebensogut zu übersetzen: „wärest du grösser geworden" u. s. w.; nur aus dem Zusammenhang geht die richtige Auffassung hervor.

Gewöhnlich bezeichnet nämlich das Perf. im Bedingungssatz die Unmöglichkeit. Ein Unterschied zwischen der Unmöglichkeit in der Vergangenheit (si fuisset) und in der Gegenwart (si esset), lässt sich sowenig ausdrücken wie so manche andere feine Differenz[3]. Wir haben so עד אנא לאעמרית עלה לאהויית אנא מן רורביא "hätte ich es ihm

---

1) So lies für ולאבצאריה.

2) So lies für שאכיב.

3) Nicht einmal das Arab. drückt diesen Unterschied consequent aus, wie sich denn mit den sprachlichen Mitteln des Arab. überhaupt eine schärfere Unterscheidung der verschiedenen Arten von Conditionalsätzen hätte erreichen lassen, als factisch geschehen.

nicht gesagt, hätte ich nicht zu den Grossen gehört" I, 76, 17; עו הוא כולה האילאי דמינאי זיבנא קאדמאיא דהוא מינאי כולה אלמא לאשאר קודאמאי „wenn meine ganze Kraft, die bei mir war, gewesen wäre wie die, welche das erste Mal bei mir war, so hätte die ganze Welt nicht vor mir Stand gehalten" I, 158, 9; הין אנא לאהוית ברישאיהון דראזיא ואנא ביאנקא לאהוית יאנקא מן כראס עמה לאנפאק „wenn ich nicht an der Spitze der Geheimnisse, wenn ich nicht in dem Knaben gewesen wäre, so wäre der Knabe nicht aus seiner Mutter Leib hervorgegangen" I, 245, 1; עו האזא לאבאדנין ואנאת לאסאדארתה לאהוא מציניך בהאילאיון דעור ועמה „wenn wir dies nicht gethan und du es nicht geordnet hättest, so wären wir dem Ur und seiner Mutter nicht gewachsen gewesen" (§ 264) I, 158, 5 u. s. w. — עו עצטלא דזיוא ונהורא הוית דלאביששנאך פאגראי מינאי לבית היא סליקת „wenn du ein Glanz- und Lichtkleid wärest, dass ich dich anzöge (s. § 211. 260), mein Körper, so stiegest du mit mir zum Hause des Lebens auf" I, 133, 1 (und so I, 133 noch viele ebenso); עו הוא דשיבקון רביא רביא רבית „wenn die Herren mich liessen, so wüchse ich" II, 111, 3 (periphrastisch); עו הוא מצעירת בהאזן גאברא דהאילא וזיוא תאגא על מאהו לאמצעירת מישיקלה מינה „wärest du diesem Manne von Kraft und Glanz gewachsen (§ 264): warum kannst du dann ihm nicht die Krone nehmen?" I, 164, 13; הין אלית ביניאתאידון שומא דמותא דאכריא „wenn ich zwischen sie getreten wäre: sie sprechen den Namen des Todes aus" II, 125 ff. In den letzten beiden Beispielen entspricht der Nachsatz dem Vordersatz erst, wenn man Einiges ergänzt, (beim zweiten: „so wäre das schlimm", oder ähnlich, denn das Aussprechen des Namens ist ein Factum, das nicht erst von der Bedingung abhängt), wie dergleichen bei Bedingungssätzen in den verschiedensten Sprachen geschieht.

Einzeln kommt nun aber selbst bei solchen unmöglichen Bedingungen das Part. im Vorder- oder Nachsatz vor, oder aber es steht ein Nominalsatz[1]: עו שראריא להאטיא מיתהיבלוך רידפא לכימצא לאהוא „würde den Sündern Festigkeit gegeben, so käme die Verfolgung nicht zu

---

1) Das geschieht auch im Syr. nicht selten bei ܐܠܘ, aber da zeigt eben die Wahl dieser Partikel (statt ܐܢ), welcher Art der Bedingungssatz ist.

Ende" II, 53, 23 (wo vielleicht עתהיבלון zu lesen); עו כדאבון הוא מן נהורא כולהון בהדא כיאנא קאימיא "wenn ihr Buch vom Lichte wäre, so ständen sie alle in einer Natur" DM 63ᵃ; עו זאבניא אהאי הדאדריא פאגרא לבית קובריא לאמטא פאגרא לבית קובריא ולאשלאתה לפאגרא נישימתא עו זבאן אבא לברה זארגאניא בתיביל לאהון עו זאבניא בניא אבוהון ש' יאתימיא בתיביל לאהון "wenn meine Brüder einander loskauften, so käme kein Körper zum Grabe, käme zum Grabe kein Körper und zöge die Seele den Körper nicht aus; wenn der Vater seinen Sohn loskaufte, so wären keine Kinderlose auf der Tebel; wenn die Söhne ihren Vater loskauften, wären keine Waisen auf der Tebel" u. s. w. (folgt noch ein Satz mit עו זבאן und עו זיבנאת) II, 15, 17, ein wunderliches Durcheinander von Part. und Perf., bei welchem freilich schon das Perf. in den Nachsätzen Alles klar macht. Aber in לאו ברקידא הינון אמינטול ד'עו ברקידהא הינון כד באטלא שומיא וארקא האכא האויא דאוראיון "sie sind nicht am Firmament; denn wo wäre, wenn sie am Firmament wären, zur Zeit, wo Himmel und Erde vergehen, ihr Aufenthalt?" I, 284, 13 ist für das zweite הינון wohl הון essent zu lesen.

Die Abhängigkeit der Bedingung mit ihrem Nachsatz von אמינטול, die wir hier sehen, haben wir noch in אמינטול עו זימתא פאישא ברישאיכון לאמריתון דמיא סאינעך "weil (ohne ד') ihr, wenn ein Haar auf eurem Kopfe bleibt, nicht sagen dürft: wir haben uns im Wasser gewaschen" DM 29ᵇ. Eine ähnliche Abhängigkeit von על מן קבאל sahen wir oben S. 466.

In den obigen Sätzen haben wir verschiedne Beispiele von der Anreihung mehrerer Bedingungen mit oder ohne Wiederholung der Conditionalpartikel. Zuweilen ist dabei eine Bedingung logisch in die andre eingeschaltet z. B. הין באיית מינה ... הין יאהיבלאך פאקיד ... הין באיית מינה ולאיאהיבלאך ניתכאמאר "wenn du von ihm verlangst..., falls er es dir dann giebt, so befiehl..., wenn du von ihm verlangst und er giebt es dir nicht, so soll er zurückgewiesen werden" I, 197, 20. Die Bedingungen sind hier äusserlich neben einander gestellt; denn die Wiederholung des הין an der ersten Stelle ist nur wegen der vielen dazwischen stehenden Worte.

Der vollständige Bedingungssatz steht im Mand. voran, kaum je nach der Apodosis. Kurze Bedingungen treten eher wohl einmal mitten in jene hinein wie in כול דעלאואיכון שאפיר הין מאליא האילאיכון עביד "Alles, was euch wohlgefällt, das thut, wenn eure Kraft (dazu) ausreicht" I, 40, 1; מן שפיתון דהאנאתון מיא עו צאהית ניהויא למישיתיאך "vom Erguss jenes Wassers soll dir, wenn dich dürstet, Etwas zum Trank dienen" I, 87, 18 [1].

Die Auslassung der eigentlichen Apodosis, wo der Zusammenhang hinreichend klar, haben wir noch in הין יאהיבלכון מאראיכון הינעלא "wenn euch euer Herr giebt" („so ist's gut" oder ähnlich): „aber" I, 14, 21; 36, 3.

Der Bedingungssatz ist unvollständig in עו דלאר אנא לאבאגינתה ליאנקא "wenn ich nicht (wäre), so hätte ich den Knaben nicht erzeugt" I, 245, 3 [2].

§ 314. Die Conditionalpartikel ist hier durch ein ד verstärkt [3]. Diesen Zusatz finden wir noch bei der engen Zusammensetzung der Conditionalpartikel *in* mit der Negation לא und לאו, also bei עלא, עלאו „wenn nicht". Vgl. והדא מיגאידון לנהורא לאניסאק עלא דסאליק היביל זיוא "und nicht Einer von ihnen steigt auf zum Lichte, wenn nicht Hibil Zîwâ steigt" I, 219, 15; תיגרא דרמא בגאורה לדאר דאריא לאמישתריא עלא דאתיא מאנדא דהייא "der Streit, den er hineinwarf, wird für alle Geschlechter nicht gelöst werden, wenn nicht M. d. H. kommt" Ox. III, 30ᵃ; Par. XI, 53ᵃ und ohne ד: עלא מדאוראתליא „wenn du nicht zu mir kommst" II, 54, 3 [4] — עלאו דתורצא לאהוא עלאו דלאהוא תורצא הדא גובלאן הוא nisi rectitudo non esset (= si rectitudo esset), una esset

---

1) Dafür steht I, 86, 14 כד כאפנית „zur Zeit, wo du etwa hungerst". Man sieht, wie nahe hier die temporale Conjunction (اِذَا) an die rein conditionale (إِنْ) streift.

2) Ganz wie bei لَوْلَا im Arab., welches ja sogar Possessivsuffixe annimmt: لَوْلَاكَ „wenn du nicht wärest" u. s. w.

3) Vgl. אם לא כי Deut. 32, 30 und das beliebte لَوْ أَنْ.

4) Als Nachsatz dient במאלאליא אודיא „mit Worten die Verlorengehenden"; hier ist mindestens ein Wort wie „verderben mich" aus Nachlässigkeit der Abschreiber ausgefallen. — Bei einigen dieser Beispiele liesse sich übersetzen „bis dass", da das als Bedingung dargestellte Ereigniss wirklich erwartet wird. Ich habe daher daran gedacht, עלא hier als Zusammensetzung des arab. إِلَّا mit ד anzusehn. Das ginge nun wohl

natura nostra I, 116, 17¹. So scheint auch ד ועלאו „und wenn nicht" zu sein I, 281, 21, wo aber die Construction nicht klar und der Text schwerlich intact.

עלא leitet auch zuweilen einen unvollständigen Conditionalsatz ein wie in הוא דמינאיהון עלא בריהאיון דמארהא ליכא „Keiner existiert, der ihren Geruch riecht, wenn nicht (der ihn riecht), welcher von ihnen stammt" = „ausser dem, welcher" I, 284, 8.

Nun knüpfen sich aber sowohl עלא wie עלאו auch im Mand. zuweilen, wenn auch selten, loser an das Vorhergehende, indem sie nicht mehr eine Ausnahme, sondern nur noch einen Gegensatz bedeuten. So haben wir z. B. על אלמא כולה ועל עבידאתה רוהצאנא באלמא ליתליא עלא על נישמאת האדארנא „auf die ganze Welt und ihre Werke habe ich kein Vertrauen in der Welt, aber² ich kehre um zu meiner Seele" I, 367, 13. So I, 132, 16 u. s. w. Auch mit ד: אלמיא בבניא ריגמוך ואהאי במיניליא שארגזון עלא דאתיא מאראי „die Leute warfen mich mit Steinen (= בְּאַבְנֵי) und meine Brüder kränkten mich mit Worten: nur dass (= aber) mein Herr kommt" Ox. III, 41ᵇ; Par. XI, 56ᵇ. So ist auch עלאו „aber" II, 120, 1 (wohl auch I, 132, 21 und vielleicht auch II, 118, 9).

Weit häufiger als diese beiden Wörter ist הינעלא, הינילא, welches noch zuweilen seine conditionale Bedeutung in unvollständigen Bedingungssätzen hat wie in מינדאם לאמשאלטינאן הינילא יארדנא דמיא הייא „wir haben über Nichts Gewalt, wenn nicht (wir Gewalt haben über) den Jordan des lebendigen Wassers" d. i. „ausser über den Jordan" u. s. w. I, 296, 8; vgl. I, 278, 14³; gewöhnlich bedeutet dies Wort „aber".

---

bei zwei Stellen des AM 24 und 48, wo ד עלא ebenso steht, denn in diesem Buche kommt Derartiges vor, aber nicht in den älteren Schriften; es ist aber auch keine Nothwendigkeit, den Conditionalcharacter hier zu leugnen.

1) Ganz so talm. ד אילאו „wenn nicht" z. B. אילאו דהוא מקרבא ספינתא „wenn nicht ein Schiff nahebei gewesen wäre" Baba b. 73ᵇ; andre Beispiele Baba b. 123ª; Kidd. 81ᵇ; Pes. 112ᵇ unten — אילא ד Pes. 113ª (2 mal).

2) Oder עלָהּ „zu ihr"?

3) Im Variantenband zum Sidrâ Rabbâ S. 223, 5 (oberste Zeile) ist

§ 315. Nun bleibt aber die Conditionalpartikel gar nicht selten, wo der Zusammenhang deutlich, ganz weg. Von einem grammatischen Zusammenhang ist hier nicht die Rede, da das Verhältniss der Sätze zu einander als solches keinen Ausdruck hat. So z. B. אכפינתה לסאכלא קאלילאך „hast du den Thoren hungern lassen, so brennt es dich" I, 218, 1; אשכית כאפנא סאבית „fand ich einen Hungrigen, so sättigte ich (ihn)" II, 103, 13 (und ebenda mehrere); האזיתון ... האב „seht ihr ... so gebet" I, 15, 8 u. s. w.[1]

§ 316. Das Mand. hat kein Zeichen, durch welches es Concessivsätze von einfachen Conditionalsätzen unterschiede (wie أَئِنْ, وَإِنْ, وَلَوْ gegenüber einfachem لَوْ, إِنْ, أَ); ebensowenig hat es die mancherlei sonstigen Schattierungen, welche in anderen Sprachen bei Bedingungssätzen vorkommen. Ueberhaupt sind diese Sätze nicht der glänzendste Theil der mand. Syntax, welche ja nicht einmal das Vorhandensein zweier Conditionalpartikeln zum Ausdruck wesentlicher Unterschiede benutzt hat.

✻ ✻ ✻

ELLIPSEN.

§ 317. Wenn die neuere Sprachwissenschaft mit Recht manche Erscheinungen, die früher aus Ellipsen erklärt wurden, anders deutet, so wäre es doch verkehrt, das Vorhandensein zahlloser Ellipsen in allen Sprachen zu leugnen, besonders aber in solchen, die literarisch weniger

---

für הינעלא zweimal הין לא zu schreiben, da dort ein wirklicher conditionaler Vordersatz ist „wenn nicht ...., so ...".

1) Im Deutschen ist dies Verhältniss beim Fehlen der Conditionalwörtchen doch durch die Inversion auch grammatisch bezeichnet. — Im Syr. vgl. z. B. ܐܢ ܡܨܝܬ ܠܐ ܨܐܡ ܐܢܬ ܡܢ ܠܚܡܐ ܨܘܡ ܡܢ ܚܛܘܦܝܐ „kannst du nicht vom Brote fasten, so faste (enthalte dich) doch vom Raube der Armen" Isaac I, 266 v. 337 vgl. v. 341, und gar ܐܡܪܬ ܠܡܠܟܐ ܩܛܠ ܠܟ ܘܐܡܪܬ ܠܗ ܩܛܠ ܠܟ „dass, sage ich's dem Könige, er dich schlägt, sage ich's ihm, er dich umbringt" Apost. apocr. 307, 7. Auch im Talm. finden sich solche bloss logisch verknüpfte Conditionalsätze, besonders aber in der künstlichen Kürze der Mischnasprache.

ausgebildet sind. Freilich muss man unter Ellipsen zunächst nicht die „Weglassung" früher wirklich gesprochner Wörter oder Satztheile verstehn, sondern die Nichtsetzung von solchen, die logisch eigentlich nöthig wären, aber als selbstverständlich keines besondern Ausdrucks bedürfen. So verstanden, ist die Ellipse schon bei der Bildung der einfachsten Sätze stark vertreten.

Wollten wir hier nun Alles aufzählen, was streng genommen als Ellipse zu betrachten ist, so müssten wir die halbe Syntax noch einmal wiederholen und müssten ferner Mancherlei anführen, was mehr rhetorisch als grammatisch ist. Wir begnügen uns hier damit, einige interessante Fälle anzuführen, namentlich im Ausruf, bei dem schon die Betonung den speciellen Ausdruck des logisch-grammatischen Zusammenhangs unnöthig macht. Hierher gehört im Grunde jeder Vocativausdruck, denn in מאראן הטאינין „unser Herr, wir haben gesündigt" I, 61, 15 bildet מאראן eigentlich einen eignen Satz, der aber unvollständig ist. Nur die Modification der Stimme giebt an, dass „mein Herr" hier so Viel ist wie „ich rufe dich an, der du mein Herr bist". Steht יא davor, so wird das Verhältniss nicht wesentlich anders; denn nicht nur ist יא noch nicht recht von den Interjectionen zu den Begriffswörtern übergegangen, sondern es fehlt auch viel öfter, als es steht, und kann mithin nicht von grosser Bedeutung sein. Es steht manchmal vor dem Vocativ im Anfang des Satzes, fast nie in der Mitte oder am Ende, wo eine besondere Bezeichnung des Vocativverhältnisses doch am wünschenswerthesten wäre. Ausnahmen wie באירנא יאב „ich bitte, o mein Vater" (= יא אב) Par. XIV nr. 112 sind sehr selten [1].

---

[1] Dass bei der directen Anrede eine wirkliche Ellipse ist, zeigt namentlich der Umstand, dass dabei im Arab. oft der Accusativ stehn muss, der nothwendig einen ihn regierenden, aber nicht ausgedrückten, Verbalbegriff voraussetzt (eine im Arab. auch sonst nicht seltne Erscheinung). Es handelt sich hier nicht bloss um Fälle wie يَا عَبْدَ اللهِ ; يَا بَنِى أُمِّي, die sich zur Noth weginterpretieren liessen, sondern auch um solche wie يَا رَاكِبًا „o Reiter" Hamâsa 437, 1; Urwa b. Alward XXX v. 1.

Starke Ellipsen pflegen bei Schwurformeln üblich zu sein. Im Mand. kann ich hier nur anführen: ד׳ להאיאך מאנדא דהייא „bei deinem Leben M. d. H. (schwören wir), dass ..." I, 355, 8; בהאיאך בהאיאך שליהא דהייא „bei deinem Leben, bei deinem Leben, o Gesandter des Lebens (beschwören wir dich)" I, 368, 17; בהאיאיכון טאביא בנישמאת כולאיכון „bei eurem Leben, ihr Guten, bei euer aller Seele (beschwöre ich euch)" II, 90, 21.

Eine eigenthümlich kurze Ausdrucksweise ist קאלא דמאנדא דהייא I, 366, 4; DM 53ᵃ ᵇ; קאלא דנישימתא II, 80, 18 u. s. w. „die Stimme des M. d. H." „die Stimme der Seele" d. h.: „M. d. H. (die Seele) ruft folgenderweise". Es ist gewissermaassen das Subject, dessen Prädicat der mitgetheilte Ausruf selbst ist; also ganz wie das hebr. קול in קול קורא Jes. 40, 3 u. s. w.

Aehnlich ist es mit טובה [1] „sein Heil" mit unmittelbar folgendem Relativsatz z. B. טובה דהיזייה „salus ejus, qui vidit eum" Q. 59, 8; טובה דנאפשה נידא „Heil dem, der sich selbst kennt" I, 356 ult. (wo wir den Relativsatz als Attribut des Suffixes von טוב auffassen müssen); so טובאך דהזילאך אב ועם („das Heil deiner, der du") „Heil dir, der du meinen Vater und meine Mutter gesehn hast" I, 154, 19; טובאיכון דהאזא אבאדתון „Heil euch, die ihr dies gethan habt" I, 146, 16. Dagegen bildet die häufigere Weise טובה למאן ד׳ „Heil dem, der ..." I, 11, 17; 276, 16 u. s. w.; טובאך לדילאך ד׳ „Heil dir, der du ..." I, 147, 20; טובאיהון לשאלמאניא I, 5, 7; 11, 22 und öfter; טובאיהון ל... einen vollständigen Satz: „sein Heil ist dem, welcher ...."[2]. Wir

---

1) Dass der letzte Buchstabe ein ה, nicht ein א, steht aus allen genaueren Handschriften und Nachbildungen, die ich untersuchen konnte, fest.

2) Diese Construction ist auch talm. טוביה לד Sanh. 99ᵇ; vgl. Esther II, S. 255, 30 Lag.; sie ist auch im Syr. am üblichsten z. B. ܛܘܒܘܗܝ ܠ Ps. 1, 1; ܛܘܒܝܗܘܢ ܠ Matth. 5 wiederholt; ܛܘܒ ܠܗ Land, Anecd. II, 47, 4 und öfter; aber auch ܛܘܒ ܠܢ „Heil uns, die wir" Apost. apocr. 283 unten (mehrmals) und ganz allein ܛܘܒܝܟ Deut. 33, 29; ܛܘܒܝܟܘܢ Matth. 5, 11. Daneben auch ܛܘܒ ܠ Ephr. II, 414 D; III, 4; Cyrillonas IV, v. 364 (Z. d. D. M. G. XXVII S. 587); Isaac I, 76 v. 508 etc.; auch kommt ܛܘܒ „Heil!" allein vor Land, Anecd. II, 344, 16. — Targumisch öfter טוּבֵי vor einem Subst. nach dem hebr. אַשְׁרֵי.

dürfen uns nämlich wieder nicht von der deutschen Auffassung verführen lassen, hier einen Wunschsatz zu sehn (vgl. § 262 gegen Ende): der Redende behauptet, dass dem Betreffenden wirklich Heil ist[1]. Ganz so hat man האס ל = ܢܫܐ ܠ zu erklären als „Verschonung ist dem...", und selbst die alte Grussformel (אלאך) עלאך שלאמא I, 141, 22 u. s. w. kleidet vielleicht ursprünglich den Wunsch in die Form einer bestimmten Aussage: „Friede ist über dir".

Ganz andrer Art als die in der Lebhaftigkeit der Rede begründeten Ellipsen sind die, welche zur Vermeidung lästiger Wiederholung in längeren Aufzählungen Statt finden. Es ist dies gewissermaassen eine listenförmige Ausdrucksweise; vgl. כד מנאתא לעמברא פלאגלה תריסאר אלפיא שניא תאורא הדיסאר אלפיא שניא צילמיא אסרא אלפיא שניא וש׳ „als sie einen Antheil zuwiesen, (da waren es) dem Widder: 12000 Jahre; Stier: 11000 Jahre; Zwillinge: 10000 Jahre" u. s. w. I, 373, 12. Aehnlich ריש כושטאך לאתיהאמביל מינילתאך ושיקרא וכאדבא לאתירהום „der Anfang deiner Wahrhaftigkeit: verdirb dein Wort nicht und liebe nicht Lüge und Falschheit" I, 213, 23 und so eine ganze Reihe solcher Sätze mit ... ריש. Uebrigens sind Ellipsen der letzteren Art eher als wirkliche, bewusste Auslassungen zu betrachten, und eine solche absichtliche Aufhebung des eigentlichen Satzgefüges gehört kaum mehr in die Grammatik.

---

1) Heisst es doch LAND, Anecd. III, 303, 15 gradezu ܠ ܗܘ ܠܝ ܛܒܐ; dem entsprechend steht auch hypothetisch: ܠ ܗܘܐ ܛܒܐ „Heil wäre uns" Balai bei OVERBECK 311, 8; ܗܘܐ ܕܛܒ „es wäre besser gewesen" Balai bei OVERBECK 311, 24; Cyrillonas II, v. 186 (Z. d. D. M. G. XXVII, S. 572).

Zusätze und Berichtigungen.

Die Bezeichnung des § ist an einigen Stellen ausgefallen, nämlich S. 171, Zeile 18 (§ 139); S. 193, 1 (§ 157); S. 412, 8 (§ 276 a).

Leider sehe ich jetzt, dass beim Abdruck wieder manche syrische Vocalpuncte abgesprungen sind. Für die beiden oberen schrägen Puncte ($\overset{\cdot\,\cdot}{-} = \hat{a}$) steht oft nur einer; so ist z. B. zu lesen S. 4 Z. 4 *iqârâ*; 5, 1 *qârê*; 20, 17 *bar zânqâ*; 22, 18 *šautâfâ*; 24, 13 *pânjâ*; 29, 9 *q'râbhthânâ*; 81, 1 *jâi*; 103, 25 *g'wâjâ*; 104, 3 *mahwâ*; 130, 13 *malwâšâ*; 259, 16 *tâjên* u. s. w. Noch störender ist es, dass auch für die beiden unteren schrägen Puncte ($\underset{\cdot\,\cdot}{-} = \hat{e}$) zuweilen nur ein einziger gesetzt ist; so lies 17, 2 *gêrê*; 17, 6 in allen Schreibweisen *kêwêlâ*; 19, 18 und 78, 23 *šêšaltâ*; 78, 22 *qêqaltâ* u. s. w. Seltner ist von den wagerechten unteren ($\underset{-}{-} = \breve{e}, \breve{\imath}$) einer abgesprungen wie in *mindî* S. 186 Anm. 4. Natürlich kann ich nicht wissen, ob solche Fehler in einzelnen Exemplaren nicht noch viel häufiger sind als in dem von mir durchgesehnen. Ernstliche Missverständnisse können übrigens aus ihnen für den aufmerksamen Leser kaum entspringen.

S. 5, 12 vgl. 86, 9. Einmal finde ich in einer Londoner Hdschr. כאהיא „wo ist sie?" mit היא statt הי.

S. 18, 7. Ueber syr. *gufnâ* s. unten S. 173 Anm.

S. 20, 5. So noch שורא „Nabel" (wie targ.; hebr. *šōr*; arab. *surr*) = syr. *šerrâ*.

S. 27, Anm. 2. Aussprachen wie *m'faqîn* u. s. w. kann ich jetzt schon aus dem nestorianischen Massoracodex vom Jahre 899 n. Chr. (Cod. Mus. Brit. Add. 12, 138) nachweisen. Ueberhaupt könnte ich nach dieser äusserst werthvollen Handschrift manche weitere Analogie zur mand. Lautlehre aus dem Syrischen geben.

S. 38 f. *ḡ* für *q* im Anlaut finden wir auf ostaramäischem Gebiet noch bei zwei Fremdwörtern. Aphraates 259, 17 steht nämlich ܩܘܒܪܢܛܐ für ܩܘܒܪܢܛܐ κυβερνήτης (das lateinische gubernator kann hier keine Einwirkung gehabt haben), und das arab. جاثليق für ܩܬܘܠܝܩܐ καϑολικός (den Patriarchen der Nestorianer) deutet auf eine volksthümliche Aussprache mit *g*.

S. 39 Anm. 3. Vgl. noch תגדא „Stab" aus *taqdâ*, das im Syrischen erhalten ist.

S. 40, 10 lies welches dem für dem.

S. 43, 17. So im Uzvâreš mehrfach ז für ד ذ z. B. זהבא „Gold", זנה = דנא „dieser" u. s. w.

S. 45, 12. סוסטמיא צוצטמיא ist wohl nur Schreibfehler oder Umbildung aus ܣܛܘܡܐ. — Die Verwandlung eines ס in צ in der Nähe eines ט ist auch arabisch. S. Gawâlîqî in den „Morgenl. Forschungen" (der Fleischer'schen Schüler) S. 144.

S. 48, 2. Vgl. noch *afšâthâ* (ostsyrisch) oder *efšôthô* (westsyrisch) „Rosinen" von *אבש = יבש; s. Payne-Smith s. v.

S. 49 ult. lies sitzen für setzen.

S. 51 unten. Genau entspricht der mand. Form arab. تَغَار, تِيغَار s. Gawâliqî in den „Morgenl. Forschungen" S. 145.

S. 52 Anm. 2. Auch das dritte derartige Wort scheint, nach גובתא im Uzvâreš, eine solche Umbildung erfahren zu haben.

S. 54. *l* für *n* ist im Syr. noch in ܠܡܣܐ (und Nebenformen) = νοῦμμος nummus (s. G. Hoffmann, Kirchenvers. zu Ephes. S. 94) und in ܠܡܝ, das sicher = talm. נמי ist (ursprünglich wohl persisch). Das Umgekehrte haben wir in כירנא, wenn dies = λῖνον ist.

S. 55, 1. Vgl. ܡܚܠܦܢܝܬܐ BA 7035; Payne-Smith 775.

S. 68 f. Was ich hier über ה sage, kann ich jetzt durchgehends bestätigen, nachdem ich in London und Oxford eine ganze Reihe von Handschriften darauf angesehen habe. Nur ist א für das Femininsuffix (ה ָ) wohl etwas häufiger, als ich meinte.

S. 76 Anm. 1. ܫܢܝ ܕܝܘܐ kann an der angezogenen Stelle schwerlich etwas Anderes heissen als „Schaaren der Dämonen".

S. 86, 3 lies אזדרמבי mit *r* nach *d*.

S. 89, 14. Die Schreibart דה wird auch durch die Londoner Handschriften bestätigt; ebenso האנאתה (S. 91, 12) für beide Geschlechter.

S. 97 Anm. 1. Zu diesen Wörtern gehört auch פֵּאָה ܦܶܐܬܳܐ, welche ganz zu ܡܶܐܬܳܐ מְאָה (so der syr. St. emph.) מִתָּה (מָאָה) stimmen. Die arab. Bedeutung „Heerschaar" wird wohl vermittelt durch „Front", vergl جَبْهَة Kâmil 184, 9 (wo allerdings das Bild von der „harten Stirn" vielleicht noch deutlich gefühlt ward).

S. 102 Anm. 2. *tînâ* mit *î* ist durch alte nestorianische Handschriften gesichert.

S. 107 Anm. ܩܣܬܐ hat *Quššâi* (so nach den Londoner karkaph. Handschriften). Also wieder das *i* der Grundform (vgl. כְּתַף כָּתֵף) weggefallen, ohne dass die Aspiration bliebe.

S. 111 Anm. 2. Pl. von ܟܬܒܐ ist ܟܬܳܒܶܐ, nicht ܟܬܳܒ̈ܶܐ.

S. 112, 2. Da *nârgâ* ein nicht-aspirirtes *g* hat, so ist die Grundform wohl *nâregh*, falls das Wort nämlich überhaupt aramäischen Ursprungs ist.

S. 114, 9. Das *û*. (ܘ mit unterem Punct) in ܩܘܒܠܐ wird auch durch die nestor. Massora bestätigt.

S. 121, 4 lies גוזא.

S. 121 Anm. 3 lies קטּל für קטֵל.

S. 133, 22. ܬܟܬܘܫܐ „Streit" findet sich bei Abbeloos, Jac. Sarug. 228 v. 265.

S. 133 Anm. 4. Das Wort kommt als תופא auch im Uzvâreš vor, und schon Haug hat — hier einmal ausnahmsweise auch auf semit. Gebiet glücklich — die arab. und aram. Form verglichen.

S. 134 Anm. 1 streich ܬܐܪܬܐ.

S. 144, 3 v. u. lies *s'hîrûthâ* ohne *a*.

S. 145 Anm. 3. Adde *gâlûthâ*.

S. 153; S. 165; S. 260. Zu den längeren Formen mit *î* halte man hebräische wie צְבִיָּה, גְּדִיּוֹתַיִךְ, בּוֹכִיָּה, חֲמִיּוֹת, מְנַקִּיּוֹת u. s. w., denen von Haus aus kein î zukommt.

S. 159. Auch הורבא „Verwüstung" ist weiblich DM 36ᵃ.

S. 167 und S. 171, 15. In Par. XIV wird von מאצבותא „Taufe", als gehörte das ת zur Wurzel, der Plur. מאצבותיאתא (nach § 135) gebildet.

S. 195 unten. Auch in dem nicht seltnen ܐܢܢܩܝ ܚܕܐ „es gab eine Veranlassung dazu, dass"; ܐܢܢܩܝ ܗܘ WRIGHT, Cat. 801ᵇ; وانعما غنما MAI, Nova Coll. X, 275ᵇ „die Nothwendigkeit fügte (fügt) es, dass" sehe ich ܡܢܥ „begegnen, sich treffen", nicht „rufen".

S. 214, 16. So auch מיפסיקאנא „ich (fem.) werde abgetrennt" DM 38ᵃ in 2 Codd., während ein Cod. die männliche Form מיפסיקנא hat.

S. 216, 18 lies ܢܟܡܝ mit einem d.

S. 228, 5 lies ܣܡܠܝ.

S. 241 Anm. 1. אכל „einen Raum einnehmen" findet sich im Aethiop. wieder: „explere summam" u. s. w.

S. 251 § 186. Zum Ethpeel gehören noch תִּידִינוּן „ihr werdet gerichtet" DM 55ᵇ (2 mal) und מִידִינִין eb. EUTING'S Hdschr. hat hier schlechte Lesarten.

S. 259, 15. Füge hinzu סגר „gehet" II, 125, 9, wofür eine Londoner Hdschr. אסגר (Afel) hat.

S. 266, 6. Da מינשיאתליא, מינשיאתלה „du vergissest ihn, mich" besser bezeugt und das Ethpeel hier auch an sich wahrscheinlicher ist als das Afel (262, 24), so waren diese mehrfach vorkommenden Formen hier aufzuführen. Die Verdopplung und die ursprüngliche Vocalisation ist da wieder aufgegeben wie in den S. 214 behandelten Fällen.

S. 323 Anm. 2 unten. Etwas häufiger, als es nach meinen Ausdrücken scheinen könnte, ist im Syr. doch *kul* im Stat. absol. z. B. *ahîdh kul* παντοκράτωρ; *allahâ d'chul* CURETON, Spic. 1, 13; *mârjâ d'chul* ebend. 27 unten; *šullâmâ d'chul* eb. 11, 1 u. s. w.

S. 337, 4. Ich habe mich hier gründlich versehen. Die Lesart ist היניין und also keine Differenz des Geschlechts vorhanden.

S. 348, 3 lies שניא statt שמא.

S. 354, 11 lies למריא statt לַמְרִיא.

S. 362 Anm. 4 am Ende. Diese ungewöhnliche Construction mit *âf* ist in andern Handschriften getilgt, siehe Z. d. D. M. G. XXVIII S. 587 u. 601.

S. 388 Anm. 3. Aehnliches im Aethiop. s. bei DILLMANN § 181 *a*.

S. 396 Anm. 3. Auch *šâwê* kann so ohne Präpos. stehn; s. CURETON, Spic. 16, 23 *d'mâ'â* (wie zu lesen) *šâwjâ* = ὀβολοῦ ἄξιον.

S. 413, 16 lies דכוכביא.

S. 418, 15. Ganz so: ליהוי צוותא לחבריה „er sei Genossenschaft seinen Gefährten" d. i. „er sitze unter den Andern" Baba b. 21ᵃ.

TAFEL DER MANDÄISCHEN SCHRIFTZEICHEN.

www.ingramcontent.com/pod-product-compliance
Lightning Source LLC
Chambersburg PA
CBHW052110010526
44111CB00036B/1621